KB039559

파산법연구 5

林 治 龍 著

博 英 社

머 리 말

파산법연구 제5권을 발간한다. 제4권 발간 후 5년 만이다. 발표한 글에 推敲를 반복하다 보니 출간이 늦어졌다. 미진하다고 판단되는 글과 영문으로 작성한 글은 후일을 기약하고 현재 상태에서 上梓한다. 책을 발간할 때마다 판례평석, 미국 파산법 또는 계약과 파산 등 한 주제를 다룬 책을 내고 싶었다. 그러나 변호사 업무를 하면서 글을 쓴다는 것 자체가 힘들 뿐 아니라 일관된 주제의 글을 쓰는 것은 애초 불가능하다는 것을 받아들이기로 하였다.

이번 책에서는 한진해운의 파산사건에서 발생한 쟁점을 검토하였고, hotchpot rule과 관련한 국제파산법상의 쟁점에 관하여 기술하였다. 영국 도산법의 관리절차, 미국 연방파산법의 최근 동향과 부인권에 관한 미국의 Strong-Arm 조항을 소개하였다. 회생사건의 중요 대법원 판례 해설 및 조건부 채권에 기한 상계에 관한 글도 수록하였다. 파산절차에서의 체납처분과 관련하여 파산관재인의 부탁으로 재판부에 제출한 의견서를 포함하였다. 그 외에 일본의 伊藤眞 교수님의 古稀記念論文集에 실린 것과 坂井秀行 변호사님의 요청으로 일본 잡지에 발표한 서울회생법원의 설립 및 한국회생절차의 동향에 관한 두 편의 글을 한글로 번역한 것도 있다. 拙稿가 발표된 후 개정된 채무자회생법과 관련 판례 및 논문을 이 책에 반영하였다.

2005년 파산부 부장판사를 시작으로 지금까지 15년 동안 대부분 파산사건을 다루게 된 것은 행운이다. 파산법을 공부하다 보면 상법, 국제사법, 노동법 등 관련 분야도 배우고, 민법과 민사소송법의 기본 이론으로 다시 돌아가 깊이 생각할 수 있다. 이것이 파산법을 공부하는 妙味이다. 그런데 막상 15년의 세월을 돌이켜보니 파산법에 관한 필자의 연구 수준은 크게 나아진 것 같지 않고, 오히려 열정은 판사 시절보다 더 식었다고 自評한다. 그렇더라도 拙著가 독자들에게 도움이 된다면 더 없는 기쁨이다.

1983년 사법연수원에 들어가 2020년 김장법률사무소에 근무하기까지 법조인으로서 생활한 지 무려 37년이 흘렀다. 高翔龍(대학), 金炯善 교수님(사법연수원), 黃相顯, 朴

英武, 俞炫, 金昌燁, 崔昶, 李楒石(이상 청주지방법원), 鄭鏞仁, 故 金鍾培, 趙容完, 劉載善, 姜鍾快, 柳正珠(이상 수원지방법원) 金龍潭, 金仁銖, 洪日杓(서울고등법원) 부장님, 宋鎭勳 대법관님으로부터 법조와 인생에 관하여 큰 가르침을 받았다. 당신들의 指導鞭撻이 없었더라면 졸저의 출간은 없었을 것이다. 바쁘다는 핑계로 자주 찾아뵙지는 못하지만 이 글을 통하여 마음 깊이 감사를 드린다. 또한 김앤장의 동료변호사님들과 함께 일하면서 전보다 拙文이 다루는 폭이 넓어졌다. 제1권 이래 지금까지 계속하여 졸저의 출간을 허락하시고 편집하신 박영사의 안종만 회장님, 조성호 이사님, 심성보 편집위원님께 감사드린다.

파산법연구 제1권을 발간하였을 당시에는 부모님, 장인장모님, 외삼촌, 외숙모님 여섯 분 모두 살아계셨는데 지금은 어머님과 외삼촌(李在性 전 대법관)만 남으셨다. 어머님께서 어려움 속에서도 4남매를 키워주신 은혜는 白骨難忘이다. 외숙께서는 필자가 어렸을 때부터 도움을 주셨고, 커서는 당신의 삶 자체를 통하여 어떻게 살아야 하는지를 가르쳐 주셨다. 항상 나를 응원하여 주는 아내 심정원에게도 감사한다. 하느님께서 허락하시면 앞으로도 계속하여 연구서를 발간하고 싶다.

2020. 3.

저자　林治龍

차   례

1. 英國 축구클럽의 倒産

2. 企業構造調整에 있어서 回生節次의 現況 및 改善方向

3. 倒産節次 開始의 要件과 效果

4. 美國 破産法의 Strong-Arm 條項과 偏頗行爲에 관한 研究

5. 國際倒産節次에 있어서 配當의 準則(hotchpot rule)에 관한 研究

6. 回生節次의 開始가 勤勞關係에 미치는 影響

7. 海運會社의 回生節次 開始와 國際私法의 主要 爭點

8. 回生節次 重要 判例 解說

9. 韓國의 서울回生法院의 設立에 관하여

12. 破産節次와 滯納處分

13. 牽聯破産節次에 관한 研究
―回生節次廢止를 중심으로

16. 委託賣買人의 破産과 還取權

1. 英國 축구클럽의 倒産[*]

> Some people believe football is a matter of life and death, I am very disappointed
> with that attitude. I can assure you it is much, much more important than that.
>
>   - Liverpool FC's legendary manager Bill Shanky in 1981

Ⅰ. 머리말

영국의 도산법을 공부하다보면 축구클럽[1]의 도산이라는 주제에 마주치게 된다.
축구팬은 자신의 연고 축구클럽이 도산절차에 들어가게 되고 상위리그에서 하위리그
로 떨어지게 된 것을 마치 자신의 사업이 실패한 것처럼 수치스럽고 가슴 아픈 일로
받아들인다. 햇빛이 화사한 금요일 오후가 되면 런던 시내의 여러 술집 앞 인도를 차
지한 채 맥주잔을 들고 축구를 주제로 이야기꽃을 피우는 많은 무리의 런던 시민을 목
격할 수 있다.

흔히 영국을 紳士의 나라라고 부른다. 신사의 가장 중요한 덕목은 남에 대한 배려
이다. 따라서 신사가 가정과 직장에서 소리 지르는 것은 상상할 수 없다. 그러나 축구
장에 있는 2시간 동안 아무리 큰 소리를 질러도, 심지어 축구선수에 대하여 욕설과 야
유를 퍼부어도 누구도 비난하지 않는다. 축구를 관람하는 동안 축구장 바깥의 시름을
걱정할 필요가 없다.[2] 축구 없는 영국인의 삶은 상상할 수 없다.[3] 축구팬들의 열광적

---

[*] The author would like to express thanks to Alison Goldthorp, a partner at Addlelshaw
Goddard, in London for her answer to my questions and thank Hyosun Kim for assistance
in preparing this paper.
[1] 축구클럽은 유한책임회사(limited liability company)로 설립되고 있다.
[2] Matthew Taylor, Football A Short History, Shire Library, 2011, 34-35.
[3] 필자가 방청한 러시아인의 개인파산 사건(In re JSC Bank of Moscow v Kekhman[2014]
EWHC 183 (Comm))에서 양 대리인이 사전에 쌍방이 30분씩 구술변론을 하기로 약속하였다. 다

인 관심과 축구클럽이 벌어들이는 어마어마한 수입 때문에 축구클럽에게는 프리미어 리그에 출전하는 것이 최우선의 목표가 되었다. 그 과정에서 유명 선수를 스카웃하기 위하여 거액의 비용을 투입하였다가 성적을 달성하지 못하여 도태되는 축구클럽은 자 연스레 도산하게 된다. 경제성의 원칙을 무시한 채 오직 프리미어리그만을 따라가다가 offside 반칙을 범하는 것이다.

축구클럽이 도산하게 되면 축구클럽의 연고지역의 팬들은 축구클럽이 하위리그 로 떨어지지 않기를 바라면서 축구클럽 살리기 모금운동을 벌이고 축구클럽이 admi-nistration(管理節次)에 들어가면 관리인에게 격려를 보내기도 한다. 그러나 팬들의 예 상과 달리 관리절차가 지지부진하게 되면 그의 사무실을 찾아가 항의하고, 심하면 위 협하기도 한다. 이렇듯 축구클럽의 도산은 통상의 도산절차와 다른 독특한 법적 쟁점 을 야기하게 되고 이를 둘러싸고 법원뿐 아니라 의회에서도 축구클럽의 도산절차를 어떻게 신속하면서도 공평하게 처리할 것인지에 대하여 논의하고 있다.

축구클럽이 도산절차에 들어가면 아래와 같은 전형적인 문제가 발생한다. 즉 축 구클럽에 스카우트된 선수가 거액의 연봉을 받기로 하였으나 연봉을 다 받기 전에 축 구클럽이 도산절차에 들어간 경우 축구선수의 미지급 연봉채권과 축구클럽이 국가에 부담하는 조세채권, 축구선수를 운송하는 버스회사나 선수들에게 재활치료를 제공하 는 병원 등의 채권은 어떠한 순서에 의하여 배당받게 되는가 하는 점이 다투어진다. 판례는 축구 선수를 포함한 일부 채권자의 무리를 축구채권자(football creditor)라 하여 그들에게 우선적인 변제를 하도록 하는 축구리그의 정관이 공서양속에 위배되지 않는 다고 판시하였다.

필자는 이 글에서 축구클럽의 도산절차에 관한 5개의 판결을 소재로 하여 도산절 차에 관한 전반적인 모습과 축구클럽이 도산하는 경우 도산법상의 구체적인 쟁점[4]을 살펴봄으로써 이 영국의 도산절차라는 스타디엄 안에서 축구클럽의 도산이라는 게임을 독자들과 함께 관람하고자 한다. 이 글의 순서와 내용은 다음과 같다. 먼저 축구의 역사 와 축구클럽의 도산원인(Ⅱ), 영국 도산절차에서의 浮動擔保權(Ⅲ), 관리절차(Ⅳ), 판결

음 날 신청인의 대리인은 약속을 지켰으나 상대방 대리인은 약속과 달리 30분 넘게 변론하고 있 었다. 신청인의 대리인의 항의에 대하여 능숙하게 injury time은 언제나 있는 것이라고 답변하고 계속하여 구술변론을 마쳤다.

4) 구체적인 쟁점이라 함은 다음과 같다. 축구팀이 경기입장권을 agent를 통하여 팬들에게 매도하였 다가 축구팀이 도산한 경우 축구팀과 agent의 법률관계가 소위 도산절연의 하나인 신탁계약으로 볼 수 있는지 여부, 관리인이 종전 고용계약을 소위 미국 파산법의 원칙인 미이행 쌍무계약에 관 한 법리를 적용하여 해제할 수 있는지 여부, 축구선수의 연봉채권과 국가의 조세채권의 우선순 위, 축구클럽은 관리절차를 이용할 수 있는 적격이 있는지 등에 관한 것이다.

의 소개 및 촌평(Ⅴ)을 더한 후 영국 도산절차에 대한 필자의 소회(Ⅵ)로 마무리한다.

Ⅱ. 축구클럽의 倒産

축구클럽의 도산을 둘러싸고 법정에서 벌어지는 공방을 제대로 관람하기 위해서는 먼저 축구의 역사를 통하여 축구가 영국인의 일상생활에서 어떠한 의미를 갖는가 하는 점을 알아보는 것이 유익하다. 이하에서는 글의 주제와 관련이 있는 축구의 역사에 대하여 간략히 살펴보기로 한다.

1. 蹴球의 歷史

축구는 중세시대 영국의 민속놀이에서 비롯되었다. 당시의 축구는 현재의 럭비, 게일릭 풋볼과 유사하여 손으로 공을 다루는 것도 허용되었을 뿐 아니라 선수 인원수의 제한이나 경기룰도 존재하지 아니하였다. 축구경기는 길거리에서 벌어졌으며 축구에 참가하는 사람들은 폭도(the Mob)로 불리울 정도로 폭력이 난무하였다. 축구경기 때문에 폭력사태가 빈발하자 당국은 1799년 Kingston에서는 매년 열리는 축구경기를 금지하였다. 그럼에도 이를 무시하고 경기를 강행하여 세 명의 선수가 구금되고 상대 팀에 의하여 구출되기도 하였다.[5]

비록 각 지역마다 경기규칙이 다르기는 하였으나 그 후 출전하는 선수의 수와 경기시간 등 축구에 관한 공통규칙이 정하여지고 심판이 참여하면서 축구는 젊은 신사들의 운동이 되었다. 예컨대 Sheffield시의 축구클럽은 1857. 10. 24. 조직되었는데 선수는 도시의 젊은 신사들로 구성되었고 시의 기업가, 상인 및 전문직업인에 의하여 축구클럽이 운영되었다.

그러나 세부적으로는 각 학교마다 다른 축구규칙을 갖고 있어 이러한 규칙의 차이 때문에 공을 손으로 들고 달리거나 상대방의 정강이를 걷어차는 해킹(hacking) 등을 허용하는 팀과 이를 불허하는 팀 간의 축구경기가 불가능하게 되었다. 1863년 12월 런던 지역의 11개 축구클럽이 모여 캠브리지 대학생들이 제시한 축구규칙에 관한 가이드라인을 축구규칙으로 합의할 것을 논의하였으나 실패하였다. 그러나 이 모임은 결실을 맺지 못하였지만 영국 축구협회(Football Association, FA)의 모체가 되었다는 점에

---

5) 이하의 내용은 주로 Matthew Taylor, *supra* note 2, at 5. 이하 및 David Goldblatt, 서강목 외 2인 번역, The Ball is Round, Riverhaed Trade, 2008을 참조하여 정리한 것이다. 고정애, 영국 이라는 나라, 페이퍼로드(2017), 88-91면.

서 중요한 의미를 갖게 되었다. 당시 축구협회에 소속된 주요 축구팀은 옥스퍼드와 캠브리지 출신의 엘리트들이었으며 축구협회의 발전에 중요한 역할을 하였다. 결국 이견을 좁히지 못한 채 1871년 축구협회 내에서 손으로 공을 들고 달리는 것을 허용하자는 측(Blackheath Club이 주도)과 이에 반대하는 측이 분리되어 전자는 별도로 럭비축구연맹(Rugby Football Union, RFU)을 창설하였다.[6]

축구협회는 1871년 자신의 이름으로 축구대회를 창설하였다. 이 경기를 FA Cup이라 한다. 이 대회에는 아마추어팀과 프로축구팀이 참석하였다. 초창기에는 아마추어팀이 프로팀을 상대로 승리하기도 하였으나 이후 프로축구팀이 경기를 주도하게 되었다. 축구리그(Football League)는 축구협회가 창설된 지 25년이 지난 1888년 축구팀 Aston Villa의 사무국장이었던 William McGregor가 주도하여 조직한 축구시합 조직체이다. 1888. 9. 8. 12개 팀이 참가하였다.[7] 이 축구리그가 발전하여 최고단계인 프리미어리그가 탄생하였으며 오늘날 전 세계 축구팬들은 프리미어리그 소속 축구클럽의 경기를 TV로 시청하고 있다.

2. 축구클럽의 起源

축구클럽은 19세기 말경 끈끈한 지역적인 연고를 바탕으로 설립되었다. Leicester City FC는 1884년 Leicester City의 grammar school과 공립학교의 동문들이 주축이 되어 설립되었으며, Sunderland FC 역시 1879년 설립되어 Sunderland 지구 내의 교사들이 선수였다. 교회를 기반으로 하는 팀으로는 1885년 설립된 Southhampton FC(St. Mary's Church)[8]와 1874년 교회 크리켓 선수들이 창설한 Aston Villa FC(Villa Cross Wesleyan Chapel) 등이 대표적이다.[9] 그 외에 직장을 연고로 하는 팀으로는 Lancashire와 Yorkshire의 鐵道會社를 기반으로 하여 1878년 창립된 Manchester United FC(변경 전 명칭, Newton Heath LYR FC)와 1886년 Woolwich의 火藥 공장을 기반으로 한 Arsenal 등이 있다.[10] 그 밖에도 팀이 소재하는 도시의 거리를 축구클럽의

---

6) Taylor, *supra* note 2, at 10.
7) Colin Mitchell, The History of English Football Clubs, New Holland, 2013, 7. 이 책은 현재 영국에서 활약 중인 총 92개의 팀의 탄생, 전적, 주요 선수, 감독 등에 관하여 분석하고 있다.
8) 이 구단은 교회 청년들이 조직한 이후 최고리그에서 활약하다 2005년 27년 만에 2부 리그로 강등되었다가 2013년 시즌에 프리미어리그로 회복하였다. 필자는 런던 체류 중 이 축구팀의 모회사가 2009년, 관리절차로 들어갔을 당시 관리인이었던 Mr. Mark Fry 공인회계사를 만나 축구클럽의 재건에 관한 실화를 들었다.
9) Aston Villa는 1888년 축구리그 창립 시합에 참여한 유서 깊은 팀이다.
10) Mitchell, *supra* note 7, at 18, 28, 187.

명칭으로 삼은 경우도 있다(Red Row Star, Cleaver Street Rovers).

마지막 2팀을 제외한 팀들은 현재에도 프리미어리그에서 활약 중이다. 많은 축구팀이 역사 속으로 사라졌지만 축구클럽의 역사를 통하여 지역 사회와 지역주민이 축구팬이 되어 축구클럽의 발전에 중요한 역할을 하였음을 알 수 있다. 축구클럽의 도산 시 축구채권자들을 절대적으로 우대하는 축구리그의 정관이 유효하다는 판결의 근저에도 축구가 영국 사회에 미치는 중요한 역할을 고려한 것으로 추측된다.

3. 축구리그의 組織

축구클럽은 동네축구(park football)로부터 세계적인 명성을 지닌 선수들이 뛰는 프리미어리그까지 승진의 사다리체계로 이루어진다. 축구리그 및 프리미어리그에 소속한 프로 축구클럽은 총 92개이다. 동네축구는 한 사람의 관객과 그가 데리고 간 개만이 관람한다는 농담이 있지만 이러한 동네축구클럽이 참가하는 세미프로 축구시합의 최종단계인 Conference 경기에도 수천 명의 관중이 모일 정도로 인기가 높다. Conference 단계에서부터 경기수당이 종종 주어진다.

축구리그는 주식회사로서 각 축구클럽이 주주이다. 자본금은 £5이며 1주의 가격은 5펜스이고, 발행예정주식은 총 100주이고 그중 72주가 발행되었다. 주주는 1개의 주식을 보유하고 축구리그가 주관하는 축구대회에 참가하여야 한다. 축구클럽은 회사법에 의하여 설립된 유한회사(a limited company)로서 통상의 주주와 같이 회사로부터 배당을 받을 권리가 없으며 주식은 이익을 목적으로 양도될 수 없다. 그러나 오직 주주만이 축구리그가 주관하는 축구시합에 참가할 수 있고, 소정의 의무를 완수한 경우 공동계좌(Pool Account)로부터 소정의 돈을 받을 권리가 있다. 축구리그가 얻는 수입은 주주에게 배당하지 않고 축구리그의 정관에 기재된 목적을 수행하는 데에 사용되고 시즌 종료 후 정산하여 주주에게 소정의 금원을 지급한다. 축구리그는 주주들의 이해를 대표하는 조직체가 되고 연례축구대회를 조직하며 축구클럽과 선수 및 에이전트들을 규제하고 등록하는 업무를 수행하는 것을 목표로 한다.[11]

세계적으로 널리 알려진 최고수준의 영국 축구클럽은 소위 Barclay Premier League라고도 불리우며 20개의 축구클럽이 주주로 구성된 회사이다(Football Association Premier League Ltd FAPL). 위 클럽은 1991년 기존의 축구리그(Football League) 내에서 상위 리그에 속하는 축구클럽 20개가 따로 떨어져 나와 구성되었다. 프리미어

---

11) Revenue and Customs Commissioner v Football League Ltd [2002] EWHC 1372 (Ch) para 12.

리그보다 하위 리그는 축구리그가 주관하며 3개의 division으로 구성된다. 최상위 리그는 Championship, 이하 League One, League Two의 순서로 운영된다. 프리미어리그에서 매년 하위 3개 팀이 축구리그로 강등되고 Championship 리그의 최고 3개 팀이 프리미어리그로 昇格하는 등 프리미어리그와 축구리그는 긴밀한 관계를 갖는다.12)

프리미어리그는 소속 축구클럽이 갖는 경기에 관한 지적재산권을 양도받아 축구리그와 별도로 독자적인 방송체결권과 스폰서십 체결권한을 갖고 있다.13) 프리미어리그는 매년 8월에 시작하여 이듬해 5월에 끝나며 한 시즌에 한 팀당 38경기(총 380경기)를 치른다. 프리미어리그의 2013년 시즌의 경기에 관한 방송료는 £10억에 달한다. 반면, Football League가 받는 방송료 수입은 £2억 6,400만에 불과하다.14)

4. 축구클럽의 倒産原因

미국 미시건대학교 Szymanski 교수의 연구 결과15)에 따르면 자국의 최고 리그에 등록된 유럽 프로축구클럽 중 56%는 2010년에 손실을 보았으며, 그중 36%는 자본잠식 상태에 있다고 한다. 위 연구에 의하면 1973년부터 2010년까지 총 37 시즌 동안 총 92개의 축구팀이 경기에 참여하였으나 그중 총 시즌 줄곧 참가한 팀은 2/3에 불과하였고 12개의 팀은 10 시즌만 뛰고 하차하였다.16)

영국 축구리그의 연간수입은 £22억이고 이는 독일의 분데스리가의 수입보다 £7억을 상회한다. 프리미어리그 소속 선수들의 평균임금은 주당 £22,353, Championship 리그 소속 선수는 £4,059, League Two 소속 선수는 £747이다. 영국 축구클럽 92개의 부채는 약 £35억이고 프리미어리그의 경우 총 수입의 68%를 선수들의 몸값에 사용하고 있다.17) 2002년 이후 10년간 축구리그 소속 축구클럽 중 36개의 축구클럽이 도산하였다. 프리미어리그에 속한 프로축구팀인 Portsmouth팀마저도 2010년에 도산절차에 들어간 적이 있을 정도로 프로축구팀이 도산절차에 들어가는 현상은 흔히 목격되고 있다.

---

12) Id., at para 8.
13) 프리미어리그가 방송사를 상대로 방송저작권 위반을 이유로 방송금지명령을 신청하여 승소한 사건으로 The Football Association Premier League Ltd v British Sky Broadcasting Ltd [2013] EWHC 2058 (Ch).
14) Revenue and Customs Commissioner v Football League Ltd [2002] EWHC 1372 (Ch) para 6.
15) Stefan Szymanski, Insolvency in English Professional Football: Irrational Exuberance or Negative Shocks. No. 1202. 2012.
16) Id., at 4.
17) Andy Pearce, Insolvency in Football, Kindle ed., Athene [2011], Location 10 of 158.

축구클럽이 도산하는 이유는 비이성적인 투자(거액의 무담보 대출 등)로 인한 현금
유동성 부족에 기인한다. 거액의 저작권료를 받기로 한 방송계약이 불이행되어 몇몇
클럽이 도산하였다. 축구클럽이 비이성적인 투자를 하는 이유는 오로지 프리미어리그
에 올라가려는 꿈 때문이다.[18] 즉 천문학적인 숫자의 돈을 들여 우수 선수를 스카웃하
였다가 프리미어리그에 들지 못하거나 반대로 하위리그로 강등되면 도산할 수밖에 없
다. 그렇다고 투자와 성적이 정비례하는 것도 아니므로 축구클럽에 투자하는 것은 일
종의 도박과 같다.[19]

5. 축구클럽의 再建節次

축구클럽은 대부분 축구시즌 중에 도산하여 관리절차로 들어가고 드물게 청산절
차로 가기도 한다.[20] 축구클럽이 관리절차 등에 들어가면 통상의 기업과 같이 도산실
무가[21](Insolvency Practitioner)가 관리인으로 선임되어 축구클럽을 재건하는 업무를
맡게 된다. 그러나 축구클럽의 재건은 기업의 재건과 다른 특유한 점이 있다. 매각하
여야 할 자산은 선수 외에는 거의 없다.[22] 관리절차 중 가장 중요한 점은 관리절차 중
에서도 축구 클럽을 유지하여 반드시 축구시즌에 참가하여 종료하여야 하는 것이다.
그 다음에 궁극적으로 적합한 매수자를 찾는 일이다. 시즌을 종료하는 것이 왜 중요한
가 하는 점은 후술한다.

그러나 위 기간 동안 상위리그로 복귀를 초조하게 기다리는 축구팬들의 성급한
기대와 관리절차가 지체되는 점에 대한 팬들의 항의로 인하여 관리인들이 많은 심적
부담을 느끼게 된다. 아울러 매수인에 대한 협상 외에 축구클럽이 도산절차에 들어갔

---

18) Id., at Location 24 of 158.
19) Id., at Location 47 of 158.
20) Revenue and Customs Commissioner v Football League Ltd [2002] EWHC 1372 (Ch) para 60.
21) 영국의 도산실무가(Insolvency Practioner, IP)는 공무원이 아니다. 모든 도산사건 청산이건 재
건이건 도산실무가가 선임되어 도산사건을 맡아 처리한다. 도산실무가가 되려면 변호사 시험이
아니라 법률 이외에 회계학 등 시험과목이 포함된 별도의 자격 시험에 합격하고 일정기간 연수
를 거쳐야 한다. 그런데 도산회사를 종전 사주 대신에 제3자가 자신의 책임하에 경영하는 것이
매우 위험한 일이므로 통상 변호사는 도산실무가가 되기를 꺼리는 경우가 많아 변호사보다 기업
회계 및 운영에 정통한 會計士들이 도산실무가가 되고 있다. 도산실무가의 보수는 도산한 기업의
재산을 환가한 금액 가운데에서 우선적으로 변제받고 있으며 보통 이상 규모의 도산사건에서 도
산실무가의 보수는 1백만 파운드 정도이다. 도산실무가는 대부분 대형 회계법인의 회계사이다. 2
인 이상의 도산실무가가 공동관리인으로 선임되는 것이 보통이다.
22) Crystal Palace FC가 관리절차에 들어간 경우에도 관리인이 축구클럽을 유지하기 위한 돈을 얻
기 위하여 소속 선수를 다른 클럽으로 이적시켰다. Revenue and Customs Commissioner v Foot-
ball League Ltd [2002] EWHC 1372 (Ch) para 48.

다는 이유로 축구리그로부터 감점 당하지 않도록[23] 축구리그의 각종 규칙을 준수하면서 축구리그를 설득하는 등 축구업계에 대한 노하우를 조기에 습득하는 것이 긴요하다.[24]

6. 蹴球債權者 規則(football creditors rule)[25]

축구리그는 축구채권자에 관한 정의와 축구클럽과 축구리그의 운영에 관한 정관을 갖고 있으며 프리미어리그의 정관도 같은 내용이다. 이에 따르면 축구채권자는 1번 이하 14번까지 분류되어 있으며 축구리그, 프리미어리그, 축구협회(Football Association), 연금, 축구리그 소속 축구클럽 및 프리미어리그 소속 축구클럽, 축구리그의 지주회사 및 자회사, 축구클럽의 전·현직 피용인(축구선수 등), 이하 관련 축구단체 등의 순서로 나열되어 있다(정관 2.1과 80.1).

축구리그의 모든 수입과 지출은 공동계좌에서 입출금이 이루어지고, 축구리그는 수입금액을 축구리그의 활동비, 우승상금, 각 클럽에 대한 참가수당의 형식으로 순서를 정하여 배분한다(정관 65.1). 만일 어느 축구클럽이 축구채권자에 대한 채무를 연체하면 공동구좌에 있는 당해 축구클럽이 시즌을 마쳤더라면 받을 수 있었을 축구클럽의 몫을 가지고 축구채권자에 대한 채무채권에 사용한다(정관 80.2). 각 구성원 축구클럽에 대하여 이 시즌에 정하여진 모든 경기를 마치는 것을 조건으로 축구리그가 축구클럽에게 시즌 중에 임시지급을 하거나 시즌 종료 후에 최종지급을 한다. 만일 축구클럽이 경기를 마치지 못한 경우에는 축구리그가 축구클럽으로부터 임시배당금을 환수할 수 있다(정관 77). 만일 축구클럽이 축구채권자에게 부담하는 채무를 연체하는 경우 축구리그가 축구클럽을 대신하여 공동구좌로부터 축구채권자에게 빚을 갚아야 하며 축구채권자의 우선순위는 정관에 정한 순서에 의한다. 축구클럽이 도산하게 되면 일단 축구리그가 도산한 축구클럽에 대하여 탈퇴의 고지와 주식을 5펜스에 축구리그로 양도할 것을 명하지만, 관행은 축구리그가 탈퇴 및 양도명령의 효력을 일시 유예하되 축

---

23) Southampton 축구클럽의 경우, 모회사가 관리절차에 들어가면서 10점을 감점당하여 하위리그로 강등되었다.

24) Southampton 축구클럽의 경우, 2007년부터 재정상태가 악화되기 시작하여 2008년 새로운 매수자를 물색하였으나 실패하였고 감점을 당하여 하위리그로 강등되었다가 축구팬들의 자선기금 모집과 축구관람으로 인한 수입의 증가 등 자구노력 끝에 2009년 매수인이 축구클럽을 매수함으로써 현재에는 프리미어리그에서 경기를 벌이고 있다. 관리인 Fry가 축구팬들에게 보낸 팸플릿에서 인용함.

25) Revenue and Customs Commissioner v Football League Ltd [2002] EWHC 1372 (Ch) paras 16-61의 내용을 요약 정리한 것이다.

구클럽이 나중에 축구채권자들의 채권을 전액 변제하거나 채권에 충분한 담보를 제공하면 축구리그가 탈퇴고지를 철회한다(정관 4.5).

이처럼 영국 축구리그가 축구채권자를 다른 채권자보다 우대하는 규칙을 축구채권자 규칙이라 한다. 축구채권자 규칙에 의하여 축구채권자들은 축구클럽이 도산하더라도 전액을 변제받을 수 있다. Crystal Palace FC는 2010. 1. 26. 관리절차에 들어갔으며 당시 일반채권자에 대한 무담보채권액은 £2,700만이고, 축구채권자에 대한 채권액은 £192만 5,000였다. 축구채권자는 전액을 변제받았으나 일반채권자에 대한 배당률은 2%에 불과하였다. Plymouth Argyle FC가 2011. 3. 관리절차에 들어갔을 때에도 축구채권자는 전액을 변제 받았으나 일반채권자는 0.77%밖에 받지 못하였다.[26]

축구채권자 규칙에 대한 비판이 있어 의회에서도 논의되고 폐지의견도 제출되었으나 입법화되지는 못하였다. 이러한 상황에서 국가가 2010년 축구리그를 상대로 축구채권자 규칙이 도산법의 평등배당원칙(*pari passu* principle)과 박탈금지의 규칙(anti-deprivation rule)에 어긋난다고 하여 소송을 제기하였다.[27]

III. 英國의 倒産制度

1. 一般論

영국의 도산제도는 역사적으로 채권자에게 매우 유리하였다. 영국에서 채무자구금제도가 폐지된 것은 1869년이다. 영국의 도산법은 1986년 개정을 통하여 구제의 문화(rescue culture)가 처음으로 도입되었고 2002년 기업법(Enterprise Act 2002) 개정에 의하여 강화되었다고는 하지만 미국과 한국과 비교하면 여전히 채권자에게 유리한 법체계이다.[28]

2010년 통계에 따른 도산절차의 신청건수는 다음과 같다.[29] 강제청산(compulsory

---

26) Id, at para 8.

27) 위 판결 외에도 2건의 판결이 있다. In re Portsmouth City Football Club Ltd [2010] EWHC 2013 (Ch) [2010] BPIR 1123, In re Portsmouth City Football Club Ltd, (unreported) 17 February 2012. 국채발행계약에서 사용되는 pari passu 조항에 관하여는 김성용, pari passu조항, BFL 제35호, 2009, 32-37.

28) Ian Johnson, "England & Wales," in Donald S. Bernstein ed., *The International Insolvency Review*, Law and Business, 2013, at 108. 2002년 개정법 이전의 영국의 도산제도에 관한 설명으로는 尹榮信, 英國의 倒産法, 한국법제연구원(1988). 영국 도산절차와 미국 파산법 제11장의 비교에 대하여는 倉部真由美, "イギリスにおける倒産文化のアメリカ化," 福永有利先生古稀記念 企業紛争と民事手続法理論, 商事法務, 2005, 631-658頁.

29) Reinhard Bork, *Rescuing Companies in England and Germany*, Oxford, 2012, at 67.

winding-up) 4,792건, 채권자 자발적 청산(creditors voluntary winding-up) 11,253건, 관리절차 2,815건, 리시버십(receivership, 편의상 리시버십으로 표기한다) 1,309건, 회사임의정리(Corporate Voluntary Arrangement, CVA) 765건.

이상에서 관리절차가 재건절차 중 가장 널리 이용되는 제도라는 점과 영국에서는 여전히 재건절차보다는 청산절차가 압도적으로 많이 이용됨을 알 수 있다.[30]

이 글에서 영국 도산법이라 함은 1986년 倒産法(Insolvency Act 1986)을 말한다. 도산법은 그 후 2002년 기업법(Enterprise Act 2002)에 의하여 일부 조항이 개정되었다.[31] 또한 2002 企業法에 의하여 관리절차에 관한 개정 조항이 삽입되었는바, 1986년 도산법의 기본구조를 바꾸지 않는다는 정책을 고려하여 전체 내용을 도산법 본문에 삽입하지 않고 Schedule B1에 새로운 개정 내용을 부가하는 방식으로 법률을 개정하였다.[32]

축구클럽이 도산한 경우 이를 재건하기 위하여 사용하는 절차는 도산법상의 도산절차의 일종인 관리절차 및 CVA이다.[33] 아래의 판례는 대부분 관리절차 중에 있는 축구클럽에 관한 것이므로 관리절차를 소개하기 전에 먼저 영국 도산절차에서 중요한 역할을 하고 있는 부동담보권에 관하여 간단히 살펴본다.

2. 浮動擔保權(floating charge)의 內容

(1) 浮動擔保權의 重要性

관리절차뿐 아니라 영국 도산절차 전반에 관하여 중요한 역할을 하고 있는 이해관계인은 고정담보권자가 아니라 부동담보권자이다. 고정담보권자는 도산절차에서 채권에 대하여 충분히 만족을 얻을 수 있으므로 영국 도산법에서는 깊이 있게 다루어지지 않고 있다.

이에 반하여 부동담보권자는 관리절차 및 관리리시버십절차(administrative receiver-ship)의 신청권자가 될 수 있을 뿐 아니라 비록 담보권자라 하더라도 도산절차의 배당

---

30) 영국의 도산법제에 관한 설명으로는 이재희, "英國 倒産法制 運用實態에 관한 小考," 재판자료 제111집, 법원도서관(2006). 489-510면

31) 2002年 도산법이 改正되었다고 하여 IA 2002로 표기하지 않고 여전히 법률 명칭은 IA 1986으로 표기한다. 도산법의 本文은 Section으로, Schedule B1은 Paragraph로 표기한다. 이 글에서도 위 方式을 따른다. 중요한 개정 내용은 원칙적으로 관리리시버 제도를 폐지한 것이다(後述함).

32) Schedule B1은 2002년 企業法 개정시에 도산법에 삽입된 것으로 위 개정에 의하여 도산법의 종전 조항 중 S.8-S.27이 대체되었다. 2002년 개정조항은 2003. 9. 15.부터 효력이 발생하였다.

33) Commissioners of Inland Revenue v Wimbledon FC Ltd [2004] EWCA Civ 655 사건은 축구클럽이 CVA에 들어간 것이다.

에 관하여 우선적 채권(preferential claim)보다 劣後하는[34] 등 채권의 우선순위 등을 둘러싸고 도산법에서 중요한 역할을 하고 있다. 필자와 같은 대륙법계 국가의 실무자로서는 부동담보권에 대한 이해 없이는 영국 도산법을 이해하기 어렵다.

(2) 浮動擔保權의 定義

고정담보권은 한국의 저당권, 질권과 같이 특정 담보목적물에 관하여 우선적 파산채권자를 포함하여 다른 채권자보다 우선채권을 받을 수 있는 담보권을 말한다. 이에 반하여 부동담보권은 대륙법 국가에는 생소한 개념으로서 채무자가 현재 및 장래에 보유하는 원자재(raw materials), 생산 중에 있는 물건(work in progress), 재고물품(stock-in-trade), 물품대금채권(trade debts) 등을 담보목적물로 삼는다. 채무자에게 일정한 사유(채무의 연체 또는 도산절차의 신청 등)가 발생하여 소위 결정화(crystalise)될 때까지 채무자가 이를 점유하고 관리처분할 수 있는 권리를 보유하되 결정화되는 시점 이후에 담보목적물이 고정되어 담보목적물에 대하여 압류의 효력이 발생하며 담보목적물의 매각대금에 대하여 일반채권자보다 우선채권을 받을 수 있는 담보권이다. 즉, 담보목적물이 특정물건이 아닌 집합물로서 결정화되기 전까지 계속하여 증감변동하는 것이고 근저당권과 같이 피담보채권이 증감변동하는 것이 아니다.

리시버십이 법정도산절차의 일부가 된 것은 1986년 도산법 개정 이후이다.[35] 그 이전에는 전통적으로 고정담보권자(양도담보권자 등) 또는 부동담보권자가 담보물을 환가하는 절차로는 리시버십이 사용되었다. 담보권자는 법원에 리시버(receiver)의 선임 신청을 하거나 사채발행서류(debenture)에서 정한 바에 따라 스스로 리시버를 선임할 수 있다. 리시버는 자신을 선임한 담보권자의 이익을 위하여 채무자의 재산을 점유 관리하며 이를 환가하였다.

(3) 浮動擔保權의 發展[36]

부동담보권은 19세기 중엽 영국에서 산업과 교역이 팽창함에 따라 기업의 자금수요에 대처하는 과정에서 형평법에 기한 판례에 의하여 형성된 것이다. 전통적인 보통법과 형평법의 담보제도는 특정한 토지와 상품에 대해서만 담보권의 설정이 가능하였다. 그러나 이러한 담보목적물은 종류가 한정되어 있고 오히려 회사가 담보로 제공할 수 있는 재산의 상당 부분은 위에서 본 원자재 등이므로 이를 담보로 이용하는 방법이

---

34) S.175 IA(이하 도산법을 인용시 IA는 생략한다). 부동담보권이 우선적 채권에 열후하는 것은 1897년 優先債權에 관한 改正破産法(Preferential Payments in Bankruptcy Amendment Act 1897)에 기한 것으로 확고한 법원칙이다.

35) 中島弘雅 田頭章一 編, 英米倒産法キーワード, 弘文堂, 2003, 55頁.

36) National Westminster Bank Plc v Spectrum Plus Ltd [2005] UKHL 41, para S 95-100.

강구되었다. 이러한 물건은 성질상 계속하여 증감·변동하는 것이므로 형평법의 원리에 근거를 두고 이를 담보로 삼는 방법으로 고안된 것이 부동담보권이다. 부동담보권제도는 제정법률 아니라 판사들이 당시의 기업금융 수요에 대응하기 위하여 발전시킨 것이다.

부동담보권에 관한 최초의 사건은 Holroyd v Marshall (1862) 10 HLC 191이다. 이 사건은 채무자가 방앗간에 소재하는 기계뿐 아니라 장차 영업 도중에 설치될 예정인 기계도 담보권의 목적물로 삼았는바 이러한 담보약정의 유효성이 다투어졌다. 대법원은 새로운 기계가 방앗간에 설치되는 순간 기계가 계약의 목적물이 되고 형평법상 담보권자에게 권리가 양도되며 이는 목적물이 존재하는 순간 계약의 효력이 발생한다는 형평법상의 원리에 기초를 두고 있다고 판시하였다. 이 판결 후 1870년대, 담보목적물을 "undertaking and all sums of money arising therefrom"이라고 기재한 계약서 문구 중 undertaking의 의미에 관하여 법원은 undertaking은 회사 소유의 일체의 물건을 말하는바, 이는 담보권설정계약시에 존재하는 물건뿐 아니라 장래에 회사의 소유로 귀속되는 물건을 포함한다고 확대되었다. 나아가 undertaking이라는 단어로부터 필연적으로 회사가 계속하여 영업을 하되, 사채권자는 채무의 이자 지급이 연체되거나 원본의 채권기일이 될 때까지는 담보권을 행사할 수 없다는 것을 추론할 수 있다.[37]

1879년, floating security라는 용어가 판례[38]에 의하여 처음으로 사용되었다. 같은 해에 이와 대비되는 개념으로 고정담보권이라는 용어가 판례[39]에 등장하였다. 제정법에 부동담보권이라는 용어가 규정된 것은 1897년이다.[40] 스코틀랜드는 대륙법을 고수하면서도 1961년 회사법 개정에 의하여 부동담보권을 도입하였다.

전통적인 법이론에 의하면, 담보권자가 담보물에 대하여 재산권(proprietary right)을 갖는다면 담보물을 어느 정도 통제할 수 있어야 하는데 부동담보권은 담보권자에게 재산권을 인정하면서도 담보물에 대한 점유나 관리 등의 통제를 할 수 없다는 것이 모순이라는 비판이 있다. 이러한 이유로 美國에서는 부동담보권의 효력을 인정하고 있지 않다.[41]

---

37) In re Panama New Zealand and Australian Royal Mail Co (1870) 5 Ch App 318.
38) In re Colonial Trusts Corporation (1879) 15 Ch D 465.
39) Moor v. Anglo-Italian Bank (1879) 10 Ch D 681, 687.
40) 1897년 優先債權에 관한 改正破産法.
41) Benedict v Ratner 268 U.S. 353 (1925). A 회사는 라트너로부터 2회에 걸쳐 총 3만 불을 차용하면서 그 담보로 현재 및 장래의 매출채권 일체를 라트너에게 제공하였다. 담보약정에 의하면 A가 담보목적물인 채권에 대한 추심권을 보유하고 회수금을 자유롭게 사용할 수 있었다(단 라트너가 청구하는 경우 제외). 또한 A는 라트너에게 회계보고의무를 부담하지 않고 제3채무자에게

(4) 浮動擔保權의 優先順位

관리절차상 채권의 우선순위는 고정담보권, 우선적 채권, 부동담보권, 일반채권, 지분권(주주 등)의 순서로 정하여진다. 만일 고정담보권과 부동담보권의 목적물이 위에서 본 바와 같이 부동산(토지 또는 건물)과 동산(재고물품)으로 뚜렷하게 구분된다면 어려운 법률문제가 발생하지 아니할 것이다. 문제는, 채권자가 채무자 보유의 예금채권을 담보로 설정받는 경우 어떤 기준으로 고정담보권과 부동담보권으로 나누는가라는 점이다. 예컨대 예금채권에 대하여 고정담보권이 설정되었다면 문제가 없지만 만일 부동담보권이 설정된 것으로 판단되면 동일 목적물에 관해 다시 고정담보권이 설정되는 경우, 고정담보권이 우선한다. 또한 우선적 채권자가 채무자의 담보권이 설정되지 않은 일반재산의 환가대금으로 채권전액 변제를 받지 못한 경우, 우선적 채권자는 그 부족금액에 관하여 부동담보권의 목적물의 환가대금에 관하여 부동담보권자보다 우선하여 배당을 받는다. 우선적 채권자는 청산절차로 인하여 부동담보권이 결정화되기 전후를 불문하고 부동담보권자보다 우선한다.[42]

2002년 개정에 의하여 부동담보권이 2003. 9. 15. 이전에 설정되었다면 부동담보권자는 관리리시버(administrative receiver)를 선임함으로써 자신의 담보권을 실행할 수 있었으나 그 이후에는 원칙적으로 관리리시버를 임명할 수 없게 개정되었다. 다만 부동담보권자는 裁判外(out-of-court) 관리절차에 기한 관리절차의 관리인을 선임할 권한이 있다.

우선적 채권은 2002년 기업법 개정 전에는 조세를 비롯한 정부에 대한 공과금채권이 포함되었으나 개정에 의하여 현재는 선박과 철강제품에 대한 세금, 연금보험료와 일정금액(1인당 £800을 최고한도로 함)의 체불임금만 남았다.[43]

2002년 기업법은 2003. 9. 15. 이후에 설정된 부동담보물의 매각대금 중 일정 비율에 의한 금원을 별도로 떼어 놓아(ring-fenced) 무담보권채권자의 채권에 사용하도록

채권양도의 통지도 하지 아니하였다. 다만 매달 말에 A가 라트너에게 채권목록을 교부하였다. 1921. 9. 17. A가 지급불능에 빠지고 라트너도 이를 알게 되어 라트너가 9. 17.부터 9. 26.까지 A로부터 수표 등을 교부받아 채권을 회수하였다. 9. 26. A가 파산신청을 하여 원고가 파산관재인으로 선임되었다. 원고가 라트너를 상대로 위 기간 동안 이전받은 채권 및 그 회수대금의 반환을 구하였다. 원심에서는 사실상 사기가 아니라고 보아 라트너가 승소하였다. 그러나 연방대법원은 주법에 의하면 담보권이 설정될 수 없으므로 최초의 채권양도행위는 사해양도에 해당한다고 판단하여 원심판결을 파기하였다.

42) S.251. 中島弘雅 田頭章一 編, 前揭書(주 35), 148頁.

43) Glen Flannery · Ruth Sorsa, England and Wales, Collier International Business Insolvency Guide, LexisNexis, 2014.

정하였다. 이 금액을 prescribed part 라고 부르며 £600,000을 최고한도로 하여 금액을 산정하는 별도의 공식이 있다. 이 제도는 관리절차뿐 아니라 청산절차, 리시버십(receivership)에도 적용된다.44)

부동담보권에 대하여도 거래의 안전을 고려하여 등록되고 일반대중이 열람할 수 있도록 되어 있지만 실제로 그러한 공시제도가 유용한지에 대하여는 의문이 있다고 한다.45)

(5) 固定擔保權과 浮動擔保權의 區分

장래의 채권을 고정담보권의 목적물로 삼을 수 있음은 1888년 판례에 의하여 인정되었다.46) 중요한 문제는 어떠한 基準에 의하여 固定擔保權과 浮動擔保權으로 구분하는가이다.

은행이 부동담보권자인 사안에서 장래 채권이 고정담보권의 대상이 될 수 있는 기준을 넓게 인정한 Siebe Gorman & Co Ltd v Barclays Bank Ltd [1979] 2 Lloyd's Rep 142 판결과 대법원이 2005년 이 판결을 폐기한 National Westminster Bank Plc v Spectrum Plus Ltd [2005] UKHL 41[47] 판결을 검토하는 것이 중요하다.

담보권설정자가 채권의 추심대금을, 담보권자인 은행이 지정하는 계좌로 입금하지만 은행의 별도 지시가 없는 한 담보권설정자가 자유로이 예금을 인출할 수 있는 경우에 고정담보권이 설정된 것으로 볼 것이냐를 둘러싸고 많은 논란이 있었다. Siebe Gorman 판결은 고정담보권이 설정된 것으로 해석하였으며 1994년 항소법원 역시 Re New Bullas Trading Ltd[48] 판결에서 이를 지지하였다. 반대로 樞密院(Privy Council)[49]은 Agnew v Commissioners of Inland Revenue [2001] 2 A.C. 710. 판결[50]에서 부동담보권으로 해석하였다. 대법원이 National Westminster Bank Plc 판결에서 이러한 상반된 판결을 정리하여 부동담보권으로 해석한 것이다.[51]

---

44) Christopher Mallon and Alex R van der Zwaan, England and Wales, in Christoper Mallon ed., *The Restructuring Review*, 4th ed., Law Business Research, 2011, at 115.

45) Cosslett [2002] 1AC 336, 347-8, para. 19.

46) Tailby v Official Receiver (1888) 13 App Cas 523.

47) 영국의 판결문은 미국 판결문에 비하여 비교적 장문이라는 점과 선례를 인용함에 있어 면수(page)를 인용하는 미국 판결과 달리 항수(paragraph)를 인용한다는 점이 필자에게는 특이하게 보였다. 이 판결에는 7인의 대법관이 165항에 이르는 장문의 판결문에서 부동담보권의 역사와 법리에 관하여 자세하게 판시하였다.

48) [1994] B.C.L.C. 485.

49) 영국의 식민지와 영연방국가의 판결에 대한 최종심의 역할을 맡고 있다.

50) 법원은 채권을 담보목적물로 하는 담보권이 부동담보권인지 고정담보권인지 여부를 결정하는 기준은 채권자가 채권의 처분 및 처분 대가를 실제로 관리하고 있느냐에 달려있다고 판시하였다.

51) 판결에 대하여 찬성하는 견해로는 Roy Goode, *Principles of Corporate Insolvency Law*, Sweet

사안의 개요는 아래와 같다.

은행(National Westminster Bank Plc)은 1997년 대출서류(debenture)에 명시적으로 채무자 회사(Spectrum)가 갖는 현재 및 장래의 채권을 고정담보권으로 삼는다는 조항을 두고 돈을 대출하여 주었다. 은행은 담보권이 고정담보권이라 주장하였고 국세청은 당시 적용되던 도산법 s.175에 의하여 우선권 있는 조세채권자이므로 부동담보권에 우선한다고 주장하였다.52) 회사가 부담하는 무담보채권액은 국가의 조세채무를 포함하여 £16,136에 불과하지만 사건은 부동담보권과 고정담보권을 구별하는 기준에 관한 시금석이 되는 중요한 사건이었다.53)

이 사건에서 회사는 은행에게 현재 및 장래의 채권에 대하여 고정담보권을 설정한다고 계약서에 표시하고(" … [a] specific charge [of] all book debts and other debts … now and from time to time due or owing to [Spectrum]") 채권 추심은 회사가 하되 추심한 돈은 은행이 지정한 은행구좌에 입금하여야 하고 회사는 은행의 사전 서면동의 없이 당해 채권을 제3자에게 처분할 수 없으며 회사는 은행의 요청이 있으면 채권을 은행에게 양도하여야 한다고 약정하였다. 이러한 양식은 은행이 통상적으로 사용하는 것이었다.

영국 대법원 판결 이유의 요지는 아래와 같다.

현재 및 장래의 채권을 담보목적물로 하여 고정담보권을 설정할 수 있음은 법률상 이론이 없다. 또한 어떠한 담보권이 설정되었는지를 결정하는 것은 담보목적물에 대한 담보권설정자 및 담보권자가 갖는 권리의 성질 및 내용에 의하여 결정되는 것이지 단지 계약서에 고정담보권이라고 표시하였다고 하여 그 때문에 담보권자와 담보권설정자의 권리가 결정되는 것은 아니다

부동담보권인지 고정담보권인지 여부를 구분하는 잣대는 담보권설정자가 통상의 영업에서 담보로 제공된 미수채권을 담보권자의 동의 없이 인출하는 등의 처분을 할 수 있는지 여부이다. 당초 Gorman 판결은 비록 제1심 판결이었지만 권위 있는 법관 Slade가 작성하였다는 이유로 선례가 되어 이후 25년간 수많은 판결이 이를 따랐으며 거래계에서도 위 사건에서 사용된 대출서류양식을 사용하는 것이 관습이 되었다고 한다.54)

이 사건의 쟁점은 선례를 폐기함에 있어 판결의 효력을 소급하지 않고 장래에 향

---

and Maxwell, 2011, paras. 10-16.
52) 2002년 개정에 의하여 국세 등 대부분의 公課金債權이 無擔保債權으로 지위가 강등되었다.
53) 이 판결의 결론을 기다린 청산 사건이 수백 건이었다(Re Spectrum Plus Ltd, para. 76).
54) 위 판결에 대한 비판으로는 Vanessa Finch, Corporate Insolvency Law, Cambridge, 2002, 305.

하여 효력을 발생시키는 판결을 할 권한이 있는가 하는 점과 장래채권을 담보로 삼는 경우 부동담보권과 고정담보권의 기준이 무엇인가에 관한 것이었다. 전자에 대하여는 당해 사건의 판결 효력은 소급효가 있다고 판시하였다. 이 글에서는 후자에 대하여만 검토하기로 한다.

이 사건에서 회사는 은행이 지정하는 제한의 범위를 넘어서 마음대로 채권을 매각, 담보 제공 등을 할 수 없고 추심한 금원을 지정된 계좌에 입금하여야 하는 부담을 지지만 통상의 영업범위 내에서 채권 추심을 할 수 있고 특히 당좌대월 한도금액인 £250,000을 넘지 않는 범위 내에서 회사가 예금을 인출함에 있어서 은행의 동의를 받지 않았다.

법원은 아래와 같은 3가지 기준을 정하고 이를 모두 충족한 경우에 浮動擔保權이 된다고 判示하였다. ① 담보목적물이 회사가 보유하는 현재 및 장래의 일정 부류(kind)의 재산55)일 것, ② 담보목적물이 통상의 영업과정에서 수시로 변경되는 것일 것, ③ 담보권자가 또는 담보권자의 이익을 위하여 추가적인 조치가 있을 때까지 회사가 담보목적물을 가지고 통상의 영업활동을 하고 있을 것이다. 그런데 이 사건에서 회사가 은행예금을 인출함에 있어 채권자의 제한 없이 자유롭게 통상의 영업활동에 따라 인출하여 사용할 수 있고 위 3가지의 요건을 모두 갖추었으므로 浮動擔保權으로 해석하였다.

(6) 코멘트

담보제도는 항상 신용을 필요로 하는 상인들이 먼저 창안하고 법이 이를 뒤늦게 따라가서 법적안정성을 부여한다. 이 사건에서 영국의 대법원은 담보계약 이후에도 채무자가 통상의 영업과정에서 담보물을 여전히 처분할 수 있는 기업금융의 현실적인 필요와 대출거래 관계에서 은행이 우위에 있는 거래 현실을 고려하여 3가지 기준을 제시하고 계약서의 명시적인 문언에도 불구하고 이를 부동담보권으로 해석하였다.

한국은 2011. 5. 19. 장래의 동산과 채권을 담보목적물로 삼는 새로운 담보제도로서 동산·채권 등 담보에 관한 법률을 제정하였다. 동 법률에 의하여 기존의 등기제도에 터잡아 새로운 담보권이 창설되었다. 동산과 채권을 별개의 담보목적물로 삼는다는 점에서 이를 포함하여 하나의 목적물로 삼는 영국의 부동담보권제도와 다르다.

한편 스코틀랜드는 오랜 기간 독립국가로 있었던 덕에 영국과 합병을 한 이후에도 대륙법을 고수하고 있다. 스코틀랜드가 1961년 회사법 개정에 의하여 부동담보권

---

55) 일정 부류의 재산이라 함은 특정 재산이 아니라 재고물품, 생산 중의 물품 및 이를 판매한 매매대금 채권 등과 같이 집합적인 것을 지칭한다.

을 도입하였다고 하니 앞으로 동산채권 등 담보에 관한 법률 시행 후에도 동산·채권 담보 제도가 활성화되지 않는다면 스코틀랜드의 사례를 연구할 필요가 있다.

필자가 판결 이유를 읽으면서 영국대법원이 폐기 대상인 판결이 제1심 판결이지만 그에 근거하여 상거래가 이루어지고 있음을 고려하여 판결의 장래효를 인정할 것인지 여부를 두고 심각하게 논의한 점과 판결문 작성하는 7인의 대법관들이 선례 판결문을 작성한 법관에 대한 존경심을 유지하면서도 영연방의 판례, 그에 대한 최종심인 추밀원의 선례와 쟁점에 관한 학자들의 논문 등을 전거로 폐기 대상의 판결의 오류를 논리적으로 지적하는 점에 인상이 깊었다.

Ⅳ. 管理節次

1. 管理節次의 制定經緯

관리절차는 1985년 도산법[56]에 처음 도입되었으나 2002년 기업법 개정시 본문에서 Schedule B1으로 자리를 옮겼다. 따라서 현행 관리절차는 도산법 1986이라고 표시되어 있지만 실제로는 2002년 개정이 반영된 Schedule B1에 의하여 규율되고 있다. 2002년 개정에 의하여 수도, 하수도, 철도, 항공 등 기업에 대하여는 관리절차가 적용되지 아니한 것으로 바뀌었다.[57] 또한 예외적으로 금융기관의 관리절차에 관하여는 EU 지침(Directive)에 따라 제정된 Financial Collateral Arrangement Regulation 2003의 특칙에 의하여 도산법의 일부 조항의 적용이 배제된다.[58]

2. 管理節次의 目的

2002년 개정 전 1986년 도산법이 규정한 관리절차의 목적은 존속가치로서의 기업 전부 또는 일부의 존속, 자발적인 채무조정안의 승인, 회사법상 채무조정계획(scheme of arrangement)의 인가, 청산절차보다 유리한 재산의 환가였다(구 도산법 s.8(3)). 위 3가지는 동등한 가치를 갖는 목적이었으며 첫 번째가 나머지에 우선하는 위계적인 것은 아니었다.

2002년 기업법은 도산법을 개정하여 관리절차 목적의 순서를 정하였다. 첫 번째

---

56) 1985년 도산법은 실제로 시행된 바 없이 폐지되었으며 1986년 도산법이 개정되어 시행되었다.
57) 2002년 企業法, S 249.
58) 관리절차에서 담보권의 집행에 대한 중지와 부동담보권의 우선권에 관한 조항이 배제된다. Johnson, *supra* note 28, at 106.

는 계속기업가치를 유지한 상태에서 기업을 구제하는 것이고 만일 이를 달성하지 못하면 두 번째로 총채권자를 위해서 청산가치를 상회하는 결과를 추구는 것이고, 이것마저 달성하기 어려우면 끝으로 1인 이상의 담보채권자 또는 우선적 채권자를 위해서 회사 재산의 전부 또는 일부의 환가를 목적으로 하는 것이다. 다만 이러한 순서에도 예외가 있다. 즉 첫 번째 목적을 실현하는 것이 비합리적이거나, 두 번째 목적을 실현하는 것이 낫거나, 제1, 2번째 목적을 달성하는 것이 현실적으로 비합리적인 경우에는 순서를 바꿔도 무방하다. 그러나 관리인이 미리 어떠한 목표를 달성한 것인지를 사전에 밝혀야 할 의무는 없다.

두 번째 목적을 달성하기 위하여 사전매각(prepackaged sale)의 방법이 흔히 이용된다.59) EU도산규칙에 의하면 만일 유럽연합 국가 중 어느 한 국가에서 주된 도산절차가 개시되면 다른 국가에서는 속지적 효력을 갖는 청산절차만이 개시가 가능한데60) 관리절차가 비록 재건절차이기는 하지만 관리절차를 통하여 청산을 하는 목적으로 하는 경우라면 설령 독일에서 주된 재건절차가 개시되었더라도 영업소가 있는 영국에서 관리절차가 개시될 수 있다.61)

관리인은 반드시 도산전문가 중에서 선임하여야 하며 회사의 재산과 영업에 관한 권한을 기존 이사로부터 넘겨받는다. 개정 전의 1986년 도산법 s.8에서 s.27를 삭제하는 대신 Schedule B1이 관리절차를 규정하고 있다. 2003. 9. 15. 이후 신청사건에 대하여 Schedule B1이 규율한다.

3. 管理節次의 對象

관리절차의 대상이 되는 회사는 영국 내에 주된 이익의 중심지가 있으면 족하고 반드시 유럽연합 영역 내에서 설립되어야 할 필요는 없다.62) 회사 외에도 조합,63)

---

59) 미국 파산법상의 prepackaged plan이라 함은 회생절차 신청 전에 채권자와 채무자 간에 합의한 내용을 계획안에 미리 반영하여 절차 개시 후 조속한 시일 내에 계획안의 표결 및 인가절차를 거치는 것을 말한다. 이에 비하여 영국 도산법상 prepackaged sale이라 함은 관리절차 개시 전에, 이미 매매조건이 합의된 상태에서 최초 채권자집회 전에 관리인이 회사 재산을 매각하는 것으로 양자의 개념이 다름에 유의할 필요가 있다. 영국의 사전매각은 반드시 법원의 허가를 받아야 할 필요는 없으나 간혹 관리인이 법원의 허가를 신청하는 경우도 있다. 채권자집회를 거치지 아니하므로 무담보채권자들의 표결절차는 존재하지 아니한다. Johnson, *supra* note 28, at 110. 및 Goldthorp 영국 변호사의 답변.

60) EU Regulation Article 3(3).

61) Ian F. Fletcher, "*European Union Regulation on Insolvency Proceedings*," in *Collier International Business Insolvency Guide*, LexisNexis, 2012, 43-29, Sally Willcock and Adam Plainer, "England and Wales," in id., at 21-63.

62) Johnson, *supra* note 28, at 107.

Limited Liability Partnership[64])도 관리절차를 신청할 수 있다.

법인이 아닌 단체, 예컨대 사교클럽(social club), Industrial and Provident Society Act에 의하여 설립된 IPS(이익을 위한 투자를 배제하고 회원을 위한 단체로서 협동조합과 유사하다)는 관리절차의 대상에서 제외된다. 이 점에 관하여는 아래 Panter 판결이 소개하고 있으므로 상세한 설명은 생략한다.

4. 管理節次의 申請 및 開始

관리절차는 법원에 대하여 관리인선임 명령을 신청을 하는 방법(court-based appointment)과 법원의 선임명령 없이 법원에 도산법 소정의 서류를 제출함으로써 관리인을 선임하는 방법(out-of-court appointment)[65])으로 구분된다. 관리인이 선임됨으로써 관리절차가 개시된다.

(1) 法院에 申請하는 方法

이 방법은 재판외 신청방법보다 사용빈도가 낮다.[66] 법원에 관리절차를 신청하려면 먼저 회사가 지급불능에 있거나 있을 가능성이 있어야 한다. 이 방법은 도산사건의 관할과 主된 利益의 中心地(center of main interests, COMI)를 둘러싼 의문점을 해소하여 절차개시 후 불복을 피하기 위하여 이용된다.[67] 채권자가 이미 회사에 대하여 청산절차를 신청하였거나, 회사에 대하여 관리리시버가 선임되었기 때문에 더 이상 부동담보권자가 재판외 관리절차를 이용할 수 없을 때에는 오직 법원에 신청하는 방법만이 가능하다.[68] 신청권자는 회사, 이사들 및 채권자[69]이다. 무담보 채권자는 반드시 법원에 관리절차를 신청하는 방법만 가능한데 실무상은 무담보 채권자가 신청하는 것은 매우 드물다. 회사가 특정인을 관리인후보로 법원에 신청하더라도 법원은 특별한 사정이 있는 경우를 제외하고 원칙으로 부동담보권자가 선택한 자를 관리인으로 임명하여야 한다.[70]

---

63) Insolvent Partnerships Order 2005. SI 2005/1516 post-1 July 2005.

64) Limited Liability Partnerships Regulations 2005, SI 2005/1989, art. 3, Sched. 2.

65) 裁判外 방법이라 하여 법원이 전혀 관여하지 않는 것으로 오해할 여지가 있으나 실제로는 서류를 법원에 제출한다는 점에서 법원의 관여는 있다.

66) Bork, *supra* note 29, at 58.

67) Joint Administrators of Rangers Football Club plc [2012] CSOH 55 사건에서도 최초 관리인 임명절차가 무효임이 판명되어 법원에 관리인 선임신청을 하였으며 법원은 관리인 선임시기를 소급하여 관리인을 선임하였다.

68) Johnson, *supra* note 28, at 114.

69) 채권자라 함은 무담보채권자 및 자격이 있는 부동담보권자(QFCH, Qualified Floating Charge Holder)를 포함한다.

(2) 裁判外 申請 方法

이 방법은 2002년 기업법 개정시에 신설된 것이고, 신속하고 비용이 저렴하다는 이유로 법원에 신청하는 방법보다 자주 쓰인다.[71] 신청권한은 회사 또는 이사들 및 자격이 있는 부동담보권자(QFCH)에게 있다. 무담보채권자와 고정담보권자는 재판외 방법에 의한 관리인 선임 신청권이 없다.[72] 실무상 부동담보권자는 평판을 고려하여 자신 명의로 신청하는 대신 채무자 회사의 이사들로 하여금 신청하도록 한다. 부동담보권자가 없으면 이사회의 결의와 관리인선임 통지서에 서명하고 이를 법원에 제출하고, 만일 부동담보권자가 있으면 관리인선임 통지서를 부동담보권자에게 송달하고 부동담보권자는 5 영업일 이내에 동의하든지 법원의 명령 없이 다른 관리인후보로 교체할 수 있다.[73] 부동담보권자가 신청하는 경우 부동담보권자는 대출계약서에서 정한 연체 등의 일정 사유가 발생한 경우에 관리인 선임신청서에 서명하고 회사에게 서면으로 변제요구를 하고 회사가 채무를 연체하고 있음을 증명함으로써 부동담보권자가 담보권을 실행할 권한이 있음을 선언하는 내용의 서류를 법원에 제출하고 회사에 송달한다. 부동담보권자가 지명한 후보자가 관리인으로 임명된다.[74]

5. 管理節次의 開始

법원에 신청하는 방식에 의하면 법원이 신문 후에 개시명령의 허부를 결정하거나 신청을 청산절차의 신청으로 취급하는 등 기타 법원이 적절하다고 판단되는 명령을 발한다. 단지 회사에 대하여 청산절차가 신청된 단계라도 관리명령의 신청을 방해하지 않는다. 만일 관리명령 신청 시에 이미 청산절차가 진행 중이라도 법원에 신청하는 방식에 의한 관리명령의 개시는 가능하며 자격 있는 부동담보권자가 재판외 방식으로 신청하는 것도 가능하다.

관리절차의 개시신청이 있으면 법원은 청산절차의 개시를 명할 수 없다. 관리절차가 개시되면 청산절차는 종료되므로 청산절차의 개시신청은 자동적으로 각하된다.

---

70) Schedule B1 Para 36(2).

71) 이상 법원신청절차와 裁判外 신청절차의 차이에 대한 설명은 Goldthorp 변호사에 답변에 기초한 것이다.

72) 설령 계약서에 부동담보권을 설정하는 것으로 기재되었더라도 실제 대부분의 담보목적물이 고정담보권에 속한다면 권한이 있는 부동담보권자에 해당하지 아니하므로 이러한 담보권자에 의한 관리인 선임은 부적법하다. Vernon Dennis, *Administration*, The Law Society, 2010, at 58.

73) Mallon and Zwaan, *supra* note 44, at, 116. 부동담보권자에게 보내는 통지서에 동의란이 있는 바 부동담보권자가 관리인 교체를 조건으로 동의함으로써 교체한다.

74) Schedule B1 Para 36(2).

이미 진행 중인 담보권을 포함한 채권자들의 권리행사가 중지된다. 이 점은 구제절차가 청산절차보다 우위에 있다는 법정책의 표현이다.

6. 관리리시버십절차(administrative receivership)와 管理節次의 關係

관리리시버십절차는 집단적인 도산절차가 아니라 특정담보권자를 위한 채권추심절차이다. 부동담보권자는 관리인 선임명령 전에 미리 관리리시버를 임명함으로써 관리절차를 피할 수 있다. 즉 2002년 개정 전의 도산법에 의하면 관리리시버가 이미 임명되어 있으면 법원이 더 이상 관리절차 개시명령을 발할 수 없었다. 그러나 이러한 제도가 지나치게 담보권자(관리리시버의 임명권한을 갖는)를 보호하고 관리절차를 유명무실하게 만드는 비판이 있었다. 2002년 기업법의 개정에 의하여 사실상, 관리리시버십절차가 폐지되어 이러한 제한은 소멸되었다. 이미 회사에 대하여 관리리시버십절차가 개시되면 재판 외의 방법에 의하여 관리절차를 신청할 수 없다.

그러나 신청권자가 법원에 신청하는 방법은 가능한데 법원은 다음의 요건을 갖춘 경우 관리리시버가 임명된 경우라도 관리절차를 개시할 수 있다. 즉 관리리시버가 동의하거나, 관리리시버를 임명할 근거가 된 담보설정이 염가거래 또는 편파행위 등으로 부인되어 무효가 될 가능성이 있거나, 부동담보권의 설정이 대가 부존재로 무효인 경우이다. 관리인이 선임되면 기존에 선임된 관리리시버의 직책을 종료시킨다. 만일 부동담보권자(QFCH)가 관리리시버를 임명할 수 없게 되더라도 관리인을 자신에게 우호적인 사람으로 선임할 영향력을 행사할 수 있다. 2002년 개정에 의하여 통상의 회사에 대하여는 관리리시버십제도는 사용되지 않으며,[75] 예외적으로 법률상 허용되는 7개의 경우에만 사용된다.[76]

7. 管理人(administrator)의 權限

관리인은 회사를 경영하며 회사 재산에 대한 관리 및 매각 권한, 이사교체 권한 및 회사의 대리인으로서 거래를 계속할 권한, 새로운 회사의 분할 및 회사 매각의 권한을 갖는다. 관리인이 회사 재산을 매각하려면 법원의 감독을 받는다. 다만 부동담보권의 목적물인 재산은 법원의 승인이 없어도 매각이 가능하다.[77] 2002년 개정 전에는

---

75) S.72A(1).
76) S.72B-72GA. 이에 의하면 자본시장에 관한 계약 당사자, public-private partnership, 도시지역 재개발회사 등 7개의 형태에 대하여 부동담보권자가 관리리시버를 임명할 권리를 갖는다.
77) Schedule B1 Para 71.

관리인에게 배당권한이 없었다.[78] 그리하여 배당을 하려면 청산절차나 CVA, Scheme of Arrangement 절차를 이용하는 불편이 있었다.[79]

관리인이 판단하기에 재산을 매각하여 채권자들에게 배당하는 것이 관리절차의 목적을 달성하는 것이라면 법원에 배당허가신청을 하고 채권자에게 배당하며 이 경우에는 *pari passu* 원칙이 적용된다. 배당에 앞서서 채권신고절차를 마쳐야 한다. 배당이 완료되면 회사의 해산을 법원에 신청함으로써 관리절차를 종료한다. 이와 달리 배당 외에 추가로 청산인이 채권자 또는 이사에 대한 소송을 제기할 필요가 있다면 청산절차를 신청하기도 한다.[80] 관리인은 청산절차의 청산인과 마찬가지로 부인권을 행사할 수 있다. 관리절차는 개시일로부터 1년 내에 종료된다고 법에 규정되어 있으나[81] 대부분 채권자들의 연장신청과 법원의 허가명령에 의하여 수년 간 연장되고 있는 것이 실무이다.

8. 관리절차와 회생절차와의 비교

영국의 관리절차를 한국의 회생절차와 비교하면 다음과 같은 특징을 발견할 수 있다.

첫째, 회생절차는 재건절차로서의 성격을 갖고 있다. 법에 청산을 내용으로 하는 계획안을 작성할 수 있도록 규정되어 있지만 실제로 사용되는 예는 거의 없다. 재건이 실패하면 파산절차로 전환되는 경우는 있으나 다른 재건절차로 전환되지 아니하고 종결 또는 폐지로 절차가 종료한다. 이에 반하여 관리절차는 목적 자체에 재건과 청산을 두고 있을 정도로 유연한 제도이다. 재건의 목적을 달성하기 위하여 CVA 또는 채무정리계획(scheme of arrangement)로 전환되기도 하고 재건이 어려우면 청산절차로 진행되기도 하므로 이 경우에는 *pari passu* 원칙과 같은 청산절차에 관한 원칙이 적용이 된다.

둘째, 강제인가(cram down)제도 및 ipso facto clause의 효력을 제한하는 규정, 미이행 쌍무계약에 관한 규정이 도산법 내에 존재하지 아니한다. 관리절차가 개시되더라도 기존의 경영진은 경영권을 잃고 제3자인 도산실무가가 회사의 경영권을 갖게 되며[82] 관리인이 미이행 쌍무계약의 법리를 이유로 계약을 해제할 수 없다.

---

78) Schedule B1 Para 65에서 배당에 관한 조항을 신설하였다.
79) Willcock and Planiner, *supra* note 61, at 21-72.
80) Goldthorp 변호사의 답변이다.
81) Schedule B1 Para 76(1).
82) 최근의 실무는 당국의 규제를 따라야 하는 업무가 많은 기업 예컨대 통신회사 등이 관리절차에 들어간 경우에는 관리인이 종전 경영진에게 일상적인 업무를 맡기면서 관리절차를 수행하는 경

셋째, 한국과 미국에서 친숙한 채무자가 계속하여 관리처분권을 갖는 이른바 점유를 계속하는 채무자(Debtor in Possession)의 개념이 관리절차에 없다. 오히려 이러한 제도는 도산법이 아니라 회사법에 규정되어 있다. 즉 채무정리계획(scheme of arrangement)은 2006년 회사법 s.895 이하에 규정되어 있다. 대기업에 대한 구조조정은 관리절차보다는 채무정리계획에 의하여 이루어진다.[83] 그러나 채무정리계획은 절차가 오래 걸리고 비용이 많이 든다는 이유로 실무상 자주 이용되지 않으며 그보다는 CVA가 흔히 사용된다. 관리절차에 대한 비판 중 하나는 기존 경영진을 배제하게 함으로써 기존 경영진이 신청을 기피하게 하고, 관리인의 선정에 따른 비용부담 증가 등이 지적되고 있다.[84]

V. 축구클럽의 倒産에 관한 判例 紹介

1. Leeds United Association Football Club Ltd v Healy and others [2007] EWHC 1761 (Ch)

(1) 事案의 槪要

리즈 축구클럽의 공동관리인들이 축구선수들을 피신청인으로 삼아 법원에 관리절차 개시 전에 축구클럽이 축구선수들과 체결한 계약을 관리인이 위법하게 종료함(wrongful dismissal)[85]으로 인하여 발생하는 손해배상 청구권이 Schedule B1 para 99(5)(c)(이하 para로만 표시한다)에서 정한 '최우선권 있는 임금'(管理費用債權)에 해당하지 않음을 선언하여 달라는 신청을 하였다. 선수들은 관리절차 개시 전에 클럽과 고용계약을 체결하였기 때문에 관리절차가 개시된 후 관리인이 계약을 선택(adopt)할지 여부를 결단할 수밖에 없는 처지에 놓였다. 축구클럽이 선수들에게 지급하여야 할 미지급 임금은(wage)는 £2.2백만에 달한다.

관리인이 축구선수들과 축구클럽이 관리절차 개시 전에 체결한 고용계약을 선택(adopt)하지 않아 계약이 종료하게 되면 가장 소중한 재산인 선수들을 다른 팀에 빼앗

우가 늘어가고 있다고 한다. 이를 lighter touch라고 한다. Willcock and Plainer, *supra* note 61, at 21-73.

83) Goode, *supra* note 51, at para 1-35.

84) 이재희, 앞의 글(주 30), 509면

85) wrongful termination이라는 표현은 영국 도산법에서는 미이행 쌍무계약의 법리가 없으므로 관리인이 적법하게 종전 계약을 종료할 수 있는 권한이 없고 계약상의 의무이행을 거절하는 것이 위법이라는 평가를 받기 때문이다.

기게 된다. 게다가 축구선수들은 free agent가 되어 다른 클럽으로 자유로이 移籍할 수 있을 뿐 아니라 다른 클럽은 축구리그 룰에 따라 지급하여야 하는 이적료를 Leads Club에 지불할 의무가 없게 되므로 관리인은 일단 계약을 유지하면서 축구클럽을 제3 자에게 매각할 때까지 유명선수들을 보유하고 싶어 하였다. 그렇다고 만일 관리인이 계약을 선택하였다가 그 후에 계약종료에 수반하여 연봉을 주지 못하게 되면 축구클럽이 거액의 배상책임을 부담하게 된다. 이러한 고민을 불식할 목적으로 앞에서 본 선언신청을 구한 것이다. 즉 관리인이 일단 선수들을 빼앗기고 싶지 않으므로 종전 고용계약을 선택하였다가 부득이한 사정으로 계약을 해지하는 경우 지급하여야 하는 손해배상이 관리절차비용에 해당하는 임금채권인지 아니면 무담보채권인지에 해당하는지 여부를 확인받기 위함이다. 미리 관리인이 법원의 판단을 받는 것이 이른바 관리절차비용(administration expense)의 산정 및 궁극적으로 관리절차의 수행에 도움이 되기 때문이다.

(2) 法院의 判斷

이 사건에서는 최우선권 있는 "임금채권"의 범위에 관리절차 개시 후, 관리인이 계약 종전 고용계약을 선택(adopt)하였으나 그 이후 사정에 의하여 계약이 위법하게 종료한 경우의 손해배상채권이 관리비용채권인 '임금'에 해당하는지 여부가 쟁점이 되었다.

법원은 먼저 채권의 최우선권에 관한 para 99(3),(4),(5)에 의하면, 관리인이 체결한 계약 및 불이행에 기한 채권, 관리인의 보수 및 비용채권, 우선적 채권, 부동담보권의 순위로 우선권이 인정되고, 그중 임금채권에 관하여는 관리절차 개시 전에 회사가 근로자와 체결한 고용계약을 관리인이 선택(adopt)한 이후에 발생하는 책임 중 임금 (wages and salary)에 대하여만 첫 번째 채권과 같은 관리비용 채권의 지위에 있음을 설시하였다. 임금채권을 해석함에 있어 근로자가 실제로 일하지 아니하였음에도 채무불이행으로 인한 손해배상채권까지 포함하여 해석하면 이것이 관리인의 보수채권뿐 아니라 다른 무담보채권자보다 우선하게 된다. Delaney v Staples [1992] 1 AC 687 사건은 사용자가 근로자와 합의 없이 일정한 금원을 주고 해고하는 경우 금원의 성질이 문제된 것인데, 법원은 임금이라 함은 근로에 대한 대가이고, 만일 근로의무와 무관하게 지급하는 돈을 임금이라고 해석하는 것은 문리해석에 어긋난다고 판시하였다. 관리인이 종전 근로계약을 선택하였다가 위법하게 계약을 종료함으로써 배상하는 경우도 마찬가지이다.

(3) 코멘트

영국 도산법상 우선권의 순서는 아래와 같다. 고정담보권, 도산절차의 비용채권, 우선적 채권, 부동담보권, 무담보채권, 제정법상의 이자채권,[86] 입증되지 아니한 책임 (unproveable liabilities), 주주의 잔여재산분배청구권(shareholders' equity)순이다. 이에 의하면 관리인의 보수 및 비용채권은 부동담보권자보다 우선하지만, 관리인이 체결한 계약상의 채무 또는 불이행으로 손해배상채권에 열후한다(para 99(3),(4)). 관리절차 개시 전의 미불 임금채권에 대하여는 최우선권인 관리비용 채권이 아닌 우선적인 채권 으로서 특칙을 두고 있다.[87] 설령 관리인이 고용계약을 선택하였다가 불이행하는 경 우에는 오직 근로의 대가 부분에 대하여만 우선권을 인정하고 불이행으로 인한 일실 임금 상당의 손해배상에 대하여는 우선권을 인정하지 않고 있다.

이에 반하여 채무자회생법에 의하면 관리인이 회생절차 개시 후에 법원의 허가를 얻어 채결한 계약에 기한 채권 및 또는 그 계약의 불이행으로 인한 손해배상채권과 관 리인의 보수 채권은 모두 같은 공익채권에 속한다. 다만 DIP Financing 채권에 대하 여만 최우선 공익채권으로 인정된다.[88] 특히 임금채권은 근로자가 회생절차 개시 전 에 또는 후에 퇴직하였는지, 근로기준법상의 3개월간의 임금우선특권이 인정되는지를 묻지 않고 모두 같은 순위의 공익채권으로 인정하고 있다.

2. Panter v Rowellian Football Social Club and others [2011] EWHC 1301 (Ch)

(1) 事案의 槪要

신청인(Panter)은 무담보채권자로서 Schedule B1 para 10에 기하여 축구클럽[89]이 동조 소정의 corporation이라는 것을 전제로 축구클럽과 관리인 후보자들을 상대로 법 원에 관리인 임명을 신청하였다. 관리절차의 대상이 되는 회사의 정의에 관하여 S.111 (1A)(c)에 규정되어 있다.[90] 참고로 1986년 도산법 제3부(part Ⅲ RECEIVERSHIP) S.29 는 리시버십(receivership)에 관하여 관리리시버라 함은 부동담보권자 또는 기타 담보

---

86) 회생절차 개시 후의 이자채권에 상응하는 개념이다. statutory interest라고 불리우는 이유는 제 정법이 파산선고 후의 이자에 관하여 규율하고 있기 때문이다.
87) Para 65.
88) 채무자회생법 제180조 제2항.
89) 이 사건 축구클럽은 런던 북부 지역에 기반을 둔 제4부 리그의 세미프로축구팀에 속한다. 축구클 럽은 £150,000의 부채초과 상태이고, 채권자는 £6,000의 채권을 갖고 있다.
90) S.111는 administrative receiver, floating charge 등 주요 용어에 대한 정의 규정이다. 이 사건 에서 축구클럽은 등기되어 있지 않았다.

권을 갖는 debenture holder에 의하여 임명되는 회사의 전체 또는 상당한 재산에 관한 관리자를 의미한다고 정의되어 있으나 정작 회사에 의미에 대하여는 정의하고 있지 않다.

신청인은 축구클럽이 S.220에서 정한 미등기회사의 하나인 협회(association)에 해당한다고 주장하였다. 신청인은 축구클럽에 대하여 2인의 매수자가 있는바 최고가 매수제안가격에 의하면 적어도 무담보 채권자들에게 41%의 배당이 이루어질 수 있다고 주장하였다. 또한 축구클럽의 회원들도 대안이 없음을 이유로 제안을 지지하고 있다. 한편 임의적 채무조정절차(voluntary arrangement) 신청은 채권자들에 의하여 이미 기각되었다.

(2) 法院의 判斷

이 사건 축구클럽은 축구시합과 사교클럽을 통한 사업을 영위하며, 소유하고 있는 재산은 축구장과 그 부근에 위치한 스포츠 및 사교클럽 시설뿐이다. 이 클럽은 103명의 회원으로 구성되어 있으며 회원은 연 £5의 회비를 납부하여야 하고 회비를 미납하면 제명된다. 축구클럽의 해산 및 청산에 관한 규정은 없으며 축구클럽의 영업수익금은 오로지 클럽의 이익을 위하여 사용된다.

관리절차의 관리인은 s.10에 기하여 법원에 또는 s.14에 기하여 부동담보권자, 또는 s.22에 기하여 회사 또는 이사들에 의하여 임명된다. 중요한 것은 관리절차는 회사(company)에 대하여 규율하고 있는바, 축구클럽이 회사에 해당하는지 여부가 이 사건의 주요 쟁점이다. 축구클럽이 파트너십(partnership)에 해당하지 아니한다는 점에 대하여는 다툼이 없으므로 파트너십에 관하여는 언급하지 아니하기로 한다.

S. 111(1A)에 의하면 Schedule B1의 회사라 함은 (a) 2006 회사법에 의하여 등기(registered)된 회사, (b) 유럽경제지역(European Economic Area)[91]의 국가 내에서 설립(established)된 회사, 또는 (c) 유럽경제지역에 속하지 아니한 국가의 회사로서 주된 이익의 중심지(COMI)가 유럽연합 영역 내에 있는 회사이다. 이 사건에서 신청인은 축구클럽이 (a)와 (b)에 해당하지 아니한다는 점은 다투지 않고 (c)에 해당한다고 주장한다. 신청인은 축구클럽이 유럽경제지역에 속하는 국가에 등기된 바 없다는 점과 주된 이익의 중심지가 영국에 소재하고 있다는 점을 이유로 들고 있다. 그러나 중요한 점은 축구클럽이 과연 회사라 할 수 있는 것이냐에 있다. 위 (c)는 유럽경제지역 외의 국가에서 등기된 회사에 관하여 적용되는 것이지 전혀 등기된 바 없다면 적용될 수 없다.

---

91) 유럽경제지역이라 함은 EU소속국가 이외에 노르웨이, 아이스란드 등을 포함하며 스위스는 제외된다.

신청인이 언급하고 있는 3건의 선례에 대하여 차례로 검토한다.

먼저 In re International Bulk Commodities Ltd [1993] Ch 77에 관하여 본다.

이 사건의 쟁점은 은행과 미등기 외국회사가 서명한 사채계약서의 조항(debenture)에 기하여 임명된 관리인(receiver)이 s.29(2)에서 정한 관리리시버(administrative receivers)에 해당하느냐 하는 점이었다. 이 사건에서 법원은 계약에 기하여 선임된 관리인의 지위를 강화하려는 s.29(2)의 목적에 비추어 미등기 외국회사가 동조에서 정한 회사에 포함된다고 해석하였다. 그러나 이 사건에서 법원은 계약에 기한 관리리시버절차에서의 회사에 관한 정의와 관리절차에 복속하는 회사의 정의에 관한 s.111를 달리 해석하였다는 점이 중요하다.

다음으로 In re Dariy Farmers of Britain Ltd [2010] Ch 63에 관한 분석한다.

이 사건은 Industrial and Provident Society Act 1965에 기하여 등기된 IPS가 1986년 도산법 제3편(s.28-s.72(H))에서 정한 회사에 해당하느냐에 관한 것이 쟁점이었다. 만일 IPS가 회사에 포함된다면 부동담보권자는 IPS에 대하여 관리리시버(administrative receiver)를 임명하는 것이 금지된다. 이 사건에서 법원은 IPS는 회사에 포함되지 아니하므로 관리리시버를 임명할 수 있다고 판단하였다. 더 나아가 IPS는 Schedule B1의 회사에 속하지 아니하므로 관리절차를 위한 관리인(administrator)을 임명할 수 없다고 판시하였다. 법원은 도산법 제3편의 회사라 함은 회사법 s.735에 기하여 등기한 회사를 말한다고 해석하였다. 이 사건에서 법원은 선례인 In re International Bulk Commodities Ltd [1993] 판결이 관리리시버 제도가 제정법이 아니라 계약에 기반하고 있다는 점을 강조하였다. 또한 선례(1993 판결)는 제정법상의 제도가 등기된 IPS에만 적용된다는 점을 고려하지 아니하였고, 만일 IPS가 회사에 속한다고 해석하게 되면 관리리시버제도의 유연성과 효율성을 저해하게 된다는 점을 지적하였다.

끝으로 In re Witney Town Football and Social Club [1994] 2 BCLC 487 사건을 분석한다.

위 축구클럽의 회칙은 이 사건 축구클럽의 회칙과 유사하다. 다만 다른 점은 위 축구클럽의 회칙에는 클럽은 특별결의에 의하여 청산하고 재산은 잔존 채무에 변제되고 만일 남은 것이 있으며 회원들에게 배당하지 않고 축구협회(Football Association)에 귀속한다는 조항이 있다. 이 사건의 쟁점은 축구클럽이 강제청산의 대상이 될 수 있느냐 하는 점이다. 이 점은 축구클럽이 s.220에서 정의한 미등기회사에 속하느냐에 의하여 결정되는 것이다. 동조는 미등기회사에 협회(association)와 기타 회사를 포함한다고 규정하고 있다. 이 사건에서 법원은 축구클럽이 협회에 해당하지 아니한다고 판시하였

다. 1852년 선례는 회원제 사교클럽이 협회에 해당하지 아니하므로 도산법상 청산절
차의 대상이 아니라고 판시한 사정을 고려하고, 나아가 위 축구클럽의 회칙은 일반 사
교클럽의 회칙과 다를 바가 없으며 비록 해산시 재산을 회원에게 분배하지 아니한다
는 조항이 있다고 하여 그러한 클럽을 의회가 도산법상의 청산절차의 대상으로 삼을
의도가 있다고 보여지지 않는다고 판시하였다.

신청인의 주장에 대한 판단

　신청인은 이 사건 축구클럽의 정관에 회사해산 및 해산시 회사 재산의 귀속에 관
한 규정이 없다는 점이 위 Witney Town Football Club과 다르다고 강조하지만 그 점
을 제외한 다른 조항들 즉 회원의 선임, 운영위원회, 회비, 제명 등에 관한 조항들은
위 사건과 동일하다. 이 사건 축구클럽은 앞에서 본 Witney Town Football Club의 사
건과 마찬가지로 회원제 클럽과 다를 바가 없으므로 S.220 소정의 협회(association)에
해당하지 아니한다. 신청인이 제시한 여러 선례들이 도산법의 여러 규정에서 정의한
회사의 개념에 따르고 있지만 어느 선례도 축구클럽이 도산법 소정의 회사에 속한다
는 주장을 뒷받침하지 못하고 있다. 축구클럽이 S.220 소정의 협회에 해당하지 아니하
는 이상 S.111(1A)(c) 소정의 회사라 할 수 없다. 이 사건 축구클럽의 회칙 등은 회사
에 관한 속성을 갖고 있지 아니한다. 따라서 이 사건은 선례인 In re International
Bulk Commodities Ltd [1993]와 법리를 달리하므로 축구클럽에 대하여 관리인을 선
임하여 달라는 이 사건 신청에 대하여는 법원의 관할권이 없으므로 기각한다.

(3) 코멘트

　법관 경력을 가진 필자가 이 사건의 결정문을 작성하였다면 등기하지 아니한 축
구클럽은 관리절차를 신청할 적격이 있는 회사에 해당하지 아니하므로 파산능력이 없
다는 이유로 간단하게 기각하였을 것이다. 이와 달리 영국의 법관은 신청인이 선례로
삼고 있는 3건의 판결에 대하여 이 사건과 선례와 사안이 다르고 법리가 다른 이유를
구체적으로 기재하는 등 25문단의 자세한 이유 설시를 하고 있다. 또한 축구클럽의 파
산능력 문제로 접근하지 않고 법원이 관리절차를 개시할 관할권이 없다는 이유로 기
각한 점도 특기할 만하다.

3. Joint Administrators of Rangers Football Club plc [2012] CSOH 55

(1) 事案의 槪要

이 사건의 원고는 스코틀랜드 축구클럽(이하 클럽이라 한다) Rangers FC의 공동관리인들이고 상대방은 축구티켓을 구입 및 판매를 영업으로 하는 2개의 유한조합체(LLP)이다. Rangers FC는 스코틀랜드 축구리그 및 스코틀랜드 프리미어리그에 속하는 클럽으로 재정상태가 악화되어 2012. 관리절차를 신청하였다. 클럽이 관리절차에 들어가기 이전인 2011. 5. 클럽은 축구시즌(2011-2014) 입장권 중 일부를 상대방에게 매각하거나 나머지를 클럽이 상대방의 대리인의 자격으로 일반대중에게 매각하고 그 대금을 상대방에게 교부하기로 하는 내용의 계약을 체결하였다.

관리인은 클럽의 주식과 재산을 제3자에게 매각하려는 공고를 하였는바, 매각을 성사시키기 위하여 먼저 관리인이 비록 계약을 불이행하더라도 상대방과의 입장권 판매계약 또는 판매대리 계약을 종료(terminate)시킬 수 있는지 여부에 대하여 법원에 para 63[92])에 기한 지침 내지 결정(directions)을 구하는 신청을 제기하였다. 상대방은 판매대리 계약은 신탁계약에 해당하므로 클럽이 판매하여 얻은 수입금은 수익자인 상대방들에게 귀속하므로 클럽의 파산재단(estate)에 속하지 아니한다고 다투었다.

(2) 法院의 判斷

법원은 원고가 스코틀랜드법에 의하여 설립된 점을 근거로 신탁행위에 관한 국제사법의 준거법 이론을 설시하여 이 사건 계약은 신탁행위에 속하지 아니한다고 판시하였다. 나아가 관리인들이 관리절차 초기라 할지라도 법원에 지침을 구하는 것은 정당하고 비록 지침이 원론적인 것에 불과하더라도 법원이 기존 계약의 종료에 관하여 관리인에게 지침을 주는 것이 타당하다고 판시하였다. 법원은 계약을 종료하는 것을 허가하는 결정을 하는 방식을 택하는 대신 관리인이 계약의 의무 이행을 거절할 수 있는 원칙에 관하여 다음과 같은 결론을 제시하였다.

① 관리인은 총채권자의 이익을 위하여 임무를 수행하여야 한다.
② 관리절차 중에 있는 회사가 지급불능인 경우, 관리인은 관리절차의 목적을 수행함에 있어 채권자 전체의 이익을 고려하여 계약상의 이행을 거절할 수 있다.
③ 만일 관리인이 계약상의 의무이행을 거절하는 경우라면 법원은 예외적인 경우

---

92) 63. The administrator of a company may apply to the court for directions in connection with his functions.

를 제외하고 채권자 전체의 이익에 반하여 회사로 하여금 계약상의 의무를 이
행할 것을 명하지 않을 것이다.

④ 만일 관리인의 결정이 특정 계약당사자 또는 특정 채권자에게 현저하게 부당
한 경우라면 법원은 para 74에 기하여 관리인의 결정을 변경할 수 있다.

⑤ 관리인이 무담보채권자를 권리의 성질에 따라 처우하는 것은 부당한 것이 아
니다.

(3) 코멘트

영국의 도산법은 관리절차의 관리인으로 하여금 자신의 권한을 행사함에 있어 사
전에 법원의 결정 내지 지침을 구하는 제도를 두고 있다. 주로 기존 계약을 종료함에
있어서 법원의 결정을 따름으로써 후일 채권자들이 관리인의 결정이 부당하다는 이유
로 관리인 해임 등의 신청을 사전에 방지하는 등의 목적으로 사용되고 있다. 이 점은
쌍방 미이행쌍무계약에 관한 법리가 도산법에 규정되어 있지 않기 때문에 기존 계약
의 유지, 변경, 종료를 둘러싸고 발생하는 문제를 관리인이 개별적으로 법원으로부터
지침을 구하는 방식으로 해결하고 있는 것으로 보인다.

이에 반하여 채무자회생법은 회생절차의 관리인이 재산의 매각, 소송의 제기 등
과 같이 법이 정한 중요한 행위를 하려는 경우에 미리 법원의 허가를 받도록 규정하고
있을 뿐 법원에 대하여 사전에 어떠한 지침을 신청하는 방법은 마련하고 있지 않다.

4. Revenue and Customs Commissioner v Football League Ltd [2012] EWHC 1372 (Ch)[93]

(1) 事案의 槪要

이 사건의 원고는 국세청이고, 피고는 축구리그이고, 소송참가인이 프리미어리그
이다. 원고는 2011년 3월 피고를 상대로 피고의 정관 중 이른바 축구채권자들을 일반
채권자보다 우대하는 내용을 골자로 하는 일부 정관이 도산법의 일반원칙인 평등배당
원칙과 박탈금지의 규칙에 위반된다는 확인판결을 구하였다. 이 사건 제소 당시 소송
의 계기가 된 도산한 축구클럽은 Portsmouth City Football FC[94]이었으나 이 사건은

---

93) 이 사건 판결은 총 188 단락에 달하는 장문의 이유를 통하여 축구클럽과 축구리그의 조직 및 정
관의 내용, 축구클럽의 도산원인, 도산법의 양대원칙인 *pari passu* principle과 anti-deprivation
rule의 유래와 선례 등을 심도 있게 다루었다.

94) 이 축구 클럽은 관리절차 도중 프리미어리그로부터 하위리그로 강등되었다.

당해 클럽과 관계없이 축구채권자 규칙을 규정한 축구리그의 정관의 효력이 쟁점이
되었다. 이 사건에서 법원은 축구클럽이 축구채권자들에 대한 채무를 연체함이 없는
상태에서 축구시즌 도중에 관리절차로 들어간 경우를 염두에 두고 판결 이유를 설시
하고 있다.

축구리그가 방송사로부터 받는 수입 등은 일단 축구리그의 수입이 되었다가 공동
계좌(Pool Account)로 입금된다. 축구클럽이 정관 소정의 의무를 다 이행하고 축구시즌
이 종료되면 공동계좌를 정산하여 각 소속 축구클럽에게 배당금이 귀속된다. 만일 축구
클럽이 시즌 도중 청산절차 기타 사유로 시즌 중에 정하여진 축구시합에 참석하지 못
하게 되면 축구리그로부터 각종 수당을 수령할 자격을 잃게 된다. 즉 축구리그는 축구
리그 정관이 정한 바에 따라 축구클럽이 시즌에서 정한 축구시합의 회수를 충족하여
야 비로소 축구클럽에게 각종 수당을 지급하여야 하는 것이고 만일 충족하지 못하게
되면 수당을 지급하지 아니함은 물론 기지급한 선금에 대하여도 반환을 구할 수 있다.

이 사건에서 양 당사자는 이러한 축구리그의 정관이 실제로는 지켜지지 않는 허
위의 조항(sham)이 아니라는 점에 대하여 다투지 않고 있다.

(2) 法院의 判斷

축구리그가 축구클럽으로 하여금 반드시 시즌에 참가하여 자신에게 할당된 축구
시합을 마치도록 요구하는 점에 합리성이 있다. 왜냐하면 각 클럽은 어느 상대방 팀에
대하여 2회(home and away)의 경기를 반드시 하도록 되어 있는데 만일 어느 클럽이 여
러 시합을 하고 시즌 중에 청산되어 탈락하게 되면 이미 그전에 쌓아 놓은 경기 전적
이 무시되고 또한 앞으로 남은 경기 전적의 산정이 어렵게 되기 때문이다.

평등배당의 원칙(*pari passu* principle)이라 함은 담보권과 상계 등의 예외를 제외하
고 파산자의 재산이 무담보채권자들 간에 채권액의 비율에 따라 평등하게 배당되어야
한다는 것이다. 당사자들은 이러한 원칙을 잠탈하는 계약을 체결할 수 없고 그러한 계
약은 무효이다.[95] 당사자들의 주관적인 의도는 고려되지 않는다. 이 원칙은 도산법에
규정되어 있다.

한편 박탈금지의 규칙(anti-deprivation rule)은 관리절차, 청산절차 또는 개인파산
절차 등의 개시 시점을 기준으로 채무자의 소유에 속하는 재산을 도산개시를 이유로
채무자로부터 빼앗아 제3자에게 귀속시킴으로써 채권자의 이익에 반하여 재단소유의
재산가치를 감소시키는 것을 금지하는 것이다. 이에 반하는 계약은 무효이다.[96] 이 규

---

95) British Eagle International Airlines Ltd v Cie National Air France [1975] I WLR 758.
96) Perpetual Trustee Co. Ltd v BNY Corporate Trustee Services Ltd [2011] Bus LR 1266;

칙은 도산법에 규정된 것은 아니고 판례법에 근거로 하고 있다. 다만 박탈금지의 규칙
은 당사자에게 도산법을 잠탈하려는 의도가 있는 경우에만 적용되고 상업적인 거래로
서 선의로 이루어진 경우에는 적용되지 아니한다.

　　박탈금지의 규칙은 클럽이 관리절차에 들어가게 된 때에 적용되고 만일 관리절차
에서 나아가 청산절차로 들어가게 되면 박탈금지의 규칙과 평등배당의 원칙이 적용된
다. 도산개시 시점을 기준으로 채무자 회사에 속하지 아니하는 재산에 대하여는 평등
배당의 원칙이나 박탈금지의 규칙은 적용될 여지가 없다. 클럽이 경기를 치른 후에 받
게 되는 배당은 즉시 클럽에게 귀속되는 것이 아니라 시즌 내내 자신에게 정하여진 축
구시합을 완수하여야 비로소 권리가 발생하는 것이고 그 전에는 축구리그에게 속하는
것이기 때문에 축구클럽이 시즌 중에 청산하여 더 이상 축구시합을 할 수 없게 되면
비록 청산절차 개시 전에 많은 축구시합을 하였더라도 배당을 청구할 권리가 없다.

　　따라서 박탈금지의 규칙이 적용되려면 도산절차 개시 당시 회사(축구클럽)의 재산
이 도산절차개시를 이유로 회사(축구클럽)로부터 이탈되어야 하는데 이 사건의 경우 관
리절차 개시 당시에는 아직 클럽이 소정의 시합을 완수하지 못한 상태이고 축구리그
로부터 받는 돈이 아직 클럽의 재산에 속하였다고 볼 수 없으므로 박탈금지의 규칙이
적용될 여지가 없다.

　　(3) 코멘트

　　도산해지조항이 도산절차에서 어떠한 취급을 받는가에 대하여는 이론의 문제가
아니라 입법정책의 문제이다. 리만브라더스 사건에서도 이른바 "flip clause"의 효력을
둘러싸고 영국과 미국 법원의 입장이 달랐다. 한국과 일본에서도 학설과 판례가 분명
하지 않은 상태이다. 미국은 연방파산법 §365(e)(1)에서 이를 무효로 정하고 있다.

　　영국에서 도산해지조항의 효력이 인정되는지 여부를 결정하는 기준은 박탈금지
의 규칙이다.[97] 영국에서는 리스계약의 리스이용자가 도산한 경우 리스업자가 물건을
돌려받도록 하거나, 라이선스계약에서 licensee가 도산한 경우 계약을 종료하거나, 회
원 도산시 회사가 주식을 이전받을 권리를 정관에서 설정하거나, 거래소의 회원이 도

　　[2012] 1 AC 383, para 1. 이 사건에서 Lehman Brothers의 파산시 flip clause의 효력이 문제되
　　었다. 이에 관한 일본에서의 논의는 大澤和人, "スワップ契約と社債に係る倒産申立解除特約の英
　　國・米國法の效力とクロスボーダー倒産處理(上)(下), NBL No.1014(2013), 50-61頁, No.1015
　　(2013), 61-70頁. 한국에서의 자세한 논의는 金孝宣, 도산실효조항에 관한 연구, 이화여자대학교
　　박사학위논문(2013), 123-167면 및 임지웅, "도산해지조항의 효력 및 범위 ― Flip -In 조항의 효
　　력에 관한 영국과 미국의 판례분석을 중심으로―," 도산법연구 제1권 제2호(2010), 25-49면.
97) 金孝宣, 전게논문(주 96), 123-167면은 영국의 박탈금지의 규칙과 도산실효조항의 관계에 관한
　　영국 판례를 소개하고 있다.

산한 경우 회원 자격을 종료하는 조항 등은 유효이다.

그러나 회사가 청산절차에 들어갈 경우, 자산을 양도인에게 반환한다는 조건에 따라 도산재단으로부터 회사에게로 재산을 이전하는 합의를 하는 경우, 건설계약에서 건설업자의 청산 시 건축주에게 건설업자의 건축용 자재들을 귀속시키도록 하는 조항, 소유권유보부매매목적물을 매도하였다가 매수인이 청산하는 경우 목적물을 매도인에게 반환하기로 하는 조항 등은 모두 무효이다.[98]

이 점과 관련하여 우리나라 대법원은 도산해지조항이 유효하다고 판시하면서 그 근거로 "채무자인 회사가 사전에 지급정지 등을 정지조건으로 하여 처분한 재산에 대하여는 처음부터 관리처분권이 미치지 아니한다는 점을 생각해보면, … 도산해지조항으로 인하여 정리절차개시 후 정리회사에 영향을 미칠 수 있다는 사정만으로는 그 조항이 무효라고 할 수 없다"는 점을 들고 있다.[99] 이러한 설시는 도산절차 개시 시점을 기준으로 회사의 재산이 일탈되는 것을 허용하는 것으로서 영국이라면 박탈금지의 규칙에 반하는 것이 아닐까 의문이 든다.[100]

5. Neumans LLPv Andronikou and others [2013] EWCA Civ 916

(1) 事案의 槪要

이 사건의 원고는 법률사무소이고 피고들은 공동관리인들이다. 국가가 Portsmouth City Football Club Ltd이 부가세를 연체하였다는 이유로 2009. 12. 23. 축구클럽을 상대로 법원에 청산절차를 신청하자 원고는 클럽을 위하여 청산에 반대하는 법률용역을 제공하였다. 원고가 법률용역을 제공한 2009. 12. 15.-2010. 2. 12, 이후인 2010. 2. 26. 축구클럽에 대하여 裁判外 관리절차가 개시되었다.

원고의 법적 도움에도 불구하고 국가의 청산신청이 받아들여지고 클럽이 상급심에 불복절차를 진행하는 도중인 2010. 2. 26. 클럽의 담보권자가 裁判外 관리절차(out-of-court administration)를 개시하기 위하여 관리인을 임명하였다. 도산법에 의하면 청산절차 중에 裁判外 관리절차가 진행되면 청산절차는 중지되도록 되어 있다.[101] 원고는 이후 裁判外 관리절차나 또는 관리인을 위하여 법률용역을 제공한 바 없다.

---

98) 金孝宣, 전게논문(주 96), 156-162면.
99) 대법원 2007. 9. 6. 선고 2005다38263 판결(공 2007, 1530).
100) 同旨, 오민석, "建設會社의 回生節次에 관한 小考," 편집대표 고영한/강영호, 도산관계소송, 한국사법행정학회(2009), 84면. "관리인의 관리처분권이 미치지 아니한다는 이유로 도산해제특약의 효력을 부정할 수 있다고 보는 것은 타당하지 않다." 그 외 金孝宣, 전게논문(주 96), 202-203면.
101) Para 40 (1) (b).

관리인이 축구클럽에 대한 CVA를 제안하였으며 일반채권자들이 2010. 5. 이를 승인하였다. 관리인이 2010. 9. 축구클럽을 운영하다가 2010. 9. 제3자에게 축구클럽을 매각하였으나 실패하여 법원은 2011. 2. 관리절차를 종료하고 국가의 신청에 따라 청산절차(winding-up)를 명하였다. 이 과정에서 관리인은 보수와 비용의 대부분을 지급받았으나 관리절차 중 남겨진 재산이 거의 없어서 관리인에게 법률용역을 제공한 변호사는 법률비용 전액을 지급받지 못한 상태였다. 원고가 클럽의 청산절차에 참가하여 법률비용을 상환을 받은 가능성은 거의 없게 되었다.

원고는 다음과 같은 이유로 원고가 제공한 법률비용이 도산절차인 裁判外 관리절차에서 우선권이 인정되는 '비용'(cost)에 해당한다고 주장하였다.[102] 만일 관리인이 裁判外 관리절차가 아니라 법원에 의하여 관리인으로 임명되는 관리절차(court-based appointment)였다면 관리절차 개시 전에 클럽이 청산을 다투기 위하여 선임한 법률사무소에 부담하는 비용은 비용채권으로서 우선권이 인정된다. 실제로 裁判外 관리절차 중에 있다가 성공하여 청산절차로 이행되지 않는 경우가 많이 있으므로 裁判外 관리절차가 개시된 경우에도 법률사무소에 대한 법률비용을 우선권 있는 채권으로 인정하는 것이 합리적이다.

이에 대하여 피고는, 청산신청인 및 그 상대방이 부담하는 비용을 우선권 있는 청산비용 채권으로 정한 영국의 도산규칙 §4.218(3)(h)에는 법원외 도산절차 중에 있는 회사에 대하여는 규정이 없고 청산절차 중에 있는 회사에 대하여만 규정이 있으므로 이 문제는 법원의 해석에 의하여 해결할 수 있는 것이 아니라 법률개정의 방식에 의하여야 한다고 다투었다.[103]

(2) 法院의 判斷

도산규칙에 의하면 청산신청된 회사가 이를 다투기 위하여 법률사무소를 선임하였으나 실패하여 곧이어 청산절차가 개시된 경우에 당해 법률사무소에 대한 법률비용을 우선권 있는 비용채권(liquidation expense)으로 정하고 있다. 나아가 법원은 보통 청산신청이 있고 회사가 변호사를 선임하여 이를 방어하는 도중 법원의 명령에 의한 관리절차로 전환된 경우 법률사무소에 대한 법률비용을 우선권 있는 관리비용채권(administration expense)으로 인정하고 있다.

---

102) 청산절차에서 비용채권으로 인정된다고 하더라도 파산재단에 속하는 재산이 全無한 상태였으므로 그 전 단계인 裁判外 관리절차에서 우선권을 주장하는 것이 원고에게 유리하기 때문이다.

103) 4.218(3) Subject as provided in Rules 4.218A to 4.218E, the expenses are payable in the following order of priority (h) the renumeration of the provisional liquidator (if any).

이 사건에서 문제가 된 것은 도산규칙이 관리비용채권의 범위를 정함에 있어서 법원에 신청하는 관리절차(court-based appointment)로 전환된 경우만 인정하고 裁判外 관리절차로 전환된 경우에는 이를 어떻게 처리할 것인지에 관한 규정을 두고 있지 않는 점이다.

원심법원은 아래와 같은 이유로 원고의 청구를 기각하였다.

첫째, 상급법원법(Senior Courts Act 1981) s.51는 법원(High Court)에 계속 중인 절차와 관련한 비용을 누구에게 얼마의 금액을 지급할 수 있는가를 결정할 재량권을 부여하였을 뿐 법원외 절차와 관련된 비용에 관하여 정한 바 없다.

둘째, 원고가 구하는 법률용역은 청산절차에 관련된 것이 아니고 관리절차 개시 전에 용역계약이 해지되었으므로 rule 2.67(1)(f)[104]에 규정된 관리절차 중에 필요한 비용에 해당하지 않으므로 원고의 청구에 대하여는 법원의 관할권이 없다고 판시하였다.

이 사건 법원은 원심판결이 원고의 주장에 대하여 자세하게 판단하였고 항소심이 그에 대하여 완벽하게 만족하는 경우 판결이유를 반복할 필요가 없다는 Brumby v Milner [1976] 3 All ER 636, [1976] 1 WLR 1097을 인용하면서 새로운 이유 설시를 하지 않은 채 원심판결을 지지하였다. 법원은 새로운 논리전개나 관련 판례를 인용함이 없이 변호사 비용에 관한 법리를 아래와 같이 요약하였다.

① 회사에 대한 청산신청이 있고 회사가 이를 다투기 위하여 변호사를 선임하였으나 실패하여 회사에 대하여 궁극적으로 청산절차가 개시된 경우, 변호사에 대한 법률비용은 청산절차에서 비용채권으로 인정될 수 있다.
② 그러나 회사에 대하여 裁判外 관리절차가 개시된 경우에 변호사에 대한 법률비용 처리에 대하여는 법률의 규정이나 일반적인 법원칙은 존재하지 않는다.
③ 도산규칙은 청산절차와 법원에 신청한 관리절차 중에 발생한 특정 비용에 대하여만 정하고 있다.
④ 도산규칙 2.12(3)은 법원이 명시적으로 관리절차개시를 명령한 경우에 신청인의 신청비용과 기타 법원이 허락하여 법정에 출석한 사람들의 비용에 대하여 관리절차 중의 비용채권으로 인정하고 있다.
⑤ 도산규칙은, 회사가 裁判外 관리절차를 거쳐 청산절차로 전환된 경우에, 당초

---

104) Rule 2.67(1) The expenses of the administration are payable in the following order of priority (f) any necessary disbursements by administrator in the course of the administration.

채권자가 신청한 청산신청에 대하여 반대하는 회사에게 법률용역을 제공한 변
호사의 비용을 裁判外 관리절차 중의 비용채권으로 인정하고 있지 않다.

⑥ 도산규칙 2.67이 관리비용채권으로 인정하는 것은 裁判外 관리절차 중에서 허
용되는 비용에 관한 총목록으로서 원고의 채권은 이러한 목록에 기재되어 있
지 않다.

⑦ 법원은 관리인으로 하여금 원고의 채권을 관리비용채권으로 취급하도록 명할
권한이 없다. 원고가 주장하는 채권은 관리인의 업무수행과 관련하여 부담한
것도 아니고 관리절차의 목적을 위하여 지출된 것도 아니다.

⑧ 원고의 채권은 청산절차에서 비용채권으로 인정될 수 있을 뿐이다. 원고의 법
률용역계약은 관리절차 개시 전에 종료되었으며, 만일 원고의 채권을 관리절
차의 비용채권으로 인정하게 되면 다른 일반채권자들의 이익을 해한다.

(3) 코멘트

채권자가 파산신청을 신청하여 절차가 개시되는 경우 채권자가 선임한 변호사 비
용 중 상당하다고 인정되는 액수가 재단채권에 해당한다는 점은 異論이 없다. 이에 대
하여 채무자가 변호사를 선임하여 파산신청을 한 경우, 변호사보수 채권 중 합리적 범
위 내의 액수를 재단채권으로 인정하는 견해[105]도 있으나 서울중앙지방법원은 채무자
가 신청한 파산절차에서 변호사 보수 채권을 파산채권으로 처리한 바 있다.

더 나아가 채권자가 파산신청을 하여 채무자가 변호사를 선임하여 다투었으나 실
패하여 법인파산절차가 개시된 경우는 어떠한가. 그러나 이러한 채권을 재단채권의 하
나인 "파산채권자의 공동이익을 위한 재판상의 비용에 대한 청구권"으로 해석되기는
어려울 것이다. 영국에서는 이러한 경우까지 청산절차에서도 변호사 비용채권을 우선
권이 인정되는 비용채권으로 인정한다.

Ⅵ. 맺음말

영국 도산법이 1986년 및 2002년 개정에 의하여 청산의 문화에서 구제의 문화로
변모하였다고 하지만 미국과 한국의 기준에서 보면 여전히 영국의 도산법은 채권자에
게 우호적이다. 그동안 한국의 구 회사정리법의 모법이 미국의 1938년 Chandler Act

---

105) 伊藤眞, 會社更生法, 有斐閣(2012), 236頁.

이라는 연혁적인 이유 외에도 한국의 채무자회생법률의 제정에 1978년 미국 파산법이 영향을 미치고 있는 현실적인 이유로 한국의 파산법 학자와 실무가 등은 미국 파산법에 관한 연구를 하지 않을 수 없었다.106)

영국의 도산법제는 영어와 전통있는 사법제도라는 두 축을 기반으로 유럽 내에서 커다란 영향을 미치고 있다. 면책의 이익을 향수하거나 회사 재건을 위하여 영국 법정의 문을 두드리는 독일인, 아일랜드인, 심지어 러시아인107)의 수가 증가하였고, 결과적으로 독일 및 아일랜드 도산법제의 개정을 초래하였다.108)

또한 영국은 도산실무가라는 제도가 확립되어 있어 재건이건 청산이건 도산실무가가 관리인, 파산관재인으로 임명되어 주도적으로 도산사건을 처리하고 있다. 변호사들은 도산법에 관한 법적 조언을 도산실무가에게 제공하고, 법관은 도산실무가들이 사건처리 과정에서 발생하는 문제점에 대한 지침을 구하는 신청에 대하여 가이드라인을 제시하면서 도산 실무를 발전시키고 있다.

한국에서는 한국인과 외국인 간에 국제거래를 함에 있어 준거법을 영국법으로 하고, 관할 법원을 영국 법원으로 하거나 영국을 중재지로 하는 경우가 많다. 계약 후 한국 기업이 워크아웃에 들어가거나 회생신청을 하는 경우에 워크아웃 신청이 영국법상 default 사유인 insolvency에 해당하는지, 회생절차가 개시된 후에도 영국의 중재절차가 속행되는지, 상계의 준거법이 영국법이라고 한다면 상계권의 행사를 반드시 한국법정에서 행사하여야 하는지, 채권액수의 금전화(liquidation)의 요건이 갖추어야 하는지 등이 한국 법정에서 다투어지고 있다. 반대로 영국에서도 한국의 회생절차를 외국도산절차로 승인하고 영국에 계류 중인 중재절차를 중지하고 있다. 회생절차의 관리인이 쌍방 미이행쌍무계약의 이행을 선택한 경우에도 영국법에 의한 도산해지조항이 유효

---

106) 한국의 채무자회생법은 DIP Financing 채권을 다른 공익채권보다 우선하는 내용의 조항을 신설하였다(채무자회생법 제180조).

107) 현재 영국에서는 bankruptcy tourism에 관한 논의가 한창이다. 필자는 2014. 3. 4.-3. 7 런던 소재 Rolls Building에서 4일 동안 연속하여 구술심리하는 개인파산사건 [In re JSC Bank of Moscow v Kekhman[2014] EWHC 183 (Comm)]을 방청한 적이 있었다. 동 사건은 다액의 채무를 부담한 러시아 사업가인 채무자와 채권자인 러시아 국영은행 간에 영국 법원이 러시아 채무자에 대하여 발한 면책명령에 관하여 러시아 은행들이 취소를 구하는 내용으로서 당사자는 모두 러시아인이지만 위 소송을 대리하는 로펌과 배리스터 4인은 모두 영국 변호사들이었다. 법정에 임시로 동시통역 시설을 설치하고 동시통역으로 절차를 진행하였고, 30여 명이 사건의 당사자, 대리인으로 방청 및 변론에 관여하였다.

108) 영국에서는 채무자가 면책명령을 받은 후 관리처분권을 회복하는 데 6개월이 걸리는 데에 반하여 독일에서는 6년이 걸린다고 한다. 독일은 2012년 면책의 시간을 단축하는 내용의 도산법 개정안을 발표하였다. Annerose Tashiro, "Consumer Bankruptcy Law Reform in Germany: Is it Any Good?" ABI Journal November 2012, 44.

한지 여부에 대하여 영국 법원이 심리하는 등[109] 이제 한국의 실무가에게 영국 계약법 나아가 도산법에 관한 연구가 시급하게 되었다.

["イギリスサッカークラブの倒産," 伊藤眞先生古稀祝賀論文集
民事手續の現代的使命, 有斐閣(2015), 1226-1254 소재]

---

109) Fibria Celluose S/A v Pan Ocean [2014] EWHC 2124. 이 판결은 채무자회생법상의 미이행 쌍무계약의 법리와 ipso facto clause의 관계 및 채권자의 해제통지를 금지하도록 하는 명령이 영국의 국제도산절차에 관한 국내법인 Cross-Border Insolvency Regulation 2006(약칭하여 CBIR) article 21에 기하여 구할 수 있는 "any appropriate relief"에 해당하는지 여부가 다투어졌다. 법원은 상대방이 해제통지를 하는 행위는 금지대상의 행위인 actions 또는 proceedings에 속하지 아니한다고 판시하였다.

2. 企業構造調整에 있어서 回生節次의 現況 및 改善方向

Ⅰ. 머리말

2006. 4. 1. 이전의 법정구조조정 제도로는 주식회사에 대하여만 적용되는 會社整理와 모든 법인격체를 대상으로 하는 和議가 있었다. 다음의 통계를 살펴보면 기업의 구조조정에 관하여 중요한 실마리를 발견할 수 있다.

먼저, 1997년 금융위기 이전인 1987년-1996년까지의 10년 동안 회사정리사건은 총 495건으로 년간 평균 약 50건에 불과하였고 화의사건은 10년 동안 총 24건으로 연간 2.4건에 불과하였다.[1]

다음으로, 1997년 금융위기 발발 후 4년 동안 중 1997년은 회사정리사건이 132건, 화의사건이 322건, 1998년은 회사정리사건이 148건, 화의사건이 728건, 1999년은 회사정리사건이 37건, 화의사건이 140건, 2000년은 회사정리사건이 32건, 화의사건이 78건이었다.[2]

끝으로 2006. 4. 1. 채무자 회생 및 파산에 관한 법률('채무자회생법')이 시행되기

---

[1] 금융위기 이전에 회사정리절차를 이용하려는 유인으로는 부정수표단속법위반죄의 죄책을 면하려는 경우, 대기업이 파탄에 직면한 회사를 인수하려는 경우, 금융기관들이 책임회피를 위한 경우, 회사의 소유자의 의사와 무관하게 근로자들이 강한 요구를 하는 경우 등이 거론되었다. 회사정리법의 제문제, 양삼승 발언부분, 인권과 정의(1992), 35-36면.
[2] 1987년부터 1996년까지의 통계는 부폭 표 1과 같다.

전후를 살펴보면 2005년 회사정리사건이 22건, 화의사건이 53건, 2006년 회생사건이 117건(회생합의 76, 회생단독 41),[3] 2007년 215건(회생합의 116, 회생단독 99), 2008년 582건(회생합의 366, 회생단독 216)이 되었다.[4]

　　이상의 통계에서 다음과 같은 점을 발견할 수 있다. ① 1997년 이전에는 도산 3법이 구조조정의 역할을 거의 발휘하지 못하였다. ② 도산기업의 경영주로서는 경영권이 박탈되는 회사정리절차보다는 경영권이 인정되는 화의절차를 선호하였다. ③ 채무자회생법이 회사정리법과 화의법보다 기업구조조정에 도움이 되었다. ④ 도산절차 내에서 담보권자에 대한 권리제한 없이 효과적인 기업구조조정을 이룩하기 어렵다. ⑤ 2006년 회생절차 시행 후 기업뿐 아니라 개인채무자의 재건을 위하여 회생신청이 급격하게 증가하고 있다.

　　企業構造調整促進法("기촉법")은 법정도산절차 밖에서 채권자들과 채무자 간의 워크아웃을 법적으로 뒷받침하기 위하여 2001년 9월 15일 제정되었다.[5] 기촉법은 限時法이라는 제약으로 인하여 제정과 폐지를 반복하고 있다. 현행(제4차) 기촉법은 2014. 1. 1. 시행되어 2년간 한시적으로 적용되고 있으며 기촉법을 常時化하는 작업이 진행되어 2023. 10. 15.까지 유효한 5년 한시의 기촉법이 제6차 개정되었다.

　　과거에 워크아웃이 사용되는 이유는 계약해제, 변제기한이익 상실의 사유가 되는 디폴트를 피하기 위한 것이고, 충당금을 낮게 쌓을 수 있다는 점과 법정도산절차에 비하여 신속하고 효율적이라는 장점이 있기 때문이었다.

　　이하에서는 채무자회생법 시행 9년, 기촉법 제정 14년을 맞이하여 그동안의 회생절차와 기촉법상의 워크아웃 제도의 공과를 평가하고 앞으로 개선되어야 할 점을 외국의 제도와 견주면서 필자의 의견을 제시하고자 한다. 즉 채무자회생법 시행 후의 문제점으로 논란이 된 법원의 전문성과 업무편차, 기존경영자 관리인제도, 갱생의 가치판단 기준, 신규자금공여, 회생절차에 대한 채권자의 절차참여권, 기촉법에 기한 워크아웃의 문제점 등에 관하여 기술한다.

---

3) 회생합의 사건이라 함은 법인에 대한 회생절차로서 합의재판부가, 회생단독은 개인에 대한 회생절차로서 단독판사가 담당한다.
4) 2006년 이후 2017년까지의 통계는 부록 표 2와 같다.
5) 기촉법은 1997년 금융위기에 대처하기 위하여 기업구조조정위원회가 제안한 기업구조조정협약으로부터 기원한다.

Ⅱ. 法院의 專門化, 節次의 迅速化, 법원 간 業務偏差

도산사건이 일반 민사사건과 다른 특징으로는 다음과 같은 점이 거론된다. 도산법에 대한 전문성, 사건처리의 신속성, 경제 경영 등 비법률분야에 대한 지식, 도산절차의 예측가능성 확보 등이다.[6] 법원이 이러한 점을 구비하지 못하다보니 회생절차에 대한 비판으로는 법관의 전문성 부족, 형평성 치중에 따른 절차지연으로 인한 비효율성, 법원의 감독부실로 인한 도덕적 해이 발생 등이 논의된다.[7]

아시아 금융위기가 발발하기 전인 1985년부터 1996. 7. 31까지 서울중앙지방법원에 접수된 회사정리사건에 관한 통계에 의하면, 보전처분은 신청건수 146건 중 66건에 대하여 법원이 발령하여 허가율은 45% 정도였다. 종결결정을 받은 사건수는 13개이고 폐지된 회사는 19개로서 개시된 사건 43건을 기준으로 종결건수는 30%, 폐지건수는 44%이다. 신청일로부터 보전처분까지 소요된 기일은 43% 정도가 2주일 이내에 77%가 4주일 이내에 4주일 초과가 23%를 차지하였다.[8]

채무자회생법은 보전처분은 신청 후 1주일 이내에(제43조 제2항), 개시결정은 신청 후 1개월 이내에(제49조) 발령되도록 규정하였다. 서울중앙지방법원의 실무는 대규모 기업의 경우 보전처분은 신청 당일 또는 익일에 발령되고 있으며 개시결정은 2주일 이내에 발령되고 있다.[9] 2006-2012 서울중앙지방법원에 접수된 회합 사건을 분석한 통계표를 요약하면 총 751건이 접수되어 546건(약 73%)이 개시되었으며 59건(7.9%)이 각하 또는 기각되었다. 나머지는 취하, 이송 등이다. 신청시부터 개시결정까지 소요일수는 25일, 개시결정일로부터 인가일까지 220일(7개월), 인가일로부터 종결일까지 531일(1년 3개월)이 소요되었다.[10]

참고로 2004-2010 일본의 회사갱생절차를 신청한 142건에 대하여 조사한 통계에 의하면 개시결정일부터 인가결정일까지 평균 11개월이 걸렸다. 일본항공(JAL)은 약 7개월이 소요되었다. 이는 10년 전 조사의 평균 2년 2개월에 비해 크게 단축하게 되었

---

6) 홍성준, "우리나라 도산전문법원 도입에 관한 연구," 도산전문법원 도입 연구 심포지엄 자료집(2014), 124-127면.

7) 구회근, "우리나라 도산전문법원 도입에 관한 연구 발표문 관련 지정토론," 도산전문법원 도입 연구 심포지엄 자료집(2014), 182-184면.

8) 김형두, "최근 서울지방법원의 회사정리 및 화의사건 실무," 인권과 정의(1996), 69면.

9) 남광토건은 신청 익일 포괄적 금지명령을, 한일건설은 신청 후 13일 후에 개시결정을 받았다.

10) 吳守根, "기업회생제도의 현황과 개선방안," 사법 4호, 사법발전재단(2008), 41-72면에 의하면 기각률에 관하여 수원지법은 0%임에 반하여 광주지법은 26%에 달하고, 개시부터 인가일까지 소요일수에 관하여 대구지법은 198일임에 반하여 대전지법은 365일이 소요되었다.

다. 전체 분포를 보아도 절반 이상(52개, 54.2%)이 1년 안에 인가결정을 받고 있다. 또한 위 96개사 중 회사갱생절차가 종결된 71개사의 확인가능한 종결까지의 기간을 보면 평균 8개월이다. 전체 건수의 80%를 넘는 기업이 인가결정 후 1년 안에 종결에 이르고 있으며, 이것은 10년 전 평균 9년 11개월에 비해 대폭 단축된 것이다.[11]

서울중앙지방법원 파산부는 2015년 3월 현재 총 30명의 전문법관으로 구성되어 있으며 전국의 파산실무를 이끌고 있다. 2014년 현재 전국 법인회생 사건 중 서울중앙지방법원이 41.7%를 점하고 있다. 그러나 개인파산, 회생절차의 운영에 있어서는 여전히 편차가 있고, 회생절차의 경우에도 회생신청 기각율이 0%인 법원부터 20%인 법원, 포괄적금지명령의 발령 빈도 등에 있어서 차이가 존재한다.

참고로 2014년 현재 도쿄지방재판소는 23명의 재판관을 2개부로 나누어 민사 제8부가(12명의 재판관) 회사갱생사건을 담당하고, 민사 제20부(11명의 재판관)가 파산 및 민사재생 사건을 나누어 담당하고 있다. 민사 제8부는 회사갱생, 특별청산, 외국도산절차의 승인 사건 외에 상사에 관한 사건을 담당하고 있다.

비록 서울중앙지법이 패스트트랙제도를 도입한 이후 회생절차의 신속성이 개선되었다고는 하지만 일본의 회사갱생절차와 비교하면 인가결정은 2개월 정도 빠르지만 종결결정시까지 소요되는 기간은 4개월 정도 늦다.

Ⅲ. 기존경영자 관리인제도

1. 입법연혁

채무자회생법은 과거 화의제도와 회사정리제도에서의 실무상황과 회사정리법의 모법인 미국의 개정 경위 등을 고려하여 입법적인 결단을 하여 이른바 기존경영자 관리인 제도를 도입하였다. 제74조는 원칙적으로 채무자의 대표자를 관리인으로 선임하여야 한다고 규정하였다. 예외적인 사유로 3가지를 들고 있다. 예외 사유는 관리인이 되려는 자가 재산의 유용, 은닉 기타 중대한 부실책임이 있는 부실경영을 함으로써 채무자의 재정적 파탄 원인을 초래한 경우, 채권자협의회의 요청이 있고 그 요청에 상당한 이유가 있는 경우, 기타 채무자의 회생에 필요한 때 등이다.

서울중앙지방법원은 채무자회생법의 원칙에 충실하게 실무를 운영하고 있다. 2006. 4. 1. 법 시행 이후 2013. 6.까지 서울중앙지방법원에 접수되어 개시결정된 873

---

11) (株) 帝国データバンク, 特別企画: 会社更生法申請企業の動向調査, TDB (2010).

건 중 기존경영자 관리인선임건수가 338건, 관리인불선임건수가 441건으로서 89%가
기존경영자가 관리인이 되었으며, 2011년 이후는 관리인불선임건수가 압도적으로 많
아지기 시작하였다.[12]

먼저 채무자회생법이 이러한 제도를 도입하게 된 경위를 이해하려면 과거 회사정
리제도의 운영에 대하여 일별할 필요가 있다.

회사정리법은 1962년에 제정될 당시 관리인은 '이해관계가 없는 자' 중에서 선임
하여야 한다고 규정되었다(제74조). 이해관계 없는 자 가운데 능력 있는 후보자를 구하
는 실무상의 어려움을 반영하여 경제위기 직전에 1996. 12. 12. 개정을 통하여 관리인
은 '그 직무를 행함에 적합한 자' 중에서 선임하여야 한다고 개정하였다(제74조). 당시
의 실무는 대채권자인 주거래은행 또는 주거래은행이 추천하는 인물을 관리인으로 선
임하였다. 그러나 구사주가 경영에 개입하여 어음을 남발한 정리회사가 부도를 내고
이 때문에 회사정리법이 악덕의 기업주에게 免罪符를 주는 악법이라는 여론의 비판을
받게 되면서[13] 법원이 1996년 개정 전과 같이 구사주 배제원칙을 철저히 하여 원칙적
으로 기존 경영주가 아닌 제3자를 선임하는 실무를 확립하였다.[14]

그러나 제3자 관리인 제도를 시행하게 되자 기업의 노우하우가 소멸되거나 거래
선이 끊어지는 등 회사 재건에 실질적인 장애가 생겼고, 회사정리절차가 개시되면 주
식을 강제로 소각하고 경영권까지 빼앗기게 된다는 우려에서 경제위기가 발발한 이후
에도 기업주가 회사정리절차를 기피하고 화의절차를 선호하게 된 것이다.

그리하여 채무자회생법은 기존 경영자들이 경영 파탄의 초기 단계에서 조기에 회
생절차 개시신청을 할 수 있도록 유도하고, 또한 기존 경영자들이 경영 노하우를 살려
서 조기에 회생에 성공할 수 있도록 원칙적으로 기존 경영자를 관리인으로 선임하거
나 관리인으로 보도록 하는 제도를 도입한 것이다.

---

12) 서울중앙지방법원 파산부실무연구회, 제3판 회생사건처리실무(상), 박영사(2014), 211면.
13) 金龍潭, "整理計劃期間 중의 監督權行使 徹底를 둘러싼 問題點,"民事判例研究(16), 博英社(1994),
    562면. 금융위기 이전에 회사정리법에 대한 국민의 시각은 채권자의 희생하에 파탄의 책임자인
    기업주에게 果實이 돌아가는 박탈감을 주는 제도라는 것이다.
14) 김형두, 앞의 논문, 67면 및 이진만, "한국에서의 도산법의 개정," 민사소송 Vol. 7-2, 사법행정
    학회(2003), 63면.

2. 외국의 DIP 제도

(1) 미국

1) 1978년 이전의 구 파산법[15]

미국은 1978년 이전에는 제3자 관리인 제도하에서 재건절차가 운영되었다. 1978년 이전의 파산법(Bankruptcy Act)은 1898년 파산법에 유래한 것인데 대공황을 거치면서 여러 번 개정이 있었다. 1938년 개정법(일명 Chandler Act)은 재건절차에 관하여 원칙적으로 반드시 제3자를 관리인으로 선임하도록 규정하였다. 이 법이 일본의 회사갱생법과 이를 수계한 한국의 회사정리법의 모법에 해당한다.

동법은 1898년 파산법 §77B하에서 무능하고 부패한 경영진이 계속하여 회사를 운영하는 문제점에 대한 비판을 수용하여 법원은 채무가 $250,000 이상인 모든 사건에 있어서 공평한 관리인을 선임하도록 규정하였다.[16] §77B는 관리인은 공평한 자 가운데서 선임하도록 규정하였지만 실제로는 종전 회사의 이사, 채권자 등 회사와 조금이라도 관련이 있는 사람으로부터 선임되는 경우가 많았다. 그 이유는 복잡한 기업경영의 내부에 들어가 회사재건을 추진하고 나아가 경영까지 맡게 되는 경우에 회사와 아무 관련이 없는 제3자를 관리인으로 선임하는 것보다는 회사와 관련이 있는 사람이 관리인이 되는 편법을 법원이 묵인하였기 때문이다.

그러나 증권거래위원회(Securities and Exchange Commission, SEC)가 회사재건절차의 실태를 조사한 결과 이러한 관행을 타파하지 않는 한 재건절차의 공평·적절한 수행을 기대하기 어렵다는 결론에 도달하였다. 만일 이러한 입장을 철저히 하게 되면 모든 회사재건절차에 있어서 이해관계인이 관리인이 되는 것을 금지하고 채무자가 점유를 계속하는 것을 폐지하여야 할 것이다. 그러나 이러한 이상론에 대하여는 절차의 진행에 지장을 가져온다는 반대론도 있었다. 그리하여 일정 규모 이하의 회사에 대하여는 종전과 같이 채무자가 점유를 계속하는 것이 가능하게 하되 일정 규모 이상의 회사에 대하여는 SEC의 의견에 따라 제3자를 관리인으로 선임하도록 하는 타협안이 입법되었다.

2) 1978년 파산법

1978년 연방파산법(Bankruptcy Code)은 파산회사의 경영권에 관한 지난 40년간의

---

15) 吳守根, "會社整理法의 歷史的 發展過程에 관한 小考," 民事判例研究(16), 博英社(1994), 453-462면.

16) Robert L. Jordan & William D. Warren, BANKRUPTCY 727 (4th ed, 1995).

실무상의 혼란을 정리하고 DIP(Debtor In Possession) 제도를 신설하였다. 미국의 DIP 제도는 주요 국가의 파산법 개정에 커다란 영향을 미쳤으며 현재에도 미치고 있다. DIP 제도의 특징은 파산신청 후라도 원칙적으로 채무자가 사업을 계속하는 것을 법으로 보장한다는 점이다. 예외적으로 종전 경영진에게 사기, 불성실, 무능력 기타 중대한 경영 과오 등이 있으면 제3자인 관리인이 선임된다.

그러나 실무상 DIP 대신 제3자 관리인이 선임되는 경우는 매우 드물다. DIP 제도를 채택한 이유는 이 제도가 제3자 관리인 제도보다 낫다기보다는 제3자 관리인 제도보다 폐해가 덜하기 때문이다. 동 제도의 장점으로는, 종전부터 채무자 사업에 정통한 채무자가 사업을 계속함으로써 회사의 사업가치를 훼손하지 않고 채권자에 대한 배당자원을 최대화할 수 있다는 점을 들고 있다. 또한 미국의 기업문화에 의하면 사업에 실패한 종전의 경영진이 그대로 남아 있다가 최후에 제11장 파산신청을 하는 경우보다는 과거 경영진이 축출되고 새로이 기업재건 전문가가 들어온 이후에 회사 재건의 한 수단으로서 제11장 신청을 하는 경우가 있으므로 이들이 파산신청 후에도 계속하여 경영을 계속하는 것에 대한 채권자들의 저항이 강하지 않다는 점도 특기할 점이다.17) 미국 파산법하에서는 DIP와 관리인이 병존할 수 없다는 점에서, 관리인을 상설기관으로 삼되 기존 경영자를 관리인으로 임명하는 채무자회생법과 차이가 있다.

〈DIP의 지배구조〉

---

17) 阿部信一郎, 粕谷宇史, わかりやすいアメリカ連邦倒産法, 商事法務 (2014), 35면.

(2) 일본

구 회사갱생법은 조문상으로는 갱생회사의 이사 등도 관재인[18]으로 선임하는 것이 가능하였으나(구법 제94조) 거의 이용되지 않았으며 제3자가 관재인으로 선임되었다. 화의법이 폐지된 후 민사재생법이 시행되면서 종래 경영진이 회사갱생절차에서 경영권한을 잃게 되는 것을 우려해 회사갱생절차의 이용을 피하고 민사재생절차를 신청하는 수가 증가하게 되었다. 이를 우려하여 동경지방재판소는 2008년 12월부터 회사갱생법의 개정 없이 회사갱생절차를 이용하기 쉽도록 위하여 DIP형(자력갱생형) 회사갱생절차를 실무에 도입하였다. 그러나 아직도 DIP형 회사갱생절차의 운용에 대하여 절차의 공정성에 대하여 의문을 제기하는 견해가 상존하고 있다. 실무상 DIP형이 인정되기 위한 요건으로는 다음의 4가지를 들고 있다.

① 현 경영진에 부정행위 등의 위법한 경영책임의 문제가 없을 것

② 주채권자가 현 경영진의 경영관여에 반대하지 않을 것

③ 스폰서가 되는 자가 있는 경우에 스폰서가 DIP형을 了解하고 있을 것

④ 현 경영진의 경영관여에 의하여 회사갱생절차가 적정하게 수행되지 못할 사정이 인정되지 않을 것

최근 DIP형 갱생사건의 사례로서 성공한 것으로 평가받는 사건은 엘피다 메모리 사건이다. 이 사건에서 계속적으로 어려워지는 사업환경, 수지상황, 자금조달의 어려움, 신청 이후에도 거래선의 동요를 막고 신용훼손을 방지하고 경쟁력이 심화되는 메모리산업의 경쟁력을 유지하기 위한 설비투자 등을 고려하여 법원은 현 경영진을 관리인으로 선임하였다.[19]

(3) 英國

英國의 법정 도산절차는 모두 관리인이 선임되고 있으므로 미국과 같은 DIP형 재건제도는 인정되지 않고 있다. 영국의 도산법은 1986년 개정을 통하여 救濟의 文化가 처음으로 도입되었고 2002년 기업법(Enterprise Act 2002) 개정에 의하여 채무자의 지위가 강화되었다고는 하지만 한국과 미국에 비하면 여전히 채권자에게 유리한 법체계이

---

18) 일본은 파산 및 회사갱생 모두 관재인이라는 표현을 사용한다. 정확하게 설명하면 파산법은 파산관재인, 회사갱생법은 관재인이라는 용어를 사용한다.

19) 이 사건에서 회사는 종업원의 감원 없이 새로운 인수자로 미국의 NASDAQ 상장사인 마이크론 사를 선정하여 마이크론이 제공한 인수자금을 통하여 갱생담보권자에 대하여는 6년 동안 100% 변제를, 일반갱생채권자는 7년에 걸쳐 17.4%를 변제하는 내용의 계획안이 인가되었고 현재 인가 후 계속하여 흑자를 거두고 있다. 小林信明 外, エルピーダメモリのいわゆるDIP型會社更生手續, NBL No. 1021, 14-23頁.

다.20) 영국은 4가지의 법정도산절차 즉 회사관리절차(Administration), 자발적 회사채무조정제도(Corporate Voluntary Arrangement, CVA), 기업청산(Winding up), 개인파산(Bankruptcy)과 회사법상의 Scheme of Arrangement(SA) 절차가 있다. 도산법에 기한 도산절차는 모두 도산실무가가 관리인 또는 파산관재인으로 선임된다. 도산실무가는 대부분이 회계사이고 변호사는 그 숫자가 매우 적고, 그 자격을 얻기 위하여는 별도로 도산실무가협회가 주관하는 시험에 합격하여야 한다.

한편 Scheme of Arrangement는 일종의 워크아웃제도로서 별도로 관리인이 선임되지 아니한다. 따라서 SA 절차에서는 처음부터 DIP가 인정된다. SA절차는 한국의 기업구조조정촉진법에 기한 기업구조조정약정이나 은행권의 자율협약과 매우 유사하지만 법원이 회의소집절차의 적법 여부와 계획안이 법률의 규정에 적합한지에 따라 인가 여부를 결정할 뿐 절차의 개시와 종료에 관여하지 않는다는 점에서 한국의 워크아웃과 다르다.

영국의 재건절차는 CVA와 관리절차를 결합함으로써 비록 관리인이 회사에 대한 경영권을 행사한다고 하더라도 실제에 있어서 관리인이 회사 경영에 깊숙이 관여하지 않고 기존 경영진이 회사에 남아 있고 법률상 지불유예의 혜택을 통하여 재건의 목적을 달성할 수 있다. 비록 법률의 규정의 개정은 없었지만, 최근의 새로운 경향은 비록 미국과 같은 DIP와 동일하지는 않지만 재건절차에서 관리인이 재건 또는 구조조정의 업무에 집중하는 동안 기존의 이사들로 하여금 채무자 회사(특히 정부규제가 심한 사업부문을 운영하는 회사)의 일상적인 운영을 맡기는 관리절차의 새로운 경향이 비록 제한적이지만 나타나고 있다. 이러한 새로운 형태는 실제로 미국의 DIP 모델과 매우 유사하다. 이것은 제3자인 관리인이 사업의 운영과 회사의 경영권을 인수하고 기존의 이사의 권한은 대폭 축소되거나 관리인의 업무에 저촉되어서는 아니된다는 전통적인 관리절차와 대비된다. 다만 법정재건절차 중 관리절차의 경우는 비록 도산실무가가 관리인으로 선임은 되지만 기존의 경영진에게 일상의 운영권한을 위임하는 방식의 실무가 서서히 운영되기 시작한 단계이다.

그러나 기본적으로 재건절차인 관리절차의 경우에도 한국이나 미국과 같이 기존 경영자로 하여금 기업을 운영하여 다시 회생전의 단계로 회복시키는 것을 목표로 하는 것이 아니라 기업의 자산 전체 또는 일부를 제3자에게 매각하는 방식으로 이루어지고 있다. 다만 대규모의 기업에 대한 재건사건의 경우에만 SA절차를 통하여 재건이

---

20) Ian Johnson, "England & Wales," The International Insolvency Review, Law and Business, 2013, at 108.

이루어지고 있으며 이 경우에는 법정도산절차가 아니라 일종인 워크아웃이므로 DIP
가 인정될 따름이다.

(4) 독일

독일도 미국의 DIP와 같은 기존경영자가 경영하는 점에 대한 필요성을 공감하여
도산신청 후에도 기업운영에 채무자의 지식과 경험을 이용하여 채무자에게 재산에 관
한 관리처분권을 그대로 유지시키는 점이 이해관계인의 이익에 도움이 됨을 인정하였
다. 이를 반영한 제도가 1999. 1. 1.부터 시행되는 도산법 제7장의 자기관리제도이다.
즉 도산법 제279조는 도산법원이 도산절차의 개시결정에서 자기관리를 명하는 경우에
는 채무자는 감독인의 감독하에 도산재단을 관리하고 그것을 처분할 권리가 있다고
규정하였다. 동 제도는 1999년 이전의 구 파산법에는 없던 제도이다.

이 제도에 의하면 법원은 채권자집회의 결의 등 요건을 갖춘 경우 관재인을 선임
하지 않는 대신에 감독위원의 감독하에 채무자가 경영자가 되어 파산재단을 관리하고
처분할 권한이 인정되었다. 그러나 도산법에 자기관리 제도를 도입되었음에도 불구하
고 법원은 여전히 자기관리절차에 소극적으로서 겨우 4건에 한하여 자기관리절차가
개시되었다.

법률상의 제약과 독일 법원의 소극적 태도로 인하여 채무자가 기업의 회생을 위
해 조기에 도산신청을 하는 데 장애가 되었고 채무자는 재산을 모두 탕진하여 갱생의
가능성이 없는 상태가 되어야 비로소 도산신청을 하게 되는 악순환이 발생하였다.[21]

2012년 개정법(정식 명칭은 '기업재건을 재차 촉진하기 위한 법률'이다, Gesetz zur wei-
teren Erleichterung der Sanierung von Unterhehmen, 약칭하여 ESUG)은 자기관리제도가
활성화될 수 있도록 요건을 간이화하여 활용도를 높이고 새로이 채무자의 재건에 우
호적으로 변경되었다. 새로운 자기관리명령 절차는 그 요건으로 (i) 채무자의 신청이
있어야 하며, (ii) 자기관리명령이 채권자에게 손해가 되는 것이 예상되는 어떠한 사정
도 밝혀진 것이 없을 것을 요한다. 구 도산법(InsO)은 자기관리명령을 발하기 위하여는
채권자의 동의가 필요하였으나 개정법 ESUG는 이를 삭제하였다. 개정 전의 도산법
(InsO)은 법원이 자기관리신청을 기각하더라도 도산절차를 종료하지 않고 채무자의 의
사에 반하여 정식의 도산절차의 개시결정을 할 수 있었으나 ESUG는 채무자는 이 경
우 스스로 도산절차개시신청을 취하함으로써 강제로 도산절차에 끌려가는 걱정을 없
앴다.[22]

---

21) 김경욱, "독일도산법상 자기관리제도의 개정과 보호막절차의 도입," 경영법률학회 경영법률 제23
    집 제1호, 421면.

ESUG가 채무자의 파산절차의 조기신청을 유도하여 회사의 재건을 꾀하기 위하여 새로이 도입된 제도가 보호막절차이다. 채무자가 아직 지급불능의 상태에 빠지지 않았더라도 그러한 염려가 있는 경우 채무자가 자기관리신청을 하면 법원은 회생이 명백히 불가능한 경우가 아닌 한 채무자의 신청에 따라 일정기간(최대 3개월) 도산계획을 제출하는 기간을 부여하는 제도이다.

위 기간 동안은 채무자는 법의 보호막 아래서 법원과 임시감독인의 감독하에서 회생방안을 강구하는 것이다. 위 기간 동안 채무자는 채권자에게 채무를 변제할 필요가 없으며 도산재단에 대한 관리처분권이 보장되고 채권자는 강제집행 등의 권리를 행사할 없다.

법원은 보호막 설정기간을 정하고, 임시감독인을 선임한다. 이 때 채무자는 임시감독인을 추천할 권한이 있는데 법원은 피추천자가 명백히 부적합한 경우를 제외하고 채무자가 추천한 사람을 임시감독인으로 선임한다. 법원이 피추천자가 아닌 자를 선임하려면 그에 대한 이유를 제시하여야 한다. 이로써 채무자는 자신에게 우호적인 임시감독인을 선임할 수 있게 되었다. 보호막 기간 동안 임시채권자협의회가 구성되고 채무자의 재산에 대한 강제집행의 금지 및 진행 중인 강제집행의 중지가 이루어진다. 보호막절차 동안 채무자는 임시감독인의 감독하에 재산에 대한 처분권이 보장된다.

3. 기존경영자 관리인제도에 대한 평가

기존경영자관리인 제도에 대하여는 비판론과 찬성론이 맞서고 있다. 입법을 하는 과정에서도 팽팽한 의견 대립이 있었으며 개정위원회조차 기존경영자관리인 제도를 제1안으로, 제3자관리인 방식을 대안으로 제시하였다. 법무부는 기존경영자관리인 제도를 정부안으로 확정하여 국회에 제출하였다.[23] 채무자회생법이 제정된 후 대체로 금융권과 금융감독기관이 비판론을, 회생절차를 담당하는 실무가들은 찬성론을 견지하고 있다. 학자들간에는 견해가 불일치하였다. 이하 각 견해의 근거를 살펴본다.

먼저 비판론의 요지를 본다.

첫째, 우리나라의 경영현실에 바람직하지 않다. 분식결산이 횡행하고 전문경영인 제도가 자리잡지 못하고 있어 구 경영진과의 고리가 끊어지지 않고 있는 현실에서 도산 당시의 경영진을 관리인으로 임명하면 회생절차에서도 주주의 권리가 그대로 유지

---

22) Johan Schneider and Heuking Kuhn Luer Wojtek Germany, ¶ 23.01-23.06, Colliers International Business Insolvency Guide, LexisNexis (2014).

23) 입법과정에 관하여는 吳守根, "통합도산법 입법경과," BFL 제9호(2005), 18면.

하는 결과가 된다. 도산법의 기본원칙이 담보권자와 채권자에게 우선적인 권리를 부여하는 것이 도산법의 기본원칙인데 주주에게 더 큰 권한을 주는 결과가 된다. 경영현실에서 도산법의 기본원칙을 잠탈할 우려가 있다.[24]

둘째, 자본잠식 상태의 기업의 경우 기존 주주에게 귀속될 기업가치가 없기 때문에 기존의 지배구조를 허용할 경우 경영의 효율성을 추구할 근거가 없다.[25] 채권자에게 희생을 강요하면서 경영진에게 계속 경영을 맡기는 것이 형평에 어긋난다.

셋째, 기업부실은 주로 지배주주 내지 경영진의 문제에서 비롯되므로 DIP를 도입할 여건이 성숙되어 있지 않다.[26]

다음으로 찬성론의 요지를 본다.

첫째, 기존경영자관리인 제도는 많은 논쟁 끝에 내려진 입법적 결단이고 앞으로의 과제는 도산법의 체계를 이러한 결단에 부합하도록 손질하는 것이다. 관리인 제도의 개선방안에 논의를 집중하여야 한다.[27]

둘째, 관리인에게 경영활동에 관하여 자율권을 광범위하게 보장함으로써 기존 경영자 관리인제도가 역동성을 가지고 기능할 수 있도록 하여야 한다.[28]

생각건대, 먼저 도산절차에서의 경영권이라는 개념을 둘러싼 오해를 불식시킬 필요가 있다. 기업부실에 중대한 책임 있는 경영진으로 하여금 회생절차 개시 후 나아가 인가 이후에도 계속하여 그 경영진에게 경영권을 보장한다는 제도는 주요국의 도산제도에서 찾아볼 수 없다. 미국의 파산법 역시 신청 후 회생계획안 인가시까지만 종전 경영진에게 적어도 파산법이 인정하는 예외사유가 없는 경우에 한하여 회생회사의 경영권을 부여하고 있다. 그 이후 회사의 지배구조는 회사법상의 원칙에 의하여 결정되는 것이고 파산법원이 관여할 일이 아니다.

외국의 입법례나 과거 회사정리 및 화의 사건의 실무 경험 등에 비추어보면 기존 경영자에게 회생절차 인가시까지 회생회사의 경영권을 부여한다는 취지의 기존경영자 관리인제도 도입은 세계적인 흐름에도 부합하고, 구조조정을 조기에 유도한다는 점에서 긍정적으로 평가된다. 그럼에도 불구하고 마치 회사가 채권자에 대한 채무를 면제

---

24) 김재형, "관리인제도의 개선방안에 관한 검토," BFL 제9호(2005), 31면.
25) KDI의 보고서이다. 유해용, "기존 경영자 관리인 제도의 明暗," 저스티스 제117호(2010), 37면에서 재인용.
26) 한국산업은행의 보고서, 유해용, 앞의 글 37면에서 재인용.
27) 송옥렬, "DIP 제도하에서 회생기업의 지배구조," 세계화시대의 기업법-横川李基秀先生停年紀念, 박영사(2010), 245면.
28) 李相均, "도산법상 回生節次에 있어서 우리나라와 美國의 經營主體 比較," 도산법실무연구, 법원도서관(2013), 41면.

받고도 여전히 기존 경영진의 경영권이 법률에 의하여 보장된다는 세간의 오해가 불식되어야 한다.

다만 미국과 같이 채권자들에게 정보를 제공하고 견제할 수 있는 권한을 명실상부하게 부여하는 기존경영자관리인 제도가 운영되어야 한다. 아울러 무능하고 부정직한 관리인에 대한 모니터링을 파산사건의 담당재판부가 아니라 행정업무에 능통한 제3의 기관이 담당할지 여부에 대하여도 논의가 필요하다.

Ⅳ. 개시요건 및 인가요건의 심사 기준으로서의 기업가치평가

1998년 개정 이전의 구 회사정리법은 제1조에서 재정적 궁핍으로 파탄에 직면하였으나 갱생의 가망이 있는 주식회사를 대상으로 하였다. 1998년 개정 회사정리법은 갱생의 가망이라는 표현 대신에 경제적으로 갱생의 가치가 있는 주식회사로 변경하였다. 아울러 개시요건에 관하여 제38조 제5호를 신설하여 '會社를 存續할 때의 價値가 會社를 계속 存續시킬 때의 價値보다 큰 경우'를 추가하여 이 기준이 회사정리절차의 개시단계에서 중요한 고려요소로 작용하게 되었다.

이러한 청산가치와 존속가치의 비교라는 실무 변경은 채무자회생법에서도 여전히 유효하다. 비록 채무자회생법 제1조가 법 적용대상을 정함에 있어 '갱생의 가치가 있는'이라는 용어를 삭제하고 '파탄에 직면해 있는 채무자'로 규정하였지만, 청산가치와 존속가치라는 기준은 회생절차를 계속하여 진행할지 아니면 폐지할지를 결정하는 중요한 기준의 역할을 하고 있다. 제285조는 청산가치가 존속가치보다 명백히 큰 경우에는 제1회 관계인집회 전이라도 회생절차를 폐지할 수 있도록 정하였으며 실제로 인가전 회생절차가 폐지되는 사유의 대부분이 이에 해당한다.

존속가치산정의 방법으로 실무상 이용되고 있는 현금흐름할인법에 관하여는 그동안 정확성에 대하여 실무가들 사이에 적지 않은 비판이 있었다. 법원이 임명한 조사위원이 산정한 존속가치평가에 의하여 회생절차의 개시 또는 속행 여부와 계획안의 변제율이 사실상 결정되기 때문에 이를 둘러싸고 개시단계부터 다툼이 발생한다. 청산가치가 존속가치보다 상회함을 이유로 하는 인가전 폐지결정에 대하여 항고심에서 존속가치의 당부를 다투려면 상당한 액수의 현금을 공탁하여야 하는바 이러한 공탁제도는 항고권을 심각하게 제한한다고 평가된다. 청산가치와 존속가치의 비교는 절차의 속행 여부나 계획안수립에 대한 일응의 기준으로 삼고 가급적 이해관계인들 간의 협상에 맡기는 실무운영이 바람직하다. 앞으로 2015. 7. 1.부터 시행되는 간이회생제도의 실무축적이 이 점에 대한 도움이 될 것이다.

V. 대기업과 중소기업에 대한 회생절차 이원화

과거 회사정리절차는 원칙적으로 대규모의 기업을 대상으로 하는 절차였다. 법원은 부채 규모가 어느 정도 이상의 회사에 대하여만 회사정리절차를 진행하였다. 1992년 실무가의 발언에 의하면 적어도 자산금액이 100억 원 이상이 되어야 했다.[29] 1996년 회사정리사건처리요령(송무예규 제487호)에 의하면 자산규모가 200억 원 미만인 회사는 개시결정의 부정적 요소로 고려되었다. 채무자회생법이 회생절차의 대상을 개인 또는 모든 법인 등으로 확대하였다고는 하지만 회생절차의 기본 골격이 회사정리제도와 크게 달라지지는 아니하였다. 그리하여 회생절차는 여전히 대규모 기업의 구조조정에 적합한 틀이다. 최초의 채무자회생법 내에서도 중소기업에 대하여 보다 가벼운 절차를 마련하기는 하였다. 그 내용으로는 채권자협의회의 임의구성(제20조 제1항), 관리인의 임의적인 불선임(제74조), 회생계획안 제출기간의 단축(제220조) 등이 있다.

그러나 이러한 조항만으로는 중소기업을 상대로 한 회생절차의 신속성과 효율성이 떨어진다는 지적이 있었다. 2015. 7. 1.부터 시행되는 개정 채무자회생법은 부채가 50억 원 이하의 영업소득자(개인, 법인 등을 포함한다. 대통령령은 30억 원 이하로 정하였다)에 대하여 특례규정을 두었다. 즉 관리인을 선임하지 아니하고, 조사위원을 회생위원의 자격 있는 자를 간이조사위원으로 선임할 수 있되 조사위원의 업무를 간이한 방법으로 수행할 수 있게 하였으며, 회생계획안의 가결요건을 낮추었다. 이러한 개정을 통하여 소액영업소득자에 대한 회생절차는 채무자와 채권자들 간의 협상의 여지가 넓어지게 되어 과거보다 신속하고 저비용으로 절차진행이 가능하게 되었다. 회생기업에 대한 외부감사를 일률적으로 받게 할 것이 아니라 중소기업에 대하여는 사후에 보고서의 적정성을 검토하는 등[30] 앞으로 간이회생절차의 실무 축적을 통하여 긍정적인 면들이 대기업에 대한 회생절차에도 반영되기를 기대한다.

VI. 신규자금지원 제도의 활성화

회생절차에서 신규자금이 이루어지지 않는 이유로는 첫째 법정관리절차가 신용

---

29) 전게 좌담회, 양삼승 발언, 39면.
30) 이진웅, "중소기업 회생절차의 특수성과 개선방안," 사법 25호(2013), 301면.

등급 D 등급이라는 인식하에 회수가 어려울 것이라는 선입견과 둘째, 신규자금에 대한 회생절차 내에서의 법적 보호가 불충분하다는 점을 들 수 있다.

먼저 신용등급에 대하여 본다. 부실징후기업으로서 경영정상화가능성이 있다고 주채권은행이 판단하면 기촉법의 워크아웃 대상이 되는 것이지(기촉법 제12조), 법령상 A, B, C, D등급으로 구분하는 규정은 없으며 부실징후기업이라면 같이 C등급이지 워크아웃과 회생절차를 이용하는 기업을 다시 구분할 법적인 근거는 없다. 회생절차도 기업가치평가를 통하여 재건의 가능성이 있는 회사에 대하여만 절차가 진행되기 때문이다. D등급은 말 그대로 파산회사에 적용되어야 한다. 판례는 상장회사에 대하여 회사정리절차가 개시된 경우에 상장폐지를 하도록 규정한 한국증권거래소의 구 유가증권상장규정 제37조 제1항 제9호가 무효라고 판단하면서 그 이유 중의 하나로 기촉법에 의한 공동관리절차를 선택한 기업에 대하여는 상장폐지를 하지 않고 있음에 반하여 회사정리절차에서 차별하는 것이 위법임을 들었다.[31]

기업의 신용평가는 개별기업이 부도를 내었는지, 조업이 중단되었는지 등 여러 사정을 종합하여 주채권은행이 가장 정확하게 할 수 있는 것이지 단지 회생신청만 하였다는 사실만으로 법정관리 기업이라는 낙인을 찍고 퇴출대상인 D등급으로 삼는 기존의 기업신용위험평가제도가 재검토되어야 한다.

그렇다면 워크아웃 기업이건 회생기업이건 당해 기업의 경제성과 재건가능성을 고려하여 신규자금이 제공되어야 한다. 따라서 회생기업이라는 이유만으로 신규자금지원이 불가하고 만일 회생기업에 대하여 신규자금이 제공되었다가 회수불능이 되면 워크아웃 기업에 대한 신규자금의 실패와 달리 형사적인 책임의 추궁가능성이 큰 것인 양 오해하고 있는 것이다.

따라서 현재의 부실징후기업에 대하여 경영정상화 가능성이 있는 기업과 가능성이 없는 기업을 C, D 등급으로 구분하고 D 등급에 대하여는 퇴출대상이라는 금융당국의 기준이 철폐되어야 한다. 회생절차가 개시된 후 금융기관들을 구성원으로 한 채권자위원회를 별도로 구성하여 워크아웃과 같은 의사결정절차를 통하여 회생회사에 대한 집단적 신규자금공여가 가능하도록 금융권의 인식전환이 필요하다. 신규자금공여의 필요성과 규모 등에 대하여 법원이 이해관계인들의 의견조회 절차를 두고 있으므로 설령 후에 회생절차가 폐지되어 전액 회수를 하지 못하는 경우라도 경영판단의 원칙 등을 통하여 대주에 대하여 함부로 배임죄의 죄책을 묻지 않는 실무의 축적이 필요

---

31) 대법원 2007. 11. 15. 선고 2007다1753 판결(공 2007, 1913).

하다. 필요하다면 미국과 같이 신규자금지원결정에 대하여 이해관계인에 대한 불복절
차를 허용할 필요가 있다.

다음으로, 신규자금에 대한 회생절차에서의 법적 보호에 대하여 본다.

채무자 또는 근저당권설정자에 대하여 회생절차 개시결정이 내려진 경우 근저당
권의 피담보채무가 확정되는지 여부에 대하여는 確定說과 非確定說이 대립하고 있다.
대법원은 회사정리절차 개시결정이 내려진 이후 근저당권자가 정리회사에게 그 사업
의 경영을 위하여 추가로 금원을 융통하여 줌으로써 별도의 채권을 취득하였다 하더
라도, 그 채권이 근저당권에 의하여 담보될 여지는 없다고 판시하여 확정설을 취하고
있다.[32]

한편, 일본의 실무는 비확정설을 취하고 있다.[33] 2013. 1. 1.부터 시행되는 신 회
사갱생법 제104조 제7항은 비확정설을 전제로 한 규정이다.[34] 현재 일본의 실무는 비
확정설을 전제로 후순위담보권자의 지위, 제3자가 회생회사를 위하여 변제한 경우의
법률관계에 관하여 논의를 전개하고 있다. 비록 비확정설이 확정설보다 법률관계를 복
잡하게 한다는 단점이 있을지 모르나 회생절차 개시 이후에 투입된 신규자금에 대하
여는 공익담보권으로 보호할 수 있는 법적인 장치를 부여한다는 장점이 있다.[35] 설령
회생담보권으로 취급된다고 하더라도 청산가치보장의 원칙이 적용되는 한에 있어서는
담보권의 침해 정도는 담보권자로서도 감수할 수 있다. 확정설의 논거는 실무상 금융
기관들이 기존담보권으로 계속 담보됨을 전제로 대규모의 자금지원을 하리라 생각하
기는 어려울 것이라는 데 있다.[36]

생각건대, 법률의 개정 없이 해석론으로도 비확정설이 가능하다면 신규자금지원
에 도움이 되는 비확정설로 견해를 변경할 필요가 있다. 신규자금이 이루어지지 아니
하므로 확정설을 취한다는 견해는 본말을 전도한 것이고, 오히려 법원이 입장을 바꾸
어 비확정설을 취함으로써 금융시장에서 신규자금이 이루어지도록 유도함이 재건제도
의 취지에 부합하는 실무운영이다.

---

32) 대법원 2001. 6. 1. 선고 99다66649 판결(미간행).
33) 東京地方裁判所 昭和 57. 7. 13. 下民集33券5-8号, 930頁.
34) 회사갱생법 제107조 제7호 "신청서에 기재된 제3항 제3호의 담보권이 근저당권인 경우에, 근저
    당권자가 제4항의 규정에 의한 송달을 받은 때로부터 2주간을 경과한 때에는 당해 근저당권으로
    담보되는 원본은 확정한다.
35) 자세한 논의는 岡 正晶, "更生手續開始と根抵當權," 新會社更生法の理論と實務, 判例 タイムズ
    1132(2003), 115-116면.
36) 임채웅, "회사정리절차개시가 근저당권채무확정사유인지 여부," 대법원판례해설 통권 제36호
    (2001), 372면.

나아가 현행법은 회생절차에서 투입된 신규자금에 대하여만 우선권 있는 공익채권으로 보호할 뿐, 파산절차에서는 우선권 있는 재단채권으로 취급하는 규정을 두고 있지 않다. 앞으로 신규자금에 대하여는 회생절차뿐 아니라 파산절차에도 공익채권 또는 재단채권 중 최우선권이 보장되도록 법이 개정되어야 한다.

Ⅶ. 회생절차의 종결에 대한 인식전환

1998년 개정 전의 회사정리법은 변제기간이 20년이었다(제213조). 채무자회생법은 이를 10년으로 단축하였다(제195조).37) 회사정리절차에서는 정리계획이 수행된 때 또는 계획이 수행될 것이 확실하다고 인정되기에 이른 때에 종결결정을 하도록 규정되어 있었으므로(회사정리법 제271조) 정리채권을 대부분 변제하여야 종결결정을 하였기 때문에 종결결정의 시기가 늦었다. 1998년 개정된 회사정리법은 정리계획에 따른 변제가 시작된 이후 정리계획의 수행에 지장이 없다고 인정되는 때로 규정함으로써 절차의 조기종결을 시도하였다. 채무자회생법은 더 나아가 회생계획의 수행에 지장이 있는 경우를 제외하고 원칙적으로 회생계획에 따른 변제가 시작되면 회생절차 종결결정을 하는 것으로 개정하였다(제283조). 이에 맞추어 서울중앙지방법원은 2006. 4. 1. '회생절차의 조기종결에 관한 준칙'(회생실무준칙 제14호)을 시행하여 원칙적으로 변제가 시작된 후 회생절차를 종결하고 있다.

서울중앙지방법원은 2011. 3.부터 패스트트랙제도를 도입하였다. 패스트트랙제도라 함은 채권자들 사이의 사전 협상이 가능한 대기업을 대상으로 워크아웃과 회생절차를 접목하여 금융기관 등 채권자 주도로 6개월 이내에 채무조정을 마무리하여 시장으로 복귀시키는 방안이다.38) 이를 위하여 회생사건 접수 후부터 종결결정까지 4개월을 목표로 사건관리를 시도하였으며 실제로 LIG 건설사건은 2011. 4. 1. 개시결정 후 6개월 만인 2011. 9. 30. 회생계획안이 인가되었으며, 임광토건 사건은 2011. 11. 24. 개시결정 후 6개월인 2012. 5. 24. 종결결정을 하였다.

그럼에도 불구하고 전국 법원의 회생실무가 채무자회생법이 정한 바대로 회생계획에 따른 변제가 시작되면 즉시 종결결정을 하지 못하는 이유로는 준칙 제3조 가항의

---

37) 일본의 개정 회사갱생법은 갱생채권에 대한 변제기한을 종전의 20년에서 15년으로 감축하였다 (회사갱생법 제168조 제5호).
38) 鄭晙永, "기업회생절차의 신속처리 방식: 패스트트랙 기업회생절차," 2013년 전문분야 특별연수 도산법, 대한변호사협회변호사연수원(2013), 13-19면.

수행가능성 판단의 부정적인 요소(변제지체 가능성, 영업실적의 미달, 공익채권의 증가, 노사쟁의 등 채무자 운영의 차질 발생 등)를 고심하여 여전히 인가 후 M&A가 이루어져 새로운 경영주가 나타나기를 기다리고 있기 때문이다.

과거 회사정리법의 실무에 의하면 회사정리절차가 종결되기 전까지 재판부가 관리인의 업무를 매우 세밀하게 감독하였다. 즉 모든 허가신청서에 대하여 주심판사가 관리인으로부터 대면보고를 받고, 월간보고서에 관하여도 직접 브리핑을 받았다. 법원은 공익채권의 변제 등 회사의 시재를 수시로 확인하고 어음발행에 대하여 사전허가를 받고, 외부감사기관을 지정하는 등 법관이 기업체의 경영자의 역할을 담당하였다고 하여도 과언이 아니다.[39]

그러나 이러한 실무는 회생사건의 접수건수가 연간 50건을 넘지 않을 때에 가능하였던 것이었으므로 1998년 금융위기 이후에는 관리위원회를 설치하여 비재판업무 중 일상적인 업무에 대하여는 관리위원회에 위임하여 처리하고 있다. 그럼에도 불구하고 회생계획안이 인가되더라도 법원은 적절한 인수인을 물색하여 M&A 절차를 마치기까지 여전히 행정적인 업무를 담당하고 있는 것이 현실이다. 그러나 법원이 주도하는 M&A 절차만이 절대적으로 공정 형평하므로 회생절차 종결 후에 이루어지는 M&A 절차는 배척하여야 할 이유는 없다.

임광토건, 동양시멘트 사건과 같이 출자전환이나 새로운 인수인이 없이 채권자들의 채권의 감축만이 이루어지고 기존 주주들의 지분율이 유지되는 유형(이를 자립형이라고 부를 수 있다)에 대하여는 원칙대로 회생채권변제가 시작되면 조기종결을 하여야 한다.

출자전환에 의하여 기존 주주의 비율이 변경되어 회사의 지배구조가 변경된 사건에 대하여도 새로운 인수인을 기다리지 말고 회생계획 인가 후 새로운 주주들이 법원의 허가를 통하여 최초의 주주총회를 개최하여 회사의 임원을 새로이 선임하게 되면 법원은 더 이상 관여하지 않고 종결시키는 방식으로 실무를 변경할 필요가 있다. 즉 회생절차 개시 후 계획이 완수되어 절차 종결시까지 법원이 회사정리절차를 주관하여야 하는 종전의 견해에서 벗어나 법원은 개시 후 인가시까지만 관여하고 그 후에는 시장으로 복귀시킨다는 인식의 대전환이 필요하다.[40] 법원이 인수합병을 통하여 반드시 새 주인을 찾아주어야 하는 의무를 부담할 필요는 없다. 계획에 의하여 자본구성이 변

---

39) 김형두, 앞의 글, 71면.
40) 유해용, 앞의 글, 54면은 적어도 현행법하에서도 인가 전 회사와 인가 후 회사로 구분하여 법원의 허가대상행위를 달리 정하는 것을 고려할 것을 제안하고 있다.

경되면 새로운 주주와 채권자들 사이의 협상을 통하여 지배구조를 결정하면 족하
다.41)

　미국의 파산법에 의하면 회생계획안 인가와 동시에 파산재단에 대한 관리처분권
을 채무자가 회복하게 되어 법원의 허가 없이 차입, 재산매각 등 기업을 운영할 수 있
다.42) 또한 채권자들이 출자전환으로 지배주식을 취득한 경우에는 이사회를 구성하거
나 주식을 매각하기도 한다.43)

　그러나 지나치게 조기종결을 강조하다보면 회생계획안인가결정에 대한 항고가
제기되어 아직 항고사건이 확정되지 아니한 상태에서도 종결을 하는 위법이 횡행하게
된다. 대법원은 이 점에 대하여 법리 설시를 요청하는 상고인의 주장을 물리치고 의도
적으로 판단을 회피하고 심리불속행 제도를 이용하여 상고를 기각하고 있다.44)

Ⅷ. 기촉법의 워크아웃의 개선방향

　기촉법이 6회에 걸쳐 한시법의 형태로 존속할 수 있었던 것은 신속하고 효율적인
기업구조의 필요성과 헌법위반이라는 법리적인 약점의 타협 때문이다.45) 즉 헌법 위
반이라는 약점46) 때문에 상시법이 될 수 없었던 것이고, 기업구조조정의 필요성 때문

---

41) 새로이 도입한 DIP제도와 M&A의 긴장관계에 관하여 朴炯俊, "法定管理企業 引受 合併(M&A)의 實務와 展望," 司法論集 第44輯(2007), 86-87면.
42) 11 USC §1141(b). "Except as otherwise provided in the plan or the order confirming the plan, the confirmation of the plan vests all of the property of the estate in the debtor." Jeff Ferriel · Edward J Janger, UNDERSTANDING BANKRUPTCY 790 (2007).
43) 鄭晙永, "기업회생절차의 새로운 패러다임," 사법 18호(2011), 25면.
44) 골프장의 회원이 보증금 외에 시설이용권이 인정되어야 하므로 회생절차 개시결정 당시의 회원권의 시가를 기준으로 의결권을 산정하여 달라고 요청하자 법원이 의결권을 부여하지 않고 회생계획안을 인가한 후 인가결정에 대한 항고를 제기하자 회생절차를 조기에 종결한 사례가 있다고 한다.
45) 기촉법은 제1기부터 제4기는 금융기관을 참가 채권자로 정한 입법이었으나 제5기와 현재는 금융채권자라는 도구를 통하여 개인이거나 비금융기관인 법인이라도 금융채권을 보유하면 기촉법에 복속되는 방식으로 변경되었다. 제4차 기촉법까지의 변천내용에 대하여는 구회근 · 오세용, "기촉법 상시화에 대한 비판적 검토 및 회생절차 개선방안 모색," 한국금융학회 춘계공동정책심포지엄 발표(2014), 15-19면 참조.
46) 위헌성에 관한 논의로는 구회근 · 오세용, 앞의 글, 37-41면; 박용석, "효율성과 형평성의 입자에서 본 기업구조조정촉진법의 위헌성 여부," 도산법연구 제5권 제1호(2014), 21-29면. 부정적 평가로 지적된 것은 1. 헌법상의 자본주의 시장경제질서 위배, 2 재산권침해, 3. 평등권침해, 4. 적법절차 위배, 5. 사법질서 위배, 6 관치금융 우려, 7 부실징후기업 판정 불명확, 8 절차의 밀행성, 9 주주의 권리에 대한 제한 등이다(정지혜, "기업구조조정촉진법에 대한 평가—문헌정리," 도산법연구 제5권 제1호(2014), 70-75면.

에 한시적이지만 법률로 존재한 것이다.

　　도산기업에 대한 신규자금지원은 기업의 재건 여부를 결정하는 가장 중요한 요소이다.[47] 그러나 회생기업에 대한 신규자금 지원에 가장 큰 걸림돌은 회생회사의 신용하락으로 인한 회수위험성이라는 재무적인 요소일 것이다. 법적인 장애로는 형법상의 배임죄와 신규자금채권에 대한 회생절차의 보호 미흡이다.

　　확립된 판례는 "회사의 이사 등이 타인에게 회사자금을 대여함에 있어 그 타인이 이미 채무변제능력을 상실하여 그에게 자금을 대여할 경우 회사에 손해가 발생하리라는 점을 충분히 알면서 이에 나아갔거나, 충분한 담보를 제공받는 등 상당하고도 합리적인 채권회수조치를 취하지 아니한 채 만연히 대여해 주었다면, 그와 같은 자금대여는 … 회사에 대하여 배임행위가 되고, 회사의 이사는 단순히 그것이 경영상의 판단이라는 이유만으로 배임죄의 죄책을 면할 수는 없다."[48]고 판시하고 있다. 따라서 금융기관으로서는 담보대출이건 무담보대출이건 회생회사에 대하여 대출하였다가 회생절차가 폐지되면 대출담당자가 배임죄의 죄책에서 자유로울 수 없게 되어 신규대출을 꺼릴 수밖에 없다. 또한 일본의 실무와 달리 대법원 판례가 회생절차의 개시가 근저당권의 확정사유로 보고 있기 때문에, 피담보권채권이 채권최고액을 훨씬 미치지 못하여 담보여력이 있어 평상시라면 추가 대출이 가능함에도 불구하고 회생절차에서는 이를 이용할 수 없다는 실무상의 제약 때문에 공익담보권이 사실상 사문화하게 되었다.

　　그리하여 기업으로서는 회생절차에서 신규자금의 유입을 기대할 수 없으므로 워크아웃을 통하여 신규자금을 기대하게 마련이다. 금융기관으로서는 주거래은행 단독으로 신규자금을 지원하는 것보다는 모든 금융기관이 참여하는 기촉법상의 워크아웃을 통하여 공동으로 신규자금을 지원함으로써 배임죄의 죄책을 면하거가 내외부 감사로부터 징계를 피할 수 있다는 점에서 회생절차보다는 기촉법에 기한 워크아웃을 선호하게 된다. 감독당국으로서도 법원의 회생절차가 워크아웃에 비하여 효율성과 신속성이 떨어진다는 이유로 적기에 신속하게 사전구조조정을 할 수 있다는 점에서 워크아웃을 선호하게 된다.

　　기촉법에 의한 워크아웃의 장점으로는 거액의 신규자금지원과 절차의 신속성, 금융기관 간의 자율적 협의불가에 대한 대체제도의 성격, 제2금융권의 선관주의의무 문

---

47) 조규홍, "신규자금 지원의무," 도산법연구 제5권 제1호(2014), 58면은 신규자금지원이 워크아웃 절차에서 가장 논란이 많은 제도이면서도 현재까지 성공적으로 운영되는 가장 중요한 요인이라고 평가한다.

48) 대법원 2013. 4. 11. 선고 2012도15585 판결(미공간), 대법원 2007. 9. 7. 선고 2007도3373 판결; 대법원 2000. 3. 14. 선고 99도4923 판결(공2000, 1011) 등.

제 해소 등을 거론된다.[49]

이에 반하여 워크아웃의 문제점으로는 비공개로 인한 절차의 예측가능성의 부족과 경영권의 유지 여부가 불분명하다는 점 등이 지적된다.[50] 필자는 법리적인 논쟁보다도 기촉법상의 워크아웃이 갖는 다음과 같은 내재적인 약점으로 인하여 기촉법을 상시화하는 것은 어려울 것으로 예상한다.

첫째, 모럴해저드의 문제이다. 금융기관은 개인파산자가 수천만 원 정도의 채무를 면책받는 것이 모럴해저드라고 비판하고 있다. 그러나 과연 대기업의 워크아웃 과정에서 감독당국과 대출기관, 부실기업의 모럴해저드가 없었다고 부정할 수 있을까? 법원보다 전문적인 신용평가기관을 통하고 다수의 채권기관이 협의하여 결정하는 워크아웃기업에 대한 신규자금지원이 '정무적인 판단'이라는 미명하에 오히려 비합리적으로 실행되고 있지 않은가? 워크아웃 동안 신규자금으로 지원된 금액의 1/3 정도 되는 매각금액으로 법원의 회생절차에서 매각된 쌍용건설과 정치권과 유착을 통하여 3회에 걸쳐 워크아웃을 진행하다가 결국 회생신청을 한 경남기업의 사례가 이를 증명한다.[51]

둘째, 금융기법의 복잡화이다. 기업은 자금을 다양한 방법으로 조달하고 있다. 貸主도 외국금융기관이고, 개인인 社債權者도 늘어나고 있다. 과거에는 한국적인 현실에 호소하여 금융기관을 상대로 신규자금의 지원을 요청하는 것이 가능하였지만 비협약채권자에게까지 신규자금을 요청하는 것은 불가능하다. 만일 기촉법의 대상을 확대하여 다수의 비협약채권자를 포함하는 협의회가 운영되는 순간 절차의 유연성과 신속성이 훼손된다.

셋째, 기촉법은 글로벌 스탠다드에 부합하지 않는다. 기촉법은 국내에 영업을 하지 아니하는 외국금융기관을 적용대상에서 제외하고 있다.[52] 기촉법을 5차로 연장하

---

49) 정지혜, 앞의 글, 67-70면. 그러나 STX조선해양 이후 금융기관이 신규자금에 부동의하면서 반대 매수청구권을 행사하는 사례가 늘고 있다.

50) 실제로 워크아웃 기간 동안의 경영권은 사안에 따라 유지 여부가 결정되는 것임에도 불구하고 과거에는 워크아웃 기간 동안에는 원칙적으로 경영권이 유지된다는 인식이 강하였다. 금호그룹의 계열사와 경남기업은 경영권이 유지되었다. 반면 STX팬오션, 동부그룹의 계열사는 경영권이 박탈되었다.

51) 구회근·오세용, 앞의 글 33면은 채권자는 시간이 오래 걸리는 경영정상화를 통한 채권회수보다는 신속한 자산매각을 통한 채권회수에 관심을 가질 수밖에 없으므로 채권자 주도의 워크아웃에 비판적이다.

52) 吳守根, "기업구조조정촉진법의 적용범위," 도산법연구 제5권 제1호(2014), 36면에 의하면 외국금융기관은 1998년 기업구조조정을 위한 금융기관간 협약에 서명한 210개 금융기관에 속하지 아니하였으며 기촉법의 위헌 주장을 한 금융기관도 외국계은행이었다.

는 동안 외국계금융기관을 절차에 복속시키지 못하는 이유는 기촉법의 신규자금조항이 한국적인 현실을 반영한 법이라는 점과 만일 이를 외국금융기관에게 강요하게 되면 한국의 금융시스템이 국제적 기준에 맞지 않는다는 인식을 우려한 것으로 추측된다. 주요국의 도산절차에서 부실대출로 재산상의 손해를 본 채권자에게 신규자금을 강제하는 도산법제는 존재하지 않으므로 이를 외국금융기관에게 강제하기 어렵기 때문이다.

필자의 소견은 다음과 같다. 즉 신규자금공여가 법률에 의하여 강제되려면 부실기업에 대한 재건이 국가경제적인 목적에서 시급성이 인정되어야 하고, 소수의 중요금융기관을 대상으로 한 최소성의 원칙, 변제기의 연장, 원리금의 감면 조치만으로는 재건이 어려우므로 부득이 신규자금의 공여가 필요하다는 보충성의 원칙 등이 지켜져야 하고 이를 반영한 기준을 명시할 필요가 있다.

신규자금공여에 관하여 그러한 요건을 법률에 규정하는 것이 어렵다는 점을 고려하고, 위헌문제를 깨끗이 벗어나려면 원론으로 돌아가 신규자금지원에 관하여는 법규범의 성질을 버리고 금융기관들 간의 가이드라인으로 남기고 감독당국과 금융기관들이 공감대를 바탕으로 합리적으로 운영하는 수밖에 없다.

IX. 맺음말

1997년 금융위기 이후 실무의 개선과 2006년 채무자회생법의 제정 이후 회생절차가 발전한 것에 대하여는 법관과 실무가들의 노력이 컸다. 하지만 금융위기 발발당시 대기업에 대한 구조조정은 주로 기촉법에 의하여 이루어져 왔으며 기촉법에 의한 워크아웃의 존재의 필요성이 논의되는 것은 기촉법에 의한 구조조정이 갖는 장점이 시장에서 통용되었기 때문이다. 역설적으로 과거 대기업에 관한 구조조정 시장에서 법원의 회생절차가 부실기업을 둘러싼 이해관계인들에게 만족스럽게 운용되지 못하였음을 보여주고 있다. 필자는 회생절차가 기업구조조정 시장의 필요성에 부응하려면 다음과 같은 점이 개선되어야 한다고 생각한다.

첫째, 회생절차는 공정성과 아울러 신속성과 효율성을 겸비하는 데에 노력을 경주하여야 한다. 기업을 둘러싼 영업환경이 급변하는 시대를 맞이하여 기업의 신속한 의사결정을 도와줄 수 있어야 한다. 법관이나 관리위원이 감독권한을 종전보다 신속히 행사한다는 개인의 노력 차원을 떠나서 법원의 허가를 받아야 하는 사항을 줄이고 사후 보고의 형식으로 감독권한의 행사방법을 변경하는 것이 바람직하다.

둘째, 신규자금공여를 기촉법과 같이 강제할 것이 아니라 자연스럽게 시장상황을 반영하고 이를 유인할 수 있도록 회생절차 개시 후에도 근저당권 제도를 활용할 수 있도록 기존 판례를 변경하고, 신규공여자금 채권에 관한 최우선 공익채권의 성질이 회생절차가 실패 후에 속행되는 파산절차에서도 인정될 수 있도록 우선적 재단채권에 관한 조항을 마련하여야 한다.

셋째, 파산법원이 설립되어야 한다. 법관뿐 아니라 법원 공무원의 전문성이 유지될 뿐 아니라 동급의 다른 지방법원으로 전파될 수 있다. 이렇게 이룩한 전문성과 신속성은 시간이 지남에 따라 축적되어 상급심에 확산될 것이다. 그리하여 도산사건에 대하여 모든 심급에서 전문성과 신속성에 기반하여 재판절차가 진행되고 궁극적으로 법정구조조정절차에 대한 신뢰성을 획득할 수 있다.

넷째, 채권자들의 절차 참여를 유도하여 DIP를 실질적으로 견제할 수 있도록 하여야 한다.[53] 채권자위원회가 전문가를 선임하고 합리적인 비용을 회생회사가 부담하도록 하는 제21조 제3항을 활성화하여 절차의 개시부터 계획안 인가단계까지 전문가의 지식을 토대로 채무자를 견제함으로써 회생사건을 糾問主義에서 대립당사자 주의로 바꾸어야 한다. 미국과 같이 채권자가 회생계획안에 관한 내용을 숙지할 기회를 준 이후에 계획안에 대한 토론과 표결을 할 수 있도록 법을 개정하든지 아니면 그와 같이 실무를 개선할 필요가 있다. 적어도 제2, 3회 관계인집회를 병합하여 개최하는 실무를 변경하여 제2회와 제3회를 분리하여 그 사이에 채권자들이 검토할 시간을 주고 동의 여부를 결정하도록 운영하는 것이 필요하다.[54] 그리하여 채권자들이 정보부족을 이유로 절차 진행의 이의에도 불구하고 제3회 관계인집회 전날이나 당일에 수정된 계획안을 제시하고 집회를 진행하는 현재의 실무관행은 없어져야 한다.[55]

다음으로 기촉법의 역할에 관하여 본다. 과거에는 회생절차는 공정·형평하다는 장점이 있지만 신속성, 전문성, 효율성이 낮아서 재건의 성공률이 낮다는 비판이 있었

---

53) 법원은 채권자들이 절차에 적극적인 참여하지 않고 계획안에 대한 반대를 요구하고 있다는 점을 지적하고 있다(鄭晙永, 앞의 글(주 41), 26면).

54) 同旨, 유해용, 앞의 글, 63면.

55) 서울고등법원 2013. 1. 31.자 2012라436 결정은 "제2, 3회 관계인집회 당일인 2012. 2. 21. 오전에 관리인이 회생계획안 3차 변경안을 제출하자 이를 송달할 시간적 여유가 없는 관계로 별도로 변경 계획안을 다시 송달하지 않고 집회 장소에 변경 계획안의 요지가 포함된 집회 자료를 배부한 사실은 … 이 법원에 현저한 사실인바, 현재 회생 사건 처리에 관한 대부분의 실무는 위와 같이 제2, 3회 관계인집회를 병합하여 지정하며 최종 결의 대상이 되는 회생계획안 변경안은 보통 관계인집회 전날 또는 당일에 제출되는 경우가 많으므로 이 사건과 같은 경우가 통상적이라 할 것이다."라는 이유로 적법절차를 위반한 것이라는 항고인의 주장을 물리쳤다.

다. 이에 반하여 워크아웃절차는 투명성과 예측가능성은 부족하지만 선제적이고 상시적인 구조조정이 가능하여 국가경제위기를 사전에 방지할 수 있다는 경제정책상의 장점이 있다고 평가받았다.

정부는 2001년 처음 기촉법을 제정할 당시 시장관행의 부족으로 인한 채권금융기관간의 합의가 어렵다는 점과 무임승차를 방지한다는 점을 입법제정 이유로 삼았다.[56]

기촉법이 제정 후 15년이 흐른 지금 기촉법을 상시화하겠다는 것은 여전히 금융감독기관이 합리적으로 이해조정을 하는 시장관행 또는 채권금융기관 간의 자율적인 합의 조성에 실패하였다는 점을 보여주고 있다. 기촉법 제정 후 줄곧 금융감독기관이 비공식적으로 워크아웃 과정에서 개입하여 관치구조조정이라는 논란을 일으켰다. 경남기업 사태가 발발하자 금융감독기관이 이를 공식적으로 인정하고 워크아웃에 참여할 수 있는 근거 규정을 넣으려는 움직임이 있다.[57]

그러나 기촉법에 의한 구조조정은 초심으로 돌아가 채권자와 채무자 간의 자율적인 합의에 기반을 두어야 하고, 정부의 간섭은 배제되어야 한다. 기촉법이 이룩한 초창기의 공적을 유지하려면 가급적 소수의 국내금융기관의 도움으로 부실하게 된 대기업에 대하여만 예외적으로 적용하는 것이 바람직하다. 금융채권이라는 개념을 이용하여 개인에 대하여도 금융채권을 갖고 있다는 이유로 기촉법을 확대 적용하게 되면 개인투자자로부터 상당한 반발을 불러일으킬 것이고 오히려 위헌심판을 받게 되어 기촉법 자체가 퇴출될 위험이 크다. 기촉법에 의한 선제적 구조조정을 제대로 수행하려면 정부가 정무적 판단이라는 이름으로 워크아웃에 개입하지 말아야 하고, 금융기관 역시 경제성에 입각한 자율적인 판단에 기초하여 구조조정이 이루어져야 할 것이다. 기촉법은 예외 상황에 대처하기 위한 한시법이지 상시화할 것이 아니다.[58]

---

56) "기업구조조정은 가장 큰 이해관계자인 채권금융기관이 중심이 되어 시장원리에 의해 자율적 합의를 바탕으로 이루어져야 하는데, 합리적으로 이해조정을 하는 시장관행이 부족하여 채권금융기관 간에 자율적인 합의를 이루기 어렵고, 구조조정과정에 참여하여 손실을 함께 부담하기보다는 무임승차를 하려는 기관이기주의가 사라지지 않고 있으며 부실위험을 조기에 인지하고 정상화의 가능성이 없는 기업을 신속히 정리하는 사전 사후 관리체제가 미흡하다. 한국의 경우 시장경험도 충분하지 아니할 뿐 아니라 신속히 기업구조개혁을 추진할 상황이므로 법률을 제정함으로써 채권금융기관을 중심으로 한 투명한 추진체계와 명확한 규율을 정립함으로써 상시적 구조조정 시스템을 정착시키기 위함이다." 기업구조조정촉진법관련 질의 응답 자료, 2001. 6(미공간).

57) 서울경제신문 2015. 4. 27.

58) 구회근·오세용, 앞의 글, 2면은 기존의 워크아웃이 정부주도의 정책이고, 금융기관의 의사결정이 대주주인 정부의 입김이 반영되고 있다고 비판한다.

[2015. 10. 15. 하나금융경영연구소가 주최한 제4회 Hana-FiREC Roundtable 발표]

경제위기 이전의 신청건수

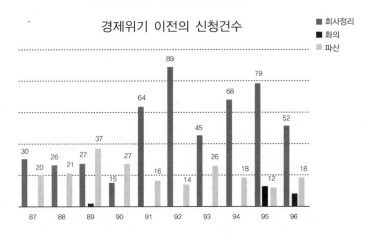

연도	2006	2007	2008	2009	2010	2011	2012	2013	2014	2015	2016	2017
회생 합의	76	116	366	669	637	712	803	835	873	925	936	878
회생 단독	41	99	216	523	597	678	727	830	840	855	741	573
개인 회생	56,165	51,416	47,483	54,607	46,972	65,171	90,368	105,885	110,707	100,096	90,400	81,592
법인 파산	132	132	191	226	254	312	396	461	539	587	740	699
개인 파산	123,691	154,039	118,643	110,955	84,775	69,754	61,546	56,983	55,467	53,865	50,288	44,246
합계	180,105	205,802	168,810	166,980	133,235	136,627	153,840	164,994	168,426	156,328	143,105	127,988

3. 倒産節次 開始의 要件과 效果

Ⅰ. 머리말

도산절차[1]는 포괄적인 강제집행의 성격을 갖는다. 따라서 절차가 개시되면 채무자[2] 본인뿐 아니라 채권자, 기타 이해관계인에게 중대한 영향을 미치게 된다. 법은 도산절차의 개시요건과 신청권한을 규정하고 있다. 그럼에도 불구하고 구체적으로 어떠한 요건에서 누가 도산절차의 신청권한을 갖는지 명확하지 아니하다. 도산절차가 개시되면 소송 및 집행절차가 중지, 금지되는 공통의 효과가 발생하지만, 도산절차가 청산을 목적으로 하는지, 재건을 목적으로 하는지에 따라 중지, 금지의 대상이 되는 집행절차와 금지 효과의 발생시점도 다르다.

최근 도산사건의 급격한 증가로 인하여 소송절차와 집행절차 중에 포괄적 금지명령, 개시결정, 인가결정, 면책결정 등이 수소법원과 집행법원에 제출되는 일이 빈번하여지고 있다.[3] 그리하여 과거에는 법관이 민사소송법과 민사집행법을 숙지하면 대체

---

1) 이 글에서 도산절차라 함은 회생절차와 파산절차를 의미하고 개인회생절차에 관한 설명은 생략한다. 영국에서는 기업도산을 insolvency, 개인도산을 bankruptcy라고 구분한다. 이에 반하여 미국은 양자를 구분하지 않고 bankruptcy라고 한다.

2) 채무자 회생 및 파산에 관한 법률(이하 법률 명칭을 생략하고 조문만 인용한다)은 종전 파산자라는 용어가 갖는 부정적인 의미를 없애는 대신 회생채무자와 파산채무자를 구별하지 아니하고 채무자라는 용어로 통일하였다. 그러나 이 글에서는 이해의 편의상 파산선고를 받은 자의 의미로 파산자라는 용어를 사용하기로 한다.

3) 2014년 접수된 전체 도산사건 중 회생합의 833, 회생단독 840, 개인회생 110,707, 법인파산 939, 개인파산 55,467 총 168,426건이 접수되었다. 이는 2013년의 전체 사건 수 164,994건보다 증가한 것이다. 2017. 3. 1. 서울회생법원이 개원하였으므로 앞으로 사건 수는 계속 증가할 전망이다.

로 소송진행과 집행절차를 진행하는 데 어려움이 없었지만 지금은 도산법에 대하여도 익숙하지 아니하면 신속하고 효율적인 재판 및 집행절차의 진행이 어렵게 되었다. 이 글은 이러한 문제의식을 가지고 도산절차 개시의 요건과 신청권자에 관하여 설명하고, 아울러 파산신청에 관한 금융기관의 특칙을 일별한다(Ⅱ). 다음으로 도산절차의 개시가 채무자, 관리인, 파산관재인, 채무자 회사의 기관 및 주주 등에 대하여 미치는 영향을(Ⅲ), 채권자에 대하여 기존의 소송이나 강제집행절차 또는 담보권실행절차에 미치는 영향과 환취권자와 공유자에 미치는 영향을(Ⅳ), 파산자가 개인인 경우에 발생하는 독특한 쟁점으로 점으로서 파산절차가 가족관계에 미치는 영향(Ⅴ)에 대하여 설명하고, 끝으로 입법개정시 고려할 사항(Ⅵ)에 관하여 필자의 소견을 제시하고자 한다.

Ⅱ. 도산절차의 개시원인과 신청권자 ― 금융기관의 파산절차

비금융기관에 대한 도산절차의 신청원인과 신청권자에 대한 논의는 공익채권자 또는 재단채권자도 회생절차 또는 파산선고의 신청권한이 있는지를 중심으로 논하여지고 있다. 이 점에 관하여는 이 책4)에서 설명하였으므로 이하에서는 생략한다. 이하에서는 주주의 회생 및 파산절차의 신청권한과, 금융기관에 관한 파산신청원인과 신청권자에 관한 특칙을 간략하게 언급하기로 한다.

1. 주주의 회생절차 개시 신청권한

채무자회생법은 채무자, 채권자 외에 주주에 대하여도 회생절차 신청권을 주고 있다(제34조 제2항 제1호 나목).5) 회생절차의 모법인 미국은 주주에게 파산절차의 신청권한을 주고 있지 않다. 이하에서 미국, 일본의 논의를 살펴보고 주주의 신청과 채무자, 채권자의 신청 사유에 차이가 있는지를 검토하기로 한다.

(1) 미국 연방파산법의 파산신청권

미국 연방파산법(U.S. Bankruptcy Code, 이하 "연방파산법"이라 한다)은 파산과 재건에 공통되는 총칙 조항을 §301 이하에서 두고 있는바, 그중 신청권한과 관련하여 파산신청을 채무자가 신청하는 자발적 파산신청과 채권자가 신청하는 비자발적 파산신청으로 구분하고, 전자는 §301에서, 후자는 §303에서 규정하고 있다. 주주에게는 파산신

---

4) 이 책의 "回生節次 重要 判例 解說" 참조
5) 납입자본액의 1/10 이상 보유하여야 한다.

청권한이 인정되지 않고 있다. 연방파산법에 의하면 채무자가 파산신청하는 경우에는 파산의 신청원인인 지급불능 또는 채무초과의 요건을 심사하지 않는다. 또한 파산신청 자체에 구제명령(order for relief, 즉 개시결정)의 효과가 부여된다. 즉 채무자회생법상의 파산선고결정 또는 회생절차 개시결정의 효과 중 채권자의 권리행사금지를 내용으로 하는 효력과 유사하지만 미국 파산법의 자동중지의 효과에는 법적인 절차의 신청금지 외에 방문, 전화, 최고서 발송 등의 금지가 포함된다는 점에서 채무자회생법보다 그 범위가 넓다.

이에 반하여 비자발적 파산신청은 신청권자 및 신청원인, 파산절차의 개시명령의 시점에 관하여 자발적 파산신청과 달리 규정되어 있다.

첫째, 비자발적 파산신청은 연방파산법 제7장과 제11장 사건에서만 가능하고, 지방자치단체(제9장), 농가 및 어부(제12장), 정기적 수입이 있는 개인채무자(제13장)의 파산사건은 오직 채무자만이 신청할 수 있다.

둘째, 신청권자가 일정 금액(2017년 기준으로 미화 15,275달러)[6] 이상의 채권을 갖는 3명 이상의 채권자들(채권자가 12명 이상인 경우, §303(b)(1)) 또는 같은 금액 이상의 채권을 갖는 1인 이상의 채권자로 제한되어 있다(채권자가 12명 미만인 경우, §303(b)(2)). 채무자가 조합인 경우에는 무한책임조합원만이 신청권한이 있다(§303(b)(3)).

셋째, 채권의 내용이 조건부이거나 채무자가 선의로 채권의 존부나 액수를 다투는 채권은 위 금액에 산입되지 않는다.

넷째, 파산절차 개시의 요건으로서 채무자의 지급불능과 재산관리인(custodian)에 의한 재산관리가 개시된 것이 증명되어야 한다.[7] 그중 지급불능이라 함은 형평법상의 개념으로서 변제기에 도래한 채무를 일반적으로 계속하여 지급할 수 없는 상태를 말하며, 보통법상의 개념인 부채가 자산을 초과하였다는 사실만으로는 채권자의 파산신청원인을 충족한 것으로 해석하지 않고 있다.[8] 그 이유는 많은 기업이 부채를 초과한 상태에 있지만 채무를 제때에 변제하고 있어 현금흐름이 충분하다면 굳이 법원이 채무자에 대하여 파산절차를 개시할 필요가 없기 때문이다. 만일 채권자의 파산신청이 이유 없음이 밝혀져 기각되는 경우에는 변호사 비용 등 소송비용을 부담시키는 외에 악의에 의한 신청이 기각되면 파산신청으로 입은 손해의 배상 외에 징벌적 손해배상

---

6) 위 금액은 정기적으로 인상되고 있다. 2013년에는 14,425달러였다.
7) §303(h)(1)은 채무자가 선의로 채무의 존재나 액수를 다투는 경우를 제외하고 다른 채무에 관하여 변제기에 도래한 채무를 일반적으로 변제하지 못하는 경우에 한하여 법원이 파산절차를 명할 수 있다고 규정하고 있다.
8) Jeff T. Ferriell · Edward J. Janger UNDERSTANDING BANKRUPTCY 3rd ed. 189 (2013).

까지 부담시킬 수 있으므로9) 실제로 채권자가 파산신청을 하는 경우는 한국에 비하여 매우 드물다.

이상을 종합하면 연방파산법에서는 채권자가 파산신청을 하려는 경우에는 채무자 회생법이 정한 파산의 원인 두 가지, 즉 보통파산원인(제305조)와 법인의 파산원인(제306 조) 중 전자의 경우에만 채권자에 의한 파산신청을 허용하고 있다. 따라서 법인에 대하 여 단순히 채무초과라는 사실만으로는 채권자에 의한 파산신청이 허용되지 않는다.

(2) 일본의 회사갱생절차의 개시신청권

일본의 회사갱생법은 제2차 세계대전 후 미국군정(General Head Quarter, GHQ)의 요청에 의하여 1938년 미국의 연방파산법(Chandler Act)을 계수한 것이다. 그런데 계수 과정에서 일본의 법률체계와의 충돌을 가급적 피하기 위하여 회사갱생법의 적용대상 을 주식회사로 한정함으로써 다른 법인격체에 대하여는 미국의 재건절차를 사용할 수 없게 하였다. 이름만 회사갱생법이지 실체는 주식회사갱생법이다. 회사갱생법의 경우 자동중지가 인정되지 않으므로 일단 채무자가 신청하거나 채권자가 신청하거나 신청 요건을 동일하게 규정하였다.

그러나 일본의 실무는 채무자가 신청한 경우에는 요건심사를 느슨하게 하고 채권 자가 신청한 경우에는 엄격하게 하는 등 미국과 비슷하게 운영하고 있다. 신청권한과 관련하여 연방파산법과 다른 점은 주주에 대하여도 회생절차 신청권을 인정한 것이다. 주주에게도 신청권한을 인정한 법적 근거는 입법 당시 일본 회사법상의 회사정리제도 와 특별청산제도(두 제도 모두 한국에는 없다)의 신청권한이 주주에게 있었기 때문에 이 와 균형을 맞춘 것이라고 한다.

학설은 주주에게 신청권을 부여한 취지는 채권자의 경우와 마찬가지라고 한다. 채권자에게 신청권한을 준 이유는 개시원인이 존재하고 있음에도 불구하고 회사가 개 시신청을 하지 아니한 경우에는 채권자에게도 분배가 기대되는 사업가치가 훼손될 염 려가 있고 채권자 자신의 이익에 손해가 날 염려가 있기 때문에 이러한 사태를 해결하 기 위한 것이다.10) 현재까지 일본의 실무에서 주주가 회사갱생신청을 하여 인용된 사 례는 발견하지 못하였다.

(3) 채무자회생법하에서 주주의 회생절차 개시신청권에 관한 해석

1) 회생절차 개시신청 기각사유에 관한 입법연혁

1998년 개정 이전의 회사정리법 제38조는 정리절차 개시신청의 기각사유로 8가

9) §303(i)(1).
10) 伊藤眞, 會社更生法, 有斐閣(2012), 46頁.

지를 들고 있었으나,[11] 채무자회생법은 기각사유를 3가지로 축소하였다.[12] 당초 채무
자회생법을 제정할 당시 2003. 2. 22. 정부안 중 회생신청 기각사유에 관하여 현재의
제2호 및 제3호의 위치가 바뀌어 있었다.[13] 그 후 국회의 심의 과정에서 현재와 같이
제2호와 제3호의 위치를 바꾸어 제2호를 회생절차 개시신청이 성실하지 아니한 경우,
제3호를 그 밖에 회생절차에 의함이 채권자 일반의 이익에 적합하지 아니한 경우로 변
경되어 채무자회생법으로 성립되었다.

정부안과 법률의 양 조항을 비교하면 회사정리법 제38조 제2,3,5,6호가 삭제되었
으며 제4,8호의 내용이 수정되었다. 회사정리법 제38조 제2,3,6호는 채무자회생법 제
42조 제2호의 성실성 요건으로 충분하다는 이유로 삭제되었다. 회사정리법 제38조 제
4호의 내용은 파산절차 등의 계속이라는 요건이 삭제된 채 채무자회생법 제42조 제3
호로 변경되었다. 회사정리법 제38조 제5호의 내용에 관하여 보면, 워크아웃 등을 거
치면서 청산가치가 명백히 큰 경우에는 굳이 회생채권조사절차에 나아갈 필요 없이
조기에 기각할 수 있는 근거를 마련하되 제3호의 포괄적인 기각사유에 포함시키자는
취지에서 삭제한 것이다.

이상 회생신청 기각사유에 관한 법률 개정 경위에서 알 수 있듯이 제3호의 "그 밖
에 회생절차에 의함이 채권자 일반의 이익에 적합하지 아니한 경우"라 함은 청산가치

---

11) 회사정리법 제38조(절차개시의 조건)
   1. 정리절차의 비용의 예납이 없는 때
   2. 채권자 또는 주주가 정리절차개시의 신청을 하기 위하여 그 채권 또는 주식을 취득한 때
   3. 파산회피의 목적 또는 채무면탈을 주된 목적으로 신청한 때
   4. 법원에 파산절차, 화의절차가 계속하고 있으며 그 절차에 의함이 채권자의 일반의 이익에 적
      합한 때
   5. 회사를 청산할 때의 가치가 회사의 사업을 계속할 때의 가치보다 큰 것이 명백한 경우
   6. 조세채무의 이행을 회피하거나 기타 조세채무의 이행에 관하여 이익을 얻을 것을 주된 목적
      으로 신청한 때
   7. 회사의 파탄원인이 이사나 이에 준할 자 또는 지배인의 회사재산의 도피 은닉 또는 고의적인
      부실경영 등 행위에 기인한 때(필자 주, 제7호는 1981년 개정시 추가되었다)
   8. 기타 신청이 성실하지 아니한 때
12) 제42조(회생절차 개시신청의 기각사유) 다음 각호의 어느 하나에 해당하는 경우 법원은 회생절
   차 개시의 신청을 기각하여야 한다. 이 경우 관리위원회의 의견을 들어야 한다.
   1. 회생절차의 비용을 미리 납부하지 아니한 경우
   2. 회생절차 개시신청이 성실하지 아니한 경우
   3. 그 밖에 회생절차에 의함이 채권자 일반의 이익에 적합하지 아니한 경우
13) 정부안 제42조 (회생절차 개시신청의 기각사유) 다음의 경우 법원은 회생절차 개시의 신청을 기
   각하여야 한다. 이 경우 관리위원회의 의견을 들어야 한다.
   1. 회생절차비용을 미리 납부하지 아니한 때
   2. 법원에 파산절차가 계속되어 있고 그 절차에 의함이 채권자 일반의 이익에 적합한 때
   3. 그 밖에 신청이 성실하지 아니한 때

와 존속가치의 비교, 대다수 채권자들의 절차개시에 대한 반대, 기타 법원이 당해 사안에서 회생절차의 개시를 하는 것이 부당하다고 판단되는 경우 등에 대비하여 회생절차를 기각할 수 있는 일반적 포괄적인 근거 조항으로 해석하는 것이 타당하다. 따라서 다수의 채권자가 반대함에도 특정 주주만이 회생신청을 한 경우에는 제3호의 사유에 해당되어 기각될 가능성이 크다.

2) 채무자회생법상 채무초과 회사와 주주의 권리

채무자회생법에 의하면 주주가 회생절차 개시를 신청하려는 경우에도 채무자가 신청하는 경우와 마찬가지로 신청원인 사실을 소명하여야 한다. 회생개시의 요건 중 "사업의 계속에 현저한 지장을 초래하지 아니하고는 변제기에 있는 채무를 변제할 수 없는 경우"는 채무자 스스로가 신청하는 경우만 가능하고, 주주가 회생절차 개시를 신청하려면 지급불능과 채무초과[14]의 우려가 있어야 한다(제34조, 제305조, 제306조). 따라서 채무자 본인이 신청하는 경우와 주주가 신청하는 경우 그 요건에 차이가 있다는 점에서 채무자회생법이 주주에 의한 개시신청 남용을 우려하고 있다는 점을 추측할 수 있다.

3) 회생절차에서 주주의 지위 개관

회생절차가 개시되면 채무자 재산의 관리처분권이 대표이사에서 관리인으로 이전되므로 주식회사의 재산에 관하여 주주총회가 결정할 내용이 거의 없어 주주총회라는 상법상의 기관이 형해화된다. 또한 회생회사가 채무초과의 경우 주주의 회생절차상의 권리가 상당히 제한된다. 우선 주주는 회생계획안에 대한 의결권이 없으며(제146조 제3항), 의결권이 없는 주주에 대하여는 소환을 하지 않을 수 있고, 관계인집회의 기일을 통지하지 않을 수 있으며(제182조 제2항), 회생계획안의 사본 또는 요지를 송달하지 아니할 수 있고(제232조 제2항 제3호), 의결권이 없는 주주가 회생계획안에 대하여 항고하는 경우에는 주주인 것을 소명해야 한다(제247조 제2항). 또한 인가 전 영업양도에 있어서도 부채초과인 채무자의 경우 법원의 결정이 주주총회의 결의에 갈음할 수 있으므로 주주의 의결권이 박탈될 수 있고, 반대주주의 주식매수청구권도 인정되지 아니한다(제62조 제4항). 채권의 감액 비율 이상으로 주식이 병합되는 등 주주의 권리가 감축된다.

회생절차가 개시되면 주주는 여러 가지 점에서 불리한 취급을 받을 수밖에 없다.

---

14) 법인에 대한 파산원인인 채무초과는 대차대조표로 결정되는 것이 아니라 실제 부담하는 채무의 총액과 실제 가치로 평가한 자산의 총액을 기준으로 판단하여야 한다(대법원 2007. 11 15.자 2007마887 결정(공 2008, 353)).

미국 연방파산법이 채무초과를 이유로 하는 채권자의 재건절차 신청권을 인정하지 않고, 주주에게는 아예 파산신청권한 자체를 부정하는 입법정책을 음미하면 채무자회생법에서도 주주나 채권자가 회생신청을 하려는 경우에는 채무자가 신청하는 경우에 비하여 요건을 엄격하게 심사하여야 한다. 위와 같은 연방파산법의 입법취지와 일본 회사갱생법에서 채권자에게 신청권한을 부여한 이유 등을 고려할 때 채권자의 회생신청을 허용하려면 회사가 이미 심각한 재정난에 빠지고 이를 해결하기 위한 이사가 부재하거나 내부 분쟁이 발생하여 해결하려는 노력이 없는 등 이를 회사의 경영진에게 그대로 내버려두게 되면 회사의 재정상태가 악화될 가능성이 큰 경우로 제한하는 것이 타당하다.

4) 주주의 회생신청과 채권자의 회생신청의 요건의 차이

주주가 채무자의 회생절차 개시를 신청하는 경우는 채권자가 신청하는 경우의 요건에 추가하여 단순히 부채초과라는 사실 외에 미국의 비자발적 신청의 요건과 같이 회사의 현금흐름이 부족하여 채권자들에 대한 변제를 일반적·계속적으로 이행하지 못하고 회사가 영업을 제대로 하지 못하여 회사가 파산할 가능성이 명백한 경우로 한정하는 것이 바람직하다.

우선, 주주간에 회사의 경영에 관한 이견이 존재하는 경우 이를 해결하기 위한 상법 등에 정한 절차가 존재한다. 주주가 회사의 회생신청이 필요하다고 판단하면 주주총회에서 자신이 원하는 경영진을 선임하여 경영진으로 하여금 회생절차 개시를 신청하게 할 법적인 방법이 있다. 이처럼 상법이 주주 간의 문제를 해결하기 위한 별도의 절차를 마련하고 있는데도 불구하고 정상적인 절차를 밟지 아니한 채 회사의 경영에 중대한 영향을 미치는 주주의 독자적인 행위를 정당화하려면 그러한 행동이 없이는 회사가 정상화되기 어렵다는 등의 예외적이고 중대한 사유가 존재하여야 할 것이다.

회생회사의 재산에 관한 우선순위가 최하위에 있는 주주가 부채초과 회사에 대한 회생신청을 한 경우 법원으로서는 회생절차의 개시가 담보권자, 무담보채권자, 조세채권자, 상거래채권자, 임금채권자 등 주주에 비하여 우선적인 권리를 갖는 수많은 이해관계자들에게 영향을 미치는 점을 고려하여 회생절차 개시의 요건을 보다 엄격하게 판단하는 것이 타당하다다. 만일 주요 담보채권자를 포함한 주요 채권자들이 채무자의 회생절차 개시에 반대하는 경우라면 "그 밖에 회생절차에 의함이 채권자 일반의 이익에 적합하지 아니한 경우"에 해당한다고 보아 회생절차 개시신청을 기각함이 바람직하다.

한국과 일본에서 현재까지 주주의 회생 또는 회사갱생신청을 허용하지 아니한 이유는 주주들의 회생신청이 채권자 일반의 이익에 반하였기 때문으로 추측된다. 채권자

들의 반대에도 불구하고 주주들의 회생신청을 허용하려면 적어도 상법상 소수주주로서 회생신청을 내용으로 하는 주주제안을 하였고 이에 대하여 회사가 무시하였으며 이를 둘러싸고 내분이 발생하고 주주들의 지분권이 분산되어 회사가 제대로 경영할 수 없는 상태라는 사정이 전제가 되어야 한다.

주주의 회생신청을 처음으로 다룬 하급심 결정을 소개한다. 서울고등법원 2015. 11. 24.자 2015라20612 결정은 회생법원이 주주가 신청한 회생신청을 기각하자 주주가 항고한 사건에서 채권자 일반의 이익에 적합하지 아니한 경우의 법리를 다음과 같이 설시하면서 주주의 항고를 기각하였다.

"구 회사정리법 제38조 제4호는 정리절차개시신청에 관한 재판 당시 법원에 파산절차 · 화의절차가 계속되고 있는 것을 전제로 하고 있었으나, 현행 채무자회생법 제42조 제3호는 계속 중인 다른 절차가 채권자 일반의 이익에 적합할 것을 요건으로 하지 아니하고, 소극적으로 회생절차에 의함이 채권자 일반의 이익에 적합하지 아니할 것을 요건으로 하고 있을 뿐이다. 이러한 규정형식과 그 내용을 고려할 때, 채무자회생법 제42조 제3호는 파산 등 다른 집단적인 채무처리절차에 의하는 것이 채권자에게 유리한 경우만을 한정한다고 볼 수 없고, 이외에도 회생절차가 이해관계인의 이해조정이라는 회생절차의 근본 목적을 이룰 수 없는 경우 등 채권자 일반의 이익을 해치는 사유도 위 규정 사유에 포함된다고 할 수 있다. 또한 '채권자 일반의 이익'이란 특정의 채권자가 아니고 채권자 전체를 하나의 그룹으로 본 경우, 이들에게 이익이 되는 것을 말한다. 그러므로 종전 회생계획에 따라 채권자들에 대한 현금 변제가 정상적으로 이루어지고 있고, 대다수의 채권자들이 주주 지위에 기한 이 사건 회생절차 개시신청을 명백하게 반대하고 있는 이 사건에서 채무를 감축하고 재조정하는 새로운 회생절차 개시가 채권자 일반의 이익에 부합된다고 볼 수 없다."

2. 주주의 파산신청권한

제294조는 채권자 또는 채무자에게 파산신청 권한이 있음을 규정하고 있을 뿐 별도로 주주의 파산신청을 배제하고 있지 않다. 그러나 주식회사의 부채가 자산을 초과한다면 주주에게는 잔여재산분배청구권이 없다는 법리를 고려하여 학설과 판례는 일치하여 법인파산의 경우 주주에게 파산신청권한과 파산선고 결정에 대한 불복신청권을 부정하고 있다.15) 그럼에도 불구하고 주주가 파산신청을 원하면 정관에 정한 바에

---

15) 서울고등법원 2011. 8. 30.자 2009라2671 결정(주식회사의 파산은 회사의 해산사유가 될 뿐 파산선고 즉시 회사의 법인격이 소멸하거나 주주가 그 지위를 상실하게 되는 것은 아니므로 주식회

따라 주주총회와 이사회의 결의를 거쳐 회사의 대표이사로 하여금 신청하는 수밖에
없고 주주 명의로 직접 신청할 수 없다. 주주는 파산선고 결정에 대하여도 불복할 권
한이 없다.16) 다만 금융감독당국의 어느 금융기관을 부실금융기관으로 결정하고 자본
금의 증자와 주식 소각을 명하는 행정처분에 대하여는 그 금융기관의 주주는 이를 다
툴 원고 적격이 있다.17)

3. 금융기관의 파산의 특징18)

일반적으로 금융기관 파산과 관련한 특징으로는 조기파산을 예방하기 위하여 금
융감독기구에 대한 광범위한 재량권한의 부여19)와 금융감독기구에 대한 파산절차의
참여권한 부여, 예금자를 보호하기 위한 예금보험금 등 공적자금의 투입, 부실책임자
에 대한 책임추궁을 들고 있다.20)

4. 금융기관에 대한 파산 신청

2008년 리만쇼크 이후 다수의 저축은행과 신용협동조합(이하 "신협"이라 한다)의
파산사건이 이어졌다.21) 저축은행은 예금보험공사의 부보금융기관이지만 신용협동조
합은 예금보험공사가 아니라 신협중앙회가 자체 기금을 마련하여 예보와 같은 기능을

사의 주주의 경우에는 회사의 파산선고에 대하여 구체적이고 직접적인 이해관계가 될 수 없다.
따라서 주식회사의 주주에게는 파산선고에 대한 즉시항고권이 인정되지 아니하므로 항고는 부적
법하다) 및 서울고법 2005. 5. 9.자 2004라590 결정(축산업협동조합의 조합원과 직원이 파산선고
에 관하여 즉시항고를 할 수 있는 '이해관계를 가진 자'라고 볼 수 없다).
16) 이에 반하여 회생절차에 관하여는 주주도 신청권한이 있다(제34조 제2항 제1호 나목).
17) 대법원 2004. 12. 23. 선고 2000두2648 판결(집52(2)특,188).
18) 금융기관의 도산에 관한 소개 글로는 강정완, "금융기관과 도산," 제3기 도산법연수원 Ⅱ, 서울지
방변호사회 (2017), 351-402면; 남준우, "금융기관(저축은행) 파산절차에 관한 실무상 쟁점," 도
산법실무연구, 법원도서관(2013), 135-182면; 徐慶桓, "金融機關의 破産과 관련한 실무상 문제
점," 파산법의 제문제[하], 法院圖書館(1999), 47면 이하.
19) 헌법재판소는 금융산업의 구조개선에 관한 법률의 자본감소, 신주발행 및 감자에 관한 조항(제12
조 제2 내지 제4항), 중요재산처분에 관한 조항(제11조 제1항, 제14조 제2항), 관리인 선임에 관
한 조항(제10조 제1항 제4호, 제14조의3)에 관한 위헌주장을 배척하였다. 권순일, "부실금융기관
의 처리에 관한 쟁송," BFL 제7호(2004. 9), 57면-80면.
20) 정혁진, "금융기관 파산의 특성 — 예금자보호법을 중심으로," BFL 제7호(2004. 9), 11-14면. 일
본의 논의도 대동소이하다. 伊藤眞, "金融機關의 倒産處理法制," 高木新二郎·伊藤眞, 編集代表,
講座 倒産의 法システム 第4卷, 日本評論社(2006). 256-257면. 일본의 은행도산에 관한 최근 논
의로는 모리시타 데츠오(森下哲郎), "은행도산에 관한 국제적 논의와 일본법의 과제," BFL 제50
호(2011. 11), 70-90면 참조.
21) 예금보험공사의 홈페이지의 기타공시를 검색하면 2015년 파산선고를 받은 골든브릿지저축은행
을 비롯하여 저축은행, 보험회사, 신협 등 총 490개의 파산사건의 명단이 등재되어 있다.

담당하고 있다. 따라서 저축은행의 파산에 관하여는 금융산업의 구조개선에 관한 법률 (이하 '금산법'이라 한다), 예금자보호법과 상호저축은행법이 적용되지만 신협은 신용협동조합법이 적용된다. 금융기관도 역시 법인이므로 법인의 파산원인(채무초과와 지급불능)이 적용될 뿐 이와 다른 별도의 파산원인이 존재하는 것은 아니다.

은행, 보험회사, 상호저축은행, 종합금융회사가 등이 파산하면 금산법 제16조에 의하여 금융위원회가 파산신청을 할 수 있다. 금산법 제25조에는 금융위원회가 권한의 일부를 대통령령이 정하는 바에 따라 금융감독원장 또는 예보사장에게 위탁할 수 있다고 규정하고 있을 뿐 구체적으로 파산신청권한을 위탁한다는 규정은 마련하고 있지 않다. 금융기관 스스로 파산하는 경우보다는 감독기관이 파산신청하는 경우가 빈번하다.

저축은행이 파산하면 예금자보호법에 의하여 예보 또는 예보직원만이 파산관재인이 되지만 신협이 파산하면 신용협동조합법 제88조의2에 의하여 금융위원회가 파산관재인을 추천할 수 있을 뿐 법원이 반드시 피추천인을 파산관재인으로 선임할 의무를 부담하는 것은 아니다.[22)]

Ⅲ. 도산절차 개시가 채무자 및 회사의 기관에 미치는 효과

1. 회생절차

(1) 관리처분권의 이전

회생절차가 개시되면 반드시 관리인을 선임하여야 한다. 회생절차의 개시와 동시에 회사에 대한 관리처분권이 관리인에게 전속하게 된다(제56조). 회사정리법은 1962년에 제정될 당시 관리인은 이해관계가 없는 자 중에서 선임하여야 한다고 규정되었다. 그런데 개시신청일로부터 개시결정까지 수개월이 소요되자 그 기간 동안 회사 재산의 散逸을 막고 회사를 책임 있는 자가 경영하도록 하기 위하여 1981년 개정을 통하여 보전관리인 제도를 도입하였다. 1996. 12. 12. 개정법은 관리인의 자격요건을 완화하여 관리인은 그 직무를 행함에 적합한 자 중에서 선임하여야 한다고 개정하였다. 실무상으로는 대채권자인 주거래은행을 관리인으로 선임하거나 주거래은행이 추천하는 인물을 선임하였다.

---

22) 2010년에 파산선고된 서강신용협동조합의 경우에는 변호사가 파산관재인으로 선임되었다. 투자증권회사는 과거에는 부보금융기관은 아니지만 현재는 금산법상의 금융기관에 편입되어 예보가 파산관재인으로 선임되고 있다.

그런데 법원의 회사정리실무에 대하여 기업은 망해도 기업주는 산다는 세간의 비난이 집중되자 법원은 1996년 개정에도 불구하고 관리인을 원칙적으로 기존 경영주가 아닌 제3자를 선임하는 실무를 확립하였다. 그러나 법원이 제3자 관리인 제도를 시행하게 되자 기업의 노하우가 소멸되거나 거래선이 끊어지는 등 회사 재건에 실질적인 장애가 있었고, 회사정리절차가 개시되면 주식을 강제로 소각당하고 경영권까지 빼앗기게 된다는 우려에서 회사정리 사건의 신청건수가 급감하였다. 그리하여 기존 경영자들이 경영 파탄의 초기 단계에서 회생절차 개시신청을 할 수 있도록 유도하고, 또한 경영 노하우를 살려서 회생에 성공할 수 있도록 하기 위하여 원칙적으로 기존 경영자를 관리인으로 선임하거나 관리인으로 보도록 하는 제도를 도입하자는 견해가 힘을 갖게 되었다. 2006. 4. 1. 시행된 채무자회생법은 이러한 주장을 받아들인 입법적인 결단이다.

(2) 관리인의 법적 지위

1) 지위

관리인의 지위를 어떻게 파악할 것인가에 대하여 구 회사정립법하에서 여러 가지 학설이 대립하고 있었다. 정리회사의 기관이라는 견해와 정리회사의 기관 또는 대표자가 아니고 정리회사와 그 채권자 및 주주로 구성되는 이해관계인 전체의 관리자로서 일종의 공적 수탁자라는 견해가 대립하였다. 판례는 후자의 입장이다.[23] 공적수탁자라 하여 관리인이 법원의 피용자가 되는 것은 아니다. 이 점은 미국의 Debtor in Possession(DIP)이 주주뿐 아니라 채권자 등 모든 이해관계인의 충실의무를 지는 것과 같다.[24] 위 판례의 법리는 아래에서 보는 3가지 유형의 관리인에게도 적용된다.

채무자회생법 시행 후 관리인 선임제도가 원칙적으로 기존경영자 관리인제도로 바뀌었지만 관리인 제도는 여전히 유지되고 있다. 관리인제도는 제3자를 관리인으로 선임하는 경우, 기존의 경영진을 관리인으로 선임하는 경우, 기존의 경영진을 관리인으로 간주하여 불선임 결정을 하는 경우의 3가지로 구분된다. 미국 연방파산법은 DIP가 회사를 경영하는 경우 법원이 별도로 관리인을 선임하지 않지만, 채무자회생법은 법원이 관리인 선임, 불선임에 대한 결정을 반드시 한다는 점과 불선임의 결정을 하더라도 채무자는 여전히 관리인으로 간주된다는 점에 차이가 있다. 채무자회생법의 간주관리인 제도와 미국의 DIP 제도는 외관상으로는 회생절차 개시 전후에 걸쳐 동일한 경영진이 회사를 운영하고 재산의 관리처분권을 갖는다는 점에서는 동일하다.

---

23) 대법원 1988. 10. 11. 선고 87다카1559 판결(공 1988, 1403) 등 참조. 선례로 대법원 1974. 6. 25. 선고 73다692 판결(공 1974, 7955)의 사안도 비슷하다.

24) CFTC V. Weintraub, 471. U.S. 343, 355 (1985).

2) 소송에서 당사자의 표시

개인이건 법인이건 소송당사자 일방에 대하여 회생절차가 개시되면 법률상 관리인이 소송절차를 수계하여야 한다. 피고에 대하여 이미 회생절차가 개시되고 관리인 불선임결정이 된 이후라면 피고 표시를 '(회생)채무자 甲의 법률상 관리인 甲'으로 표시하면 족하다. 대법원[25]은 원고가 회생채무자 甲을 단순히 피고 甲으로 표시한 잘못에 대하여 원심이 석명을 구하고 원고가 석명에 불응하자 소를 각하한 원심판결에 대하여 석명을 구할 필요 없이 직접 법원이 관리인으로서의 피고의 지위를 표시하라고 당사자표시정정의 보정명령을 하면 족하다며 원심판결을 파기하였다.

3) 관리인 대리의 불법행위와 관리인의 책임

정리회사의 관리인(은행)이 관리인 대리를 선임하였는데 관리인 대리가 금원을 횡령하여 정리회사에게 손해를 가한 경우에 정리회사와 은행 중 누가 책임을 지는가. 이 점에 관하여 원심은 관리인 대리는 관리인의 이행보조자가 아니라 정리회사의 피용자로 보아 정리회사가 책임을 진다고 판시하였으나 대법원은 관리인이 일종의 공적수탁자이지 정리회사의 기관이거나 대표자도 아니고, 관리인이 자기의 책임으로 그 직무집행에 필요하여 법원의 허가를 얻어 선임한 자인 정리회사의 부사장은 그 직명의 여하에 관계없이 회사정리법 제98조 제1항의 취지로 보아 관리인의 대리인 또는 이행보조자나 이행대용자라고 보아야 할 것이지 정리회사의 피용자라고 할 수 없다. 따라서 그 선임 및 감독에 관하여 과실이 없는 때라도 관리인은 관리인 대리의 행위에 의하여 본인인 정리회사가 입은 손해를 배상할 책임이 있다고 판시하였다.[26]

4) 법원의 관리인에 대한 감독 책임 유무

정리회사 논노 사건에서 법원이 관리인에게 입점 상인들에 대하여 부담하는 의류 판매대금의 반환을 위하여 약속어음의 발행을 허가하였으나 관리인이 발행한 어음이 부도가 나고 관리인이 부도사태에 책임을 지고 자살하게 되자 약속어음 소지인들이 정리법원의 감독 과실을 이유로 국가를 상대로 손해배상을 청구하였다. 이에 대하여 법원은, 관리인은 정리법원으로부터 정리회사에 대한 감독권 등의 사법행정 업무를 위탁받은 공무수탁자가 아니며 정리법원의 감독권 불행사와 정리회사의 부도 간에 인과관계를 인정할 수 없다고 판시하였다.[27]

---

25) 대법원 2013. 8. 22. 선고 2012다68279 판결(공 2013, 1688).
26) 대법원 1974. 6. 25. 선고 73다692 판결(공 1974, 7955), 이 판결에 대한 평석으로 石光現, "整理會社의 管理人이 整理會社의 부사장을 選任하여 정리업무에 참여케 한 경우의 管理人의 責任," 상사판례연구(5), 박영사(2000), 184면 이하 참조.
27) 서울지방법원 1997. 2. 11. 선고 96가합11612, 56240 판결(하집 1997-1, 305).

5) 관리인의 형사책임

M&A를 통하여 정리회사를 인수하는 과정에서 관리인이 정리채권자에게 정리계획변경안에 동의해주는 대가로 회사 인수인이 정리채권을 추가로 변제하여 줄 것을 약속함으로써 회사정리법 제291조 제1항 후단에 위반하는 행위를 범하고, 법원의 허가 없이 정리회사의 재산을 인수인이 대출받는 데 필요한 담보로 제공함으로써 회사정리법 제292조의3에 위반함으로써 형사처벌을 받은 예가 있다.[28] 재산의 처분 등 관리인 또는 파산관재인이 법에서 정한 행위를 하고자 할 때에 법원의 허가를 받아야 한다(채무자회생법 제61조, 제492조). 법원이 常務에 속하지 아니하는 행위에 대하여도 법원의 허가를 얻어야 하는 행위로 지정하였다면 비록 그 행위가 회사정리법 제54조 제1호 내지 제8호에 속하지 아니하는 행위라도 관리인은 법원의 허가를 받아야 한다.[29] 만일 이를 어기고 법원 몰래 이면약정을 체결하면 형사처벌을 받으며(제648조), 이러한 약정은 선의의 제3자를 제외하고 민사상 효력이 없다(제61조 제3항).

2. 파산절차

(1) 파산관재인의 법적 지위

파산선고가 내려지면 파산선고 당시 파산자의 모든 재산(장래에 행사할 청구권 포함)은 파산재단을 구성하고(제382조), 파산재단을 관리 및 처분하는 권한은 파산관재인에게 속한다(제384조). 그리하여 파산재단에 관한 소송에서는 파산관재인이 당사자가 된다(제359조). 파산관재인은 제3자의 소송담당 중 법정소송담당자이다.[30]

그러나 오래전부터 학자들이 파산재단, 파산자와의 관계에서 파산관재인의 법적 지위를 논하였으나 아직도 견해의 일치를 보지 못하고 있으며 앞으로도 그러할 것이다.[31] 파산관재인의 법적 지위에 대하여는 사법상의 직무설, 파산재단대표자설, 관리

---

28) 고려시멘트 사건에서 관리인이 형사처벌을 받았다(광주지방법원 2004. 7. 22. 선고 2003고합169, 280 판결).

29) 대법원 2008. 11. 13. 선고 2006도4885 판결(공 2008, 1707). 단 객관적으로 보아 회사에서 일상 행해져야 하는 사무나 회사가 영업을 계속함에 있어서 통상 행하는 영업범위 내의 사무 또는 회사경영에 중요한 영향을 주지 아니하는 통상의 업무는 회사의 常務에 속하므로 법원의 허가를 받지 아니하여도 된다고 판시하였다.

30) 권리관계 주체 이외의 제3자가 관리처분권을 갖기 때문에 당사자 적격이 인정되는 경우를 제3자의 소송담당이라 하고 법정소송담당과 임의적 소송담당이 있다. 파산관재인은 전자에 해당하고 그중 제3자에게 관리처분권이 부여된 결과 소송수행권을 갖게 된 경우에 해당한다. 파산관재인 이외에 채권자대위소송을 하는 채권자, 주주대표소송의 주주, 채권질의 질권자, 보존행위를 하는 공유자 등이 그 예이다. 李時潤, 新民事訴訟法, 博英社(2015), 152면.

31) 장경찬, "파산관재인의 지위와 임무," 인권과 정의 제411호(2010), 135-138면; 양형우, "파산관재인과 통정허위표시에서의 제3자," 인권과 정의 383호(2008), 67-93면; 권영준, "통정허위표시로

기구인격설 등 견해가 일치되어 있지 않다. 파산관재인은 채무자의 지위와 채권자의 지위를 겸유하고 있다. 파산관재인이 부인권을 행사하는 경우라면 총채권자의 지위에 서있다고 보는 점에서는 이론이 없다. 그런데 채무자가 체결한 계약과 관련하여 파산관재인의 지위를 정하는 점에 대하여는 학설도 나뉘고 판례도 일관되어 있지 않다. 판례는 일반론으로 "파산관재인은 파산선고를 받은 파산자의 포괄승계인과 같은 지위에 있으므로 파산재단에 속하는 권리로서 파산자가 갖고 있던 권리를 파산관재인이 행사할 수 있다"고 판시하고 있다.32) 판례에 의하면 매매계약에서 정한 계약금 몰취약정은 파산관재인이 제335조 제1항에 의하여 미이행 쌍무계약을 해제한 경우에도 적용된다.33)

　　그러나 계약의 무효, 취소 등과 관련한 제3자의 지위에 관하여는 종전 파산자와 별개의 독립한 법인격을 갖는 제3자로 취급하여 통정허위표시의 제3자에 해당한다고 보는 것이 확립된 판례이다.34) 더 나아가 계약 해제의 제3자에 관한 민법 제548조 제1항 단서의 계약 당사자와 양립하지 아니하는 법률관계를 갖게 된 제3자의 지위를 파산관재인에게 인정하고 있다.35) 이사회의 결의 없는 거래의 상대방의 선의가 문제된 사건에서도 파산관재인의 제3자성을 인정하였다.36) 판례는 파산선고 전에 점유취득시효가 완성되었으나 아직 소유권이전등기를 마치지 아니한 자는 그 부동산에 관하여 이해관계를 갖는 제3자의 지위에 있는 파산관재인을 상대로 취득시효의 완성을 원인으로 한 소유권이전등기절차의 이행을 구할 수 없다고 판시하였다.37)

　　인한 법률관계에 있어서 파산관재인의 제3자성," 법조 제608호(2007), 44-93면; 尹南根, "파산관재인," 破産法의 諸問題(上), 法院圖書館(1999), 175-230면.

32) 대법원 2014. 8. 20. 선고 2014다206563 판결(공 2014, 1807); 대법원 2013. 10. 31. 선고 2012다110859 판결(공 2013, 2126) 참조. 후자 판결은 파산관재인은 파산선고를 받은 수탁자의 포괄승계인과 같은 지위에 있다는 이유로 파산 전에 체결된 신탁계약에 기하여 신탁회사가 갖고 있던 신탁재산에 대한 신탁비용 및 보수청구권의 회수를 위하여 신탁재산에 대하여 자조매각권을 행사할 수 있다고 판시하였다.

33) 대법원 2013. 11. 28. 선고 2013다33423 판결(미간행). 이 판결에 대한 해설은 高弘錫, 대법원판례해설 제97호(2014), 373-390면.

34) 통정허위표시에 관하여 대법원 2013. 4. 26. 선고 2013다1952 판결(미간행); 대법원 2006. 11. 10. 선고 2004다10299 판결(공 2006, 2066); 대법원 2004. 10. 28. 선고 2003다12342 판결(공보불게재); 대법원 2003. 12. 26. 선고 2003다50078, 50085 판결(공보불게재); 대법원 2003. 6. 24. 선고 2002다48214 판결(공 2003, 1581) 등. 사기에 의한 취소에 관하여 대법원 2010. 4. 29. 선고 2009다96083 판결(공 2010, 993).

35) 대법원 2014. 6. 26. 선고 2012다9386 판결(미간행).

36) 대법원 2014. 8. 20. 선고 2014다206563 판결(공 2014, 1807).

37) 대법원 2008. 2. 1. 선고 2006다32187 판결(공 2008, 294). 판례 해설로는 오영준, "파산선고와 시효취득에 기한 등기청구권 대상판결: 대법원 2008. 2. 1. 선고 2006다32187 판결," 21세기 민사집행의 현황과 과제: 김능환 대법관 화갑기념 민사집행법 실무연구Ⅲ(제5권), 2011년, 674-702면.

채무자회생법에 의하면 채무자에 대하여 파산이 선고되면 채무자의 비면제재산
으로 파산재단을 구성하지만 법은 파산재단에 대하여 독립한 법인격을 부여하지 않으
며 파산관재인은 파산재단에 속한 재산에 대한 관리처분권을 갖게 된다.[38] 파산재단
을 주체로 인정하지 아니하고 오히려 파산관재인이 관장하는 재산의 총체로서 파악하
는 것으로 읽힌다.

이에 반하여 미국에서는 파산신청과 동시에 파산재단이 성립하고 파산재단은 독
립한 법인격을 갖게 되며 파산관재인은 파산재단의 대표자가 된다.[39] 따라서 미국에
서는 파산관재인이 파산자의 권리의무를 직접 승계하는 것은 아니지만 파산선고와 동
시에 파산자의 비면제재산은 파산재단을 구성하게 되고 파산재단이 파산자의 권리의
무를 승계하되 파산관재인은 파산재단의 대표자로서 파산재단에 대하여 관리처분권을
갖는다. 이러한 설명은 제11장에도 그대로 적용된다. 즉 제11장에서는 대부분의 사건
에서 관리인이 선임되지 않고 DIP가 등장한다. DIP가 파산재단을 관리하는 것이므로
법적으로는 종전의 채무자와 DIP의 법적인 지위가 달라지게 된다.[40] 미국의 DIP 제
도는 관리인을 선임하지 않고 기존의 채무자가 DIP로서 채무자의 재산에 대한 관리처
분권을 행사한다. 즉 관리인 선임과 DIP는 양립할 수 없다.[41] 제11장 사건에서 DIP의
법적 지위는 종전 채무자와 동일한 것이 아니라 보수청구권과 조사의무를 부담하는
것을 제외하고 관재인의 권리의무와 같다.[42]

(2) 파산절차와 보전관리인 제도

일본의 신 파산법은 파산절차에서도 보전관리 명령에 의한 보전관리인 제도를 도
입하였으며 보전관리명령에 의하여 채무자의 재산관리처분권이 보전관리인에게 전속

---

38) 파산재단의 법인격성을 논의한 글로서는 林治龍, "파산과 우주," Business Finance Law 2007년
1월호 105-108면은 눈에 보이지 않는 별과 같이 파산재단이 눈에 보이지 않는 법인이라는 취지
의 暗星的 法人論에 찬동한다.
39) Collier International Business Insolvency Guide Vol 1, Chapter 4, 13.
40) 종전의 경영진은 파산절차 개시 전에는 채무자의 주주에 대한 주의의무를 부담하지만 개시 후
에는 그 외에 채권자들에 대하여도 신인의무를 부담한다. Jeff Ferriel Edward · J Janger,
UNDERSTANDING BANKRUPTCY 3rd ed. 23 2013.
41) 11 USC §101(1). In this chapter-(1) "debtor in possession" means debtor except when a
person that has qualified under section 322 of this title is serving as trustee in the case. 이
장에서 "debtor in possession"이라 함은 이 장 §322에서 관리인이 선임된 경우를 제외하고는 채
무자를 의미한다. 그러나 이러한 자격에 터잡아 채무자는 채권자의 이익을 보호하기 위하여 파산
재산을 보호해야 할 수탁자로서의 충실의무(fiduciary duty)를 부담하게 된다. Commodity Futures
Trading Comn. v. Weintraub, 471 U.S. 343, 355 (1985).
42) §1107(a) ⋯ a debtor in possession shall have all the rights ⋯ and powers, and shall
perform all the functions and duties ⋯ of a trustee serving in a case under this chapter.

하게 되며(파산법 제93조 제1항 본문), 채무자의 재산에 관하여 계속 중인 소송 및 행정
절차는 보전관리인이 수계하는 것으로 규정하였다(파산법 제96조 제2항, 제44조). 그러나
채무자회생법은 파산절차에서 보전관리인 제도를 도입하지 아니하였다.

(3) 파산관재인의 회사법상의 권리

강학상 파산관재인은 파산재단에 속하는 재산에 관하여 관리처분권을 갖고 법인
이 파산한 경우 회사의 조직법적 사단활동에 관한 권한은 여전히 법인에게 있다고 기
술되어 있다.[43]

그러나 회사의 재산과 무관하고 순수하게 조직법적 사단활동이 무엇인지는 분명하
지 않다. 상법은 일견 조직법적인 사단활동의 예에 속하는 행위에 관하여도 파산관재인
으로 하여금 제소권한을 부여하고 있다. 파산관재인은 회사에 관한 합병무효의 소(상법
제236조, 제529조), 주식회사에 관하여 감자무효의 소(상법 제445조)를 제기할 권한을 보
유한다.

3. 회생절차가 채무자 회사의 기관에 미치는 영향[44]

(1) 일반론

회생절차가 개시되더라도 주식회사의 법인격은 그대로 유지되는 것이므로 주주,
주주총회, 이사, 이사회, 감사 등의 회사법상의 기관은 여전히 존속한다.[45] 그러나 개
시결정이 나면 확정을 기다리지 않고 바로 효력이 발생하므로 회사의 재산에 대한 관
리처분권은 관리인에게 전속한다. 따라서 회사의 재산적 활동 이외의 조직법적 · 사단
법적인 활동에 관한 것은 회사의 기관에 존속하지만 상법상의 권한은 대부분 축소된
다. 게다가 조직법적 · 사단법적인 활동이라도 회사재산의 관리처분권과 밀접한 관련
이 있고 회생계획의 수행에 간접적인 관계가 있는 경우는 여전히 관리인이 수행하게
된다. 예컨대 자본의 감소, 신주 또는 사채의 발행, 자본의 증가, 주식의 포괄적 교환
또는 포괄적 이전, 회사의 합병, 분할, 분할합병 또는 조직변경, 해산 또는 회사의 계
속 및 이익 또는 이자의 배당 등은 회생절차 외에서 수행할 수 없다(제55조 제1항).

---

43) 법인파산실무 제4판, 서울중앙지방법원 파산부실무연구회, 박영사(2014), 94면.
44) 이에 관한 자세한 논의는 졸저, "도산기업과 경영자 책임," 파산법연구 3, 박영사(2010), 139-145
   면 참조. 위 글의 내용과 중복되는 이해의 편의상 일부 수정, 보강하여 轉載한다.
45) 대법원 1964. 4. 21. 선고 63다876 판결 (미간행). "회사의 정리개시결정이 있고 관리인이 선임되
   었을 경우라 하여도 회사의 대표이사나 기타 이사 감사역의 효력을 상실하거나 또는 당연해임의
   효력을 발생하는 것이 아니고 단지 회사의 대표 업무집행 및 재산관리 등 권한이 관리인의 손에
   넘어갈 뿐이다."

(2) 주주 및 주주총회

1) 주주의 권리감축

회생절차가 개시되면 주주에게 심대한 권리변경이 이루어지는 것이 원칙이다. 다음의 경우 기존 주주의 주식은 소각 또는 병합된다. 첫째, 주주가 회사경영 파탄에 책임이 있는 경우에 그 주주의 주식은 2/3 이상 소각하거나 3주를 1주로 병합되며, 그후 회생회사가 발행하는 신주를 인수할 수 없다. 다만 이러한 주주에 대하여는 주식매수선택권을 부여할 수 있을 뿐이다(제205조 제4항, 제5항). 둘째, 채권자의 권리가 감축되는 경우에는 그에 비례하여 주식 소각을 통하여 주주조의 권리도 감축되어야 한다.[46] 2014. 5. 20. 채무자회생법 개정 전에는 부채가 자산을 초과하는 경우 계획에 발행주식의 1/2 이상이 소각되었으나(제205조 제3항), 동 규정은 개정시에 삭제되었다. 그러나 부채가 자산을 초과하면 당연히 채권자의 권리가 감축되는 것이고 그렇다면 판례의 법리에 따라 주식은 당연히 소각되어야 하는 것이므로 위 규정이 삭제되었다고 하여 부채초과시 주식소각을 하지 아니하는 계획안이 적법하다는 것은 아니다. 회생절차가 개시되면 주주는 주주대표소송을 제기하여 이사 또는 감사의 책임을 구하는 소송을 제기할 수 없다.[47]

2) 주주총회의 형해화

회생절차 개시 후라도 주주총회는 존속하지만 그 권한은 형해화되어 있다. 회생계획을 수행함에 있어 법령 또는 정관의 규정에도 불구하고 회생회사의 주주총회 또는 이사회의 결의를 하지 아니하여도 된다(제260조). 상법 제374조의 특별결의를 요하는 행위는 회생회사의 사업경영에 관한 것이므로 관리인의 권한에 속하고 주주총회의 권한사항에서 제외된다. 정관변경 역시 회생절차에 의하여만 가능하므로(제55조 제2항) 주주총회에서 정관 변경의 특별결의를 하더라도 효력이 없다.

주주총회는 이사의 선임 및 해임권한을 갖지만 회생회사에 대하여는 회생계획에 이사의 선임이나 임기 또는 선정방법을 정하도록 규정함으로써(제203조 제1항) 회생회사의 주주총회는 이사 선임권도 제한되었다. 관리인은 회생절차 개시 후 회생계획인가 전까지는 이사 또는 감사를 선임·해임할 권한이 없다. 회생계획인가 후부터 회생계획

---

46) 대법원 2004. 12. 10.자 2002그121 결정(공 2005, 227)은 정리채권자의 권리를 감축하면서 주주의 권리를 감축하지 않는 것은 허용되지 아니한다고 판시하였다. 이러한 사유로 주식을 소각하는 경우에는 소수주주의 주식도 같은 비율로 소각된다.

47) 대법원 2002. 7. 12. 선고 2001다2617 판결(공 2002, 1932)은 파산절차에 관한 것이지만 회생절차에 관하여도 그 법리가 적용된다. 회생절차에 관하여 명시한 하급심 판례로는 수원지방법원 평택지원 2013. 7. 18. 선고 2009가합1155 판결(미항소 확정) 참조.

종결 전 단계에서는 이사의 유임·선임·임기·선임방법 등에 관하여 회생계획에서 이를 정하도록 규정되어 있으므로(제203조, 제263조) 결국 관리인이 제출하는 회생계획에서 정하는 내용에 따라 기존 임원의 유임 여부 및 새 임원의 선출방법 등이 달라질 것이다.[48]

(3) 이사 및 이사회

회생계획의 인가결정시까지는 종전 이사나 감사도 그대로 존속하지만,[49] 회생계획인가시에 새로이 이사와 감사를 선임한다. 회생회사의 이사회의 권한 역시 명목적인 것 밖에 남아 있는 것이 없다. 즉 대표이사의 선임, 주주총회의 소집 정도이다. 이사의 경업에 대한 승인이나 이사와 회사 간의 거래의 승인, 이익상반행위의 승인 등은 관리인의 사업경영 및 관리처분권에 저촉되는 것이므로 이사회의 권한에 속하지 아니한다.[50]

이사 선임 및 대표이사의 선정될 자와 임기 또는 선임이나 선정의 방법에 관하여 회생계획에 정하여야 하며(제203조 제1항), 회생회사의 이사·대표이사 또는 감사의 선임·선정 또는 유임이나 그 선임 또는 선정의 방법에 관한 회생계획은 형평에 맞아야 하며, 회생채권자·회생담보권자·주주·지분권자 일반의 이익에 합치하여야 한다(제204조). 회생회사의 이사는 관리인의 권한을 침해하거나 부당하게 그 행사에 관여할 수 없다(제56조 제2항). 회생계획을 수행함에 있어서는 법령 또는 정관의 규정에도 불구하고 이사회의 결의를 하지 아니하여도 된다(제260조). 회생회사의 이사 임기는 상법상의 이사 임기 3년이 아니라 1년을 넘지 못한다(제203조 제5항).

이와 관련하여 서울중앙지법 파산부는 2015. 12. 28. 회생회사 동양의 관리인이, 회생회사의 이사의 수를 감축하는 정관변경과 그 후 임기 3년의 사외이사를 선임하여 달라는 관리인의 허가신청을 허가하였다.[51] 이에 대하여 주주가 회생법원의 허가결정은 제203조 제5항에 위반되고 주주의 이사선임권을 침해하여 재산권보장에 반한다는 이유로 대법원에 특별항고를 하였다. 대법원은 2016. 5. 4.자 2016그12 결정(미공간)으

---

48) 종래 회사정리실무에서는 회생계획 조항에 "임원은 관리인이 법원의 허가를 얻어 선임하고 해임할 수 있다"는 취지의 조항을 두어 주주총회로부터 임원의 선임권한을 완전히 박탈하여 왔다. 최근 법원의 실무는 간주관리인 제도를 활용하면서 인가 후 주주총회에서 대표이사를 선임하는 방식으로 주주들의 자율권을 보장하는 방식으로 변화하고 있다.
49) 대법원 1964. 4. 21. 선고 63다876 판결(미공간).
50) 藤田耕三, "會社更生·整理と會社の機關," 竹下守夫·藤田耕三, 裁判實務大系 3 會社訴訟·會社更生法, 靑林書院(1985), 324頁.
51) (주)동양의 계획안 제13장 제3호에 의하면 이사의 임기는 선임일로부터 1년으로 한다고 정하여져 있었다.

로 심리불속행 사유에 해당한다고 보아 특별항고를 기각하였다. 상법상 이사는 3년을 초과할 수 없지만(상법 제383조),[52] 채무자회생법과 구 회사정리법(제220조 제4항)은 회생회사와 정리회사의 이사 임기를 1년을 넘지 못하도록 명문으로 규정하고 있었다.[53] 회생법원과 대법원이 이러한 명문의 규정과 동양의 회생계획에서 이사의 임기를 1년으로 정하였음에도 불구하고 회생계획변경절차를 거치지 아니하고 회생법원의 허가결정만으로 임원의 임기를 3년으로 변경할 수 있는 법적 근거가 궁금하며, 앞으로 이에 관한 실무 변화를 주시할 필요가 있다.

또한 회사의 부실경영에 책임 있는 이사는 회생절차가 개시되면 이사에 유임할 수 없을 뿐 아니라(제203조 제2항 단서), 이러한 이사는 회생절차의 종결결정이 있은 후에도 회생회사의 이사로 선임되거나 대표이사로 선정될 수 없다(제284조). 이를 위반하여 이사 또는 대표이사로 취임한 자에 대하여 형사처벌하고 있다(제647조).

판례는 정리회사가 법인 양벌규정에 의하여 형사재판을 받게 되는 경우 관리인은 정리회사의 대표자가 될 수 없다는 이유로 변호인의 선임권이 관리인이 아니라 종전 대표이사에게 있다고 판시하였다.[54] 만일 회생회사의 대표이사가 회생절차 개시 후 권한 없이 채무자의 재산에 관한 행위로 인하여 손해를 발생시킨 경우 상대방이 갖는 손해배상채권은 개시후 채권으로 취급된다(제181조, 제64조).[55]

(4) 감사

상법상 감사는 주주총회에서 선임되지만(상법 제409조 제1항). 회사정리법하에서 실무준칙 제11호를 마련하여 법원의 천거에 의하여 관리인이 감사를 선임하였다.[56] 채무자회생법은 그동안의 실무를 입법화하여 법인인 채무자의 감사는 채권자협의회의 의견을 들어 법원이 선임한다고 새로이 규정하였다(제21조 제1항 제3호, 제203조 제4항). 법원은 감사의 임기를 정하여야 한다(제203조 제4항 단서). 이사의 경우에는 법에 임기가 1년으로 정하여져 있으나 감사의 경우는 법정되어 있지 않으며 실무는 1년으로 정

---

52) 제정 상법부터 1984. 4. 10. 상법 개정 전까지 상법상 이사의 임기는 2년을 넘지 못하였다(제383조 제2항).

53) 1년의 유래는 일본 상법 제256조 제2항에서 신회사 설립시 임원의 임기를 1년으로 정한 데에서 유래한 것이라고 한다. 兼子一・三ケ月章 條解會社更生法(下), 弘文堂(1998), 477면.

54) 대법원 1994. 10. 28.자 94모25 결정(공 1994, 3172).

55) 회생사건실무(상) 제4판, 475면.

56) 채무자회생법 시행 후 기존 경영진을 관리인으로 선임하면서 회생회사를 감독할 필요에서 감사를 계획안 인가 전에 주주총회에서 선임하는 경우도 있었다(회생사건실무(상), 250면). 그러나 채무자회생법의 원칙에 맞지 아니하여 2013. 11. 1. 개정된 실무준칙 제4호는 회생계획인가 후 법원이 선임하는 것으로 개정하였다. 최근에는 인가 전에 관리인을 견제할 목적으로 CRO를 선임하기도 한다.

하고 있다.57) 서울중앙지방법원 파산부는 감사로 하여금 재판부에 정기적 대면보고와 수시보고를 할 것을 요청하고 있다. 감사 역할에 대한 재판부의 평정과 감사실적보고서를 통하여 매년 실질적 연임심사를 하고 있다.58)

(5) 상법상의 특례 조항 등

회생절차가 개시되면 회사의 조직법적 사단법적 행위라도 자본 감소, 증가, 합병, 분할, 해산 등의 행위라도 회생절차 외에서 주주총회, 이사회 등을 통하여 할 수 없다. 법원의 허가결정이 회사 기관의 결의를 갈음하는 권한을 갖는다. 관리인은 회생계획인가 이전이라도 영업양도를 할 수 있으며 주식회사가 부채초과인 경우 법원의 결정은 주주총회의 특별결의를 갈음할 수 있으며 영업양도에 반대하는 주주는 반대매수를 청구할 수 없다(제62조 제4항). 동조에 의하여 상법 제374조 및 제374조의2 주권상장법인의 주주에 관한 자본시장과 금융투자업에 관한 법률 제165조의5의 적용이 배제된다.

4. 파산선고가 회사 임원에 미치는 영향

회사와 이사 및 감사의 관계는 위임에 관한 규정을 따르고 있다(상법 제382조 제2항). 그런데 민법 제690조에 의하면 위임계약의 당사자 일방이 파산선고를 받으면 위임계약이 종료된다. 따라서 회사이건 이사이건 어느 일방이 파산선고를 받으면 위임계약이 종료된다는 논리가 가능하다. 일찍부터 회사에 대하여 파산선고가 있는 경우에 위 조문을 근거로 이사 등의 지위가 종료하느냐를 두고 한국과 일본에서는 학설의 대립이 있었다.

먼저 일본의 경우는 大審院 大正 14. 1. 26 판결은 이사의 지위가 종료하지 않는다는 입장을 취하였다가 다시 最高裁判所 昭和 43. 3. 15. 판결은 종료한다는 입장을, 다시 최근 最高裁判所 平成 21. 4. 17. 판결은 종료하지 않는다는 설로 선회하였다. 학설은 역시 종료설(자격상실설)과 비종료설(자격유지설)로 대립되어 있다.59) 주주총회에서 해임된 이사가 당해 주주총회의 효력을 다투고 있던 중 회사에 대하여 파산선고가 있는 경우에 종료설에 의하면 해임된 이사가 제기한 소송은 소의 이익이 없게 되고,60) 비종료설인 最高裁判所 平成 21. 4. 17. 판결에 의하면 이사의 지위를 잃지 않으므로 소를 제기할 권한이 있게 된다.

---

57) 회생사건실무(하), 152면.
58) 회생절차와 감사의 역할과 과제, 서울중앙지법 파산부(2008), 17-27면(미공간).
59) 비종료설, 伊藤眞, 破産法(제4판) 有斐閣(2006), 283頁. 종료설은 齊藤秀夫·麻上正信·林屋礼二 編, 앞의 책, 346頁.
60) 일본 仙台高等裁判所 平成 20. 2. 27 판결.

국내에서도 양설의 대립이 있으나 종료설이 다수설이다.[61] 등기실무는 종료설을 따르고 있다.[62] 법과 현실이 일치하지 아니하는 데에서 생기는 문제로 입법에 의하여 해결하여야 사항이다.

파산선고를 받은 이사가 복권을 받지 아니한 상태에서 다시 주식회사의 이사로 취임할 수 있는가에 대하여 상법은 상장회사의 사외이사에 한하여 결격사유로 규정하고 있다(상법 제542조의8 제2항 제2호). 이에 반하여 일본의 판례는 회사의 이사가 파산선고를 받은 경우 이사피선인자격을 인정하지 않고 있고 학설도 이를 지지하고 있다.[63] 판례의 법리를 받아들여 일본의 2005년 개정 회사법은 사기파산죄 등의 죄로 형의 집행을 종료하거나 집행을 받지 아니하고 2년을 경과하지 아니한 자는 이사가 될수 없도록 규정하였다(제331조 제1항 제3호).

합명회사의 경우에는 상법이 사원이 파산선고를 받으면 퇴사하도록 규정되어 있고(상법 제218조 제5호), 합자회사의 사원도 같다(상법 제269조).[64]

Ⅳ. 도산절차의 개시가 채권자에게 미치는 영향

1. 도산절차의 개시가 소송절차에 미치는 영향

(1) 소송중단에 관한 일반론

회생절차가 개시되면 이미 계속 중인 소송 가운데 채무자의 재산에 관한 소송으로서 채무자가 당사자인 소송은 중단된다(제59조 제1항).[65] 상고심에서도 중단되는 것이 원칙이지만 판례는 상고이유서 제출 후 또는 상고이유서 제출기간 경과 후 파산선고를 받은 때에는 소송수계 없이 상고를 기각하기도 하고, 파기환송한 사례도 있다.[66]

---

61) 학설의 소개에 대하여는 이동원, "법인의 파산과 청산의 경계에서 생기는 문제들," 회생과 파산 1, 사법발전재단(2012), 185-188면.
62) 2003. 3. 12. 법원행정처장의 서울지방법원장에 대한 질의회신.
63) 일본 最高裁判所 昭和 42. 3. 0. 민집21-2-274. 加藤哲夫, 破産法[第五版], 弘文堂(2009), 113頁.
64) 일본도 같다(회사법 제607조 제1항 제5호 및 동조 제2항).
65) 회생절차 개시 당시 계속 중인 민사소송 및 행정소송 등의 중단에 관하여는 채무자회생법 제59조가 근거규정이다. 이에 반하여 파산선고 당시 계속 중인 민사소송의 중단에 관하여는 채무자회생법이 아닌 민사소송법 제239조가 균거규정이고, 행정소송에 관하여는 채무자회생법 제350조가 근거규정으로 되어 있는 등 조문체계가 일관하지 못하고 있다. 앞으로 개정시에 일본과 같이 민사소송법의 근거 규정을 삭제하고 채무자회생법의 회생절차와 같은 형태로 일치시키는 것이 바람직하다.
66) 상고기각의 예로 대법원 2007. 9. 21. 선고 2005다22398 판결(미간행), 파기환송의 예로 대법원 2001. 6. 26. 선고 2000다44928, 44935(공 2001, 1698).

회생채권 등에 관한 소송뿐 아니라 환취권, 공익채권에 기한 것이라도 채무자의 재산에 관한 것이라면 일단 중단된다. 제3자가 관리인으로 선임되건 관리인불선임결정에 의하여 기존 경영자가 관리인으로 간주되는 경우에도 소송이 중단되는 것은 동일하다. 소송이 중단되면 관리인 또는 상대방이 수계할 수 있다(제59조).[67] 국내 중재절차도 중단되는지에 대하여는 견해가 대립되어 있다.[68] 나아가 회생채권, 회생담보권에 관한 소송의 중단, 수계신청과 그 해태의 효과, 지급명령과 이의절차의 중단, 채권자취소송과 채권자대위소송의 중단 등에 관하여는 다른 글[69]을 참조하기로 하고 이 글에서는 생략한다.

   파산선고가 있으면 파산재단에 관한 관리처분권이 파산관재인에게 귀속되므로 파산재단에 관한 소송은 중단되고 소송대리인이 있건 없건 모두 파산관재인이 수계한다(제347조, 민사소송법 제239조). 이에 반하여 파산재단에 관한 관리처분권과 무관한 소송, 예컨대 파산법인의 조직법상의 쟁송(회사설립무효의 소 등),[70] 파산자의 자유재산에 관한 소송, 파산자의 신분에 관한 소송(이혼 소송 등)[71]은 중단하지 아니한다.[72] 수탁자의 파산은 수탁자의 임무종료 사유에 해당하여 새로운 수탁자가 수계할 때까지 소송이 중단되지만(민사소송법 제236조), 소송대리인이 있는 경우에는 민사소송법 제238조에 의하여 중단되지 아니한다. 수탁자의 파산관재인의 업무범위를 둘러싸고 복잡한 문제가 발생한다.

---

67) 회생채권에 관한 소송이 계속 중인 경우에 관한 제172조는 문면상 회생채권자만이 소송절차를 수계하는 것으로 기재되어 있으나 판례는 회사정리법에서도 이의자뿐 아니라 상대방도 할 수 있다고 판시한 바 있다(대법원 1997. 8. 22. 선고 97다17155 판결(공 1997, 2803)).

68) 중재절차가 포함되는지 여부에 대하여는 견해가 나뉘어져 있다. 중단설은 오창석, "파산절차에 있어서 중재합의의 효력과 중재절차," 중재연구 제15권 제1호(2005), 138면, 林治龍, 파산법연구 2, 박영사(2006), 119면. 비중단설은 김경욱, "중재당사자의 파산이 중재절차에 미치는 영향 : 국재중재 · 파산절차에 한하여," 민사소송 Vol. 10-2, 한국민사소송법학회지(2006), 311면. 영국은 한국의 회생절차(삼선로직스, 대한해운, 팬오션 STX해양조선, 한진해운 등)를 승인하는 경우 원칙적으로 회생회사를 당사자로 하는 영국에 계속 중인 중재절차에 대하여도 중지를 명하고 있다. 삼선로직스 사건에 관하여는 Look Chan Ho, Smoothing Cross-Border Insolvency by Synchronising the UNCITRAL Model Law, Butterworths Journal of International Banking and Financial Law, July/August 2009, 395-396.

69) 林治龍, "回生節次 重要 判例 解說," 217-231면 참조.

70) 다만 조직법상의 소송이라도 파산재단에 영향을 미치는 것은 파산관재인이 수계하여야 한다는 견해가 유력하다(伊藤眞, 앞의 책, 402면).

71) 이혼에 수반하는 재산분할청구권이 문제되면 파산관재인이 수계할 수 있다. 대법원 2000. 9. 29. 선고 2000다25569 판결(공 2000, 2207)은 상당한 정도를 벗어나는 초과부분에 대한 재산분할은 사해행위에 해당한다고 본다.

72) 전병서, 도산법 제3판, 문우사(2016), 153면.

(2) 동시폐지와 소송절차의 수계

회생절차에는 없고 파산절차에만 있는 제도로서 동시폐지제도가 있다. 즉 파산재단에 속하는 재산이 부족하여 파산절차의 비용을 충당하기에 부족하여, 즉 재단채권이나 파산채권을 변제할 수 없는 경우에 법원은 파산선고와 동시에 파산절차를 폐지한다(제317조). 파산절차의 폐지라고 하더라도 파산선고 후에 재단부족을 이유로 하는 이시폐지절차(제545조)와 구별된다. 주로 자연인에 대하여 많이 이용되지만 법인에 대하여도 가능하다.[73] 동시폐지 제도가 채권자에 대한 변제 또는 배당을 할 자원인 파산재단을 구성할 수 없기 때문에 파산선고와 동시에 파산절차를 폐지하는 것이므로 파산관재인이 선임되지 아니한다. 따라서 파산선고와 동시에 파산절차는 종료되고 면책절차로 이어지는 것이므로 파산관재인이 소송을 수계할 여지가 없다. 따라서 파산선고가 되더라도 파산채무자가 당사자인 재산상의 소송절차는 중단되지 아니한다.[74]

(3) 행정절차의 수계

민사소송과 마찬가지로 회생신청이 있으면 법원은 중지명령을 통하여 채무자의 재산에 관하여 행정청에 계속되어 있는 절차의 중지를 명할 수 있고(제44조 제1항 제4호), 회생절차 개시결정이 있는 때에는 행정청에 계속 되어 있는 소송절차도 중단된다(제59조 제6항).[75] 다만 관리인이 불복하려는 경우에는 행정심판, 소송 등 채무자가 할 수 있는 방법으로 불복할 수 있다. 따라서 국세채권을 회생채권으로 신고한 경우라면 관리인이 회생채권조사확정의 소를 제기할 것이 아니라 전심절차 또는 행정소송을 제기하여야 한다.

파산선고 당시에 파산재단에 속하는 재산에 관하여 행정청에 사건이 계속되어 있으면 그 절차는 중단되고 파산관재인 또는 행정청이 수계하여야 한다(제350조 제1항). 조세채권에 대하여는 일반회생채권과 같은 조사확정절차가 마련되어 있지 아니하므로, 조세채권의 원인이 되는 조세부과처분이 중대하고 명백한 하자가 있어서 당연히 무효라고 다투려면 관리인은 과세처분의 무효확인을 받아야 하고, 회사정리법 제147조 제1항에 의한 정리채권정의 소로써 그 확정을 구할 소의 이익이 없다.[76] 파산재단

---

73) 부동산의 평가와 파산관재인의 역량에 따라 파산재단에 속하는 재산의 실제 매각가격이 달라질 수 있으므로 법인에 대한 동시폐지는 극히 신중하게 이루어져야 한다는 견해로는 朴基東, "破産節次 開始의 要件과 破産宣告의 效果," 破産法의 諸問題(上), 法院圖書館(1999), 111면.

74) 異說 없음. 서울중앙지방법원 파산부 실무연구회, 도산절차와 소송 및 집행절차, 박영사(2011), 184면. 이하『도산절차와 소송 및 집행절차』라 인용한다. 정준영, "신도산법의 파산절차가 소송절차에 미치는 영향," 도산관계소송, 韓國司法行政學會(2009), 311면.

75) 회사의 재산에 관한 소송은 특허청 항소심판소에 계속 중인 상표등록취소를 구하는 심판도 포함된다(대법원 1999. 1. 26. 선고 97후3371 판결(공 1999, 375)).

에 속하는 재산이라 함은 그 재산이 형식상 파산재단에 속한 것이라고 인정되면 족하며 반드시 실질적으로 파산재단에 속할 것으로 요하는 것이 아니다.[77]

2. 도산절차의 개시가 강제집행절차에 미치는 영향

(1) 총론

회생절차의 개시 또는 파산선고에도 불구하고 채권자로서는 집행문의 부여신청, 집행판결 등의 신청을 할 수 있는지 하는 견해의 대립이 있다. 긍정설은 집행문을 부여받는 행위는 집행의 준비행위에 불과하고, 파산선고 후라도 집행문을 부여받을 수 있다면 파산채권조사확정재판신청에 관하여 출소책임의 전환 등 법률상 이익이 있는 점, 집행문부여에 파산자의 관여가 없다는 점을 근거로 하고 있다.[78]

그러나 회생채권자는 회생계획에 규정된 바에 따르지 아니하고는 변제를 받을 수 없다는 제131조 제1항 및 파산선고에 의하여 강제집행, 가압류 및 가처분이 실효된다는 제348조와 파산채권은 파산절차에 의하지 아니하고는 행사할 수 없다는 제424조의 취지를 고려하고, 파산선고 후 비로소 집행문을 부여받아 채권조사확정재판의 제소책임을 전환하는 것은 허용하지 않는 것이 타당한 점, 집행문부여도 회생채무자 또는 파산자를 상대로 파산채권에 기한 권리행사의 일환으로 보아 부정하는 것이 타당하다.[79]

강제집행절차가 종료된 이후에는 회생절차의 개시 또는 파산선고가 있더라도 중지 또는 실효의 문제는 발생하지 아니한다. 부동산에 대한 경매절차에서는 매수자가 대금완납 후에 소유권을 취득하므로 대금완납 후에 파산선고가 있더라도 매수인의 소유권 취득에는 영향이 없다.[80]

---

76) 대법원 1967. 12. 5. 선고 67다2189 판결(집15(3)민, 352).

77) 대법원 1963. 9. 12. 선고 63누84 판결(집11(2)행, 69). 원심은 어떠한 행정처분으로 인하여 권리의무의 변동이 있을 때에 한하여 파산법 제63조가 적용됨을 전제로 하였으나 대법원은 원심판결을 파기하였다.

78) 齊藤秀夫・麻上正信・林屋礼二 編, 注解破産法 第三版(上), 靑林書院(1999), 122頁. 그 외에『도산절차와 소송 및 집행절차』227면은 파산선고 후에도 파산재단에서 포기된 재산에 대한 강제집행을 할 수 있다는 이유를 근거로 들고 있다.

79) 同旨, 伊藤眞, 破産法・民事再生法, 271頁 주 75. 이와 달리 일본의 伊藤眞 編, 條解破産法 第2版, 弘文堂(2014), 744면은 집행문 부여와 집행문부여의 소를 구분하여 전자는 파산자를 상대로 하는 것이 아니라는 이유로 허용하고, 후자는 상대방이 파산자 또는 파산관재인을 상대로 하는 권리행사로서 허용되지 아니한다는 입장이다.

80) 대법원 1983. 1. 14.자 82마830 결정(공 2007, 573)은 구 경매법하에서 회사정리법에 기하여 임의경매절차의 중지를 명한 결정은 경매법원의 경락허가결정이 있은 후에는 적용되지 아니한다고 판시하였다.

(2) 회생절차

1) 강제집행, 임의경매절차에 관하여

회생절차는 채무자의 재건이라는 목적을 추구한다는 점에서 강제집행절차, 담보권에 기한 경매절차, 파산절차보다 우위에 있으므로 회생절차가 개시되면 이러한 절차는 새로운 신청이 금지되거나 진행 중이라면 중지된다. 미국의 경우에는 파산신청의 효과로서 일단 담보권에 대한 행사도 중지시킨 후 채권자의 개별적인 신청에 의하여 중지명령의 해제(lift of stay order)를 허용하는 방법으로 구제가 이루어진다.

이에 반하여 채무자회생법은 회생절차 개시결정 이후 회생채권자의 집행행위의 속행허가 신청권을 인정하지 아니한다. 다만 관리인 또는 징수의 권한을 가진 자의 신청 또는 법원의 직권으로 중지된 집행절차의 속행을 명할 수 있을 뿐이다(제58조 제5항 전문).[81] 이러한 강제경매, 임의경매, 가압류 등의 절차가 효력을 잃는 시기는 계획안이 인가된 때이다. 단 체납처분은 효력을 잃지 아니한다.[82] 인가결정의 확정을 요하지 아니한다. 회생을 위하여 필요한 경우라면 중지한 강제집행 등의 절차나 처분이 취소될 수도 있다(제58조 제5항 후단).[83] 중지되는 강제집행절차에는 금전채권에 기한 강제집행의 하나인 재산명시신청 및 재산조회신청(민사집행법 제74조)도 포함된다.[84] 회생절차 개시결정 또는 파산선고가 되면 관리인, 파산관재인의 신청에 의하여 법원이 채무자명의의 재산에 관한 조회할 수 있는 제도가 마련되어 있으므로(제29조), 별도로 채권자에게 재산조회신청권을 부여할 필요가 없기 때문이다.

2) 공익채권에 기한 강제집행

회사정리법하에서 공익채권에 기한 강제집행이 가능한지에 대하여 논란이 있었

---

[81] 포괄적 금지명령이 발하여진 경우에는 회생채권자 등은 부당한 손해를 끼칠 우려가 있으면 포괄적 금지명령의 적용을 배제하여 달라고 법원에 신청할 권한이 있다(제47조). 입법론으로 개시결정 후에도 채권자에게 개시결정에 의한 경매금지의 효과를 배제하여 달라는 신청권을 인정하여야 한다는 견해가 있다. 鄭晙永, "도산절차와 민사집행," 南孝淳·金載亨 共編, 統合倒産法, 法文社(2006), 601면.

[82] 체납처분은 개시결정에 의하여 중지되었다가 회생계획인가일이 되면 중지의 효과는 종료된다(제58조 제3항 제1호) 그러나 회생계획안에서 회생계획안 인가일로부터 기산하여 3년을 초과하는 동안 징수유예를 하는 경우에는 징수권자의 동의를 얻어야 하고(만일 유예기간이 3년 미만인 경우에는 의견을 청취하여야 한다. 제140조 제2항, 제3항), 조세를 면제하는 내용이 아닌 한 계획안대로 조세채권이 변제되지 아니하면 징수권자는 체납처분을 속행할 수 있다(條解會社更生法(下), 789頁).

[83] 실무는 회생절차의 인가전 폐지를 염려하여 이를 극히 예외적으로 채무자로부터 폐지결정 후에 파산신청할 것을 서면으로 약속받고 가압류 등의 취소를 허용하고 있다. 서울회생법원 2018. 12. 14. 회생회사 스킨푸드(2018회합100213) 사건에서 채무자회생법 제58조 제5항에 의하여 6건의 채권가압류결정을 취소하였다.

[84] 同旨, 伊藤眞, 破産法·民事再生法(第3版) 有斐閣(2014), 411頁.

다.[85] 판례는 강제집행을 허용하였다.[86] 그러나 채무자회생법은 이에 관하여 요건을 제180조 제3항에서 명확히 규정함으로써 입법적으로 해결하였다. 즉 공익채권에 기한 강제집행은 원칙적으로 가능하지만 예외적으로 ① 그 강제집행이 회생에 현저하게 지장을 초래하고 채무자에게 다른 재산이 있거나 또는 ② 채무자의 재산이 공익채권의 총액을 변제하기에 부족한 것이 명백한 때에는 관리인의 신청 또는 직권으로 강제집행의 중지나 취소를 명할 수 있다.[87]

3) 조세 등 체납처분

회생절차가 개시되면 조세채권 또는 국세징수법 등의 예에 의하여 징수할 수 있는 청구권으로서 징수우선순위가 회생채권보다 우선하는 것[88]에 기한 체납처분은 일정기간 금지되며 이미 행한 처분은 중지된다(제58조 제3항). 즉 ① 개시결정일부터 인가일까지, ② 개시결정일부터 회생절차 종료일[89]까지, ③ 개시결정일로부터 2년[90]이 되는 날 중 말일이 먼저 도래하는 날까지이다. 법원은 필요하다고 인정하는 때에는 관리인의 신청 또는 직권으로 1년 이내의 범위 내에서 그 기간을 연장할 수 있다(제58조 제3항 후문). 그런데 계획안은 개시결정일로부터 늦어도 1년 6개월 이내에는 인가되어야 하고 실무상 계획안에 회생채권인 조세채권에 대하여 변제기를 연장하고 있으므로 ③의 경우에 해당될 가능성은 없다.[91] 실무상 드물기는 하지만 강제경매, 임의경매절차와 마찬가지로 중지중인 체납처분도 회생을 위하여 필요하다면 법원이 체납처분을 취소할 수 있다(제58조 제5항).

---

85) 긍정설이 다수설이었다. 鄭晙永, "破産節次가 係屬中인 民事訴訟에 미치는 影響," 破産法의 諸問題(下), 法院圖書館(1999), 215면; 會社整理實務, 法院行政處(1985), 249면; 林采洪·白昌勳, 會社整理法(下), 韓國司法行政學會(1998), 98면(姜宣明 집필부분).

86) 대법원 1996. 9. 24. 선고 96다13781 판결(공 1996, 3179)은 공익채권자인 임금채권자의 강제집행에 관한 것이다.

87) 일본 회사갱생법 제132조 제3항도 같다.

88) 흔히 4대보험료 채권이라 하는 건강보험료, 국민연금보험료, 고용보험료, 산업재해보상보험료가 대표적이며 그 외 장애인 고용부담금, 보조금도 포함된다. 그러나 국유재산법상의 사용료, 대부료, 변상금채권, 개별 법률(독점규제 및 공정거래에 관한 법률 또는 부동산 실권리자명의 등기에 관한 법률)이 정하는 의무 위반의 과징금은 해당되지 아니한다(대법원 2016. 1. 28. 선고 2015두54193 판결(미공간), 대법원 2013. 6. 27. 선고 2013두5159 판결(공 2013, 1373)).

89) 종료일이라 함은 인가 전·후의 폐지, 인가 후 종결을 포함한다. 다만 계획안이 인가되면 실무상 회생채권인 조세채권에 대하여도 기한의 유예를 하고 있으므로 유예된 기한까지는 체납처분이 속행되지 아니한다.

90) 회사정리법 제67조 제2항은 개시결정일로부터 1년이었다.

91) 회사정리 사건 중에는 위 조항에 근거하여 정리계획안이 인가된 후에 이루어진 체납처분에 기한 압류등기가 적법하다고 판시한 사례가 있었다(대법원 1971. 9. 17.자 71그6 결정)(집19(3)행, 4).

(3) 파산절차

1) 파산채권에 기한 강제집행 — 면책결정 이전

파산선고가 되면 강제집행, 가압류, 가처분에 대하여 새로운 절차의 개시가 금지되고 절차진행 중이라면 파산선고 결정의 확정을 기다릴 필요 없이 즉시 실효된다.[92] 따라서 가압류결정에 대하여 이의를 하여 상고심에 계속 중 이의신청인에 대하여 파산선고가 있으면 파산관재인이 파산선고 결정등본을 취소원인 서면으로 집행법원에 가압류의 집행취소신청을 하여 외관을 없앨 수 있으므로 채무자의 이의신청은 이익이 없어 부적법하게 된다.[93] 그러나 파산관재인이 파산재단을 위하여 강제집행을 속행할 수 있으므로 집행법원이 즉시 강제경매개시결정을 직권으로 취소하지 아니하고 파산관재인이 기입등기의 말소신청을 하면 비로소 집행법원이 말소촉탁을 실시한다.[94] 파산선고는 집행장애사유이므로 집행법원이 직권으로 존부를 조사하여야 하고,[95] 이를 간과하고 이루어진 강제집행은 무효이다. 파산선고로 파산채권 개별행사가 금지되므로 수표가 지급거절되어도 부정수표단속법 위반죄를 구성하지 아니한다.[96]

파산절차에서는 재단채권에 기하여는 강제집행이 금지되고 이미 진행 중인 강제집행은 중지되는 것이 아니라 실효된다.[97] 파산선고에 의하여 실효되는 강제집행이라 함은 파산선고 당시 강제집행절차가 진행 중인 경우이고 이미 강제집행절차가 종료한 경우에는 제348조가 적용되지 아니한다.[98]

---

[92] 입법론으로 회생절차와 같이 강제집행을 중지하는 조항만 두고 실효조항을 삭제하자는 의견으로는 鄭晙永, "도산절차와 민사집행," 南孝淳·金載亨 共編, 統合倒産法, 法文社(2006), 599면.

[93] 대법원 2002. 7. 12. 선고 2000다2351 판결(공 2002, 1925)은 판결이유에서 "동보건설 주식회사는 원심 변론종결 후인 2000. 12. 21. 서울지방법원으로부터 파산선고 결정을 받고 그 무렵 위 결정이 확정된 사실을 알 수 있는바, 그렇다면 파산자인 동보건설 주식회사의 재산에 대한 이 사건 가압류결정은 그 효력을 상실하였다 할 것이므로"라고 판시하였다. 읽는 이로 하여금 마치 파산선고결정이 확정되어야 비로소 가압류결정의 효력이 상실되는 것으로 오해를 초래하고 있다. 강제집행실효의 효력은 파산선고의 확정을 요하지 아니하는 것이 법리이므로 이 부분 판결이유는 정확하지 아니하다.

[94] 법원실무제요 민사집행[Ⅰ], 법원행정처(2003), 231면, 『도산절차와 소송 및 집행절차』, 230면.

[95] 대법원 2000. 10. 2.자 2000마5221 결정(공 2000, 2373). 파산선고 후 추심명령이나 전부명령에 기하여 변제를 받았더라고 추심이나 변제는 무효이다(『도산절차와 소송 및 집행절차』, 232면).

[96] 회사정리절차에 관한 대법원 1990. 8. 14. 선고 90도1317 판결(공 1990, 1990).

[97] 대법원 2008. 6. 27.자 2006마260 결정(공 2008, 1072)은 이미 재단채권자가 집행한 채권압류에 대하여 파산관재인이 집행취소신청을 하자 집행법원이 압류의 집행을 취소하였음을 적법하다고 인정하였다. 참고로 일본의 2004년 개정된 파산법 제42조 제1항, 제2항은 재단채권에 기한 강제집행의 금지와 실효를 명문으로 규정하였다.

[98] 채권에 대한 금전집행은 추심의 신고를 한 때(민사집행법 제236조 제1항) 또는 추심채권자 외에 다른 채권자가 절차에 참가한 경우에는 배당절차가 끝날 때(민사집행법 제252조)에 강제집행이 종료한다. 따라서 추심채권자가 추심채권신고를 하지 아니하고 있는 동안 추심채무자에 대하여

담보권자는 회생절차에서 회생채권자와 같이 권리행사에 제한을 받지만 파산절차에서는 채권신고를 하지 않더라도 실권되지 아니하므로 원칙적으로 파산절차 밖에서 담보권을 실행할 수 있다.

체납처분이 파산선고 전에 이루어졌다면 속행을 할 수 있고(제349조 제1항), 파산재단에 속하는 재산에 관한 매각대금에 대하여 다른 재단채권자보다 우선적으로 배당금을 수령할 수 있다.99) 제349조 제1항 소정의 체납처분이라 함은 압류와 참가압류를 의미하고 교부청구는 체납처분으로 볼 수 없다.100) 그러나 파산선고가 이루어진 후에는 체납처분을 새로이 할 수 없으므로,101) 배당금을 과세관청이 수령할 수 없고 파산관재인이 수령하게 되므로 과세관청은 후일 파산관재인으로부터 다른 재단채권자와 함께 안분배당을 받을 수밖에 없다.102)

동시폐지결정을 하게 되면 파산재단이 성립하지 아니하므로 파산재단에 관한 강제집행의 실효에 관한 규정(제348조)은 적용될 여지가 없다. 다만 파산자가 파산선고 후 면책결정에 관한 재판이 있는 동안에 취득한 신득재산에 관하여는 제557조에 의하여 강제집행이 금지된다(동조의 의미에 대하여는 後術함).

2) 파산채권에 기한 강제집행 — 면책결정 이후

파산법하에서는 면책신청의 시기가 채무자회생법과 달랐다. 즉 파산법에서 면책신청은 원칙적으로 파산신청시에는 할 수 없고, 파산선고 후 파산절차의 해지시까지 가능하였다(파산법 제339조 제1항 전단). 파산절차의 해지라 함은 파산취소의 확정, 배당에 의한 파산종결, 강제화의 또는 동시폐지 또는 이시폐지를 말한다. 특칙으로 동시파

파산선고가 되면 강제집행이 실효되므로 추심한 금전을 파산관재인에게 반환하여야 하므로 유의할 필요가 있다.

99) 대법원 2003. 8. 22. 선고 2003다3768 판결(미공간, 林治龍 외, 破産判例解說, 博英社(2006), 181면). 이 판결의 사안은 체납처분에 기한 압류가 있고 근저당권자가 임의경매를 신청하여 낙찰된 사안에서 경매법원이 근저당권자에게 배당하고 남은 금액을 과세관청의 교부청구를 배척하고 파산관재인에게 전액 배당한 것에 대하여 과세관청이 배당이의 소를 제기하여 원심이 파산관재인이 아니라 과세관청에게 교부청구를 허용한 것이 정당하다고 판시하였다. 대법원은 파산재단이 재단채권의 총액을 변제하기에 부족한 것이 명백한 경우라도 마찬가지임을 명시하였다.

100) 同旨, 곽용진, 국세징수실무해설, 법률서원(2002), 671면 및 983면. 대법원 2003. 8. 22. 선고 2003다3768 판결의 원심판결인 서울고등법원 2002. 12. 20. 선고 2002나47558 판결(하집 2002-2, 342)도 파산법 제62조의 '체납처분을 한 경우'란 파산재단에 속하는 재산에 대하여 체납처분절차에 의하여 압류의 효력이 생긴 경우로 제한적으로 해석하여야 한다고 판시한 바 있다. 국세청의 실무도 같은 입장이다. 1970. 8. 19. 징수 4-10 통달(곽용진, 앞의 책, 983면 주석 335면에서 재인용).

101) 제349조 제2항은 파산법에서의 판례(대법원 2003. 3. 28. 선고 2001두9486 판결(공 2003, 1088))를 입법으로 규정한 것이다.

102) 전게 대법원 2003다3768 판결.

산폐지를 받은 경우에는 폐지결정확정일로부터 1개월 내에 하여야 한다(파산법 제339조 제1항 후단). 만일 파산자가 위 기한 내에 면책신청을 하지 못하면 30일 내에 면책신청의 추완을 할 수 있었다(파산법 제339조 제5항).

면책과 관련하여 발생하는 문제는 두 가지이다. 첫째는 파산절차가 종료하고 면책신청을 하여 면책에 대한 심리절차가 파산법원에 계속하고 있는 경우에는 형식적으로 파산절차가 종료하였으므로 파산절차 중 강제집행의 중지를 규정한 파산법 제15조가 적용되지 않았으므로, 위 기간 동안(즉 파산종료 후 면책결정이 있기까지) 파산채권자는 파산절차가 종료되었다는 형식적인 이유를 대고 채무자의 재산에 대하여 강제집행을 할 수 있었다.[103]. 둘째는 추완신청의 사유에 대한 해석의 차이에 따라 면책의 기회를 받지 못할 수 있다는 것이다.[104] 이러한 문제점들은 파산절차와 면책절차가 별도로 규정되어 있는데서 생기는 문제점이라 할 것이다.

그리하여 채무자회생법은 첫째로 면책신청은 파산신청일부터 파산선고 확정일 이후 1월 이내에 할 수 있고, 아울러 채무자가 반대의 의사표시를 한 경우를 제외하고 파산신청과 동시에 면책신청을 한 것으로 간주하도록 개정하였다(제556조 제1항 및 제3항). 둘째로 면책신청이 있고, 파산폐지결정의 확정 또는 파산종결결정이 있는 때에는 면책신청에 관한 재판이 확정될 때까지 채무자의 재산에 대하여 파산채권에 기하여 새로이 강제집행, 가압류, 가처분을 할 수 없고, 이미 행하여지고 있던 강제집행 등은 중지된다는 조항(제557조 제1항)을 신설하였다.[105] 그리하여 파산절차 종료 후 면책결정에 관한 재판이 확정될 때까지 채무자가 파산채권자의 강제집행 등으로부터 보호받을 수 있도록 하였다. 따라서 면책결정이 있더라도 파산재단에 대한 강제집행이 즉시 실효되는 것이 아니고 면책결정의 확정시까지 중지되는 점을 유의하여야 한다.

3) 재단채권에 기한 강제집행

파산선고가 되면 파산자의 채권자는, 그 채권이 파산채권에 해당하면 직접 파산

---

103) 일본의 경우 긍정설, 부정설, 기타 견해가 나뉘고 있으나 일본의 최고재판소는 파산절차가 종료한 이후에는 면책을 신청하였더라도 파산채권에 대한 행사 제약이 존속한다고 할 수 있는 근거가 없다는 이유로 이를 긍정하였다. 最高裁判所 1990. 3. 20. 판결 民集 44券 2号 416頁.

104) 파산선고의 송달을 받고 파산폐지결정을 공고한 이상 파산자가 송달받지 아니하였어도 추완사유를 부정하는 입장(서울중앙지방법원 2005. 11. 2.자 2005하면6304 결정 및 山内八郎, "免責申立の時期と申立追完," 判例 タイムズ 830号, 319면)과 파산자의 면책신청권을 두텁게 보호한다는 입장에서 파산자가 폐지결정을 송달받지 아니하였다면 추완사유를 허용하는 입장(서울고등법원 2005. 12. 14.자 2005라875 결정)으로 나뉜다.

105) 종결결정은 확정시라는 용어를 사용하지 않은 이유는 종결결정은 파산법 제254조 제2항에 기하여 채무자회생법에서는 별도의 불복규정을 두지 아니함으로써 불복할 수 없는 결정이므로 공고시에 확정되기 때문이다(伊藤眞 編, 條解破産法 第2版, 弘文堂(2014), 1461면).

관재인에게 그 변제를 청구할 수 없고 파산절차에 따라 그 절차 내에서 변제를 받을 수 있을 뿐이며, 그 채권이 재단채권이면 파산절차에 의하지 아니하고 직접 파산관재인을 상대로 그 변제를 구할 수 있다.[106] 따라서 재단채권자는 파산관재인을 이행소송을 구할 수 있지만 판결을 얻더라도 강제집행을 할 수 없고 배당요구도 할 수 없다.[107] 재단채권에 기하여 강제집행을 할 수 없지만 판결에서 인정되는 지연손해금을 재단채권으로 변제받을 수 있다는 이점은 있다. 재단채권에 기하여 이미 개시된 강제집행도 파산선고 후에는 실효된다.[108] 다만 이러한 법리는 법률에 근거한 것이 아니라 판례에 따른 것이다.[109]

비금전 채권의 보전을 위한 소위 專用型 채권자대위소송에 관하여 대법원은 매수인이 파산관재인으로부터 제3자 명의의 토지(파산자가 파산선고 전에 신탁계약을 체결하고 신탁등기를 경료한 토지)를 매수하기로 하였는데 파산관재인이 신탁등기의 말소를 이행하여 소유권이전등기를 매수인에게 넘겨주지 아니하자 재단채권자가 파산관재인을 대위하여 수탁자를 상대로 신탁등기의 말소를 구하는 소송의 제기를 허용하였다.[110]

생각건대, 파산관재인이 법원의 허가를 받아 파산재단에 속하는 토지에 관하여 매매계약을 체결하였음에도 불구하고 파산관재인이 신탁등기의 말소소송을 제기하지 않는 것은 파산관재인의 임무위반에 해당하므로 파산관재인을 해임하고 새로운 파산관재인으로 하여금 소송을 수행하라고 감독하는 것이 파산법의 체계에 부합하는 것이다. 이러한 조치를 취하지 아니하고 파산관재인의 권한을 채권자가 대위하는 것을 예

---

106) 대법원 2001. 10. 9. 선고 2001다24174,24181 판결(집49(2)민, 168).
107) 대법원 2007. 7. 12.자 2006마1277 결정(집55(2)민, 3). 법원실무제요 민사집행[Ⅱ], 547면.
108) 대법원 2008. 6. 27.자 2006마260 결정(집56(1)민, 272). 채무자회생법 이전의 학설로 이에 반대하는 견해로는 鄭晙永, "破産節次가 係屬中인 民事訴訟에 미치는 影響," 破産法의 諸問題(下), 法院圖書館(1999), 214-215면. 이 견해는 파산선고 후에만 재단채권에 기한 강제집행을 불허하고 이미 집행에 착수한 경우에는 허용하자는 입장이다.
109) 판례에 의하면 회생채권확정의 소는 금전채무의 이행을 구하는 소가 아니므로 소송촉진 등에 관한 특례법 제3조 제1항의 법정이율을 적용할 수 없다고 한다(대법원 2013. 1. 16. 선고 2012다32713 판결(공 2013, 295). 그러나 같은 금전채무의 이행을 구하는 재단채권의 경우에는 위 특례법 제3조의 적용을 허용하고 있는바 이는 균형이 맞지 아니한다. 회생채권의 경우에도 특례법을 적용하되 회생계획안을 작성할 때 그 성질이 후순위임을 고려하여 면제하는 것으로 규정하면 족하다. 파산절차에서는 파산채권에 기하여 파산선고 후에 발생하는 이자 또는 지연손해금은 후순위파산채권으로 취급된다(제446조).
110) 대법원 2016. 4. 15. 선고 2013다211803 판결(미간행). "파산관재인의 직무 수행에 부당한 간섭이 되지 않는 등 파산절차의 원만한 진행에 지장을 초래하지 아니하고, 재단채권 간의 우선순위에 따른 변제 및 동순위 재단채권 간의 평등한 변제 등과 무관하여 다른 재단채권자 등 이해관계인의 이익을 해치지 않는다면"이라는 요건을 제시하고 있다. 해설로는 김희중, 대법원판례해설(2016), 402-422면.

외적으로 허용하는 것은 법체계에 부합하지 아니한다.[111]

4) 파산선고가 환취권자에 미치는 영향

파산선고는 환취권에 영향을 미치지 아니하므로 환취권자는 파산절차에 의하지 아니하고 권리를 행사할 수 있다. 환취권자의 권리행사는 소에 의하여 파산관재인을 상대로 건물명도 또는 소유권이전등기말소청구의 이행소송을 구하거나 파산관재인이 구하는 소송(인도, 등기말소, 등기이전 등)의 피고가 되어 환취권에 기한 항변으로 원고청구 기각을 주장할 수도 있다. 일본의 사례에서는 파산관재인이 금융기관을 상대로 예금반환을 구하자, 금융기관이 당해 예금은 파산재단에 속하지 아니한다면서 신수탁자의 환취권을 원용하여 청구기각을 구한 사례가 있다.[112]

한편 파산관재인은 환취권자의 주장이 맞으면 법원으로부터 환취권의 승인을 받아 임의로 이행하는 경우도 있다. 즉 환취권의 승인이라는 것은 임의이행을 위한 법원의 허가절차에 불과하지 환취권의 성립요건이 아니다. 따라서 법원의 허가가 없더라도 환취권자가 파산절차에 의하지 아니하고 파산관재인을 상대로 민사소송을 제기할 수 있음은 당연하다. 이상의 설명은 회생절차에서도 같다(제61조 제1항 제8호).

(4) 강제집행정지를 위한 담보의 제공과 공탁자에 대한 도산절차의 개시

1) 질권자와 동일한 권리의 해석

일반론으로 원고가 피고를 상대로 금전지급청구의 소를 제기하여 제1심에서 승소하고 가집행선고가 붙은 경우, 피고는 강제집행을 정지하기 위하여 수소법원의 담보제공명령과 강제집행정지결정을 받아 집행법원에 강제집행정지결정문을 제출함으로써 원고의 강제집행을 정지시킬 수 있다. 실무는 강제집행정지를 위한 공탁의 경우에는 대부분 인용금액 전액에 대하여 현금공탁을 명하고 있다. 담보제공의 목적은 강제집행이 정지됨으로써 승소한 원고가 적법한 강제집행을 금지당함으로써 입은 손해를 담보하기 위한 것이다.[113] 담보권자(제1심에서 승소한 원고)는 담보물(공탁금회수청구권, 유가증권)에 대하여 질권자와 동일한 권리를 갖는다(민사소송법 제123조, 민사집행법 제19조 제3항).

질권자와 동일한 권리가 무엇인지에 관하여 학설의 다툼이 있다.[114] 통설 및 판

---

111) 일본에서도 2004년 파산법 개정시에 논의만 있었을 뿐 입법화된 것도 아니고 학설로서 주장이 가능한 정도로 논의되고 있을 뿐이다. 伊藤眞 編, 條解破産法, 370頁.
112) 日本 最高裁判所 平成 14. 1. 17. 판결.
113) 정지의 대상인 기본채권 자체를 담보하는 것이 아니다. 금전채권의 경우라면 집행이 지연되는 기간에 해당하는 지연손해금 상당이 손해금이 되고, 건물명도사건이라면 지연되는 기간에 해당하는 차임상당액이 손해액이다(대법원 2000. 1. 14. 선고 98다24914 판결(공 2000, 374)).

례115)는 문언에 충실하여 권리자(피공탁자)가 공탁물회수청구권 위에 채권질권을 갖는 다는 견해(법정질권설)이다. 즉 담보권자는 공탁한 금전 등에 대하여 우선변제권을 갖는 것으로 해석된다.116) 그 외 학설로는 공탁한 금전 등에 동산질권자와 동일한 권리를 갖는다는 견해와 권리자가 공탁물 출급청구권을 가지며 출급한 공탁금에서 우선변제를 받을 수 있는 지위에 있고, 이 지위가 질권자와 동일한 권리가 있다는 견해(우선적 출급청구권설)가 있다.117)

판례118) 및 예규에 의하면, 담보권리자(피공탁자)의 담보권 실행방법은 ① 담보권리자가 피담보채권이 발생하였음을 증명하는 서면(판결, 화해조서 등)을 제출하여 직접 공탁금을 출급청구하는 방법, ② 피담보채권에 터잡아 민사집행법 제273조에서 정한 채권에 대한 강제집행절차에 따라 공탁자의 공탁금회수청구권을 압류하고 추심명령이나 확정된 전부명령을 얻어 공탁금 출급청구를 하는 방법, ③ 일반강제집행절차에 따라 공탁금회수청구권을 압류하고 담보취소결정문 등을 체줄하여 공탁금 회수청구를 하는 방법의 세 가지가 있다.119)

2) 일본의 경우

일본의 구 민사소송법은 한국의 민사소송법과 같이 담보권자의 지위를 질권자와 동일한 권리를 갖는 것으로 규정하였다. 그러나 개정된 민사소송법 제77조는 피고는 소송비용에 관하여 전조의 규정에 의하여 공탁한 금전 또는 유가증권에 대하여 '다른 채권자에 앞서서 변제를 받을 수 있는 권리'를 갖는 것으로 개정하였다.

구 민사소송법상 질권자와 동일한 권리의 해석에 관하여 법정질권설(한국의 통설과 같다)과 환부청구권설120)(한국의 우선적 출급청구권설과 같다)로 견해가 나뉘었다. 신 민사소송법이 규정한 '다른 채권자에 앞서서 변제를 받을 수 있는 권리'가 무엇을 의미하는지에 관하여 현재 일본의 통설은 환부청구권설이다.121) 환부청구권설은 담보권자가 아니라 사실상 우선변제적 지위를 의미하는 것에 불과한 것으로 해석한다.

---

114) 자세한 내용은 주석신민사소송법(Ⅱ), 한국사법행정학회(2003), 176-177면.
115) 대법원 1969. 11. 26.자 69마1062 결정(집17(4)민, 115).
116) 李時潤, 新民事執行法, 博英社(2004), 147면.
117) 3가지 학설의 차이에 관한 설명에 대하여는, 김희중, "2015년 하반기 도산법 관련 대법원 판례 소개," 도산법연구 제6권 제3호(2016), 152-153면.
118) 대법원 2004. 11. 26. 선고 2003다19183 판결(공 2005, 24).
119) 재판상 담보공탁금의 지급청구절차 등에 관한 예규(행정예규 제952호) 제4항.
120) 한국에서는 우선적 출급청구권설이라 부르고, 일본에서는 공탁물을 출급한다는 표현이 아니라 공탁물의 환부를 구한다는 표현을 사용하므로 환부청구권설로 불린다.
121) 判決速報, 金融法務事情 No. 1972, 82頁. 개정안 담당자의 설명에 의하면 환부청구권설을 취한 것이라 한다. 法務省民事局參事官室編, 一問一答新民事訴訟法, 商事法務研究會(1996), 75頁.

3) 담보제공자(공탁자)가 파산선고를 받거나 회생절차를 개시한 경우 피공탁자의 지위

통설에 의하면 피공탁자는 공탁자가 갖는 공탁물회수청구권 위에 채권질권을 갖는다는 입장이므로 만일 공탁자에 대하여 파산선고가 개시되었다면 피공탁자는 별제권자로서, 회생절차가 개시되었다면 피공탁자는 회생담보권자로서 취급될 것이다. 따라서 만일 피공탁자가 정지대상인 기본채권만을 신고하고 강제집행정지로 인한 손해배상청구권을 회생담보권으로 신고하지 않은 채 회생계획안이 인가되면 실권되므로 피공탁자는 더 이상 공탁물회수청구권에 대한 담보권을 주장할 수 없게 된다.

그런데 이와 달리 일본의 통설과 같이 출급청구권설을 취하게 되면 피공탁자는 국가에 대하여 공탁금출급청구권을 행사하는 것이므로 국가는 채무자 이외의 제3자로서 채권자에 대하여 채무를 부담하는 자에 해당하므로 공탁자에 대하여 회생절차(또는 파산선고)가 개시되었다고 하더라도 손해배상청구권을 신고하여 이의 없이 확정되면 파산절차나 회생절차에 의하지 아니하고 피공탁자는 공탁금을 출급할 수 있다. 우선적 출급청구권설에 따르면 공탁자의 도산절차가 개시된 경우 피공탁자가 사실상 더 두텁게 보호받게 된다.

앞에서 본 바와 같이 대법원은 법정질권설의 입장에 서 있으므로 피공탁자는 공탁금회수청구권 위에 질권을 가지는 별제권자로 보고 있다. 피공탁자가 직접 파산관재인을 상대로 피담보채권의 이행을 구하는 것은 별제권자의 특정재산에 대한 담보권의 실행이라고 볼 수 없으므로 이를 허용한 원심을 파기하였다.[122]

4) 拙見

생각건대, 담보공탁제도의 취지는 강제집행정지로 입는 불이익을 채권자에게 감수시키되, 그로 인한 손해가 발생하면 공탁금을 채무자의 책임재산으로부터 분리시켜 공탁금을 국가에 공탁하게 하여 채무자의 변제 자력의 유무와 관계 없이 채권자가 안전하게 공탁금을 출급하여 손해를 전보하게 하는 데 있다. 그렇다면 채무자에 대하여 회생 또는 파산절차가 개시되었다는 이유로 강제집행이 정지된 기본채권 외에 손해배상청구권까지 파산 또는 회생절차에 복속시키고 특히 피공탁자를 회생담보권자로 취급하게 되면 회생계획안에서 권리가 감축 또는 변제기 연장 등의 불이익을 입게 되는데 이는 피공탁자의 이익을 해하게 되어 피공탁자의 손해배상청구권을 보장하려는 담보공탁제도의 취지에 반하게 된다. 이러한 논리는 사고신고담보금에 관하여 수표의 정

---

122) 대법원 2015. 9. 10. 선고 2014다34126 판결(공 2015, 1477). 이 판결에 대한 해설은 김희중, 앞의 글, 149-156면.

당한 소지자가 수표 발행인에 대하여 개시된 회생절차와 관계 없이 지급은행으로부터 사고신고담보금을 회수할 수 있다는 판례[123]의 법리와 궤를 같이하는 것이다. 이러한 점을 고려하면, 필자는 질권자와 동일한 권리에 관한 학설 중 공탁물출급청구권설에 左袒한다.[124]

(5) 도산절차의 개시가 共有者에 미치는 영향

민법 제268조 제1항 단서에 의하면 공유자는 5년 내의 기간으로 분할하지 아니할 것을 약정할 수 있다. 그러나 이 조항에도 불구하고 만일 공유자 중의 1인이 파산하면 공유지분권은 파산재단에 속하고 파산관재인은 파산절차에 의하지 아니하고 공유물을 분할할 수 있다(제344조 제1항). 그 취지는 파산관재인이 파산재단에 속하는 재산을 속히 환가하여 배당하려는 데 있다. 단 법률상[125] 또는 성질상 분할청구할 수 없는 경우에는 파산관재인이라 하더라도 분할할 수 없다.[126]

공유자의 상대방은 원래의 약정에 구속되어 공유물분할 청구할 수 없지만 대신에 공유물분할금지의 약정을 한 다른 공유지분의 기대권을 보호하기 위하여 법은 다른 공유자는 상당한 대가를 지급하고 파산자의 지분을 취득할 권리를 부여하고 있다(제344조 제2항). 이 지분취득청구권은 파산관재인에 대한 형성권이다.[127] 따라서 만일 다른 공유자가 지분취득청구권을 행사하면 파산관재인은 동조 제1항에 의한 분할청구나 공유지분권을 제3자에게 매각하는 방법에 의한 환가를 할 수 없다.[128] 특허권(디자인권 포함)과 같이 다른 공유자의 동의 없이 지분을 양도하거나 지분에 대한 질권을 설정

---

123) 대법원 2009. 9. 24. 선고 2009다50506 판결(공 2009, 1760); 대법원 1995. 1. 24. 선고 94다40321 판결(공 1995, 1132) 등. 특히 대법원 2005. 3. 24. 선고 2004다71928 판결(공 2005. 642)은 이 사건 어음상의 권리가 정리계획에 따라 그 내용이 일부 변경되었다고 하더라도 원고의 사고신고담보금에 대한 권리에는 아무런 영향이 없다고 판시하였다.

124) 일본 최고재판소 平成 25. 4. 26. 平成24년(許) 제15호 결정은 신 민사소송법하의 해석론으로서 "가집행선고부판결에 대하여 상소에 수반하는 강제집행정지를 함에 있어 금전을 공탁하는 방법에 의하여 담보를 세우는 경우, 피공탁자는 채무자에 대하여 갱생계획인가결정이 있더라도 會社更生法 제203조 제2항[필자주. 채무자회생법 제250조 제2항 제1호와 같은 취지이다]에서 말하는 갱생회사와 함께 채무를 부담하는 자에 대한 권리로서 공탁금의 환부청구권을 행사할 수 있다"고 판시하였다.

125) 집합건물의 소유 및 관리에 관한 법률 제8조(대지공유자의분할청구금지) 대지 위에 구분소유권의 목적인 건물이 속하는 1동의 건물이 있을 때에는 그 대지의 공유자는 그 건물 사용에 필요한 범위의 대지에 대하여는 분할을 청구하지 못한다. 건물의 구분소유에 있어서 공유부분, 경계에 설치된 경계표 등에 대한 민법에 의한 분할금지(민법 제268조, 제215조, 제239조)는 도산절차에도 적용된다(會社整理實務, 171면).

126) 미국 파산법은 파산관재인이 일정한 요건을 갖춘 경우 파산자가 공유하는 공유토지 전체를 매각할 권한을 부여하고 있다(미국파산법 §363(h)).

127) 伊藤眞 외 5인, 앞의 책, 403頁.

128) 伊藤眞 외 5인, 앞의 책, 403頁.

할 수 없고 특허권에 기한 전용실시권을 설정하거나 통상시실권을 허락할 수 없으며 특허권의 공유물분할청구에 있어서 현물분할금지의 법리는 특허권의 공유자에 대하여 파산선고가 된 경우에도 적용된다.[129] 이상의 설명은 회생절차에서도 같다(제69조).

V. 自然人에 대한 파산선고가 신분관계에 미치는 영향

자연인에 대하여 파산선고가 있으면 재산상의 관리처분권이 파산관재인에게 이전되는 것이지 신분상의 지위까지 이전하는 것은 아니라고 설명되고 있다. 그러나 가족관계 중 재산상의 법률관계와 신분상의 법률관계가 명쾌하게 구분되는 것이 아니므로 자연인이 파산선고를 받으면 배우자와 자녀들에게 영향을 미칠 수밖에 없다.

1. 제345조의 취지

제345조는 배우자의 재산에 대하여 관리권을 갖는 상대방 배우자가 파산선고를 받은 경우와 자의 재산에 대하여 관리권을 갖는 친권자가 파산선고를 받은 경우에 관하여 규정하고 있다. 그런데 민법 제924조를 준용한 것은 입법과정에서의 불찰이다. 일본 구 파산법 제68조는 부부간의 재산관리권에 관한 일본 민법 제758조 제2항, 제3항과 子의 재산에 대한 관리권에 관한 민법 제835조를 준용하도록 규정하고 있다. 즉 자의 친권에 관한 일본 민법 제834조가 아닌 것이다. 그럼에도 우리 파산법이 친권자의 재산관리권 상실에 관한 민법 제925조를 준용하지 않고 엉뚱하게 친권상실에 관한 민법 제924조를 준용하도록 한 것이기 때문이다.

배우자에 대하여 재산관리권을 갖는 부부 중 일방이 파산선고를 받은 경우나 친권자가 파산선고를 받은 경우가 곧바로 민법이 정한 부적당한 관리에 해당하는 것은 아니다. 파산선고는 자기의 재산관리를 잘못한 것이지 상대방 부부 재산이나 자의 재산에 대하여 관리를 잘못한 것은 아니기 때문이다. 그러나 파산선고를 받은 사람에게 자기의 재산에 대한 관리를 맡기는 것이 타인의 이익보호에 도움이 되지 않는다고 판단하여 채무자회생법은 파산선고를 받은 채무자의 개별적인 사정을 고려하지 않고 일반예방적 차원에서 배우자 및 자의 재산에 대한 관리권의 변경 및 제한 사유로 규정하였다. 즉 배우자의 재산을 관리하는 자가 파산선고를 받은 경우에는 민법 제829조 제3항 및 제5항이 준용된다. 마찬가지로 친권자가 파산선고를 받은 경우에는 민법 제924

---

129) 특허법 제99조 및 대법원 2014. 8. 20. 선고 2013다41578 판결(공 2014, 1797).

조가 준용된다고 규정하였다.

2. 夫婦財産管理와 배우자의 파산

먼저 부부가 혼인성립 전에 재산에 관하여 부부의 일방이 다른 일방의 재산을 관리하기로 약정할 수 있다. 그런데 관리권을 가진 부부 일방이 부적당한 관리로 인하여 그 재산을 위태하게 한 때에는 다른 일방은 자기가 관리할 것을 법원에 청구할 수 있고 그 재산이 부부의 공유일 때에는 분할을 청구할 수 있다(민법 제829조 제3항). 또한 관리자를 변경하거나 공유재산을 분할하였을 때에는 그 등기를 하지 아니하면 이로써 부부의 승계인 또는 제3자에게 대항하지 못한다(제5항).

부부재산약정에 기하여 부부의 일방이 타방의 재산관리권을 갖는 경우에 부부 일방이 파산하면 민법 제829조 제3항 및 제5항의 규정이 준용된다. 즉 파산자의 상대방은 법원에 자기가 관리할 것을 청구하고 재산이 공유인 경우에는 공유물의 분할을 청구할 수 있다. 부부 일방이 파산선고를 받았다는 사유 자체가 민법 제829조 소정의 관리자 변경사유가 되는 것인가 논란이 있을 수 있다. 파산선고가 되면 파산선고를 받은 채무자의 재산에 대한 관리처분권은 파산관재인에게 이전되지만 채무자가 배우자의 재산에 대하여 갖는 관리권마저 파산관재인에게 이전되는 것은 아니다. 그러나 재산관리에 실패를 의미하는 파산선고를 받은 배우자에게 여전히 상대방의 재산에 대한 관리권을 맡겨두는 것은 적절하지 아니하므로 관리권의 변경을 청구할 수 있다. 파산선고를 받았다는 사실만 입증하면 족하고 더 나아가 재산을 위태롭게 하였다는 사실까지 입증할 필요는 없다.130)

3. 子에 대한 親權과 財産管理權

친권자는 子를 보호하고 교양할 권리의무가 있고(민법 제913조), 子에 대한 거소지정권(민법 제914조), 징계권(민법 제915조), 子가 자기 명의로 취득한 재산에 대한 관리권을 갖는다(민법 제916조). 그런데 친권자가 친권을 행사하는 것이 곤란하거나 부적당사유가 있어 자녀의 복리를 해치거나 해칠 염려가 있는 경우에는 가정법원이 친권의 일부 제한을 선고할 수 있고(민법 제924조의2), 만일 친권자의 부적당한 재산관리로 인하여 자녀의 재산을 위태롭게 하는 경우에는 가정법원은 친권자의 법률행위의 대리권과 재산관리권의 상실을 선고할 수 있다(제925조).

---

130) 伊藤眞 외 5인, 앞의 책, 471頁.

민법 제924조에 의하면 부 또는 모가 친권을 남용하거나 현저한 비행 기타 친권을 행사시킬 수 없는 중대한 사유가 있는 때에는 법원은 子의 친족 또는 검사의 청구에 의하여 그 친권의 상실을 선고할 수 있다. 채무자회생법이 민법 제924조를 준용한다고 하여 친권자가 파산선고를 받았다는 이유가 친권상실의 사유가 될 수는 없는 것이므로 축소해석을 통하여 친권상실에 관한 민법 제924조를 준용하는 것으로 해석할 것이 아니라 子의 재산관리권에 관한 민법 제925조를 준용하는 것으로 해석함이 타당하다. 이하에서는 친권상실이 아니라 자의 재산관리권의 상실에 관하여 설명한다.

친권자가 파산선고를 받고 현실로도 자의 재산을 위태롭게 하였다면 관리권의 상실사유로 삼을 수 있지만, 단지 파산선고를 받았다는 이유만으로 친권 중 자의 재산관리권을 상실시키는 것은 파산자에 대한 과도한 자격제한이므로 동 조항을 삭제하자는 견해가 일본에서 주장된 바 있다.[131]

문제는 파산선고 후에 친권자가 자의 재산을 위태롭게 하였다는 실질적인 판단 없이 단지 친권자가 파산하였다는 사실 자체만으로 관리권의 상실 사유에 해당한다고 해석할 수 있느냐 하는 점이다. 생각건대, 파산법이 별도로 친권자가 파산선고를 받게 되면 민법의 조항을 준용하도록 규정하고 있는 법형식, 파산선고를 받으면 후견인, 친족회원, 상속재산관리인의 당연 결격사유로 삼고 있는 점,[132] 파산선고 외에 더 나아가 재산을 위태롭게 할 것을 요구한다면 굳이 파산법에서 그와 같은 조항을 둘 필요가 없다는 점, 민법의 자의 재산관리권 상실제도가 자의 복리를 보호하는 데 있다는 점을 종합하면 친권자의 파산선고만으로 재산관리권의 상실사유로 해석하면 족하고 더 나아가 자의 재산을 위태롭게 하였는지에 대한 판단은 불필요하다고 해석하는 것이 타당하다.[133]

부부가 공동의 친권을 행사하고 있다가 그중 일방에 대하여 파산선고가 있으면 상대방이 단독으로 재산관리권을 행사할 수 있다. 만일 배우자의 사별 등으로 부모 중 일방 혼자서 친권을 행사하고 있다가 파산선고를 받으면 미성년 후견이 개시된다(민법

---

131) 宮川知法, 消費者更生の法理論, 信山社(1997), 193頁.
132) 민법 제925조에 의하면, 법정대리인인 친권자가 부적당한 관리로 인하여 자의 재산을 위태하게 한 때에는 법원은 제777조의 규정에 의한 자의 친족의 청구에 의하여 그 법률행위의 대리권과 재산관리권의 상실을 선고할 수 있다. 한편 민법 제127조 제2호에 의하면 대리인이 파산선고를 받은 경우에 대리권의 소멸사유가 되므로 친권자가 파산선고를 받은 경우에 대리권은 법원의 재판 없이도 소멸된다.
133) 伊藤眞 외 5인, 앞의 책, 471頁. 朝鮮高等法院 昭10(1935). 2. 8.; 東京高決 平2(1990). 9. 17. 判例時報 1366号 51頁, 후자의 원심결정은 파산선고 외에 현실로 재산을 위태롭게 하였는지에 대하여 개별적 실질적인 판단을 요하는 입장에 서있다.

제928조).

4. 이혼과 배우자의 파산

위자료 청구권은 배우자의 유책행위에 의하여 이혼함으로 인하여 입게 되는 정신적 손해를 배상하기 위하여 유책자에 대한 손해배상청구권의 성질[134]을 갖고 있다. 따라서 파산선고 전에 이혼판결 및 위자료청구권의 지급을 명하는 판결을 받았다면 파산선고를 받은 배우자에 대한 위자료청구권이 파산채권이 되는 것은 당연하다. 또한 위자료청구권은 비면책채권에 해당하지 아니한다.[135] 미국 파산법은 혼인관계에서 발생하는 부양료, 양육비 등의 청구권을 우선권이 있는 채권 중 제1순위로 정하여 사실상 전액 변제받도록 할 뿐 아니라,[136] 비면책채권으로 취급하고 있다.[137] 배우자 일방이 파산선고를 받은 후에 이혼을 하게 되면 경우를 나누어 이혼원인행위(부정행위 등)가 파산선고 전에 이루어졌다면 이혼위자료채권은 파산채권이 되지만, 파산선고 후 이혼성립시까지의 행위에 기한 것이라면 이혼위자료채권은 파산채권도 재단채권도 아닌 비파산채권에 해당되므로 파산자는 파산선고 후 취득하는 신득재산이나 자유재산으로써 변제할 책임이 있다.

배우자의 일방이 이혼 후 파산선고 직전에 상대방에게 위자료청구권에 대한 변제를 하는 경우에 이를 편파행위로서 부인할 수 있는가? 형식적으로는 파산채권에 대한 편파변제로서 부인의 대상이 되지만 액수가 적정하다면 상당성이 있는 변제로서 부인의 대상이 되기 어려울 것이다. 배우자의 일방이 파산하더라도 가족에 대하여 부담하는 양육비 또는 부양료청구권[138]은 비면책채권에 해당하므로(제566조 제8호) 면책을 받더라도 계속하여 지급할 의무를 부담한다.

---

134) 대법원 2005. 1. 28. 선고 2004다58963 판결(공 2005, 398).

135) 채무자회생법 제566조 소정의 비면책채권에 포함되어 있지 않다. 일본도 같다. 宮川知法, 消費者更生の法理論, 信山社(1997), 56頁. 해석론으로 고의로 가한 불법행위로 인한 채권으로 볼 여지가 있으나 이혼 위자료청구권이 모두 여기에 포섭되기는 어렵다.

136) §507(a). "Allowed unsecured claims for domestic support obligations that are owed to … by a spouse, former spouse, or child of the debtor …. 2005년 파산법이 개정되기 전에는 9가지였으나 10가지로 바뀌었으며 가장 큰 변화는 종전 순위 7위였던 부양료청구권이 1순위로 승격된 것과 관재인의 보수가 재단비용으로부터 선순위로 독립하고 제10순위로 인신사고로 인한 불법행위채권이 파산채권에서 우선권 있는 채권으로 승격한 것이다. 액수는 소비자물가지수에 따라 변동하게 되어 있다.

137) §523(a)(5) "any debt … for a domestic obligation."

138) 부부간의 부양의무(민법 제826조 제1항), 이혼에 따른 자의 양육책임(민법 제837조), 직계혈족 및 그 배우자 간의 부양의무(민법 제974조 제1호), 생계를 같이 하는 친족 간의 부양의무(동조 제3호) 등에 기한 양육비 및 부양료채권이 그 예이다.

현실적으로 이혼 전에 적정한 범위를 넘는 금액을 위자료나 재산분할의 명목으로 지급하여 재산이 거의 없게 된 상태에서 파산신청을 하고 법원이 파산선고와 동시에 파산폐지신청을 하면 파산관재인이 선임되지 아니하므로 위자료 등의 지급은 부인권의 대상으로 삼을 수가 없다. 또한 그 후 면책결정이 있으면 파산채권자는 더 이상 채권자취소권을 행사할 수도 없다. 채권자로서는 면책취소를 신청할 수밖에 없으므로 법원이 동시폐지를 결정함에 있어 파산선고 직전에 이혼과 그에 따른 위자료 지급등이 있었다면 동시폐지 결정을 삼가고 파산관재인을 선임하여 관재업무를 진행하는 것이 바람직하다.

5. 재산분할과 부인권

판례[139]에 의하면, "이혼에 있어서 재산분할은 부부가 혼인 중에 가지고 있었던 실질상의 공동재산을 청산하여 분배함과 동시에 이혼 후에 상대방의 생활유지에 이바지하는 데 있지만, 분할자의 유책행위에 의하여 이혼함으로 인하여 입게 되는 정신적 손해(위자료)를 배상하기 위한 급부로서의 성질까지 포함하여 분할할 수도 있다고 할 것인바, … 재산분할자가 당해 재산분할에 의하여 무자력이 되어 일반채권자에 대한 공동담보를 감소시키는 결과가 된다고 하더라도 그러한 재산분할이 민법 제839조의2 제2항의 규정 취지에 반하여 상당하다고 할 수 없을 정도로 과대하고, 재산분할을 구실로 이루어진 재산처분이라고 인정할 만한 특별한 사정이 없는 한 사해행위로서 채권자취소권의 대상이 되지 아니하고, 위와 같은 특별한 사정이 있어 사해행위로서 채권자취소권의 대상이 되는 경우에도 취소되는 범위는 그 상당한 부분을 초과하는 부분에 한정된다."

따라서 재산분할이 민법 제839조의2 제2항의 규정 취지에 반하여 상당하다고 할 수 없을 정도로 과대하고, 재산분할을 구실로 이루어진 재산처분이라고 인정할 만한 특별한 사정이 없는 한 부인의 대상이 되지 아니할 것이다. 만일 부인의 대상이 된다면 역시 부인되는 범위는 그 상당한 부분을 초과하는 부분으로 한정될 것이다.

이혼시에 배우자 일방은 유책에 관계 없이 상대방에 대하여 재산분할청구권을 행사할 수 있다. 민법 제839조의2에 규정된 재산분할제도는 그 법적 성격, 분할대상 및 범위 등에 비추어 볼 때 실질적으로는 공유물분할에 해당하는 것이어서 공유물분할에

139) 대법원 2005. 1. 28. 선고 2004다58963 판결(공 2005, 398); 대법원 2001. 5. 8. 선고 2000다 58804 판결(공 2001, 1344). 참고로 日本 最高裁判所 平成 12. 3. 9. 판결도 채권자취소에 관한 것으로 같은 취지이다.

관한 법리가 준용된다.140) 배우자 일방에 대하여 파산선고가 있기 전에는 재산분할청
구권의 법적 성질은 실제적으로 크게 문제되지 않지만 파산선고가 있게 되면 권리자
가 파산채권자로 취급되는지 환취권자로 취급되는지에 따라 중대한 영향을 미치게 된
다. 판례에 따라 재산분할청구권이 부부재산의 청산의 성질과 위자료 및 부양으로서의
성질을 갖는다고 할 때 이를 어떻게 구분하는 것이 실천적인 문제가 된다.141) 일본의
학설은 전자에 대하여는 환취권자로서 후자에 대하여는 파산채권설, 재단채권설, 별제
권설로 나뉘어 있다. 배우자 일방에게 재산분할로서 금전의 지급을 명하는 재판이 확
정된 후 상대방이 파산선고를 받은 배우자를 상대로 금전의 지급을 구하는 사안에서
일본 최고재판소는 환취권이라는 상고이유를 물리치고 파산채권으로 취급한 바 있
다.142) 배우자 일방이 파산하게 되면 상대방으로서 현물분할을 구하는 것이 금전지급
을 구하는 것보다 유리하다는 점에 유의할 필요가 있다.

6. 회생회사 또는 파산재단에 대한 부양료 채권

개인인 채무자에 대하여 회생절차 또는 파산절차가 개시된 경우 채무자회생법은
회생채무자 또는 파산재단에 대하여 채무자가 청구할 수 있는 부양료 채권을 인정하
고 그 채권을 공익채권(재단채권)으로 보호하고 있다(제179조 제1항 제14목, 제473조 제9
호). 파산법은 부조료라는 용어를 사용하였으나 2010. 3. 31. 개정 채무자회생법 제473
조 제9호는 '부조료'에서 '부양료'라고 변경하였다. 부양료 채권 제도는 개인 파산자를
염두에 둔 것이므로 회사정리법에는 없던 제도이다.

파산법하에서 채권자들이 제1회 채권자집회를 통하여 파산자와 피부양자의 부조
료의 액을 정하고 정하여진 부조료 채권을 재단채권으로 파산관재인으로부터 변제받
을 수 있었다. 실무상 부조료의 액수를 정하는 경우가 없었으므로 채무자회생법은 제
489조에서 채권자집회에서 부조료액수를 정하는 조항을 삭제하였다. 채무자회생법이
부조료의 명칭을 부양료로 바꾸고 그 지위를 재단채권 및 공익채권으로 격상하였다고
는 하지만 채무자회생법에 이를 누가 어떠한 방법으로 정하는 절차도 두지 않았으며
과거에도 실제로도 정한 바도 없으므로 사실상 사문화된 조문이다. 개인 파산자에 대
하여 자유재산의 범위가 확대됨에 따라 부조료 규정의 필요성은 없어졌으므로 차라리

---

140) 대법원 1998. 2. 13. 선고 96누14401 판결(집46(1)특, 479).
141) 상세에 대하여는 齊藤秀夫·麻上正信·林屋礼二 編, 注解破産法 第三版(下), 靑林書院(1999),
   619頁 및 伊藤眞, 破産法(第4版), 有斐閣(2006), 309頁.
142) 日本 最高裁判所 平成 2. 9. 27. 판결.

부조료 제도를 폐지하는 방향으로 개정하는 것이 옳지, 개인도 회생절차를 이용할 수 있다는 형식적인 이유로 부양료채권을 공익채권으로 신설한 2014. 5. 20. 채무자회생법 개정은 방향을 잘못 설정한 것이다.[143) 참고로 일본의 신 파산법은 부양료 채권을 재단채권으로 취급하는 제도를 폐지하였다.[144)

Ⅵ. 맺음말

위에서 본 논의를 종합하면 다음과 같은 제도 개선이 필요하다는 결론이 도출된다.

첫째, 도산절차가 개시되더라도 채권자들의 절차 참여가 중요하고 이를 통하여 관리인이나 파산관재인의 활동을 적절하게 견제할 수 있다는 취지에서 본다면 주주에 의한 대표소송은 미국 연방파산법과 같이 도산절차개시 후에도 이를 인정하는 것으로 판례의 변경을 기대하여 본다. 다만 주주에 대하여는 파산절차와 달리 굳이 회생절차의 신청권한을 인정할 실익이 크지 아니하므로 미국과 같이 신청권한을 부정하는 개정을 고려할 필요가 있다. 이해관계가 다름에도 불구하고 담보권자와 무담보채권자를 채권자협의회 안에 두는 것은 협의회의 역할을 약화시키므로 미국과 같이 구성원을 같은 지위로 정하도록 바꾸어야 한다.

둘째, 이사와 회사에 대한 법률관계를 위임을 준용하다보니 회사가 파산한 경우 법규정과 법인파산의 현실과 동떨어진 현상이 발생하였다. 조합원의 1인이 파산한 경우 강제탈퇴사유로 삼았음에도 불구하고 판례가 예외적인 사유에 해당하는 경우 조합체를 유지하도록 하고 있는 점[145)과 마찬가지로 일정한 사유에 해당하는 경우 이사의 종전 지위를 유지할 수 있는 내용으로 개정이 이루어질 필요가 있다.

셋째, 친권자의 파산선고는 친권상실의 사유로 삼을 것이 아니라 자의 재산에 대한 관리권 상실로 변경하여야 한다.

넷째, 배우자 일방이 파산선고를 받고 이혼하는 경우, 상대방이 갖는 재산분할청구권이 현물의 이전청구인지 금전 청구인지에 따라 그 권리구성이 환취권 또는 파산채권으로 취급되면 그 지위가 현격하게 달라지는 것이 문제이므로 적어도 금전 청구를 구하는 경우 그 권리를 면책의 대상에서 제외하고 나아가 재단채권으로 격상하여

---

143) 동지, 전병서, 도산법 제3판, 문우사(2016), 224면. 개인채무자회생절차에서 제583조 제2항이 파산절차의 재단채권 개념을 준용한다는 이유로 변제계획에서 개인회생재단채권의 변제에 관한 사항에서 반영할 것은 아니다.
144) 小川秀樹 編, 一問一答 新しい破産法 商事法務(2004), 210頁.
145) 대법원 2004. 9. 13. 선고 2003다26020 판결(공 2004, 1659).

야 한다.

　다섯째, 혼인의 해소에 따른 위자료, 부양료 청구권을 비면책채권으로 명시하여야
한다.

　여섯째, 개인인 채무자와 피부양자가 회생채무자 또는 파산재단을 상대로 부조료
를 구할 수 있는 제도는 사문화된 것이므로 폐지하여야 한다.

[서울대학교 2015년도 금융법무과정 제8기 소재]

4. 美國 破産法의 Strong-Arm 條項과 偏頗行爲에 관한 研究[*]
― 채무자회생법과의 비교 ―

Ⅰ. 머리말

채무자 회생 및 파산에 관한 법률('채무자회생법')상의 否認權의 대상은 시기적으로는 회생절차 개시 전에 이루어진 행위이고, 주체의 면에서는 원칙으로 채무자의 행위이다.[1] 부인권의 대상이 되는 유형은 故意否認, 危機否認, 無償否認으로 구분된다. 이 중 고의부인과 위기부인은 행위자의 사해의사가 문제되지만, 무상부인은 행위의 객관적인 성질에 따라 결정되며 행위자에게 사해의사가 있는지 여부는 무관하다. 또한 고의부인은 시기적인 제한이 없으나, 위기부인과 무상부인은 제한이 있다.[2]

담보제도의 발달에 힘입어 담보목적물이 다양화되고 특히 장래의 채권을 담보로

---

* 이 글을 작성함에 있어 1898년 이후 미국 파산법전을 보내주신 오수근 교수님과 필자의 질문에 대하여 설명하여 주신 Herbert Grave 변호사님, 글의 오류를 교정하여 주신 심사위원님들께 깊이 감사드린다.

1) 예외적으로 판례는 채권자의 행위라도 집행행위 또는 채무자의 행위와 동일시할 수 있는 행위라면 부인권의 대상으로 삼는다(대법원 2002. 7. 9. 선고 99다73159 판결(공 2002, 1899), 대법원 2002. 7. 9. 선고 2001다46761 판결(공 2002, 1910)). 이에 반하여 독일의 경우에는 채권자의 행위도 부인의 대상으로 삼고 있으며 따라서 상계도 부인이 대상이 된다. 尹眞秀, "會社整理法上의 保全處分과 相計 및 否認權," 민사재판의 제문제, 제8권 한국사법행정학회(1994), 1080면. 미국도 독일과 같이 채권자의 행위도 부인의 대상이 된다.

2) 本旨否認의 경우에는 지급정지 후에 이루어진 행위를, 非本旨否認에 대하여는 지급정지 전 60일(특수관계인에 대하여는 1년) 이내에 이루어진 행위를, 무상부인은 지급정지 후 또는 그날로부터 소급하여 6개월(특수관계인에 대하여는 1년) 이내에 이루어진 행위를 부인의 대상으로 삼는다.

제공하는 사례가 한국에서도 증가하고 있다. 이를 규율하기 위한 「동산·채권 등의 담보에 관한 법률」이 시행되고 있다. 실무상 장래채권을 담보목적물로 삼아 미리 채권자에게 양도담보로 제공하되, 채권의 양도통지를 양도담보계약시에 하지 아니하고 후일 양도인의 재산상태가 악화된 경우에 양수인이 장래 채권에 관한 양도통지를 하는 거래에서 장래채권의 양도가능성, 채권양도통지행위의 부인 대상 여부 등 복잡한 법률문제가 발생한다.[3] 판례는 회생절차 개시결정 후 취득한 장래 채권은 회생담보권의 대상에서 제외하고 있으며 관리인의 제3자성을 근거로 삼고 있다.[4]

부인권과 관련하여 채무자회생법 제103조, 제394조에 의하면 뒤늦게 이루어진 권리변동의 성립요건 또는 대항요건을 완성하는 행위(등기 또는 채권양도의 통지 등)를 관리인 또는 파산관재인이 부인할 수 있다. 한국 민법이 법률행위로 인한 물권변동에 관하여 형식주의를 취하게 됨에 따라 일본에 비하면 부인권과 관련하여 동 조항의 중요성이 떨어진다. 그러나 장래에 발생하는 채권에 대한 담보권의 설정이 빈번할 것이므로 늦게 대항요건을 구비한 장래 채권의 담보권자를 회생절차에서 어떠한 취급을 할 것인지에 대한 중요성은 앞으로 증가할 것이다.

英美의 담보제도는 대륙법과 다르고, 특히 공시되지 아니한 담보권을 파산절차에서 어떠한 취급을 할 것인가를 둘러싸고 수백 년 동안 논란이 있었다. 이 과정에서 파산관재인의 지위를 채권자의 지위로 볼 것인지 채무자의 지위로 볼 것인지에 대한 논의도 이루어졌다. 이를 추적하는 것이 앞으로 파산관재인의 제3자성 또는 회생절차에서 장래채권의 담보권자의 지위를 둘러싼 한국에서의 논의에도 도움이 될 것이다.

필자는 이러한 관점에서 파산관재인의 제3자성, 장래채권의 대항요건과 장래채권에 대한 양도담보에 관한 대법원 판례의 입장을 염두에 두면서 미국 연방파산법[5]의 부인권 중 대항요건이 완성되지 아니한 담보권의 부인, 대항요건의 완성 원칙과 이와 깊은 관련이 있는 편파행위에 관하여 연구하고자 한다.[6] 이 글의 순서는 다음과 같다.

---

3) 대법원 2011. 10. 13. 선고 2011다56637, 56644 판결(미공간); 대법원 2004. 2. 12. 선고 2003다53497 판결(대한종금 사건, 공 2004, 448); 대법원 2002. 7. 9. 선고 2001다46761 판결(공 2002, 1910) 등. 이에 관한 해설로는 李喆遠, "集合債權의 讓渡擔保와 會社整理法上 否認權行使의 可否," 民事判例研究(28), 博英社(2006), 493면 이하.

4) 대법원 2013. 3. 28. 선고 2010다63836 판결(공 2013, 733). 판례에 대한 평석으로 박진수, "회생절차 개시결정과 집합채권양도담보의 효력이 미치는 범위," 民事判例研究(36), 博英社(2014), 563-567면.

5) 연방헌법 제1장 제8조에 의하여 파산법은 연방의회에게 제정권한이 있고 각 州는 파산법을 제정할 권한이 없고 채권자의 개별적인 집행에 관한 법률만 제정할 수 있다. 이하 편의상 파산법으로 표기한다. 吳守根, "회사정리법의 역사적 발전과정에 관한 소고," 민사판례연구(16), 博英社(1994), 453면 이하.

미국법상 담보권의 성립과 대항요건의 완성(Ⅱ), 대항요건을 완성하지 못한 담보권의 부인 — Strong-Arm 조항[7](Ⅲ), 편파행위에 대한 부인권 — 채무자회생법과 비교(Ⅳ), 맺음말(Ⅴ)

Ⅱ. 미국법상 담보권의 성립과 대항요건의 완성

1. 한국과 미국의 담보제도와의 차이 — 일반론

한국 민법은 부동산 물권변동에 있어서 성립요건 주의를 채택하고 있으므로 소유권이전 또는 저당권설정이 당사자 간에 유효하게 성립하려면 등기가 경료되어야 한다. 등기경료시를 기준으로 편파행위와 사해행위[8]를 결정할 수 있다. 채무자회생법 제103조도 권리의 설정 외에 대항요건의 부인에 관한 규정을 두고 있으나, 실무상 부동산물권변동에 관하여는 대항요건의 부인문제는 발생하지 아니하며, 장래채권의 양도담보의 대항요건이 주로 문제된다.[9]

한국 민법은 담보물권의 종류로 우선특권 또는 선취특권에 대한 규정을 두지 않고 있다.[10] 또한 물권과 채권을 엄격하게 구별하고 물권법정주의에 기하여 판결을 취득한 채권자도 무담보채권자로 취급하므로 담보권자는 항상 판결채권자에 우선하여 변제를 받을 권리가 있다.

이에 반하여 미국법에서는 대항할 수 있는 제3자의 범위가 일본과 일치하지 않으

---

6) 미국 파산법상의 부인권 전반에 관하여는 金性龍, "美國 破産法上 否認權 槪觀," 법조(1998. 12), 117-156면 참조.

7) 이 조항의 취지는 파산관재인에게 파산절차 개시 당시를 기준으로 실제로 존재하지 아니하는 가상의 강력한 채권자의 지위를 부여함으로써 파산관재인이 그러한 가상채권자가 갖는 미공시된 담보권, 소유권 등을 파산절차에서 부인할 수 있도록 한 것이다. 한국과 일본에는 이러한 개념이 존재하지 않는다. 자세한 내용은 후술한다.

8) 예컨대, 위기시기에 이루어진 대물변제, 담보권의 설정 등은 모두 등기시를 기준으로 한다. 물론 계약 자체를 부인의 대상으로 삼을 수 있다.

9) 대법원 2002. 7. 9. 선고 2001다46761 판결(공 2002, 1910). 재단법인에 대한 부동산출연행위가 있은 날로부터 15일을 경과한 후에 소유권이전등기를 마친 사안에서 채무자회생법 제394조 제1항에 의하여 소유권이전등기가 부인된 사례가 있다(대법원 2018. 7. 12. 선고 2014다13983 판결)(미공간).

10) 다만 상법상 선박우선특권이 있고 해석상 임금채권자가 갖는 3개월치의 연체임금과 3년치의 퇴직금에 대하여 우선변제권이 인정되고 있으며 판례는 이를 사용자의 총재산에 대하여 저당권의 피담보채권, 조세 등에 우선하여 변제받을 수 있다는 의미에서 법정담보물권이라는 표현을 사용한다(대법원 2009. 11. 12. 선고 2009다53017, 53024 판결(공 2009, 2094)). 일본 민법은 동산에 관한 매매계약에 있어서 매매목적물이 매수인의 지배하에 있는 경우 목적물에 대하여 매도인을 위하여 動産賣買先取特權을 인정하고 있다(일본 민법 제311조 제5호, 제321조).

므로 일본의 대항요건주의와 동일하지 않지만 적어도 등기 또는 등록[11]을 하여야 제3
자에게 그 소유권 또는 담보권을 주장할 수 있다는 점에서 대항요건주의에 가깝다. 영
미에서는 대항요건을 완성하지 못한 부동산 및 동산의 담보권을 파산절차에서 어떻게
취급할 것인지, 늦게 이루어진 대항요건을 부인하는 점을 둘러싸고 오랜 기간 심각한
논의가 있었다. 또한 채권과 물권의 엄격한 구별이 없고,[12] 판결을 취득하여 이를 등
록한 채권자는 일반채권자가 아니라 재판상의 우선특권(judicial lien)을 보유하는 담보
권자이다.[13] 미국의 州法은 당사자간의 계약 성립시에 소유권과 담보권이 성립(attach)
하지만 이를 제3자에게 대항하려면 등록을 요하므로 제3자에 대한 관계에서 권리(특히
장래에 취득하는 채권)이전의 시기를 당사자간의 계약성립시로 볼 것인지, 대항요건을
완성한 때로 볼 것인지에 관하여 오랜 기간 다툼이 있었다. 또한 동산에 대한 담보권
의 대항요건인 financing statement(여신공시서)[14]의 등록은 반드시 담보권 성립 후에
이루어지는 것이 아니라 담보권 성립 전에도 가능하다. 이를 初期融資者 優越의 法理
라고 한다.[15]

---

11) 이하 편의상 등록으로 통일하여 표기한다. 보통은 개인채무자의 주소지 또는 법인채무자의 설립
지이다. 과거의 UCC Article 9에서는 담보물 소재지였다고 한다. 담보물이 저작권인 경우에는
담보를 관할하는 관청 외에 저작권 등록관청에도 등록을 하여야 한다. 담보권의 대항요건을 제대
로 갖추지 못하는 사례가 적지 않다고 한다

12) 예컨대 covenant running with the land라는 법원칙은 매수인이 토지를 구입하면서 매도인에게
약속한 내용(건물의 용도 및 개축 제한 등)은 그 후 양수인에게도 구속력이 있다는 내용으로 이
는 채권·물권의 구별로 설명하기 곤란하다. 대법원 역시 區分所有的共有 부동산의 경락인의 공
유물분할청구를 기각하거나(대법원 1991. 8. 27. 선고 91다3703 판결(공 1991, 2419)), 택지개발
업자가 제공한 私道를 특정승계한 자는 매도인이 부담하는 사용수익의 제한이라는 부담을 용인
하고 토지의 소유권을 취득한 것으로 평가하여 부당이득반환청구를 부정하고 있는바(대법원
1998. 5. 8. 선고 97다52844 판결(공 1998. 1583)), 물권과 채권의 엄격한 구분을 고집하면 판결
이유를 이해하기 어렵다.

13) 임홍근·이태희, 법률용어사전, 법문사(2010), 1148면은 사법상의 리엔으로 기술하고 있다. 일본
에서는 lien을 선취특권으로 번역하기도 한다. 이 글에서는 우선특권으로 번역하였다. 필자가 미
국 파산법을 공부할 당시, 부동산에 약정담보권인 mortgage가 성립하였는데 그 후에 판결채권자
의 재판상 우선특권에게 대항하지 못하는 경우가 발생한다는 설명을 이해하지 못하였다. 모기지
권자는 담보권을 등록을 하여야 담보권이 성립하였을 터이므로 일반채권자인 판결채권자보다 우
선할 것이라는 한국 민법의 틀을 넘지 못하였기 때문이다. 그 후 Baird 교수의 책에서 "Every
general creditor is a potential lien creditor."라는 문장을 읽고 이해하게 되었다. Douglas G.
Baird, Elements of Bankruptcy 4th ed Foundation Press, 2006, 113. 즉 미국에서는 부동산저
당권자나 판결채권자 모두 우선특권자(lien holder)에 해당하고 양자의 선후는 대항요건의 완성
에 의하여 결정된다. 이성호, "미국법상 담보권실행 및 강제집행절차와 채권자의 청구금액 확장
에 관한 문제," 법조 제46권 제2호(1997), 58면.

14) 임홍근·이태희, 법률용어사전, 법문사(2010), 798면은 융자서류, 대부증서로 번역하였다. 高木新
二郎, アメリカ連邦破産法, 商事法務研究會(1996), 171頁은 信用授受關係公示書라고 번역하였다.

15) UCC §9-502(d)(2010) "A financing statement may be filed before a security agreement is

2. 미국 파산법상 담보권(security interest)

州마다 차이가 있으나 담보제도는 부동산에 관한 저당권(mortage)[16]과 동산에 관한 담보거래(secured transaction)제도로 양분할 수 있다. 대부분의 州는 부동산등기제도가 없을 뿐 아니라 부동산에 대한 담보 전반을 규율하는 통일된 제정법이 없으므로 부동산저당(mortgage)에 관한 내용이 州마다 다르다.

한편, 동산 및 채권 담보권에 대하여 모범상법전(Uniform Commercial Code) 제9장에서 규율하고 있으며 이를 본딴 각주의 상법전이 있다. 담보권은 원칙적으로 당사자 간의 적법한 형식에 의한 약정, 담보권자의 가치 교부, 채무자의 담보물에 대한 권리취득에 의하여 성립한다. 이 3가지 요소가 갖추어졌을 때 담보권이 성립(attached)된다.[17] 별도로 등록의 요건을 갖추어야 성립하는 것이 아니고 등록은 담보권을 우선특권자 등 제3자에게 주장할 수 있는 대항요건에 불과하다. 등록하지 아니한 담보권자는 적어도 일반 무담보채권자에게는 우선한다.[18] 따라서 담보권자 간의 우열은 각 담보권마다 요청하는 대항요건의 충족순서에 따라 우선순위가 결정된다. 그러나 담보권 중에 자동차 기타 고정물을 제외한 소비재에 대한 구입자금담보권은 거의 성립과 동시에 (UCC section 9-309(2010)), 유가증권은 담보권자에게 인도됨으로써(UCC § 9-312(2010)), 채권 기타 통상의 담보물에 대하여는 여신공시서를 제출함으로써(UCC § 9-310(2010)) 각 그 시기에 대항요건이 완성된다.

파산법은 중요 개념에 대하여 정의규정을 두고 있는바, 우선특권(lien)이라 함은 채무의 변제 또는 의무의 이행을 담보하기 위하여 재산에 존재하는 부담 또는 권리를 의미한다.[19] lien의 종류에는 약정우선특권(consensual lien), 재판상의 우선특권(judicial lien),[20] 제정법상의 우선특권(statutory lien),[21] 보통법상의 우선특권(common law lien),

---

made or a security interest otherwise attaches." 이를 "신청고지(notice filing) 제도라 한다. 자세한 내용은 森田修, 「アメリカ倒産擔保法 初期融資者の優越の法理」, 商事法務(2005).

16) 모기지는 현재에는 주로 부동산에 대하여 이루어지고 있지만 중세에는 동산 및 부동산에 대하여 적용되었다. 따라서 동산에 대하여도 적용이 된다는 점을 고려하면 저당권이라는 용어보다는 양도담보권이 익숙한 용례일 수도 있다.

17) David G. Epstein, Bankruptcy and Related Law in a Nutshell 7th ed, 76 (2005).

18) 高木新二郎, 앞의 책(주 14), 171頁.

19) 11 U.S.C. §101(37) The term "lien" means charge against or interest in property to secure payment of a debt or performance of an obligation. 채무자의 재산에서 우선적으로 변제를 받을 수 있는 채권자의 권리를 칭한다. 임홍근, 이태희, 법률용어사전, 법문사(2010), 1148면은 선취특권으로 번역하였다.

20) 재판상 우선특권이라 함은 판결, 압류, 강제관리, 기타 보통법 또는 형평법상의 절차를 통하여 얻은 우선특권을 말한다. §101(36) The term "judicial lien" means lien obtained by judg-

형평법상의 우선특권(equitable lien)[22] 등이 있다. 그중에서 파산법상 담보권이라 함은 계약에 의하여 성립된 우선특권(lien), 즉 약정우선특권을 의미한다.[23]

3. 담보권에 관한 州法과 연방 파산법의 관계

우선특권의 성립요건과 효력 및 상호간의 관계, 다른 담보권자 및 부동산의 매수인과의 우열관계는 주법에 따라 결정된다. 미국의 대부분의 州는 부동산에 대한 권리이전(transfer)[24]의 상대방(매수인 또는 담보권자)이 선의의 매수인(purchase)[25]에게 대항하기 위해서는 일정기간 내에 그 권리를 등록할 것을 요구한다. 또한 동산에 대하여 대부분의 州는 모범상법전을 본받은 주법을 갖고 있다. 이에 의하면 동산에 대한 담보권을 갖고 계약에 기한 채권자가 재판상의 우선특권에 대항하려면 일정 시기(州에 따라 10일 또는 20일로 다르다) 내에 여신공시서를 등록관청에 제출하여야 한다.[26] 파산법은 파산관재인을 파산절차 개시시를 기준으로 가상의 재판상 우선특권자(judicial lien)의

---

ment, levy, sequestration, or other legal or equitable process or proceedings.

21) 제정법상의 우선특권은 州法마다 다르지만 연체 임금을 피담보채권으로 한 고용인 소유 동산에 대한 우선특권, 임대인의 임차인 소유 재산에 대한 우선특권, 수급인의 도급인 소유 토지에 대한 우선특권, 조세특권 등이 그 예이다. David G. Epstein, Bankruptcy and Related Law in a Nutshell 9th ed, 440 (2017).

22) 형평법상의 우선특권은 채권자가 담보목적물을 점유할 것을 요하지 않는다. 당사자간에 약정우선특권을 설정하기로 계약을 체결하였으나 법률상의 이유 등으로 실제로 체결되지 못한 경우에 부당이득반환 등 형평법의 원칙에 기하여 목적물에 관하여 형평법상의 우선특권을 인정한다. 예컨대, 남편이 처 소유의 부동산을 담보로 제공하고 은행으로부터 금원을 차용하였으나 담보설정에 필요한 서류에 처의 서명이 위조된 것으로 밝혀진 경우 비록 보통법상으로는 약정우선특권이 성립될 수 없지만 대출금으로 부동산에 관하여 부과된 세금 등을 납부하였다면 부동산에 관하여 형평법상의 우선특권을 인정한다(Palm Beach Savings. & Loan Ass'n v. Fishbein, 619 So. 2d 267 (Fla. 1993)). 통일상법전 기초자들은 형평법상의 우선특권의 요건이 모호하다는 이유로 동산에 관하여 형평법상의 우선특권제도를 폐지하려고 시도하였으나 실패하였으며 판례는 여전히 이를 인정하고 있다. Jeff Ferriell Edward · J Janger, UNDERSTANDING BANKRUPTCY 2nd ed 65-66 (2007).

23) §101(51) The term "security interest" means lien created by an agreement.

24) transfer는 소유권의 이전뿐 아니라 담보권의 설정, 채무의 변제 등 채무자의 재산권이 채권자에게 이전하는 행위를 포함한다. 편의상 권리이전이라고 표기한다. 파산법은 권리이전에 관한 定義규정을 두고 있다(§101(54)).

25) purchaser함은 매수인만을 한정하는 것이 아니라 자발적인 권리이전의 양수인 및 전득자를 포함한다(§101(43)).

26) UCC §9-317(2010) (a) A security interest ⋯ lien is subordinate to the rights of: (1) a person entitled to priority under Section 9-322; and (2) except as otherwise provided in subsection (e), a person that becomes a lien creditor before the earlier of the time: (A) the security interest ⋯ is perfected; or (B) one of the conditions specified in §9-203(b)(3) is met and a financing statement covering the collateral is filed.

지위를 인정하고 있으므로 담보권자가 언제 담보권의 대항요건을 완성하는가 여부에 따라 파산절차에서 담보권자 또는 일반파산채권자로 취급된다. 그리고 뒤늦게 대항요건이 완성되면 법은 그 때에 권리이전이 있는 것으로 간주하므로 담보권 성립시에는 채무자가 지급불능이 아니었는데 대항요건 완성시에 채무자가 지급불능에 빠지면 마치 지급불능 이후 권리이전이 있던 것이 되어 편파행위로서 부인권의 공격대상이 된다. 따라서 대항요건을 언제 완성하였는지와 권리이전이 언제 이루어졌는지를 결정하는 것이 부인권을 행사함에 있어 매우 중요하다.

4. 공시제도의 발전역사

중세 영국법에 의하면 점유의 이전이 수반되지 아니하는 조건부 매매의 매수인이나 동산양도저당권자는 목적물의 원소유자에 대한 무담보채권자에 대하여 매매의 효력을 주장할 수 없었다. 이러한 법리는 Twyne's Case에서 유래한다.[27] 채권자 X가 채무자 D로부터 변제로 羊을 받았음에도 불구하고 D에게 羊을 돌려주었다. 채무자의 다른 채권자 Y가 羊을 압류하자 X가 Y를 상대로 羊이 자신의 소유라고 주장하였다. 엘리자베스 1세 여왕 치세의 파산법(1570년)은 채권자를 방해하거나 또는 집행을 지연시키거나 기망할 의사로 채무자가 물건을 양도한 것은 채권자 기타 이해관계인에게 대하여 무효라고 규정하였다. 법원은 채권자 X가 양도 후에도 채무자로 하여금 점유를 계속하게 하였다면 당해 매매에 사해의사가 추정된다고 하여 위 법률의 적용을 긍정함으로써 X는 Y에게 소유권을 주장할 수 없다고 판시하였다.

그러자 채무를 변제받기 위하여 부득이 목적물을 채무자에게 계속하게 할 필요가 있는 경우에는 채권자로서는 단순히 사해성의 추정을 복멸하는 방법보다 강력하게 사해성을 배척할 수 있는 새로운 담보제도를 원하였다. 그리하여 미국에서는 동산담보권을 공시하는 수단을 창설하는 대신, 매매 후에도 점유이전이 없고 공시수단도 강구하지 아니한 담보권은 일반채권자 또는 선의의 부동산 매수인에 대하여는 무효로 한다는 州의 법률이 제정되었다.[28]

이 법은 담보권의 순위와 담보권자와 매수인 간의 대항문제를 해결하고, 담보권자와 무담보채권자의 이해관계를 조정하는 역할을 담당하였다. 특히 후자는 담보권이

---

27) 76 Eng. Rep. 809 (1601). 점유의 이전 없는 동산의 권리이전은 본질적으로 사기양도라는 판례법이다.

28) 이에 관하여는 James A. MacLachlan, The Impact of Bankruptcy on Secured Transactionss, 60 Colum L. Rev. 593, 598 (1960). 中西 正, "對抗要件否認の再構成," 新堂幸司先生古稀祝賀 民事訴訟法理論の新構築 (下), 有斐閣(2001), 686頁에서 재인용.

설정된 후에도 즉시 대항요건을 완성하지 아니하였기 때문이 위 지체기간 동안 이를 믿고 채무자에게 신용을 제공한 신규 채권자나 담보권이 설정되기 이전에 신용을 제공하였지만 채무자의 신용에 이상이 없는 줄로 알고 추심을 재촉하지 않고 있던 기존의 채권자를 보호할 필요가 있다는 이유에서 대항요건을 완성하지 아니한 담보권을 채권자들에게 주장하지 못하게 하였다. 다만 대항하지 못하는 채권자를 일반 무담보채권자로 할지, 재판상의 우선특권을 취득한 채권자로 할지, 재판상의 우선특권자도 다시 범위를 좁혀 채무자에게 신용을 제공하고 계약에 기한 권리에 기하여 재판상의 우선특권자로 한정할지에 대하여 파산법 개정시에 논의가 있었다.

　　미국의 부동산 등기제도는 원래 다른 담보권자와 매수인을 보호하기 위한 제도이지 일반 채권자를 보호하기 위한 제도는 아니었다고 한다. 미국의 절반의 州에서는 공시되지 아니한 부동산에 대한 담보권은 무담보채권자 가운데 그 후 재판상의 우선특권을 취득한 채권자에 대하여만 담보권의 유효를 주장할 수 없고, 재판상의 우선특권을 취득하지 아니한 일반채권자에 대하여는 우선권을 주장할 수 있다.[29]

5. 對抗要件의 完成(perfection)과 권리이전의 관계

(1) 대항요건의 완성과 권리이전의 시기

　　부인권의 대상이 되는 행위를 확정하려면 언제 권리이전이 있는지를 결정하여야 한다. 다음의 점에서 권리이전 시기를 정하는 것이 중요하다. 첫째, 편파행위에 관한 부인의 요건과 관련하여 권리이전이 파산신청일로부터 소급하여 90일 이내에 이루어져야 한다는 점에서 권리이전의 시기 확정이 중요한 의미를 갖는다. 그런데 파산법은 권리이전의 시기를 대항요건의 완성시기(perfection)와 연결시켜 결정하므로 대항요건의 완성시기를 결정하는 것이 편파행위의 대상 여부를 정함에 있어 중요하다. 둘째, 사해양도에 대한 부인의 대상이 되려면 파산신청일로부터 소급하여 2년 이내에 권리이전이 이루어진 것을 요건으로 하고 있다.[30] 셋째, Strong-Arm 조항에서 대항요건이 미완성된 담보권을 부인하기 위하여 파산관재인에게 재판상의 우선특권자의 지위를 부여하고 있는바, 동산 및 부동산에 대하여 대항요건이 언제 완성되었는지를 확정하는 것이 중요하다.

(2) §547(e)의 대항요건 준칙(Perfection Rule)

　　대항요건의 완성에 관하여 파산법은 먼저, 부동산에 대하여는 당해 부동산에 대

---

29) 中西 正, 앞의 글(주 28), 676면.
30) 11. U.S.C. §548. 이하 §로 표시하는 법은 미국 연방파산법 조항이다.

하여 상대방의 권리(소유권 또는 저당권)에 우선하는 권리를 선의의 매수인이 더 이상 취득할 수 없게 되는 시점에 대항요건이 완성된 것으로 본다(§ 547(e)(1)(A)). 다음으로, 동산에 대하여는 당해 동산에 대하여 상대방(transferee)의 권리에 우선하는 재판상의 우선특권을 단순계약에 기하여 채권자가 취득할 수 없게 되는 시점에 대항요건이 완성된 것으로 본다(§ 547(e)(1)(B)).[31] 문제를 더 복잡하게 하는 것은 언제 권리이전이 있었느냐 하는 점과 무엇이 권리이전을 구성하는가를 결정하는 것은 연방법이지만 구체적으로 목적물에 대하여 어떠한 내용의 담보권을 갖느냐와 대항요건의 방식과 내용은 州法에 의하여 정하여진다.[32]

6. Perfection Rule에 관한 파산법의 개정연혁

(1) 1867년 파산법

1867년 파산법하에서 연방대법원은 편파행위의 부인과 관련하여 권리이전은 당해 행위가 당사자간에 효력이 발생한 시점에 성립하는 것으로 해석하였다.[33] 이에 따르면 파산신청일로부터 소급하여 4개월[34] 이내에 등록된 담보권이라 하더라도 담보설정계약이 파산신청일로부터 소급하여 4개월 이전에 체결되었다면 부인권의 대상에서 제외되었다.

(2) 1903년 개정 파산법

1903년 개정 파산법 §60(a) 단서는 담보권의 대항요건 완성에 등록이 필요한 경우에는 위 4개월의 기간은 등록이 마쳐진 후 4개월이 될 때까지는 진행하지 아니한다고 규정하였다.[35] 그럼에도 불구하고 개정법의 취지를 확대하여 동시교환적 행위의 시점을 확정하는 등 다른 편파행위의 부인요건에 관한 쟁점에 대하여도 법원의 실무

---

31) 판례는 동 조항을 다음과 같이 다시 풀어쓰고 있다. "For the purposes of subdivisions a and b of this section, a transfer of property other than real property shall be deemed to have been made or suffered at the time when it became so far perfected that no subsequent lien upon such property obtainable by legal or equitable proceedings on a simple contract could become superior to the rights of the transferee." In re North, 310 B.R. 152, footnote 156.

32) 자동차에 대한 담보권을 설정하는 州法이 자동차 소재지법과 자동차 소유자의 주소지법 중 어느 법을 기준으로 하는 문제와 자동차 소재지법으로 한다면 자동차등록사무소에 자동차 등록증 사본으로도 담보권의 대항요건을 갖출 수 있는지의 문제는 모두 州法에 의하여 결정된다. In re North, 310 B.R. 152의 쟁점임.

33) Gibson v. Wardon, 81 U.S. 244 (1871); Sawyer v. Turpin, 91 U.S. 114 (1875).

34) 舊 破産法상의 부인 가능한 시기다. 현행법은 90일이다.

35) Bankruptcy Act (1903) §60(a) … Where the preference consists in a transfer, such period of four months shall not expire until four months after the date of the recording or registering of the transfer, if by law such recording or registering is required.

는 등록시를 기준으로 하는 입장과 이를 부정하는 입장으로 양분되었다.

(3) 1910년 개정 파산법

1910년 개정 파산법 §60(b)는 명문으로 편파행위의 존부에 대한 기준시기를 당해 州法이 등록을 요구하는 경우에는 등록시를 기준으로 입법하였다.[36] 개정 목적은 공시되지 아니한 담보권으로부터 무담보채권자를 보호하기 위한 것이다. 즉 담보계약시를 기준으로 채무자가 지급초과의 상태라면 그 후 아무리 담보권을 늦게 등록하더라도 부인권의 대상에서 제외되는 불합리를 고치기 위한 것이다. 그런데 연방대법원[37]이 州法에 의하여 등록을 요구하는 경우를 해석함에 있어서 파산절차개시 당시 당해 담보권의 무효를 주장할 수 있는 채권자가 실제로 존재하는 경우에만 파산관재인이 그 채권자를 대신하여 편파행위를 부인할 수 있다고 해석하고 형평법상의 우선특권의 부인에 대하여는 우선특권이 성립하고[38] 그 후에 대항요건을 갖추면 우선특권의 효력 발생시기가 성립시기로 소급한다고 해석하는 바람에 장기간에 걸쳐 등록을 해태한 우선특권자가 부당하게 보호받는 사태가 방치되었다.

기준 시점을 간단하게 부동산 또는 동산에 대하여 모두 등록시점으로 정하여 편파행위의 부인의 대상이 되는 행위를 당해 담보권에 대하여 州法에 의하여 등록이 요구되는 경우뿐만 아니라 등록이 가능한 경우까지 확장하려는 시도가 있었다.

그러나 후자를 기준으로 하게 되면 州에 따라서는 담보권은 등록이 없더라도 매수인에 대하여 대항할 수 있음에도 불구하고 파산관재인에게는 대항할 수 없는 불균형이 발생하게 된다는 점이 지적되었다.[39] 다른 제안은 파산관재인에게 파산절차개시 4개월 전의 시점에서 재판상의 우선특권을 부여함으로써 담보권의 유·무효를 판정하

---

36) Bankruptcy Act (1910) §60(b) ⋯ if, at the time of the transfer, or of the entry of the judgment, or of the recording or registering of the transfer if by law such recording or registering thereof is required, ⋯ it shall be voidable by the trustee ⋯

37) Carey v. Donohue, 240 U.S. 430 (1916).

38) 원래 보통법의 원칙에 의하면 사람은 자기가 갖고 있지 아니하는 물건을 양도하거나 담보를 설정할 수 없으므로 장래 발생하는 재산에 대한 담보권의 설정은 무효이다. 그러나 계약체결 후 양도인이 실제로 목적물(동산, 부동산 포함)을 취득하게 되면 양도인이 목적물에 대한 권원을 취득함과 동시에 양도인, 또는 무상 또는 악의로 목적물에 대하여 권리를 취득한 자에 대하여 담보권자가 형평법에 기한 우선특권을 주장할 수 있다(Mitchell v. Winslow 17 Fed. Cas. 527 (D. Maine 1843). 角紀代惠, "アメリカ法における爾後取得財産條項の效力," 星野英一先生古稀祝賀, 日本民法學の形成と課題(上), 有斐閣(1994), 377頁에서 재인용. 그러나 형평법상의 우선특권자도 선의의 유상취득자에게는 권리를 주장할 수 없다.

39) 일본의 대항요건주의는 압류채권자와 이중양수인에 부동산의 권리를 대항하기 위하여 반드시 등기를 경료하여야 한다. 이에 반하여 미국은 州法에 따라 등록이 없어도 권리를 대항할 수 있는 제3자에 이중양수인이 포함된다는 점에서 일본의 대항요건주의와도 다르다. 角紀代惠, 앞의 글 (주 38), 386頁.

자는 제안도 있었다. 이 제안에 따르면 절차개시 전 4개월 동안에 채무자의 재산을 양수한 선의의 매수인을 보호하지 않게 되는 문제점이 지적되었다.

그리하여 제안된 것이 동산, 부동산을 구분하지 않고 편파행위의 부인의 판단에 있어서는 당해 행위가 대항요건을 완성하여 채권자나 선의의 양수인도 더 이상 당해 행위에 의하여 얻은 상대방의 권리에 우선하는 권리취득이 불가능한 시점을 기준으로 그 때에 권리이전이 이루어진 것으로 간주하는 구조를 택하였다. 권리이전이 파산신청 전까지 완성되지 아니한 경우에는 파산신청 직전에 이루어진 것으로 간주하는 규정을 두었다.[40] 이로써 장래 취득재산에 관한 담보권에 대하여 담보권설정시로 소급되는 형평법상의 우선특권이 배제되었다.[41] 이 기준에 따르면 州法이 채권자나 선의의 매수인을 보호하기 위하여 당해 담보권에 공시를 요구하고 있는 경우에 그 공시가 이루어진 때가 편파행위의 기준이 되므로 앞서 본 불합리한 점이 발생하지 않게 되었다.

그러나 개정법은 담보권자를 지나치게 배척하는 결과(overkill)를 초래하였다. 즉 Corn Exchange National Bank & Trust Co. v. Klauder[42] 사건에서 문제점이 발생하였다. 사안은 어느 州의 보통법에 의하면 채권(밑줄 필자 주. 부동산이 아님)을 담보목적물로 하는 담보거래에서 담보권자와 채권양수인 간의 우열관계는 누가 먼저 제3채무자에 대하여 통지를 하는가 하는 점을 기준으로 하고 있었는데 담보권자가 통지를 해태하였다. 연방대법원은 담보권자는 자기가 선의의 매수인보다 우선할 수 있도록 대항요건을 완성하였어야 함에도 이를 해태하였기 때문에 담보권자는 파산신청 직전에 권리이전이 있었던 것으로 간주되고, 담보권의 설정은 동시교환적 거래행위가 아니므로 편파행위로서 부인의 대상이 된다고 판시하였다.

이 판결은 법리상의 문제점은 없으나 거래의 현실과는 유리된 것이었다. 담보권의 설정과 동시에 등록을 요구하는 州에서는 조금이라도 늦게 대항요건을 완성하면 파산절차에서 동시교환적 거래가 신용거래로 전락하는 위험이 발생하였다. 게다가 어느 州는 불법행위에 기한 채권자를 보호하기 위하여 다른 담보권자보다 우선하는 권리를 부여하고 있는데, 이러한 州에서는 설령 등록을 하더라도 대항요건이 완성되지 아니하였다고 인정될 가능성이 제기되었다.

(4) 1950년 개정 파산법

§60를 개정하여 현행법과 같은 구조로 변경하게 되었다. 권리이전의 시기에 관하

---

40) §60(a).
41) 中西 正, 앞의 글(주 28), 683頁.
42) 318 U.S. 434 (1943).

여 부동산에 관하여는 선의의 매수인이 권리양수인(transferee)에 우선하는 권리를 더 이상 취득할 수 없도록 권리양수인이 대항요건을 완성한 때라는 기준을 제정하였다. 즉 동산담보에 관하여 파산관재인에게 선의의 매수인 지위를 인정한 Klauder 판결(주 42)을 폐기하였다. 대신에 동산 기타 채권에 관하여는 단순계약(simple contract)에 기한 채권자가 권리양수인에 우선하는 재판상의 우선특권을 더 이상 취득할 수 없도록 권리양수인이 대항요건을 완성한 때라는 기준을 수립하였다. 단순계약에 기한 채권자라는 제한을 붙임으로써 파산관재인이 부동산 담보권자에게도 우선하는 재판상 우선특권을 주장할 수 없게 되었고, 불법행위의 피해자를 보호하는 사우스캐로라이나와 같은 州43)에서는 피해자의 권리보다 우선하지 못하게 하였다. 또한 담보권자를 위하여 담보권의 성립 후 21일의 유예기간을 부여하였다. 즉 담보권 성립일로부터 21일 이내에 대항요건을 완성하면 담보권 성립일에 권리이전이 이루어진 것으로 간주함으로써 동시교환적 담보권 설정거래를 보호하게 되었다. 대항요건의 완성행위는 자동중지의 대상에서도 제외된다.

(5) 1978년 파산법

1978년 파산법은 1950년 파산법의 내용을 그대로 인계받되 21일의 유예기간을 10일로 단축하였으며 다시 2005년 개정 파산법 §547(e)(2)(A)은 30일로 연장하였다. 파산관재인은 파산신청시 채권자가 실제 존재하지 않더라도 파산법이 부여하는 채권자 또는 선의의 부동산매수인의 지위에서 행사할 수 있는 권리와 실제로 존재하는 채권자가 주장할 수 있는 권리를 대신하여 행사할 수 있는 권리가 부여되었다. 전자는 §544(a), 후자는 §544(b)에 의하여 인정되었다. 전자에 대하여는 항을 나누어 살펴본다.

Ⅲ. 대항요건을 완성하지 못한 담보권의 부인 ― 파산법 §544(a) 및 (b)

1. Strong-Arm 조항의 내용

만일 채무자가 비파산법에 기하여 자신의 권리에 기하여 제3자에게 이전된 재산의 반환을 구할 수 있다면 파산관재인은 §541(a)(1)에 기하여 채무자의 지위를 승계한

---

43) 예컨대 사우스캐롤라이나州의 법률은 자동차사고로 인한 불법행위의 피해자를 보호하기 위하여 교통사고를 야기한 자동차에 대하여 판결우선특권자의 지위를 다른 주와 같이 판결등록시가 아니라 불법행위시에 우선특권을 부여하는 한다. 만일 가상의 채권자를 simple contract에 기한 채권자로 제한하지 않게 되면 불법행위의 피해자의 우선특권도 사고 즉시 대항요건을 완성하지 않는 한 파산관재인에게 부인당할 염려가 있다. S.C. Code Ann. section 29-15-20 (Law. Co-Op. 1976).

자로서 권리를 행사하여 그 재산을 파산재단에 편입시킬 수 있다. 만일 채무자의 지위
로서는 권리의 이전이 불가능한 경우 비로소 Strong-Arm 권한에 의하여 부인권을 행
사할 수 있다.[44] 담보권의 완성요건을 늦게 갖춘 담보권자의 담보권을 파산채권자들
보다 열후하도록 하기 위하여 주법상 인정되는 3가지 권리자의 지위를 파산관재인에
게 부여함으로써 당해 재산의 담보권을 부인하고 파산재단에 편입시키는 제도이다.[45]
채무자회생법과 같은 방식으로 어느 특정시점 예컨대, 파산신청일 기준으로 대항요건을
완성하지 아니한 담보권은 모두 파산관재인이 부인할 수 있다는 단순한 조항을 두는 대
신 파산관재인에게 복잡하게 3가지의 지위를 인정한 이유는 무엇인가? 이는 연방제도에
서 비롯된 것이다. 즉 담보권의 내용과 대항요건, 담보권자 간의 우선순위 및 대항요건의
방식, 시기 등의 내용이 州法마다 다르기 때문이다. 州法에 의존하지 않고 연방법인 파
산법이 이를 결정하게 되면 파산법원이 50개주의 담보권과 대항요건을 꼼꼼하게 검토하여
야 하는 부담을 지게 된다. 이 점을 해소하기 위한 것이 Strong-Arm 조항이다.[46]

　　아래에서는 미국 파산법상 파산관재인이 가장 강력한[47] 부인권한의 근거인
§544(a) Strong-Arm[48] 조항의 입법연혁과 내용을 살펴보기로 한다. 현행 §544(a)은
1910년 개정 파산법에서 유래한다. 동조에 기하여 인정되는 파산관재인의 권리는 대
항요건 미완성의 담보권자와 재판상의 우선특권자, 집행채권자, 부동산의 선의매수인
간의 우열관계에 관한 州法의 내용에 따라 결정된다.[49] 동 조항은 연방법이 파산관재
인에게 부여한 州法상의 권리이다. 파산법이 파산관재인에게 부인권한을 부여하였다
고 하여 항상 미완성의 담보권자 등에게 우선하는 것이 아니다.[50] 同條는 파산관재인
에게 3가지의 지위를 부여하고 있다. 즉 재판상의 우선특권 채권자, 집행채권자, 부동
산의 선의의 매수인의 지위이다. 공시를 통한 대항요건[51]을 어떠한 방법으로 갖추어
야 하는 점과 3가지 채권자가 州法에 의하여 어떠한 보호를 받는지 여부는 州法에 따

44) Baird, *supra* note 13, at 105.
45) Id. at 112.
46) Lopucki and Warren, SECURED CREDIT 4th ed. 487 (2002).
47) Edward·Janger, *supra* note 22, at 532.
48) 일본 문헌에서는 동 조항을 剛腕條項이라고 번역하고 있으나(福岡眞之介,「アメリカ連邦倒産法
概論」, 商事法務(2008), 152頁), strong arm은 강력한 팔이라는 뜻보다는 고압적인 수단, 폭력,
또는 폭력을 휘둘러 남에게 강요하다는 뜻으로 '강력한 권한'이 보다 적확하다고 생각한다. 파산
관재인이 채무자의 승계인이 아니라 채권자들의 이익의 대표자라는 지위가 가장 극명하게 드러
나는 것이 바로 이 조항이다.
49) Pearson v. Salina Coffee House, Inc., 831 F.2d 1531, 1532-1533 (10th Cir. 1987).
50) Charles Jordan Tabb, The Law of Bankruptcy 2nd ed. 473 (2009).
51) 담보권은 성립 후에 별도로 perfection되어야 제3자에게 권리를 주장할 수 있는바, 편의상
perfection을 대항요건의 완성으로 번역한다.

르게 된다. 동 조항의 취지는 파산신청시까지 대항요건을 갖추지 못한(unperfected) 담보권자의 담보권을 위에서 본 3가지 지위의 채권자가 갖는 권리에 기하여 파산관재인이 부인함으로써 대항요건의 완성을 촉구함으로써 거래의 안전을 도모하는 역할도 수행한다.

파산관재인이 채무자의 권리의무를 승계한다는 점52)은 일찍부터 승인되어 왔다. 그러나 파산관재인에게 채권자의 지위도 인정할 것인가와 인정한다면 채권자의 어떠한 권리를 인정할 것인지에 관하여는 초기 파산법 시대부터 많은 논의가 있었다. 당사자간에 목적물에 관하여 담보계약(또는 매매계약)을 체결하였으나 아직 대항요건을 완성(perfection)하지 아니한 상태에서 매도인에 대하여 파산절차가 개시되고 그 후에 대항요건이 완성된 경우에 파산관재인이 담보권(또는 매수인의 소유권)을 부인할 수 있는지 여부와 부인할 수 있다면 어떠한 지위에 있다고 가정하여야 하는가 하는 문제로 귀착되었다. Strong-Arm 조항에 의하여 자신의 담보권이 부인된 채권자는 일반채권자로 취급된다.53)

2. Strong-Arm 조항의 성립 경위54)

(1) 1841년 파산법

1841년 파산법하에서 판례는 영국법을 본받아 원칙으로 파산절차 개시 당시 채무자가 갖는 권리만이 파산관재인에게 귀속된다고 입장이었다. 그러나 1867년 파산법하에서는 파산관재인이 채권자를 대표하는 지위에 있으므로 채권자가 파산절차 개시 당시에 갖고 있는 州法상의 권리55)를 대위행사하여 공시되지 아니한 담보권을 무효로할 수 있다는 하급심 판례가 나왔다.56) 그런데 연방대법원은 Stewart v. Platt 판결57)에서 파산관재인은 채무자가 갖는 권리만을 행사할 수 있음을 전제로, 채무자로 하여금

---

52) 정확하게 표현하면 파산관재인이 파산자의 권리의무를 직접 승계한 자는 아니며 법에 의하여 승계인의 지위를 인정받을 뿐이다. 파산절차의 개시에 의하여 파산재단이라는 법인격(legal entity)이 성립하고 파산재단이 채무자의 권리의무를 승계하되 파산관재인은 파산재단의 대표자의 지위를 갖는다. §323(a); The trustee in a case under this title is the representative of the estate. §541(a); The commencement of a case under section 301, 302, or 303 of this creates an estate.

53) Baird, *supra* note 13, at 113.

54) 이하의 내용은 中西 正, 앞의 글(주 26), 672-685頁을 참조하였다.

55) 재판상의 우선특권을 갖는 채권자가 공시요건을 갖추지 아니한 담보권을 무효로 주장할 수 있는 권리이다.

56) 판례 소개는 中西 正, 앞의 글(주 28), 678頁.

57) Stewart v. Platt, 101. U.S. 731 (1879). 이 사건에서 당해 담보의 무효를 주장할 수 있는 실제의 채권자가 다수 존재하고 있었다.

담보목적물의 점유를 계속하게 하면서 적법한 담보등록을 누락한 동산저당권을 파산관재인에게 대항할 수 있는지 여부가 쟁점인 사건에서 파산관재인은 채권자가 갖는 권리를 행사할 수 없으므로 담보권의 무효를 주장할 수 없다고 판시하였다.

(2) 1898년 파산법

연방의회는 위 판결을 폐기할 목적으로 1898년 파산법 §67(a) 및 §70(e)의 조항을 두었다. §67(a)는 등록 흠결 기타의 이유로 파산자의 채권자에 대하여 무효인 우선특권(lien)은 파산재단에 대하여도 효력이 없다는 내용이다.[58] §70(e)는 파산관재인에게 파산절차가 개시되지 않았더라면 채권자가 취소할 수 있었던 파산자의 재산처분행위를 취소 또는 이미 처분된 재산의 반환을 구할 권리를 부여하였다.[59] 한편 §70(a)(5)는 파산신청 전에 파산자가 양도할 수 있었거나, 집행절차에 의하여 매각대상이 될 수 있었던 재산에 대하여도 파산관재인에게 처분권한을 부여하였다.[60] 판례는 Strong-Arm 조항이 도입되기 전에 §70(a)(5)에 기하여 파산신청 전에 공시되지 아니한 담보권의 효력을 부정하였다.[61]

그러나 파산선고 당시에 州法에 의하여 공시되지 아니한 담보권의 무효를 주장할 수 있는 채권자가 실제로 존재하는 경우에만 위 조항에 기하여 파산절차에서 무효를 주장할 수 있었다. 그런데 파산절차 개시 당시에 재판상의 우선특권을 가진 채권자가 실제로 존재하는 경우가 드물었기 때문에 다른 무담보채권자를 보호할 수 없다는 결점이 드러났다. 그리하여 파산선고 당시에 실제로 州法에 기하여 그러한 권리를 주장할 수 있는 채권자(즉 재판상의 우선특권을 취득한 채권자)가 없더라도 파산관재인에게 권리를 부여할 필요성이 생겼다. 1898년 파산법하에서 다수의 하급심 판례는 앞에서 본 3개의 조항에 터잡아 재판상의 우선특권을 취득한 채권자가 없더라도 대항요건을 완성하지 못한 담보권을 파산관재인이 부인할 수 있도록 해석하였다.[62] 그런데 다시 연방대

---

58) §67(a) Claims which for want of record or for other reasons would not have been valid liens as against the claims of the creditors of the bankrupt shall not be liens against his estate.

59) §70(e) The trustee may avoid any transfer by the bankrupt of his property which any creditor of such bankrupt might have avoided, and may recover the property so transferred, or its value, from the person to whom it was transferred, unless he was a bona fide holder for value prior to the dated of the adjudication. …

60) §70(a) The trustee … shall in turn be vested by the operation of law with the title of the bankrupt, … to all … (5) property which prior to the filing of the petition he could by any means have transferred or which might have been levied upon and sold under judicial process against him: …

61) 中西 正, 앞의 글(주 28), 678頁.

62) In re Thorp, 112 F. 308 (1902).

법원이 York Manufacturing Co. v. Cassel을 통하여 이를 불허하였다.63)

(3) 1910년 개정 파산법

연방의회가 York 판결을 폐기하려고 1910년 개정 파산법 §47(a)(2)에 종전 조항에 추가로 파산관재인에게 파산법원이 관할하는 재산에 대하여는 보통법 또는 형평법상의 재판상의 우선특권을 부여하고, 그러하지 아니한 재산에 대하여는 판결집행을 하였으나 채권만족을 받지 못한 채권자의 우선특권을 부여한 조항64)(단 부동산의 善意買受人의 지위는 두지 아니하였다)을 둠으로써 비로소 현재의 Strong-Arm 조항이 탄생하게 되었다. 이 조항을 둔 이유는 재판상의 우선특권자에게 사해행위의 취소권을 인정하는 법적 지위가 어느 州는 판결채권자에게, 어느 州는 집행을 마친 집행채권자에게 인정되는 등 州法의 내용이 달랐기 때문이다. 이러한 입법을 하게 된 이유 중의 하나는 파산사건에서 실제로 재판상의 우선특권을 가진 채권자가 존재하는 경우가 적었기 때문에65) 미공시 담보권자가 지나친 보호를 받게 된다는 비난66)을 반영한 것이다. 개정법은 무담보채권자의 범위를 어느 정도 한정함으로써 담보권자와 무담보채권자의 이익을 조정하려고 시도하였다. 1938년 개정 파산법은 Strong-Arm 조항을 §70(c)67)에서,

---

63) York Manufacturing Co. v. Cassel, 201 U.S. 344 (1906). 조건부 매매의 매수인이 대항요건을 완성하지 아니한 상태에서 매도인에 대하여 파산절차가 개시되고 그 후에 매수인이 담보권을 실행하기 위하여 목적물인 기계의 인도를 구하였으나 당해 담보권의 무효를 주장할 수 있는 실제의 채권자가 존재하지 아니한 사안이었다. 연방대법원은 파산관재인은 원칙으로 채무자가 갖는 이상의 권리를 보유하고 있지 않으므로 재판상의 우선특권을 취득한 채권자라면 행사할 수 있었던 주장(담보권의 무효)을 할 수 없다고 판시하였다.

64) §47(a) Trustees shall respectively (2) collect and reduce to money … and such trustees, as to all property in the custody or coming into the custody of the bankruptcy court, shall be deemed vested all the rights, remedies, and powers of a creditor holding a lien by legal or equitable proceedings thereon; and also, as to all property not in the custody of the bankruptcy court, shall be deemed vested with all the rights, remedies, and powers of a judgment creditor holding an execution duly returned unsatisfied.

65) 설령 재판상의 우선특권자라 하더라도 파산신청일로부터 소급하여 4개월 이내에 성립한 재판상의 우선특권은 파산절차에서 무효이므로 파산관재인이 이러한 채권자의 권리를 대신할 수 없게 된다.

66) 상하원 입법보고서는 파산절차까지 등기를 마치지 아니한 숨은 담보권의 해악을 제거하기 위한 것이라고 기술하였다(吳泳俊, "파산선고와 시효취득에 기한 등기청구권," 金能煥 大法官 華甲 記念 21세기 민사집행의 현황과 과제 민사집행법연구회(2011), 684면).

67) §70(c) The trustee, as to all property in the possession or under the control of the bankrupt at the date of bankruptcy or otherwise coming into the possession of the bankruptcy court, shall be deemed vested as of the date of bankruptcy with all the rights, remedies, and powers of a creditor then holding a lien thereon by legal or equitable proceedings, whether or not such a creditor actually exists; and, as to all other property, the trustee shall be deemed vested as of the date of bankruptcy with all the rights, remedies, and powers of a judgment creditor then holding an execution duly returned

실제로 존재하는 채권자의 사해행위취소권에 관하여 §70(e)(1)에서 규정하였다.

3. 현행 파산법의 Strong-Arm 조항의 내용[68]

(1) 단순계약에 의한 채권에 터잡은 재판상의 우선특권자의 지위(§ 544(a)(1))

제1호의 채권자는 현실의 세계에서는 존재할 수 없는 가상의 채권자이다. 즉 파산신청시를 기준으로 금원을 대여하고 그 즉시 판결우선특권자의 지위를 동시에 갖추는 것은 불가능하기 때문이다. 그럼에도 불구하고 파산법은 파산관재인에게 동산(밑줄 강조)에 관한 담보권을 부인하기 위하여 이러한 지위를 부여한 것이다. 현실로 그러한 판결우선특권자가 존재할 필요가 없다.[69] 통일상법전에 의하면 동산에 대한 담보권은 등록하여야 제3자에게 담보권을 주장할 수 있다. 즉 담보권 설정계약, 신용공여, 채무자의 담보물에 관한 권리보유의 요건이 충족되면 담보권이 성립하지만 이를 제3자에게 대항하려면 여신공시서를 등록 기관에 제출하여 등록하여야 한다.

한편, UCC §9-317(a)(2)(2010)에 의하면 대항요건이 미완성된 동산담보권자는 재판상의 우선특권자보다 열후한 지위에 있다. 따라서 파산법이 파산관재인에게 재판상의 우선특권자의 지위를 파산절차 개시시점에 부여함으로써[70] 파산절차 개시 후에 이루어진 동산담보권의 대항요건 충족은 파산관재인에게 대항할 수 없게 된다. 따라서 대항요건을 갖추지 못한 담보권자는 파산절차에서는 그 지위가 강등되어 일반파산채권자로 취급된다.[71]

그러나 담보권을 설정한 후 대항요건을 소정의 기간 내에 충족하지 못하였더라도 파산신청 전에 충족하였다면 파산관재인은 위 제1호를 주장할 수 없다. 또한 예외적으로 州法이 대항요건의 완성에 대하여 유예기간을 준 경우라면 유예기간 내에 대항요건

unsatisfied, whether or not such a creditor actually exists. 동 조항의 취지는 승소채권자가 재판상의 우선특권을 취득하려면 실제로 판결을 등록하는 절차를 거쳐야 하지만 등록절차 없이도 파산관재인에게 우선특권자의 지위를 부여하려는 데 있다. 高木新二郎, 앞의 책(주 14), 170頁.
68) 吳泳俊, 앞의 글(주 66), 582-584면은 §544(a) (1), (3)의 이론적 근거로 경주이론과 공시되지 아니한 권리변동의 해악 이론을 소개하고 있다.
69) §544(a)(1) " … whether or not such a creditor exists;"
70) 1978년 개정 전에는 하급심이 파산관재인이 담보권의 설정계약과 대항요건의 완성시기 사이의 어느 시점을 선택하여 신용을 제공한 것으로 주장할 수 있다고 판시하였으나 만일 州法이 시일의 경과를 묻지 않고 일단 담보권의 설정계약과 대항요건 완성 사이에 재판상의 우선특권이 성립하므로 담보권이 무효라는 입장을 취하게 되면 하급심 판례는 담보권자가 지나치게 불리하다는 비판이 있었다. 그리하여 연방대법원 판결(Lewis v. Manufacturers Mat. Bank, 364 U.S. 603 (1961)이 파산관재인이 신용을 제공한 시점을 절차개시 신청시로 판시함으로써 하급심 판결을 부정하였고 개정법이 판례를 반영하였다.
71) Wind Power Sys., Inc. v. Cannon Fin. Group, Inc., 841 F.2d 299, 292 (9th Cir. 1988).

을 완성하면 비록 파산절차 개시 후에 대항요건을 완성하더라도 파산관재인은 부인할 수 없다. 따라서 개정된 UCC §9-324(a)(2010)에 의하면, 이른바 구매자금담보권 (Purchase Money Security Interest)자는 채무자의 담보물에 대한 점유취득일로부터 20일 이내에 채권자가 여신공시서를 제출하면 그 사이에 우선특권을 취득한 채권자에게 대항할 수 있다. 이러한 법리는 파산절차에도 적용된다.[72]

다수의 州法에 따르면 대항요건을 갖추지 아니한 담보권은 재판상의 우선특권에 劣後한다. 따라서 파산관재인은 파산법 §544(a)(1)과 州法에 터잡아 대항요건을 갖추지 아니한 담보권을 부인할 권한을 갖는다. 다만 어느 州에서는 모든 재판상 우선특권을 성립 원인에 관계 없이 대항요건이 미완성된 담보권보다 우선시키는 반면, 다른 주는 재판상 우선특권의 성립원인을 한정하기도 한다. 전자의 州는 후자의 州에 비하여 재판상의 우선특권자를 과보호하게 되어 형평에 어긋난다.

파산법은 이 점을 절충하여 모든 재판상의 우선특권이 아니라 단순계약(simple contract)[73]에 기한 청구권을 담보하는 가상의 재판상 우선특권자로 한정하였다. 따라서 단순계약에 기한 청구권이라 함은 당해 목적물을 매수하려는 매수인으로서의 청구권을 말하는 것이 아니라[74] 목적물과 관계 없더라도 계약에 기하여 발생한 채권을 의미하는 것이고 이러한 채권을 담보하기 위한 가상의 재판상의 우선특권자의 지위를 부여한다는 뜻이다. 따라서 부동산을 구입하는 매매계약은 재판상의 우선채권자의 지위를 부여하는 것이 아니므로 단순계약에 해당하지 아니한다.[75]

담보권자가 파산신청일 이전에 대항요건을 갖추면 파산관재인은 제1호에 기한

---

72) (a)[General rule: purchase-money priority.] ⋯ a perfected purchase-moneysecurity interest in goods other than inventory or livestock has priority over a conflicting security interest in the same goods, ⋯ if the purchase-money security interest is perfected when the debtor receives possession of the collateral or within 20 days thereafter. 예컨대 A 은행이 1월 10일 D에게 설비구입자금을 빌려주고 D가 구입하는 설비에 대하여 담보권을 설정하기로 한 후 미처 대항요건을 갖추지 못한 상태에서 D가 1월 28일 파산신청을 하고 A 은행이 대항요건을 파산신청 후에 갖추었더라도 완성일이 20일의 기간 내라면(예컨대 1월 29일) A 은행은 파산절차에서 담보권자로 취급받을 수 있다.

73) simple contract라 함은 부동산 거래와 같이 날인되거나(sealed), 증서(deed)로 작성되지 않더라도 계약의 일반 요건을 갖춘(대가의 존재, 의사의 합치 등) 계약을 말하는바, 여기에서는 불법행위 채권 등이 아니라 계약에 기한 채권을 의미하는 것으로 이해된다. 高木新二郎, 앞의 책(주 14), 172頁은 deed에 의하지 아니한 계약으로 설명하고 있다.

74) In re North, 310 B.R. 152, 157 (2004).

75) In the case of the transfer of real property, using a deed, you would have a perfection by way of the transfer of the real property when the deed was filed, but it isn't the same perfection contemplated by section 547 and the deed isn't a contract. (필자의 질문에 대한 전 U.S. Assistant Trustee인 Herber Grave 변호사의 답변임)

부인권을 행사할 수 없다. 그러나 대항요건을 완성한 시기가 편파행위의 대상기간인 소위 위기시기(파산신청일로부터 역산하여 90일 이내)라면 §547(b) 소정의 편파행위의 부인의 대상이 됨은 별개의 문제이다.[76]

(2) 파산신청시 채무자에게 금원을 대여하고 집행을 한 채권자의 지위(§ 544(a)(2))·

파산관재인은 파산신청시를 기준으로 집행을 마쳤으나 채권만족을 받지 못한 채권자의 지위를 갖는다. 현실로 그러한 채권자가 존재할 필요가 없다.[77] 그러한 채권자에게 어느 재산에 대하여 우선특권이 부여되지는 않는다. 채무자가 무자력하여 채권자가 더 이상 보통법상의 구제를 받지 못하게 되었다면 그러한 채권자에게는 형평법상의 구제를 구할 권리가 부여된다. 제2호는 파산관재인에게 형평법상의 권리를 주는 근거조항이다.[78] 州에 따라서는 제2호처럼 판결집행을 하고도 변제 받지 못한 채권자에게만 사해행위의 취소권이 인정되는 경우가 있다고 한다.[79] 그 외에 가장 대표적인 형평법상의 구제수단은 marshalling of assets(권리의 조정)이다. marshalling은 채권자를 위한 배당순위의 결정에 관한 형평법상의 원칙이다. 동일한 채무자에 대한 2인 이상의 담보채권자가 존재하고 복수의 담보목적물이 동일 채무자의 소유에 속하며 담보목적물 중 1개에 대하여는 단독담보권자가 있고 다른 담보목적물은 선순위 담보권자와 후순위 담보권자가 있는 경우에 선순위담보권자는 먼저 자신이 단독담보권자로 되어 있는 목적물에서 환가를 하고 모자라는 경우에 비로소 후순위채권자가 있는 다른 담보목적물에 대한 환가를 하여야 한다는 이론이다.[80] 따라서 파산관재인은 제2호에 기하여 권리의 조정법리를 적용하여 다른 선순위 채권자의 집행행위를 부인하고 다른 목적물을 먼저 집행하도록 요청할 수 있다. 제1호와 제3호에 의하여 부인권을 행사하는 경우가 대부분이므로 제2호가 적용되는 사례는 실무상 적다.[81]

(3) 선의의 부동산 매수인의 지위(§ 544(a)(3))

제3호는 미공시된 부동산의 담보권, 소유권, 임차권에 대하여 파산관재인이 가상의 부동산 선의매수인의 지위에 기하여 부인권을 행사하는 권한을 부여한다. 즉 부동산(밑줄 강조)에 대하여 이루어진 편파행위 또는 사해행위 등을 부인하기 위한 조항이다. 현실로 그러한 매수인이 존재할 필요가 없다.[82] 다수의 州法에 의하면 부동산에

---

76) Edward · Janger, *supra* note 22, at 534.
77) §544(a)(2).
78) 福岡眞之介, アメリカ連邦倒産法槪說 第2版, 商事法務(2010), 143면.
79) 4B Collier on Bankruptcy ¶70.47 [3]
80) Edward · Janger, *supra* note 22, at 535.
81) Id.

관한 미공시 담보권은 그 후에 성립된 재판상의 우선특권에 우선하지만 선의의 부동산 매수인에게는 열후한다.[83] 즉 파산관재인에게 재판상의 우선특권자의 지위를 부여하는 것만으로는 부동산에 관하여 미공시된 담보권을 부인할 수 없게 되자 판결우선특권자에 추가하여 더 강력한 대항요건을 구비한 선의 · 유상 부동산취득자의 권한을 부여한 것이 제3호이다.[84] 제3호는 州法에서 정한 부동산에 관한 대항요건의 우선순위 내용을 연방 파산법에 반영한 것이다.

예컨대, 부동산의 담보권은 별도의 등록 없이도 당사자간의 합의에 의하여 성립하지만, 담보권 성립 후에 미처 공시하지 못한 상태에서 채무자가 파산한 경우라면 파산관재인은 선의의 부동산 매수인의 지위에 터잡아 대항요건을 완성하지 못한 담보권의 성립을 부인할 수 있다. 특히 유의할 점은 제11장 재건절차에서는 종전 채무자는 스스로 담보권 등을 설정하였으므로 이러한 사실에 관하여 惡意의 지위에 있음에도, 동조는 DIP에게 선의의 지위를 법적으로 부여함으로써 부동산에 관한 미공시의 권리에 대하여 강력한 부인권한을 행사할 수 있도록 한다는 것이다.[85]

4. 실제로 존재하는 채권자의 지위로서의 파산관재인의 부인권 — §544(b)

§544(b)는 가상의 채권자가 아니라 실제로 존재하고 그 채권이 시인된 무담보권 채권자가 비파산법에 의하여 부인할 수 있는 권리를 파산관재인에게 부여하고 있다.[86] 위에서 본 입법연혁에서 알 수 있는 바와 같이 원래 파산관재인에게 채무자의 지위 외에 채권자의 지위를 부여할 것인지가 논의되었고, 만일 채권자의 지위를 부여한다면 실제로 존재하는 채권자인지 아니면 가상의 채권자인지에 관한 논란이 있었다. 먼저 실제로 존재하는 채권자가 갖는 州法에 기한 권리를 파산관재인에게 부여하기로 하여 제정된 것이 §544(b)이다.[87] 조문의 순서는 Strong-Arm 조항의 뒤이지만 입법연혁에 의하면 먼저 제정되었음을 알 수 있다. 실무상은 파산관재인이 Strong-Arm

---

82) §544(a)(3).

83) Robert L. Jordan & William D. Warren, BANKRUPTCY 611 (4th ed, 1995). 吳泳俊, 앞의 논문(주 66), 682면.

84) Baird, *supra* note 13, at 114; 阿部信一郎, 粕谷宇史, 「わかりやすいアメリカ連邦倒産法」, 商事法務 (2014), 129頁.

85) Tabb, *supra* note 50, at 473; Edward · Janger, *supra* note 22, at 537. 高木新二郎, 앞의 책(주 14), 173頁.

86) Baird, *supra* note 13, at 116, 118. 무담보채권의 변제기가 미도래하거나 미확정이거나 금전으로 확정되지 않더라도 무방하다.

87) Baird, *supra* note 13, at 112.

조항에 기하여 부인권을 행사하는 것이 대부분이고 §544(b)를 활용하는 예는 많지 않다. 연방대법원 판례에 의하면 동 조에 기한 파산관재인의 권한은 실제의 채권자가 갖는 채권의 범위 내로 제한되지 아니한다. 즉 州法에 의하면 채무자가 실제의 채권자에게 진 채무액수만 변제하면 사해양도의 공격을 피할 수 있으나 §544(b)에 의하면 파산관재인은 채무액에 관계 없이 양도행위 전체를 부인할 수 있다.[88] 동조에 기하여 파산관재인이 부인권을 행사하여 회복한 재산은 모든 채권자들에게 배당하는 것이지 동조의 권리의 근거가 된 특정의 무담보채권자에게만 배당되는 것이 아님은 물론이다.

5. 제정법상의 우선특권(statutory lien)의 부인(§ 545)

§545는 파산절차 개시 당시에 아직 대항요건을 완성하지 못하거나 파산절차 개시 당시에 목적물의 가상의 선의 매수인에 대하여 집행할 수 없는 제정법상의 우선특권에 대한 부인권을 파산관재인에게 부여하고 있다. 그러나 제정법상의 우선특권도 Strong-Arm 조항의 적용을 받게 되므로 실제로 §545가 적용되는 사례는 적다.[89]

6. 지체된 대항요건 완성행위와 부인(§ 547(e))

(1) §547(e)의 입법취지

§547(e)는 편파행위의 부인에 관한 §547(b)를 보완하는 기능을 한다. 즉 편파행위에 관한 부인이 성립하려면 먼저 파산신청 전에 발생한 채무를 위하여, 파산신청 전 90일 이내에 권리이전(변제 등)이라는 요건이 충족되어야 한다. 이를 확정함에 있어서는 언제 권리이전이 이루어졌는지를 결정하여 90일 기준과 전에 발생하였는지에 관한 기준을 충족하였는지 여부를 따져보는 것이 긴요하다.

그리고 Strong-Arm 조항은 파산절차 개시후에 이루어진 대항요건의 완성을 부인함으로써 담보권자를 일반파산채권자로 취급하는 내용이다. 그런데 언제 transfer가 성립하는지는 대항요건을 완성한 때를 언제로 삼는가에 연결되어 있다.[90] 파산법은

---

88) 이순동, "미국의 사해행위취소소송," 저스티스 제158-1호(2017), 98면은 파산관재인이 부인할 수 있는 범위가 채권자가 취소권을 행사하였더라면 회복가능한 범위 내로 제한되지 않는다고 한다. 따라서 채권자의 채권액이 1달러에 불과하더라도 파산관재인은 채무자 회사의 leveraged buyout 전체를 부인할 수 있다(Baird, *supra* note 13, at 118). 이러한 법리는 Moore v Bay, 284 U.S. 4 (1931)에서 비롯되었다.

89) Epstein, Bankruptcy and Related Law in a Nutshell 9th ed, 137 (2005).

90) In re North, 310 B.R. 152 (2004) 175. "Section 547(e)(2) has special rules for determining when a transfer of a lien is deemed made, … The special rules hinge on when the lien is perfected."

부동산 및 동산의 대항요건의 완성시점에 대하여는 §547(e)(1), 대항요건의 완성과 관련하여 권리이전의 성립시점(when a transfer is deemed made)에 대하여는 §547(e)(2)에서 규정하며, 특히 장래 집합채권, 재고물에 대한 담보와 관련한 권리이전의 성립시점에 대하여는 §547(e)(3)에서 "권리이전은 채무자가 권리이전의 목적물을 취득하는 때에 성립한다"는 내용의 조항을 두고 있다.

　그러나 담보권 성립 후에 제 때에 대항요건을 충족하지 아니한 담보권에 대하여 파산관재인은 부인할 권한이 있다. 만일 이해하기 쉽게 법을 만든다면 모든 담보권은 성립 후 30일 이내에 대항요건을 충족하지 아니하면 파산절차에서 담보권을 주장할 수 없다는 식이 될 것이다. 그러나 파산법은 재산의 이전을 실제로 계약이 성립한 날(담보권 설정일)로 간주하는 것이 아니라 대항요건 완성일을 재산의 이전행위가 있은 날로 간주하는 방식의 입법을 하고 있다. 파산신청일로부터 逆算하여 90일 이내에 이루어진 권리이전이 부인권의 대상이 되는데 여기서 권리이전의 시기를 담보권설정일이 아니라 대항요건 완성일로 간주하게 되면 부인의 대상이 확대된다.

　예컨대 1월 10일 채무자가 채권자로부터 돈을 빌리고 담보계약을 체결하였으나 12월 29일에 담보목적물에 대하여 대항요건을 완성하고 12월 30일에 파산신청이 이루어졌다면 12월 29에 대항요건 완성일에 재산권의 이전행위가 있었던 것으로 간주되므로 숨은 담보권(secret liens)은 부인의 대상이 된다. 왜냐하면 파산절차 개시전의 파산채권인 1월 10일자 대여금 채권의 변제를 위하여 파산신청일로부터 소급하여 90일 이내인 12월 29일에 담보권을 설정하는 행위는 편파행위에 해당하기 때문이다. 동 조항이 없더라면 대출과 담보설정이 동시에 완료된 것임에도 채권자가 담보설정의 대항요건 완성을 지체함으로써 파산신청 전의 권리이전으로 취급되는 불이익을 입게 되는 것이다.

　다음으로 언제 대항요건을 완성하였는지를 정하여야 한다. 각주마다 담보권에 대한 대항요건의 완성방식이 다르므로 대항요건의 완성시점을 등록일, 점유이전일 등으로 통일할 수 없다 보니 부동산과 동산으로 나누어 부동산에 대하여는 선의의 매수인이 더 이상 권리를 양수인에게 주장할 수 없게 된 때,[91] 동산에 대하여는 단순계약(simple contract)에 기한 채권자가 더 이상 재판상의 우선특권을 일반 채권자에게 주장할 수 없게 된 때를 대항요건이 완성된 때로 간주한다.[92]

---

91) §547(e)(1)(A).
92) §547(e)(1)(B).

(2) 유예기간의 내용

§547(e)(2)는 완성행위의 유예기간을 3가지로 나누어 규정하고 있다. 파산법하에서는 원칙적으로 담보권의 설정, 매매 등의 효력은 비파산법에 따라 당사자 사이에 효력이 발생하는 날에 발생한다.

첫째, §547(e)(2)(A)는 담보권 설정 후 30일[93] 이내에 대항요건의 완성행위가 이루어진 경우는 소급하여 담보권설정시에 완성행위가 이루어진 것으로 간주한다. 이렇게 되면 대출행위와 담보권설정이 동시에 이루어짐으로써 편파행위의 대상에서 벗어날 수 있다.[94]

둘째, §547(e)(2)(B)는 30일 이후에 완성행위가 이루어졌다면 그 완성행위가 있었던 때에 이전행위가 있는 것으로 간주한다. 이러한 경우에는 대출행위 후에 담보권 설정행위가 있었던 것이 되므로 편파행위의 대상이 될 수 있다.[95]

셋째, (A)와 (B)의 두 조항은 파산신청일 이전에 대항요건이 완성된 경우에 관한 조항이다. §547(e)(2)(C)는 30일의 유예기간이 도과하기까지 또는 파산절차가 개시될 때까지 여전히 대항요건을 갖추지 못한 경우에는 파산신청일 직전에 권리이전이 있었던 것으로 간주한다.[96]

담보설정의 원인행위 당시에는 위기시기 이전이었고 채무자가 채무초과의 상태

---

93) 2005년 개정 파산법인 BAPCPA는 유예기간을 10일에서 30일로 연장하였다(§547(e)(2)).
94) §547(b)(2)는 편파행위의 요건의 하나로 재산권의 이전행위가 파산신청 전에 발생한 채무와 관련한 행위임을 요한다. 그러나 대출행위와 담보권설정행위가 동시에 이루어지면 위 요건을 충족할 수 없게 된다. 예컨대 만일 1월 10일 S가 D에게 1만 달러를 대여하고 설비에 담보권을 설정한 후 30일의 유예기간 내인 1월 19일 대항요건을 완성하였다면 편파행위에 관한 담보권의 설정행위는 1월 10일에 이루어진 것으로 간주된다. 종전 채무에 대한 담보설정행위가 아니므로 편파행위가 아니다.
95) 예컨대 만일 1월 10일 S가 D에게 1만 달러를 대여하고 설비에 담보권을 설정한 후 30일의 유예기간을 도과하여 2월 22일 대항요건을 완성하였다면 편파행위에 관한 한 담보권의 설정행위는 2월 22일에 이루어진 것으로 간주된다. 종전 채무에 대한 담보설정행위가 되므로 편파행위의 대상이 될 수 있다.
96) 예컨대 1월 1일 담보계약을 체결하고 30일이 지나 2. 2일 파산신청을 할 때까지 대항요건을 완성하지 아니하면 2월 2일 파산신청 직전에 담보권이 성립한 것으로 본다. 만일 1월 15일 파산신청하고 1월 1일로부터 30일이 지나도 대항요건을 완성하지 아니하면 1월 15일 파산신청 직전에 담보권이 성립한 것으로 본다((C)항 적용). 실제 사안에서 (C)항은 중요한 의미를 갖는다. 즉 담보권자는 위기시기인 90일 이내에 자동차에 대하여 자동차관리국에 자동차등록증 사본을 신청함으로써 담보권에 대한 대항요건을 완성하였다고 주장하고 파산관재인은 州法에 의하면 원본에 의하지 아니한 신청은 대항요건이 완성되지 아니하였다고 주장하는 사안에서 만일 파산관재인의 주장이 받아들여지게 되면 30일이 지나도 대항요건이 완성되지 아니하였으므로 이는 파산신청 직전에 담보권이 성립한 것으로 간주되어 위기시기(90일) 내에 이루어진 행위로서 편파행위의 대상이 되기 때문이다(In re North, 310 B.R. 152 (2004)의 쟁점이다)

가 아니었음에도 불구하고 담보권의 완성시기가 위기시기이고 채무초과 상태라면 원인행위 자체가 편파행위에 해당한다. 근거는 §547(e) 때문이다.

Ⅳ. 편파행위에 대한 부인권 ― 채무자회생법과 비교

이하에서는 앞에서 본 Strong-Arm 조항과 권리이전의 시기 확정에 관한 논의와 밀접한 관련이 있는 편파행위에 대한 부인을 일별한다. 편파행위의 부인은 실제 또는 가상의 채권자가 갖는 비파산법상의 권리를 파산관재인이 행사하는 것이 아니라 비파산법하에서 유효하게 성립한 권리이전에 대하여 비파산법이 인정하는 권리를 초월한 새로운 권리를 파산법이 창설하였다는 점에서 사해양도의 부인과 다르다. 또한 사해양도는 행위자의 주관적 인식과 행위의 객관적인 대가를 고려하지만 편파행위는 행위의 객관적인 성격에 기초한 것으로서 행위자의 주관적인 의사나 편파행위에 대한 대가가 반대급부와 불균형한지 여부를 따지지 아니한다. 이 점에서 무상행위 부인은 사해양도의 범주에 포섭될 수 있다

1. 편파행위의 성립요건

§547(b)에 의한 편파행위가 성립하려면 5가지의 요건을 충족하여야 한다. ① 권리이전[97]이 채권자의 이익을 위하여 이루어져야 한다. ② 권리이전이 그 이전에 발생한 채무(종전 채무)를 위한 것이어야 한다. ③ 권리이전이 이루어질 당시에 채무자가 채무초과[98] 상태이어야 한다. ④ 권리이전이 파산신청 전 90일 이내에(내부자에 대하여 이루어진 경우에는 파산신청일로부터 소급하여 90일과 1년 사이에) 이루어져야 한다. ⑤ 권리이전으로 인하여 채권자가 제7장 파산절차에서 배당받을 금액보다 더 많이 받게 되어야 한다. 권리이전이라 함은 담보권의 설정, 담보로서 권원의 유보, 담보권의 실행,[99] 재

[97) 부인의 대상 행위인 권리이전이 채무자가 한 행위로 한정하고 있지 않다는 점이 채무자회생법과 다른 점이다. 미국 파산법은 객체에 초점을 맞추어 채무자의 재산에 대한 권리의 이전(transfer of an interest of the debtor in property)이라는 표현을 사용하고 있다. 예컨대, 채무자의 母가 채무자의 채무를 대신 변제하는 행위는 채무자의 재산을 감소시키는 행위가 아니므로 부인대상이 되지 아니한다. 마찬가지로 ear mark doctrine(은행으로부터 특정용도로 돈을 대출받아 용도에 변제하는 경우)에 기하여 편파행위가 배제되는 이유도 ①의 요건을 갖추지 못하였기 때문이다.
98) 채무초과의 기준은 대차대조표상 부채가 자산을 초과하는 상태를 말한다(balance sheet test). 채권자에 대한 지급불능을 지칭하지 아니한다. 이에 반하여 대법원은 파산법상의 부인권 제도에 있어서 반드시 부인대상 행위 당시 부채가 자산을 초과하는 상태에 있어야만 하는 것은 아니라고 판시하였다(대법원 2005. 11. 10. 선고 2003다271 판결(공 2005, 1925)).
99) foreclosure of the debtor's equity of redemption(채무자의 환수권의 상실).]

산 또는 재산에 관한 이익과 관련한 모든 형태의 직접 또는 간접적인, 절대적 또는 조
건적, 자발적인 또는 비자발적인100)인 처분을 말한다.

이 중 ③과 ⑤는 채무자회생법에는 유사한 규정이 없으나 ③의 요건은 행위의 유
해성을 배척하는 사유, 즉 부인권의 예외 사유로 작용할 수 있다. ⑤의 요건은 담보권
자가 담보물의 가액 범위 내에서 변제받는다면 편파행위가 되지 아니한다는 점에서
중요한 의의를 갖는다.101)

2. 편파행위와 입증책임

편파행위에 관한 요건은 §547(b)에 규정되어 있으며 이에 관한 입증책임은 파산
관재인에게 있으며 예외에 관한 요건은 §547(c)에 규정되어 있고 그에 대한 입증책임
은 수익자에게 있다.102) 파산신청 전 90일 이내에 편파행위가 이루어진 경우에는 채무
자가 채무초과의 상태에 있던 것으로 추정된다.103) 반대로 90일간의 위기시기에 자산
초과의 상태에 있었다는 사실은 상대방이 입증하여야 한다.104)

3. 편파행위에 대한 예외

(1) 실질적인 동시교환행위(contemporaneous exchange) — §547(c)(1)

변제 등의 행위가 종전 채무에 대한 것이 아니라 새로운 가치(신용공여 등)를 위하여
이루어졌고, 당사자들이 사실상 채무의 발생과 동시에 장차 새로운 가치를 부여하기로 의도
한 경우이다. 현금거래를 하거나 물건의 인도를 받고 수표를 교부한 후 지급기일에 대
금을 지급한 경우 등이 이에 해당한다.105)

(2) 통상적인 영업활동에 기한 변제 — §547(c)(2)

위 요건은 오직 채무의 변제(payment)에 관한 것이다. 담보의 설정, 납품계약에 기

---

100) 자발적인 권리이전은 변제 또는 담보권의 설정을 지칭하고, 비자발적인 권리이전이라 함은 은행
    예금에 대한 압류 또는 부동산에 대한 재판상 우선특권의 행사 등을 지칭한다. Epstein, *supra*
    note 21, at 187.
101) 단 담보권자가 담보물을 염가로 환가하는 경우에 사해양도가 성립될 수 있는지는 별개의 쟁점
    이다.
102) §547(g).
103) §547(f).
104) In re Chase & Sanborn Corp., 904 F.2d 588, 594 (11th Cir. 1990).
105) 예컨대, 담보제공과 관련하여 4월 5일 D가 C로부터 5,000달러를 차용하고 양 당사자가 그에 대
    한 담보를 곧 제공하기로 합의하여 4월 9일 채무자가 위 약속에 따라 담보물을 제공하고 5월 6
    일 파산신청한 경우이다. 형식적으로 보면 4월 9일의 담보제공은 그 이전의 채무를 담보하기 위
    한 것이지만 실질적으로 동시교환으로 이루어졌기 때문에 부인권의 대상에서 제외된다.

한 물건의 공급 등은 해당하지 아니한다. 위 요건에 해당하려면 두 가지 요건 중 어느 하나를 충족하여야 한다. 첫째, 채무의 성질에 관한 요건이다. 즉 채무 자체가 양 당사자에게 통상적인 영업거래(ordinary course of business) 또는 금융거래에 기한 것이어야 한다. 둘째, ① 채무의 변제가 통상적인 영업거래 또는 금융거래에 기한 것이거나 또는 ② 변제조건이 통상의 영업거래 또는 금융거래에서 이루어지는 방식이어야 한다. ①의 요건을 판단함에 있어서는 당사자 사이에 주관적 의사가 고려되고, ②의 요건을 판단함에 있어서는 거래의 객관성이 고려된다.106) 2005년 파산법(BAPCPA)의 개정 전에는 위 ①과 ②의 요건을 모두 충족하도록 규정되었으나 개정법은 둘 중 하나만 인정되면 부인권의 예외 사유로 주장할 수 있도록 요건을 완화하였다.

무엇이 통상적인 행위인지의 여부는 채무자가 재정적 문제에 직면하지 아니한 상태를 가정하고 판단되어져야 하지, 채무자가 파산상태에 직면하였을 때 채권자 또는 채무자가 통상적으로 하는 행위를 기준으로 하는 것이 아니다.107) 이 예외 사유가 실무상 가장 많이 다투어지며 판례도 많다. 대표적인 예가 개인 소비자가 매월 지급하는 주택의 임차료, 부동산담보채무에 대한 이자, 전기요금, 가구구입을 위한 차용금에 대한 변제 또는 영업자가 단기간의 외상으로 상품을 반복하여 구입하는 행위 등이다. 단기대출금에 대한 변제가 통상적인 영업활동에 기한 변제에 속한다는 점은 異論이 없으나 장기대출금에 대한 변제도 이에 속하는지에 대하여는 논란이 있었다. 연방 대법원은 이를 긍정한다.108)

(3) 구입자금담보권의 대항요건 완성 행위 — §547(c)(3)

채권자가 물건(부동산 또는 동산)을 구입하기 위한 자금을 채무자에게 대여하고 채무자가 구입목적물을 담보로 제공할 것을 서면으로 약속하고, 실제로 채무자가 물건을 구입한 경우이다.109) 즉 채무자가 빌린 돈으로 물건을 구입할 것을 약속하고 실제로 채무자가 그 돈으로 그 물건을 구입하여야 한다. 이러한 원칙의 근저에는 담보권자가 채무자로 하여금 당해 채무를 담보하기 위하여 당해 물건을 구입할 수 있도록 하였으

---

106) 예컨대, 1월치 식수대금을 2월 초에 청구하고 2월 말에 지급하였다면 객관적으로 이러한 거래방식이 다른 고객과 사이에도 적용되거나 양 당사자 모두 종전부터 그러한 방식으로 채무를 변제하여 온 경우이다.
107) 金性龍, 앞의 글(주 6), 141-142면.
108) Union Bank v. Wolas, 502 U.S. 151 (1991).
109) 예컨대, 4월 4일 D가 트랙터를 구입하기 위한 자금을 S로부터 차용하고 이를 구입자금으로 삼아 트랙터를 담보물로 제공하기로 약속하여 4월 20일 D가 위 돈으로 트랙터를 구입하였다. 5월 5일 D가 파산신청을 하였다 비록 담보물의 제공이 파산신청 전에 이루어졌다고 하더라도 부인권의 대상에서 제외된다.

므로 담보권자로 보호할 가치가 있다는 법원칙이 깔려 있다. 채무자가 물건을 구입하였더라도 채권자가 채무자의 점유취득일로부터(담보권설정일이 아님) 30일[110] 이내에 담보권에 대한 대항요건을 완성하지 못하면 부인될 수 있다.[111] UCC §9-324(a)는 유예기간을 20일로 규정하고 있으므로 담보권자의 보호가 개정 파산법에 의하는 것이 더 유리하게 되었다.

(4) 편파행위 후 새로운 신용제공행위 — §547(c)(4)

종전 채무에 대한 변제로 이득을 취한 채권자가 그 후에 새로이 무담보로 신용을 제공하면 위 편파행위는 무담보로 제공한 새로운 신용 공여액의 범위 내에서 부인의 대상에서 제외된다.[112] 이를 net result rule이라고 한다. 동조의 취지는 채권자로 하여금 파탄에 직면한 기업과의 거래를 계속할 수 있도록 격려함에 있다.

(5) 집합물에 대한 부동담보권의 설정 — §547(c)(5)

집합물에 대한 부동담보권(floating lien)이라 함은 UCC §9에 규정되어 있으며 매출채권이나 공장 또는 매장의 재고물건 등과 같이 계속하여 증감 변동하는 집합채권 또는 집합동산을 담보목적물로 삼는 우선특권을 말한다. 이러한 담보계약에서는 대체로 담보권설정 계약 이후에 채무자가 취득하는 목적물도 담보목적물에 포함된다는 이른바 사후취득조항(after-acquired property clause)이 들어 있다. 이 점과 관련하여 파산법은 명문으로 담보권은 채무자가 당해 재산을 취득한 때에 성립한다는 규정을 두고 있다(§ 547(e)(3)). 따라서 법률상은 채무자가 재고물건이나 장래의 채권을 취득할 때마다 당해 목적물에 대하여 채권자가 담보물을 취득하게 된다. 채무자가 물건(또는 채권)을 취득할 때 별도의 대항요건을 완성하지 않더라도 담보권이 물건에 대하여 성립한

---

110) 1978년 파산법은 10일이었으나 1994년 20일로, 2005년 BAPCPA에서 30일로 연장되었다 (§547(c)(3)(B)).

111) 예컨대, 2월 15일 S가 D에게 돈을 빌려주고 담보계약을 체결하여 D가 목적물의 인도를 받았음에도 30일이 지난 5월 3일에 대항요건을 완성하고 7월 1일에 파산신청하였다면 완성일인 5월 3일에 담보권이 성립(transfer)한 것이고 이는 90일 이내의 편파행위이므로 부인권의 대상이 된다. S는 일반파산채권자로 전락한다. 그러나 만일 차의 구입시점이 파산신청전 90일 이내라 할지라도 구입일로부터 30일 이내에 대항요건을 완성하면 담보권의 취득은 부인권의 대상이 되지 아니한다.

112) 예컨대, D가 6월 10일 S로부터 6,000달러를 차용하고 7월 7일 4,000달러를 변제하였다. 8월 8일 S가 추가로 3,000달러를 D에게 대여하고 9월 9일 D가 파산신청하였다. 7월 7일의 변제행위는 종전 채무에 대한 변제행위이므로 부인의 대상이 되지만 그후 3,000달러를 추가로 무담보로 대여하였으므로 파산관재인은 1,000달러의 한도에서 변제행위를 부인할 수 있다. 이에 반하여 만일 D가 6월 10일 6,000달러를, 7월 7일 3,000달러를 추가로 차용하고 8월 8일 4,000달러를 변제하였다면 변제행위 후 새로운 무담보 신용공여행위가 없으므로 8월 8일의 변제행위는 편파행위로서 전액 부인권의 대상이 된다.

다는 점에서 의미가 있다. 부인권과 관련하여 파산법은 담보설정계약시점과 파산신청시점에서 채권자의 담보권자로서의 지위를 비교하여 만일 후자의 시점에서 담보권자의 지위가 향상되면 그 가액만큼을 부인하는 구조를 취하고 있다. 예컨대 D에 대한 파산신청 90일 전 C가 5,000달러 어치 재고물을 담보로 10,000달러의 피담보채권을 보유하고 있었다면 담보부족액이 5,000달러이다. 그런데 파산신청일까지 수회에 걸쳐 재고물이 증감하고 채권도 수시로 증감하여 파산신청일을 기준으로 11,000달러 어치 재고물을 담보로 13,000달러의 피담보채권을 보유하고 있었다면 파산신청일의 담보부족액은 2,000달러가 된다. 파산관재인은 차액인 3,000달러 상당의 사후취득 재산에 관한 담보권만을 부인할 수 있다. 90일 기간 내에 이루어진 추가 대출이 재고의 추가취득 이전인지 이후인지를 묻지 아니한다는 것이다.[113]

4. 편파행위의 부인권에 관한 한국과 미국의 차이

미국 파산법의 편파행위의 부인권은 다음의 점에서 채무자회생법과 중요한 차이가 있다.

첫째, 미국 파산법은 §547(b)에서 편파행위의 대상이 되는 원칙을 정하고 동조(c)에서 예외행위를 정하고 상대방(채권자)의 주관적 사정을 고려하지 아니하는 법제도이므로 예측가능성이 높다.

채무자회생법은 채권자의 주관적 사정, 즉 회생채권자를 해하는 사실 또는 지급의 정지 또는 회생절차 개시의 신청 사실을 알았는지 여부에 의하여 부인권의 대상에서 제외하는 등 행위자의 주관적 사정에 따르다 보니 예측가능성이 떨어지는 단점이 있다.

둘째, 미국파산법은 부인의 유형에 관하여 편파행위(preference)의 부인, 상계의 부인(setoff), 사해양도행위(fraudulent conveyence)[114]의 부인, 대항요건을 완성하지 못한 권리에 대한 부인(Strong-Arm 조항). 제정법률에 의한 우선특권의 부인(avoidance of statutory liens), 파산신청 후의 채무자의 무허가 처분행위의 부인 등으로 구분된다. 실무상 문제가 되는 것은 대부분 사해양도부인과 편파행위의 부인의 구별로 대별된다. 그중 미국에서는 Strong-Arm 조항이 뒤늦게 공시된 담보권을 부인함에 있어 가장 빈번하게 이용된다.

채무자회생법은 상계의 부인에 관하여 명시적인 규정을 두고 있지 않으며 실무와

---

113) 金成龍, 앞의 글(주 6), 146면.
114) 州法의 詐害防止法과 유사한 내용이다.

학설은 상계의 제한에서 다루고 채권자의 상계행위를 부인의 대상으로 삼고 있지 않다.[115] 채무자회생법 제103조는 드물게 채권에 관한 대항요건 부인에 관하여 사용되고 있다.

셋째, 미국 파산법에서는 채무자가 파산을 신청하면 파산신청과 동시에 파산절차개시의 효력이 발생하므로 채무자회생법과 같이 파산신청 후 파산선고시까지의 기간('危機時期')의 개념이 없다. 뒤에 보는 바와 같이 무허가행위의 부인으로 처리하고 있다. 채무자가 파산신청 후 파산법의 규정 또는 법원의 허가 없이 재산을 처분하는 행위를 부인의 대상으로 삼고 있다.[116]

채무자회생법은 신청 후 파산선고시까지 기간 개념이 있고, 파산선고 후 채무자의 행위는 부인권의 문제로 다루지 아니한다. 즉 파산선고의 효력에 기하여 파산재단에 속하는 재산의 관리처분권이 파산관재인에게 이전되므로 채무자가 파산선고 후에 한 재산처분행위를 무효로 보되 선의의 제3자에게 대항하지 못하는 방식으로 처리한다.

넷째, 미국 파산법은 편파변제행위에 대하여는 채무자가 채무초과(insolvent)인 상태에서 파산신청일로부터 소급하여 90일 이내에 이루어진 행위만이 대상이다.

채무자회생법은 편파변제행위도 고의부인의 대상으로 삼음으로써 법률상 시기적인 제한 없고, 판례는 행위 당시에 부채초과상태가 아니더라도 개연성이 존재하는 이상 부인권의 대상으로 삼고 있다.[117] 미국과 비교하여 편파행위의 부인의 대상이 확대될 뿐 아니라 부인 대상에 관한 예측가능성이 떨어진다.

다섯째, 미국 파산법은 주체의 제한 없이 편파행위의 경우 권리이전이라는 개념을 사용하여 부인의 대상으로 삼고 있다. 채무자의 행위뿐 아니라 채권자에 의한 채권회수행위도 포함한다.[118]

채무자회생법은 부인의 대상 행위를 원칙으로 채무자의 행위일 것을 요한다.

여섯째, 미국 파산법은 채권자의 담보권실행행위도 부인의 대상으로 삼지만 편파행위의 요건의 충족 여부에 따라 부인권의 대상 여부 및 범위를 결정한다. 즉 채권자가 청산절차에서 배당받을 수 있는 금액보다 더 많이 배당받을 수 있는 것을 부인권의

---

115) 서울中央地方法院 破産部 實務硏究會, 法人破産實務 제4판, 博英社(2014), 435면.
116) 채권자가 파산신청하더라도 자동중지의 효력이 생기지만 파산절차의 개시는 법원의 개시명령(order for relief)이 있어야 한다. 따라서 신청 후 개시명령까지의 기간에 이루어진 채무자의 재산처분행위에 대하여는 부인권의 한 유형으로 §549(a)(1), (2)(B)가 적용된다.
117) 대법원 2005. 11. 10. 선고 2003다271 판결(공 2005, 1925).
118) 堀內秀晃, 森 倫洋, 宮崎信太郎, 柳田一宏, 「アメリカ事業再生の實務」, 金融財政事情硏究會(2010), 124頁.

요건 중의 하나로 규정하고 있다. 따라서 담보물로 충분히 변제받을 수 있는 담보채권자에 대한 변제는 부인권의 공격에서 벗어난다(a prebankruptcy payment to a fully secured creditor is not a preference).119) 이에 반하여 대법원 판례는 채권자의 담보권실행행위를 위기부인의 유형이 아닌 독립한 집행행위 부인의 유형으로 취급하여 청산가치를 초과하여 만족을 받았는지 여부에 관계 없이 실행행위 전부를 부인의 대상으로 삼고 있다.120)

V. 맺음말

　　이상 미국의 대항요건의 부인과 대항요건 완성원칙에 관한 법리의 발달을 살펴보았다. Strong-Arm 조항과 대항요건완성의 원칙(Perfection Rule)은 모두 공시되지 아니한 담보권으로부터 무담보채권자를 보호하기 위하여 발전하였으며, 특히 전자는 파산절차를 염두에 두고 담보권의 공시를 촉진하는 역할을 하고, 후자는 늦게 이루어진 대항요건의 완성행위를 편파행위로 처리함으로써 후자가 전자를 보완하고 있다.

　　Strong-Arm 조항의 발전과정을 보면서 미국에서도 초창기에 파산관재인이 채권자와 채무자의 지위 중 누구의, 어떠한 역할을 승계하는지, 만일 승계한다면 실제로 존재하는 채권자인지 가상의 채권자인지에 대한 논란이 있었다는 점을 배웠다. 미국 파산법에서는 부인권의 경우에만 파산관재인에게 가상의 채권자 또는 실제로 존재하는 채권자의 지위를 인정하고 있다. 그 외 계약과 관련하여 특히 미이행쌍무계약의 인

---

119) 단 담보권이 파산신청일로부터 기산하여 90일 이전에 대항요건을 완성하여야 하는 것을 전제로 한다. 2월 2일 D가 S로부터 200,000달러를 빌리고 토지에 대하여 담보권을 설정하여 등록하였다. 토지의 가액은 140,000달러이다. 4월 5일 채무자가 채권자에게 40,000달러를 변제하고 5월 6일 채무자가 파산신청을 하였고 배당률이 10%인 사안이다. 만일 부인이 되지 않는다면 남은 채권액은 160,000달러이므로 채권자는 담보권을 실행하여 140,000달러에 충당하고 나머지 20,000달러에 대하여 일반채권자로 2,000달러를 변제받아 총 182,000달러를 변제받을 것이다(40,000(임의변제액)+140,000(담보권실행)+2,000(파산배당액)). 그런데 만일 부인되면 40,000달러의 변제는 무효이므로 담보권 실행금액 140,000달러에 나머지 60,000달러에 대한 파산배당액 6,000달러를 합한 146,000달러가 된다. 즉 양자의 차액은 36,000달러인바 부인의 대상은 변제한 40,000달러 전체가 된다.

120) 대법원 2003. 2. 28. 선고 2000다50275 판결(공 2003, 909). 회사는 1997. 12. 9. 부도가 나자 1998. 5. 26. 회사정리신청을 하였고, 1998. 7. 25. 회사재산보전처분결정을, 1999. 3. 26. 회사정리개시결정을 받았다. 회사는 부도가 날 당시 피고에 대하여 채무를 부담하고 있었는데, 피고(담보권자)는 1998. 1. 23. 및 1998. 11. 26. 담보목적물인 출자증권을 모두 처분하여 그 대금 전액을 정리회사의 채무변제를 위하여 충당한 사실 등을 인정한 다음, 정리전 회사에 대한 지급정지가 있은 후, 피고가 이 사건 출자증권을 처분하여 그의 채권 중 일부에 충당한 행위는 회사정리법 제78조 제1항 제2호에 해당하는 정리채권자를 해함을 알고 한 행위에 해당한다.

수 또는 이행거절의 경우에는 원칙적으로 종전 채무자의 지위를 승계하고 있다. 파산관재인이 계약을 인수하려면 계약의 전부를 인수하여야 하고 일부만 인수하거나 채무자에게 불리한 조항을 거절하는 것은 허용되지 아니한다.[121]

이에 반하여 확립된 대법원판례는 파산관재인의 제3자성을 강조하여 파산관재인이 민법 제108조의 통정허위표시에 있어 제3자에 해당하고,[122] 파산관재인은 선의로 추정되며,[123] 선의·악의기준에 대하여도 파산관재인 개인을 기준으로 할 수 없고, 총파산채권자를 기준으로 하여 파산채권자 모두가 악의로 되지 않는 한 파산관재인은 선의의 제3자로 보고 있다.[124] 그러면서도 한편으로 채무의 소멸 등 파산 전에 파산자와 상대방 사이에 형성된 법률관계에 관하여 파산관재인에게 대항할 수 없는 것은 아니며 파산자와 상대방 사이에 일정한 법률효과가 발생하였는지 여부에 대하여는 파산관재인의 입장에서 형식으로 판단할 것이 아니라 양자 사이의 실질적 법률관계를 기초로 판단하여야 한다고 판시하면서 제3자성을 부정하기도 한다.[125]

다음으로 판례는 쌍방 미이행쌍무계약에 관하여 파산관재인이 채무자회생법 제335조 제1항에 의하여 해제하는 경우, 종전 채무자가 상대방과 약정한 위약금 약정은 여전히 적용된다고 판시함으로써 파산관재인의 제3자성을 부정하고 있지만,[126] 파산선고 전에 매매계약이 해제된 후 매수인으로부터 원상회복등기가 이루어지기 전에 매수인에 대하여 파산선고가 이루어졌다면 파산관재인은 민법 제548조 제1항에서 말하는 제3자라고 판시하고 있다.[127]

미국의 부인권에 관한 입법 역사는 앞으로 파산관재인의 제3자성에 관한 난제를 해결하는 데 실마리가 될 수 있다.[128]

---

121) Michael J. Herbert, UNDERSTANDING BANKRUPTCY 142 (1995).
122) 대법원 2005. 5. 12. 선고 2004다68366 판결(공 2005, 927); 대법원 2003. 6. 24. 선고 2002다48214 판결(공 2003, 1581) 등.
123) 대법원 2003. 12. 26. 선고 2003다50078, 50085 판결(공보불게재).
124) 대법원 2010. 4. 29. 선고 2009다96083 판결(공 2010, 993); 대법원 2006. 12. 7. 선고 2006다59199 판결(미공간); 대법원 2006. 11. 10. 선고 2004다10299 판결(공 2006, 2066) 등.
125) 대법원 2011. 5. 13. 선고 2011다9860 판결(미공간); 대법원 2005. 5. 12. 선고 2004다68366 판결(공 2005, 927).
126) 대법원 2013. 11. 28. 선고 2013다204652 판결(미공간).
127) 대법원 2014. 6. 26. 선고 2012다9386 판결(미공간).
128) 학설도 판례에 찬동하는 견해와 반대하는 견해로 극명하게 나뉘어 있다. 찬성하는 견해로는 양창수, "2003년 민사판례 관견," 민사재판의 제문제 제13권(2004), 15-19면; 윤근수, "파산관재인과 통정허위표시의 제3자," 판례연구 제16집, 부산판례연구회(2005), 67-72면. 반대하는 견해로는 윤진수, "차명대출을 둘러싼 법률문제(하)," 법조 vol 604(2007), 226-237면; 이동형, "通情虛僞表示를 한 者의 破産管財人이 民法 제108조 제2항의 第3者인지 여부," 法曹 vol. 573(2004) 132-147면 등. 그 외에도 다수의 글이 있다.

다행히 한국 민법이 부동산물권변동에 관하여 형식주의를 취하였기 때문에 부동
산에 관하여 일본·미국과 같이 복잡한 논의를 할 필요가 없게 되었다. 다만 채권양도
의 대항요건 구비가 부인권에서 문제되고 있다. 판례에 의하면, 장래채권의 대항요건
을 구비하여야 하는 채무자회생법 제103조의 15일의 기간은 권리변동의 원인행위인
채권양도담보설정계약일이 아니라 원인행위의 효력이 발생하는 날이다.129) 채권자는
대항요건 부인의 공격을 피하기 위하여 조건성취시 또는 본계약체결일에 채권양도담
보의 효력을 발생함과 동시에 대항요건을 구비할 수 있는 조건부 또는 예약형 채권양
도를 선호하고 있다. 판례는 이에 동조하여 예약형 집합채권의 양도담보와 관련하여
채권자의 예약완결권 행사는 채무자의 행위가 아니라는 이유로 부인권의 대상이 되지
아니한다고 판시하였다.130)

그러나 공시되지 아니한 담보권의 행사로 인하여 일반채권자를 보호하는 역할을
한다는 미국의 Strong-Arm 조항의 취지에 비추어 보면 일본의 판례와 같이 채권양도
담보설정계약 자체를 부인하는 것이 올바른 방향이다.131)

미국에서는 1843년 스토리 대법관의 판결 이후 모범상법전 제9장의 제정까지 장
기간에 걸쳐 장래채권의 양도와 담보권설정 및 대항요건 완성시기를 둘러싸고 혼란과
논의가 있었다. 이러한 법이론의 변천 끝에 파산절차와 관련하여 미국 파산법은
§552(a)에서 명시적으로 파산절차 개시 후에 채무자가 취득한 재산에 대하여 파산절차
개시 전에 체결된 담보계약의 효력이 미치지 아니한다고 규정함으로써 입법적으로 해
결하였다. 대법원판례는 장래채권이 담보목적으로 양도된 후 채권양도인에 대하여 회
생절차가 개시되었을 경우, 회생절차가 개시된 후 발생하는 채권은 채무자가 아닌 관
리인의 지위에 기한 행위로 인하여 발생하는 것으로서 채권양도담보의 목적물에 포함
되지 아니하고, 이에 따라 그러한 채권에 대해서는 담보권의 효력이 미치지 아니한다
고 판시하였다.132) 위 판결은 관리인의 공적수탁자 이론을 근거로 삼고 있으나 이것만
으로는 부족하다. 장차 채무자회생법 개정시에 대법원 판례를 입법화하여 도산절차 개
시 전에 성립된 담보권의 효력은 도산절차 개시후에 채무자가 취득한 목적물에 미치

---

129) 대법원 2004. 2. 12. 선고 2003다53497 판결(공 2004, 448); 일본 최고재판소 昭和 48. 4. 6. 판
    결 民集 27券 3号 483頁.
130) 대법원 2004. 2. 12. 선고 2003다53497 판결(공 2004, 448); 대법원 2002. 7. 9. 선고 2001다
    46761 판결(공 2002, 1910) 등.
131) 李喆遠, 앞의 글(주 3), 493면은 판례를 비판하면서, 일본 최고재판소 平成 16. 7. 16. 판결과 같
    이 정지조건부 집행채권 양도담보를 부인하는 입장이 타당하다고 주장한다.
132) 대법원 2013. 3. 28. 선고 2010다63836 판결(공 2013, 733).

지 아니한다는 명문의 규정을 두어야 한다.

끝으로 미국 파산법의 Strong-Arm 조항과 편파행위에 관한 연구를 통하여 얻게 된 점을 기초로 앞으로 부인권에 관한 개정시 고려하여 할 사항을 제시하고자 한다.

첫째, 미국 파산법과 같이 행위의 성질과 내용에 의하여 부인권의 대상을 결정하는 방향으로 검토할 필요가 있다. 부인의 유형을 편파행위와 사해양도로 구분하는 것이 바람직하다.[133) 판례는 채권자의 양도통지행위라도 채무자의 행위와 동일시하여 이를 부인의 대상으로 삼기도 하고 채권자의 집행신청행위에 이은 법원의 행위인 전부명령을 집행행위라고 하여 이를 부인하기도 한다. 은행이 어음, 수표의 소지인인 채권자에게 지급하는 경우처럼 채권자도 채무자도 아닌 제3자가 변제하는 경우도 있다.[134) 이러한 혼란은 부인권의 대상행위를 채무자로 한정하였기 때문에 비롯된 것이다.

둘째, 거래의 안전을 보호하려면 본지변제를 고의부인에서 제외하고, 편파행위의 예외사유를 법률에 정할 필요가 있다. 일본의 신 파산법(2005. 1. 1. 시행)은 미국 파산법과 같이 부인의 대상인 행위를 사해행위와 편파행위로 구분하고 지급불능 이전에 이루어진 편파변제행위를 고의부인의 대상에서 제외하였다.[135) 또한 부인권의 예외사유로 동시교환적 거래행위를 명시하였다.[136)

이 글은 당초 Strong-Arm 조항에 등장하는 단순계약(simple contract)의 의미와 대항요건의 기준시기를 한국 민법이 부동산등기로 한 것처럼 간단하게 등록시로 하지 않은 이유를 공부하려고 작성한 것이다. 질문은 단순한 데 설명은 필자의 이해부족으로 복잡하게 되었다.

[선진상사법률 제71호(2015), 35-68면 게재]

---

133) 미국 파산법은 무상보증을 사해양도에 관한 §548(a)(1) 소정의 obligation의 개념에 포함시키고 있다. Edward · Janger, *supra* note 22, at 591.

134) 미국 판례는 수표의 발행 및 교부행위가 편파행위의 대상이 되는 권리이전이 아니며 이는 은행에 대한 지급지시에 불과하고 변제행위는 은행에 의한 지급행위를 말한다고 판시하였다 (Barnhill v. Johnson, 503 U.S. 393 (1992).

135) 법전 용어로 사해행위와 편파행위를 사용하지는 아니하였지만 전자는 '파산채권자를 행하는 행위'로, 후자는 '특정채권자에 대한 담보제공 등'으로 표현되고 있다. 林采雄, "일본 신파산법의 사해행위와 편파행위에 관한 연구," 민사소송 제10권 제1호, 한국사법행정학회(2006), 357-382면.

136) 일본 파산법 제162조 제1항은 부인의 대상이 되는 편파행위를 기존채무에 대한 채무소멸행위로 한정하고 있다. 이로서 동시교환적 거래행위는 부인의 대상에서 제외되었으며, 사해행위에 관한 제160조 제1항의 괄호 부분에 채무의 소멸에 관한 행위를 제외한다고 규정함으로써 지급불능 또는 파산신청 전의 본지변제행위에 대하여는 사해행위의 대상에서 제외하였다. 林采雄, 앞의 글 (주 118), 75면, 伊藤眞, 破産法 · 民事再生法(第2版), 有斐閣(2009), 526면 및 小川秀樹 編, 一問 一答 新しい破産法, 商事法務(2004), 227頁.

5. 國際倒産節次에 있어서 配當의 準則 (hotchpot rule)에 관한 研究

Ⅰ. 머리말

회생절차가 개시되면 회생채권자는 회생채권을 신고하고 관리인이 이의를 제기하지 아니하거나 관리인이 이의를 제기한 경우에는 회생채권조사확정의 재판을 통하여 확정되어 그러한 권리가 회생계획안에 반영되고 법원이 계획안을 인가하는 등 법률이 정하는 방법에 의하지 아니하고 개별적으로 권리를 행사할 수 없다.[1] 파산선고가 되더라도 파산채권자는 파산채권을 신고하여 파산절차에 의하여 배당을 받아야 하고 개별적인 권리행사는 금지된다.

그러나 위의 설명은 채무자회생법이 적용되는 한국 내에 소재한 채무자의 재산에 대하여 적용되는 것이고 채무자의 재산 중 외국에 소재한 재산에 대하여는 외국에서 한국의 회생절차를 승인하고 이를 지원하는 명령을 승인하여 외국의 법원이 채권자의 강제집행 등을 금지하는 명령을 발하는지 여부에 따라 달라진다. 만일 외국이 속지주의를 채택하는 국가이기 때문에 한국의 회생절차를 승인하지 않게 되면 회생채권자는 외국법에 따라 외국에 소재하는 채무자의 재산에 대하여 강제집행 또는 담보권의 실

---

[1] 대법원 1987. 10. 28. 선고 87다카1391 판결은 채무자회생 및 파산에 관한 법률(이하 '채무자회생법'이라 한다) 제131조(회생채권의 변제금지)에 의하면, 회생채권에 관하여는 회생절차가 개시된 후에는 이 법에 특별한 규정이 있는 경우를 제외하고는 회생계획에 규정된 바에 따르지 아니하고는 변제하거나 변제받는 등 이를 소멸하게 하는 행위(면제를 제외한다)를 하지 못한다고 판시하였다.

행을 할 수 있다.

동일한 채무자에 대하여 대한민국과 외국에서 동시에 도산절차가 진행되는 동안에 배당을 받은 경우나 대한민국에서 도산절차가 개시되고 외국에 소재하는 채무자의 재산에 대한 집행절차를 통하거나 임의변제를 받은 경우 국내 도산절차에서 이러한 변제를 어떻게 조정할 것인가 하는 점이 문제된다. 채무자회생법 제642조는 이러한 문제를 해결하기 위한 配當의 準則(hotchpot rule)에 관한 규정이다.[2] 본조는 국내도산절차[3]의 대외적 효력을 인정하는 것을 전제로 채권자가 국내에서 채무자회생법에 기한 국내도산절차 개시 후에 채무자 소유의 외국에 소재하는 재산('국외재산')에 대하여 강제집행 또는 병행도산 절차 내에서 변제를 받은 경우뿐 아니라 국외재산으로부터 임의변제를 받은 경우에도 국내채권자와의 균형을 맞추기 위한 것이다. 채권자라 함은 국내채권자뿐 아니라 외국채권자도 포함한다.[4] 동조는 영국법에서 발달된 hotchpot 원칙을 수용한 것이다.

Ⅱ. 배당 조정에 관한 각국의 입법례

채권자 간의 평등원칙을 구현하는 입장은 크게 두 가지의 방식이 있다.

1. EU도산규정

가장 철저한 것은 EU도산규정 §20(1)의 내용이다.[5] 동조는 담보권자 및 우선

---

2) 채무자회생법 제642조(배당의 준칙) 채무자를 공통으로 하는 국내도산절차와 외국도산절차 또는 복수의 외국도산절차가 있는 경우 외국도산절차 또는 채무자의 국외재산으로부터 변제받은 채권자는 국내도산절차에서 그와 같은 조 및 순위에 속하는 다른 채권자가 동일한 비율의 변제를 받을 때까지 국내도산절차에서 배당 또는 변제를 받을 수 없다.

3) 채무자회생법 제628조 제2호: "국내도산절차"라 함은 대한민국 법원에 신청된 회생절차 · 파산절차 또는 개인회생절차를 말한다.

4) 同旨, 園尾隆司 · 小林秀之 編, 條解民事再生法 第2版, 弘文堂(2007), 391頁(木川裕一郎 집필부분). 그러나 국내채권자가 국외재산으로부터 배당 또는 변제받고 국내도산절차에 참가하는 사례가 흔할 것이다.

5) EU도산규정 제20조(반환과 귀속)
   1. 제3조 제1항에 언급된 절차(필자 주, 주된 도산절차)의 개시 후에 어떤 수단, 특히 집행을 통하여 다른 회원국의 영토 내에 소재하는 채무자 소유의 재산에 대하여 채권의 전부 또는 일부의 만족을 얻은 채권자는 제5조(필자 주, 제3자의 물권) 및 제7조(필자 주, 소유권유보부 매매)의 유보하에 그가 얻은 것을 관재인에게 반환하여야 한다.
   2. 채권자들의 동등한 취급을 보장하기 위해, 어떤 도산절차에서 이미 자기의 채권에 대하여 배당을 받은 채권자는 동 순위의 채권자 또는 동일한 조에 속한 채권자들이 다른 절차에서 동등한 배당을 받은 경우에만 다른 절차에서 행해지는 배당에 참여할 수 있다.

적 파산채권자를 제외한 일반파산채권자 간의 평등취급을 도모하기 위한 조항이다.[6] 국내도산절차에 참가하려는 채권자는 먼저 국내도산절차개시 후 회원국에 소재하는 채무자의 재산에 관하여 강제집행 또는 임의변제[7] 등을 받은 경우에 그 변제액을 먼저 국내도산절차의 관재인에게 반환한 다음 국내도산절차에서 배당을 조정하는 방법이다. 배당을 조정하는 구체적인 방식은 후술하는 모델법과 같은 비율주의이다. 병행도산시 구체적인 배당조정의 방식은 동조 제2항에 규정되어 있으며 제1항과 달리 채권자는 도산관재인에게 배당절차에서 수령한 금원을 반환할 의무를 부담하지 아니한다.[8]

2. 모델법

국내도산절차의 같은 조의 채권자에 대한 배당비율이 외국에서 배당받은 채권자의 배당비율에 달할 때까지 외국도산절차에 참가한 채권자에 대한 배당을 하지 않는 방식이다(비율주의).[9] 그러나 모델법은 채권자가 이미 외국에서 받은 금액을 내국 도산절차의 도산관재인에게 반환할 의무를 명하지는 않는다. 채무자회생법, 일본의 파산법, 민사재생법, 회사갱생법 및 미국의 제15장은 모두 모델법의 방식을 통하여 배당조정을 규율하고 있다. 일본은 배당조정에 관한 규정을 「外國倒産處理手續の承認援助に關する法律」('承認援助法')에 두는 대신 파산법, 민사재생법, 회사갱생법에 개별적으로 두고 있다.[10]

---

6) Ian F. Fletcher ed, THE EC REGULATION ON INSOLVENCY PROCEEDINGS A Commentary and Annotated Guide (Oxford 2002) 203.

7) 貝瀬幸雄, ヨーロッパ連合倒産條約の研究, 商事法研究會(2000), 52頁

8) 石光現, "유럽연합의 國際倒産法制", 國際私法과 國際訴訟 제3권, 博英社(2004), 336면.

9) 모델법 제32조(병행절차에서의 배당의 준칙): 담보부채권 또는 물권을 해함이 없이, 외국에서 도산관련 법률에 따른 절차에서 채권의 일부 변제를 받은 채권자는 동일한 채무자에 대하여 [입법국가의 도산법을 특정]에 따른 도산절차에서 그 절차상 동일한 조에 속하는 다른 채권자들에 대한 배당액이 자신이 이미 받은 배당액보다 비례적으로 적은 한 동일한 채권에 대하여 배당을 받을 수 없다.

10) 가. 破産法 제109조(외국에서 변제를 받은 파산채권자의 절차참가) 파산채권자는 파산절차개시의 결정이 있은 후에 파산재단에 속하는 재산으로 외국에 있는 것에 대하여 권리를 행사하는 것에 의하여 파산채권에 대하여 변제를 받은 경우에 그 변제를 받기 전의 채권액에 대하여 파산절차에 참가할 수 있다.

나. 民事再生法 제89조(재생채권자가 외국에서 받은 변제) ① 재생채권자는 재생절차개시의 결정이 있은 후에 재생채무자의 재산으로서 외국에 있는 것에 대하여 권리를 행사하여 재생채권 등에 관하여 변제를 받은 경우에 그 변제를 받기 전의 채권의 전부로써 재생절차에 참가할 수 있다. ② 전항의 재생채권자는 다른 재생채권자(동항의 재생채권자가 약정열후재생채권을 갖는 자인 경우에는 다른 약정열후재생채권을 갖는 자)가 자기가 받은 변제와 동일한

3. 金額主義

이외에 이론상으로는 외국의 도산절차에서 배당받은 액수를 국내도산절차에 신고하려는 채권액에서 공제하는 것도 가능하다(일본에서는 이를 金額主義라고 표시한다). 즉 100만 원의 채권을 가진 채권자가 외국도산절차에서 이미 20만 원을 공제받았다면 80만 원만 갖고 국내도산절차에 참가하여 배당받는 방식이다. 그러나 이 방식은 채권자 평등의 원칙을 완전하게 도모할 수 없다는 단점이 있어 모델법이나 EU도산규정도 이를 채택하지 아니하였다.11)

III. 제642조의 적용과 병행도산

1. 문제의 소재

제642조는 동일한 채무자에 대하여 외국에서 도산절차가 개시된 경우(병행도산)에만 적용되는가? 아니면 병행도산 외에도 국내도산절차만 개시되고 아직 외국에서 도산절차가 개시되지 아니한 상태에서 외국 소재 채무자의 재산으로부터 변제, 강제경매, 담보권실행을 통하여 채권의 만족을 얻은 경우에도 적용되는가? 이 문제는 제642조의 표현 형식이 모호하기 때문에 발생한 것이다. 즉 "채무자를 공통으로 하는 국내도산절차와 외국도산절차 또는 복수의 외국도산절차가 있는 경우"라는 전제 부분이 뒤에 기술된 외국도산절차에만 한정되는 것인지 외국도산절차뿐 아니라 채무자의 국외재산으로부터 변제받은 경우까지 포함하는지에 관하여 의미가 불분명하기 때문이다. 아래에서 살펴보는 입법연혁이 그 점에 관한 해석에 도움이 될 것이다.

비율의 변제를 받을 때까지 재생절차에 의하여 변제를 받을 수 없다. ③ 제1항의 재생채권자는 외국에서 변제를 받은 채권의 부분에 관해서는 의결권을 행사할 수 없다.
다. 會社更生法 제137조(갱생채권자가 외국에서 받은 변제) ① 갱생채권자 등은 갱생절차개시의 결정이 있은 후에 갱생회사의 재산으로서 외국에 있는 것에 대하여 권리를 행사하여 갱생채권 등에 관하여 변제를 받은 경우에 그 변제를 받기 전의 채권의 전부로써 갱생절차에 참가할 수 있다. ② 전항의 갱생채권자 등은 다른 동 순위의 갱생채권자 등이 자기가 받은 변제와 동일한 비율의 변제를 받을 때까지 갱생절차에 의하여 변제를 받을 수 없다. ③ 제1항의 갱생채권자 등은 외국에서 변제를 받은 채권의 부분에 관해서는 의결권을 행사할 수 없다.
11) 한민, "국제금융과 국제도산법에 관한 소고," 석광현 · 정순섭 편저, 국제금융법의 현상과 과제, 小花(2009), 421면 註 54 참조. 금액주의가 모델법의 방식(비율주의)에 비교할 때 채권자 평등이 실현되지 않는 구체적인 사례를 통하여 그 단점을 설명하고 있다.

2. 채무자회생법의 입법연혁

당초 법무부에서 기초한 초안(2002. 9. 25.자)은 "제635조(배당액의 결정) 채무자를 공통으로 하는 국내도산절차와 외국도산절차 또는 복수의 외국도산절차가 동시에 진행되는 경우 법원은 동일한 채권자가 외국도산절차에서 배당받은 또는 배당받을 액을 고려하여 국내도산절차에서의 배당액을 결정하여야 한다"라고 되어 있었다.

그런데 2002. 10. 31. 공청회안은 "제641조(배당액의 결정) 채무자를 공통으로 하는 국내도산절차와 외국도산절차 또는 복수의 외국도산절차가 있는 경우 법원은 동일한 채권자가 외국도산절차에서 배당받은 액을 또는 <u>채무자의 국외재산으로부터 변제받은 액을</u> 고려하여 국내도산절차에서의 배당액을 결정하여야 한다"라고 수정되었다. 즉 밑줄 부분이 새로이 추가되었다.

2003년 법무부 도산법개정실무위원회안은 구체적인 배당조정 내용과 함께 배당의 주체는 법원이 아니라 관리인(또는 국제도산관리인)이라는 수정 의견을 받아들여 "제634조(배당액의 결정) 채무자를 공통으로 하는 국내도산절차와 외국도산절차 또는 복수의 외국도산절차가 있는 경우 외국도산절차 또는 채무자의 국외재산으로부터 변제받은 채권자는 국내도산절차에 있어서 그와 같은 조와 순위에 속하는 다른 채권자가 동일한 비율의 변제를 받을 때까지는 국내도산절차에서의 배당 또는 변제를 받을 수 없다"고 수정되어 현재와 같은 내용으로 확정된 것이다.

최초안은 문언에서 알 수 있듯이 모델법의 문구를 기초하여 원칙적으로 병행도산의 경우에만 배당조정이 가능하다는 입장이었다. 그 후 입법 과정에서 일본의 개정 파산법을 참고로 하여 병행도산을 전제로 하지 않고 임의변제, 강제집행 등에 의한 채권만족의 경우에도 배당조정이 필요하다는 이유에서 "채무자의 국외재산으로부터 변제받은"이라는 부분이 추가된 것으로 추측된다. 다만 이러한 내용이 법률에 분명하게 표현되지 못함으로써 아래에서 보는 바와 같은 견해의 대립을 초래하게 되었다.

3. 학설의 대립

(1) 제1설

본조는 병행도산의 경우에만 적용된다는 견해이다. 즉 제642조가 문리상 "채무자를 공통으로 하는 국내도산절차와 외국도산절차 또는 복수의 외국도산절차가 있는 경우"를 전제하고 있으므로 동조에 따른 배당조정은 '외국도산절차가 있는 때'에 한하여 적용된다고 보는 견해이다.[12] 그러나 이 견해는 문리해석상 그렇다는 것이고, 병행도

산이 없는 경우의 국외변제에 대하여 본조를 유추적용한다는 입장이므로[13] 제2설과
실제 적용에 있어서는 큰 차이가 없다.

(2) 제2설

본조는 병행도산 외에 국외재산으로부터 임의변제 등을 받은 경우에도 포함된다
는 견해이다.[14] 즉 채무자회생법이 모델법과 달리 외국도산절차로부터의 변제 이외에
'채무자의 국외재산으로부터의 변제'를 따로 명시하여 포함시킨 취지는 외국도산절차
가 개시되지 아니한 경우에도 국외재산으로부터의 변제이면 모두 배당조정 대상으로
삼고자 한 데 있는 것으로 보아야 하고, 조문의 문리해석상 '채무자를 공통으로 하는
국내도산절차와 외국도산절차 또는 복수의 외국도산절차가 있는 경우'라는 것은 그 다
음의 '외국도산절차'만 수식하는 문구라고 해석될 수 있다는 입장이다.

(3) 검토

다음과 같은 이유로 제2설이 타당하다.

첫째, 모델법 §32는 원칙적으로 병행도산을 전제로 하여 외국도산절차에서 받은
배당을 배당조정의 대상으로 삼고 있다.[15] 도산절차가 아니라 외국에서 강제집행을
실시하여 받은 배당도 배당조정의 대상으로 삼을 것인가에 관하여 논의가 있었으나
이를 실행하기 위하여는 각국의 집행법제의 조정이 필요하기 때문에 강제집행에 의한
배당은 배당조정의 대상에서 제외하기로 하였다. 그러나 "외국의 도산관련법에 따른
절차(a proceeding pursuant to a law relating to insolvency in a foreign state)"가 외국도산
절차 자체만을 의미하는 것인지, 도산절차 이외의 절차도 포함되어 있는지 여전히 의
문의 여지가 있다.[16] 또한 모델법은 말 그대로 각국이 국제도산법제를 입법함에 있어

---

12) 한민, 앞의 글(註 11), 428면. 일본의 경우에도 배당조정에 관한 파산법 제104조의2, 제182조 제6
항 및 제265조의2의 각 규정이 도산절차에서의 배당 외에 임의변제 또는 강제집행 등의 경우에
도 적용이 있는지 여부에 대하여는 견해의 대립이 있다. 深山卓也, 新しい國際倒産法制, 金融財
政事情研究會(2001), 379-380頁. 파산자는 파산선고에 의하여 재산의 관리처분권을 상실하는 점
을 근거로 파산자에 의한 임의변제는 본조의 적용대상에서 배제하고 부당이득을 구할 수 있다는
견해로는 伊藤眞, 破産法 · 民事再生法(第2版) 有斐閣(2009), 250頁 주 34.

13) 한민, 앞의 글(註 11), 435면

14) 同旨, 石光現, "채무자회생 및 파산에 관한 법률에 따른 국제도산법," 國際私法과 國際訴訟 제5
권, 博英社(2012), 565면 및 서울回生法院 裁判實務研究會 著, 回生事件實務(下), 제5판, 博英社
(2019), 370면. 일본의 경우에는 임의변제의 경우 학설의 다툼이 있을 뿐 외국도산절차 및 외국
도산절차 외에서의 강제집행, 임의경매에 의한 배당 또는 변제를 포함하는 데에는 학설이 일치되
어 있다(竹下守夫 編集代表, 大コメンタール 破産法 靑林書院(2007). 463頁(深山卓也 집필부분)).

15) 深山卓也, 앞의 책(註 12), 379頁

16) 한민, 앞의 글(註 11), 421면, 山本和彦, 國際倒産法制, 商事法務(2002), 54頁, 深山卓也, 앞의 책
(註 12), 379-380頁.

서 참고하는 모범 법전에 불과하고 규범력이 있는 조약은 아니며 각국이 구체적으로 어떠한 내용의 배당조정 방식을 채택할 것인지는 입법정책에 맡겨진 것이므로 모델법을 따른다고 하여 논리필연적으로 병행도산의 경우로 한정할 이유는 없다.

또한 hotchpot 원칙은 반드시 병행도산의 경우에만 적용되는 것은 아니다. 이 원칙은 보편주의하에서 채권자평등의 원칙을 구현하기 위한 것이므로 병행도산의 경우에만 적용할지 아니면 병행도산이 아닌 상태에서도 파산재단에 속하는 외국에서 소재하는 재산으로부터 변제를 받은 경우도 포함할 것인지 역시 입법정책의 문제이다. 실제로 영미법계인 캐나다의 국제파산법에서도 병행도산 외에 외국 소재 채무자의 재산으로부터 변제, 강제집행 등을 통하여 채권자가 채권의 일부 만족을 얻은 경우에도 배당조정의 대상으로 삼고 있다.[17] 일본의 회사갱생법 등도 병행도산을 언급함이 없이 파산재단 또는 채무자의 재산에 속하는 재산으로 외국에 있는 것에 대하여 권리를 행사하는 것에 의하여 채권에 대하여 변제를 받은 경우를 배당조정의 대상으로 삼고 있다. EU도산규정 §20(1)도 병행도산을 전제로 하지 않은 경우에 배당조정에 관한 내용이다(§ 20(1)).[18]

둘째, 입법연혁에서 알 수 있듯이 제642조가 모델법과 달리 '채무자의 국외재산으로부터 변제받은' 경우도 그 규율대상으로 삼고 있는 것이 명백하고 만일 병행도산의 경우로 한정하게 되면 외국도산절차에서 채무자의 국외재산으로부터 변제를 받는 경우의 의미가 거의 없어지게 된다.[19]

셋째, 외국도산절차 종료 후라도 외국 도산법원이 승인한 계획에 따라 실시되는 변제의 경우에도 배당조정의 대상으로 삼는 것이 타당하므로[20] 굳이 병행도산을 요건으로 한정할 필요가 없다.

---

17) Companies' Creditors Arrangement Act §60. (1)(b). 동조는 무담보채권자뿐 아니라 담보채권자에 대하여도 적용된다. Steven Golick · Marc Wasserman, Canada. Look Chan Ho, Cross-Border Insolvency, Globe Law and Business (2009). 98.

18) 동조는 주절차 개시 후에 체약국 내에 소재하는 재산으로부터 채무자로부터 임의변제를 받든지 강제집행을 통하여 받고도 주절차의 배당에 참가하려면 그 이득액을 도산관재인에게 배당하도록 규정하고 있다. EU 도산규정 §20(1)은 병행도산에 적용되지 아니하며 병행도산절차에서 수령한 배당금은 동조 제2항에 의하여 배당조정의 대상이 된다. §20(1)이 적용되는 경우로는 회원국에서 주절차가 개시되었으나 채권자의 주소지 또는 상거소지, 설립지 등에서 채무자에 대한 도산절차의 개시가 공고가 이루어지기 이전에 채권자가 도산절차의 개시사실을 알지 못하고 변제를 수령하거나 강제집행을 한 경우에 적용된다. Ian F. Fletcher ed, *supra* note 6, at 204. 병행도산에 관한 규정은 §20(2)에서 규율하고 있다.

19) 채무자가 관리처분권을 상실하였음에도 불구하고 불법으로 변제하는 경우는 배당조정의 대상이 아니라 부당이득의 반환이 문제가 된다. 同旨, 한민, 앞의 글(註 11), 435면.

20) 한민, 앞의 글(註 11), 432면.

넷째, 채무자회생법시행규칙 제107조[21]는 병행도산과 별개의 요건으로 채무자의 국외재산으로부터 변제받은 경우를 그 적용대상으로 삼고 있다.

Ⅳ. 병행도산시 국내도산절차와 외국도산절차의 관계

1. 외국도산절차의 의미 — 임시절차의 포함 여부

본조가 적용되기 위한 '외국도산절차'라 함은 반드시 미리 채무자회생법에 의하여 승인절차를 거쳐야 할 필요는 없다.[22] 외국도산절차라 함은 독일, 일본과 같이 법원에 의하여 외국도산절차가 개시결정이 된 경우 외에 도산절차개시 신청 후 아직 개시결정이 나기 전 동안 법원이 변제금지 또는 담보권실행금지 등의 보전처분을 발한 경우도 포함된다. 미국의 연방파산법에 의하면 채권자에 의한 신청이건 채무자의 신청이건 신청시 자동중지의 효과가 발생하므로 미국의 경우에는 파산신청서가 파산법원에 접수된 시점 이후의 절차를 의미한다.

2. 국내도산절차의 개시와 외국도산절차의 선후 관계

본조는 대한민국 내에서 파산절차, 회생절차가 개시되어 동 절차에서 배당 또는 회생계획에 의한 변제를 실시함에 있어서 적용되는 조문이므로 동조가 적용되기 위해서는 대한민국 내에서 도산절차가 개시되어야 함은 의문이 없다.

다음으로 외국도산절차가 국내도산절차보다 먼저 개시된 경우에도 동조가 적용되는지에 관하여 논의가 있다. 모델법 및 채무자회생법 제642조도 이 점에 관하여 명확히 규정하고 있지 않다. 모델법에서는 국내도산절차의 개시결정과 외국도산절차에서의 배당의 선후를 묻지 않고 배당조정의 대상으로 삼고 있다.

이에 반하여 일본의 파산법 등은 명문으로 "파산절차개시의 결정이 있은 후에 … 파산채권에 대하여 변제를 받은 경우"라고 규정함으로써 국내 도산절차 개시 전에 외국도산절차에서 받은 배당 또는 변제를 배당조정의 대상에서 제외하고 있다. 영국의

---

21) 채무자회생법시행규칙 제107조(채권자가 외국에서 변제를 받은 경우의 처리) ① 채권자가 국내도산절차의 개시결정(파산선고를 포함한다)이 있은 후 외국도산절차 또는 채무자의 국외재산으로부터 변제받은 때에도(밑줄 필자) 그 변제를 받기 전의 채권 전부로써 국내도산절차에 참가할 수 있다. 다만 외국도산절차 또는 채무자의 국외재산으로부터 변제받은 채권액에 관하여는 의결권을 행사하지 못한다. ② 제1항의 채권자는 법 제642조에 따라 국내도산절차에서 그와 같은 조 및 순위에 속하는 다른 채권자가 동일한 비율의 변제를 받을 때까지 국내도산절차에서 배당 또는 변제를 받지 못한다.
22) 異說 없음. 石光現, 앞의 책(註 8), 566면, 한민, 앞의 글(註 11), 426면.

hotchpot 원칙에 의하면 만일 외국채권자가 영국의 도산절차 개시 이전에 외국도산절차로부터 배당을 받은 경우에는 외국채권자는 hotchpot 원칙에 구속받지 아니한다.23) 즉 이 원칙이 적용되기 위해서는 외국채권자가 영국의 도산절차가 개시된 이후에 외국도산절차에서 변제를 받아야 한다.24)

생각건대, 채권자 간의 평등을 관철시킨다면 외국에서 도산절차가 병행되는 경우 동일한 채권자에 대하여 시간의 선후를 묻지 아니하고 외국도산절차에서 이루어진 배당액을 포함시켜 배당조정의 대상으로 삼는 것이 타당할 수 있다.

그러나 배당조정에 관한 규정이 근본적으로 국내도산절차의 대외적 효력을 인정하는 전제하에 내국에서 이루어지는 도산절차를 중심으로 채권자간의 평등을 도모하는 것인바, 내국 도산절차 개시 전에 변제를 받은 경우 부인권의 대상이 됨은 별론으로 하고 파산절차에 참가하는 채권자는 도산절차 개시시를 기준으로 한 채권액을 기초로 도산절차에 참가하는 것이다. 따라서 채무자회생법상의 도산절차가 개시되기 이전에 외국의 도산절차에서 또는 국외재산으로부터 배당을 받았다고 하더라도 이는 제642조의 대상이 아니므로 채권자는 감소한 채권액을 기준으로 국내도산절차에 참가하여야 한다.25) 채무자회생법시행규칙 제107조 또한 채권자가 국내도산절차의 개시결정이 있은 후 외국도산절차 또는 채무자의 국외재산으로부터 변제받은 때에도 그 변제를 받기 전의 채권 전부로써 국내도산절차에 참가할 수 있다"고 규정함으로써 국내도산절차 개시 전에 외국도산절차 또는 채무자의 재산으로부터 변제받은 경우에는 제642조가 적용되지 않음을 전제로 하고 있다.26)

---

23) Cleaver v. Delta American Reinsurance [2001] 2001 2 A.C. 328 (P.C.). 이 판결과 관련하여 hotchpot 원칙에 관한 글로는 Look Chan Ho, On Pari Passu, Equality and Hotchpot rule in Cross-Border Insolvency, Lloyd's Maritime and Commercial Law Quarterly, Part 1 (2003. 2), 95-108 참조.
24) Banco de Portugal v. Waddell (1880) 5 App.Cas. 161(H.L.). hotchpot 원칙에 관한 고전적인 판결로 소개되고 있다. 이 사건은 포르투갈의 도산절차에서 배당을 받은 채권자가 영국의 도산절차에 참가를 구한 사안이다. 대법원(귀족원)은 영국의 도산절차에 참가하여 배당을 받으려면 형평의 원칙상 외국에서 수령한 금액을 배당을 위하여 관재인에게 제공하여야 한다고 판시하였다.
25) 同旨 한민, 앞의 글(註 11), 431면 및 園尾隆司・小林秀之 編, 條解民事再生法 第2版, 弘文堂 (2007), 391頁(木川裕一郎 집필부분).
26) 다만 시행규칙 제107조의 내용은 일본과 같이 법률로 정할 사항이지 시행규칙에서 정할 성질의 것이 아니라는 비판이 있다.

V. 배당조정의 방식

1. 배당조정의 원칙

모델법이나 미국 파산법 제15장은 구체적으로 어떠한 방식에 의하여 배당을 조정하는가에 관하여 규정을 두고 있지 않다. 배당조정에 관한 EU도산규정 §20에 관한 해설이 참조된다고 하여 미국과 일본의 학자들이 인용하고 있다. 이에 의하면 ① 채권자는 채권액의 100%를 넘어 변제받을 수 없다. ② 선행하는 도산절차에 참가한 채권액과 뒤에 개시된 도산절차에 참가하는 채권액은 일치한다. 즉 선행도산절차에서 배당받은 금액을 공제한 잔액을 기준으로 후에 개시된 도산절차에 참가하는 것은 아니다(이점은 미국 연방파산법 제15장 § 1532가 도입됨으로써 배당조정에 관한 같은 역할을 하였던 구 연방파산법 § 508(a)에 관한 해석도 이와 같다).[27] ③ 선행도산절차의 채권자와 동순위의 채권자가 후에 개시된 도산절차에서 동률의 배당을 받기 시작할 때 비로소 선행도산절차에서 배당을 받은 채권자에 대하여 후에 개시된 도산절차에서 배당한다. 즉 채권자 甲이 먼저 개시된 X國의 도산절차에서 일반채권자로서 5%의 배당을 받았다면 후에 개시된 Y國의 도산절차에서 일반채권자가 8%의 배당을 받게 된다면 甲은 동일 채권액을 기준으로 나머지 3%를 Y國의 도산절차에서 배당을 받게 된다. 반대로 甲이 X國에서 8%를 배당받았다면 Y국의 배당률이 5%에 불과하면, 甲은 Y國의 도산절차에 참가할 수 없게 된다. ④ 채권의 우선순위는 각 도산절차의 개시국법에 의하게 되므로 예컨대 동일한 채권(예컨대 임금채권)이 각 도산절차의 파산법에 따라 우선적 파산채권 또는 일반파산채권, 재단채권 등으로 그 취급을 달리 받을 수 있게 된다. 즉 X國에서는 재단채권으로 취급되어 일부를 변제받게 되더라도 Y國에서는 일반파산채권으로 나머지 금액만이 일반파산채권으로 배당조정의 대상이 된다. 물론 채권신고는 배당받기 전에 신고한 동일금액을 기준으로 한다.[28]

파산절차의 경우라면 배당계산의 기초가 되는 파산채권총액을 산정함에 있어서 채권자가 외국에서 변제를 받기 전의 파산채권액을 기준으로 하여야 한다(즉 외국에서 변제받은 액을 공제하는 것이 아님). 그리고 파산채권자가 채무자에 대한 국내파산절차에서의 파산선고 후에 파산자의 국외재산으로부터 변제를 받은 경우에도 파산선고시를 기준으로 보유한 파산채권 전액을 가지고 파산절차에 참가할 수 있다. 회생절차의 경

---

27) Samuel L. Bufford, United States International Insolvency Law (2009), 158.
28) 貝瀨幸雄, "比較國際倒産法," 石黑一憲 編, 國際金融倒産, 經濟法令研究會(1995), 53頁.

우에도 마찬가지이다. 배당조정의 대상이 되는 채권이 파산채권과 회생채권, 회생담보
권에 한정된다는 견해29)가 있다. 일본의 파산법 등은 명문으로 파산채권자, 회생채권
자 등으로 표시하고 있음을 근거로 삼고 있다. 그러나 채무자회생법은 일본과 달리 채
권자라고만 표시하고 있다. 채무자회생법상 공익채권과 재단채권은 회생채무자 또는
파산재단에 공익채권 등을 변제하기 부족한 경우에는 안분하여 변제하도록 되어 있으
므로(채무자회생법 제180조 제7항 및 제477조) 공익채권 및 재단채권을 배당의 준칙에서
배제할 필요는 없다고 생각한다.30)

2. 본조의 적용 대상이 되는 외국에서의 변제의 범위

본조가 외국도산절차에서 변제받은 경우에만 적용된다는 견해도 있으나 이하에
서는 앞에서 본 입장에 따라 병행도산절차에 의하지 아니하고 변제받은 경우를 포함
하여 설명한다.

(1) 외국도산절차에 참가하여 받은 변제

외국도산절차(임시절차 포함)가 개시된 이상 채권조사 등을 거쳐 확정된 채권자표
에 기하여 배당 또는 계획안에 의한 배당뿐 아니라 그 이전에 개별적으로 법원의 허가
에 의하여 변제를 받은 경우31)에도 외국도산절차로부터의 변제에 해당함은 당연하다.
따라서 채권조사를 거친 후에 실시되는 배당이나 계획안에 의한 배당 단계에 이르기
이전에 파산법원의 허가에 의하여 변제가 이루어졌다면(예컨대 미국의 first day order에
기한 변제) 배당조정의 대상이 된다. 더 나아가 외국도산절차가 종료된 후에 이루어진
변제라 하더라도 그것이 외국도산절차에서 인가된 계획에 따르는 것이므로 배당조정
의 대상이 된다.

(2) 채무자에 의한 임의변제

본조가 병행도산의 경우에만 적용된다는 견해에 의하면, '국외재산'이라 함은 도
산절차가 개시된 당해 외국에 소재하는 재산으로 해석하여 그 재산으로부터 변제를
받은 경우로 한정하여 해석한다.32) 더 나아가 이 견해에 의하면, 외국도산법에 의하면

---

29) 한민, 앞의 글(註 11), 434면.
30) 따라서 근로자가 채무자회생법에서는 재단채권자로서 일본에서는 재단채권 또는 우선적 파산
   채권으로 변제받게 되는 경우에도 배당조정의 대상이 된다. 일본의 신 파산법은 파산절차 개시
   전 3개월간의 임금채권은 재단채권으로 나머지 채권은 우선적 파산채권으로 취급한다(제149조
   제1항).
31) 예컨대 채무자회생법 제131조 또는 제132조와 일본 회사갱생법 제47조 제2항 또는 제5항과 같이
   계획안 인가 이전에 법원의 허가에 의한 변제 등을 지칭한다.
32) 한민, 앞의 글(註 11), 433면.

보통 도산절차가 개시된 그 나라(외국)에 소재하는 재산에 대하여 채무자는 외국도산절차에 의하지 아니하고는 변제받을 수 없고 만일 이러한 변제가 있었다면, 이는 부당이득반환청구를 하여야 하고 배당조정의 문제는 발생하지 아니한다고 주장한다.33) 따라서 이 견해에 의하면, 본조가 적용되는 임의변제의 사례는 거의 없게 된다.

이에 반하여 제642조가 병행도산뿐 아니라 채무자의 국외재산으로부터 변제를 받은 경우에도 적용된다는 견해에 의하면, 채무자에 대하여 아직 외국에서 도산절차가 개시되지 아니한 상태에서 그 외국에 소재하는 채무자의 재산으로부터 채권자가 임의변제를 받은 경우에도 적용된다.34) 만일 외국에서 도산절차가 개시되었음에도 불구하고 채무자가 변제를 한 것은 채무자회생법뿐 아니라 외국의 도산법에 의하더라도 처분권한이 없는 자가 한 변제로서 무효이므로 이는 부당이득반환의 문제로 해결할 것이지 본조를 적용할 것은 아니다.

한편 일본에서는 회사갱생법과 민사재생법에 "권리를 행사하여 갱생채권 등에 관하여 변제를 받은 경우"라는 표현을 사용하고 있다는 이유로 임의변제의 경우에는 배당조정의 대상이 되지 아니한다는 견해35)가 있으나 채무자회생법은 그러한 표현을 사용하고 있지 아니하므로 임의변제를 제외할 이유는 없다.

(3) 채무자의 국외재산에 대한 강제집행

적용긍정설은 국외재산에 대한 개별적인 강제집행을 통하여 변제를 받은 경우에도 본조가 적용된다고 해석한다.36) 적용반대설은 국외재산으로부터의 변제를 병행도산의 경우 도산절차가 개시된 외국에 소재하는 재산으로부터 받은 변제로 한정하고 있으므로 도산절차에 의하지 아니하고 강제집행에 의한 변제를 받은 경우는 매우 예외적이라고 한다.37)

(4) 담보권자의 담보실행과 배당조정

1) 속지주의와 국외재산

속지주의를 취한 구 회사정리법하에서는 채무자의 국외재산은 정리회사의 소유재산에 속하지 아니하므로 정리담보권자는 외국 소재 재산에 대하여 회사정리법 등에

---

33) 한민, 앞의 글(註 11), 435면.
34) 石光現, 앞의 책(註 13), 565면; 回生事件實務(下), 제5판, 370면; 林治龍, 파산법연구2, 博英社 (2006), 313면.
35) 伊藤眞, 破産法 · 民事再生法 第2版, 有斐閣(2009), 188頁.
36) 石光現, 앞의 책(註 8), 565면; 林治龍, 앞의 책(註 34), 313면.
37) 한민, 앞의 글(註 11), 436면. 구체적인 예로 재건절차가 종료된 후 채무자가 변제계획에서 정한 채권을 변제기에 변제하지 못하여 채무자 재산에 대한 강제집행을 통하여 변제받는 경우를 들고 있다.

의한 절차의 제한을 받지 아니하고 담보권을 행사할 수 있고 환가 후 남은 금전에 대하여도 관리인에게 교부할 의무가 없었다.38) 그러나 속지주의를 폐지한 채무자회생법에 의하면 채무자의 국외재산 역시 파산재단에 속하게 된다. 파산재단 또는 회생채무자의 재산에 속한다고 하여 별도의 승인절차 없이 곧바로 채무자회생법에 정한 강제집행금지의 효력, 담보권실행금지의 효력이 국외재산에 대하여 미치는 것은 아니며 이러한 효력을 얻기 위해서는 목적물이 소재한 국가의 도산법에 따라 채무자회생법에 기한 도산절차의 효력을 당해 외국법원으로부터 승인결정과 필요하면 별도로 권리행사의 금지를 명하는 결정(moratorium)을 받아야 한다.

2) 회생담보권의 개념 — 외국소재 재산을 담보목적물로 삼은 경우

속지주의를 폐지한 채무자회생법하에서 외국소재 재산에 대한 담보권을 실행하여 변제를 받은 채권자도 배당조정의 대상이 되는가에 관하여는 입법에 의하여 이를 부정한 국가도 있으며,39) 일본과 같이 해석론에 의하여 이를 인정한 국가도 있다.

이 문제를 해결하려면 먼저 외국 소재 재산에 대한 담보권이 채무자회생법상의 담보권인지 여부를 먼저 살펴보아야 한다. 왜냐하면 국내도산절차가 외국 소재 재산에 대한 담보권에 미치는 효력에 대해 어떤 태도를 취하는가는 hotchpot 원칙의 적용범위에 영향을 미칠 수 있기 때문이다.

외국소재 재산도 회생담보권에 해당하는 점을 긍정하는 학설은 채무자회생법 제141조에 정한 유치권, 질권 등에 상응하는 외국법상의 담보권도 회생절차가 외국에서 승인된다면 회생담보권에 포함하는 것으로 보는 견해이다.40) 이 견해에 의하면 채무자의 회생절차가 한국에서 개시된 경우 그의 효력이 외국에서 승인된 때에는 담보권자는 회생절차에 의하지 아니하고 외국에 있는 담보물을 실행할 수 없게 된다.41)

회생담보권에 해당하지 아니한다는 학설은 국외재산 담보부 채권은 국내도산절차가 담보목적물 소재지 국가 등 해당 외국에서 효력을 인정받기 전에는 이를 회생채권 또는 파산채권으로 인정하자는 견해이다.42)

---

38) 구 파산법도 속지주의를 취하였지만 담보권자는 별제권자로서 원칙으로 파산절차에 의하지 아니하고 담보권을 행사할 수 있다.

39) 미국의 연방파산법 제15장(§1532)과 EU도산규정(§20)은 담보권을 실행하여 변제받은 금액을 배당조정의 대상에서 제외하고 있다. 즉 EU도산규정(§20)은 국내도산절차에 관계 없이 외국 소재 채무자의 재산에 대하여 담보권의 실행을 허용하고 담보권자에 대하여는 국내도산절차에서 hotchpot 원칙을 적용하지 않고 있다.

40) 石光現, 앞의 책(註 8), 610-611면 주 71 참조.

41) 石光現, 앞의 책(註 8), 612면.

42) 한민, 앞의 글(註 11), 441면. 그러나 이 견해는 담보권부정설을 취하려면 국외재산 담보부채권은

필자는 다음과 같은 이유로 회생담보권 부정설에 찬동한다.

첫째, 실무적인 관점에서 볼 때, 만일 물건 소재지 국가의 법에 따라 어느 권리가 담보권으로 인정된다고 하더라도 이를 국내의 도산절차에서 어떠한 우선순위를 두어야 하는지 쉽지 않아 도산절차의 신속한 진행에 방해가 된다.[43]

둘째, 이론적인 관점에서 볼 때, 채무자회생법에 의하면 담보권자라고 하더라도 신고를 해태하여 그 권리가 회생절차의 계획안에 반영되지 아니하면 실권되는바, 이는 물권의 성립과 효력은 목적물 소재지법에 의하고 물권의 소멸사유만 도산법정지법에 의하게 되는 불합리가 생긴다.[44]

셋째, 회생담보권인지 여부는 도산법정지법에 의하여 결정되는 것이지 외국에서 국내도산절차가 승인되는지 여부에 의하여 결정되는 것이 아니다.

이 견해에 따르면 채무자회생법에 기한 도산절차가 개시되었다고 하여 채무자의 외국 소재 재산에 대하여 즉시 채무자회생법에 따른 효력(담보권행사 금지 또는 중지)을 주장할 수 없으므로 채권자는 이러한 외국소재 재산에 대하여 갖는 담보권을 채무자회생법에 의한 회생담보권이라고 보아 신고할 의무는 없으며 이를 신고하지 아니하였다고 하여 회생담보권으로서 실권된다고 해석할 수는 없다. 즉 채무자회생법상의 회생담보권이라 함은 채무자회생법에 정한 저당권, 유치권, 질권 등 민법이 인정하는 담보물권으로서 국내 소재하는 재산을 목적물로 하는 것만 포함되고 외국 소재 채무자의 재산을 포함하지 아니한다. 단 회생절차에 참가하려면 회생채권으로 신고할 필요는 있다.

따라서 파산절차의 경우에도 외국소재 채무자의 재산에 대하여 외국법에 의하여 담보권을 취득한 채권자는 채무자회생법 제447조 제2항에 따라 담보권자로서 별제권의 목적 및 예정부족액 등을 법원에 신고할 의무를 부담하지 아니한다고 봄이 타당하다. 현재 서울중앙지방법원파산부의 실무에서도 외국에 소재한 부동산에 대한 담보권

우선 국외담보로부터 채권을 회수하고 그 미회수 잔액에 관하여만 국내도산절차에서 채권을 행사할 수 있어야 한다는 전제를 달고 있다. 필자는 후술하는 바와 같이 이러한 제한을 부가하는 것에 반대한다.

43) 일본의 先取特權 중 不動産先取特權과 動産先取特權은 별제권이지만 一般先取特權은 優先破産債權 또는 一般優先債權(민사재생절차)으로 취급된다. 田原睦夫, "各種倒産手續と擔保權の取扱い-槪論", 金融法務事情 No.1747 (2005), 14-15頁.

44) 국제사법 제19조는 동산 및 부동산에 관한 물권적 법률관계의 준거법을 목적물의 소재지법으로 하는 同則主義를 채택하고 있다. 즉 소유권, 담보물권의 종류, 내용 및 효력 등은 물건의 소재지법에 의하게 된다. 石光現, "외국 소재 동산 소유권이전 준거법과 대법원판결들의 오류," 법률신문 제3960호(2011. 8. 18.) 11면은 일본 민법을 준거법으로 정하였다고 하더라도 당사자간의 물권변동에 관하여는 일본의 의사주의가 적용되지 아니하고 한국 민법에 의하여 등기 또는 인도가 필요하다고 기술하고 있다. 따라서 담보물권의 종류, 성립 및 소멸에 대하여는 물건 소재지법에 따르고 도산법정지법에 따를 것이 아니다.

을 회생담보권이나 별제권으로 신고하도록 지도하고 있지 않다.[45]

3) 채무자의 국외재산을 담보목적물로 삼는 담보권의 행사와 본조의 적용

국외재산에 대하여 외국에서 담보권을 갖는 채권자가 담보권을 행사하거나 외국 도산절차에서 배당을 받는 경우에 본조가 적용되는가에 대하여는 견해의 대립이 있 다.[46]

필자는 아래와 같은 이유로 긍정설에 찬동한다. 채무자회생법이 배당조정의 원칙 (hotchpot rule)을 채택하였다고 하여 EU도산규정이나 미국 연방파산법처럼 반드시 담 보채권자의 권리는 배당조정에서 제외하여야 한다는 결론이 도출되는 것은 아니다.[47] 영미법계인 캐나다의 국제파산법제에 있어서도 담보권자에 대하여 배당조정이 가능한 것으로 해석하고 있다.[48] 일본의 會社更生法 역시 담보권자에 대한 배당조정을 허용 하고 있다. 다만 파산법과 민사재생법은 원칙적으로 별제권자의 권리실행을 허용하고 있으므로 이 경우 배당조정은 담보권자는 제외되고 일반채권자에 대하여만 적용된 다.[49] 따라서 채무자회생법에 의한 회생절차가 외국에서 승인되었는지와 관계 없이 담보권자라도 외국 소재 재산에 대하여 담보권을 실행하여 변제받았다면 배당조정의 대상으로 삼아야 할 것이다.[50] 다만 담보권실행에 대하여는 일률적으로 배당조정의 대상으로 삼을 것이 아니라 국내도산절차가 파산절차인지 채무자회생절차인지에 따라 구별하여야 한다. 채무자회생법에 의한 파산절차에서는 담보권자는 별제권자로서 파 산절차에 복속하지 아니한 채 담보권을 실행하여 변제를 받는 것이 가능함에 반하여, 회생절차에서는 담보권자는 회생담보권자로 취급되어 회생절차에 의하지 아니하고는 변제를 받을 수 없기 때문이다.

4) 채무자회생법에 의한 파산선고가 된 경우

국내에서 파산선고가 된 경우라면 파산선고 후 채권자가 외국에서 담보권을 행사 하여 변제를 받은 경우에는 배당조정의 대상에서 제외하여야 한다. 단 속지주의가 폐

---

45) 다만 항공기나 선박과 같은 교통수단을 담보목적물로 삼는 경우에는 별도의 고려가 있어야 할 것이다. 항공기를 담보목적물로 하는 조약으로는 1948년 Geneva Convention이 있다.

46) 긍정설, 石光現, 앞의 책(註 8), 564면 및 611면 주 73. 부정설, 한민, 앞의 글(註 11), 447면.

47) 영국의 hotchpot rule은 채권자가 담보권을 행사하여 외국도산절차에서 변제를 받는 경우에는 적용되지 아니한다. Philip St. J. Smart, Cross-Border Insolvency, 2nd ed (Butterworths, 1998), Look Chan Ho, *supra* note 17, at 275에서 재인용.

48) Steven Golick · Marc Wasserman, *supra* note 17, at 98.

49) 永石一郎 編, 倒産處理 實務ハンドブック 中央經濟社(2007), 811頁; Shin Abe, Japan, Look Chan Ho, Cross-Border Insolvency, Globe Law and Business (2009), p 286.

50) 同旨 石光現, 앞의 책(註 8), 611면.

지되었으므로 담보권자는 목적물을 환가하고 남은 재산이 있는 경우에 남은 재산은 파산재단에 속하게 되므로 파산관재인이 외국에서 파산절차를 승인받아 관리처분권을 취득하게 되어 파산관재인의 요청이 있는 경우 남은 재산은 외국도산법의 절차에 따라 대한민국으로 송금된 후 파산관재인에게 교부되어야 할 것이다.

5) 채무자회생법에 의한 회생절차 개시결정이 있는 경우

회생절차 개시 후 외국에서 담보권을 행사하여 변제를 받은 경우에는 배당조정의 대상으로 삼아야 한다. 따라서 이하에서는 채무자회생법시행규칙 제107조도 담보권자에 대하여 적용이 있음을 전제로 설명한다.

그런데 원칙적으로 EU도산규정과 같이 담보권 실행의 경우를 배당조정의 대상에서 제외하되 다만 채권자는 마치 파산절차의 별제권처럼 우선 국외담보로부터 채권을 회수해야 하고 잔액에 대해서만 회생절차에서 채권을 행사할 수 있다는 견해가 있다.[51]

채무자회생법시행규칙 제107조 제1항, 제2항은 채권자가 외국도산절차에서 먼저 담보권을 행사하여 변제(도산절차 내에서 또는 도산절차 밖에서를 불문하고)를 받은 경우 국내도산절차에서의 배당조정에 관한 규정일 뿐 외국 소재 재산에 관하여 담보권을 갖고 있는 채권자가 국내도산절차에 참가하기에 앞서 반드시 그 담보권을 먼저 실행할 것을 요구하도록 규정하는 내용은 아니다. 따라서 채무자회생법의 어느 규정에 의하더라도 채권자가 국내도산절차에서 먼저 배당을 받은 후 외국에서 담보권을 실행하는 것을 막을 수는 없다. 이 점은 일반회생채권자의 경우에도 반드시 국내도산절차에서 먼저 배당받을 것을 요구하지 않는 점과 일맥상통한다. 만일 국내도산절차에서 먼저 회생채권자 또는 회생담보권자로 배당을 받더라도 외국도산법이 채무자회생법과 같은 내용의 배당조정의 규정을 두고 있다면 외국도산절차에서 배당조정을 함으로써 채권자 간의 평등을 도모할 수 있을 것이다.

배당의 준칙은 대한민국의 도산절차에서 채권자 간의 평등을 도모하기 위한 것이므로 설령 대한민국의 도산절차가 외국에서 승인되지 않거나 외국도산절차가 속지주의를 채택하고 있기 때문에 채권자가 채무자의 국외재산에 대하여 강제집행을 하거나 담보권을 실행함으로써 외국에서 채권의 일부 변제를 받은 채권자가 그 후에 채무자회생법에 의한 도산절차에 참가하려는 경우라면, 여전히 배당의 준칙에 따라 배당조정을 감수하여야 한다.[52]

---

51) 한민, 앞의 글(註 11), 441면.
52) 同旨, 石光現, 앞의 책(註 8), 611면.

회생절차의 경우 계획안을 작성하기 전에 채권자가 국외재산으로부터 이미 변제를 받았다면 이를 반영한 계획안을 작성하게 된다. 계획이 인가된 후에 채권자가 변제를 받았다면 수정된 기준에 따라 계획상의 변제를 받게 된다.[53] 외국에서 변제를 받더라도 일단 채권전액을 기준으로 회생절차의 배당에 참가하지만 변제받은 액수에 관하여는 의결권을 행사하지 못한다(채무자회생법시행규칙 제107조 제1항 단서).

Ⅵ. 不當利得의 成否

만일 채권자가 국외재산으로부터 변제받은 액수가 국내절차에서 받게 되는 배당액보다 다액인 경우 그 차액에 대하여 채권자에게 부당이득반환의무가 있는가에 관하여 논란이 있다.

1. 일본

부정설은 만일 부당이득을 인정하게 되면 재산소재국의 법에 따라 변제받은 것이 법률상 원인 없는 것이 되고 다시 역으로 재산소재국에서 관재인을 상대로 부당이득반환청구를 초래하게 되어 법제도의 相異함을 무시하는 것이 된다는 점을 논거로 들고 있다.[54] 이 견해에 의하면 만족을 얻게 된 외국도산절차가 속지주의를 채용하였는지 여부는 무관하다고 한다.[55]

긍정설은 국제파산절차의 목적인 채권자간 평등원칙을 국제적인 수준에서 적용하여야 한다는 점을 들고 있다.[56]

2. 한국

국내에서는 긍정설은 없으며 부정설과 절충설로 나뉘어 있다. 부정설은 근거로 EU도산규정 §20는 채권자가 외국도산절차에서 채권의 변제를 받은 경우 hotchpot 원칙을 적용하고, 나아가 채권자가 도산절차에 의하지 아니하고(즉 외국에 있는 자산에 대한 강제집행을 통하거나 또는 채무자의 임의변제에 의하여) 채권의 변제를 받은 경우 이를

53) 園尾隆司・小林秀之 編, 條解民事再生法 第2版, 弘文堂(2007), 392頁(木川裕一郎 집필부분)
54) 道垣内正人, "國際倒産における債權者平等," 山本克己・山本和彦・坂井秀行編, 國際倒産法制の 新展開, 金融商事判例 增刊號 제1121호 (2001), 115頁.
55) 園尾隆司・小林秀之 編, 條解民事再生法 第2版, 弘文堂(2007), 392頁(木川裕一郎 집필부분)
56) 松下淳一, "內國倒産手續の對外的效力," 新裁判實務大系3 國際民事訴訟(財産編), 靑林書院(2002), 479頁; 石黑一憲, 國際私法と國際民事訴訟法の交着, 有信堂(1988), 472頁.

주절차의 도산관재인에게 반환할 것을 규정하는 데 반하여, 채무자회생법은 다른 채권자가 동일한 비율의 변제를 받은 때까지 국내도산절차에서 배당 또는 변제를 받지 못하도록 규정할 뿐이므로 부당이득의 성립을 부정하여야 한다는 점을 들고 있다.57)

절충설은, 국외변제의 유형을 (i) 국외재산 담보부채권의 변제, (ii) 외국도산절차로부터의 변제와 (iii) 외국도산절차에 의하지 아니하는 개별적인 강제집행 또는 임의변제에 의한 변제로 구분하여, 위 (i) 및 (ii)의 변제에 관하여는 부당이득의 반환을 부정하고, 위 (iii)의 변제에 관하여는, 이론이 있을 수 있으나, 채권자가 외국의 도산법제에 따라 적법히 진행되는 외국도산절차에 수동적으로 참여함으로써 그 도산절차에서 받는 위 (ii)의 변제와는 달리, 부당이득의 반환이 인정될 여지가 있다고 보는 견해이다.58)

필자는 다음과 같은 이유로 부정설에 찬동한다. 첫째, 부당이득반환청구의 준거법에 관하여 국제사법 제31조 제1항은 "부당이득은 그 이득이 발생한 곳의 법에 의한다. 다만, 부당이득이 당사자간의 법률관계에 기하여 행하여진 이행으로부터 발생한 경우에는 그 법률관계의 준거법에 의한다"고 규정하고 있어 외국 소재 재산으로부터 변제를 받는 경우 당해 외국법에 기한 변제가 적법함에도 불구하고, 대외적 효력을 인정하고 있는 채무자회생법을 근거로 부당성을 판단하는 것은 문제가 있다. 둘째, 정책적인 관점에서도 외국 소재 재산에 대하여 그 소재를 파악하고 변제받기까지에는 적지 않은 노고를 하였을 터인데 이를 부당이득이라는 이유로 빼앗아 국내채권자를 위한 변제자원으로 삼게 되면 오히려 무임승차하는 국내채권자의 형평이 문제되고 외국 소재 재산을 추적하려는 노력에 찬물을 끼얹는 격이 되어 거시적으로 보아 국내채권자들에게도 득이 되지 못할 것이다. 셋째, 긍정설을 취한다면 외국소재 재산으로부터 채권 전액을 변제받았기 때문에 국내파산절차에 참가하지 아니한 채권자나 국내에 주소나 재산도 갖고 있지 아니한 외국채권자를 상대로 부당이득반환청구소송을 제기하는 경우에 피고에 대한 국제재판관할권(인적관할권)을 주장하기 어렵다.

[이 글은 필자가 채무자회생 및 파산에 관한 법률 온라인 주석에 게재한 내용을 수정한 것이다.]

---

57) 石光現, 앞의 책(註 14), 566면 주178.
58) 한민, 앞의 글(註 11), 451-452면, 456-458면.

6. 回生節次의 開始가 勤勞關係에 미치는 影響[*]

Ⅰ. 머리말

회생절차는 재정적 어려움으로 인하여 파탄에 직면한 기업의 효율적인 재건을 목적으로 하고, 파산절차는 채무자의 재산을 공정하게 환가 배당하여 청산하는 것을 목적으로 한다(채무자회생 및 파산에 관한 법률 제1조, '채무자회생법').[1] 한편 헌법은 모든 국민에게 일할 기회를 통해서 인간다운 생활을 영위할 수 있도록 근로의 권리(헌법 제32조)와 근로자들로 하여금 사용자와 실질적인 평등을 보장하고 사회정의 실현에 이바지하기 위하여 노동3권을 보장하였다(헌법 제33조 제1항). 헌법상의 기본권을 구체적으로 반영하기 위하여 근로기준법, 노동조합 및 노동관계조정법('노동조합법') 등이 제정되었다.

회생절차에서 기업의 재건은 담보권자 및 무담보 채권자의 권리감면이라는 희생에 터잡은 것이므로 주주와 근로자 역시 그에 상응한 희생이 필요하다. 한편 회사가 재건하려면 근로자가 계속하여 근무하여야 한다. 만일 회생회사의 근로조건이 근로자에게 불리하면 우수한 근로자들은 회사를 떠나게 되고 결국 회사의 재건은 요원하게 된다. 회사에 대하여 회생절차가 개시되면 다양하고 첨예한 이해관계를 갖는 사람들이 등장하여 노사간의 갈등을 포함하여 많은 분쟁이 발생할 가능성이 크다. 이렇듯 회생절차가 개시된 회사의 근로자의 권리보호와 회사의 재건이라는 두 가지 목표를 조화롭게 달성하려면 명확한 이론적 뒷받침과 일관된 판례의 축적이 필요하다. 해석론으로 해결하기 어려운 부분이 남는다면 관련 법률을 개정함으로써 회생회사와 근로자 간의

---

* 초고의 오류를 지적하여 주신 심사위원님들과 최승욱 변호사님께 깊이 감사드린다.

1) 법명을 생략하고 조문만 기재하기로 한다.

분쟁을 사전에 예방하고 노사간의 평화를 이룩할 수 있다.

　　최근 한국에서 회생회사인 우방,[2] 쌍용자동차[3]의, 일본에서 갱생회사인 JAL(日本航空)의 재건절차에서 이루어진 정리해고의 정당성에 관하여 판결이 선고되었다. 또한 임금에 대한 지연손해금 채권이 파산절차에서 재단채권인지, 후순위파산채권이 되는지에 관하여 전원합의체 판결이 선고되기도 하였다.[4] 한국일보 사건에서 근로자들도 공익채권에 기하여 회생신청을 할 수 있게 되었다.[5] 기업이 회생 또는 파산절차에 들어가게 되면 채무자회생법의 목적과 헌법이 정한 근로자들의 기본권의 보호가 충돌하게 된다. 이를 둘러싸고 학계와 실무가들이 관심을 갖기 시작하였다.[6]

　　근로자 또는 사용자에 대하여 파산 또는 회생절차[7]가 개시되는 경우가 있으나, 필자는 논의의 범위를 좁혀 사용자에 대하여 회생절차가 개시된 경우에 한정하고, 근로자나 기업이 파산한 경우에 관하여는 지면관계상 논의를 생략한다.[8] 이 글에서는 사용자에 대한 회생절차가 개시가 고용계약에 미치는 영향, 즉 정리해고에 의하여 해고될 가능성이 있는지(Ⅱ), 퇴직하거나 재직 중에 있는 근로자들의 임금 및 퇴직금은 어떠한 보호를 받는지(Ⅲ), 집단적 노사관계법 중 회생절차 중의 노동조합의 지위, 관리인의 단체협약 해지 여부, 관리인이 부당노동행위 특히 지배개입행위에 관하여(Ⅳ) 순차로 살펴본다. 끝으로 근로자의 임금채권에 대한 취급이 실체법의 법리나 외국의 입법례에 어긋나고, 단체협약을 미이행쌍무계약에서 제외한 점에 관한 필자의 개정 의견(Ⅴ)으로 마무리한다. 개정의견을 뒷받침하기에 필요한 경우 관련 쟁점에 대한 일본

---

2) 대구고등법원 2015. 1. 21. 선고 2013나6064 판결(상고, 각공 2015, 245).

3) 대법원 2014. 11. 13. 선고 2014다20875, 20882 판결(미간행), 대법원 2014. 11. 13. 선고 2012다14517 판결(미간행).

4) 대법원 2014. 11. 20. 선고 2013다64908 전원합의체 판결(공 2014, 2348).

5) 대법원 2014. 4. 29.자 2014마244 결정(공 2014, 1089). 헌법재판소 2015. 12. 23. 선고 2014헌바149 결정(헌공 제231, 130)은 채무자회생법 제34조 제2항 제1호에서 정한 채권자 중 임금 등 공익채권자를 포함하는 것이 주주의 재산권을 침해하지 아니한다고 판시하였다.

6) 일본에 비하면 아직 국내 학계의 연구가 활발하지 않으나 2000년 이후 활발하게 발표되기 시작하였다.

7) 이하 양자를 구별하는 서술하지 않는 한, 묶어서 도산절차로 표기한다.

8) 사용자 또는 근로자가 파산한 경우에 관한 글로서는 林治龍, "파산절차의 개시가 고용계약에 미치는 영향," 파산법연구2, 博英社(2006), 148-175면, 윤창술, "파산절차에서 단체협약과 근로계약," 인권과 정의 제303호(2000), 75-85면, 도재형, "청산과정에서 근로자를 해고하는 것이 정리해고에 해당하는지 여부," 노동판례비평(2002), 172-191면. 이범균, "사용자가 파산한 경우의 근로관계 종료와 부당해고 등," 행정재판실무편람(3), 서울행정법원(2003), 597-605면. 林鍾憲, "破産節次가 未履行契約關係에 미치는 影響," 人權과 正義 241號(1996), 26-48면, 이동원, "청산과정에서의 해고와 정리해고의 차이," 대법원판례해설 제38호(2002), 551-566면, 宣在星, "破産과 勞動關係," 破産法의 諸問題(上), 法院圖書館(1999), 499-537면 등.

과 미국의 파산법을 비교하기로 한다.[9]

II. 회생절차의 개시와 고용관계

1. 민법상의 고용계약과 근로기준법의 근로계약

민법상의 고용계약은 노무자[10]가 상대방에 대하여 노무 내지 노동력을 제공할 것을 약정하고 사용자가 이에 대하여 보수를 지급할 것을 약정함으로써 성립하는 계약이다(민법 제655조).

근로기준법에서 정한 근로계약은 근로자가 사용자에게 근로를 제공하고 사용자는 이에 대하여 임금을 지급하는 것을 목적으로 체결된 계약으로, 근로자란 직업의 종류와 관계 없이 임금을 목적으로 사업이나 사업장에 근로를 제공하는 자이다(근로기준법 제2조).

이상적으로는 모든 근로자가 노동법이 제공하는 여러 가지 보호를 받아야 하지만 현실은 근로자의 수 등에 의하여 근로기준법이 적용되지 않는 고용계약도 존재하므로 고용계약과 근로계약이 항상 일치하는 것은 아니다. 이 글에서는 통상 회생회사에 고용된 근로자의 수가 다수라는 점을 감안하여 근로기준법 등의 노동법이 적용되는 점을 전제로 기술한다.

2. 해고 제한

계약법의 대원칙에 의하면 계약을 해제하려면 상대방에게 귀책사유가 있어야 한다. 그런데 이러한 원칙을 수정하는 게 두 가지가 있으니 하나는 회생 채무자에게 귀책사유가 있음에도 불구하고 관리인에게만 미이행 쌍무계약의 해제권을 부여하는 것이고, 다른 하나는 근로자의 귀책사유가 없음에도 사용자의 경영사정의 악화를 이유로 하는 정리해고[11] 제도이다.

---

9) 독일의 논의는, 양형우, "회생·파산절차 개시가 근로계약과 단체협약에 미치는 영향," 노동정책연구 제8권 제4호(2008), 81-117면. 독일,,네덜란드, 벨기에, 영국의 임금채권보장 및 해고제한에 관한 일반론에 관하여 R. Blanpain, Employee Rights in Bankruptcy, Kluwer (2002) 참조.
10) 민법은 '노무자'라는 표현을 사용하고 있지만 근로기준법, 노동조합법 등에 '근로자'라는 표현이 사용되고 있으므로 이하 '근로자'라는 용어를 사용한다.
11) 근로기준법 제24조의 표제는 '경영상의 이유에 의한 해고의 제한'이다. 학설도 정리해고라는 표현보다 '경영해고'라는 용어를 선호하기도 한다(전형배, "우리나라 경영해고의 현황과 과제," 노동법연구 제34호(2013), 1-41면). 그러나 판례는 현재에도 여전히 정리해고라는 용어를 사용하고 있으므로 이에 따른다.

이렇듯 사용자에 대하여 회생절차가 개시되면 도산법과 노동법이 충돌하는 문제가 발생한다. 회생사건이 많지 않던 과거의 실무를 보면 한국이나 일본 공히 도산법이 우선하는 듯한 실무를 운영한 사정이 많았다. 도산법과 노동법은 각자의 고유한 입법목적이 있으므로, 가급적 양자의 입장을 고려하여 조화로우면서도 탄력적인 해석과 실무를 운용하여야 할 것이다. 이 점은 결국 명확한 원칙의 부재라는 비판을 받게 되지만 아직까지 충돌 영역에 대한 도산법과 노동법학계의 연구가 깊지 않은 현실적인 이유와 원래 해고를 둘러싼 소송의 예측가능성이 낮다는 점과 연결되어 있다.12) 회생절차 역시 다양한 이해관계를 갖는 다수의 이해관계인들이 참여하는 포괄집행적인 성격을 갖고 있기 때문에 먼저 이해관계인들 간의 협상에 맡기고 법원이 사후에 후견적인 입장에서 공정·형평이라는 잣대로 법원이 관여하는 점13)과 정리해고 역시 다수의 근로자들을 상대로 한다는 점에서 一刀兩斷식으로 어느 법이 우선한다기보다는 구체적인 사안의 다양성에 대응함으로써 유연한 법리를 발전시키는 방향이 바람직하다.

3. 미이행雙務계약에 기한 해고의 성질과 제한

관리인의 미이행雙務계약에 기한 고용계약의 해제에 대하여 해고권 자체는 사용자인 회사에 귀속하고 관리인은 이를 행사하는 권한을 갖는 데 불과하다는 일본의 소수설이 있다.14)

우리나라의 학설은 관리인이 행사하는 해고권은 종전 사용자의 권리가 아니라 회생절차가 개시됨으로써 비로소 발생하는 관리인의 사업경영권 및 재산의 관리처분권에서 유래하는 것으로 이해한다. 다만 문제의 핵심은 후자로 해석하더라도 여전히 근로기준법 제23조의 해고제한의 법리가 적용되느냐에 있다. 적어도 회생절차에 관하여 학설은 일치하여 해고제한의 법리가 적용된다고 본다.15) 즉 관리인이 근로자를 해고

---

12) 독일과 일본의 정리해고의 경향에 대하여는 荒木尙志, "倒産勞動法序說," 倒産と勞動, 商事法務 (2013), 19-20頁.

13) 이해관계인들 간의 자율을 존중하고 법원의 관여를 자제하는 특성이 가장 두드러진 도산절차가 영국회사법에 존재하는 채무조정계획(Scheme of Arrangement)이다. 일본에서는 이를 '會社整理制度'라고 부른다. 가장 최근의 논의로는 中島弘雅, "イギリスの事業再生手法としての會社整理計劃," 民事手續の現代的使命, 伊藤眞先生古稀祝賀論文集, 有斐閣(2015), 947-972頁.

14) 회사갱생법에 기한 권리가 아니라 일반실체법에 기한 해제권으로 이해하므로 노동법의 해고제한의 규제에 복속하여야 한다고 주장한다. 水元宏田, "更生手續開始と勞動契約," 新會社更生法の理論と實務, 判例 タイムズ 1132(2003), 108頁.

15) 서울中央地方法院 破産部實務硏究會, 回生事件實務(上), 제4판, 博英社(2014), 160면, 김주학, 기업도산법, 우리글(2009), 377-378면, 박승두, "통합도산법상 각 절차의 진행이 근로관계에 미치는 영향," 통합도산법, 법문사(2006), 614면. 일본의 경우도 같다. 水元宏田, 앞의 글(주 14), 108頁.

하려면 근로기준법 제23조 제1항을 준수하여 해고에 정당한 이유가 있어야 한다. 근로기준법에는 '정당한 이유'가 구체적으로 무엇을 의미하는지에 관하여 규정을 두지 않고 있다. 그러나 판례는 사회통념상 고용관계를 계속할 수 없을 정도로 근로자에게 책임이 있는 사유가 있거나 부득이한 경영상의 필요가 있는 경우를 말한다.[16]

사용자에 대하여 파산선고가 개시되면 민법 663조에 의하여 파산관재인이 노무계약을 해지할 수 있으므로 정리해고에 관한 법리는 적용되지 아니한다.[17] 회생절차가 개시되어 관리인이 근로계약을 해지하려고 하는 경우에는 미이행쌍무계약의 법리에 의하여 일방적으로 해고할 수 없고 정리해고의 요건을 갖추어야 한다.[18] 즉 민법 제663조는 사용자의 파산에 관하여 규정하고 있을 뿐 회생절차의 개시에 관한 내용을 두고 있지 않다. 따라서 회생절차의 관리인이 민법 제663조를 유추적용하여 회생절차의 개시를 이유로 근로자를 해고할 수 없으며, 또한 '회생절차의 개시'는 그 자체만으로 정리해고에 관한 근로기준법 제24조 소정의 '긴박한 경영상의 필요'의 요건을 모두 충족하는 것은 아니므로 회생절차의 개시를 이유로 하는 해고는 통상해고가 아닌 정리해고에 관한 요건과 절차에 이루어져야 한다.

또한 근로자가 업무상 부상 또는 질병으로 휴업 중에 있거나 여성근로자가 출산 전후 휴업 중에 있는 경우에는 원칙으로 해고할 수 없다(근로기준법 제23조 제2항). 그럼에도 불구하고 관리인이 부상, 질병, 출산 중에 있는 다른 근로자를 미리 해고하려면 근로기준법에 따라서 적어도 30일 전에 해고예고를 하여야 하고 해고예고를 하지 않고 즉시 해고하려면 30일분 이상의 해고예고수당을 지급하여야 한다. 관리인의 해고로 인한 해고예고수당 청구권은 공익채권이 된다.[19] 후술하는 바와 같이 관리인이 부당노동행위의 주체인 사용자에 해당하므로 관리인이 한 해고에 대하여도 부당노동행위의 법리가 적용되어야 한다.[20] 근로기준법 제7조의 강제근로금지의 원칙은 회생절

---

16) 대법원 2003. 7. 8. 선고 2001두8018 판결(공 2003. 1722), 대법원 1992. 4. 24. 선고 91다17931 판결(공 1992. 1669) 등.

17) 대법원 2001. 11. 13. 선고 2001다27975 판결(공 2002, 45))은 파산자 고려종금의 파산관재인이 근로자 전부를 해고한 것은 통상해고이고 근로기준법 제30조 제1항 소정의 정당한 이유가 있으므로 유효하다고 판시하였다.

18) 반대설, 근로계약이 쌍방 미이행쌍무계약에 해당하므로 관리인이 일방적으로 근로계약을 해지할 수 있다는 견해(林采洪·白昌勳, 會社整理法(上), 司法行政學會(2002), 379면(林鍾憲 집필). 그러나 이 견해 역시 이 경우에도 근로기준법의 적용을 받게 되고 판례가 제시하는 정리해고에 관한 일반적인 기준을 따라야 한다고 기술하고 있다(380면). 따라서 관리인이 노동법을 배제하고 채무자회생법에 기하여 일방적으로 해고할 수 있다는 견해는 발견하기 어렵다.

19) 임금이라기보다는 관리인이 한 행위로서 제179조 제2호의 비용청구권에 해당한다. 同旨, 徐慶桓, "會社整理節次가 契約關係에 미치는 영향," 會社整理法·和議法上의 諸問題, 法院圖書館(2000), 661면.

차에도 지켜져야 하므로 관리인이 근로계약을 이행선택을 하더라도 근로자가 민법 제659조, 제660조에 기하여 적법하게 해지할 수 있음은 물론이다.[21]

사용자가 어떤 사유의 발생을 당연퇴직 또는 면직사유로 규정하고 그 절차를 통상의 해고와 달리한 경우에 근로자의 사망이나 정년, 근로계약의 기간만료 등 근로관계의 자동소멸사유로 보이는 경우를 제외하고는 이에 따른 당연퇴직처분 역시 근로기준법의 제한을 받는 해고이다.[22] 이러한 법리에 따라 채무자회생법 시행 후 하급심은 근로자가 파산선고를 받았다는 이유만으로는 사회통념상 고용관계를 계속할 수 없을 정도로 근로자에게 책임 있는 사유가 발생한 경우에 해당한다고 보기 어려우므로 근로자가 파산선고를 받은 경우 당연퇴직시키도록 하는 인사규정에 기하여 한 해고는 근로기준법상의 정당한 이유가 없으므로 무효라고 판시하였다.[23]

4. 파산절차 및 회생절차와 정리해고

(1) 정리해고에 관한 판례 법리

정리해고에 관하여는 1998. 2. 20. 이전에는 근로기준법에 규정이 없었고 해고제한 규정을 근거로 판례에 의하여 4가지 요건(급박한 경영상의 필요성, 해고회피 노력의 이행, 합리적이고 공정한 해고대상자 선정, 노동조합 또는 근로자대표[24]와의 성실한 협의)이 제시되었다.[25] 그러다가 1998년 근로기준법 개정에 의하여 판례의 법리를 구체화하되 보다 엄격하게 제한하여 근로기준법 제25조에 그 요건이 규정되었다.[26] 즉 사용자가 정리해고를 하려면 긴박한 경영상의 필요가 있고, 해고를 피하기 위한 노력을 하여야 하며, 합리적이고 공정한 해고의 기준을 정하여 이에 따라 그 대상자를 선정하고, 해고를 피하기 위한 방법과 해고의 기준 등에 관하여 해당 사업 또는 사업장의 근로자대표에게 해고를 하려는 날의 50일 전까지 통보하고 성실하게 협의해야 한다.

이후 판례는 4가지 요건의 구체적 내용이 확정적·고정적인 것이 아니라 구체적

---

20) 同旨, 김주학, 앞의 책(주 15), 378면. 반대설, 徐慶桓, 앞의 글(주 19), 663면.

21) 同旨, 水元宏田, 앞의 글(주 14), 107頁.

22) 대법원 2009. 2. 12. 선고 2007다62840 판결(공 2009, 316), 대법원 2007. 10. 25. 선고 2007두2067 판결(공 2007, 1845) 등

23) 서울중앙지방법원 2008. 6. 19. 선고 2007가합43592 판결 및 2006. 7. 14. 선고 2006가합17954 판결(법률신문 2006. 7. 27.자).

24) 편의상 양자를 합하여 '노동조합 등'이라 표기한다.

25) 대법원 1989. 5. 23. 선고 87다카2132 판결(공 1989, 972).

26) 임종률, 노동법 제11판, 博英社(2013), 517면. 대법원 판례가 제시하는 경영해고의 4요건과 해석론에 대한 비판적인 견해로는 전형배, 앞의 글(주 11), 1-41면 참조. 이에 반하여 일본은 이보다 늦게 2003년 개정 노동기준법 제18조의2에 명문화되었다.

사건에서 유동적으로 정하여지는 것이고 해고가 위 요건을 갖추었는지 여부는 요건을 구성하는 개별 사정들을 종합적으로 고려하여 판단하여야 한다고 보았다.[27]

(2) 회생절차와 정리해고의 적용 여부

회생절차가 개시된 경우에도 정리해고에 관한 법리가 적용되는가? 즉 관리인은 고용계약이 미이행 쌍무계약에 해당한다는 이유만으로 채무자회생법 제119조에 따라 관리인의 경영판단과 법원의 허가에 기하여 고용계약을 해지할 수 있는가? 이 점에 관하여 학설과 실무는 일치하여 정리해고의 법리가 회생회사의 관리인이 고용계약을 해지하는 경우에도 적용된다고 해석하고 있다.[28]

생각건대, 근로자가 체불임금이 있는 경우에는 공익채권자로서 회생절차에서 변제받을 수 있는 권리가 있고 체불임금도 없다면 노동조합을 통하여 회생계획안에 대한 의견을 제시할 수 있을 뿐 어느 경우에나 회생채권자가 아니므로 계획안을 작성하거나 표결에 참석하고 계획안인가결정에 대하여 불복할 수 없다.[29] 더구나 근로자들은 회사의 주주도 아니므로 회사 경영에 실패한 책임을 직접 부담하여 의결권이 박탈당하는 등의 불이익을 입지도 아니한다. 따라서 인가된 회생계획안이 근로자들의 이해관계를 조정하였다고 할 수 없고,[30] 더구나 근로자들에게 불리한 정리해고를 전제로 채권자들에 대한 변제계획안이 회생절차에서 압도적인 찬성으로 가결되었다는 사실 자체로는 정리해고의 정당성을 부여할 수 없다.[31] 따라서 정리해고의 법리는 회생절차에서도 적용되어야 한다. 다만 회생절차의 특수성을 고려하여 수정될 수 있을 뿐이다.

이하 근로기준법 제24조의 정리해고에 관한 요건과 절차에 관한 판례를 一瞥하고, 정상기업이 아닌 회생회사의 관리인에 의하여 이루어지는 정리해고의 특수성을 살펴보기로 한다.

첫째, 긴박한 경영상의 필요가 있어야 한다.

---

27) 대법원 1995. 12. 5. 선고 94누15783 판결(공 1996, 255) 이후 판례는 4요건설과 결별하고 이른바 종합설을 채택한 것으로 평가된다(행정소송의 이론과 실무, 사법연구지원재단(2008), 389면(민중기 집필 부분). 대법원 2009. 12. 24. 선고 2009다53949 판결(미간행), 대법원 2006. 1. 26. 선고 2003다69393 판결(공 2006, 301) 등 다수.
28) 同旨, 박승두, 앞의 글, 622면은 특히 기존 경영자 관리인형의 회생절차에서는 정리해고의 요건이 더 엄격하여야 한다고 주장한다. 같은 취지의 일본의 민사재생절차에 관한 판례로는 名古屋高判 平成 18. 1. 17. 판결 참조.
29) 대법원 2006. 1. 20.자 2005그60 결정(공 2006, 386).
30) 池田 悠, "會社更生手續下でなされた整理解雇の效力," Quarterly Jurist, 2012 Summer/Number 2, 246頁.
31) 서울고등법원 2014. 2. 7. 선고 2012나14427, 74290 판결(뒤에 보는 바와 같이 경영상의 필요성과 해고회피 노력에 관한 판시의 위법으로 파기되었다).

초창기 판례[32]는 이를 기업이 일정 수의 근로자를 정리해고 하지 않으면 경영악화로 사업을 계속할 수 없거나 적어도 기업재정상 심히 곤란한 처지에 놓일 개연성이 있을 경우를 뜻한다고 한다. 그러다가 최근 판례는 이러한 도산회피설에서 진전하여 반드시 기업의 도산을 회피하기 위한 경우에 한정하지 아니하고, 장래에 올 수도 있는 위기에 대처하기 위한 경우까지 확대하였다.[33] 그런데 회생절차가 개시되려면 기업에 파산의 원인 사실이 생길 우려가 있거나 사업의 계속에 현저한 지장을 초래하지 아니하고는 변제기에 있는 채무를 변제할 수 없어야 하고(제34조). 사업 전체를 영위하는 하나의 법인격인 기업에 대하여 회생절차가 개시되는 것이다. 따라서 한 법인의 특정 사업부문에 한하여 정리해고를 하려는 경우에는 사업부문의 분리 · 독립성 등을 고려하여야 한다는 기준[34]은 고려할 필요 없다. 따라서 회생회사의 정리해고의 경우 긴박한 경영상의 필요기준은 원칙적으로 충족된 것으로 평가된다.

둘째, 사용자가 해고를 피하기 위한 노력을 경주하여야 한다.

판례는 우리은행 사건[35]에서 해고회피노력에 관한 기준을 제시하였다. 해고회피노력의 방법과 정도는 확정적 · 고정적인 것이 아니라 당해 사용자의 경영위기의 정도, 정리해고를 실시하여야 하는 경영상의 이유, 사업의 내용과 규모, 직급별 인원 상황 등에 따라 달라지는 것이고, 사용자가 해고를 회피하기 위한 방법에 관하여 노동조합 등과 성실하게 협의하여 정리해고 실시에 관한 합의에 도달하였다면 이러한 사정도 해고회피노력의 판단에 참작되어야 한다.

판례가 회피노력을 긍정한 사례로는 명예퇴직제, 순환휴직제, 파트타임 근무제, 전환배치, 상여금 삭감 등의 조치를 이행한 경우이다.[36] 반대로 정리해고 이후 남은 직원들의 임금 등을 인상하고 신규채용한 경우에는 노력의 이행을 부정하였다.[37]

회생절차가 개시되면 법원은 조사위원을 선임하여 조사위원으로 하여금 청산가치와 존속가치의 비교, 계획안의 수행가능성 여부를 조사하도록 명한다.[38] 관리인이

---

32) 대법원 1990. 1. 12. 선고 88다카34904 판결(공 1990, 461).
33) 대법원 2015. 5. 28. 선고 2012두25873 판결(공 2015, 877), 대법원 2002. 7. 12. 선고 2002다21233 판결(공 2002, 1954).
34) 대법원 2015. 5. 28. 선고 2012두25873 판결(공 2015, 877), 대법원 2006. 9. 22. 선고 2005다30580 판결(공 2006, 1794).
35) 대법원 2002. 7. 9. 선고 2001다29452 판결(공 2002, 1901).
36) 사기업과 공기업의 경우 해고회피 노력의 정도에 차이가 있다. 공기업에 관한 해고회피 노력에 관하여는 대법원 2004. 10. 15. 선고 2001두1154, 1161, 1178 판결(미간행) 참조.
37) 판례의 소개에 대하여는 전형배, 앞의 글(주 11), 9-12면.
38) 제87조. 서울中央地方法院 破産部實務硏究會, 回生事件實務(上), 제4판, 博英社(2014), 283-284면.

위 조사결과에 맞추어 계획안을 제출하게 되는바, 관리인으로서는 계획안의 수행에 필요한 가능한 모든 조치를 취하여야 한다. 정리해고가 필요하다면 위에서 본 바 여러 가지 인력감축방안을 시도하여야 하다. 따라서 이러한 시도 없이 계획안의 수행에 필요하다는 이유만으로 해고회피노력을 하지 않은 정리해고는 무효가 된다.

셋째, 합리적이고 공정한 해고대상자 선정기준을 세워야 한다.

판례는 우리은행 사건39)에서 위 선정기준은 확정적·고정적인 것은 아니고 당해 사용자가 직면한 경영위기의 강도와 정리해고를 실시하여야 하는 경영상의 이유, 정리해고를 실시한 사업 부문의 내용과 근로자의 구성, 정리해고 실시 당시의 사회경제적 상황 등에 따라 달라지는 것이고, 사용자가 해고의 기준에 관하여 노동조합 등과 성실하게 협의하여 해고의 기준에 관한 합의에 도달하였다면 이러한 사정도 해고의 기준이 합리적이고 공정한 기준인지의 판단에 참작되어야 한다고 제시하였다.

판례는 대체로 징계전력의 유무, 근무평정, 업무능력, 고령자 순을 기준으로 한 것은 합리적으로 보았으나 정리해고 당시 실시한 근무평정 자체가 제대로 평가되지 아니한 경우에는 공정성과 합리성을 부정하였다.40)

독일의 해고무효확인 소송에서도 법원이 경영상의 판단에 속하는 인원삭감의 필요성의 당부에 대하여는 원칙적으로 판단을 자제하고, 한국, 일본과 달리 제도상으로 광범한 회피조치가 불가능하므로 법원은 해고대상자 선정의 합리성에 초점을 맞추어 심리하고 있다고 한다.41)

끝으로 노동조합 등과의 협의절차를 거쳐야 한다.

판례는 원칙적으로 노조와 사전 협의 없이 행한 정리해고는 효력이 없다고 보고 있다.42) 해고실시 60일(현행 근로기준법 제24조 제3항은 50일) 이전까지 근로자대표에게 통보하라는 근로기준법 제31조의 준수는 정리해고의 효력요건은 아니며,43) 근로자측과 협의해도 별다른 효과를 기대할 수 없는 특별한 사정 아래에서는 협의를 거치지 않더라고 무방하다는 입장이다.44) 학설은 여전히 협의를 거쳐야 한다는 견해45)와 정리

---

39) 앞의 대법원 2001다29452 판결.
40) 판례의 소개에 대하여는 전형배, 앞의 글(주 11), 9-12면.
41) 荒木尙志, 앞의 글(주 12), 20頁.
42) 일본도 같다. 東京地判 昭和 26. 2. 1. 판결.
43) 대법원 2004. 10. 15. 선고 2001두1154, 1161, 1178 판결(미간행), 대법원 2003. 11. 13. 선고 2003두4119 판결(공 2003, 2360).
44) 대법원 1995. 12. 5. 선고 94누15783 판결(공 1996, 255), 대법원 1992. 11. 10. 선고 91다19463 판결(공 1993, 67) 등.
45) 임종률, 앞의 책(주 26), 523면.

해고의 효력발생요건이 아니라는 견해로 나뉘어 있다.[46]

생각건대, 정리해고를 하려면 50일 전에 노조에 이를 통지하고 노조와 성실하게 협의할 의무가 있으므로, 만일 회사가 사전협의 없이 파산신청 또는 회생신청을 하고 즉시 아직 파산선고나 회생절차 개시결정을 기다리지 아니한 상태에서 정리해고를 하였다면 이는 위법하다고 해석될 것이다.

회생절차와 관련하여 보면 회생절차가 개시부터 종결에 이르기까지 여러 단계별로 법정시한이 정하여져 있고 이 점은 회생회사의 기업가치가 급속하게 하락하는 점을 우려하여 반영된 것이다. 특히 회생계획안은 개시결정 후 원칙적으로 1년[47] 내에 가결되어야 하고 기간 내에 가결되지 못한 경우에는 제286조 제1항 제3호에 의하여 회생절차가 인가 전에 폐지되는 점을 고려할 때 적어도 회생절차에서는 이러한 시간적인 제한을 준수하기 위한 경우라면 50일의 기간을 단축하거나 근로자측과의 협의절차를 간이화하더라도 정리해고를 할 수 있어야 할 것이다. 판례의 입장에 左祖한다. 그러나 회생절차 내에서 아무리 시급하다고 하더라고 근로자들에게 협의를 위한 통보조차 하지 아니한 것이라면 정리해고의 요건을 갖추지 못하여 무효가 된다.[48]

(3) 파산절차

파산선고가 개시되면 민법 663조에 의하여 파산관재인이 노무계약을 해지할 수 있고, 회사의 사업이 폐지되어 채권자에 대한 배당을 돕는 소수의 보조인 외에 다른 근로자가 필요 없으므로 정리해고에 관한 판례 법리는 적용되지 아니한다.

5. JAL 및 쌍용자동차 사건의 소개

(1) 일본의 논의

2010년의 JAL(일본항공)에 대한 회사갱생사건에서 회사갱생절차에서 이루어진 정리해고의 적법성이 문제가 되었다. JAL의 조종사들과 승무원들이 원고가 되어 갱생회사를 상대로 정리해고의 무효확인을 구하는 2건의 소송을 제기하였고 동경지방재판소의 2건 판결은 모두 회사갱생절차에서도 정리해고의 법리를 적용한 점, 인원삭감의 필

46) 김형배, 노동법 제20판, 博英社(2011), 672면.
47) 단 법원의 허가결정에 의하여 최장 6개월까지 연장가능함(제239조 제3항). 미국의 연방파산법도 채무자가 계획안을 배타적으로 제출할 수 있는 기한의 마감일을 신청일로부터 18개월로 제한하고 있다. §1121(d)(2)(A). 기한이 도과되면 파산신청이 기각되거나 채권자가 청산을 내용으로 하는 계획안을 제출하게 된다. Jeff Ferriell · Edward J Janger, UNDERSTANDING BANKRUPTCY 3rd. ed. 740 (2007).
48) 대법원 2009. 12. 24. 선고 2009다53949 판결(미간행).

요성 등 정리해고의 4가지 기준[49]을 적법요건으로 아니라 종합 고려하여 할 요소로 본 점, 이 사건 정리해고가 적법하다고 판시한 점은 공통되지만 구체적인 고려요소와 관리인의 해고권의 근거에 대한 이유 설시는 相異하다.

1) 사실관계

일본항공은 911 테러 이후 해외출장의 수요가 급감하고 근로자들의 인원이 적정 수를 초과하여 과도한 인건비 부담으로 재정적 어려움을 겪고 있었다. 2010. 1. 19. 회사갱생신청 이후 관리인은 전문가들의 견해에 터잡아 사업규모를 대폭적으로 축소하는 내용의 갱생계획안을 2010. 8. 31. 제출하였다. 계획안에 의하면, 당시 회사가 1조 엔의 부채를 지고 있었던 상황이었으므로 재무건전화를 꾀하여 기존 주식의 100% 감자, 일반회생채권의 변제율을 12%로 정하고 공적자금(事業再生支援機構 基金)으로 3,500억 엔의 출자를 받기로 하였다. 아울러 인적생산성을 향상하고 인건비를 축소하기로 하여 인원을 줄이기로 하였다. 이러한 계획안은 2010. 11. 30. 채권자 96%의 찬성으로 가결되어 법원이 인가하였다. 2010년말에 과거의 영업이익 기록을 갱신하여 총 1,884억 엔의 영업이익을 냈으며 회사갱생절차는 2011. 3. 28. 종결되었다. 관리인은 회사갱생절차 도중인 2010. 3. 이후 퇴직금의 증액과 일시금의 지급 등을 조건으로 제시하는 등 4회에 걸쳐 희망퇴직조치를 실시하였으나 조종사와 객실승무원에 대한 퇴직목표 인원수에 미달하게 되었다. 관리인은 2010. 12. 9. 취업규칙에 기하여 원고들에 대하여 해고예고통지를 한 후 2010. 12. 31.자로 해고하였다. 정리해고의 기준으로는 첫째로 현재 휴직 중인자, 다음으로 과거 휴직 또는 병가 사용자, 보충적인 기준으로 고령자순을 적용하였다.

2) 東京地方裁判所 판결의 요지

조종사들이 원고가 된 사건[50]에서 법원은 회사갱생절차의 관리인이 한 해고 역시 사회적으로 상당하다고 인정되지 아니하면 권리남용이 되므로 이 경우에도 권리남용 법리가 당연히 적용된다고 보았다. 나아가 권리남용법리가 적용되기 위한 4가지 요소 즉, 인원삭감의 필요성, 해고대상자 선정의 합리성, 해고절차의 상당성, 정리해고가 신

---

49) 일본의 노동계약법 제16조가 "해고는 객관적으로 합리적인 이유를 결하고 사회통념상 상당하다고 인정되지 아니한 경우에는 그 권리를 남용한 것으로 무효이다"고 규정함으로써 해고권 남용법리를 정하고 있다. 정리해고의 법리는 그 하나의 유형으로서 판례를 통하여 인원삭감의 필요성, 해고회피노력의 이행, 해고대상자 선정의 합리성, 절차적 상당성이라는 4가지 기준으로 정리해고의 적법 여부를 판단하는 것이 확립되어 있다(일본의 학설 및 판례의 소개에 대하여는 池田 悠, "再建型倒産手續における解雇の特殊性と整理解雇法の適用可能性," 倒産と勞動, 商事法務(2013), 156頁.

50) 東京地判 平成 24. 3. 29. 判決 東京地裁平23(ワ)第1428号・平23(ワ)第14700号 勞判1055号58頁.

의칙상 허용되는 사정의 유무를 종합·고려하여야 하는바, 이 사건에서 위 4가지 요소를 차례로 검토한 후 정리해고가 적법하다고 판시하였다. 이 판결은 정리해고의 요건 중 절차의 상당성이라는 요소 대신에 신의칙을 고려요소로 삼은 점에 특징이 있다. 또한 관리인이 노동계약상의 사용자로서의 지위를 승계하였다고 보았다. 따라서 미이행 쌍무계약에 기한 고용계약의 해제라 하더라도 근로기준법상의 해고규제가 일률적으로 적용된다.

객실승무원들이 원고가 된 사건51)에서 법원은 회사갱생절차에서 이루어진 정리해고에 대하여도 노동계약법 제16조의 파생법리인 정리해고의 법리가 적용된다고 판시하였다. 나아가 인원삭감의 필요성, 해고회피조치의 유무, 인원선정의 합리성, 해고절차의 상당성을 구체적으로 검토하고 이러한 점을 종합·고려하여야 하는바, 이 사건에서 4가지 요건이 갖추어졌다고 보아 정리해고가 적법하다고 판시하였다. 이 판결은 정리해고의 요건 중 절차의 상당성을 고려요소로 삼았다. 또한 관리인의 해고의 근거를 회사갱생절차의 미이행 쌍무계약으로 삼지 않고 도산절차 밖에 있던 근로계약상의 해제권을 행사한 것으로 평가된다. 만일 관리인이 미이행쌍무계약에 기하여 해고를 하였다고 주장한다면 여전히 정리해고의 법리가 적용되는지는 불명확하다.52) 학자들은 후자의 판결이 정리해고에 관한 일반이론을 준수한 것으로 보고 있다.

(2) 우리나라

회생회사에 대하여 정리해고가 문제된 사건은 쌍용자동차와 우방에 관한 것이 있다.53) 쌍용자동차에 대한 정리해고에 관한 사건은 2건이 제소되었으며 서울고등법원의 2개 재판부의 결론은 서로 달랐으나 대법원은 관리인이 한 정리해고가 적법하다고 판시하였다.

1) 사실관계 및 소송의 경과54)

피고(쌍용자동차)는 2009. 1. 9. 서울중앙지방법원에 회생절차 개시명령을 신청하였고, 위 법원은 2009. 2. 6. 회생절차 개시를 결정하였다. 피고는 계획안의 인가를 받기 위해 2009. 2.경 법원의 허가를 얻어 회계법인으로 하여금 경영 정상화 및 회생전

---

51) 東京地判 平成 24. 3. 30. 判決 東京地裁平23(ワ)第1429号 判例時報 2193호 107-139頁.

52) 池田 悠, "會社更生手續下でなされた整理解雇の效力," Quarterly Jurist, 2012 Summer/Number 2, 246頁.

53) 대우자동차판매 사건(서울고등법원 2011. 12. 23. 선고 2010나124917 판결(미간행))은 회생절차 개시 전에 이루어진 회사분할에 따른 대기발령이 다투어진 것이다.

54) 사실관계 및 서울고등법원의 판결요지는 김진석, "기업도산의 노동법상 쟁점," 서울대학교 금융법무과정 제8기 발표문(2015, 미공간), 23-24면 이하를 요약하였다.

략 수립 등 피고의 경영전반에 대한 진단 및 분석을 의뢰하였다. 이에 따라 회계법인은 2009. 3. 31. 작성한 검토보고서에서 향후 생산판매계획 및 적정 사무직 규모 등을 고려할 때 총 2,646명 규모의 구조조정이 필요하다고 판단하였다.

피고는 2009. 4. 8. 회계법인이 제시한 경영 정상화 방안에 입각하여, 국내 경쟁업체에 비해 피고의 1인당 매출액, 기능직 1인당 생산대수가 낮고 매출액 대비 인건비 비중이 높아 생산성이 떨어지는 문제를 해결하기 위해 총 2,646명을 감원하는 인력구조조정 방안을 포함한 경쟁력 강화를 골자로 하는 경영 정상화 방안을 발표하고, 같은 날 노동조합에 통보하였다.

노동조합은 고용보장 및 정리해고 철폐를 전제로 한 특별단체교섭을 요구하며 2009. 5. 22. 정리해고 철폐를 주장하며 피고 평택공장의 모든 출입문을 봉쇄하고 점거농성을 벌이며 이른바 '옥쇄파업'에 돌입하였다. 근로자들은 2009. 6. 8.까지 회사의 구조조정 및 경영정상화 방안에 따라 1,666명이 희망퇴직 등으로 퇴사하였고, 나머지 980명에 대하여 피고가 2009. 6. 8.자로 이 사건 정리해고를 단행하였다.

피고와 노동조합은 2009. 8. 6. 노사합의서를 작성하였다. 여기에는 「이 사건 정리해고자 중 현 농성조합원을 대상으로 자발적인 선택에 따라 무급휴직, 영업직 전직, 분사, 희망퇴직 등 비상인력운영을 실시한다. 단, 인력규모 조절이 불가피한 경우 회사는 당사자와 충분한 협의를 거쳐 결정하고 그 비율은 무급휴직/영업직 전직(48%), 희망퇴직/분사(52%)를 기준으로 한다」는 내용이 포함되어 있었으며, 위 합의에 따라 이 사건 파업은 종료되었다.

피고는 이 사건 노사합의서에 따라 추가로 희망퇴직, 무급휴직 등의 신청을 받았고, 최종 정리해고 대상자는 원고들을 포함한 165명이 되었으며 원고들이 해고무효 확인을 구하는 2건의 소송을 제기하였다.

제1심은 양 사건 모두 정리해고가 유효하다고 판시하여 원고들이 항소하였고, 서울고등법원 2011나43213 판결은 항소기각을, 2012나14427, 74290 판결은 원심판결을 취소하고 원고들의 청구를 전부 인용하였다. 양측이 상고하였으나 대법원은 전자에 대하여는 상고기각을, 후자에 대하여는 원심판결을 파기하였다.

2) 서울고등법원 2014. 2. 7. 선고 2012나14427, 74290 판결의 요지

「유동성위기의 존재 여부, 피고가 제시한 인원삭감의 근거의 유무, 피고의 경영위기의 성격과 인원삭감의 필요성, 피고가 제시한 인원삭감 규모의 객관적 합리성 유무, 회생절차와 인원삭감의 관계 등에 비추어 피고가 긴박한 경영상의 필요성에 관한 주장·입증책임을 다하였다고 볼 수 없고, 이 사건 정리해고가 긴박한 경영상의 필요에

의한 것으로써 합리성이 인정되는 것이라 단정하기 어렵다.

정리해고 이후 무급휴직을 실시한 사실 등 여러 사정에 비추어 보면 가능한 우선적 해고회피조치가 이루어지지 않은 채 단지 희망퇴직제를 활용하였다는 것이나 또는 희망퇴직규모가 당초 계획한 것보다 커져 이 사건 정리해고 규모가 당초 계획한 것에 비해 축소되었다는 것만으로는 피고가 해고회피노력을 다하였다고 볼 수 없다.

피고가 이 사건 정리해고를 함에 있어 객관적 합리성과 사회적 상당성을 가진 구체적 기준에 의하여, 그 기준을 공정하게 적용하여 정당하게 해고 대상자를 선정하였다고 할 것이므로 이 부분 원고들의 주장은 이유 없고, 여러 사정을 종합하여 볼 때 피고가 이 사건 정리해고와 관련하여 근로기준법에서 요구하는 통보 및 성실한 협의절차를 거쳤다고 볼 수 있고, 피고가 이 사건 정리해고를 하면서 노동조합과 사전 합의를 하지 않은 것은 적법한 해고절차를 갖추었다고 볼 수 없지만, 여러 사정을 고려하면 피고가 노동조합과 인원정리에 관한 합의 도출을 위하여 성실하고 진지한 노력을 다하였는데도 노동조합이 협의를 거부함으로써 합의에 이르지 못하였다고 할 것이므로, 이는 노동조합이 사전합의권을 남용하거나 스스로 사전합의권의 행사를 포기한 경우에 해당한다.」

서울고등법원은 정리해고의 4가지 기준 가운데 해고 대상자 선정은 공정하고, 노동조합이 사전합의권한을 남용하거나 포기하였으므로 노동조합과의 사전합의 등 2가지 요건은 충족하였다고 보았지만, 긴박한 경영상의 필요성을 갖추지 못하였고, 피고가 해고회피노력을 다하지 못하였다고 보아 정리해고가 무효라고 판단하였다.

3) 대법원 2014. 11. 13. 선고 2014다20875, 20822 판결(미간행)의 요지

대법원은 긴박한 경영상의 필요성을 부정한 원심판결에 대하여 유동성위기를 완화하기 어렵고, 재무건전성 위기의 근거자료인 유형자산의 손상차손에 관한 추정에 합리성이 있고, 회계법인의 방안의 내용 등에 비추어 인원 감축규모가 비합리적이라거나 자의적이라고 볼 수 없다고 보았다. 나아가 해고회피 노력에 대하여도 그 기준이 확정적·고정적인 것이 아니라 사용자의 경영위기의 정도 등에 따라 달라진다는 기존 판례를 확인하면서 정리해고후의 무급휴직은 정리해고 후 노사간의 극심한 대립을 피하기 위한 고육지책에 불과하다고 보았다.

4) 검토

학설은 해고를 수반하는 사용자의 구조조정의 결정에 대하여 법원은 긴박한 경영상의 필요에 의한 경영합리화 내지 조직구조변경의 구체적 타당성기준을 결정할 수 있는 권한은 없고, 대신에 해고의 범위와 해고자의 선발기준에 관하여만 심사할 권한

이 있다고 주장한다.55) 기업의 존속에 관한 위험을 최종적으로 부담하는 경영자의 경영판단은 법원에서도 존중되어야 함이 원칙이다.56) 그리하여 대법원 판례 역시 긴박한 경영상의 필요에 관한 부분은 도산회피에서 나아가 새로운 위기 대처를 위한 경우까지도 널리 유연하게 인정하고 있으며 기업운영에 필요한 인력의 규모에 대한 판단은 경영자의 판단으로 존중되어야 한다고 제시하고 있다.57) 하급심 역시 회생절차 중에 이루어지는 정리해고에 대하여 긴박한 경영상의 필요성은 시인하고 있다.58)

쌍용자동차 사건에서 원고들은 정리해고 후에 이루어진 무급휴직조치를 근거로 인원삭감 규모에 대한 사정변경이 발생하였다는 점을 들어 긴박한 경영상의 필요성이 없다고 주장하였다. 서울고등법원 판결은 이를 받아들였다. 그러나 판례59)는 정리해고를 한 경우 그 타당성 여부의 판단은 정리해고 당시를 기준으로 하여야 하고 판결시를 기준으로 경영상태의 호전 여부는 고려할 것이 아니라는 입장이므로, 대법원이 정리해고 후에 이루어진 무급휴직 조치는 고육지책에 불과하다면서 해고회피노력이 부족하다는 원심판결의 논리를 배척한 것은 타당하다. 일본의 학설과 JAL 사건의 판결 역시 해고의 시점에서 정리해고의 효력을 판단하여야 한다는 입장이다.60)

원심판결이 정리해고의 4가지 요건 중 회생회사의 관리인이 취한 정리해고에 긴박한 경영상의 필요가 있었음을 부정한 것은 정리해고에 관한 기존의 대법원 판례나 정리해고에 관한 국내외의 지배적인 학설을 무시한 것으로 납득하기 어렵다.61) 다행히 이 점은 대법원에서 시정되었다. 그러나 여전히 아쉬운 점은 이 사건이 국내 굴지의 자동차생산 기업에 대한 회생절차에서 이루어진 정리해고의 유효 여부가 법원에서 처음으로 다투어진 중요한 사건임에도 불구하고, 도산법과 노동법의 충돌문제에 관한 중요 법리에 관하여 대법원 판결에서 충분히 설시되지 못하여 미간행 판결로 취급되었고,62) 회생회사의 근로자에 대한 정리해고임에도 불구하고 채무자회생법의 문제는

55) 김형배, 앞의 책(주 46), 657면.
56) 高井章光, "倒産時整理解雇における人員削減の必要性要所の判斷基準について," 倒産と勞動, 商事法務(2013), 201頁.
57) 대법원 2013. 6. 13. 선고 2011다60193 판결(미간행).
58) 앞의 대구고등법원 2013나6064 판결은 회생절차가 2회 개시된 점, 정리해고를 한 2011년 전후 부채가 증가하고 매출액이 감소한 점, 보증회사의 보증서 발급이 어려웠던 점 등을 근거로 긴박한 경영상의 필요가 있었다고 판단하였다.
59) 대법원 1992. 11. 10. 선고 91다19463 판결(공 1993, 67).
60) 荒木尙志, 앞의 글(주 12), 19頁.
61) 반대의 견해인 도재형, "기업 구조조정과 정리해고," BFL 제70호(2015), 16-17면은 긴박한 경영상의 필요 유무에 관하여 원심의 판단이 옳고 대법원의 판단은 기업의 판단에 따르는 것으로 오해될 소지가 있다고 비판한다.
62) 파기된 서울고등법원 2012나14427 판결(제40-41면)은 인원삭감 규모에 대하여 회생계획에서 검

반영되지 못하고 노동법의 법리만이 강조된 점이다.

Ⅲ. 회생절차의 개시와 임금채권의 보호

일반적으로 근로자는 다른 상거래채권자와 달리 고용계약의 상대방인 사용자의 도산위험을 사전에 예측하고 이를 회피할 가능성이 없어 현상태의 직업을 받아들일 수밖에 없는 불리한 지위에 있다.[63] 그리고 고용계약에 기하여 사용자로부터 받는 임금에 의존하여 생계를 유지하고 있으므로 임금채권을 다른 상거래채권보다 우선하여 보호하여야 할 사회적인 필요성이 크다. 그리하여 주요 국가는 근로자의 임금채권을 평시뿐 아니라 도산절차에서도 다른 채권보다 우선하여 변제하는 법제를 마련하고 있다. 다만 지나치게 근로자의 임금채권을 보호하게 되면 다른 채권자들에게 돌아갈 배당의 몫이 줄어들게 되므로 자국의 경제사정이나 실체법 이론을 반영하여 보호 범위와 정도에 차이를 두고 있다. 이하에서는 미국, 일본의 도산법에서 임금채권의 보호정도를 검토하고, 채무자회생법의 입법 방침이 타당한 것인지 검토하고자 한다.[64]

1. 미국 연방파산법[65]상 임금채권의 보호

미국은 채무자의 재건과 다른 채권자간의 형평을 고려하여 파산법 자체에서 채권신고액의 상한을 정하고 그 이상 신고된 채권에 대하여는 설령 채권이 후에 존재하는 것이 밝혀지더라도 파산절차 개시시에 시인이 불가능한 채권의 유형에 포함시킨다. 채권의 액수가 예외적으로 다액이고 파산절차에서 위 채권이 전액 인정되면 다른 채권자들의 배당에 불리한 영향을 미치는 것과 채권의 성질상 장기간에 걸쳐 발생하는 것이 예상되는 손해로서 채권이 시인된 후에 손해가 감경될 사정을 미리 고려한 것 등이

토되고 회생법원의 인가가 있었으며 정리해고를 시행하는 데 회생법원의 허가가 있었다는 사실만으로는 정리해고의 필요성과 정당성이 검증되었다는 회생회사의 주장을 배척하고, 여전히 근로기준법 제24조의 정리해고의 법리가 적용되어야 함을 명시적으로 판시하였다.

63) In re Lawsam Elec. Co., 300 F.736, 736 (S.D.N.Y. 1924). Learned Hand 판사의 판결이다. Charles Jordan Tabb, The Law of Bankruptcy 2nd ed 713 (2009)에서 재인용.

64) 참고로 독일은 도산절차 개시 전에 발생하였으나 미지급된 3개월 동안의 임금을 연방노동국에서 지급하여 준다. 단 도산 전에 지급하는 것이 아니라 도산절차가 개시되어야 지급한다. 회사는 도산절차 개시 후 3개월 동안 근로자들의 임금을 지급하지 아니하여도 되므로 현금유동성을 확보할 수 있다. 실무는 근로자들이 3개월간 임금청구권을 은행에 양도하고 은행이 3개월치에 대하여 채무자회사에 대출하는 방식으로 이루어진다(Urlich Blech, Germany, Corporate Recovery & Insolvency 2014, Global Legal Group, 117). 또한 회사가 도산하여 근로자의 근로시간이 단축된 경우에도 국가가 6개월을 한도로 감액된 근로시간에 상응하는 임금을 보전하여 준다.

65) Bankruptcy Code 11 U.S.C. §101 *et seq.* 이하 § 숫자만 표시한다. 연방법률이다.

다. 대표적인 예가 임차인이 파산한 경우 임대인이 갖는 임료채권에 대하여 상한을 두거나, 근로자가 근로계약 종료를 원인으로 한 손해배상채권에 대하여 상한액을 두고 초과하는 채권은 법률상 시인되지 아니한다. 그 외에 재산세, 내부자의 채권, 기한미도래의 부양료 채권, 늦게 신고한 채권 등은 일정한도만 인정되고 초과분은 파산절차에 참가할 수 없다.[66] 이 중 근로계약해지를 이유로 한 손해배상채권에 대하여는 후술한다.

(1) 미국에서 파산채권의 순위

미국 파산법 §507(a)는 파산절차에서의 채권의 우선순위를 규정하고 있다. 담보권이 최우선순위이고 그 다음이 우선권 있는 채권(priority claims),[67] 일반파산채권(general unsecured claims), 벌과금(claims for fines 등), 이자채권(interest) 등의 순서이다. 이 점에서는 채무자회생법의 우선순위와 유사하다. 그러나 미국 파산법은 우선권 있는 채권을 다시 10가지로 나누어 순서를 정하고 그 액수에 제한을 두고 있으며, 우선권 있는 채권에 대한 이자채권은 이에 포함하지 않고 후순위인 이자채권에 포함시키고 있다.[68] §364(c)(1)에 의하여 DIP Financing의 신용제공자에게 부여되는 우선권(ultrapriority claim)은 담보권보다 후순위이고 우선권 있는 채권보다 앞서 있다. 우선권 있는 채권은 일반파산채권보다 선순위이고 전액이 변제되어야 한다.

우선권 있는 채권에 관한 규정인 §507(a)가 정하고 있는 10가지의 순위의 차례는 다음과 같다.[69] ⅰ) 가족구성원에 대한 부양료채권, ⅱ) §503(b)에 기하여 인정되는 파산재단의 관리에 필요한 관리비용, ⅲ) 채권자의 파산신청사건에서 신청 후 개시결정까지의 기간 동안 통상의 거래에서 발생한 채권, ⅳ) 최고한도 11,725달러의 파산신청

---

66) §502(b) 이하에 채권의 종류와 한도가 규정되어 있다.

67) 공익채권에는 마국 파산법의 우선권 있는 채권과 성격이 유사한 채권이 망라되어 있으나, 공익채권은 회생채권과 달리 회생계획에 의하지 아니하고 수시로 변제받을 수 있고 원칙적으로 강제집행도 가능한 데 반하여, 미국 파산법의 우선권 있는 채권은 파산절차 내에서만 변제받는다는 점에서 채무자회생법상의 우선적 회생채권에 유사하다. 미국 해설서에는 무담보 파산채권을 우선권있는 채권과 일반 채권으로 구분한다. 미국은 Unsecured claims falls into two broad categories: priority claims and general claims. Ferriell · Janger, *supra* note 47, at 345.

68) 채무자회생법하에서도 파산선고 전에 발생한 조세채권에 대한 파산선고 후의 지연손해금, 즉 가산금이 후순위 파산채권인지, 재단채권인지에 관하여 논의가 있다. 朱鎭岩, "회생절차와 조세법률관계," 고영한 · 강영호 편집대표, 도산관계소송, 한국사법행정학회(2009), 230면은 재단채권으로, 서울中央地方法院 破産部實務硏究會, 法人破産實務 제4판, 博英社(2014), 349면은 후순위 파산채권으로 취급할 것을 주장한다.

69) 2005년 파산법이 개정되기 전에는 9가지였으나 10가지로 바뀌었으며 가장 큰 변화는 종전 순위 7위였던 부양료청구권이 1순위로 승격된 것과 관재인의 보수가 재단비용으로부터 선순위로 독립하고 인신사고로 인한 불법행위채권이 파산채권에서 제10순위의 우선권 있는 채권으로 승격한 것이다. 액수는 소비자물가지수에 따라 변동하게 되어 있다.

전의 임금, 급여, 수수료,[70] v) 연금, 생명보험, 건강보험 등 근로자급부제도(employee benefit plan) 등에 대한 기여금,[71] vi) 농·어부의 창고 및 가공처리업자에 대한 채권,[72] vii) 소비재구입을 위하여 임치한 자연인의 반환청구권,[73] viii) 파산선고 전의 조세채권(기간 제한 있음), ix) 부보금융기관인 채무자가 연방예금보험공사 등에 대하여 부담하는 예금보험공사 등의 자본유지를 위한 분담채권(commitment),[74] x) 채무자가 음주, 마약복용 상태로 자동차 등 교통기관을 운전하다 발생한 인신사고로 인한 손해배상청구권.

(2) 미국에서 임금채권의 보호

§503(b)에 기하여 우선권이 인정되는 채권 중 근로자의 임금과 관련한 채권은 다음의 3가지이다. 파산절차 개시 후에 발생한 파산재단의 관리에 필요한 관리비용 채권으로서의 제2순위의 우선권 채권인 임금채권, 채권자 파산신청시의 소위 gap period(채권자의 파산신청시부터 법원의 구제명령시까지의 기간)에 발생한 제3순위의 우선권 채권인 임금채권, 제4순위의 체불임금이다. 임금은 아니지만 근로자의 연금, 생명보험, 건강보험 등 근로자급부제도의 기여금 채권이 제5순위의 우선권 채권이다.

1) 관리비용채권으로서의 임금채권(§507(a)(2))

채무자의 파산신청 후 또는 채권자가 신청한 경우에는 구제명령이 발하여진 후에 근로자가 제공한 근로에 대한 대가로서의 임금채권은 재단유지에 현실적으로 필요한 부담 및 비용인 관리비용[75]에 해당한다. 이러한 임금채권은 금액의 제한도 없으며 부양료 다음으로 가장 높은 우선권이 인정된다.

2) 제3순위의 임금채권(§507(a)(3))

채무자가 파산신청을 하면 신청 자체가 구제명령의 효과가 발생하므로 구제명령 이후에 근로를 제공한 근로자의 임금채권에는 제2순위의 우선권이 부여된다. 그러나 채권자가 파산을 신청한 경우에는 비록 자동중지의 효과는 발생하지만 법원이 별도로 파산절차개시를 명하는 구제명령을 발하여야 파산절차가 개시된다. 채권자의 파산신

---

70) §104(b)에 의하여 노동부가 공표하는 소비자물가지수를 반영하여 한도액은 매 3년마다 변경되며 2013년 파산법을 기준으로 한 금액이다. 2005년 개정 당시에는 10,000달러이었다가 2007년 4. 1. 이후 10,950달러, 2010. 4. 1. 이후 11,725달러로 증액되었다.

71) 시기 및 한도제한은 후술함.

72) 채권자 1인당 5,775달러의 한도가 있다(2013년 파산법 기준).

73) 채권자 1인당 2,600달러의 한도가 있다(2013년 파산법 기준).

74) Ferriel · Janger, *supra* note 47, at 353. 금액의 제한이 없다.

75) §503(b)(3). actual, necessary costs and expenses of preserving the estate. 예로는 임금채권, 법원에 의하여 선임된 변호사, 회계사 등 전문가 비용채권 등이다.

청일로부터 구제명령일까지의 기간을 소위 gap period라고 한다. 이 기간 동안에 근무한 근로자의 임금채권은 액수에 제한 없이 §503(a)(3)에 기하여 §502(f) 소정의 개시결정 전에 통상의 거래에서 발생한 채권으로 취급되어 제3순위의 우선권이 인정된다.

3) 제4순위의 임금채권(§507(a)(4))

제4순위의 우선권 있는 채권은 근로자 1인당 180일의 기간에 발생한 12,850달러 (2017년 기준) 이하의 임금채권이다. 이 임금채권은 근로자 1인당 상한액이 12,850달러로서, 발생시기가 파산신청일 또는 영업폐지일 중 먼저 도래하는 날짜를 기준으로 그 날로부터 소급하여 180일[76] 동안에 발생한 임금채권으로 제한된다. 따라서 근로자가 근무하고 있는 동안 사용자가 파산하여 근로계약이 해지됨으로써 갖는 임금채권은 파산선고 이전에 발생한 12,850달러는 §507(a)(4)에 해당하는 우선권 있는 채권에 해당하고, 그 금액을 초과하는 금액은 일반파산채권에 해당한다. 연방의회는 사용자의 파산에 의하여 근로자가 받지 못한 파산절차 개시 전의 체불임금을 다른 일반의 파산채권보다 우선적인 권리를 부여하고 있으며 이 점은 다른 국가들과 같다. 결국 미국 파산법은 1인당 금액 제한하에 180일 기간의 미불임금에 대하여만 우선권을 인정하고 나머지는 일반파산채권으로 취급하는 입법을 하고 있다.

4) 제5순위의 근로자급부제도(§507(a)(5))

제5순위의 우선권은 근로자를 위한 근로자급부제도[77]를 운영하는 기관이 파산한 사용자에 대하여 갖는 기여금채권이다. 우선권은 발생시기가 파산신청일 또는 영업폐지일 중 먼저 도래하는 날짜를 기준으로 그 날로부터 소급하여 180일 동안에 제공된 서비스에 대한 기여금채권이다. 임금채권과 마찬가지로 채권의 상한액이 있다.[78]

근로자가 근로 중 재해를 당하여 갖는 재해보상청구권은 임금의 대체물이 아니고 재해보험에 대한 보험료 채권은 제5순위의 근로자급부제도 채권에 해당하지 아니한다.[79] 근로자가 갖는 사용자에 대한 불법행위 채권 역시 일반의 무담보 파산채권으로

---

76) 2005년 개정 전에는 제4순위 및 제5순위 채권이 소급기간이 90일로 제한되었다가 180일로 확대되어 양자의 기간이 같게 되었다. Tabb, *supra* note 63, at 713. 위 금액에는 본봉 외에 휴가, 질병수당 및 퇴직수당을 포함된다. first day order에 포함된 채권자들은 보통 파산절차 개시 후 통상의 영업활동의 일환으로 밀린 임금 등을 변제받게 마련이다. 그러나 파산채권 신고기간까지 미지급된 것이 있다면 역시 채권신고를 하여야 한다.

77) 근로자급부제도라 함은 연금, 생명 또는 건강보험 등 근로자의 복지를 위한 프로그램으로서 사용자가 보험회사 등에 일정한 보험료 등을 납부하여야 한다.

78) 예컨대 종업원이 30명이라면 1인당 11,725달러를 기준으로 산정한 금액(351,750달러)에서 제4순위의 미불 임금채권 금액과 사용자가 근로자를 위하여 가입한 다른 근로자급부제도에 지불한 금액을 각각 공제한 금액을 한도로 한다. Brian A. Blum, Bankruptcy and Debtor/Creditor 447 (5th ed. 2010).

취급된다.

5) 고용계약 해지로 인한 손해배상청구권의 제한(§502(b)(7))

우리나라 민법 제663조가 관재인이 고용계약을 해지하여도 근로자의 손해배상 청구를 인정하지 않고 있음에 반하여 미국 파산법에서는 만일 관재인이 고용계약을 거절하면(reject), 근로자가 계약불이행으로 입은 손해배상청구를 할 수 있다. 이때 근로자가 갖는 손해배상청구권은 파산선고 전의 원인에 기한 일반파산채권으로 취급된다.[80] §502(b)(7)은 고용계약 해지로 인한 근로자의 손해배상채권에 대하여 파산절차에서 그중 일정 금액 이하의 금액에 대하여만 파산절차에서 참가할 수 있도록 제한하는 규정이다. 금액의 범위는 고용계약 해지일과 파산신청일 중 먼저 도래하는 날짜를 기준으로 그 날로부터 향후 1년분에 대한 고용계약에서 정한 급료(compensation)와 미지급된 급료를 합한 금액을 한도로 파산절차에 참가할 수 있고 이를 초과하는 금액은 파산절차에 참가할 수 없다.[81] 파산한 채무자가 자력이 없음을 감안하면 초과금액은 사실상 변제받을 가능성이 거의 없다. 이와 같은 조항은 미국 파산법이 새로운 출발을 강조하는 채무자에 우호적인 면을 보여준다.

2. 일본 도산절차에서의 임금채권의 보호

(1) 임금채권의 先取特權

어떠한 채권에 대하여 파산절차에서 우선권을 부여할지 여부는 입법정책이 반영되지 않는 한 이론적으로는 실체법의 내용에 따른다. 한국 민법에 없지만 일본민법이 인정하는 권리가 先取特權이다. 일본 민법에는 일반선취특권과 특별선취특권 제도가 있으며, 회사갱생절차에서 전자는 우선적 갱생채권으로,[82] 후자는 갱생담보권으로 취급된다.[83]

2003년 개정 전의 민법 제306조 제2호 및 제308조는 고용계약에 기한 근로자의 임금채권에 대하여 최후 6개월분에 한하여 일반선취특권을 인정하였다. 이에 반하여

---

79) Howard Delivery Serv. Inc. v. Zurich American Ins. Co., 126 S.Ct. 2105 (2006). 책임보험에 대한 보험료에 불과하다고 판시하였다.

80) §502(g).

81) §502(b)(7). 민법 제663조에 의하면, 사용자에 대하여 파산선고가 있으면 근로자와 사용자 모두 고용계약을 해제할 수 있되 서로 상대방에 대하여 손해배상을 청구하지 않도록 되어 있다. 이는 §502(b)(7)와 서로 일맥상통한다.

82) 회사갱생법 제168조 제1항 제2호.

83) 회사갱생법 제2조 제10항(갱생담보권에 관한 정의 조항) 참조. 민법상 動産賣買先取特權, 상법상 선박우선특권이 이에 해당한다. 伊藤眞, 會社更生法, 有斐閣(2012), 201頁.

구 상법 제295조에 따르면 사용자가 주식회사인 경우에 선취특권으로 인정되는 임금채권에 대한 시기적 제한이 없었으며 나아가 신원보증금 채권도 선취특권으로 인정되었다. 그러다 보니 사용자가 주식회사인 경우와 그렇지 아니한 경우의 차이 때문에 근로자의 임금과 신원보증금에 대한 법적 보호의 정도가 다르게 된다는 문제점이 있었다.

2003년 민법 개정은 민법 제308조 중 선취특권으로 인정되는 임금채권에 대한 6개월간의 시기적 제한을 없애고 구 상법 제295조를 삭제함으로써 신원보증금에 대한 선취특권을 철폐하고 임금채권에 관한 우선권의 보호를 민법과 일치시켰다. 그리하여 근로자의 사용자가 개인이건 주식회사이건 임금채권을 같게 취급하고, 개정 전보다 보호의 범위를 확대하였다.

(2) 2004년 개정 전의 일본 구 파산법

구 파산법에는 임금채권에 대한 규정은 있었으나 퇴직금에 관한 규정은 없었다. 파산절차에서 임금채권은 민법과 상법의 선취특권이 인정되는 범위에 한하여 우선적 파산채권으로 취급되었다.[84] 퇴직금채권의 성질에 관하여 학설로는 파산선고 후의 노동에 대응하는 부분만이 재단채권이 된다는 견해와 액수 제한 없이 모두 재단채권이 된다는 견해, 전액 우선적 파산채권이 된다는 등으로 견해가 나뉘었다.[85]

(3) 2004년 개정 일본 파산법

파산법이 2004. 6. 2. 개정되어 2005. 1. 1.부터 시행되면서 민법의 개정 부분을 반영하였다. 개정 파산법 제149조 제2항은 퇴직금채권에 관하여도 별도의 규정을 두었다. 파산절차에서 근로자의 임금채권이 더욱 보호되어야 하는 정책과 파산절차개시 후에 제공된 근로자의 노동이 파산재단에 유익하다는 점을 반영하였다.[86] 그리하여 파산절차개시 전 3월분의 임금채권은 재단채권으로 승격되고,[87] 퇴직금청구권에 대하여는 퇴직금이 임금후불의 성격을 갖는 점을 반영하여 파산절차종료 전에 퇴직한 경우에 퇴직 전 3월분의 임금채권의 총액과 파산절차개시 전 3월분의 임금총액을 비교하여 다액이 재단채권이 되었다.[88] 파산절차개시 전의 임금을 또 하나의 기준으로 삼는 이유는 파산절차가 개시되면 근로자의 임금수준이 개시 전보다 감액되므로 파산선고 후에 퇴직한 근로자의 이익을 보호하려는 데 있다.[89] 임금채권과 퇴직금채권 중 공익

---

84) 最高裁判所 昭和 44. 9. 2. 民集23卷9号1641頁.
85) 山本和彦, "倒産企業從業員の生活保障," 河野正憲・中島弘雅 編, 倒産法大系, 弘文堂(2001), 100頁 주 64 참조.
86) 加藤哲夫, 破産法 第五版, 弘文堂(2009), 245-247頁.
87) 일본 파산법 제149조 제1항.
88) 일본 파산법 제149조 제2항.

채권으로 취급되지 않는 부분은 모두 우선적 파산채권이 된다.[90] 회사갱생절차와 달리 신원보증금과 예치금에 대한 특례는 인정되지 않는다.

뒤에서 보는 바와 같이 퇴직금채권이 회사갱생절차에서 공익채권으로 6월분이 인정되는 데에 반하여 파산절차에서는 3월분만 재단채권으로 인정된다. 이는 파산절차에서는 원칙적으로 대부분의 근로자들이 파산선고로 인하여 퇴직하는 현실을 고려하여 퇴직금 중 재단채권으로 하는 비율을 높이게 되면 파산재단에 부담이 크게 되고 다른 일반파산채권자에게 불리하게 된다는 점을 고려한 것이다.[91]

(4) 1967년 개정 전의 일본 회사갱생법

일본의 회사갱생법은 주식회사만을 대상으로 하기 때문에 구 상법 제295조가 적용된다. 따라서 임금채권이 선취특권으로 보호되는 범위에 관하여 민법과 같이 시기적 제한의 문제가 발생하지 아니하였다. 다만 근로자의 임금채권을 보호하다는 취지에서 2003년 개정 전의 민법 제308조의 취지를 반영하여[92] 절차 개시 전의 6개월분에 한하여 공익채권으로 취급하고 나머지는 우선적 갱생채권으로 취급하였다.[93] 근로자가 맡긴 예치금과 신원보증금의 반환채권은 전액이 공익채권이다.

1967년 개정 전에는 회사갱생법에 퇴직금청구권[94]에 관한 규정이 없었다가 개정에 의하여 비로소 퇴직금청구권에 대한 규정이 처음으로 규정되었다. 이 개정 원칙은 현행 회사갱생법에서도 유지되고 있다. 회사갱생절차 개시 전에 퇴직한 근로자의 퇴직금청구권이 우선적 갱생채권이 되므로 채권신고를 하여야 한다는 점에 대하여는 異論이 없었다. 다만 회사갱생절차 개시 후 계획안 인가 전에 퇴직한 근로자의 퇴직금청구권이 공익채권인지, 아니면 우선적 회생생채권인지 여부에 대하여 견해가 나뉘었다.[95]

제1설은 개시결정시까지의 재직년수에 상응한 부분은 우선적 갱생채권이고, 개시결정시 이후로서 실제로 근무하다 퇴직한 부분에 상응한 부분은 공익채권이라는 견해, 제2설은 퇴직금청구권은 실제로 퇴직하여야 비로소 발생하는 것을 강조하여 전액이 공익채권이라는 견해, 제3설은 회사의 갱생을 용이하도록 하기 위한 인원삭감 등 회사의 사정 때문에 부득이 퇴사한 경우에는 공익채권으로, 근로자가 스스로의 사정에 의

89) 山本和彦 외, 4인, 倒産法槪說, 弘文堂(2010), 88頁.
90) 일본 파산법 제98조 제1항, 민법 제306조 제2호, 제308조.
91) 山本和彦, 앞의 글(주 85), 103頁.
92) 松田二郎, 會社更生法(新版), 有斐閣(1976), 179頁.
93) 회사갱생법 제119조.
94) 회사갱생법은 근로자 대신에 사용인, 퇴직금 대신에 퇴직수당이라는 표현을 쓰고 있다.
95) 학설의 내용에 대하여는 靑山善充, "會社更生의性格과構造(二)," 法學協會雜誌 第83卷 第4号 (1966), 487-488頁.

하여 사직한 경우에는 회사갱생법 제121조 제1항 제4호, 즉 "전호에 게기한 것 이외로서 갱생절차개시후의 원인에 기한 생긴 재산상의 청구권으로서 공익채권이 아닌 것"에 해당하므로 劣後的 更生債權으로 취급하자는 견해이다. 제1설은 모든 근로자가 아직 퇴직하지 아니한 상태에서 회사갱생절차 개시 당시에 자신의 퇴직금을 산정하여 신고하는 것이 사실상 곤란하고 공익채권과 우선적 갱생채권으로 구분하여 채권액을 산정하는 것이 번잡하다는 이유로 지지를 받지 못하였다. 실무는 근로자가 자기 사정에 의하여 퇴직한 경우에는 전액 우선적 갱생채권으로, 회사 사정에 의하여 퇴직한 경우에는 전액 공익채권으로 보는 견해를 따르고 있었다.[96]

(5) 1967년 개정 일본 회사갱생법

회사정리법은 임금, 퇴직금, 재해보상금, 근로자의 임치금 및 신원보증금의 반환 청구권 등을 일반 공익채권에 관한 단일 조항(제208조)에 규정하고 있지만, 일본은 공익채권에 관한 일반 조항인 회사갱생법 제208조가 아니라 근로자의 6개월치 임금, 근로자의 예금(預り金) 및 신원보증금에 관한 조항은 회사갱생법 제119조 後文에, 퇴직금에 대하여는 제119조의2에 별개로 규정하고 있다.

파산법의 퇴직금청구권에 관한 규정이 2003년 민법 개정과 맞물려 2004년 파산법 개정에 반영된 것에 비하여, 회사갱생절차에서는 그보다 먼저 1967년 퇴직금청구권에 관한 규정이 개정되었다. 그 이유는 1960년대 초에 사회에 충격을 주었던 상장회사의 회사갱생사건(山陽特殊製鋼, 日本特殊鋼 사건 등)이 계기가 되어 회사갱생법의 중요 부분에 대한 개정이 논의가 되었고 그 와중에 퇴직금청구권에 관한 개정이 이루어졌다.

개정법은 실무 관행을 기초로 실무에 편리하고, 개시 전에 퇴직한 경우와 개시 후에 퇴직한 경우 양차의 차이를 좁히고 개시 후에 근로자 스스로 퇴직하더라도 일부를 공익채권으로 취급함으로써 근로자를 두텁게 보호한다는 취지에서 다음과 같이 개정하였다.[97] 회사갱생법 제119조의2 제1항에 계획인가 전에 퇴직한 근로자의 퇴직금청구권에 대하여 퇴직 전 6월간의 급료에 상당하는 액 또는 퇴직금 액수의 1/3 중 보다 많은 금액을 한도로 공익채권으로 규정하였다. 즉 만일 퇴직금이 임금의 1년 6개월치를 넘을 때는 그 1/3이, 이하일 때에는 급료의 6월분이 공익채권이 된다. 그것을 넘는 부분은 우선적 갱생채권이 된다. 일본의 입법자는 파산절차와 달리 회사갱생절차개시 결정 전후로 구분하지 않았다.[98] 동조 제3항은 "전 2항의 규정은 제208조의 규정에 의

---

96) 宮脇行彦 · 井關 浩 · 山口和男 編, 注解會社更生法, 靑林書院(1986), 408頁.
97) 학설의 내용 및 개정 경위에 관하여는 位野木益雄, "會社更生法における退職手當請求權," 松田判事在職40年記念 會社と訴訟(下), 有斐閣(1968), 769-771頁.

하여 공익채권이 되는 퇴직금청구권에 대하여는 적용하지 아니한다"고 규정함으로써
관리인에 의한 계약해제에 기한 퇴직금청구권은 제208조 제2호의 회생절차 개시 후의
사업경영에 관한 비용에 해당하는 경우에 해당하는 것으로 보아 전액 공익채권이 된다.

(6) 2002년 개정된 일본 회사갱생법[99]

1) 임금, 퇴직금, 신원보증금 채권

임금, 퇴직금, 신원보증금에 관하여는 개정이 없었다. 즉 회사갱생절차 개시 전 6
월분의 미지급 급료는 공익채권이다.[100] 6월분을 넘는 임금은 선취특권이 인정되므로
우선적 갱생채권이다. 개시결정 이후에 관리인이 고용계약을 체결하고 근로한 부분은
사업의 경영에 관한 비용으로 취급되어 전액 공익채권이 된다.[101] 신원보증금채권 역
시 전액 공익채권이다.

근로자의 퇴직의 시기가 개시결정 전, 후인지를 구분하지 아니하고, 갱생계획인가
결정 전에 퇴직한 근로자는 퇴직 전 6개월의 급료의 총액에 상당하는 금액 또는 퇴직
금의 1/3에 상당하는 금액을 비교하여 많은 금액을 공익채권으로 취급한다.[102] 동 조
항은 근로자의 사정에 의하여 퇴직한 경우에만 적용되고, 해고 등 회사의 사정에 의하
여 퇴직한 경우에는 적용되지 않고 퇴직금 전액이 공익채권이 된다. 이러한 구별의 합
리성에 대하여는 비판하는 견해[103]가 있었지만 입법자는 회사에 필요한 우수인력이
퇴사하지 않도록 유도하고, 관리인에 의한 해고를 억지하는 효과를 갖는다는 점을 고
려하여 그와 같이 입법을 하였다. 절차개시 전에 고용되었으나 계획인가 후에 근로자
가 자신의 사정에 의하여 퇴직한 경우 퇴직금 청구권은 전액이 우선적 갱생채권이 된
다. 신고하지 않더라도 인가결정에 의하여 실권되지 않는다는 예외조항이 있다.[104]

2) 회사의 예치금

개정법은 근로자의 예치금반환청구권 중 공익채권으로 인정되는 범위를 갱생절
차개시 전 6월분의 급료와 예치액의 1/3에 상당하는 액으로 축소하였다. 근로자의 예

---

98) 그 이유는 퇴직시점을 갱생절차개시 전후를 기준으로 삼게 되면 근로자들 간에 불공평하다는 점
　　과 기준을 명확하게 하려는 데 있다(注解會社更生法, 409頁).

99) 현행 회사갱생법으로서 2003. 4. 1.부터 시행되며 그 후 수회 개정되었으나 조문의 체제는 그대
　　로이다.

100) 회사갱생법 제130조 제1항.

101) 회사갱생법 제127조 제2호.

102) 회사갱생법 제130조 제2항.

103) 山本和彦, 앞의 글(주 77), 105頁은 입법론으로 양자의 구별 없이 6월분의 급료 내지 퇴직금의
　　 1/3 범위 내에서 공익채권으로 할 것을 주장하였으나 개정법에 반영되지 아니하였다.

104) 회사갱생법 제204조 제1항 제2호. 東京地裁會社更生實務研究會, 會社更生, 金融財政事情研究會
　　 (2011), 196頁.

치금이라 함은 근로자가 회사에 맡겨둔 사내예금을 지칭한다. 회사갱생법이 제정될 당시인 1952년경에는 탄광 등과 같이 근로자의 근무지가 금융기관으로부터 멀리 떨어져 있기 때문에, 근로자의 입장에서도 임금을 받더라도 이를 은행에 맡길 수 없는 현실을 감안하여 임금의 일부를 선취특권으로 보호받으면서 회사에 사내예금의 형태로 맡겨 둘 필요가 있었고, 회사 입장에서도 고율의 이자를 제공하면서도 戰後에 부족한 자금을 조달할 필요가 있었다. 근로자의 예치금은 이러한 노사간에 이해관계가 맞아떨어졌던 당시의 특수한 경제상황이 반영된 제도이다.[105)

그런데 山陽特殊製鋼 사건에서 거액의 사내예금에 대하여 고율의 이자를 포함한 원리금 전액이 공익채권으로 인정되는 불합리에 관하여 논의가 있었다. 1967년 회사갱생법 개정시에 퇴직금청구권을 공익채권으로 격상하는 개정과 함께 사내예금에 대하여도 퇴직금청구권과 같은 방식으로 일부만 공익채권으로 인정하자는 개정안이 제출되었으나 후자에 대하여는 參議院에서 삭제되었다.[106) 그러다가 사내예금제도가 거의 이용되지 않고 있는 현실을 고려하여 2002년 개정 회사갱생법은 공익채권의 범위를 축소하였다.

3. 채무자회생법의 임금 등의 보호

(1) 임금, 퇴직금, 재해보상금 채권에 관한 근로기준법의 입법연혁

임금 및 퇴직금채권에 대하여는 민법, 근로기준법 등의 실체법에 의하여 우선변제권이 인정되어야 비로소 도산절차에서 우선적 회생채권으로 인정되어야 함이 타당하다. 아래에서 보는 바와 같이 임금, 퇴직금, 재해보상금은 근로기준법 및 임금채권보장법에 기하여, 근로자의 임치금과 신원보증금 채권은 상법 제468조의 우선변제권에 근거를 두고 있다.[107)

임금채권(퇴직금은 제외)에 대한 우선변제권은 1974. 1. 14. 대통령긴급조치 제19조에 따라 처음으로 입법화되었다. 1974. 12. 24. 개정된 근로기준법 제30조의2는 임금은 담보권, 조세, 공과금을 제외한 다른 채권에 우선한다고 정하였다. 1980. 12. 31.

105) 深山卓也, 一問一答新會社更生法, 商事法務(2003), 152頁, 岩知道眞五, "民法上の優先權と倒産法における保護の關係," 倒産と勞動, 商事法務(2013), 65頁.
106) 注解會社更生法, 406頁.
107) 근로자가 노동재해 등 고용관계와 관련하여 입은 손해배상청구권도 상법 제468조에 포함되지만 (鄭東潤 編, 註釋商法(회사Ⅳ), 한국사법행정학회(김건식 집필), 405면) 이 우선변제권은 선박우선특권과 달리 질권, 저당권 등 담보권에 우선하지 못한다(상법 제468조 단서). 이에 반하여 근로기준법의 우선변제권이 상법보다 우선권을 높게 규정하였으므로 재해보상금에 관한 우선권의 근거 조항은 근로기준법이 된다.

개정시 우선순위를 담보권 다음이되, 조세공과금 및 다른 채권보다 앞서는 것으로 우선순위를 앞당겼다.[108] 1987. 11. 28. 근로기준법 제30조의2 제2항이 신설되어 임금 중 최종 3월분에 대하여는 담보물권 및 조세채권보다 우선순위가 앞서는 최우선의 지위가 인정되었다.[109]

퇴직금과 재해보상금에 대하여 우선변제권이 최초로 인정된 것은 1989. 3. 29. 근로기준법 개정시이다. 퇴직금의 우선변제권이 도입된 후 실무상 퇴직금에 관한 우선변제권이 퇴직금 전액인지 아니면 3개월분인지에 관하여 판례와 학설이 불일치하는 등 혼란이 있던 중[110] 헌법재판소가 1997. 8. 21. 퇴직금 전액에 대하여 최우선변제권을 부여하는 구 근로기준법 제30조의2 제2항 중 퇴직금 부분에 대하여 헌법불합치 결정을 하였다.[111] 이 점을 반영하여 1997. 12. 24. 근로기준법 개정에 의하여 퇴직금 중 최종 3년분에 대하여만 계속근로년수 1년에 대하여 30일분의 평균임금으로 계산한 금액으로 한정하였다(근로기준법 제37조 제2항 제2호, 제3항).

2005. 1. 27. 개정 근로기준법 제37조는 재해보상금과 최종 3월분의 임금에 대한 우선변제권 규정을 두고 종전에 있던 퇴직금에 관한 조항을 삭제하는 대신에 최종 3년간의 퇴직금에 관한 부분이 2005. 12. 1. 제정된 근로자퇴직급여보장법 제11조(2011년 개정되기 전)로 이동됨으로써 현재와 같이 근로기준법과 근로자퇴직급여보장법에 나누어 규정되는 체계가 되었다.[112]

2005. 1. 27. 공포 시행된 근로자퇴직급여보장법에 의한 퇴직급여제도는 종전의 퇴직금 제도와 퇴직연금제도(확정급여형, 확정기여형)로 구분되고, 사용자는 위 3가지 제도 중 하나 이상의 퇴직급여제도를 설정하여 운용하도록 되어 있다.[113] 즉 위 3가지 제도 중 어느 것을 채택하여 시행하느냐는 것은 각 사업장별로 정해질 사항이었다. 그

---

108) 1974. 12. 24. 개정된 근로기준법 제30조의2는 사용자의 총재산에 대하여 질권, 저당권 조세, 공과금을 제외하고는 다른 채권에 우선하여 변제받을 권리가 있다고 규정하였다. 1980. 12. 31. 근로기준법 개정 때에는 순위를 담보권을 제외하고 조세, 공과금보다 앞서는 것으로 바뀌었다.

109) 판례는 이를 법정담보물권이라 한다. 대법원 2009. 11. 12. 선고 2009다53017, 53024 판결(공 2009, 2094). 선박우선특권보다도 앞선다(대법원 2005. 10. 13. 선고 2004다2679 판결, 공 2005, 1783).

110) 다수설과 판례는 퇴직금 전액에 대하여 우선변제권이 인정되는 입장이었다. 대법원 1995. 7. 25. 선고 94다54474 판결(공 1995, 2942)). 당시의 학설과 실무례에 대한 소개에 관하여는 金容直, "退職金 優先辨濟 債權과 관련한 考察," 民事實務硏究會 編, 民事裁判의 諸問題 第9卷(1996), 311-339면. 노동법실무연구회, 勤勞基準法注解 II, 博英社(2010), 500면.

111) 헌법재판소 1997. 8. 21. 선고 94헌바19, 95헌바34, 97헌가11(병합) 결정.

112) 입법 경과에 대하여는 노동법실무연구회, 勤勞基準法注解 II, 博英社(2012), 499-500면(홍준호 집필).

113) 동법은 2010. 12. 1.부터 4인 이하의 근로자를 사용하는 사업장에도 적용된다.

러다가 2012. 7. 이후 설립된 사업장의 경우에는 퇴직연금 제도를 강제화하고 있고 대부분의 기업의 퇴직연금제도를 도입하고 있다. 따라서 사용자 회사가 도산하는 경우에도 법률상 퇴직연금의 소유권자는 제3자인 금융기관이므로 근로자는 도산절차와 관계없이 퇴직연금을 지급받을 수 있게 되었다.114)

(2) 회사정리법 및 파산법에서 임금채권의 보호 연혁

회사정리법은 1981. 3. 5. 개정 이전에는 임금채권 중 정리절차 개시 전 6월간115)의 급료에 대하여만 공익채권으로, 그 이전에 발생한 채권에 대하여는 우선적 정리채권으로 취급하였다.

파산법상 임금채권은 2000. 1. 12. 파산법 개정 전까지는 근로기준법에 의한 임금채권의 우선적 지위를 고려하여 우선적 파산채권으로 취급하였으나, 2000년 개정을 통하여 근로자의 급료, 퇴직금 및 재해보상금은 그 발생시기가 파산선고 전후인지, 근로기준법의 최우선권이 인정되는지 구분하지 아니하고 전액을 재단채권으로 취급하였다.116)

채무자회생법은 회사정리법과 파산법의 내용을 그대로 반영하였다. 즉 임금, 퇴직금, 재해보상금, 근로자의 임치금 및 신원보증금에 대하여 회생절차와 파산절차 구별하지 아니하고 시기적인 제한 없이 전액에 대하여 공익채권(제179조 제10호, 제11호) 및 재단채권(제473조 제10호, 제11호)으로 취급하고 있다.

2014. 12. 30. 개정된 채무자회생법은 3개월 간의 임금 등의 최우선채권을 파산절차에 반영하였다. 제415조의2가 신설되어 2015. 7. 1.부터 시행되고 있다. 동조에 의하면 3개월치의 임금, 3년치의 퇴직금 또는 재해보상금 채권의 채권자는 해당 채권을 파산재단에 속하는 재산에 대한 별제권 행사 또는 제349조 제1항의 체납처분에 따른 환가대금에서 다른 담보물권자보다 우선하여 변제받을 권리가 있다. 파산절차 중에는 새

---

114) 2012. 7. 이후 설립된 사업장의 경우에는 퇴직연금 제도를 강제화하고 있으나 불이행더라도 형사상의 제재는 받지 않는다.
115) 구 회사정리법이 6월간으로 한정한 것은 일본 민법 제308조가 고용관계의 선취특권의 인정범위가 최후 6월간에서 비롯된 것이다(松田二郞, 앞의 책(주 84), 179頁). 우리나라 민법은 선취특권 제도가 없음에도 회사갱생법을 계수하는 과정에서 검토를 제대로 하지 못하였다가 1981년에 비로소 수정된 것이다.
116) 2000. 1. 12. 파산법 개정 이유는 근로자의 임금채권 등을 보호하되 보호범위를 회사정리법 제208조와 균형을 맞추기 위한 것이다. 파산법 제38조 제10호에 파산자의 급료, 퇴직금 및 재해보상금을, 제11호에 파산선고 전의 원인으로 생긴 파산자의 피용자의 임치금과 신원보증금의 반환청구권을 재단채권으로 추가하였다. 2000년 개정 파산법에서 임금채권의 법적 지위에 관한 글로는 柳南榮, "破産節次와 賃金," 법조 제50권 제3호(2001), 46-69면은 임금우선특권이 파산절차에서 여전히 유효한지, 다른 재단채권자간의 우열관계를 다루고 있다.

로이 강제집행을 할 수 없고, 체납처분은 파산선고 전에 이루어진 것에 한하여 파산선고 후에도 계속하여 진행할 수 있으므로 별제권 행사라 함은 담보권자에 의한 임의경매이고 체납처분이라 함은 파산선고 전에 개시된 체납처분을 의미한다. 한편 부칙 제3조에 의하면 위 개정 규정은 이 법 시행 후 최초로 발생하는 임금, 재해보상금, 퇴직금 등 근로관계로 인한 채권부터 적용한다고 규정되어 있다. 따라서 2015. 7. 1 이전에 퇴직한 근로자의 3년치 퇴직금이나 법 시행 전에 밀린 3개월치 임금 등에 대하여는 개정조항이 적용되지 아니한다.

(3) 임금채권의 내용 및 보호내용

임금, 퇴직금, 재해보상금의 우선순위, 변제방법 및 시기 등은 채무자회생법이 적용되지만 권리의 내용은 근로기준법에 따라 결정된다.[117] 임금이라 함은 근로의 대가로 근로자에게 임금, 봉급, 그 밖에 어떠한 명칭으로든지 지급하는 일체의 금품을 말한다(근로기준법 제2조 제1항 제5호). 근로자인지 여부는 이사 등기 유무에 따라 형식적으로 판단할 것이 아니라 업무집행권을 가지는 대표이사 등의 지휘 감독 아래 일정한 노무를 담당하면서 그 노무에 대한 대가로 일정한 보수를 받아왔다면 그 임원은 근로기준법상의 근로자에 해당할 수 있다. 반대로 비등기 임원이라도 보험회사의 전문적인 분야에 속한 업무의 경영을 위하여 특별히 임용되고 회사 경영을 위한 의사결정에 참여하여 왔고 일반 직원과 차별화된 대우를 받았다면 근로자로 보기 어렵다.[118] 예컨대, 사용자가 노무인력(파견근로자, 수련의 등)을 공급하여 준 자에 대하여 부담하는 용역비는 임금이 아니라 회생채권에 불과하다.[119]

재해보상금이란 근로기준법 제8장에 규정된 요양보상금, 휴업보상금, 장해보상금, 유족보상금, 장의비, 일시보상금, 분할보상금 등을 말한다. 실무상 산업재해보험을 가입한 경우에는 재해보상금보다 산재보험급여가 다액이므로 산재보험절차로 지급이 이

---

117) 파산관재인이 파산선고 후에 재단채권인 임금채권의 변제의무의 이행을 지체하여 생긴 근로자의 손해배상청구권은 재단채권이다(대법원 2014. 11. 20. 선고 2013다64908 판결). 그러나 임금에 대하여 파산선고 전일까지 발생한 지연손해금채권은 파산채권임에 주의하여야 한다(대법원 2015. 1. 29. 산고 2013다219623 판결).

118) 대법원 2017. 11. 9. 선고 2012다10959 판결(공 2017, 2275). 서울고등법원은 회생회사 동양 사건에서 비등기임원이 기존퇴직금을 정산받은 후, 임원으로 승진하였고, 근로자에게 적용되는 취업규칙의 적용을 받지 아니하였고, 차량, 기사, 골프회원권과 접대비가 제공된 점, 일정 업무에 대하여 위임전결 권한이 부여되었고, 같은 직급의 등기이사와 동일한 보수를 지급받았던 사실을 근거로 비등기임원이 근로자라는 주장을 배척하였다(서울고등법원 2015. 5. 15. 선고 2014나 2049096 판결, 확정).

119) 대법원 2012. 9. 13. 선고 2012다46224 판결(미공간), 대구고등법원 2017. 1. 25. 선고 2016나 24612 판결(각공 2017, 190).

루어진다.

해고예고절차도 회생절차에서 배제될 이유가 없다. 회생절차가 개시되었다는 사실은 해고 예고의무의 예외 사유[120]에 해당하지 아니한다. 따라서 관리인이 30일 전에 해고를 예고하지 않은 때에는 30일분 이상의 통상임금을 해고예고수당으로 지급하여야 한다. 관리인에 의한 해고예고수당은 공익채권(제179조 제2호)에 해당한다. 해고예고수당은 근로에 대한 대가가 아니라 즉시해고의 효력을 발생시키기 위한 근로기준법상의 특별한 급부 내지 생활의 보장을 위한 부조제도의 변형으로서 노동의 대가가 아니라는 견해도 있다.[121] 회생절차 개시 전에 해고를 당한 근로자로서는 임금채권인지 여부에 따라 보호 정도가 다르게 된다. 근로자를 보호한다는 취지에서 한국[122]과 일본[123]의 실무는 해고예고수당을 임금으로 취급하고 있다. 미국 파산법 §507(a)(4)(A)는 해고예고수당(severance)을 우선권 있는 임금채권에 포함하고 있다.

휴업수당은 비록 현실적 근로를 제공하지 않았다는 점에서는 근로 제공과의 밀접도가 약하지만, 근로자가 근로 제공의 의사가 있는데도 자신의 의사와 무관하게 근로를 제공하지 못하게 된 데 대한 대상으로 지급하는 것이라는 점에서 임금의 일종으로서 공익채권에 해당한다.[124]

구 파견근로자보호 등에 관한 법률(2006. 12. 21. 개정되기 전, 이하 파견법이라 한다)은 제6조 제3항 본문[125]은 '직접고용간주 규정'을 두어 사용사업주가 파견기간 제한을 위반한 경우 곧바로 사용사업주와 파견근로자 사이에 직접고용관계 성립이 간주되도록 하였다. 그런데 이후 개정된 파견법(2012. 2. 1. 개정 전)은 직접고용간주 규정을 대체하여 제6조의2 제1항[126]에서 '직접고용의무 규정'으로 개정하였다. 따라서 개정된 파견법하에서 파견기간 제한을 위반한 사용사업주는 직접고용의무 규정에 의하여 파견근로자를 직접 고용할 의무가 있으므로, 파견근로자는 사용사업주가 직접고용의무를

---

120) 천재 사변, 그 밖의 부득이한 사유로 사업을 계속하는 것이 불가능한 경우.
121) 김형배, 앞의 책(주 39), 345면. 伊藤眞 編, 條解破産法 第2版, 弘文堂(2014), 1013頁.
122) 전병서, 최신 파산법, 법문사(2003), 94면, 林治龍, 앞의 글(주 8), 153면.
123) 阿部信一郎, 小松正道, "震災と勞動問題," NBL No 954 (2011), 40頁. 東京地方裁判所는 재단채권으로 취급한다. 東京地裁破産再生實務硏究會, 破産·民事再生の實務(中)新版, 金融財政事情硏究會(2008), 85頁.
124) 대법원 2013. 10. 11. 선고 2012다12870 판결(공 2013, 2059). 대기발령은 근로기준법 소정의 휴직에 해당한다고 보았다. 이에 반하여 정명현, "휴업수당의 법적 성질의 이중성," 저스티스 제147호(2015), 267면은 임금이 아니라 생활보장적 법정급부로 이해한다.
125) "사용사업주가 2년을 초과하여 계속적으로 파견근로자를 사용하는 경우에는 2년의 기간이 만료된 날의 다음 날부터 파견근로자를 고용한 것으로 본다."
126) "사용사업주가 2년을 초과하여 계속적으로 파견근로자를 사용하는 경우 해당 파견근로자를 직접 고용하여야 한다."

이행하지 아니하는 경우 사용사업주를 상대로 고용 의사표시를 갈음하는 판결을 구할 사법상의 권리가 있고,[127] 그 판결이 확정되면 사용사업주와 파견근로자 사이에 직접 고용관계가 성립한다. 또한 파견근로자는 이와 아울러 사용사업주의 직접고용의무 불이행에 대하여 직접고용관계가 성립할 때까지의 임금 상당 손해배상금을 청구할 수 있다.[128]

따라서 이러한 법리에 의하면 구 파견법이 적용되는 근로자들은 기간만료에 의하여 근로자가 되었으므로 기간만료 이후 즉시 임금채권을 갖게 되지만, 개정 파견법이 적용되는 근로자들은 고용의 의사표시를 하는 판결이 확정될 때까지는 임금 상당의 손해배상금을, 판결 확정 이후에 비로소 임금채권을 갖게 된다. 또한 파견법 제21조 제1항에 기하여 파견근로자가 동종 또는 유사한 업무를 수행하는 고용주의 다른 근로자에 비하여 적은 임금을 지급받게 됨으로써 차별적 처우를 받은 경우에 고용주가 지는 책임은 불법행위에 기한 손해배상채권이므로 회생절차에서 신고하지 아니하면 실권의 불이익을 받게 된다.[129]

파견법이 적용되는 사용자인 회사에 대하여 회생절차가 개시되면 임금은 공익채권으로 손해배상채권은 회생채권으로 취급될 것이다. 제3자가 근로자의 임금을 대위변제하면 제3자(보증인, 연대채무자)는 회생회사에 대하여 구상금채권(회생채권)을 갖고, 변제자대위의 법리에 기하여 공익채권(임금), 손해배상금채권(회생채권)을 주장할 수 있다.[130]

퇴직금은 회생절차에서 임금채권보장법의 제한 없이 전액에 대하여 공익채권으로 취급된다. 근로자퇴직급여보장법은 계속근로기간이 1년 이상인 근로자에게 계속근로기간 1년에 대하여 30일분 이상의 평균임금을 퇴직금으로 퇴직 근로자에게 지급할 수 있는 제도를 설정하여야 한다고 규정하고 있다(동법 제8조 제1항). 그리고 사용자는 근로자가 퇴직한 경우 그 지급사유가 발생한 날로부터 14일 이내에 퇴직금을 지급하여야 한다(동법 제9조). 이를 위반하여 퇴직금을 지급하지 아니하거나 지연한 경우 지

---

127) 의사의 진술을 명하는 판결이므로 주문을 "피고는 원고들에게 고용의 의사표시를 하라."고 표시한다(수원지방법원 평택지원 2016. 12. 21. 선고 2014가합4417, 2016가합9089 판결 [각공2017상, 172].

128) 대법원 2015. 11. 26. 선고 2013다14965 판결(공 2016, 4).

129) 서울고등법원 2018. 10. 23. 선고 2017나2005264, 2005271(병합) 판결(회생회사 삼표시멘트 사건), 상고심 계속 중.

130) 대법원 2011. 6. 24. 선고 2009다38551 판결(미간행). 임금 등을 체당금으로 지급한 근로복지공단의 채권을 공익채권으로 취급한 사안. 체당금은 3개월의 임금 및 3년간의 퇴직급여, 3개월분의 휴업급여이고 그에 대한 지연손해금을 포함되지 않는다.

급책임이 있는 경영진은 형사처벌이 부과된다(동법 제44조 제1호). 관리인이 임금을 체불한 경우에도 죄책을 면할 수 없으나 관리인의 법적지위와 법원의 감독하에서 업무를 수행하고 있는 점을 고려하면 책임조각사유가 인정될 가능성이 크다.[131]

퇴직위로금이 임금에 해당하는지 여부는 그 지급의 사유와 시기 및 기준, 근로와의 관계 등을 종합적으로 고려하여 결정하여야 할 것이다. 판례는 파산선고 전 상호신용금고가 직원들에게 지급하기로 약속한 퇴직위로금에 대하여 "파산자 회사의 그동안의 퇴직금 운영실태, 이 사건 퇴직위로금 규정을 신설하게 된 시기와 그 경과, 그 당시 파산자 회사의 부채규모 및 재무상태, 동일지역 내 다른 상호신용금고의 퇴출사태, 원고들의 근속기간과 이 사건 퇴직위로금의 수액 및 직원들의 계속근로연수나 정년퇴직까지의 잔여기간의 많고 적음에 관계없이 일률적으로 퇴직 전 6개월분 평균 임금을 지급하기로 한 점 등 여러 사정을 종합하여 보면, 이 사건 퇴직위로금은 원고들의 재직 중의 근로에 대한 대가로서 지급되는 후불적 임금으로서의 성질을 갖는 것이 아니라 금융기관의 구조조정과정에서 근로자가 해고되는 경우에 위로금조로 지급되는 것이거나 해고 후의 생계보장을 위해 지급되는 보상금의 일종으로 봄이 상당하다고 판시하여 이를 재단채권으로 본 원심판결을 파기하였다.[132] 이 판례는 파산절차에 관한 것이지만 법리는 회생절차에도 그대로 적용될 수 있다.

사용자가 임금의 지급을 지연하면 지연 일수에 대하여 연 20%의 지연이자를 함께 지급하여야 한다(근로기준법 제37조 제1항, 동법 시행령 제17조).[133] 이러한 지연이자가 적용되지 않는 사유로서 채무자회생법의 제약에 따라 임금 및 퇴직금을 지급할 자금을 확보하기 어려운 경우를 규정하고 있다(근로기준법 시행령 제18조 제2호). 파산절차에서 파산관재인을 상대로 제기한 재단채권(임금) 이행소송의 경우에 근로기준법 소정의 이율이 아닌 소송촉진등에 관한 특례법의 이율[134]을 적용하기도 하고 근로기준법 소정 이율을 적용하는 등 아직 확립되어 있지 않다.[135]

---

131) 대법원 2015. 2. 12. 선고 2014도12753 판결(공 2015, 510). 지급사유 발생일로부터 14일이 경과하기 전에 사업주인 법인에 대하여 파산선고가 있는 경우 대표이사는 파산선고로 퇴직금 등의 지급권한을 상실하였으므로 근로기준법 제109조 제1항 위반의 죄책을 지지 아니한다(대법원 2010. 5. 27. 선고 2009도7722 판결(미간행)).
132) 대법원 2008. 7. 10. 선고 2006다12527 판결(미간행).
133) 2017. 1. 1. 시행되는 이율이다.
134) 2015. 10. 1. 이후 적용되는 이율은 연 15%이다. 서울고등법원 2013. 11. 27. 선고 2013나2004337 판결.
135) 서울고등법원 2016. 11. 11. 선고 2016나2005243 판결은 근로기준법 이율 20%를, 서울고등법원 2013. 11. 27. 선고 2013나2003437 판결은 소송촉진등에 관한 특례법 소정 이율을 적용하였다.

개인인 사용자가 파산선고와 면책결정을 받은 경우 구 파산법 제349조 제4호 및 5호는 급료 중 최후 6개월분과 임치금 및 신원보증금을 비면책채권으로 규정하였다. 채무자회생법은 근로자를 보호한다는 차원에서 6개월의 기간 제한을 폐지하고 추가로 퇴직금 및 재해보상금을 비면책채권으로 개정하였다. 임치금 및 신원보증금은 그대로 비면책채권으로 두었다. 그러나 개인인 사업주의 새출발에 부담이 되는 조항이다.[136]

(4) 채무자회생법에 대한 비판

실체법의 우선순위에 따르면 3개월치 임금, 재해보상금 전액, 최종 3년분 퇴직금이 최우선이고, 다음으로 3개월을 초과하는 임금과 3년분을 초과하는 퇴직금, 근로자의 임치금과 신원보증금 채권이 동 순위이다.

그럼에도 불구하고 채무자회생법이 퇴직금 전액을 3개월치의 임금채권과 구분하지 않고 같은 순위의 공익채권으로 삼는 것은 헌법불합치 결정 취지에 어긋나므로 더 이상 유지할 명분이 없다. 또한 미국과 일본의 입법례는 임금채권을 구분하여 일부에 대하여만 공익채권(일본)으로 또는 우선권 있는 파산채권(미국)으로 인정하고 있다. 따라서 앞에서 본 실체법상의 우선순위를 무시한 채 임금, 퇴직금, 재해보상금, 근로자의 임치금과 신원보증금 채권을 액수 구분 없이 전액에 대하여 회생절차에서 동순위의 공익채권으로 인정한 것은 부당하고, 나아가 다른 채권자들에 비하여 근로자의 권리를 과보호하는 것이 되어 공정·형평의 대원칙에도 어긋난다.[137] 실체법의 원칙을 채무자회생법에 반영한다면 임금, 퇴직금채권 중 법정담보물권에 해당하는 부분만을 공익채권 중 신규자금채권과 같이 최우선권을 부여하는 방안을 고려하여야 할 것이다.

다음으로 예치금은 그 법적 성질이 노동의 대가가 아니라 근로자와 사용자 간의 임치계약에 기한 것으로 회생채권에 다름 아니고,[138] 현실적으로 근로자가 회사에 돈을 맡기는 제도가 거의 이용되지 않는 우리나라에서 전액을 공익채권으로 취급하는 것은 심히 의문이다. 또한 근로자가 취직시에 신원보증금을 예치하는 대신 보증보험에 가입하고 있는 것이 현실이므로 신원보증금채권을 공익채권으로 취급하는 것도 현실에 어긋난다.

---

136) 일본의 개정파산법 제253조 제5호도 "雇傭契約에 기하여 생긴 使用人의 請求權 및 使用人이 맡긴 돈의 返還請求權"을 非免責債權으로 개정하였다.
137) 同旨, 전병서, 도산법 제2판, 법문사(2007), 210면.
138) 伊藤眞, 앞의 책(주 83), 307頁.

Ⅳ. 회생절차의 개시와 부당노동행위

1. 회생절차에서의 노동조합 등의 지위

(1) 일본 회사갱생절차에서 노동조합의 지위

일본의 2002년 개정 회사갱생법은 갱생절차에서의 노동조합의 권리를 구 회사갱생법보다 광범위하게 보장함으로써 개별 근로자의 근로를 간적접으로 보호하고 있다.[139] 회사갱생절차 신청이 있어 법원이 개시 또는 기각을 결정하기에 앞서서 노동조합 등의 의견을 듣도록 하고,[140] 제1회 관계인집회 대신에 관리인이 주재하는 재산상황보고집회를 소집하는 경우 그 기일을 노동조합에게 통지하도록 하고,[141] 노동조합은 집회에 출석하여 관리인의 선임, 갱생회사의 업무 및 재산의 관리에 관한 사항에 대하여 의견을 진술할 수 있다.[142] 계획안 결의를 위한 관계인집회가 개최되는 경우라면,[143] 법원은 노동조합에게 기일을 통지하여야 한다.[144] 만일 기일이 연기 또는 속행되는 경우에도 노동조합에게 통지하여야 한다.[145] 노동조합은 계획안의 인가 여부에 관하여 자신의 의견을 진술할 수 있다.[146] 법원이 계획안에 대한 인가 또는 불인가결정을 하는 경우 주문, 이유의 요지 및 계획안의 요지 등을 노동조합에게 통지하여야 한다.[147]

그 외에 법원이 영업양도의 허가에 앞서서,[148] 그리고 제출된 계획안에 대하여 노동조합의 의견을 들어야 하는 점[149]은 뒤에서 보는 바와 같이 채무자회생법과 같다.

(2) 회생절차에서 노동조합의 지위

채무자회생법은 회생절차와 관련하여 노동조합(또는 근로자의 과반수를 대표하는 자)의 의견을 들어야 하는 경우를 두 가지 규정하고 있다. 첫째, 법원이 인가 전 영업

---

139) 신 회사갱생법하에서 노동조합의 지위에 관하여 那須克巳, "勞動組合との關係," 伊藤眞·西岡清一郎·桃尾重明 編, 新しい會社更生法, 有斐閣(2004), 118-124頁.
140) 회사갱생법 제22조 제1항.
141) 회사갱생법 제115조 제3항.
142) 회사갱생법 제85조 제3항.
143) 일본의 신 회사갱생법은 계획안결의를 위한 집회를 제도를 존치하면서 이에 대신에 서면투표제도를 시행할 수 있도록 개정되었다(회사갱생법 제189조의2 제2항 제2호).
144) 회사갱생법 제115조 제3항.
145) 회사갱생법 제115조 제5항.
146) 회사갱생법 제199조 제5항.
147) 회사갱생법 제199조 제7항.
148) 회사갱생법 제46조 제3항 제3호.
149) 회사갱생법 제188조.

양도를 허가하기 전에 노동조합의 의견을 들어야 하고(제62조 제2항), 둘째, 제출된 계획안에 관하여 노동조합의 의견을 들어야 한다(제227조). 사용자와 노동조합 간에 체결된 단체협약은 회생절차에서도 관리인이 미이행 쌍무계약의 법리에 따라 일방적으로 해제할 수 없으므로(제119조 제4항), 관리인이 명예퇴직 등 인력구조조정을 실시하는 경우에도 단체협약이 정한 바에 따라야 한다.

(3) 검토

채무자회생법과 일본의 개정 회사갱생법을 비교하면 채무자회생법의 노동조합에 관한 조항은 2개 조항에 불과함에 반하여, 일본의 개정 회사갱생법은 6개조로서 노동조합에 대하여 회생절차에 관여할 수 있는 기회를 더 많이 부여하고 있다. 근로자의 협력 없이 회사의 재건이 어렵다는 점을 고려하면, 회사갱생법의 개정은 절차의 신청 단계부터 계획안 수행시까지 노동조합이 적극 협력할 수 있도록 유도한 것으로 긍정적으로 평가된다. 앞으로 채무자회생법 개정시에 이를 반영하여 노동조합의 절차참여권을 적극 보장함이 바람직하다.

관리인은 노동조합이 회생절차에서 의견진술을 효과 있게 행사할 수 있도록 법원의 의견 제시 이전에 노동조합에게 관련 정보를 제공하고 설명하여야 한다. 즉 관리인이 회생계획안을 제출하는 경우라면 계획안 입안 단계에서 계획안의 요지를 알려주고 사실상의 동의를 얻은 후에 계획안을 법원에 제출하여야 한다. 만일 관리인이 사전에 노동조합의 동의를 얻을 수 없는 사정이 있다면, 계획안 입안 단계 또는 계획안 제출시에 동의를 얻지 못한 사유 등을 법원에 설명할 필요가 있다. 특히 영업양도의 경우에는 근로자의 고용관계가 양수인에게 승계되는지 여부와 승계된다고 하면 고용조건은 어떠한 변화가 있는지 등은 근로자에게 중요한 사항이고 양수인 입장에서도 근로자들의 협력 없이는 양수한 영업을 제대로 수행하기 어려우므로 양업양도에 앞서서 노동조합의 의견을 듣는 것이 양측 모두 긴요하다.

판례에 의하면 사용자가 정리해고를 함에 있어 노동조합 등과 성실하게 협의하여 해고를 회피하기 위한 방법이나, 해고의 기준에 관한 합의에 도달하였다면 이러한 사정도 해고회피노력 및 합리적이고 공정한 해고의 기준인지의 판단에 참작된다.[150] 관리인과 노동조합 등과의 협의과정은 정리해고를 적법하게 할 수 있는 중요한 요소이므로 관리인이 회생절차 중에 노동조합 등에게 정보를 제공하는 것은 원만한 협의에 필수적이다.

---

150) 대법원 2003. 11. 13. 선고 2003두4119 판결(공 2003, 2360), 앞의 대법원 2001다29452 판결.

한편, 노동조합과 회사와 사이에 회사가 일정한 행위(회사합병, 사업양도, 해고 등)를 함에 있어서 사전에 노조와 사전에 협의하여야 한다는 내용을 단체협약에 두는 경우가 흔히 있다. 회사가 노조와 사전협의 없이 행한 정리해고는 그 요건을 구비하지 못하였다고 하여 효력을 인정되지 않는다.151) 만일 회사가 파산신청을 하는 경우에도 사전에 노조와 사전협의 또는 동의를 얻어야 하는 조항이 단체협약에 있음에도 불구하고 회사가 이러한 절차를 거치지 아니한 채 파산신청을 하게 되면 그 파산신청의 효력은 어떻게 되는가.

생각건대, 파산절차는 근로자뿐 아니라 금융채권자, 상거래채권자, 불법행위채권자, 조세채권자 등 총채권자에 대한 채무를 채무자가 변제하지 못하는 파탄상태에 빠진 경우에 파산자의 재산을 환가하여 채권의 우선순위에 따라 공정하게 분배함으로써 총채권자의 공정한 금전적 배당을 목적으로 재판상의 절차이다. 파산절차가 집단적인 집행절차의 성격을 갖고 일단 파산선고가 되면 관재인이 선임되고 평시에는 존재하지 않는 부인권과 미이행쌍무계약의 해제권한이 파산관재인에게 부여되어 파산절차의 목적을 위하여 사용이 인정되는 공익적인 성격을 갖는 점 등에 비추어 보면 채무자와 특정채권자 간의 파산신청금지특약뿐 아니라 사전협의약정 역시 그 효력을 인정하기 어렵다. 따라서 회사가 일부 채권자와 사이에 파산신청을 함에 있어 사전협의를 하기로 한 약정이 있음에도 이를 무시하고 파산신청을 한 것이 위법하다거나 무효로 볼 수 없다.152)

만일 회사가 노동조합과 사전협의 없이 파산신청 또는 회생신청을 하고 아직 파산선고나 회생절차 개시결정을 기다리지 아니한 상태에서 정리해고를 하였다면 이는 정리해고의 요건 중 근로기준법 제24조 제3항 소정의 사전 통지 요건을 갖추지 못하여 위법하다고 해석될 것이다.153)

2. 관리인의 사용자 적격

(1) 근로기준법 및 노동조합법의 사용자 개념

근로기준법에 의하면 '사용자'란 사업주 또는 사업경영 담당자, 그 밖에 근로자에 관한 사항에 대하여 사업주를 위하여 행위하는 자를 말한다(근로기준법 제2조 제1항 제2호). 노동조합 및 노동관계조정법('노동조합법')에 의하면 "사용자"라 함은 사업주, 사업

151) 이 점은 일본과 같다. 東京地判 昭和 26. 2. 1.
152) 東京高裁 昭和 57. 11. 30. 決定 判例時報 1063号, 184頁.
153) 일본의 民事再生節次에 관한 판례로는 名古屋高等裁判所 平成 18. 1. 17. 판결 참조.

의 경영담당자 또는 그 사업의 근로자에 관한 사항에 대하여 사업주를 위하여 행동하
는 자를 말한다(노동조합법 제2조 제2호). 사법상의 고용계약의 주체인 사업주로 한정하
지 않고 사업경영담당자 등 그 범위를 확대한 것 역시 근로기준법의 목적(근로기준법
제1조)을 실효성 있게 관철하기 위한 정책적인 산물이다.154)

비록 근로기준법과 노동조합법이 사용자에 대하여 거의 동일한 정의 규정을 두고
있지만 근로기준법은 헌법상의 일할 권리로서 근로자 개인의 권익을 보호하고, 노동조
합법은 노동3권의 보장으로서 노사간의 집단적인 근로관계를 규율하는 점에서 입법목
적이나 범위에 차이가 있다.155) 근로자에 대한 부당해고 등에 대한 구제제도 역시 내
용과 효력에 있어서도 서로 다르다.156) 대법원은 과거에 근로계약의 당사자인 고용주
와 노조법상의 사업주가 동일하다는 입장을 취하였으나 학설은 비판적이었다.157) 결
국 대법원이 현대중공업에 관한 일련의 판결을 통하여 하청근로자와 원청업체인 현대
중공업이 근로계약상의 고용주는 아니라고 판단하면서도 노동조합법상 사용자에 해당
한다고 판시하기에 이르렀다.158) 즉 근로기준법상의 근로자의 개념과 노동조합법상의
근로자의 개념이 반드시 일치하여야 하는 것은 아니다.

사업주라 함은 사업 또는 사업장의 경영 주체를 말하므로 관리인은 사업주에 해
당하지 않는다. 또한 사업경영 담당자라 함은 사업주가 아니면서 사업 경영 일반에 관
하여 책임을 지는 자로서 사업주로부터 사업 경영 전부 또는 일부에 대하여 포괄적인
위임을 받고 대외적으로 사업을 대표하거나 대리하는 자이다.159) 대표이사, 업무집행

---

154) 노동법실무연구회, 勞動組合 및 勞動關係調停法注解Ⅰ, 博英社(2015), 151면. 사법상 근로자에
　　　대한 임금지급의무는 사업주인 법인이지 대표이사가 아니지만, 대표이사는 개인적으로 체불임금
　　　에 대한 형사책임을 진다.
155) 근로기준법상의 사용자 해당 여부는 파견근로자를 포함한 비정규직 근로자에 대하여 근로기준법
　　　상의 사용자를 확정하기 위하여 원고용주가 아닌 제3자를 상대로 근로자의 지위를 구하는 경우
　　　에 문제가 된다. 대표적인 사건으로는 현대중공업 부동노동행위 사건인 대법원 2008. 7. 10. 선
　　　고 2005다75088 판결(미간행).
156) 대법원 1998. 5. 8. 선고 97누7448 판결(공 1998, 1638).
157) 노동조합법상의 사용자 개념은 헌법상 보장된 근로자의 권리를 보호하기 위하여 누가 책임을 부
　　　담하는 것이 가장 효과적인가 하는 관점에서 접근해야 하고, 단체교섭의 대상이 근로계약 외에
　　　노동조합의 활동과 관련된 사항도 포함되어 있는 점을 고려하여 근로계약의 당사자로 고정하여
　　　서는 아니되고 노동관계에 대하여 실질적인 지배력을 행사하는 자까지 포함되어야 한다고 주장
　　　한다. 勞動組合 및 勞動關係調停法注解Ⅰ, 157면.
158) 대법원 2010. 3. 25. 선고 2007두8881 판결(공 2010, 823). 근로자에 대하여도 학습지 교사는 근
　　　로기준법상의 근로자는 아니지만 노동조합법상 근로자에 해당하며 후자의 근로자성 인정범위가
　　　전자보다 넓다는 점을 밝힌 판례로는 대법원 2018. 6. 15. 선고 2014두12598, 12604 판결. 방송
　　　연기자도 근로자는 아니지만 노동조합법상의 근로자에 해당한다(대법원 2018. 10. 12. 선고2015
　　　두38092 판결).
159) 대법원 1997. 11. 11. 선고 97도813 판결(공 1997, 3907), 대법원 2008. 4. 10. 선고 2007도1199

사원, 지배인, 학교법인이 운영하는 병원의 의료원장, 학교장 등이 이에 해당한다.160)

(2) 관리인·관재인과 사용자 개념

회생회사의 관리인(제3자 관리인 및 기존 경영자 관리인 포함)이나 파산관재인이 도산절차에서 어떠한 지위를 갖느냐에 하는 문제는 난제 중의 하나이고 아직도 판례와 학자들 간에 견해의 일치를 보지 못하고 있다.161) 관리인이 근로기준법이나 노동조합법의 사용자에 해당한다는 점은 학설162)이나 판례163)가 일치하고 있다. 기존의 학설은 관리인의 제3자성 또는 배타적인 사업경영권 및 관리처분권 이론에 터잡아 근로기준법 및 노동조합법의 사용자 해당성을 논증하였다.164)

그러나 엄밀히 보면 관리인은 회생법인인 사업주로부터 위임을 받은 바 없고 채무자회생법에 의하여 권한이 인정되는 독립한 법인격체이고 사업을 대표하기보다는 회생회사와 관련된 모든 이해관계인의 이익을 대표하는 자이다. 즉 관리인은 비록 기존경영자 관리인이라 하더라도 종전 대표이사처럼 회사만을 위한 충실의무, 선관주의의무를 부담하는 게 아니라 모든 이해관계인을 위한 공적수탁자의 지위에 있다.

미국은 파산법이 아니라 전국노동관계조정법(National Labor Relations Act, NLRB) I§2(1)의 '사람'의 정의 규정에 파산법 제11장의 관리인도 포함하고, '사용자'의 정의 규정 §2(2)에 직접 또는 간접으로 사용자의 대리인으로 행동하는 모든 사람을 포함한다고 규정함으로써 제7장, 11장 구분하지 아니하고 관리인, 파산관재인, 점유를 계속하는 채무자를 사용자로 해석할 수 있는 근거 규정을 두었다.

3. 부동노동행위와 관리인의 지위

(1) 부당노동행위의 의의 및 유형

부당노동행위제도는 헌법의 노동3권의 내용을 구체화한 것이다. 부당노동행위는

판결(공 2008, 705).
160) 勞動組合 및 勞動關係調停法注解 I, 159면.
161) 자세한 학설의 소개에 대하여는 尹南根, "파산관재인," 破産法의 諸問題(上), 法院圖書館(1999), 175-230면, "일반환취권과 관리인·파산관재인의 제3자적 지위," 인권과 정의 Vol 386(2008), 90-110면.
162) 回生事件實務(上), 제4판, 161면, 基準法注解1, 127면, 양형우, 앞의 글(주 9), 86면, 김진석, 앞의 글(주 54), 4면 등.
163) 단체협약의 사용자에 해당한다는 대법원 2001. 1. 19. 선고 99다72422 판결(공 2001, 495) 및 관리인도 체불임금에 대한 형사죄책을 질 수 있다는 대법원 1995. 11. 10. 선고 94도1477 판결(공 1995, 3959); 대법원 1989. 8. 8. 선고 89도426 판결(공 1989, 1389); 대법원 1984. 4. 10. 선고 83도1850 판결(공 1984, 861) 등.
164) 伊藤眞, 앞의 책(주 83), 308면.

사용자에 대하여 금지된 행위이다.165) 노조법은 사용자의 부당노동행위를 다음 다섯 가지로 나누어 규정하고 있다. ① 근로자의 노동조합 조기 가입이나 그 밖의 정당한 조합활동을 이유로 하는 불이익 취급, ② 반조합계약, ③ 단체교섭거부, ④ 지배·개입166) 및 운영비 원조, ⑤ 근로자의 정당한 쟁의행위 참가 또는 노동위원회에 대한 부당노동행위의 신고 증언 등을 이유로 한 불이익한 취급이다. 부당노동행위의 주체로서의 사용자는 근로계약상의 사용자와 반드시 일치하지는 않으며, 집단적 노동관계의 일방 당사자로서 근로자의 근로조건에 대하여 실질적 지배력을 가지는 자이다.167) 판례는 고용주가 아니더라도 해당 근로자에 대한 기본적인 노동조건 등을 실질적·구체적으로 지배 결정할 수 있는 자도 부당노동행위의 주체가 된다고 판시한다.168) 부당노동행위에 대한 구제내용으로는 원직복귀, 밀린 임금의 지급(back pay), 성실한 단체교섭 명령, 공고문 게시(post notice)이다.

(2) 사용자의 지배·개입행위

미국의 태프트-하틀리법(Taft-Hartley)법 §8(c)에 의하면, 사용자의 발언은 '보복이나 폭력의 위협 또는 이익의 약속'을 포함하지 않는 이상 부당노동행위를 구성하지 않는다.

이에 반하여 사용자의 발언이 지배·개입에 해당하는지에 관한 우리나라의 학설은 첫째, 사용자의 반조합적 발언이 시민의 일원으로서 한 것이 아니라 약자인 조업원에 대한 우월한 지위에서 한 위압적 발언이라면, 보복이나 폭력의 위협 등이 포함되어 있지 않더라도 지배 개입이 성립된다는 견해가 있다.169) 둘째, 이보다 좁게 해석하여 보복이나 폭력의 위협 등을 포함할 필요는 없지만, 노동조합의 자주성이나 조직력을 저해할 우려는 있어야 하며, 그러한 우려의 존부는 발언의 내용, 상황, 노동조합에 대한 영향, 추정되는 사용자의 의도 등을 종합하여 개별적으로 판단해야 한다는 견해가 있다.170) 후자의 견해에 따르면 파업을 중단하지 않으면 좌시하지 않겠다는 발언은 노동조합의 자주성을 저해할 우려가 있지만 단순히 경영상태로 보아 파업을 하면 회사가 도산한다는 발언은 근로자의 자숙, 협력의 호소를 내용으로서 지배·개입으로 인정

---

165) 김형배, 앞의 책(주 46), 1035면.
166) 일본에서는 부당노동행위의 유형으로 상당수를 차지하나 우리나라는 대부분 불이익취급에 관한 것이라고 한다. 행정소송의 이론과 실무, 사법연구지원재단(2008), 355면(민중기 집필 부분).
167) 임종률, 앞의 책(주 26), 264-265면.
168) 대법원 2010. 3. 25. 선고 2007두8881 판결(공 2010, 823). 원청회사는 사내 하청업체 근로자에 대하여 부당노동행위의 시정을 명하는 구제명령을 이행할 주체로서의 사용자에 해당한다.
169) 김형배, 앞의 책(주 46), 1069면.
170) 임종률, 앞의 책(주 26), 283면.

되기 어려우며, 노동조합의 내부운영에 관한 부정적, 간섭적 발언은 지배 개입으로 인정되기 쉬운 반면, 사용자 자신을 상대로 하는 단체교섭, 쟁의행위에 관한 발언은 자신의 이해관계도 있고 그에 대한 의견표명을 할 자유도 인정될 필요가 있으므로 지배·개입으로 인정하기 곤란하다고 설명한다.171)

대법원 판례에 의하면 사용자가 연설, 사내방송, 게시문, 서한 등을 통하여 의견을 표명할 수 있는 언론의 자유를 가지고 있음은 당연하나, 그것이 행하여진 상황, 장소, 그 내용, 방법, 노동조합의 운영이나 활동에 미친 영향 등을 종합하여 노동조합의 조직이나 운영을 지배하거나 이에 개입하는 의사가 인정되는 경우에는 부당노동행위가 성립한다.172)

일본 판례173)에 의하면, 원래 사용자측의 발언이 지배·개입에 해당하는가 여부는 위 발언의 내용, 정도뿐 아니라 발언의 시기, 장소, 기회, 동기, 목적, 상대방, 조합원에 대한 영향력 등 발언 당시뿐 아니라 그 전후의 여러 사정을 종합적으로 고려하여 판단하지 않으면 안된다. 따라서 이것을 표현의 자유와 관련하여 생각하면, 원래 사용자측도 표현의 자유가 인정되고 노사관계가 대립상황에 있을 때라도 노동조합의 조합원에 대하여 회사의 어려움이나 사정을 설명하고, 회사의 실정을 호소하여 파업의 부당성을 설명하고 협력을 요청하는 것 자체는 사용자에게 법률상 허용된 표현의 자유에 속하는 범위에 속한다. 그러나 그것이 이루어진 일시, 장소, 대상 등 앞에서 열거한 여러 사정에 비추어 표현의 내용, 정도가 단결에 영향을 미칠 염려가 있는 어느 조합원에 대하여 강제적이고 威嚇的 효과를 갖거나 조합원을 심하게 위축시키는 것과 같다고 인정되는 경우에는 단결권 등에 대한 부당한 간섭으로 배제되어야 한다. 일본의 학설도 대체로 판례와 같은 입장에 있다.174)

(3) 관리인의 지배·개입 가부

관리인은 법원의 감독과 허가를 받아 금원을 지출하고, 계약을 체결하므로 부당노동행위 중 반조합계약이나 운영비원조의 행위를 실행하기 어렵다. 회생절차와 관련하여 문제될 수 있는 것은 주로 지배 개입행위이고, 특히 회사의 재정 상황이 악화되

---

171) 임종률, 앞의 책(주 26), 283-284면.
172) 대법원 1998. 5. 22. 선고 97누8076 판결(공 1998, 1777). 사용자의 대표가 종무식장에서 노동조합을 부인하는 태도를 밝히고 조합원에 대한 신분상의 불안감을 느끼게 할 의도를 갖고 한 연설행위를 지배·개입행위에 해당한다고 판시하였다.
173) 札幌地判 昭和 56. 5. 8. 勞判 372号58頁.
174) 伊藤眞, "事業再生と雇傭關係の調整," 時代をリードする再生論, 松嶋英機辯護士古稀記念論文集, 商事法務(2013), 113-114頁.

거나 도산이 임박한 시기에 노동조합의 존립이나 활동에 관한 부정적인 의견 표명에 관한 것이다. 아래에서는 이 점에 한정하여 살펴보기로 한다.

채무자회생법은 노동조합에 대하여 회생절차에 참가하여 배당을 받거나 계획안에 대한 표결을 하는 채권자로서의 지위를 부여하고 있지는 않으나 절차개시부터 계획안 인가에 이르기까지 노동조합의 의견을 구하여 이를 절차에 반영하는 제도를 마련하고 있다. 관리인은 회사에 대하여 회생절차가 개시되면 법에 의하여 회사재산에 대한 전속적인 관리처분권을 취득하는바, 관리인의 직무수행의 내용은 다음 4가지로 축약된다. 첫째, 노동자 및 노동조합과 신뢰관계를 유지하여야 한다. 둘째, 회사의 영업을 통한 수익을 창출하기 위하여 기존의 고객과 거래관계를 단절시키지 않고 유지시켜야 한다. 셋째, 회사 운영에 필요한 사업자금을 융통하든가 인수인을 물색하여야 한다. 넷째, 회생계획을 수행하기 위하여 이해관계인들에 대하여 적시에 적절한 정보를 제공하여야 한다.[175] 이러한 업무를 제대로 수행하려면 결국 회사를 위하여 노동력을 제공하는 근로자들과의 신뢰관계가 굳건하여야 함은 贅言을 요하지 않는다. 이를 위하여 관리인은 선량한 관리자의 주의의무의 일환으로서 회생절차의 개시 이후 종결에 이르기까지 노동자와 노동조합에게 적시에 적절한 정보를 제공하여야 한다.

그런데 관리인이 제공하는 정보가 회사의 현상이나 앞으로의 사업계획 등 노동조합이 회생절차에 참가하는 것에 관련된 것도 있지만 쟁의행위[176]의 개시 여부 등 회사의 사업의 재건에 밀접불가분한 관계에 있고 이러한 정보제공행위로 말미암아 노동조합 자신의 행동에 관한 의사형성에 영향을 미칠 가능성도 크다. 이러한 경우 관리인의 정보 제공이 필연적으로 노동조합의 조직 운영 등에 관한 자주적 의사형성 과정에 영향을 미치게 되는데 그 제공행위가 노동조합의 조직, 운영에 부당하게 개입할 우려가 발생하지 않도록 유념하여야 한다.[177]

다음으로 더 범위를 좁혀 회생회사의 인수합병이나 영업양도에 있어서 관리인이 인수인이나 영업양수인의 노동조합의 활동이나 단체행동권 등에 대한 의사를 전달하

---

175) 伊藤眞, 앞의 글(주 174), 112頁.
176) 쟁의행위란 파업 태업 직장폐쇄, 그 밖에 노동관계 당사자가 그 주장을 관철할 목적으로 하는 행위와 이에 대항하는 행위로서 업무의 정상적인 운영을 저해하는 행위를 말한다(노조법 제2조 제6호).
177) JAL 사건에서도 관리인이 노동조합이 쟁의권을 행사하게 되면 항공기의 운항정지 등에 의한 기업가치가 훼손되므로 사업재생기구가 출자를 할 수 없고 결국 법원의 인가결정을 받을 수 없어 회사의 갱생이 좌절할 가능성이 있다는 발언이 지배·개입에 해당한다는 東京勞動委員會의 결정이 있었다. 이 결정에 대한 논평에 대한 글에 대하여는 上江州純子, "再建型 倒産手續における勞動者の處遇," 東京辯護士會倒産法部 編, 倒産法改正展望, 商事法務(2012), 156頁 주4 참조.

는 것이 부당노동행위 중 지배 개입에 해당하는지에 관하여 살펴보기로 한다.[178] 관리
인이 인수인 등의 의사를 전달하고 의사가 회사의 재건에 영향을 미치는 영향을 설명
하는 것이 부동노동행위에 해당하지 않으려면 아래의 요건을 갖추어야 한다.

첫째, 인수인의 의사가 회사의 재건에 중요성과 합리성을 갖는 것으로 인정되어
야 한다.

관리인이 노동조합에게 제공하는 정보는 회생절차에서 계획안에 대한 의사결정
의 자료로서 중요한 가치가 있어야 한다. 노동조합의 운영에 관한 인수인의 의사라 하
더라도 회사재건의 성공 여부와 무관한 내용이라면 회사의 재건에 중요성을 갖는 것
이라고 할 수 없다. 그럼에도 불구하고 관리인이 노동조합에 재건과 무관한 의사를 전
달하는 것은 노동조합에 대한 지배·개입으로 평가될 수 있다. 다음으로 설령 인수인
의 의사가 중요한 것이라 하더라도 제공자의 의사가 합리적인 것이 아니라면 노동조
합에게 전달하여서는 아니 된다. 예컨대 인수인이 노동조합에 대하여 혐오감을 갖고
장차 노동조합을 해산할 계획이라거나, 인수 이후 쟁의행위를 하지 않기로 서약을 받
겠다는 등의 의사는 합리적인 것이 아니므로 이를 노동조합에게 전달하여서는 아니
된다. 관리인으로서는 인수인을 설득하여 그러한 계획을 철회하도록 인수인을 설득하
거나 不然이면, 다른 인수인을 물색하여야 한다.

다만 시장의 경쟁이 치열하여 회생회사가 재건에 어려움을 겪고 있는 시점에서
만일 노동조합이 쟁의행위를 개시하게 되면 회사의 수익성에 심대한 영향을 미칠 가
능성이 있고 인수인이 이러한 점을 염려하여 인수를 재검토하겠다는 의사를 표명한
경우라면, 관리인이 이 점을 노동조합에 전달하여 노동조합의 자주적 의사형성의 자료
로서 전달하거나 설명하는 것은 관리인의 정보제공의무에 속하는 것이고 노동조합에
대한 지배·개입으로 보아서는 아니된다.

둘째, 의사의 전달이나 설명하는 방식이 노동조합의 의사형성에 대하여 부당한
개입의 염려가 생기지 않도록 유의하여야 한다.

전달하려는 의사나 설명이 회사 재건에 중요하고 합리적인 내용이라 하더라도 전
달하는 시기와 방식이 적절하여야 한다. 회생절차가 개시되면 종업원들은 자신들의 미
래에 관한 걱정을 하게 된다. 회생절차 개시 초기에 관리인이 기존의 노사교섭절차에
의하지 아니하고 개별 근로자를 상대로 인수인의 의사를 전달하는 것은 종업원들 사
이에서 동요를 일으킬 가능성이 크다. 따라서 비록 전달하는 내용이 중요하고 합리적

---

178) 이하의 설명은 伊藤眞, 앞의 글(주 174), 113-119頁을 요약한 것이다.

이라 하더라도 기존 노사관행을 파기하는 방법으로 전달하게 되면 지배·개입의 소지가 클 것이다. 또한 노동조합이 노동쟁의 개시 등을 검토하지 않고 있는 시기는 피하여야 할 것이다. 인수인의 노동조합에 대한 혐오감을 전달할 가능성이 크고 단체행동과 무관한 시기의 정보 전달은 지배·개입으로 평가될 가능성이 크다. 이에 반하여 단체행동을 개시하기로 결정한 이후에 관리인이 인수인의 의사를 전달하는 행위는 노동조합에 대하여 노동쟁의 개시에 대한 재고의 기회를 주려고 정보를 제공한 것이므로 지배·개입으로 평가되기 어려울 것이다.

(4) 관리인의 부당노동행위(지배·개입)에 관한 拙見

회생절차의 특성을 고려한다면 관리인은 회사의 재건을 위하여 마련된 계획안을 수행할 의무가 있고 만일 근로자들의 쟁의행위 개시가 계획안의 불인가를 초래하거나 인가된 계획의 수행에 지장을 초래하여 인가 후 필요적 파산선고에 이르게 될 개연성이 크다면, 회사가 더 이상 존립이 불가능하고 근로자의 지위도 더 이상 존속할 수 없는 것이므로 관리인이 인수인의 의사 등을 전달할 의무가 있고 이로 인하여 근로자들의 노동조합의 운영에 영향을 미칠 수밖에 없다. 요컨대, 관리인이 적절한 시점에서 노동조합의 의사형성에 참고가 되는 회사재건과 관련된 중요한 자료를 제공하는 행위를 일컬어 지배·개입이라 할 수 없다.

지배·개입할 의사가 있는지 여부는 개별적이고 구체적인 사정을 종합하여 궁극적으로 법원이 판단할 수밖에 없다. 부당노동행위와 사용자에게 부당노동행위에 대한 의사가 존재하였다는 점에 대한 증명책임은 노동조합에게 있다.[179]

미국의 경우에는 제11장 파산절차가 개시되더라고 점유를 계속하는 채무자가 선임되는 것이 보통이고 통상의 영업과정에서 발생하는 거래에 관하여는 법원의 허가를 받을 필요가 없다. 이에 반하여 채무자회생법은 비록 기존 경영자를 관리인으로 임명한다고 하더라도 여전히 법원이 관리인에 대한 해임권한을 갖고 있고, 통상의 영업과정에 속하는 거래라고 하더라도 계약의 체결, 권리의 포기 등 법원의 허가를 받아야 하는 사항이 많다는 점에서 관리인의 공적수탁자의 지위가 보다 현저하다.

이러한 관리인 지위의 특수성과 법원의 실질적 감독권의 행사 등 회생절차의 독특한 성격이 지배·개입의 경우에도 고려되어야 하고, 관리인의 의사를 고려하지 않고 쉽사리 지배·개입을 인정하는 것은 회생절차의 현실에 부합하지 않는다.

---

179) 대법원 2007. 11. 15. 선고 2005두4120 판결(공 2007, 1932).

4. 단체협약의 해제와 미이행쌍무계약의 법리 적용 여부

채무자회생법 제119조 제4항은 관리인의 미이행쌍무계약에 관한 조항을 단체협약에 적용하지 아니한다고 규정함으로써 관리인이 종전 대표이사와 노동조합 간에 체결된 단체협약을 해지할 수 없다. 일본의 회사갱생법 역시 마찬가지이다(회사갱생법은 노동협약이라 한다). 이에 반하여 파산절차에서는 특칙이 없으므로 관재인이 미이행쌍무계약의 일반법리에 기하여 단체협약을 해제할 수 있다.[180]

한편, 미국은 일정한 요건하에 관리인이 단체협약을 해제할 수 있다고 규정되어 있다. 먼저 이 점에 관한 미국의 법리의 발전연혁을 살펴보고 채무자회생법에 반영할 수 있는 점이 있는지를 검토한다.

(1) 미국 파산법상 단체협약(collective bargaining contracts)의 효력

미국 파산법은 일반적인 미이행쌍무계약에 관하여는 총칙에서 §365에서 규정하고 있다. 그러나 제11장 사건에서 노동조합과 사용자 간에 체결된 단체협약을 관리인이 인수 또는 이행거절의 신청을 법원에 하는 경우에 관하여는 §1113에서 단체협약의 인수 또는 거절의 요건과 절차 등 자세하게 규정하고 있다.

원래 미국 대법원의 철학은 단체협약도 미이행쌍무계약이고 파산법에 단체협약에 관한 예외 규정을 두고 있지 아니하므로 일반법리에 기하여 관리인이 경영판단에 기하여 해제할 수 있다는 입장을 표명하였다.[181] 그러나 항공회사를 중심으로 종업원의 임금 및 퇴직연금의 부담을 느낀 기업들이 단체협약의 해제만을 목적으로 한 제11장 사건이 파산법원에 쇄도하게 되었고 이에 노동계가 강한 반발을 하자 연방의회가 Bildisco 판결을 폐기하기 위하여 1988년에 연방파산법을 개정하여 현재의 §1113를 새로이 규정한 것이다.

동 조항에는 채무자의 재건과 근로자의 권리를 형량하기 위한 법정책이 깔려 있다. 특히 이행거절의 경우 근로자의 권리침해 가능성이 크므로 법원은 다른 미이행 쌍무계약의 이행거절에 비하여 그 요건을 보다 엄격하게 해석하도록 요구하고 있다.[182]

§1113의 적용범위는 제11장 사건의 파산신청 전에 체결된 단체협약에 적용되고 그 이외의 장(제7장 등) 사건에 관하여는 관리인이 §365에 기하여 자유롭게 인수 또는

180) 반대설, 박승두, 앞의 글, 631면은 파산절차에서도 단체협약에 대하여 쌍방 미이행쌍무계약이 적용되지 아니한다는 입장이다.
181) NLRB V. Bildisco & Bildisco, 465 U.S. 513 (1984). 이 판결 이전의 상황에 대하여는 池田 悠, "再建型倒産手續における勞動法規範の適用," 法學協會雜誌 第128卷9号2237-2251頁.
182) Collier International Business Insolvency Guide Vol. 1 ¶ 6.08 (2013).

이행거절을 선택할 수 있다.

(2) §1113의 적용 요건

관리인이 기존의 단체협약의 이행을 거절하려면 이행거절이 파산재단의 최선의 이익에 부합하여야 하고, 동 조항의 절차적인 요건도 충족하여야 한다. 만일 이행거절의 요건을 충족하지 못한 채 이행거절을 전제로 한 계획안은 인가될 수 없다. 절차는 다음과 같다. 먼저 채무자는 제11장 사건을 신청한 후 이행거절 전에 노동조합에 완벽하고 신용 있는 정보를 제공하고 회사에 재건에 필요한 단체협약의 변경사항을 제안하여야 한다. 이러한 제안을 평가하기에 충분한 모든 관련 정보가 노동조합에게 제공되어야 한다. 이어 터잡아 양측이 성실한 협상을 시도하여야 한다. 이러한 시도에도 불구하고 협상이 결렬된 경우 비로소 관리인은 법원에 일방적으로 단체협약의 이행거절을 신청할 수 있다. 법원은 제안과 협상에 필요한 요건을 갖추고, 노동조합의 적법한 대표자가 정당한 이유 없이 제안을 거절하고, 양측의 이해관계를 형량하여 명백히 채무자가 이행거절하는 것이 유리하다고 판단하는 경우에 비로소 허가를 할 수 있다.[183]

판례는 §1113(a)의 문면상으로는 관리인이 단체협약을 인수 또는 거절하는 경우를 정하고 있으나 동조는 관리인이 단체협약을 이행거절하거나 변경시에만 적용되고 인수하는 경우에는 적용되지 않으므로 관리인이 단체협약상의 권리의무를 제3자에게 양도하는 것은 단체협약의 인수 및 양도에 속하므로 §1113가 적용되지 않고 §365(k)[184]가 적용되어 향후 단체협약상의 불이행 책임을 지지 아니한다고 판시하였다.[185]

(3) 단체협약에 관한 채무자회생법의 검토

회생절차 개시결정이 있는 경우 사업의 경영과 재산의 관리 및 처분을 하는 권한이 관리인에게 전속되므로 관리인이 근로관계상 사용자의 지위에 있게 되고 따라서 단체협약의 사용자측 체결권자는 대표이사가 아니라 관리인이다. 따라서 회생회사에 대한 회생절차가 진행 중 소외 노조와 회생회사의 대표이사 사이에 이루어진 약정은 단체협약에 해당하지 아니하고, 회생회사의 관리인에게 효력이 미치지 아니한다.[186]

도산에 직면한 회사의 대표이사가 회생신청에 즈음하여 노동조합에게 편파적인

---

183) Ferriel · Janger, *supra* note 47, at 870.
184) 동조는 미이행 쌍무계약이 제3자에게 양도된 경우 관리인과 파산재단은 양도 이후 발생한 계약 불이행으로 인한 책임을 면한다고 규정하고 있다.
185) In re Anchor Resolution Corp., 231 B.R. 559 (D. DEL. 1999).
186) 대법원 2001. 1. 19. 선고 99다72422 판결(공 2001, 495).

내용의 단체협약을 체결한 경우가 실무상 발견되곤 한다. 예컨대 명예퇴직자들에 대하여 고액의 퇴직위로금을 지급하기로 하여 회생절차 전에 거액의 돈이 퇴직금 위로금 명목으로 회사에서 유출된 사례가 있다.[187] 만일 부인권의 요건에 해당한다면 부인권의 행사를 통하여 단체협약 중 해당 부분을 부인하거나[188], 이미 지출된 금원의 반환을 구할 수 있지만, 부인권의 요건을 갖추기 어려운 경우도 있고, 금원 지출 외에도 정리해고를 금지하는 조항을 두거나, 노동조합의 사전동의가 필요하다는 조항을 둠으로써 정리해고의 요건을 어렵게 하는 경우에는 부인권의 행사만으로 시정하기 어렵다. 회생절차가 아닌 평시에도 이 점을 둘러싸고 분쟁이 적지 않게 발생하고 있다. 판례는 동의 조항을 협의조항으로 이해하거나,[189] 동의 조항의 효력은 인정하지만 노동조합 측에서 합의절차를 포기한 것으로 보아 해고가 적법하다고 보거나,[190] 동의조항을 그대로 인정하는[191] 등 구체적인 사안에 따라 결론을 달리하고 있다.

기업이 회생신청을 하게 되면 단체협약을 체결한 평시와는 달리 여러 가지 사정 변경이 있기 마련이다. 그렇다면 이러한 사정 변경을 고려하여 관리인이 부득이 단체협약을 시급히 변경하지 않고서는 회사의 재건이 어렵다고 판단하면 이를 변경할 방도를 회생절차 내에서 마련하는 주는 것이 바람직하다.[192] 회생회사의 재건은 근로자를 포함한 다양한 이해관계인들의 양보와 희생 없이는 실현이 불가능한 점에 비추어 보면 미이행쌍무계약 중 단체협약에 대하여는 관리인이 절대로 변경하지 못하게 되는 것은 회생회사의 현실에 맞지 않고, 근로자의 권리를 지나치게 보호하는 게 아닌가 하는 의문이 든다. 一刀兩斷의 정리해고를 통한 해결보다는 회사의 경영에 부담이 되는 단체협약을 변경하고 근로자들이 이를 감내함으로써 해고의 범위를 최소화하는 것이 근로자들에게도 도움이 될 것이다.

---

187) 파산사건에 관한 것으로서 파산자 한스종금의 계약직 사원에 대하여 고액의 명예퇴직금이 지급된 사례에 대하여 고의부인과 무상부인에 해당한다는 이유로 부인권이 인정되었다(대법원 2004. 1. 19. 선고 2003다40743 판결(미공간).
188) 同旨, 양형우, 앞의 글(주 9), 112면.
189) 대법원 1994. 3. 22. 선고 93다28553 판결(공 1994, 1306)
190) 대법원 1992. 12. 8. 선고 92다32074 판결(공 1993, 435). 일본에서도 이러한 필요성을 인정하여 회사갱생사건에서 해석론으로 노동조합이 협의에 응하지 않거나 동의하지 않는 경우에는 권리남용으로 평가하여 해고가 유효하게 실무를 처리하고 있다(西岡淸一郎 외 2인 編, 會社更生の實務(上), 金融財政事情研究會(2005), 238頁)).
191) 대법원 2007. 9. 6. 선고 2005두8788 판결(공 2007, 1560), 대법원 2010. 7. 5. 선고 2007두15797 판결(공 2010, 1589) 등
192) 단체협약의 최장기간이 2년이고(노동조합법 제32조 제1항), 당사자 일방이 6개월 전에 종전의 단체협약을 해지할 수 있으나(동법 제32조 제3항 단서 후단) 그 전에라도 해지 또는 변경할 필요가 있기 때문이다.

V. 맺음말

도산법과 노동법이 충돌하는 영역에 관한 부분을 일본에서는 倒産勞動法이라 하여 노동법학계와 도산법학계가 열띤 논의를 벌이고 있다. 도산법학계에서는 도산이 개시된 기업에 대한 노동법을 전시노동법이라 하여 평시노동법의 도산법적 수용을 주장하고 있다.[193) 이에 대하여 노동법학계에서는 도산절차야말로 약자인 근로자보호가 이루어져야 하고 노동법 규범은 도산절차에서도 관철되어야 한다고 주장한다.[194)

우리나라의 기존의 노동법은 사용자에 대하여 도산절차가 개시되지 아니한 경우를 상정하여 규정되어 있고 도산절차가 개시된 경우를 대비한 규정이 미흡하다. 특히 도산절차가 개시된 경우 부당노동행위구제절차가 속행될 수 있는지, 임금 등의 지급 인상을 구하는 단체행동권이 가능한지 여부 등 해석론으로 해결하기 어려운 난제가 있다.

채무자회생법은 파산절차와 회생절차를 구분하지 아니하고 모든 근로자에 대한 임금, 퇴직금 등을 동순위로 규정하고 있다. 이렇게 함으로써 법률관계를 간이화할 수 있는 장점이 있지만 양 절차의 특성을 제대로 반영하지 못하는 단점도 있다. 도산한 기업의 근로자에 대한 권리보호는 국가가 시행하는 사회보험으로 하는 것이 원칙이지, 도산한 기업의 채권자들의 희생하에 이루어지는 것은 피하여야 한다. 그렇다면 가급적 임금, 퇴직금의 보호범위를 사회보험에서 확대하는 것이 바람직하고 회생 또는 파산을 구분하지 아니하고 모든 임금, 퇴직금 채권 등을 액수 제한 없이 공익(재단)채권으로 격상하여 취급하는 것은 외국의 입법례나 실체법의 내용과 정합성에 어긋난다.

앞으로 사용자에 대하여 도산절차가 개시된 경우에 관한 조항을 개정할 필요가 있는데, 필요한 부분이 있다면 미국과 같이 노동법제에도 반영하는 것이 바람직하다. 이러한 관점에서 앞으로 채무자회생법 및 노동관계법률을 개정시 반영되기를 희망하는 몇 가지를 제안하고자 한다.

첫째, 사용자에 대한 정의 조항에 미국의 노동관계법과 같이 회생절차의 관리인을 포함하자는 것이다. 파산절차는 기업의 청산을 존속으로 하므로 기업이 존속하는 것을 전제로 한 부당노동행위에 관한 규정(공고문 게시 등)이 그대로 적용되기 어려운 면도 있으므로 조금 더 논의할 필요가 있다.

둘째, 채무자회생법 개정시 노동조합의 절차참여권을 현행보다 적극적으로 보장

---

193) 中島弘雅, "JALの會社更生と整理解雇問題," 金融商事判例 1358号(2011), 1頁.
194) 荒木尚志, 앞의 글(주 12), 2頁.

할 필요가 있다. 절차 개시부터 절차의 종료 등 중요한 국면에 노동조합의 의견이 법원에 적시에 전달될 수 있어야 회생절차의 정당성이 부여된다. 그러게 함으로써 노동조합도 회생절차에 협력하게 되고 장차 회생절차 진행 중 또는 종료 이후에도 노동쟁의를 방지할 수 있다.

셋째, 회생사건에서도 단체협약에 관하여 미국 파산법과 같이 일정한 요건과 법원의 허가를 통하여 관리인이 미이행쌍무계약의 법리에 따라 해제를 가능하도록 개정논의를 할 필요가 있다. 미국의 파산법이 오직 재건절차인 제11장 사건에서 단체협약의 거절에 대하여 그 요건을 엄격히 하고 법원이 신중하게 거절에 대한 허가를 하고 있는 점은 시사하는 바가 크다.

넷째, 임금채권, 퇴직금, 재해보상금, 임치금 및 신원보증금의 모두 같은 순위의 공익채권으로 취급하는 것은 실체법의 이론이나 헌법재판소의 결정취지에도 어긋나므로 이에 맞추어 일부에 대하여만 공익채권으로 취급하고 나머지는 우선적 회생채권으로 환원시키는 것이 바람직하다. 특히 현재 거의 활용되지 않는 임치금, 신원보증금 채권은 공익채권에서 삭제함이 타당하다.

필자는 이 글을 준비하면서 우리의 회생사건 처리 실무가 과연 헌법상의 근로자의 일할 권리와 노동3권이 회생절차에서 반영되도록 실무를 운영하여 왔는지에 대하여 반성을 하게 되었다. 근로자의 권리에 관한 헌법적 가치를 소홀히 한 채 회생절차의 목적에만 집착하여 회생법원의 허가결정을 근거로 삼아 근로자에 대한 해고, 임금지급의 지연 등이 정당한 것으로 전제하고 실무를 담당한 경향이 있음을 부정하기 어렵다.

한편, 회사가 신속히 재건하려면 기업의 구성원 중 한 축을 담당하고 있는 근로자들의 도움이 없으면 불가능하다. 도산절차에서 근로자들의 권리를 국제적인 수준에 맞게 합리적인 범위 내에서 보호하는 것이 바람직하다. 회생절차 내에서 근로자 보호라는 헌법적 가치 수호와 기업의 재건이라는 채무자회생법의 목적을 조화롭게 병진하도록 이론적 토대를 마련하는 것이 파산법 및 노동법 학계의 몫이다.

[사법 제33호(2015), 39-88면 소재]

2020. 2. 4. 개정된 채무자회생법 제477조는 파산절차에서 채무자의 근로자의 임금·퇴직금 및 재해보상금에 한하여 다른 재단채권에 우선한다는 내용으로 개정되었다.

7. 海運會社의 回生節次 開始와 國際私法의 主要 爭點[*]
― 회생담보권의 범위, 상계 및 쌍방 미이행쌍무계약의 준거법, 국제중재절차, 외국관리인의 지위를 중심으로 ―

Ⅰ. 머리말

1997년 아시아 금융위기, 2008년 금융위기 이후 조선업과 해운업계에 덮친 장기 불황 때문에 회생신청을 하는 해운회사가 증가하고 있고, 앞으로도 줄어들 가능성은 낮다. 이 글에서는 선박을 소유하거나 타인으로부터 빌려 화물 또는 여객을 운송하는 해운회사[1])에 대하여 채무자 회생 및 파산에 관한 법률(이하 '채무자회생법'이라 한다)에 기한 회생절차가 개시된 경우에 발생하는 법률문제 중 국제사법의 쟁점이 포함된 것을 살펴보기로 한다.[2]) 특히 영국법을 준거법으로 하거나 영국에서 중재절차에 의하여 분쟁을 해결하기로 한 경우를 상정하여 회생절차의 역외적 효력, 해운회사가 소유하는 외국 소재 재산에 관한 효력, 운송계약에서 발생하는 상계 및 계약해제의 준거법, 영국 중재절차와 회생절차의 관계, 외국관리인의 국내 재산 처분행위의 효력에 관하여 검토하고자 한다. 회생절차가 개시된 한국의 해운회사에 관하여 실제로 영국과 미국 등에서 다루어진 판결이 있으므로 이를 소개하면서 논의를 전개하기로 한다.

* 이 글은 2015년 한국해법학회와 한국국제사법학회 공동학술대회에서 발표한 글이다. 회원님들의 토론을 반영하였다. 글의 오류를 지적하여 주신 회원님들께 감사드린다.
 1) 이 글에서 해운회사라 함은 선주 또는 용선자로서 실제로 선박을 운행하는 기업을 총칭한다.
 2) 이 글에서 사용되는 도산이라는 용어는 회생절차 및 파산절차를 포함하는 의미이다.

Ⅱ. 회생절차와 속지주의와 보편주의

1. 국제도산절차에서의 속지주의와 보편주의

2006. 4. 1. 시행되는 채무자회생법이 제정되기 이전에는 한국의 파산법[3]과 회사
정리법[4]은 이른바 속지주의를 취하였다. 속지주의라 함은 국내에서 개시된 어느 채무
자에 대한 도산절차의 효력이 외국에 소재한 채무자의 재산에 영향을 미치지 아니하
고, 반대로 외국에서 개시된 어느 채무자에 대한 도산절차의 효력이 국내에 있는 채무
자의 재산에 미치지 아니한다는 입장이다.

그러나 속지주의는 국내기업이 외국에서 영업활동을 하는 경우가 많고 외국기업
이 국내에서 영업하는 경우가 증가하는 현실에 맞지 아니하여 채무자가 도산한 경우
채무자의 재건뿐 아니라 공평한 채권변제에도 어긋나는 부작용이 있었다. 또한 21세
기에 들어와 미국, 영국, 일본 등 많은 국가들이 보편주의의 국제파산법제를 채택하는
국제적인 흐름에도 맞지 않았다. 그리하여 채무자회생법은 속지주의를 버리고 보편주
의를 채택하였다. 먼저 파산법 제3조, 회사정리법 제4조를 삭제함과 아울러 관리인이
회생채무자의 소유의 외국 소재 재산[5]에 관하여도 관리처분권을 갖고 있음을 전제로
관리인이 외국법이 허용하는 바에 따라 외국에서 활동할 권한을 갖게 됨을 규정하였
다(제640조).[6]

2. 채무자회생법하에서 관리인의 권한

회생절차의 관리인(제3자 관리인 및 기존 경영자 관리인을 묻지 않는다)은 해외재산에

---

3) 파산법 제3조(속지주의) ① 파산은 파산자의 재산으로서 한국 내에 있는 것에 대하여서만 그 효
   력이 있다. ② 외국에서 선고한 파산은 한국 내에 있는 재산에 대하여는 그 효력이 없다. ③ 민사
   소송법에 의하여 재판상 청구할 수 있는 채권은 한국 내에 있는 것으로 본다.

4) 회사정리법 제4조(속지주의) ① 대한민국 내에서 개시한 정리절차는 대한민국 내에 있는 회사의
   재산에 대하여서만 그 효력이 있다. ② 외국에서 개시한 정리절차는 대한민국 내에 있는 재산에
   대하여는 그 효력이 없다. ③ 민사소송법에 의하여 재판상 청구할 수 있는 채권은 대한민국 내에
   있는 것으로 본다.

5) 재산이 외국에 소재하는지 여부는 부동산 또는 동산에 대하여는 소재지에 의하여 결정되며, 채권
   에 대하여는 한국에서 재판상의 청구를 할 수 있는지 여부에 의하여 결정된다(채무자회생법 제3
   조 제3항. 이하 채무자회생법을 인용하는 경우에는 조문만 표시한다). 따라서 채권의 제3채무자
   가 한국에 있으면 그 채권은 한국에 소재하는 재산이 된다.

6) 제640조(관리인 등이 외국에서 활동할 권한) 국내도산절차의 관리인·파산관재인 그 밖에 법원
   의 허가를 받은 자 등은 외국법이 허용하는 바에 따라 국내도산절차를 위하여 외국에서 활동할
   권한이 있다.

대하여 관리 또는 처분할 권한을 갖는다. 그러나 채무자회생법이 보편주의를 취하였다고 하여 외국에서 한국의 회생절차의 효력이 자동적으로 미치고 나아가 관리인이 해외재산에 대한 관리처분권을 외국에서 자유롭게 행사할 수 있다는 것은 아니다. 만일 중국과 같이 외국도산절차의 승인제도를 두지 않는 국가에서는 단지 관리인 선임결정만을 제시한다고 하여 관리인인 관리처분권을 인정받을 수는 없다.[7] 한국의 회생절차가 채무자의 외국 소재 재산에 대하여 미치도록 하거나 반대로 외국의 도산절차가 외국채무자의 대한민국 내의 재산에 대하여 미치도록 하려면 외국도산절차를 먼저 국내에서 승인받고 그에 상응한 구제명령을 받아야 한다. 실제로 한국의 회생절차에 대하여 영국 또는 미국에서 국제도산절차의 승인을 받아 진행 중인 중재절차가 중지되거나 소송절차 또는 강제집행 등의 절차가 중지된 사례가 있다.[8]

Ⅲ. 회생절차 개시와 채권자의 권리행사

1. 회생절차 개시의 효과

회생절차가 개시되면 회생채권자는 회생채권을 신고하고 관리인이 이의를 제기한 경우에는 회생채권조사확정의 재판을 통하여 확정되어 그러한 권리가 회생계획안에 반영되고 법원이 계획안을 인가하는 등 법률이 정하는 방법에 의하지 아니하고 개별적으로 권리를 행사할 수 없다.[9] 담보권자도 회생절차에 의하지 아니하고는 권리를 행사할 수 없으므로 담보권을 회생법원에 신고하여야 하고 만일 신고하지 아니한 채 계획안이 인가되면 담보권도 실권된다. 실권의 효력은 계획안이 인가된 후 회생절차가 폐지되고 이어진 파산절차뿐 아니라 회생절차가 성공하여 종결된 이후의 법률관계에서도 여전히 효력이 미친다.

---

7) 일본의 모회사에 대하여 파산선고가 있은 후 파산관재인이 중국에 소재한 자회사에 대하여 청산하는 어려움에 대한 설명으로는 柴田 義人・Brian Beglin, "ベルネット株式會社-中國現地の法人換價," クロスボーダー事業再生, アンダーソン毛利友常友法律事務所編(2015), 120-132頁.
8) 한국 기업 중 삼보컴퓨터, 영창, 주식회사 대우, 비오이 하이디스, 삼선로직스, 대우로지스틱스, 대한해운, 금강밸브 등의 회생 또는 파산절차에 관하여 미국 법원에 승인신청되었다. 특히 삼보컴퓨터의 회사정리절차는 2005. 3. 11. 접수되어 제15장 최초의 사건으로 기록되었다. Selinda A. Melnik, 'United States' in Look Chan Ho (ed), Cross-Border Insolvency: A Commentary on the UNCITRAL Model Law (3rd ed. Globe Law and Business), 503-544 (2012). 삼선로직스에 관하여 영국의 중재절차가 중지된 사례로는 Look Chan Ho, Smoothing Cross-Border Insolvency by Synchronising the UNCITRAL Model Law, Butterworths Journal of International Banking and Financial Law, July/August 2009, 395-396.
9) 제131조 및 대법원 1987. 10. 28. 선고 87다카1391 판결(공 1987, 1792).

채권자는 자신의 채권이 환취권, 공익채권, 회생담보권, 회생채권 중 어느 것에 해당하느냐를 먼저 알고 그에 따라 필요하면 채권신고 절차를 마쳐야 한다. 그런데 당사자간에 회생절차 개시 이전에 중재합의가 있거나 회생절차 개시 당시 이미 국내 및 외국에서 중재절차가 진행 중인 경우에 채권조사확정절차를 어떻게 진행하는가에 대하여 논란이 있다. 이에 관하여 후술한다.

그러나 위의 설명은 채무자회생법이 적용되는 한국 내에 소재한 채무자의 재산에 대하여 적용되는 것이고 채무자의 재산 중 외국에 소재한 재산에 대하여는 아래에서 설명하는 바와 같이 외국에서 한국의 회생절차를 승인하고 외국의 법원이 채권자의 강제집행 등을 금지하는 등의 구제명령을 발하는지 여부에 따라 달라진다.

2. 용선계약의 해제 또는 이행 선택과 상대방의 채권

판례[10]에 의하면 비록 영국법이 준거법이라 하더라도 회생절차 개시결정 당시를 기준으로 용선계약이 미이행쌍무계약에 해당하면 관리인이 제119조에 따라 적법하게 용선계약을 해제할 수 있다. 반대로 보전처분만 발령된 상태에서 회생회사가 용선료를 지체한 경우에는 채무불이행 책임을 면할 수 없으므로 상대방은 영국법에 따라 계약이행 책임의 요건을 갖추어 해제권이 성립되면 보전처분 후라도 용선계약을 해제할 수 있다.[11]

그러나 계약의 해제로 인하여 발생한 손해배상채권이 회생채권인지 공익채권인지 여부는 채무자회생법에 따라 판단되어야 하지만 회생채권으로 인정되는 손해배상채권의 범위에 관한 문제는 계약의 준거법이 적용된다. 따라서 약정해제권의 요건, 위약벌의 해당 여부, 영국법상의 이행거절에 해당하는지 여부는 모두 영국법에 따르게 된다. 영국법상 향후 발생할 손해를 일정 시점을 기준으로 일시금으로 지급하기 위한 장래의 현가를 산정함에 있어 중간이자를 공제하지 않더라고 과잉배상이 되지 아니한다.[12]

관리인의 계약해제 후 실제로 용선주가 선박소유자에게 선박을 인도하기까지 선박을 실제로 사용한 기간 동안의 용선료 채권에 대하여 이를 회생채권으로 취급할 수밖에 없다는 일본 실무가의 견해가 있다.[13] 그러나 임차인에 대하여 회생절차가 개시

---

10) 대법원 2015. 5. 28. 선고 2012다104526, 104533 판결(공 2015, 843).
11) 대법원 2007. 5. 10. 선고 2007다9856 판결(미간행)은 화의법에 관한 것이지만 회생절차에도 적용이 가능하다. 서울중앙지방법원 2009. 11. 5.자 2009회확497 결정(삼선로직스 대 코퍼스마린)은 외국 채권자가 회생회사에게 선박을 매매하기로 약정한 후 보전처분기간 중의 매수인의 매매대금 불이행을 이유로 채권자가 영국법에 기한 약정해제권을 행사한 것을 받아들였다.
12) 앞의 대법원 2012다104526, 104533 판결.
13) 吉田麗子, "船舶金融債權の倒産手續からの保護," NBL No.1023 (2014), 29頁, 근거로 일본 파산법 제148조 제1항 제8호(제473조 제8호에 상응하는 조항이다)에 해당하는 조항이 회사갱생법에

된 후 임차인의 관리인이 임대차 계약을 해제한 경우에 임대인이 회생채무자에 대하여 갖는 회생절차 개시결정 후부터 실제로 명도시까지 발생한 임료 및 임료상당의 손해금채권이 제179조 제1항 제5호[14] 소정의 공익채권에 해당하는 것[15])과 마찬가지로 용선료 채권도 마찬가지로 공익채권으로 취급함이 옳다.[16]

3. BBCHP[17]) 계약과 회생절차

보통 해운회사는 선박금융을 통하여 선박을 건조하거나, 매수 또는 빌리는 방법으로 선박을 운행한다. 선박금융은 차주의 일반재산을 담보로 하는 것이 아니라 선박 자체의 교환가치나 선박을 운용하여 발생하는 수익으로부터 대출원리금을 회수하는 것을 신용제공의 기초로 삼으며, 상환기간이 길며, 계약 구조가 상대적으로 복잡하다.[18]

한국자산관리공사는 2008년 금융위기 발생시 재정적인 위험에 처한 해운회사를 위하여 선박을 구입하되 이를 다시 선박회사에게 BBCHP 방식으로 용선하는 프로그램을 운영한 바 있다. 아래 그림은 이를 요약하여 설명한 것이다.

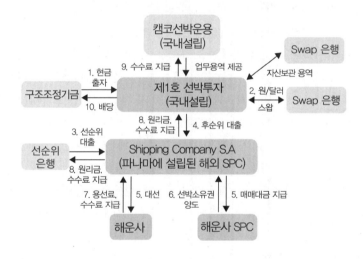

없음을 근거로 한다.

14) 제179조 제1항 제5호 채무자의 업무 및 재산에 관하여 관리인이 회생절차 개시 후에 한 자금의 차입 그 밖의 행위로 인하여 생긴 청구권.

15) 伊藤眞, 會社更生法, 有斐閣(2012), 281頁.

16) 同旨 우세나, "채무자 회생 및 파산에 관한 법률상 국적취득조건부 나용선 계약의 처리방안," 법과 정책연구 제10집 제1호(2010), 167면. 단 근거 조항을 동조 제1항 제2호(관리 처분에 관한 비용청구권)와 제6호(부당이득)를 근거로 하고 있다.

17) Bareboat Charter Hire Purchase agreement의 약자로서 국적취득부나용선계약이라고도 한다.

18) 정우영, "선박 금융의 실무 소개," BFL 제19호(2006), 89면.

1. 구조조정기금이 선박투자회사에 출자
2. 선박투자회사는 은행과 원/달러 스왑계약을 체결
3. 선순위 은행이 해외 SPC에 선순위대출 실행
4. 선박투자회사는 해외 SPC에 후순위 대출 실행
5. 해외 SPC는 해운사와 용선계약을 체결하고, 해운사 SPC에게 선박대금을 지급
6. 해외 SPC는 해운사 SPC로부터 선박의 소유권을 넘겨받음
7. 해운사는 해외 SPC에 용선료, 수수료 지급
8. 해외 SPC는 선순위은행 및 선박투자회사에 원리금, 수수료 지급
9. 선박투자회사는 캠코선박운용에 운용수수료 지급
10. 선박투자회사는 구조조정기금에 배당 및 출자금 상환

사업에서 불가피하게 발생하는 위험을 피하기 위하여 해운회사가 여러 척의 선박을 소유하는 대신 SPC의 형태로 자회사를 설립하여 선박별로 자회사 명의로 소유하거나 모회사 또는 자회사가 제3자인 선박소유자로부터 용선계약을 맺고 용선하여 운행하기도 한다. 금융기관이 해운회사에게 금원을 대여함에 있어 선박에 대한 저당권을 설정하지만 추가로 모회사를 대출채무의 보증인으로 삼거나 용선계약의 이행보증을 세움으로써 선박에 대하여 저당권을 실행하는 것보다는 해운회사에 대한 기업금융의 형태로 이루어지는 것이 보통이다. 이 과정에서 도산격리기능을 이용하여 금융기관이 실질적인 차주인 모회사와 대출계약을 체결하지 않고 선박을 소유하고 있는 SPC와 대출계약을 체결하는 방식이 이루어진다.

BBCHP 방식으로 대주단이 SPC를 통하여 해운회사에게 금융을 제공하는 경우 보통 선박의 소유권은 SPC가 갖고 SPC가 해운회사에게 용선계약을 체결하여 용선료를 변제자금의 원천으로 삼아 대주단의 채무를 변제하는 방식을 사용하고 있다.[19] 의료기기와 같은 일반적인 금융리스의 경우 시설대여업자가 이용자에게 시설물을 리스로 사용하게 하였다가 이용자가 회생절차에 들어가면 판례는 리스업자의 권리를 회생담보권자로 파악한다.[20] 즉 리스계약을 미이행쌍무계약으로 파악하여 만일 해제된 경우 리스업자에게 소유권을 인정하는 접근방법을 배척하고 대신에 계약의 형식보다는 담보로서의 경제적 기능이라는 실체를 중시한 입장에 터잡은 것이다.

그런데 BBCHP 방식이 일반적인 금융리스와 다른 점은 첫째, 대주와 해운회사 사

---

19) BBCHP의 구조에 대한 자세한 설명은 정석종, "회생절차에서의 선박금융에 대한 취급-BBCHP를 중심으로," 도산법연구 제2권 제2호(2011), 1-41면.
20) 서울고등법원 2001. 3. 16. 선고 2000나53733 판결(미상고 확정).

이에 SPC가 선박의 소유권자로서 개입하여 별도의 법인으로 존재한다는 점과 둘째, 선박이 등기의 대상이라는 것이다. SPC의 법인격을 부인하여 선박의 소유자를 해운회사로 보고 대주단을 담보권자로 취급하는 접근이 실체에 부합하지만 이 방식의 단점은 선박금융에서 SPC를 설립하여 SPC 명의로 선박을 취득하고 SPC를 저당권설정자로, 대주단을 담보권자로 정하여 선박저당권을 설정하는 현실에 어긋나는 것으로서 선뜻 채택하기 어렵다.

그리고 사단법인 한국선주협회가 발간한 2010년 해운년보에 의하면 선박확보방법을 열거하면서 확보구분의 형태로 국적취득조건부 나용선과 자기자금, 계획조선, 리스, 중고도입리스 등을 구분하고 있는 점에 비추어보면 적어도 해운실무에 있어서 BBCHP와 리스거래는 다른 형태로 취급하고 있음을 알 수 있다. 특히 한국에서는 BBCHP가 한국국적을 취득할 것을 조건으로 한다는 점에서 다른 거래와 다른 공·사법상의 규율을 받고 있다는 점에 주목할 필요가 있다. BBCHP에 의하여 운행되는 선박은 선박의 안전, 환경보호 등에 관하여 한국법의 규율의 대상이 된다.

앞에서 본 시설물에 관한 금융리스와의 차이, BBCHP에 관한 해운실무 등을 고려하고 아울러 판례21)가 등록 대상인 동산에 대하여 소유권유보부매매를 부정한 점 등을 종합하여 고려하면 SPC와 용선주 사이의 BBCHP 계약을 쌍방 미이행쌍무계약으로 파악함이 옳다.22) 따라서 관리인이 계약의 이행 또는 해제를 선택한 후 계약의 이행을 선택하였다면 SPC가 갖는 용선료채권을 공익채권으로 취급하고 SPC가 채권을 추심하여 대주단에게 지급하는 방법이 타당하다.23) 단, 이 견해의 약점은 선박이 회생회사(해운회사)의 소유가 아니므로 회생절차에 복속되지 아니하고 만일 회생회사가 용선료를 제 때에 지급하지 못하는 등 디폴트가 발생하면 대주단이 회생절차 밖에서

---

21) 대법원 2010. 2. 25. 선고 2009도5064 판결(공 2010, 694). "자동차 등은 비록 동산이기는 하나 부동산과 마찬가지로 등록에 의하여 소유권이 이전되고, 등록을 대급완납시까지 미룸으로써 담보의 기능을 할 수 있기 때문에 굳이 동산에 관한 소유권유보부매매의 개념을 원용할 필요성이 없으며" 부분 참조.

22) 同旨, 석광현, "외국도산절차의 승인에 관한 모델법과 EU규정의 비교: 한진해운의 사건을 계기로"國際去來法硏究 第38輯 第2號, 52면; 정석종, 앞의 글, 34면; 정병석, "해운기업의 도산과 관련된 법률문제," 법학평론 제9권, 박영사(2019), 143면; 우세나, 앞의 글, 169면 등. 단 우세나 교수의 글은 실무가 선박리스의 경우 금융리스로 보아 회생담보권으로 처리한다고 기술하고 있으나 의문이다. 필자의 경험에 의하면 서울중앙지방법원 파산부의 실무는 금융리스는 회생담보권으로 BBCHP는 미이행 쌍무계약으로 나누어 처리하고 있다. 반대로 회생담보권설을 주장하는 견해로는 김창준, "한진해운의 도산법적 쟁점," 한국해법학회 2016년도 학술발표회(미공간), 86-88면은 법형식보다는 실질을 중시하여 금융리스와 경제적인 측면에서 동일한 점을 강조하고 있다.

23) 티피씨코리아(2009회합115) 사건에서도 미이행쌍무계약으로 처리하였다.

SPC로 하여금 선박을 제3자에게 매각하든가 선박저당권을 실행함으로써 선박이 경락될 위험이 있다는 데에 있다. 그리하여 실무는 그와 같은 이론상의 난점을 극복하기 위하여 회생절차 개시 후 관리인이 이해관계인들 간에 협상을 거쳐 계약조건을 변경하고 이를 법원에 허가 받는 방식으로 처리하고 있다.

한진해운 사건(2016회합100211)에서 한진이 BBCHP의 구조로 용선한 파나마 법인 소유 선박으로서 한진샤먼호가 회생절차 개시 후에 국내에 정박하자 유류대금을 구하는 외국채권자가 선박에 대한 경매를 신청하였다. 당시 미국, 호주, 영국, 싱가포르 법원이 한진의 회생절차를 승인하면서 한진 소유 선박뿐 아니라 정기용선 또는 리스로 한진이 운행 중인 선박에 대하여도 집행금지의 명령을 내렸음에 반하여 오히려 한국 법원이 외국보다 보호 범위를 좁게 해석하여 BBCHP로 빌린 선박에 대하여 경매를 허용한 것이 잘못이라는 세론의 비난이 있었다. 그러나 선박에 대한 물권변동에 관하여 선박등기 제도를 두고 있고, 법인격부인의 특별한 사정이 없는 한 SPC에 대하여 법인 격을 허용하는 현행 법제하에서 한진이 아니라 파나마 소재 법인인 SPC가 선박을 소유하고 있는 것으로 보아 경매를 허용한 것은 올바른 법리에 따른 것이므로 이를 비난할 것이 아니다.[24]

4. 회생담보권의 개념 — 외국소재 재산을 담보목적물로 삼은 경우

(1) 학설의 내용

회생절차 중에 있는 해운회사가 소유하거나 자회사가 소유하여 운항하는 선박에 대하여 외국채권자뿐 아니라 국내의 회생채권자에 의하여 외국에서 강제집행이 실시되는 사례가 적지 않으며 이 때문에 회사의 재건에 걸림돌이 되고 있다. 외국 소재 채무자 소유의 재산에 대하여 설정된 담보권이 채무자회생법상의 담보권인지 여부에 관한 검토한다. 이 점은 배당조정에 관한 hotchpot 원칙의 적용 범위와도 밀접한 관련이 있다.[25] 외국 소재 재산에 대한 담보권을 실행하여 변제를 받은 채권자도 배당조정의

---

24) 창원지방법원 2017. 2. 14.자 2016라308 결정도 경매개시결정이 위법하다는 관리인의 항고를 기각하였다.

25) 제642조(배당의 준칙) 「채무자를 공통으로 하는 국내도산절차와 외국도산절차 또는 복수의 외국 도산절차가 있는 경우 외국도산절차 또는 채무자의 국외재산으로부터 변제받은 채권자는 국내도 산절차에서 그와 같은 조 및 순위에 속하는 다른 채권자가 동일한 비율의 변제를 받을 때까지 국 내도산절차에서 배당 또는 변제를 받을 수 없다.」 동 규정의 '변제받은 채권자'에 담보권자도 포함됨은 해석론상 이론이 없다. 그러나 EU도산규정(§20①)은 국내도산절차에 관계 없이 외국 소재 채무자의 재산에 대하여 담보권의 실행을 허용하고 담보권자에 대하여는 국내도산절차에서 hotchpot 원칙을 적용하지 않고 있다.

대상이 되는가에 관하여는 입법에 의하여 이를 부정한 국가도 있으며,[26] 일본의 일부 학설은 이를 긍정하기도 한다.[27]

회생담보권을 긍정하는 견해는 제141조에 정한 유치권, 질권 등에 상응하는 외국 법상의 담보권도 회생절차가 외국에서 승인된다면 회생담보권에 포함하는 것으로 본다.[28] 일본에서는 국내도산절차의 외국에서의 승인과 관계 없이 갱생담보권으로 취급하여야 한다는 견해[29]도 있다. 근거로 보편주의를 관철하면 채무자의 해외재산과 국내재산을 구별할 필요 없이 모두 파산재단에 속한다는 점, 갱생채권자에 의한 해외재산에 대한 개별집행을 금지하고 있는 점과 정합성을 갖추려면 해외재산에 대하여 외국법에 근거하여 담보권이 설정된 경우에도 담보목적물의 가액의 범위 내에서 피담보채권은 갱생담보권으로 취급하여야 한다는 점을 들고 있다. 그렇게 되면 마치 해외재산을 국내재산과 같이 취급함으로써 해외 재산에 대한 담보권의 실행이 금지되고, 갱생계획에 의하여 담보권이 변경되고, 신고하지 아니하면 담보권이 소멸된다고 주장한다.[30]

한국에서 개시된 회생절차의 효력이 외국에서 승인된 때에는 담보권자는 회생절차에 의하지 아니하고 외국에 있는 담보물을 실행할 수 없게 된다는 견해도 있다.[31] 다만 만일 담보권을 실행하여 변제를 받게 되면 부당이득반환청구가 가능하다는 입장[32]과 부정하는 입장으로 나뉜다.[33]

이에 반하여 회생담보권의 지위를 부정하는 견해는 국외재산 담보부채권은 국내 도산절차가 담보목적물 소재지 국가 등 해당 외국에서 효력을 인정받기 전에는 이를

---

26) 미국의 연방파산법 제15장(§1532).

27) 속지주의하에서 일본의 통설은 부당이득반환청구를 부정하는 견해였다. 兼子一・三ケ月章, 條解會社更生法(上), 弘文堂(1998), 152頁. 긍정설은 松下淳一, "內國倒産手續の對外的效力" 新裁判實務大系3 國際民事訴訟(財産編), 靑林書院(2002), 476頁.

28) 石光現, "도산국제사법의 제문제: 우리 법의 해석론의 방향," 국제사법과 국제소송 제5권, 박영사(2012), 610-611면 주 71 참조. 김도경, 앞의 글, 98면.

29) 일본에서 갱생담보권으로 보는 견해로 속지주의를 취한 구 회사갱생법 시절의 견해로는 古曳正夫・松本啓二, "更生會社の在外財産に對する執行," NBL No. 102(1975), 19頁. 보편주의를 취한 이후의 견해로는 全國倒産處理辯護士ネットワーク編, 會社更生の實務 Q&A120問, 金融財政事情研究會(2013), 253-254頁. 그러나 일본의 견해는 외국담보권이라 하더라도 회사갱생법에 규정된 담보권과 유사한 성질과 등기 등의 대항요건을 갖추어야 하고, 외국에서 담보권을 행사할 가능성이 있으므로 hotchpot 원칙이 적용되어야 하는 등의 단서를 달고 있다.

30) 全國倒産處理辯護士ネットワーク編, 앞의 책, 253-254頁.

31) 石光現, 앞의 책, 612면.

32) 김도경, 앞의 글, 98면.

33) 石光現, "채무자회생 및 파산에 관한 법률에 따른 국제도산법," 國際私法과 國際訴訟 제5권, 博英社(2012), 566면 주 178.

회생채권으로 인정하자는 견해이다. 해외에서 담보권을 실행하여 변제를 받더라도 부당이득의 성립에 대하여 부정적이다.[34]

(2) 소결

회생담보권이란 회생채권이나 회생절차 개시 전의 원인으로 생긴 채무자 이외의 자에 대한 재산상의 청구권으로서 회생절차 개시 당시 채무자의 재산상에 존재하는 담보권으로 담보된 범위의 것을 말한다(제141조). 회생담보권은 채무자회생법이 새로이 설정하는 담보물권이 아니라 피담보채권을 의미한다.[35] 따라서 어느 재산에 대하여 담보권이 성립되었는지 여부는 국제사법에 의하면 물건의 소재지법에 의하므로 예컨대 영국법상 담보권으로 인정받는 부동담보권(floating charge), 일본에서 갱생담보권으로 인정되는 특별선취특권은 담보권이지만 이를 회생담보권으로 인정할지 여부, 즉 회생절차에서 어떠한 우선권을 인정할 것인지 여부는 채무자회생법에 의하여 결정되어야 한다.

또한 회생담보권으로 취급한다는 것은 회생절차 개시결정에 복속되어 회생절차에 의하지 아니하고는 채무를 변제받을 수 없게 되고(제67조), 회생담보권을 실행할 수 없으며(제58조), 회생담보권을 신고하여야 회생절차에 참가할 수 있고 만일 신고하지 아니하여 계획안에 인정되지 아니한 채로 회생계획안이 인가되면 회생담보권은 소멸한다(제251조). 만일 회생절차 중에 회생담보권자가 회생절차에 의하지 아니하고 변제를 받게 되면 부당이득으로 관리인에게 반환하여야 한다.

이상의 논의를 전제로 하면 필자는 다음과 같은 이유로 담보권부정설에 찬동하고자 한다. 첫째, 실무적인 관점에서 볼 때, 만일 물건 소재지 국가의 법에 따라 어느 권리가 담보권으로 인정된다고 하더라도 이를 국내의 도산절차에서 어떠한 우선순위를 두어야 하는지, 담보물의 가치를 평가하는 것이 쉽지 않아 도산절차의 신속한 진행에 방해가 된다.[36] 둘째, 채무자회생법에 의하면 담보권자라고 하더라도 신고를 해태하

---

34) 한민, "국제금융과 국제도산법에 관한 소고," 石光現·정순섭 편저, 국제금융법의 현상과 과제, 小花(2009), 441면. 그러나 이 견해는 국외재산 담보부채권은 우선 국외담보로부터 채권을 회수하고 그 미회수 잔액에 관하여만 국내도산절차에서 채권을 행사할 수 있어야 한다는 전제를 달고 있다. 필자는 후술하는 바와 같이 이와 같은 제한을 부가하는 것에 부정적이다.

35) 서울중앙지방법원 파산부, 回生事件實務(上), 박영사(2014), 422면 및 中島弘雅·佐藤鐵男, 現代倒産手續法, 有斐閣(2013), 363면.

36) 일본의 先取特權 중 不動産先取特權과 動産先取特權은 별제권이지만 一般先取特權은 우선파산채권 또는 일반우선채권(민사재생절차)으로 취급된다. 田原睦夫, "各種倒産手續と擔保權の取扱い-槪論," 金融法務事情 No.1747 (2005), 14-15頁. 그리고 영국의 floating lien과 미국 파산법의 prime lien 등을 채무자회생법에서 어떠한 취급할 것인지는 어려운 문제이다. 재용선료나 재운임에 대한 Lien은 유치권, 질권과 유사하지 아니하므로 회생담보권으로 취급하기는 어려울 것

여 그 권리가 회생절차의 계획안에 반영되지 아니하면 실권되는바, 국제사법 제19조에 의하면 물권의 성립과 효력은 목적물 소재지법에 의하게 되는데 물권의 소멸사유만 도산법정지법에 의하게 되는 불합리가 생긴다.[37] 셋째, 회생담보권인지 여부는 도산법정지법에 의하여 도산절차 개시결정시를 기준으로 결정되는 것이지 그 후에 외국에서 내국도산절차가 승인되는지 여부에 의하여 결정되는 것이 아니다. 넷째, 배당조정에 관한 규정은 해외재산에 대한 담보권의 실행을 전제로 하고 있다.

따라서 회생담보권을 부정하는 입장에 서면, 회생절차가 개시되었다고 하여 채무자의 외국 소재 재산에 대하여 즉시 채무자회생법에 따른 효력(담보권행사 금지 또는 중지)을 주장할 수 없으므로 채권자는 외국소재 재산에 대하여 갖는 담보권을 채무자회생법에 의한 회생담보권이라고 보아 신고할 의무는 없으며 이를 신고하지 아니하였다고 하여 실권된다고 해석할 수는 없다. 즉 회생담보권이라 함은 채무자회생법에 정한 저당권, 유치권, 질권 등 채무자회생법에 의하여 인정되는 담보권으로서 국내 소재하는 재산을 목적물로 하는 것만 포함되고 외국 소재 재산은 제외된다.[38] 외국에서 임의변제, 강제집행, 담보권의 실행을 통한 채권만족이 있는 경우에는 제642조에 의하여 배당을 조정하거나 이러한 점을 반영하여 계획안을 작성하는 방법으로 해결하는 것이 실무에 도움이 된다.[39]

5. 선박에 대한 해외집행의 문제와 대처

(1) 병행파산에 의한 방법

회생절차에서 회생채권자 또는 회생담보권자로 신고한 국내 금융기관이 외국에 정박 중인 채무자 소유의 선박을 압류하여 경매하는 경우가 발생하고 있다. 선박우선특권은 상법 제777조에 의하여 선박 등에 대한 우선특권으로서 채무자회생법 제141조

이다(동지, 정병석, 앞의 글, 147면).

37) 국제사법 제19조는 동산 및 부동산에 관한 물권적 법률관계의 준거법을 목적물의 소재지법으로 하는 同則主義를 채택하고 있다. 즉 소유권, 담보물권의 종류, 내용 및 효력 등은 물건의 소재지법에 의하게 된다(신창선, 국제사법 fides(2007), 239면, 소멸 사유도 마찬가지라는 점은 Ulrich Drobnig, Secured Credit in International Insolvency Proceedings, 33 Tex. Int'l L.J. 53, 63 참조).

38) 파산절차의 경우에도 외국소재 채무자의 재산에 대하여 외국법에 의하여 담보권을 취득한 채권자는 제447조 제2항에 따라 담보권자로서 별제권의 목적 및 예정부족액 등을 법원에 신고할 의무를 부담하지 아니한다고 봄이 타당하다. 현재 서울중앙지방법원파산부의 실무에서도 외국에 소재한 부동산에 대한 담보권을 회생담보권이나 별제권으로 신고하도록 지도하고 있지 않다. 다만 항공기나 선박과 같은 교통수단을 담보목적물로 삼는 경우에는 별도의 고려가 있어야 할 것이다.

39) 담보권자에 대하여도 제642조가 적용되어야 한다는 견해로는 石光現, 앞의 책, 611면 주 73.

에서 회생담보권에 해당한다. 상법에 의하면 선박우선특권자는 질권 및 선박저당권에 우선하므로(상법 제788조), 회생계획에서도 마치 선순위의 담보권자처럼 선박저당권자보다 우선하여 취급된다.40) 따라서 채무자 소유의 선박이 국내에 정박 중인 경우라면 선박우선특권자는 회생절차에 의하지 아니하고 선박을 경매할 수 없다.

일본의 경우도 三光汽船 사건에서 일본의 갱생채권자에 의한 선박경매가 캐나다에서 벌어졌으며 이를 계기로 일본의 국제도산법제가 신속하게 보편주의로 전환하였다. 한국과 일본은 법정모독제도를 갖고 있지 아니하여 법원의 인적관할권에 복속하면서도 보편주의를 취한 채무자회생법의 취지를 피해가는 채권자들의 행동을 효과적으로 제재할 방도가 마련되어 있지 않다. 회생절차 개시 후 이루어진 선박집행으로 변제를 받는 경우 배당을 조정하는 데 그치고 원천적으로 이를 금할 방법은 존재하지 아니한다.

일본에서는 일찍부터 이와 같은 점을 의식하여 미국의 제11장 절차에서 발하여지는 자동중지의 효력이 사실상 global injunction이라는 점을 이용하여 일본에서 회사갱생절차를 신청하고 그 후 미국에서 제11장 신청을 하는 사례가 있었다. 구 회사갱생법하에서 마루코 사건 역시 호주에 건설 중인 건물에 대한 집행을 막기 위하여 미국 캘리포니아 파산법원에 제11장을 신청하였다.41) 보편주의하에서 신청된 스팬슨(Spanson Japan)사건 역시 회사갱생신청과 함께 미국의 제11장 신청을 병행하였다.42) 반대로 미국에서 먼저 제11장 사건을 신청한 후 미국 계획안의 면책효력을 일본에서도 승인받기 위하여 별도로 회사갱생을 신청한 아자부(麻布)건물 사건도 있다.43)

한국 선박이 기항하는 중국, 이집트, 파나마, 싱가포르 등이 아직 모델법을 수용하지 아니하여 회생절차를 승인하는 절차가 미비하다. 한편 미국에서 영업을 하는 채권자는 doing business 이론44)에 기하여, 파산법원에 파산채권신고를 한45) 채권자는

40) 정병석, 앞의 논문, 145면 주석 62면.

41) In re Maruko, Inc., 200 B.R. 876 (Bankr. S.D.Cal. 1996). 마루코 사건에 관한 설명으로는 中島健仁, "マルコ事件," 山本克己=山本和彦=坂井秀行編, 國際倒産法制の新展開, 金融商事判例 增刊號 1121호(2001), 35-40頁.

42) 일본의 자회사인 Spansion Japan이 먼저 2009. 2. 10. 회사갱생신청을 하고, 그해 3. 1. 모회사인 Spansion US 및 미국 자회사 등 5개사가 동시에 미국에서 제11장을 신청하였다. 미국과 일본 양국에서 재건형 병행파산절차가 이루어지는 경우 발생하는 주요 쟁점에 대하여 일본 실무가들의 논의가 심도 있게 다루어졌다. 앞으로 한국과 미국에서 유사한 사례가 발생할 시에 도움이 될 것이다. 嶋寺 基, "Spansion Japanにおける會社更生事件," NBL No. 951(2011), 23-30頁; 嶋寺 基・松永 崇, 日米竝行倒産における問題點, NBL No. 953(2011), 48-55頁; 栗田口太郎, "Spansion Japn," クロスボーダー事業再生, アンダーソン毛利友常友法律事務所編(2015), 19-41頁 등.

43) 井出 ゆり, "麻布建物株式會社," クロスボーダー事業再生, アンダーソン毛利友常友法律事務所編, (2015), 42-56頁.

doing business 이론과 무관하게 인적관할권이론에 기하여 미국 법원에 복속한다. 따라서 미국 파산법이 인정하는 자동중지의 효력을 전 세계적으로 미치게 함으로써 선박의 강제집행을 예방하려면 회생신청과 동시에 미국에 제11장 신청을 하는 방안을 고려할 필요가 있다.

(2) 배당조정의 방법

한국의 회생절차가 외국에 효력을 미치기 위하여는 외국에서 한국의 회생절차를 승인받아야 한다. 왜냐하면 각국은 주권국가로서 도산절차에 대하여 상이한 법정책을 갖고 있으므로 반드시 보편주의를 채택하지 않고 있는 국가도 있고,46) 승인제도에 관한 법률의 제정 없이 양자간 조약에 의하여 외국도산절차를 승인하는 국가(중국)도 있기 때문이다. 심지어 UNCITRAL Model Law를 채택한 국가라고 하더라도 한국, 일본과 같이 승인결정 자체에는 독립한 효과를 인정하지 않고 개별적인 지원결정에 의하여 비로소 법적 효과를 부여하는 나라도 있고, 영국과 미국처럼 외국의 주된 도산절차에 한하여 승인결정에 일정한 법적 효과를 부여하되 부수적인 법적 효과는 별도의 지원결정을 부여하는 등 국가마다 국제도산법제가 상이하다.

채무자회생법은 어느 채무자에 대하여 회생절차가 개시된 후에 회생채권자 또는 회생담보권자가 외국에 소재한 채무자의 재산에 대하여 강제집행, 담보권실행 또는 임의변제를 받은 경우에 같은 조에 속한 회생채권자 또는 회생담보권자와의 평등한 배당을 도모하기 위하여 이른바 hotchpot rule을 도입하였다. 즉 외국에서 변제받은 채권자는 회생절차의 같은 조에 속하는 다른 회생채권자 또는 회생담보권자가 동일한 비율의 변제를 받을 때까지 회생절차에서 변제를 받을 수 없음에 그친다. 법 시행규칙 제107조는 채권자가 회생절차의 개시결정이 있은 후 외국도산절차 또는 채무자의 국외재산으로부터 변제받은 때에도 그 변제를 받기 전의 채권 전부로써 국내도산절차에 참가할 수 있음을 허용하되, 다만, 외국도산절차 또는 채무자의 국외재산으로부터 변제받은 채권액에 관하여는 의결권을 행사하지 못하도록 규정하고 있다.

따라서 채무자회생법과 시행규칙의 해석에 따르면 회생채권자, 회생담보권자가 한국에서 개시된 회생절차에서 회생채권 등을 신고하였더라도 외국에 소재한 채무자의 재산에 대하여 강제집행, 담보권행사 또는 임의변제 등을 통하여 권리를 행사하는

---

44) International Shoe Co. v. Washington 326 U.S. 310 (1945)은 미국과 최소한의 관련성만 있으며 인적 관할권을 인정하여 그 후 판례를 통하여 외국인 피고에 대한 인적관할권을 확대하였다.
45) Langenkamp v. Culp, 498 U.S. 42, 44 (1990).
46) 한국과 일본의 과거 도산법제가 이에 해당한다.

것을 현실적으로 제재할 수는 없는 것을 전제로 하고 있다. 다만 회생채권자가 외국에서 이러한 행위를 통하여 변제를 받은 경우에 채무자에 대한 회생절차에서 배당의 조정을 통하여 다른 채권자들과의 공평을 도모하는 수밖에 없다. 실제로 해운회사가 회생신청한 경우에 회생채권자가 회생채무자 소유의 선박을 외국에서 압류한 사례가 있다.

Ⅳ. 도산국제사법

국제사법의 대원칙은 절차는 법정지법에 의한다는 것이다. 도산절차 내에는 절차적인 문제뿐 아니라 실체에 관한 문제가 錯綜되어 이를 명확히 구분하는 것이 어렵다. 여기에 국제적인 요소가 가미되면 더 복잡하여진다. 지금까지 학설과 실무가 견해의 일치를 보는 점은 절차의 신청과 개시결정, 진행, 절차의 기관의 역할, 채권의 신고, 조사확정절차, 절차의 종료 원인, 이미 계속 중인 소송, 강제집행, 보전처분, 강제집행의 중단 여부, 채권의 우선순위, 파산재단을 구성하는 재산의 범위에 관한 문제는 도산절차 개시국법에 의한다는 것이다.[47]

학자들 간에 다툼이 있는 부분은 실체에 관한 것으로 미이행쌍무계약의 처리, 환취권, 회생담보권, 상계권, 부인권을 행사함에 있어 준거법을 어느 것으로 정하느냐에 있다. 추상적인 결론이지만 실체적 문제 가운데 총채권자에 대한 공평한 배당 내지 채무자의 재건이라는 도산제도의 목적을 실현하기 위하여 도산법이 특별하게 규율하고 있는 사항에 대하여는 도산절차개시국의 적용을 받아들이고, 기타 사항에 대하여는 국제사법에 따라야 할 것이다.

1. 상계의 준거법

(1) 학설의 내용

국제사법 교과서에 의하면 상계의 준거법에 관하여 수동채권준거법설과 수동채권 및 자동채권의 누적적용설을 소개하고 있다. 수동채권준거법설은 근거로 들기를, 상계는 이행을 대신하여 채권을 소멸시키는 것이므로 소멸되는 수동채권의 준거법에 의하여야 한다는 견해이다. 독일의 다수설이고, 스위스 국제사법 제148조 제2항의 입장이다. 이 견해를 따르면 만일 자동채권의 준거법에 의하면 상계가 인정되지 않는 경우에는 수동채권만이 소멸하고 자동채권은 존속하게 되고 양자의 법률관계는 부당이

---

47) 石光現, 앞의 책, 600-601면; 本間靖規 · 中野俊一郎 · 酒井 一, 國際民事手續法, 有斐閣(2005), 219頁.

득으로 해결될 수밖에 없다고 한다.

누적적용설은 상계는 두 채권을 소멸시키는 제도이므로 준거법도 두 채권, 즉 수동채권 및 자동채권의 준거법을 적용하여 두 개의 준거법에 따라 상계의 요건을 구비한 경우에 비로소 상계가 가능하다는 입장이다. 일본에서는 양설이 팽팽하게 대립되어 있다.[48] 국내 역시 마찬가지이다.[49]

이하에서는 상계의 준거법이 영국법인 경우로 한정하여 검토하기로 한다. 그 이유는 해상사건과 건설도급계약에서 영국법을 준거법으로 정하는 경우가 적지 않기 때문이다.

(2) 영국의 상계제도

영국의 상계제도는 복잡하고 예외가 많은 원칙을 갖고 있어 제대로 이해하기가 어렵다.[50] 영국의 상계 제도는 보통법상의 상계, 형평법상의 상계, 도산절차의 상계, 합의에 의한 상계 4가지로 구분하여 설명되고 있다.

1) 보통법상의 상계(Statutory Set-off)

영국의 보통법상의 상계제도는 17세기 초반부터 발전되었으며 제정법에 의하여 일반적인 상계제도가 인정된 것은 1729년과 1735년에 제정된 법률인 An Act for the Relief of Debtors with respect to the Imprisonment of their Persons에 기한 것이다.[51] 이 법률에 의한 상계는 보통법 법원 사건에서만 적용되었다. 그리하여 제정법의 상계를 legal set-off(보통법의 상계), court set-off(법원상계), independent set-off(독립상계),[52] procedural set-off(소송절차상의 상계)로 호칭되기도 한다.

호칭에서 알 수 있듯이 제정법에 의한 상계는 반드시 소송절차에서 행사되어야 한다. 즉 소송사건에서 부여된 제정법상의 구제방법이다.[53] 상계는 실체법상의 항변이 아니라 양 당사자의 공평한 이익을 고려한 절차이다. 보통은 채권자가 원고가 되어

---

48) 일본의 논의는 野村美明, "國際金融と國際私法," 國際私法年報 2, 信山社(2000), 101-106頁은 수동채권이 주채권이라는 점과 상계는 주채권의 소멸을 강조하여 수동채권 준거법설을 취하고 있다.

49) 학설 소개는 신창선, 앞의 책, 316면 참조.

50) 이하의 글에서는 원칙을 위주로 설명하고 구체적인 예외에 대하여는 생략한다. 이하의 내용은 Christina Fountoulakis, Set-off Defense in International Commercial Arbitration, Oxford 2011, 100-121을 참조하였다.

51) 전자는 5년 한시법이고 후자는 영구법이다. 두 법률은 1879년 Civil Procedure Acts Repeal Act에 의하여 폐지되었지만 신법에 관한 주항에 기하여 여전히 제정법에 기한 상계권은 여전히 유효한 것으로 해석되었다.

52) 도산상계 역시 independent set-off right라는 표현을 쓰기도 한다. Look Chan Ho, Set-off, Insolvency R.60: August 2008, H10-06.

53) It is a statutable remedy which only is given in the case of an action. Re Anglo-French Co-operative Society, ex p Pelly (1882) 21 Ch D 492, 507.

피고를 상대로 소송을 제기하고 피고가 당해 소송절차에서 항변으로 상계권을 행사하는 모습을 띠게 된다. 상계권의 행사는 자력구제가 아니라 반드시 소송절차에서 행사되어야 한다.

상계의 첫 번째 요건으로 양 채권이 상호관계(mutuality)가 인정되어야 한다.[54] 한국법과 다른 점은 채권채무관계가 둘다 보통상의 권리이어야 한다는 점이다. 어느 한쪽은 보통법상의 권리이지만 상대방의 권리가 형평법상의 권리라면 원칙적으로 상계가 허용되지 아니한다. 이 경우 다른 요건을 갖추었다면 후술하는 형평법상의 상계를 주장할 수 있다.

두 번째 요건은 채권이 금전에 관한 것이어야 한다. 보통법에 의하면 계약의 당사자 일방은 상대방이 채무를 불이행하더라도 목적물의 인도와 같은 특정이행(specific performance)을 구할 권리는 없고 금전적인 배상을 구하는 데 그치고 특정이행은 오직 형평법에 기한 청구에만 가능하다. 이러한 법리가 보통법상의 상계에도 반영된 것이다. 만일 비금전채권에 대한 상계를 허용하게 되면 실제로 상대방에게 특정이행을 강요하게 되는 것과 마찬가지이기 때문이다. 1976년 이전에는 외국통화 채권과 파운드화 채권은 상계가 허용되지 아니하였으나 1976년 대법원(House of Lords)[55] 판결은 영국 법원이 외국통화로 표시된 판결을 선고할 수 있다고 판결함으로써 상계가 허용되었다.[56]

세 번째 요건은 양 채권이 상계를 주장하는 시점에서 금전으로 정산되었거나(liquidated) 명백하게 계산가능(clearly ascertainable)하여야 한다. 이 점이 영국 상계제도를 가장 불안하게 하는 요인이다. 언제 어떠한 방법으로 금전채권이 정산되었거나 명백하게 계산가능한지를 일반적 추상적으로 설명하는 것은 어려우므로 이 점에 관한 많은 판례법이 축적되어 있다.[57]

기타 요건은 상계권을 행사하는 것이 별소를 제기하는 것이므로 출소기간을 지켜

---

54) 채권의 용어와 관련하여, 영국법에서는 상계에 관련하여 원고의 채권을 primary claim으로 피고의 채권을 cross-claim으로 부른다. Look Chan Ho, *supra* note 51, at H10-01. 이에 반하여 독일법계에서는 상계권을 행사하는 사람을 기준으로 상계권을 행사하는 사람이 갖는 채권을 자동채권, 상대방이 갖는 채권을 수동채권으로 표시한다.

55) 2005년 Constitutional Reform Act에 의하여 상고심의 기능이 입법부에서 사법부로 이관되었다.

56) Milangos v George Frank (Textiles) Ltd [1976] AC 443. 그러나 여전히 반대의 학설이 존재한다. 일본에서의 이종통화 간의 상계의 가능성에 관한 자세한 논의에 대하여는 元永和彦, "國際的な相殺に關する諸問題(4)," 法學協會雜誌 第113卷 第8号(1996), 1164-1246頁.

57) 필자 역시 liquidated의 뜻에 관하여 영국의 배리스터 변호사들에게 물어보았으나 구체적인 사례를 제시하지 않고는 답을 줄 수 없다는 답변을 들었다.

야 하고, 기타 상계금지채권에 불해당하여야 한다는 점이다. 형평법상의 상계와 다른 점은 양 채권이 서로간에 연결되어야 한다는 점을 요건으로 하지 않는다는 것이다. 이러한 요소 때문에 보통법상의 상계를 독립된 상계(independent set-off)라고 부를 수 있다. 보통법상의 상계의 효과가 소급하는지 여부는 소송절차에서 깊이 다루어지지 않고 있으나 판결선고시에 채무소멸의 효과가 발생한 것으로 해석되고 있다.[58]

2) 도산상계(Insolvency Set-off)

도산상계 역시 법에 의하여 발생한 독립된 상계권리이다. 영국은 도산절차라고 하더라도 청산절차에서의 상계의 법리를 원칙으로 하고 재건절차인 관리절차에서도 유추적용한다.[59] 청산절차의 상계에서는 채권이 금전채권인한 장래의 채권이거나 조건부채권이라도 상계가 가능하다. 단 채권은 청산절차의 채권신고절차에서 증명가능(provable)하여야 한다. 도산절차의 상계는 권리자의 권리행사에 의하여 정하여진 것이 아니라 청산절차 개시를 기준으로 법에 의하여 자동적으로 상계권이 실행된다.

(3) 미국의 상계제도

미국은 파산절차가 개시되면 자동중지 효과의 일환으로 일단 상계권의 행사를 중지시키고 있다.[60] 거래의 성질을 반영하여 스왑, 선물, 증권, 넷팅거래에 대하여는 자동중지의 대상에서 배제되어 있다(§362(b).

상계권을 담보권부 채권으로 취급하는 점이 특징이다(§506(a)(1)). §362(d)에 기하여 자동중지의 해제명령을 얻어야 비로소 상계권을 행사할 수 있다.[61] 미국 파산법은 별도의 연방법상의 권리로서의 상계권을 창설하거나 상계권한을 확대한 것은 아니며 단지 약간의 예외를 두고 비파산법에서 존재하는 상계권의 행사를 보류하고 있을 뿐이다. 한국과 달리 파산 신청일로부터 역산하여 90일 이내에 이루어진 상계에 대하여는 부인을 허용하고 있다(§553(b)).

---

58) Stein v Blake [1996] AC 243, 251. "Legal set-off does not affect the substantive rights of the parties against each other, at any rate until both causes of action have been merged in a judgment of the court."라는 판시 부분을 근거로 삼고 있다.

59) Look, *supra* note 52, at H10-13. 왜냐하면 관리절차는 1986년 도산법 개정입법에 의하여 처음으로 도입된 것이기 때문이다. 관리절차에서의 상계는 관리절차의 개시를 기준으로 하는 것이 아니라 관리절차에서 관리인이 채권자들에게 배당안을 통지할 때에 상계의 효과가 발생한다. 그러나 관리절차를 개시할 당시를 기준으로 양 채권이 서로 상호관계를 갖고 있어야 한다.

60) §362(a)(7).

61) David G. Epstein, Bankruptcy and Related Law in a Nutshell 7th Ed (West 2005) 221. 자동중지에 위반한 상계는 원칙적으로 무효이다. In re Opertation Open City, Inc., 148 B.R. 184, 194 (Bankr. S.D.N.Y. 1992). 福岡眞之介, アメリカ連邦倒産法概論, 商事法務(2008), 148 주 331에서 재인용.

(4) 소결

상계의 준거법을 외국법으로 할 것이냐 아니면 도산법정지법을 할 것이냐에 관하여는 먼저 상계의 법리 중 어느 부분을 채권의 준거법으로 할 것인지에 대하여도 견해가 나뉘어 있다.

상계의 요건, 허용성의 범위, 상계의 행사, 상계의 효과 중 상계의 요건, 허용성의 범위, 상계의 행사방법에 대하여는 도산법정지법을 준거법으로 하되, 상계의 효력의 준거법에 대하여 국제사법 이론에 의하자는 견해가 있다.[62]

최근 이 주제에 관하여 외국뿐 아니라 국내에서도 논의가 심도 있게 진행되었고 이를 정면으로 다룬 대법원 판결[63]까지 선고된 바 있다. 이를 계기로 필자의 소회를 정리하고자 한다.

먼저 상계의 준거법에 관하여 생각하면, 상계는 같은 채권자와 채무자가 서로의 입장을 바꾸어 양 채권을 보다 작은 금액의 범위에서 소멸시키는 제도인데 만일 두 사람이 용선계약에 대하여는 영국법을, 수출계약에 대하여는 한국법을 준거법으로 정하였다고 한다면 당사자들이 장차 상계에 대하여도 양국의 법을 준거법으로 함으로써 상계의 요건이 어려워지게 되어 상계의 담보적 기능을 축소하겠다는 의사를 갖고 있다고 봄이 당사자 자치의 원칙에 부합한다. 이러한 점을 고려하면 필자는 누적적용설에 찬성한다.

다음으로 도산절차가 개시된 경우 상계의 준거법에 관하여 생각하면, 비도산절차에서 상계를 어떻게 파악할 것인지 하는 점은 각국의 입법정책마다 다르다. 그리고 한 국가 안에서도 도산절차에서의 상계에 대하여는 도산법에 특칙을 두거나 영국과 같이 보통법상의 상계와 독립한 도산절차의 상계에 관한 법리가 발전한 국가도 있다.

국제도산사건에서 상계권의 행사에 관한 기존의 접근 방법 중 공통적인 것은 기존의 상계에 관한 국제사법의 원칙을 지키면서도 도산법의 입법목적을 반영하여 국제사법의 원칙을 수정하는 것을 허용하는 점이다.[64] 이처럼 상계권자를 도산절차에서도 상계를 허용할 것인지, 허용한다면 어떠한 요건에서 허용할 것인지는 각 국가가 갖는 도산법의 목적과 발전역사와 깊이 연관되어 있다.

---

62) 永石一郎 編, 倒産處理 實務ハンドブック 中央經濟社(2007). 817면.
63) 대법원 2015.1.29. 선고 2012다108764 판결(공 2015, 293).
64) 도산절차가 갖는 절차와 실체의 일체성을 강조하게 되면 국제사법 이론과 떨어진 독자적인 국제도산법의 입장에서 준거법을 결정하게 된다. 이 점을 반대하여 도산절차의 일체성이 기존의 국제사법이론의 변용을 가져올 수 있다는 점을 인정하지 않고 기존 국제사법이론의 수정을 통하여 가능하다는 견해가 있다(早川吉尙, "倒産企業組織の對內關係," NBL No.651(1998), 20頁).

채무자회생법은 상계권자를 담보권자가 아닌 무담보 채권자로 취급하면서 파산절차와 회생절차에서 모두 상계권의 행사를 허용하지만 상계적상에 관하여 파산절차에서는 이를 확대하고 시기적 제한을 두지 않는 반면 회생절차에서는 상계권의 확대를 허용하지 않고 민법상의 상계적상의 요건을 고집하고 있다.[65] 다만 파산절차와 회생절차 모두 실제의 가치가 떨어진 파산(회생)채권을 액면 그대로의 가치를 이용하기 위하여 파산선고 후에 채무를 부담하거나, 파산채권을 취득함으로써 채권자 간의 공평한 배당을 해하는 행위를 금지하기 위하여 상계권의 행사에 관한 시기적인 제한을 두고 이 제한에 위배한 상계는 효력을 인정하지 않고 있다.

계약에서 당사자들이 준거법을 외국법으로 정하였다고 하더라도 도산법에 의한 상계의 금지 제한의 효력은 도산절차의 본래적 효력에 해당하므로,[66] 도산절차 개시국법의 수정을 허용할 수밖에 없다. 청산절차는 일정한 시기 이전에 채무자의 재산을 청산하여 채권자에게 공평한 배당을 하는 것이 목적이므로 채권자의 형평을 해하지 않는 한 가급적 상계의 요건을 확대하여도 무방하지만, 회생절차는 재건을 목적으로 하는 것이므로 민법상의 상계요건을 유지하면서 계획안의 작성에 지장을 주지 않도록 일정시기에 상계를 제한할 수밖에 없다.

그렇다면 청산절차이건 재건절차이건 각 절차의 목적을 상계절차에서도 반영할 수밖에 없고 파산법이 다양한 채권자들의 이해관계를 조정하는 강행규정을 두고 있는 점을 고려하면 도산절차 개시국의 도산법이 기존의 상계에 관한 준거법의 내용을 수정하는 관계에 있다고 보아야 한다.

예를 들면 영국의 보통법상의 상계제도에 의하면 채권이 금액으로 확정(liquidated)되어야 하지만 한국의 파산절차에서는 상계적상의 확대가 허용되므로 비록 양 채권이 비금전채권이라 하더라도 상계가 허용된다고 보아야 한다. 만일 회생절차라면 비금전채권의 상계를 허용하는 규정이 없으므로 영국법에 따라 채권이 금전화되어야 할 것이다.

(5) 대법원 2015. 1. 29. 선고 2012다108764 판결에 대한 촌평

1) 사안은 아래와 같다.

원고(한진해운)는 압류채권자이고 피고(삼선로직스)는 피압류채권의 제3채무자이고, 선우상선은 집행채무자이다. 즉 선우상선이 삼선로직스에 대하여 갖는 회생채권[67]

---

65) 일본의 파산 및 회사갱생 절차의 내용도 같다.

66) 대법원 2009. 4. 23. 선고 2006다28782 판결(공 2009, 720).

67) 삼선로직스에 대하여 회생절차가 개시되었다가 회생절차가 종결되어 삼선로직스가 관리인으로

을 원고가 2010. 3. 31. 채권가압류하고 그 후에 압류 및 추심명령을 받고 피고에 대하여 추심금청구소송을 제기하였다. 피고는 2011. 12. 15. 선우상선에 대하여 갖는 미지급용선료 및 손해배상채권을 자동채권으로 피압류채권(수동채권)에 대하여 대등액으로 상계하였으므로 피압류채권이 소멸되었다고 주장하였다. 가압류의 효력 발생 당시를 기준으로 피고가 주장하는 자동채권은 변제기는 도래하였지만 수동채권의 변제기는 아직 도래하지 아니한 상태였다. 그리고 자동채권과 수동채권의 준거법은 모두 영국법이었다.

쟁점은 수동채권에 대하여 지급금지의 효력을 갖는 채권압류의 명령이 발하여진 경우에 상계가 가능한지 여부에 대하여 영국법에 기하여 판단할 것인지 한국법에 기하여 판단할 것인지로 좁혀졌다. 한국 민법의 상계의 요건에 관한 대법원 2012. 2. 16. 선고 2011다45521 전원합의체 판결에 의하면 채권가압류의 효력 발생 당시를 기준으로 피고가 상계하려는 자동채권의 변제기가 아직 도래하지 아니하였더라도 수동채권의 변제기보다 먼저 도래하면 상계로써 가압류채권자인 원고에게 대항할 수 있다.

피고는 영국법 전문가의 의견을 근거로 영국의 보통법상의 상계법리에 의하여 상계가 가능하려면 양 채권의 금액이 확정되어야 하고, 가압류의 효력이 발생할 당시를 기준으로 자동채권의 금액이 확정되어야 하는데 이 사건의 경우 원고의 채권가압류 당시 피고가 갖는 자동채권(미지급용선료 및 손해배상채권)이 확정되지 아니하였으므로 피고의 상계는 영국법에 의하면 효력이 없다고 다투었다.

2) 법원의 판단

원심판결은 상계의 준거법이 영국 보통법이므로 상계의 요건 중 채권의 금전화(원심은 이를 사법적 확정이라 표현하였다)에 관하여는 영국법을 적용하면서 채권가압류와 관련한 상계적상에 관하여는 민법 제498조를 근거로 상계의 요건의 충족 여부를 판단하였다. 위 대법원은 영국 보통법이 상계의 요건과 효과에 관한 준거법으로 적용될 수 있다고 하면서도 한국에서 채권압류명령 또는 채권가압류 명령을 받은 제3채무자가 압류채무자에게 반대채권을 가지고 상계로써 가압류채권자 등에게 대항할 수 있는지는 대한민국의 민사집행법 등에 의하여 판단함이 원칙이고 상계의 준거법에 의할 것은 아니라고 판시하였다.

위 사건이 대법원에 계속 중에 있는 동안 石光現 교수님과 이헌묵 교수님이 각각 의견서를 제출하였다. 석 교수님은 한국 법원의 지급금지 명령이 부가된 수동채권에

_____
부터 소송을 수계하였다.

기한 상계가 가능한지는 영국 보통법에 의하여 판단되어야 한다는 주장을 하였다.[68] 이와 반대로 이헌묵 교수님은 채권가압류 후 상계가 가능한지 여부는 절차법적인 성격을 갖고 있으므로 영국법이 아니라 한국법에 의하여야 한다는 주장을 하였다.[69]

원심은 채권의 금전화 요건만 적용하고 소송절차에서 항변으로 행사하여야 하는 점은 판시하지 아니하였다.

생각건대, 앞에서 본 바와 같이 영국 보통법상의 상계가 한국 민법과 다른 점은 양 채권의 금전화되어야 한다는 점과 피고가 소송에서 항변으로 상계권을 행사하여야 한다는 것이다. 만일 영국법에 따라 소송외에서 내용증명으로 한 상계의 의사표시가 역시 상계요건을 갖추지 못하였다고 보는 입장이라면 수동채권에 가압류 명령이 발하여진 사실 또한 상계의 요건에 관한 것이므로 영국법에 의하여 결정된다는 견해가 타당하다고 생각한다.

2. 쌍방 미이행쌍무계약의 해제와 준거법

(1) 회생절차에서 쌍방 미이행쌍무계약의 법리

회생절차의 관리인은 회생절차 개시 후 채권자 전체의 이익을 고려하여 쌍방 미이행쌍무계약의 이행을 선택할 것인지 아니면 계약을 해제할 권리가 있다. 해운회사가 회생절차 개시 전에 상대방과 운송계약 또는 용선계약을 체결하고 준거법을 영국법으로 정하는 경우가 적지 않다. 운송계약에는 당사자 일방에 대하여 회생절차가 개시되거나 회생절차 개시신청을 법원에 제기한 사유를 계약해제의 사유 또는 자동적으로 계약이 해제된다는 조항을 두는 경우가 흔하다. 이러한 조항을 흔히 도산해제조항[70] 또는 미국파산법에서는 ipso facto clause라고 부른다.

계약법의 대원칙은 계약의 채무불이행을 초래한 당사자(defaulting party)는 계약해제권이 없고, 상대방(non-defaulting party)에게 계약해제권 또는 채무불이행을 이유로 한 손해배상청구권을 부여한다. 그럼에도 불구하고 한국, 일본, 미국의 도산절차에서는 쌍방 미이행쌍무계약(executory contract)의 법리를 적용하여 비록 도산한 채무자가 defaulting party라고 하더라도 채무자의 관리인에게 계약의 해제 또는 계약이행의 선

---

68) 石光現, "영국법이 준거법인 채권 간의 소송상 상계에 관한 국제사법의 제문제," 서울대학교 法學 제57권 제1호(2016), 201-248면 참조.

69) 이헌묵, "영국법상 상계제도와 영국법이 적용되는 채권의 상계와 관련한 국내법상의 문제," 저스티스 통권 제142호(2014), 41-63면 참조.

70) 도산실효조항, 도산해지조항, 도산해제조항 등으로 사용되나 이 글에서는 도산해제조항이라 표기한다.

택권을 부여하고 있다(미국은 계약의 해제권한을 인정하지 않고 이행의 거절만 인정한다).

또한 이러한 관리인의 이행선택 또는 해제권한을 명실상부하게 보호하기 위하여 미국 파산법은 도산해제조항을 파산법에서 무효로 규정하고 있으며 일본의 경우에는 판례가 금융리스와 소유권유보부매매에 관한 사례에서 무효로 선언하기도 하였다.[71] 한국은 합작투자계약에 관한 대법원 판결[72]이 선고되기 이전에는 무효로 보는 견해가 실무를 지배하였다. 대법원 판결이 선고된 후 학설은 도산해제조항의 효력을 세밀하게 언급하고 있다. 한편 해상운송계약과 관련하여 파산부의 실무는 판례와 달리 무효로 취급하고 있고, 민사부에서는 대법원 판결에 따라 유효로 처리하는 등 아직 실무가 확립되지 아니한 상태에 있다.

(2) 국제도산사건에서 미이행쌍무계약의 준거법

대출채권의 준거법이 외국법이고 차주가 파산하여 파산절차가 개시된 사건에서 처음으로 미이행쌍무계약의 준거법이 한국 파산법임을 간접적으로 처음 밝힌 것은 2001년 대법원 판결이다.[73]

영국법을 준거법으로 한 운송계약에서 운송회사가 한국에서 회생절차가 개시된 사안에서 회생절차의 관리인이 한 미이행쌍무계약의 법리에 기하여 계약을 해제한 경우 그 효력이 다투어져 대법원에 상고되었다. 대법원은 다음과 같은 이유로 도산법정지인 한국의 채무자회생법이 적용된다고 판시하였다.

"외국적 요소가 있는 계약을 체결한 당사자에 대한 회생절차가 개시된 경우, 그 계약이 쌍방 미이행쌍무계약에 해당하여 관리인이 이행 또는 해제·해지를 선택할 수 있는지 여부, 그리고 계약의 해제·해지로 인하여 발생한 손해배상채권이 회생채권인지 여부는 도산법정지법(도산법정지법)인 채무자회생법에 따라 판단되어야 하지만, 그 계약의 해제·해지로 인한 손해배상의 범위에 관한 문제는 계약 자체의 효력과 관련된 실체법적 사항으로서 도산전형적인 법률효과에 해당하지 아니하므로 국제사법에 따라 정해지는 계약의 준거법이 적용된다."[74]

이러한 판결의 입장은 미이행쌍무계약에 관한 해제 여부에 관하여는 도산법정지에

---

71) 회사갱생절차에서 소유권유보부매매에 관한 최고재판소 昭和 57. 3. 30. 판결과 민사재생절차에서 파이낸스리스에 관한 최고재판소 平成 20. 12. 16. 판결에서 도산해제특약을 무효로 선언하였다.
72) 대법원 2007. 9. 6. 선고 2005다38263 판결(공 2007, 1530).
73) 대법원 2001. 12. 24. 선고 2001다30469 판결(공 2002, 341). 법원은 관재인이 파산법 제50조 제2항에 따라 신디케이트론 방식에 의한 차관계약의 이행선택한 것이 적법함을 전제로 쟁점에 관하여 판시하였다.
74) 대법원 2015. 5. 28. 선고 2012다104526, 104533 판결(공2015, 843).

따라야 한다는 국내외 학설을 따른 것이다.[75] 그리하여 운송계약은 준거법인 채무자회생법에 기한 관리인의 해제로 적법하게 해제되었고 다만 손해배상의 범위는 영국법에 의하여 산정하게 된다. 손해배상채권이 회생절차에서 어떠한 우선권을 갖는가 하는 점 역시 법정지법에 따라 결정되는바, 채무자회생법은 이를 회생채권으로 취급된다.

(3) 도산해제조항과 영국법이 준거법인 운송계약

회생절차에서 실무상 중요한 의미를 갖는 것은 이른바 도산계약해제조항이다. 특히 영국법을 준거법으로 한 용선계약에서 당사자 일방에 대하여 파산 또는 회생절차가 개시되면 상대방이 이를 이유로 계약을 해제할 권리를 갖는 조항을 두는 경우가 보통이다.

영국법을 준거법으로 한 해운회사에 대하여 회생절차가 개시되면 관리인은 계약의 존속을 원하고 상대방은 계약을 해제하려다 보면 이를 둘러싼 다툼이 한국과 영국 법원에서 자주 다투어진다. 이러한 점을 둘러싼 팬오션 대 피브리아 사건에 관한 영국의 판결[76]을 통하여 실제로 영국법정에서 어떠한 양상으로 공방이 전개되는지 소개하고 영국의 법리를 일별하고자 한다.

1) 사안의 개요

팬오션은 2011. 8. 31. 브라질의 펄프제조회사인 피브리아(Fibria)와 25년간의 장기용선계약을 체결하였다. 계약의 형식은 선주가 팬오션, 용선주가 피브리아이지만 실제는 팬오션이 피브리아가 제공하는 펄프를 수 개의 항구간을 왕복하여 운송하는 내용의 적하운송계약(Contract of Affreightment)이다. 운송계약은 영국법을 준거법으로 하고 분쟁이 발생하면 런던해사중재협회(London Maritime Arbitration Association)의 중재절차에 의하여 해결하기로 하였다. 또한 계약서 제28조에는 계약당사자 일방에 대하여 청산절차개시, 임시청산인, 관리인의 선임, 기타 이와 유사한 절차의 개시신청이 있고 90일 이내에 이러한 사태가 해소되지 아니하면 상대방이 서면에 의한 계약해제 통지서를 발송함으로써 계약을 해제할 권한을 갖도록 되어 있었다.

팬오션은 2013. 6. 7. 서울중앙지방법원에 회생신청을 하였고, 2013. 6. 17. 회생절차가 개시되었다.

2013. 6. 21. 관리인은 영국 법원에 영국도산법의 국제도산규정(Cross-Border

---

75) EU도산규정(제4조 제2항 3호) 및 독일도산법에 관한 독일의 학설 및 일본의 학설도 같다. 石光現, 국제사법과 국제소송 제5권, 박영사(2012), 619면.

76) Fibria v Pan Ocean [2014] EWHC 2124 (Ch); [2014] 1 Bus LR 1041. 파산사건에 관한 판결을 인용하면서 사용되는 EWHC라 함은 High Court of England and Wales의 약자이다. 이 판결은 2014. 6. 30. 선고된 영국 형평부의 회사법원(Companies Court) 판결이다.

Insolvency Regulation 2006, 'CBIR')[77] 제17조에 기하여 한국의 회생절차를 외국주절차로 승인하여 달라는 승인신청을 하였다.

2013. 6. 25. 영국 법원은 한국도산절차를 주절차로 승인하는 결정과 승인에 기하여 자동적으로 발생하는 효과에 기한 구제명령과 기타 적절한 구제명령에 기하여 강제집행절차의 중지 등의 구제명령을 발하였다.[78]

2013. 8. 14. 팬오션은 피브리아에게 제119조에 기하여 이 사건 계약의 이행을 선택한다는 통지를 보냈다.

2013. 8. 15. 피브리아는 CBIR 제20조 제(6)항에 기하여 팬오션을 상대로 중재절차의 개시와 진행을 구하는 신청과 아울러 위 계약서 제28조(유책당사자에게 도산상태에 있거나 도산신청 등이 있으며 상대방에게 계약을 종료시킬 수 있는 권한을 부여하는 이른바 도산해제조항이다)에 기하여 피브리아에게 계약 해제서면을 담보은행(Security Agent)에게 발송할 수 있는 권한이 있다는 내용의 선언적 구제명령을 구하였다.

2014. 2. 10. 팬오션은 CBIR 제21조에 기하여 피브리아에게 계약서 제28조 해제조항에 기하여 계약을 종료시킬 권한이 없음을 지시하는 내용의 명령을 신청하였다.

2014. 3. 24. 팬오션은 CBIR 제21, 25, 27조에 기하여 영국 법원으로 하여금 한국 법원에 계약조항 제28조가 한국법상 무효인지 여부에 대한 의견을 제641조에 기하여 구하여야 달라는 요청과 아울러 피브리아가 구하는 중재절차의 개시를 구하는 신청이 중지(adjourn)되어야 한다는 구제명령을 구하였다.

이 사건의 쟁점은 과연 영국 법원이 피브리아로 하여금 담보은행 ABN AMRO (Security Agent)[79]에게 계약해제의 통지를 금하는 명령을 발할 수 있는 권한이 있는지

---

77) 2009. 3. 12. 모델법을 국내 입법하여 현행 도산법(Insolvency Act 1986)에 편입되었다. 이하 CBIR 2006에 관한 설명은 Look Chan Ho, Smoothing Cross-Border Insolvency by Synchronising the UNCITRAL Model Law, Butterworths Journal of International Banking and Financial Law, July/August 2009, 395-396. Look Chan Ho (ed), Cross-Border Insolvency: A Commentary on the UNCITRAL Model Law (2nd ed Globe Law and Business, 2009), 141-244.

78) 승인신청 후 4일 만에 승인결정과 구제명령이 발하여졌다. 이에 반하여 한국에서 미국 제11장 사건의 승인절차를 구한 2007국승2 사건은 신청일로부터 3개월이 걸렸다. 한편 CBIR 제20조는 주절차 승인시에 자동적으로 인정되는 구제명령에 관하여, 제21조는 제20조에 의하여 인정되지 아니하는 것으로 법원이 필요하다고 판단하여 부가적으로 발하는 구제명령에 관한 조항이다. 이 사건에서 법원은 승인과 동시에 제20조 및 제21조에 기하여 담보권의 실행금지, 물건에 대한 점유반환금지, 채무자 및 채무자 재산을 상대로 한 법적 절차의 금지, 관리리시버 임명의 금지, 청산절차신청 금지 등 5가지 구제명령을 발하였다.

79) 팬오션이 용선계약 체결 후 용선계약상의 권리를 담보은행에게 양도하였으나 사실관계는 편의상 생략한다.

여부로 좁혀졌다. 법원은 이를 판단하기 위하여 먼저 계약조항 제28조가 소위 도산해제조항인지, 영국도산법상 소위 도산해제조항이 무효인지, 한국의 채무자회생법상 계약조항 제28조가 무효인지, 영국의 국제도산조항에 기하여 법원이 발할 수 있는 구제명령의 범위에 해제통지의 발송행위를 금할 수 있는지가 검토되었다.

  2) 판결의 요지[80]

  (a) 영국도산법과 사적자치

  영국법에서는 당사자 일방의 도산절차 신청을 이유로 상대방이 계약해제의 권한을 갖도록 하는 규정(필자주, 이른바 ipso fact clause)이 유효하다는 점에 대하여 다툼이 없다. 200년 이상 오래된 판례법인 박탈금지의 원칙(anti-deprivation rule)에 의하더라도 이러한 규정은 여전히 유효하다. 1986년 영국 도산법 역시 박탈금지의 원칙을 배경으로 입법된 것이다. 특히 당사자 자치는 영국법의 본질이고 이 사건과 같이 복잡한 금융계약의 경우에는 더욱 그러하다. 박탈금지의 원칙은 도산절차 개시 전에 체결된 계약의 특정 조항의 효력을 도산절차 개시 후에는 인정하지 않고 있지만 이러한 원칙이 도산해제조항에는 적용되지 않는다. 왜냐하면 계약을 해제하는 조항이 관재인이 계약을 계속하는 기회를 빼앗고 그럼으로써 파산재단의 미래의 잠재적인 이익을 박탈당한다는 주장은 근거가 없다. 당사자들이 서로 대가적인 의무를 이행하기로 하는 계약에서 당사자 일방이 파산한 경우 상대방에게 계약해제의 권한을 부여하는 것을 반대할 이유가 없다.

  (b) 한국의 회생절차에서 도산해제조항의 효력

  한국의 도산해제조항에 관한 대법원 판결과 위 판결 선고 이후 회생절차에서 도산해제조항의 효력에 관한 하급심의 실무에 관하여 한국의 전문가는 일치하지 않는 견해를 갖고 있다.[81]

  영국 재판부는 한국의 회생법원이 여러 사정을 고려하여 이 사건 계약해제조항인 제28.1조가 효력이 없다는 팬오션의 주장에 근거가 있다고 판단할 것으로 추측되므로 적어도 한국의 회생법원이 회생절차 중에는 적용하지 않거나 중지할 것으로 전제로 판단하기로 한다(para 59).

---

80) 아래의 제목은 판결원문에 없는 것을 필자가 이해의 편의상 붙인 것이다.
81) 영국 법원은 대법원 2007. 9. 6. 선고 2005다38263 판결(공 2007, 1530)과 도산해제조항을 무효로 본 서울중앙지방법원 파산부의 회생채권조사확정 사건인 2010. 1. 11.자 2009회확562 결정(래드크리프 대 삼선로직스), 2013. 7. 17.자 2012회확1735 결정(한국토지신탁 대 풍림산업), 유효로 본 서울중앙지방법원 민사50부의 가처분 사건인 2014. 1. 24.자 2013카합80074 결정(동양네트웍스 대 한국스탠다드차타드 은행)을 분석하였다.

(c) 영국의 국제도산규정

CBIR 제20조[82]는 주절차를 승인하는 경우 자동적으로 발생하는 구제효과에 대

---

82) Article 20. Effects of recognition of a foreign main proceeding

1. Upon recognition of a foreign proceeding that is a foreign main proceeding, subject to paragraph 2 of this article—

(a) commencement or continuation of individual actions or individual proceedings concerning the debtor's assets, rights, obligations or liabilities is stayed;

(b) execution against the debtor's assets is stayed; and

(c) the right to transfer, encumber or otherwise dispose of any assets of the debtor is suspended.

2. The stay and suspension referred to in paragraph 1 of this article shall be—

(a) the same in scope and effect as if the debtor, in the case of an individual, had been adjudged bankrupt under the Insolvency Act·1986 or had his estate sequestrated under the Bankruptcy (Scotland) Act 1985, or, in the case of a debtor other than an individual, had been made the subject of a winding-up order under the Insolvency Act 1986; and

(b) subject to the same powers of the court and the same prohibitions, limitations, exceptions and conditions as would apply under the law of Great Britain in such a case, and the provisions of paragraph 1 of this article shall be interpreted accordingly.

3. Without prejudice to paragraph 2 of this article, the stay and suspension referred to in paragraph 1 of this article, in particular, does not affect any right—

(a) to take any steps to enforce security over the debtor's property;

(b) to take any steps to repossess goods in the debtor's possession under a hire-purchase agreement;

(c) exercisable under or by virtue of or in connection with the provisions referred to in article 1(4); or

(d) of a creditor to set off its claim against a claim of the debtor,

being a right which would have been exercisable if the debtor, in the case of an individual, had been adjudged bankrupt under the Insolvency Act 1986 or had his estate sequestrated under the Bankruptcy (Scotland) Act 1985, or, in the case of a debtor other than an individual, had been made the subject of a winding-up order under the Insolvency Act 1986.

4. Paragraph 1(a) of this article does not affect the right to—

(a) commence individual actions or proceedings to the extent necessary to preserve a claim against the debtor; or

(b) commence or continue any criminal proceedings or any action or proceedings by a person or body having regulatory, supervisory or investigative functions of a public nature, being an action or proceedings brought in the exercise of those functions.

5. Paragraph 1 of this article does not affect the right to request or otherwise initiate the commencement of a proceeding under British insolvency law or the right to file claims in such a proceeding.

6. In addition to and without prejudice to any powers of the court under or by virtue of paragraph 2 of this article, the court may, on the application of the foreign representative or a person affected by the stay and suspension referred to in paragraph 1 of this article, or of its own motion, modify or terminate such stay and suspension or any part of it,

하여, 제21조[83])는 그 외 채무자의 재산 또는 채권자들의 이익을 보호하는 데 필요한 경우 법원이 발하는 적절한 구제명령을 규정하고 있다. 그중 제21조(1)(a)항은 채무자의 재산 등에 관한 소송 또는 절차의 개시 또는 속행의 금지를 명하고 있다.

관리인은 피브리아의 해제 통지의 발송이 제21조(1)(a)항에 속한다고 주장하지만 한편 제20조 제2항은 제21조(1)(a)에 기하여 부과되는 중지의 범위와 효과는 마치 채무자가 영국도산법 제130조 제2항에 기하여 청산절차가 개시된 경우와 같아야 한다고 규정하고 있다. 제21조(1)(a)의 범위는 영국도산법 제130조 제2항과 같지 않을 수 있

---

either altogether or for a limited time, on such terms and conditions as the court thinks fit.

83) Article 21. Relief that may be granted upon recognition of a foreign proceeding

1. Upon recognition of a foreign proceeding, whether main or non-main, where necessary to protect the assets of the debtor or the interests of the creditors, the court may, at the request of the foreign representative, grant any appropriate relief, including –

(a) staying the commencement or continuation of individual actions or individual proceedings concerning the debtor's assets, rights, obligations or liabilities, to the extent they have not been stayed under paragraph 1(a) of article 20;

(b) staying execution against the debtor's assets to the extent it has not been stayed under paragraph 1(b) of article 20;

(c) suspending the right to transfer, encumber or otherwise dispose of any assets of the debtor to the extent this right has not been suspended under paragraph 1(c) of article 20;

(d) providing for the examination of witnesses, the taking of evidence or the delivery of information concerning the debtor's assets, affairs, rights, obligations or liabilities;

(e) entrusting the administration or realisation of all or part of the debtor's assets located in Great Britain to the foreign representative or another person designated by the court;

(f) extending relief granted under paragraph 1 of article 19; and

(g) granting any additional relief that may be available to a British insolvency officeholder under the law of Great Britain, including any relief provided under paragraph 43 of Schedule B1 to the Insolvency Act 1986.

2. Upon recognition of a foreign proceeding, whether main or non-main, the court may, at the request of the foreign representative, entrust the distribution of all or part of the debtor's assets located in Great Britain to the foreign representative or another person designated by the court, provided that the court is satisfied that the interests of creditors in Great Britain are adequately protected.

3. In granting relief under this article to a representative of a foreign non-main proceeding, the court must be satisfied that the relief relates to assets that, under the law of Great Britain, should be administered in the foreign non-main proceeding or concerns information required in that proceeding.

4. No stay under paragraph 1(a) of this article shall affect the right to commence or continue any criminal proceedings or any action or proceedings by a person or body having regulatory, supervisory or investigative functions of a public nature, being an action or proceedings brought in the exercise of those functions.

다(para 65).

영국 도산법 제11조에 관한 판례는 계약 당사자 일방이 상대방에게 계약을 제 때에 속히 이행하라는 통지와 계약해지사유로서의 계약불이행으로 받아들인다는 통지는 동조에서 정한 절차 또는 기타 소송절차에 속하지 아니한다고 판시한 바 있다(para 68).

그런데 모델법의 제정에 관한 국제상거래위원회 자문위원회(working group)의 1995, 1996, 1997년의 보고서 중 적절한 구제명령에 관한 해석을 참조하면 초안에는 승인국의 법원이 도산절차개시국법 또는 승인국법에 기하여 적절한 구제명령을 발할 수 있다고 기재되었으나 토론을 거쳐 최종안은 승인국의 법률에 근거하도록 확정되었다(모델법 제21조(1)(g)).[84]

이에 반하여 미국의 연방파산법 제15장은 영국과 같은 방식으로 모델법을 입법한 것은 아니므로 도산절차개시국법에 기하여 적절한 명령을 발할 수 있다고 해석의 가능성이 있는 미국 판결[85]의 논리는 받아들이지 아니한다. 오히려 결론적으로 CBIR 제21조는 영국 법관으로 하여금 영국도산절차에서 발령이 가능한 구제명령만을 허용하는 것을 전제로 하고 있다. 당사자가 영국법을 준거법으로 한 이상 이 사건에서 적절한 명령을 발함에 있어서 승인국인 영국법을 적용하는 것이 타당하다.

(d) 결론

영국 재판부는 CBIR 제21조에 기하여 피브리아가 해제통지를 발송하는 것을 금지하는 권한을 갖고 있지 않으며 설령 재판부가 그러한 권한을 갖고 있다고 하더라도 금지명령은 CBIR 제21조에 규정된 적절한 구제명령에 해당하지 아니한다. 한국법 전문가 증언에 의하면 한국 법원은 해제의 통지는 계약의 효력을 좌우할 수 없다고 판시할 것이므로 한국법관이 서면통지의 발송을 금하는 명령을 발하였을 것이라는 팬오션의 주장을 받아들이지 아니한다.

위에서 본 재판부의 결정은 한국법을 전제로 한 것이므로 한국 법원에 서면을 보내어 한국 법원의 답을 구하여 달라는 관리인의 구제명령을 받아들이지 아니한다. 또한 중재절차의 개시를 구하는 피브리아의 구제명령 신청에 대하여 보건대, 중재절차에

---

84) 목록 B1의 제43조는 여러 종류의 법적절차와 관련한 중지를 규정하고 있다. 특히 동조 제6항은 관리인의 동의 또는 법원의 승인 없이는 회사 또는 회사의 재산을 상대로 하는 소송의 제기 또는 속행의 금지를 정하고 있다.

85) Re Condur Insurance Co Ltd 601 F 3d 319 (5th Cir 2010)은 네비스라는 국가에서 개시된 도산절차를 주절차로 승인 후 구제명령을 발함에 있어 파산법 제1521조에 기한 적절한 구제명령을 발할 수 있다는 조문에 기하여 네비스의 사해행위 부인에 관한 법률을 적용할 수 있다고 판시하였다. 승인국이 도산절차 개시국의 법률을 근거로 적절한 구제명령을 발할 수 있다는 점에 관하여 영국 법관은 반대하고 있다.

서 계약서 제28.1조의 집행가능성에 관하여 다툴 쟁점이 없고 설령 그러한 쟁점이 다투어져야 하더라도 이는 양 당사자 외에 계약의 양수인 등 다수의 이해관계인 간에 별도의 절차에서 해결되어야 하므로 피브리아의 신청을 받아들이지 아니한다.

3) 판결에 대한 寸評

영국과 미국은 영미법계 국가이지만 파산절차에 있어는 커다란 차이를 보이고 있다. 영국의 파산제도는 채권자에게 우호적이지만 미국은 채무자에게 더 우호적이다.[86] 대표적으로 미국 파산법에서 인정되는 Debtor in Possession, 강제인가, 미이행쌍무계약의 법리와 도산해제조항(ipso facto clause)이 영국 도산법에는 없다. 리만브라더스 파산 이후 동일한 쟁점을 — flip clause가 파산절차에서 효력이 있는지 여부 — 둘러싸고 미국은 무효로, 영국은 유효로 판시하였다.[87] 영국 파산법은 원칙적으로 파산 전의 당사자 간의 약정을 파산절차 개시 이후에도 원칙적으로 존중하는 입장임에 반하여 미국 파산법은 관재인에게 계약의 효력을 정할 수 있는 권한을 부여함으로써 파산재단 전체에 이익이 되는 입장을 갖고 있다.

영국의 도산법은 당사자 일방의 도산절차 신청을 이유로 상대방이 계약을 해제할 수 있도록 하는 조항이 원칙적으로 유효하고 다만 제한된 상황에서 수정이 있다.[88] 박탈금지의 원칙이라 함은 채무자에 대하여 도산시에 채무자의 소유로 되어 있던 재산을 도산신청을 이유로 다른 사람에게 이전하여 채무자의 다른 채권자들로부터 벗어나도록 하는 계약은 무효라는 원칙이다. 박탈금지의 원칙은 권리가 박탈되는 경우뿐 아니라 도산을 이유로 재산에 관한 권리가 종료되는 것도 포함된다. 박탈금지의 원칙은 200년 이상 된 판례법으로서 1986년 도산법 제정 후에도 이러한 원칙은 여전히 유효하다.[89]

---

86) 용어에 있어서도 미국은 Bankruptcy가 개인과 기업, 청산과 재건을 포괄하는 개념이다. 영국은 기업의 파산은 insolvency로 개인에 관한 파산절차만을 bankruptcy라고 한다. 즉 영국에서 bankruptcy라고 함은 개인에 관한 협의의 청산절차를 의미한다.

87) 영국 대법원 판결인 Belmont Park Investments Pty Ltd v BNY Corporate Trustee Services Ltd [2012] AC 383. 미국 파산법원 판결인 Re Lehman Bros Holding Inc 422 B.R 407은 다른 결론을 내렸다. flip 조항이라 함은 복수의 당사자들이 순위를 정하여 특정 담보물에 대한 권리를 보유하고 있다가 선순위의 당사자에 대하여 파산절차가 개시되면 후순위의 당사자가 그 담보물에 대한 우선권을 취득하도록 하는 내용의 조항을 말한다. 리만브라더스 사건의 flip조항에 관한 영국과 미국의 판례 소개에 대하여는 임지웅, "도산해지조항의 효력 및 범위," 도산법연구 제1권 제2호 (2010), 26-47면 참조. 일본에서의 논의는 大澤和人, "スワップ契約と社債に係る倒産申立解除特約の英國・米國法の效力とクロスボーダー倒産處理(上)(下), NBL No.1014(2013), 50-61頁.

88) 도산절차와 사적자치에 관한 영국의 논의에 관하여 Dennis Faber ETAL, Treatment of Contracts in Insolvency, Oxford (2012), 162.

89) 이 원칙이 어떠한 경우에 적용되는지에 대하여는 분명하지 않으나 대체로 회사의 청산시 회사의

이 판결에서 영국 법원은 한국 법원의 미이행쌍무계약에 관한 대법원 판결 및 최근의 하급심을 정확하게 이해하고 있다. 아울러 미국, 캐나다의 판례, 모델법의 입법과정 등을 면밀하게 비교 검토한 후 CBIR 제21조의 적절한 구제명령의 근거가 되는 법률이 영국법인지 한국의 채무자회생법인지를 自問한 후 영국법에 의하여 판단하였다. 소송 또는 절차의 중지라는 용어에는 계약당사자가 상대방에게 계약의 이행을 신속하게 촉구하는 서면의 발송, 또는 계약불이행을 승인하는 통지의 발송 등이 영국도산법 제11(3)(d)에 속하지 아니한다는 선례를 근거로 피브리아의 서면 발송의 금지를 적절한 구제명령의 대상으로 신청한 관리인의 주장을 기각하였다.[90] 이 판결에 대한 영국 변호사들의 반응은 영국법원이 외국의 도산해제조항에 기하여 해제를 구하는 영국채권자에게 유리한 판결로 이해하고 있다.[91]

3. 부인권의 준거법

국제도산법에 있어서 각국 간에 아직도 견해의 일치를 보지 못하고 있는 부분이 관리인이 행사하는 부인권의 준거법을 어느 법으로 할 것인가 하는 점이다.

서울중앙지방법원[92]은 삼선로직스 회생 사건에서 회생회사와 덴마크 회사간의 용선계약에서 영국법을 준거법으로 하여 영국법에 의하면 선박소유자가 용선계약에서 발생하는 채권을 피담보채권으로 하여 삼선로직스가 재용선자에게 갖는 화물, 재용선료에 대하여 우선특권(Lien)을 갖고 있다고 규정된 사안에서 관리인의 부인권 청구에

자산을 원래의 양도인에게 반환한다는 약정, 건설계약에서 수급인의 청산시 건축주에게 자재들을 귀속시키는 약정, 매수인이 회사 청산시 외상으로 판매한 물건의 소유권을 매도인에게 환매하기로 하는 약정, 특허권의 양도계약과 양수인이 양도인에게 금원을 대여하는 대출계약이 체결된 후 양수인이 로열티의 절반은 지급하고 나머지 절반은 자신의 대여금채권에 충당하다가 만일 양도인이 도산하면 양수인이 로열티 전부를 지급하지 않기로 하는 약정, 채무자의 도산시 특정의 채권자에게 추가적인 담보권을 주도록 하는 약정 등은 박탈금지의 원칙에 위배되어 무효이다. 이와 반대로 리스이용자의 청산시 리스물건을 리스업자가 환취하는 약정, 회사의 구성원이 청산한 경우 주식을 공정한 가격으로 다른 구성원에게 이전할 의무를 부과하는 조항, 회원이 청산한 경우 회원자격을 종료시키는 조항 등은 박탈금지의 원칙에 위배되지 아니하므로 유효이다. 자세한 설명에 대하여는 김효선, 도산실효조항에 관한 비교법적 분석, 이화여자대학교 박사학위논문 (2013). 159-165면 참조.

90) 3일간의 구술심리를 마치고 2개월 남짓 후에 총 118개의 항에 달하는 장문에서 판결 이유를 설득력 있게 제시하고 있다는 점에서 영국 법원이 왜 유럽의 중심 법원이 되는지를 잘 보여주고 있다.

91) George Kennedy(영국 로펌 INCE & CO)가 기술한 로펌 홈페이지 2014. 10. 20자 뉴스레터 참조.

92) 서울중앙지방법원 2009. 10. 28.자 2009회기5 결정 참조. 다만 결정 이유에 어떠한 근거로 도산절차개시국법을 적용하는지에 관한 설시 없이 당연한 것을 전제로 한 점에서 이 점을 심도 있게 고민하는 외국의 재판과 대조적이다.

대하여 영국법을 준거법으로 하지 않고 채무자회생법을 근거로 판단하였다.

Ⅴ. 국제중재절차와 국제도산절차의 관계

1. 중재와 파산의 관계

국내에서 회생절차가 개시되면 국내의 중재절차도 중단되는지 여부에 대하여는 견해가 대립되어 있다.[93] 회생절차가 개시되면 채무자의 재산에 대한 관리처분권이 종전 채무자에서 관리인으로 변경되고, 특히 회생채권에 관한 소송은 중단되고, 그 외 회생회사가 당사자(원, 피고를 막론한다)가 된 재산상에 관한 소송 역시 중단되어야 한 다는 점이 중재절차에서도 반영되어야 한다는 점에서 필자는 중단설에 찬성한다. 어느 설을 취하든 간에 유의할 점은 회생채권신고를 회생법원에 하여야 한다는 점이다. 만 일 신고를 하지 아니하고 중재판정에서 회생채권자가 승소하더라도 실권될 염려가 있 다. 아직 국내에서는 중재절차에서 이의자를 상대로 하는 회생채권조사확정의 재판을 할 수 있다는 견해는 발견되지 않는다.[94]

나아가 한국에서 회생절차가 개시된 경우에 외국에서 진행 중인 국제중재절차도 중단되는가 하는 점은 국가마다 입장이 다르고 아직 국제적으로 아직 실무가 확립되 었다고 보기는 어렵다.[95] 중재절차가 속행되는 경우 도산과 관련한 쟁점의 준거법을 중재지의 도산법, 계약의 준거법국의 도산법, 도산절차개시지국의 도산법 중 어느 것

---

93) 중단긍정설, 오창석, "파산절차에 있어서 중재합의의 효력과 중재절차," 중재연구 제15권 제1호 (2005. 3), 138면; 林治龍, "파산절차의 개시가 중재절차에 미치는 효력," 파산법연구2, 박영사 (2006), 119면; 이필복, "한진해운의 도산 관련 민사사건의 판결 동향Ⅱ," 한국해법학회지 제41권 제2호(2019), 151면. 중단부정설, 김경욱, "중재당사자의 파산이 중재절차에 미치는 영향: 국제중 재·파산절차에 한하여," 민사소송 Vol. 10-2, 한국민사소송법학회지(2006), 311면은 중재절차 는 소송절차가 아니므로 도산절차의 개시로 인하여 국내 중재절차는 중단되지 않는다는 독일의 통설을 따르고 있다. 모델법의 해설 자료인 Guide to Enactment는 모델법 제20조 및 제21조에 서 규정된 소송(action)이라 함은 중재법정에 중재신청을 포함한다고 기술하고 있다(Para 145). 영국에서는 중재법에 명시적으로 중재절차에서 해결되어야 할 쟁점에 관한 소송이 제기된 경우 에는 중재약정이 무효라고 볼 특별한 사정이 없는 한 소송절차는 중지되어야 한다는 조항이 있 다(1996 중재법 제9조). 최근 판례는 동 조항이 영국에서 개시된 청산절차(liquidation proceeding)에 우선한다고 판시하였다. Philpott v Lycee Francais Charles de Gaulle School [2015] EWHC 1065 (Ch).
94) 채권조사절차를 둘러싸고 중재와 도산과의 긴장에 관한 최근의 일본 논의는, 濱田芳貴·富松由 希子, "國內倒産と海外仲裁の手續的な交叉點," NBL No. 1048 (2015), 16-30면.
95) UNCITRAL 제30회 총회에서는 중지되는 것이 다수설이었으나 반대설도 있어서 명문의 규정은 두지 않은 채 제20조의 '절차(proceedings)'에 포함하여 해석할 수 있는 것으로 정하였다. 회의의 소개에 대하여는 山本和彦, 國際倒産法制, 商事法務(2002), 276頁. 최근 논의로는 이필복, 앞의 글, 123-164면 참조.

을 할 것인지에 관하여도 논의가 있다.96) 이하에서는 실무상 자주 등장하는 런던의 중재절차와 한국의 회생절차와의 관계에 대한 영국 법원의 실무에 한하여 살펴보기로 한다.97)

서울중앙지방법원98)은 리만 브라더스의 홍콩 법인에 대한 외국도산절차를 승인하면서 외국도산절차의 대표자를 국제도산관리인으로 선임한 외에 국제도산관리인이 국내에서 소송의 제기 중재계약 등 일체의 소송행위를 함에 법원의 허가를 받도록 명한 사례가 있다. 이 점에 비추어보면 국내에서의 중재절차도 중지되는 것으로 해석될 여지가 크다.

2. 영국중재절차의 중지명령99)

해운회사에 대하여 한국에서 회생절차가 개시되면 보통은 아래와 같은 순서로 절차가 진행되기 마련이다. 외국채권자들은 먼저 미지급용선료 채권, 용선계약불이행을 이유로 손해배상채권을 회생채권으로 한국 법원에 신고를 한다. 관리인이 회생채권의 존부 및 범위에 관하여 이의하면, 회생채권의 존부와 범위에 관하여는 외국채권자들은 종전의 중재합의에 따라 영국의 중재절차에 의하여 확정하여야 한다고 주장하고, 회생회사는 한국내의 조사확정재판에 의하여야 한다고 다툰다. 회생회사의 관리인이 영국 법원에 한국의 회생절차의 승인과 영국에서 진행 중인 중재절차의 중지를 신청하면 영국 법원은 CBIR100)에 따라 한국의 회생절차가 모델법상의 주된 외국도산절차에 해당하고, 제20조 제1항에 따라 자동중지의 효력이 인정된다는 이유로101) 영국에서 진행 중인 중재절차의 중지를 명한다. 회생법원은 중재절차의 결과를 기다리기 위하여 회생채권조사확정재판의 기일을 추정하거나 또는 영국의 중재절차와 무관하게 조사확

---

96) Sara Nadeau-Seguin, "When Bankruptcy and Arbitration Meet: A Look at Recent ICC Practice," Dispute Resolution International (5) 1 (2011), 79, 濱田芳貴・富松由希子, 앞의 글, 27면에서 재인용. 이에 의하면 국제상업회의소(ICC)는 중재지의 도산법을 적용하는 사례가 많다고 한다.

97) 파산절차와 중재절차를 다룬 책으로는 Vesna Lazic, Insolvency Proceedings and Commercial Arbitration, Kluwer International (1998) 참조.

98) 서울중앙지방법원 2010. 10. 6.자 2010국지2 결정.

99) 이하의 내용은 林治龍, "국제도산사건의 실무상 문제," 파산법연구 제4권, 박영사(2015), 108면- 113면을 요약하고 일부를 추가한 것이다.

100) Cross-Border Insolvency Regulations 2006은 영국에, Cross-Border Insolvency Regulations 2007은 북아일랜드에 적용된다.

101) 영국의 국제도산법에 의하면 자동중지의 효력은 국내에만 미치고 해외에는 미치지 아니한다. 담보권자는 자동중지의 효력에 복속하지 아니하므로 한국도산절차가 승인되더라도 별도로 담보권 실행의 금지명령이 발하여지지 않는 한 여전히 영국에서 담보권을 실행할 수 있다.

정재판을 진행한다. 전자의 경우에는 영국의 중재판정 결과를 반영하여 회생채권조사 확정의 결정을 내린다.

3. 중지명령의 해제와 특별한 상황 이론

CBIR 제2조 제1항은 모델법이 CBIR에 첨부된 부속목록 1의 형태로 적용된다고 규정하고 있다. 부속목록 1은 모델법의 내용과 거의 같지만 일부 영국의 도산법의 내용을 준용하는 방식으로 되어 있다. 제20조는 주절차의 승인과 자동적인 구제명령에 관하여, 제21조는 그 외 구제명령으로서 외국도산절차의 대표자의 신청에 따라 개별 소송 및 집행행위의 중지, 재산양도의 중지, 외국도산대표자에 대한 영국 소재 재산에 관한 관리처분권의 설정명령을 규정하고 있다. 특히 제21조(g)에서 그 외 1986년 도산법 부속 목록 B1[102] 중 제43조에서 부여하는 구제명령을 포함하여 기타 부가적인 구제명령을 발령할 수 있다고 규정하고 있다.[103]

청산절차이건 관리명령절차하에 있는 회사에 대하여 도산절차 외에서 소송을 제기하기 위하여는 법원의 허가를 받아야 하는바, 법원의 허가는 특별한 상황(special circumstances)이 없으며 이루어지지 않고 있다. 예컨대, 채무자에게 가스를 공급하던 채권자가 채무자의 관리명령절차 개시가 계약의 조기 해제사유에 해당한다는 이유로 조기해제를 이유로 금원의 지급을 구하는 소송[104] 또는 회사의 근로자 37명이 1996년 고용법(Employments Rights)에 기하여 금원의 지급을 구하는 소송[105]에서 모두 금원을 지급하는 소송은 특별한 상황에 해당하지 않는다는 이유로 청구를 기각하였다.

그리하여 외국도산절차를 승인하고 중재절차의 중지를 명한 후 중재절차를 속행하고자 하는 경우에도 마찬가지로 법원의 허가를 받아야 하며 법원은 중재절차를 속행하는 것이 특별한 상황에 해당하느냐의 여부에 관한 기준에 의하여 금지명령의 해제 여부를 결정한다.

---

102) 부속목록 B1은 재건절차인 관리명령(administration)에 관하여 제1조부터 제116조까지 규정을 두고 있다.

103) 부속목록 B1 제43조는 관리명령절차에 있는 회사를 대상으로 한 규정으로서 관리명령하의 회사에 대하여 관리인(administrator)의 동의 또는 법원의 허가 없이는 회사 재산에 대한 담보권행사의 금지, 소송, 압류 기타 법적인 절차의 금지를 규정하고 있다.

104) AES Barry Ltd v. TXU Europe Trading Ltd [2005] 2 BCLC 22.

105) Unite the Union v Nortel Networks UK Ltd [2010] 2 BCLC 674.

4. 중재절차 금지명령의 해제 여부

먼저 법원이 특별한 상황에 속한다고 인정하는 예로서는 1930년 보험자에 대한 제3자 권리법(Third Paries (Rights Against Insurers) Act 1930)에 기하여 제3자에 대하여 제기하는 소송이다. 위 법 제1조에 의하면 피보험자가 제3자를 위하여 책임보험을 가입하고 피보험자에 대하여 파산절차가 개시되면 피보험자의 보험자에 대한 권리는 제3자에 대하여 양도되고 제3자가 보험자에 대하여 권리를 갖는다고 규정되어 있다. 제3자가 보험자에 대하여 권리를 행사하기 위해서는 전제조건으로 제3자가 피보험자를 상대로 하여 판결, 중재, 계약에 의하여 자신의 권리를 성립시켜야 한다. 그리하여 보통은 제3자가 1930년 제3자법에 기하여 파산절차가 개시된 채무자에 대한 소송을 제기하는 것이 예외적으로 허용된다는 것이 판례법이다.106)

그리하여 한국의 회생절차가 개시된 삼선로직스 사건에서 영국 법원은 일단 한국의 회생절차를 주된 절차로 승인하고 중재절차의 중지를 명하였다가 채권자들이 삼선로직스가 P&I club을 통하여 제공한 보증인수서(letters of undertaking(LOUs))의 집행을 위하여 삼선로직스를 상대로 한 중재절차속행의 신청을 허가하였다.

다른 사건에서 법원은 오스트리아에서 청산절차가 진행 중인 회사와 다른 다수의 피고들이 공동피고가 되고, 재보험계약에서 유래되는 당해 청구권이 당사자들 간에 서로 얽혀진 경우로서, 재판기일이 임박한 경우에는 특별한 상황에 있다고 보아 청산한 외국 회사를 상대로 한 소송의 제기를 허가한 바 있다.107)

그 외 수백 명의 원고가 영국내에서 청산 중인 회사를 포함하여 다수의 공동피고가 관련된 소송에서 법원은, 쟁점이 중복되며 만일 청산한 회사에 대한 소송금지가 계속되어 청산회사를 제외한 나머지 피고들만을 상대로 한 재판이 진행된다면 판결의 결과가 불일치할 사정이 있는 경우, 모든 쟁점이 상사법원에서 심리될 필요가 있다는 이유로 법원이 금지명령을 해제하였다.108)

STX해양조선 사건에서 영국법원은 회생채권조사확정재판의 실태에 관한 전문가의 증언에 터잡아 기존 영국소송이 상당한 정도로 진행 중이고, 영국법이 준거법인 경우 한국의 조사확정재판에 시간이 걸리고, 영국법원의 신속한 절차가 오히려 한국의

---

106) Re Back [1998] 1 BCLE 485 and Re Davies [1997] BPIR 619.
107) New Cap Reinsurance Corp. Ltd v HIH Casualty and General Insurance Ltd [2002] 2 BCLC 228.
108) Bourne v Charit-Email Technology Partnership LLP [2010] 1 BCLC 210.

회생절차에 도움이 될 수 있음을 이유로 중지해제신청을 허가하였다(Ronelp Marine v STX Offshore & Shipbuilding Co Ltd [2016] EWHC 2228 (Ch)).

중재와 도산에 관한 실무의 주류는 중재절차가 회생기업과 특정 채권자만이 관여하고 중재판정의 내용이 양자의 권리관계에 한정하여 영향을 미치는 사안의 경우에는 외국의 도산절차를 존중하여 중재절차의 중지명령을 발하고 이를 그대로 유지하는 경향이 있다. 그러나 중재절차에 제3자가 관여하게 되거나 또는 중재판정의 결과에 따라 영국내의 제3자(보통의 P&I Club)의 법률관계에 영향을 미치게 되고 영국 내에서 권리구제가 가능하다고 판단되는 경우에는 중재절차의 중지명령을 취소하고 속행을 명하고 있다.109)

5. 중재인 선임절차와 외국도산절차

영국 법원은 최근 판결110)을 통하여 일본 해운회사(三光汽船)에 대하여 일본에서 회사갱생절차가 개시된 후 영국에서 중재절차가 중지되었더라도 만일 준거법이 영국법이라면 계약이 정한 바에 따라 최종 하역일로부터 12개월 이내에 중재인을 선임하여야 함에도 불구하고 貨主(Glencore)가 중재인을 선임하지 아니하였으므로 Glencore는 영국에서 실시된 선박 경매대금에 대하여 권리를 주장할 수 없다고 판시하였다.

三光汽船에 대하여 일본에서 회사갱생절차가 개시되어 Glencore는 운송계약상의 채권을 갱생채권 등으로 신고하였다. 영국 법원은 회사갱생절차를 주절차로 승인하였다. 주절차로 승인되면 중재절차도 중지되는 효과를 갖는다. 법원은 Glencore가 회사갱생절차에서 어떠한 권리를 인정받는가 하는 점은 일본법에 의하지만 영국의 CBIR 제20조 제4항은 승인에 따른 자동중지의 효과가 채권자의 권리를 보호하는 데 필요한 경우 절차를 개시할 권리에 영향을 미치지 아니한다고 규정하고 있으므로 Glencore가 중재절차를 개시할 수 있었음에도 이를 하지 아니하였으므로 계약상의 권리는 소멸한 것이라고 판단하였다. 나아가 영국에서 실시된 선박의 경락절차에서 다른 채권자에게 배당하고 남은 금액은 Glencore에게 지급할 것이 아니라 외국관리인에게 지급하여야 하고 다만 관리인은 일본 법원의 재판이 있을 때까지 이를 별도의 계좌에 보관할 것을 명하였다.

---

109) 대표적인 판례로는 Cosco Bulk Carrier Co. Ltd v Armada Shipping SA [2011] EWHC 219 (Ch)이다. 판례의 내용에 대하여는 林治龍, 파산법연구 제4권 박영사(2015), 112-115면 참조.
110) Bank of Tokyo-Mitshbishi UFJ Ltd v Owners of the MV Sanko Mineral [2014] EWHC 3927.

Ⅵ. 외국관리인의 국내재산에 관한 관리처분권한

1. 채무자회생법 시행 이전의 논의

채무자회생법이 제정되기 전에 국내에 소재한 재산의 소유자에 대하여 미국에서 파산절차가 개시된 사건(이른바 구찌 사건)에서 대법원[111]은 외국파산절차의 관재인이 한국내 재산(등록된 상표권)에 대한 관리처분권이 있음을 인정하여 관재인이 원고가 되어 한국기업을 피고로 삼아 상표권에 기하여 손해배상청구소송을 제기할 권한을 인정하였다.[112] 당시는 파산법이 속지주의를 취하고 있었으므로 파산법 제3조 제2항은 외국에서 개시된 파산절차는 국내에 소재한 파산자의 재산에 대하여 미치지 않는 것이 원칙이었다. 대법원은 그 의미를 구분하여 외국파산절차의 본래적 효력과 관리처분권 이전의 효력을 구분하여 전자만 속지주의의 제한을 받고 후자는 미치지 않는 것으로 보았다. 즉 외국에서 파산선고가 내려진 사실 또는 그에 따라 파산관재인이 선임되었다는 사실 자체를 무시한다거나, 그 선고의 결과 파산선고를 한 해당 국가에서 선임된 파산관재인이 그 국가의 법률에 따라 한국 내에 있는 파산자의 재산에 대한 관리처분권을 취득하는 것까지 부정하는 것은 아니라고 판시하였다.

2. 채무자회생법 시행 이후의 논의

채무자회생법은 국제도산관리인 제도를 두어 외국채무자의 국내에 소재하는 재산에 관하여 외국관재인이 이를 처분하려면 승인결정과 그에 이은 지원결정으로서 국제도산관리인으로 선임되도록 변경하였다. 따라서 구찌판결은 더 이상 유지될 수 없다.[113] 채무자회생법의 모법이라 할 수 있는 일본의 승인원조법하에서도 같은 해석론이 통설이다. 그러나 채무자회생법 시행 이후에도 학설 가운데는 여전히 구찌판결의 법리에 따라 승인결정 없이도 국내재산에 대한 관리처분권이 외국관재인에게 귀속된다는 주장이 있다.[114]

---

111) 대법원 2003. 4. 25. 선고 2000다64359 판결(공 2003, 1242).

112) 이 판결에 대한 해설 및 평석으로는 石光現, "미국 파산법원의 재판의 효력과 破産法의 屬地主義," 國際私法과 國際訴訟 제4권 博英社(2007), 363-396면. 권택수 "파산법 제3조 제2항 소정의 '외국에서 선고한 파산은 한국 내에 있는 재산에 대하여는 그 효력이 없다'는 규정의 의미," 대법원판례해설 45호(2003 상반기)(2004), 480-485면.

113) 同旨, 石光現, 국제민사소송법, 박영사(2012), 466면.

114) 제강호·이제한, "외국회사의 파산관련 제문제," BFL 제42호, 서울대학교 금융법센터(2010. 7), 44-45면.

3. 아르텍 사건

최근 이 점을 분명히 하여 구찌 판결이 더 이상 유지될 수 없으며 나아가 외국파산절차의 파산관재인이 한국 내에 소재하는 재산을 외국에서 처분한 경우에도 채무자회생법의 국제도산편이 적용되어야 함을 분명히 한 하급심 판결[115]이 있어 이를 소개한다.

[사실관계]

덴마크 법인인 아르텍은 2007년 한국법인 S와 구스타프 클림트의 작품을 한국에서 전시하는 계약을 체결하였다. 계약에 의하면 아르텍은 작품 전시를 제공하고 S는 비용을 아르텍에게 송금한다. 피고 문화에이치디는 S의 지위를 이전받고 아르텍과 수정계약을 체결하였으며 피고 동아일보사와 공동사업약정을 체결하였다. 전시회가 시작되었음에도 불구하고 피고 문화에이치디가 약속한 금원을 일부 지급하지 못하였다. 아르텍은 2010. 덴마크 법원에서 파산선고를 받고 파산관재인으로 M이 선임되었다. 원고들은 덴마크 및 오스트리아법에 의하여 설립된 법인으로서 파산관재인으로부터 이 사건 기획약정계약에 기한 권리를 양도받았으며 양도통지가 피고들에게 도달하였다. 원고들은 한국 법원에 피고들을 상대로 채권양수인의 지위에서 아르텍이 피고들에게 갖는 채권의 지급을 구하는 소송을 제기하였다. 소송 도중 파산관재인의 채권양도의 효력이 문제되자 원고들은 다시 파산관재인이 아니라 아르텍으로부터 채권을 양도받고 통지절차를 마쳤다.

피고들은 한국에 소재한 파산자의 한국 소재 재산에 대하여 관리처분권한을 가지려면 대한민국 법원의 승인결정 및 국제도산관리인으로 선임지정을 받아야 하고 파산관재인은 국내 재산에 대하여 관리처분권한을 갖지 못하므로 이 사건 파산관재인에 의한 채권양도는 관리처분권한이 없는 자에 의한 채권양도로 무효이고, 덴마크 파산법에 의하면 파산관재인이 파산재단에 속하는 재산에 대한 관리처분권을 갖고 아르텍의 대표이사는 권한이 없으므로 아르텍의 파산선고 후 파산관재인이 선임되었음에도 불구하고 아르텍의 대표이사가 원고들에게 채권양도를 한 것 역시 권한이 없다고 다투었다.

---

115) 서울고등법원 2014. 7. 25. 선고 2012나77541, 77558 판결(미상고 확정).

[판결요지]

덴마크 파산법은 보편주의를 취하고 있으므로 파산관재인이 외국에 소재하는 아르텍의 재산에 대한 처분권한을 갖는다. 피고들이 대한민국에 본점을 두고 있으므로 이 사건 채권은 대한민국에 소재하는 재산이다. 덴마크법상 파산관재인이 이 사건 채권에 대하여 처분권한을 갖는다 하더라도 채무자회생법의 해석상 덴마크 파산관재인이 대한민국 내 재산을 처분하기 위하여는 한국 법원으로부터 승인결정 및 지원결정을 받아야 하는데 이러한 결정을 받지 아니하였으므로 파산관재인이 이 사건 채권을 원고들에게 양도한 것은 대한민국에서 효력을 인정할 수 없다. 구 파산법은 속지주의를 취하였으나 채무자회생법은 승인결정제도를 도입하였으므로 구 파산법하에 인정되던 민사소송법에 다른 외국판결의 승인제도를 통하여 외국파산절차의 국내에서의 효력을 인정하는 법리를 입법적으로 폐기하였다.

외국파산절차의 승인이 있다 하더라도 외국 파산절차의 파산관재인이 당연히 대한민국 내 재산의 관리처분권을 취득하는 것은 아니고 법원으로부터 국제도산관리인으로 선임되어야만 대한민국 내 재산의 관리처분권을 얻게 된다. 이러한 채무자회생법의 태도는 구 파산법하에서의 민사소송법상 외국판결의 자동승인 제도를 이용하여 외국파산절차의 효력 일부를 인정하는 것보다 더 엄격한 입장을 취한 것이다.

원고들은 채무자회생법의 국제도산법의 관련 규정은 대한민국 내에서 채무자의 재산을 처분할 경우에 한하여 적용되고 이 사건과 같이 외국파산관재인이 외국에서 대한민국내 재산을 처분할 경우에는 적용이 없다고 주장하지만, 외국파산관재인이 외국에서 대한민국 내 재산을 처분하였다고 하더라고 그와 같은 효력을 국내에서 인정할 것인지의 여부는 채무자회생법이 적용되므로 원고들의 주장은 받아들이지 아니한다. 만일 이와 달리본다면 외국파산절차의 파산관재인은 아무런 제약 없이 외국에서 대한민국 내 재산을 처분하게 되어 대한민국 내 채권자는 채무자의 재산에 대하여 강제집행을 할 수 없게 되는 등 외국법원의 파산절차의 효력을 그대로 우리나라에 인정되는 결과가 되어 채무자회생법의 입법취지가 무의미하게 된다.

다음으로 아르텍의 채권양도의 효력에 관하여 보건대, 대한민국 내에서 덴마크의 승인결정을 받지 못한 이상 아르텍의 대한민국 내 재산에 대하여는 여전히 아르텍이 관리처분권한을 가진다고 할 것이다. 피고들은 대표자의 대표권한 등은 설립준거법인 덴마크 법에 따라 판단하여야 하는데 아르텍이 덴마크에서 파산선고를 받았으므로 종전 대표자는 아르텍을 대표할 권한이 없다고 주장한다. 그러나 파산관재인의 관리처분권한은 국제민사소송법상의 법인의 속인법에 따를 것이 아니라 파산에 따른 효과로

볼 것인데 국제사법은 국제도산에 관한 아무런 규정을 두지 않고 대신 채무자회생법
이 국제도산에 관한 특별규정을 두어 승인제도를 두고 있으므로 외국파산절차의 개시
로 인하여 파산자의 대한민국 내 재산에 대한 관리처분권을 누가 갖는지의 문제는 법
인의 속인법 적용의 문제가 아니라 채무자회생법의 문제로 보아야 한다.

4. 아르텍 사건에 대한 寸評

파산법은 가능하면 실체법의 법리를 따라야 하지만 파산제도의 독자적인 목적의
관점에서 실체법과 다른 규정을 두는 경우가 있다. 미이행쌍무계약의 경우 파산관재인
에게 계약의 해제 또는 이행의 선택권한을 주거나 파산관재인에게 광범위한 부인의
권한을 주고, 상계적상을 확대하기도 하고(파산절차에서 상계적상의 확대이론), 상계적상
의 시기를 제한하기도 한다(상계금지제도).

마찬가지로 국제사법에 있어서 준거법의 결정에 있어서도 국제사법의 준거법 원
칙을 수용하면서도 파산법 자체의 목적을 고려하여 준거법을 독자적으로 결정하는 경
우도 있다. 양자의 긴장관계를 어떻게 설정할 것인지는 국제사법학에서도 매우 어려운
문제이다. 대상 판결은 외국도산절차의 국내적 효력에 관련하여 국제사법과 국제도산
법이 충돌하는 문제에 관하여 심도 있는 분석을 하고 합리적인 이유를 설시하였다는
점에서 필자는 판결 이유에 찬성한다.

VII. 한국 도산절차의 외국에서의 승인

1. 미국에서의 승인

한국의 온세통신에 대한 회사정리절차는 미국 파산법 제15장이 신설되기 이전에
구 연방파산법 제307조의 보조절차를 통하여 승인되었으며,[116) 인천지방법원의 대우
자동차에 대한 회사정리절차에서 인가된 정리계획안에 대하여 예양에 터잡아 미국 법
원에 의하여 승인된 바 있다.[117) 제15장이 신설된 이후에도 최근 대보인터내셔날 사건
을 포함하여 제15장에 기하여 승인결정과 그에 따른 구제명령을 받고 있다. 제15장은
모델법을 충실하게 반영한 입법으로서 §1520(a)에 기하여 주절차를 승인하면 승인과
동시에 자동적으로 3가지 점에 대하여 중지의 효과가 발생한다. 첫째, 채무자와 채무
자의 미국내 소재 재산에 대한 자동중지효과,[118) 둘째, 법원의 허가 없는 한 재산이전

---

116) In re Kyu-Byung Hwang, 309 B.R. 842 (Bankr.S.D.N.Y. 2004).
117) Daewoo Motor America, Inc. v. General Motors Corp., et al., 46 BCD 255 (11th Cir. 2006).

금지의 효과,[119] 셋째, 미국의 관재인과 같이 §363, §549 및 §552에 기하여 외국대표
자가 미국 내 소재하는 재산에 관하여 채무자의 사업을 계속하는 권한, 개시후 처분행
위에 대한 부인권, 개시 후 담보권 설정의 무효권한이 부여되는 효과가 발생한다. 제
15장 사건의 경우 중재절차의 중지가 자동중지에 포함되므로 구제명령에 의하여 중재
절차를 중지시킬 수 있다.[120]

승인명령에 기한 자동적 중지의 효과로 채무자 회사 소유의 미국 소재 재산에 대
한 강제집행의 중지효력이 한국의 회생절차종결 이후에도 존속하는지 여부에 대하여
원칙으로는 존속하지만 미국 채권자가 중지명령의 해제를 신청하면 채무자는 여전히
중지명령이 필요하다는 이유를 증명하여야 한다는 점에 유의할 필요가 있다.[121] 아울
러 법인격부인의 법리가 원래 미국에서 발전된 것이고 한국보다 그 적용범위가 넓다
는 점에서 비록 제3자(리스회사) 명의로 선박등기가 되어 있다고 하더라도 선박을 실제
로 운영하는 해운회사에 대한 채권을 이유로 미국에서 선박이 압류된 사례도 있다.[122]

2. 영국에서의 승인

영국의 국제도산규정인 CBIR이 제정된 후 첫 번째 승인사건이 삼선로직스 사건
이었으며 그 후 대한해운, 팬오션 등에서 신속하게 승인결정과 구제명령을 받고 있다.
구제명령에는 중재절차의 중지가 포함되어 있다. 승인결정 후 영국법정에서 다투어지
는 쟁점은 중지된 런던 중재절차의 속행 여부에 관한 것이고 최근 팬오션 사건에서 미
이행쌍무계약의 효력에 관하여 다루어졌다. 실무상으로는 제20조에 기한 주절차 승인
에 의하여 자동적인 효력이 미치는 것과 재량적인 구제명령에 관한 제21조에 기한 구

---

118) §361에 기하여 채권자의 권리를 보호하기 위한 적절한 보호에 관한 조항이 적용되므로 담보채권
자는 적절한 보호가 결여되었음을 이유로 §361에 기하여 자동중지의 해제를 구할 권리가 있다.
119) 승인재판 후에 예금, 수표 등과 같은 현금등가물에 대한 담보물의 처분 제한, 재산의 매각제한에
관한 §363, 파산신청 후 재산의 이전금지에 관한 §549 및 담보설정의 금지에 관한 §552의 규정
이 적용된다.
120) 필자의 질문에 대한 미국의 Holland & Knight의 Warren Gluck(파산전문 변호사)의 답변으로서
근거 규정은 자동중지에 관한 §362로서 다툼없는 견해라고 한다. 2006년 파산법 개정 전 제15장
의 전신인 §304조(보조절차)에 관하여 중재절차의 중지를 명한 사례로는 Vesta Fire Insurance
Co. v. New Cap Reinsurance Co., 244 B.R. 209 (S.D.N.Y. 2000). 호주의 관리절차를 승인하면
서 미국 내의 중재절차의 중지를 명하였다.
121) In re Daewoo Logistics Corporation, (Bankr. S.D.N.Y. 2011). 승인결정 후 발령된 중지명령이
취소되었다.
122) Richardson Stevedoring & Logistics Services, Inc. v. Daebo Int'l. Shipping Co. Ltd. and
Shinhan Capital Co. Ltd., Case. No. 2:15-cv-494. Eastern District of Louisiana의 미공간 결
정이다.

제명령이 같은 결정문에 의하여 여러 가지의 구제명령이 기재되고 있다.

3. 중국의 승인제도

2007년 시행되는 중국의 기업파산법 제5조는 인민법원은 중국이 체결하였거나 가입한 국제조약 또는 호혜의 원칙에 따라 심사를 진행하여 외국도산절차의 승인과 집행을 결정한다고 규정하고 있다.

필자가 알고 있는 승인 사례로는 중국이 이탈리아와 사법협정조약을 체결하여 밀라노 법원의 1997년 파산선고결정을 승인한 것뿐이다. 서울지방법원 1999. 11. 5. 선고 99가합26523 판결은 중국 산동성 웨이팡시 중급인민법원판결을 승인하였다. 그러나 광동성 심천시 중급인민법원은 2011. 9. 30. 서울서부지방법원 판결에 대하여 한중 간에 관련 조약이 없어 호혜관계가 없다는 이유로 승인을 거절하였다. 일본과 중국 간에도 상호보증이 없다는 견해가 유력하다고 한다.[123] 그리하여 한국과 중국은 조약도 없고 상호보증도 인정되지 아니하므로 한국의 판결뿐 아니라 회생절차가 중국에서 승인되지 않고 있는 것이 현실이다. 중국 기업파산법에서 정한 호혜의 원칙이 무엇인지에 관하여 아직 법규정의 불명확성으로 인하여 외국도산절차의 승인에 실무에 어려움이 있음을 중국 판사 스스로 자인하고 있다.[124] 외국도산절차가 승인되기 위한 호혜의 원칙이라 함은 도산절차간의 승인을 말하며 중국의 민사판결이 외국에서 승인되었다는 것만으로는 호혜원칙이 충족된 것이 아니라고 한다.[125] 모델법이나 한국, 미국, 일본, 영국 등의 국제도산법제가 외국도산절차를 승인함에 있어 상호보증을 요구하지 않고 있음에 비하면 국제도산절차에서 호혜성 즉 상호보증을 요구하는 중국의 기업파산법은 아직 보수적이다.

Ⅷ. 맺음말

해운회사의 도산은 국제도산법의 핵심이다. 해운회사는 고가의 선박을 운행함으로써 영업수익을 창출하게 되므로 해운회사가 회생절차에 들어가게 되면 이해관계를 달리하는 국내외의 채권자들이 이익이 충돌한다. 또한 선박이 여러 나라에 기항하게

---

123) 石光現, "한중 사법공조의 실천현황과 개선방안," 국제거래법연구 제23집 제2호(2014), 341면.
124) 야오밍(姚明), "중국의 섭외파산 승인제도의 보완에 관한 건의," 도산법연구 제2권 제1호(2011), 225면. 저자는 북경시 제1중급인민법원 판사이다. 아직 구체적인 규범 근거가 없으므로 승인 실무도 존재하지 아니한다고 한다. 단 호혜의 원칙을 신중하게 고려한다고 한다.
125) 필자가 홍콩 소재 미국 로펌의 변호사에게 확인한 내용이다.

되므로 국제파산법의 쟁점이 발생하게 마련이다. 해상법, 국제사법, 국제금융법, 국제파산법을 제대로 이해하지 못하면 올바른 해결을 주기 어렵다. 한국에서도 4번의 국제도산승인사건이 있었고 그중 4번째의 사건이 일본의 三光气船의 회사갱생절차에 관한 것이다.

외국과의 거래가 일상화된 21세기에서 국제도산의 중요성은 국내 도산실무에서도 점점 커지고 있다. 그럼에도 불구하고 동일한 쟁점에 대한 외국에서의 논의와 비교하면 아직 가야 할 길이 멀다. 해법학회, 국제사법학회에서도 활발한 연구를 기대하며 글을 마친다.

[해운회사의 회생절차 개시와 국제사법의 주요 쟁점, 국제사법연구 제22권
제2호(2016) 480-481면 소재]

이 글이 발표된 후 2019. 3. 25. 중국 산동성 청도시 중급인민법원은 수원지방법원 2017. 7. 20. 선고 2017가단15740 판결의 승인 및 집행을 허용하였다. 또한 정병석, "해운기업의 도산과 관련된 법률문제," 법학평론 제9권 박영사(2019), 115-158면은 해상법실무가의 입장에서 한진해운의 회생절차에 관하여 쓴 글로서 이 글에서 반영하였다.

8. 回生節次 重要 判例 解說[*]

Ⅰ. 머리말

채무자 회생 및 파산에 관한 법률(이하 '채무자회생법'이라 약칭한다)이 2006. 4. 1. 시행된 때로부터 거의 9년이 되어간다. 회사정리법과 비교하여 채무자회생법의 가장 큰 특징은 다음과 같다. 첫째, 주식회사뿐 아니라 다른 모든 법인격체에 대하여 과거 회사정리법이 부여한 재건절차를 이용할 수 있도록 하였다. 둘째, 包括的禁止命令 제도를 도입하고, 회생절차의 개시요건을 완화하고, 각종 처리기한을 법정함으로써 절차의 신속화를 도모하였다. 셋째, 원칙적으로 기존경영자를 관리인으로 선임하도록 하여 조기신청을 유도하였다. 넷째, 공익채권으로 취급되는 조세채권의 범위를 줄이고, 징수의 우선순위를 기준으로 조세채권을 제외한 공과금 채권의 절차상의 우대 범위를 좁혔다.[1]

이러한 개정에 힘입어 채무자회생법 시행 전인 2005년 회사정리 사건은 22건에 불과하였는데 2013년 제2편 회생절차 중 법인에 대한 회생 사건이 835건, 개인에 대한 회생사건이 829건에 달하였다. 개인파산 사건의 경우 아시아 금융위기를 겪을 당시 1998년 467건이었으나, 2013년 개인파산사건이 56,983건으로 급증하였다. 특히 2015년에도 불경기의 장기화에 따라 기업들의 선제적 구조조정이 화두가 될 것이고 도산

---

[*] 초고를 읽고 의견을 주신 김희중 재판연구관님, 정성언 변호사님께 감사드린다. 필자가 2015년 민사실무연구회에서 발표할 당시 지정토론자로 질의를 하신 고홍석, 이수열 부장판사님 덕분에 오류를 줄일 수 있었다. 네 분께 감사드린다.

[1] 중지명령과 계획의 감면에 있어 의견청취 등 채무자회생법(이하 별도의 법률 명칭을 표시하지 아니하는 한 채무자회생법의 조문을 지칭한다) 제40조, 제58조, 제140조.

사건의 신청은 증가세로 예상된다.[2] 참고로 한국의 회사정리와 회생사건의 추이 및 일본의 회사갱생사건의 추이는 다음의 〈표〉와 같다.

〈회사정리/회생사건 및 회생갱생 신청 건수〉[3]

연도	2000	2001	2002	2003	2004	2005	2006	2007	2008	2009
한국	32	31	28	38	35	22	117	215	582	1,192
일본	25	47	88	63	45	44	14	19	34	36

1997년 금융위기 이전의 도산사건은 비교적 단순한 편이었으나 도산기업의 규모 확대, 금융기법의 복잡화, 해외투자자의 직접투자와 국내기업의 해외진출 증가에 따라 도산사건의 쟁점도 복잡해졌다. 그동안 도산제도에 관한 사회 각 분야의 관심이 고조되어 企業構造調整促進法의 상시화와 중소기업을 위한 신속한 회생절차의 도입 등을 둘러싼 논의가 활발하여지면서 도산법에 관한 중요성이 어느 때보다 강조되고 있다.

이 글에서 필자는 회생절차의 신청부터 종결의 순서에 따라 발생하는 중요 쟁점에 대한 채무자회생법 시행 후에 선고된 중요 대법원 판례를 소개하고 그에 대한 필자의 소견을 제시한다. 아래의 판결 중 상당수는 회사정리법에서는 다루지 않았던 새로운 쟁점들이 많이 포함되어 있다. 회생절차의 신청과 개시효과(Ⅱ), 부인권(Ⅲ), 회생채권, 회생담보권, 공익채권 및 채권조사절차(Ⅳ), 회생계획안 및 절차종료(Ⅴ), 기타(Ⅵ), 맺음말(Ⅶ)의 순으로 서술한다.

---

2) 채무자회생법의 제정은 한국의 도산법제가 일본의 영향에서 벗어나게 되었다는 점에서 큰 의미가 있다. 일본은 도산5법(破産法, 民事再生法, 會社更生法, 상법상의 特別淸算, 外國倒産節次의 承認援助에 관한 法律)의 체제를 갖추고 있고 담보권자의 권리행사가 제한되는 경우는 주식회사의 갱생절차로 한정하고 있다. 이에 반하여 채무자회생법은 기존의 도산3법(파산법, 화의법, 회사정리법)을 하나로 합치고 국제파산법제와 개인채무자회생제도까지 포함시킴으로써 명실상부한 단일파산법이 되었다.

3) 2005년까지는 회사정리사건, 그 이후는 회생사건의 통계이다. 일본의 통계는 東京地裁會社更生實務研究會, 會社更生, 金融財政事情研究會(2011), 26면.

Ⅱ. 回生節次의 申請과 開始效果

1. 회생신청과 약정해제사유

[대상판결]: 대법원 2011. 2. 10. 선고 2009다68941 판결(공 2011, 554)

[사실관계]

2004. 6. 30. 원고(파산자 대한종금의 파산관재인)는 대동주택과 그 계열회사인 대동, 대동건설 등(이하 3개의 회사를 총칭하여 대동주택 등이라 한다)이 대한종금에 대하여 부담하는 주채무 및 연대채무를 일부 감경해 주는 내용의 채무변제약정을 체결하였다. 피고(피고 1, 2는 사주인 개인이고 피고 3은 계열회사이다)들은 대동주택 계열사의 경영진 내지 대주주로서 대동주택 등의 채무를 보증하였다. 약정서 제7조에 의하면 '본 약정에 따라 채무가 이행된 경우 대동주택 등의 대한종금에 대한 채무는 소멸된다'고 규정하였고, 제6조 제2항에 의하면 '대동주택 등의 신용상태에 중대한 변동(회사정리의 신청, 청산결의, 파산의 신청 등 기타 이에 준하는 경우)이 발생하는 경우 파산자 대한종금은 대동주택 등의 동의 없이 약정을 파기할 수 있으며, 약정파기시 채권채무도 본 계약 체결 전 상태로 원상회복된다'고 규정하였다.

2009. 1. 29. 대동주택이 회생절차 개시신청

2009. 2. 23. 원고가 회생절차 개시신청을 이유로 약정을 해제 통보함

원심은 다음의 이유를 들어 원고의 청구를 기각하였다. ① 대동주택이 전체 채무를 성실히 변제하여 남은 채무가 13%에 불과한 점, ② 대동주택에 대한 회생계획에 따라 원고의 채무가 감액되더라도 연대보증한 개인 보증인들에 대하여 남은 채무 전액에 관하여 보증책임을 구할 수 있는 점, ③ 87%의 채권이 회수된 상태에서 회생신청을 하였다고 하여 신용상태에 중대한 변화가 있다고 보기 어려운 점, ④ 원고의 해제가 대동계열사의 경영진 내지 대주주인 피고들에 대하여 변제약정 이전의 채무액에 대한 개인보증책임을 묻기 위한 것으로 보이는 점. 대법원은 원심판결을 파기하였다.

[판결요지]

① 대동주택이 2007년까지 분할상환하였으나 2008년 이후 지급을 연체하다가 2009년 회생신청으로 분할상환금을 이행기 내에 지급하는 것이 불가능하게 되었으므로 신용상태에 중대한 변경이 발생하였다. ② 잔존 채무가 약 13억 원 상당에 달하는

바, 약정해제권 행사가 부당하다고 할 정도의 소액 또는 명목상의 금액에 불과하다고 보기 어렵다. ③ 약정서 제6조는 대동주택의 경영정상화를 위하여 이미 화의절차에서 조정된 채무액을 다시 약정서를 통하여 재감경하여 주되, 대동주택의 신용악화로 감경된 채권조차 전액 회수하지 못하게 될 위험에 대비하여 작성된 것인데, 약정해제권을 행사하지 못하면 감경된 채권액으로 대동주택의 회생절차에 참가할 수밖에 없어 대동주택에 대한 채권을 감경하여 주지 아니한 다른 화의채권자에 비하여 오히려 불리한 입장에 처하게 되는 점, ④ 원고가 개인보증인인 피고 1, 2에 대하여 잔여 채권에 관한 보증책임을 추궁하는 것은 위 피고들이 처음부터 대동주택의 채무에 관하여 연대보증인으로 입보하였고, 회생절차에는 보증채무의 부종성이 적용되지 아니하기 때문인 점, ⑤ 원고가 피고들에게 약정해제권을 행사하지 않을 것이라는 신의를 공여하였다고 볼 만한 사정도 없는 점 등을 고려하면 원고가 약정해제권을 행사한 것이 신의성실의 원칙에 반하는 권리의 행사라고 볼 수는 없다.

[해설]

금융거래, 리스거래 등에 관한 계약서에서 회생신청을 이유로 계약의 해지, 변제기한의 이익상실 등을 두는 경우가 흔하다. 그중 회생신청을 이유로 계약을 자동해제하기로 하거나 채권자에게 해제권을 부여하는 조항을 흔히 도산해제조항이라 한다.

지금까지의 실무를 보면 금융기관이 기업에 제공한 대여금의 변제기한이 아직 도래하지 아니하였음에도 불구하고 채무자의 회생신청을 이유로 자동채권의 변제기가 도래한 것으로 취급하고, 예금반환채무인 수동채권의 변제기의 기한 이익을 스스로 포기하여 상계를 하는 것은 적법한 것으로 취급하고 있다. 미국의 경우 상계권자를 담보권자로 취급하고 상계권의 행사도 자동중지의 대상으로 삼고 있는 점, 회생절차에서 상계권의 시기적 제한을 둔 취지와 채무자의 재건을 도모한다는 회생절차의 취지에 비추어 회생신청을 이유로 기한이익상실조항에 대하여도 효력을 부정하는 견해가 일본에서 유력하게 주장되고 있다.[4]

다음으로 채무자의 도산신청 사실을 상대방이 행사하는 계약해제 사유로 삼을 수 있는지에 관하여 대법원 2007. 9. 6. 선고 2005다38236 판결은 도산해제조항 자체의 효력을 부정하기는 어렵다고 하면서도 미이행쌍무계약의 경우에는 그 조항 때문에 관

---

4) 伊藤眞, 會社更生法, 有斐閣(2012), 73면. 이를 허용하게 되면 무담보권자에게는 상계적상을 창출하게 되고, 기한 미도래의 담보권자에게는 담보권실행마저 가능하게 함으로써 회생절차의 목적에 반한다는 점을 이유로 삼고 있다.

리인의 이행선택권이 침해될 수 있으므로 그 효력을 부정할 여지가 있다는 다소 모호한 입장을 밝혔다.[5] 학설 역시 대법원 판결의 효력이 미치는 사정거리는 당해 사건에서 문제된 합작투자계약의 경우에 한하고 그 이외의 계약에서는 무효가 될 가능성이 있다는 입장[6]과 법경제학적인 입장에서 사후적 비효율과 사전적인 유인을 고려하여 개별적으로 유·무효를 판단하여야 한다는 입장,[7] 원칙적으로 도산해지조항의 효력을 부정하는 입장으로 나뉘어져 있다.[8]

이 사건의 경우에도 원심이나 대법원 공히 회생신청 사실 자체가 약정서의 계약해지사유에 해당한다고 쉽게 판단하지 않고 회생절차의 취지에 비추어 약정해제권을 행사하는 것이 신의성실의 원칙에 비추어 제한될 수 있는지 여부에 대하여 심리하였다. 그러나 단순히 파산신청을 한 경우에는 신용상태에 중대한 변경이 발생하였다고 인정하기 쉽고 파산절차는 청산의 목적으로 한다는 점에서 파산신청을 이유로 한 약정해제권의 행사는 무난할 것으로 추측을 해본다.

2. 회생절차의 신청권자

[대상결정]: 대법원 2014. 4. 29.자 2014마244 결정(공 2014, 1089)

[사실관계]

신청인들은 한국일보사로부터 임금, 퇴직금 등을 지급받지 못한 현직 및 퇴직종업원들로서 미지급 임금총액이 회사자본의 1/10 이상에 해당하는 채권자들이다. 상대방인 채무자 회사의 주주들은 신청인들의 채권이 채무자회생법 제179조 제10호에 해당하는 공익채권인바, 공익채권자는 회생신청을 할 수 있는 신청자격을 갖지 않는다고 다투었다. 서울중앙지방법원은 2013. 9. 6.자 2013회합142 결정에서 주주들의 주장을

---

5) 대법원 판결 선고 후에도 현재 서울중앙지방법원 파산부의 실무는 미이행 쌍무계약과 관련하여 도산해제조항의 효력을 부정하고 있다. 서울중앙지방법원 2009. 1. 11.자 2009회확562 결정은 회생절차 개시 후 관리인이 이행 또는 해지의 선택에 이르기까지 용선료를 미지급한 것이 준거법인 영국법상 이행거절에 해당한다고 하더라도 영국법에 기하여 관리인의 계약불이행을 이유로 계약을 해제하는 것은 채무자회생법상 관리인의 미이행쌍무계약의 해지 또는 이행선택권을 침해하는 것으로서 허용되지 아니한다고 판시하였다. 서울중앙지방법원 2013. 7. 17.자 2012회확1735 결정은 그 근거로 쌍무계약에 관한 선택에 관한 제119조의 취지와 회생절차를 신청하였다는 사정만으로 불이익한 처우를 금지하는 제32조의2의 취지를 들고 있다.
6) 김재형, "2007년 민법 판례동향," 민법론 Ⅳ, 博英社(2011), 428면.
7) 김성용, "도산조항의 효력," 사법 제4호(2008), 224면.
8) 오수근, "도산실효조항의 유효성," 판례실무연구 Ⅸ, 博英社(2010), 449면; 김영주, "계약상 도산해제조항의 효력," 선진상사법률 제64호(2013), 118면.

물리치고 채무자에 대한 회생절차를 개시하였다. 주주들이 항고하였으나 항고가 기각되었으며 재항고를 하였으나 대법원이 재항고를 기각하였다.

[결정요지]

채무자회생법 제34조 제2항 제1호 가목은 '주식회사인 채무자에 대하여 자본의 1/10 이상에 해당하는 채권을 가진 채권자는 회생절차 개시의 신청을 할 수 있다'고 규정할 뿐, 여기에 다른 제한을 두고 있지 않다.[9] 한편, 임금 · 퇴직금 등의 채권자에게도 채무자에게 파산의 원인인 사실이 생길 염려가 있는 경우에는 회생절차를 통하여 채무자 또는 그 사업의 효율적인 회생을 도모할 이익이 있고, 개별적인 강제집행절차 대신 회생절차를 이용하는 것이 비용과 시간 면에서 효과적일 수 있다. 따라서 주식회사인 채무자에 대한 임금 · 퇴직금 등의 채권자도 법 제34조 제2항 제1호 가목에서 정한 요건을 갖춘 이상 회생절차 개시의 신청을 할 수 있다고 할 것이고, 이는 그 임금 등 채권이 회생절차에 의하지 아니하고 수시로 변제하여야 하는 공익채권이라고 하여 달리 볼 수 없다.

[해설]

대상결정은 임금채권자가 회생신청을 할 수 있음을 처음으로 인정한 판결이다. 아직까지 이 문제에 대하여는 일본에서도 선례가 없었다. 대상결정의 의미를 이해하려면 회생절차와 파산절차의 신청원인 및 신청권자에 관한 기존의 논의를 살펴보는 것이 필요하다.

가. 회생절차와 파산절차는 신청원인, 신청권자와 그 요건이 상이하다.[10]

(1) 신청원인

회생절차에서 채무자[11]는 변제기에 있는 채무의 변제불능과 파산원인 사실이 생길 염려가 있는 경우 회생신청을 할 수 있다. 그러나 채권자는 그중 후자의 경우에만 신청을 할 수 있다. 채권자가 회생신청을 하는 경우 신청인의 채권의 변제기가 도래하여야 하는가에 대하여도 논란이 있으나 회생채권의 개념과 신청인의 적격은 별개의 역할을 하므로 신청인이 보유하는 채권의 변제기가 도래하여야 한다는 입장이 타당하다.

---

9) 헌법재판소 2015. 12. 23. 선고 2014헌바149 결정은 대상결정을 인용하면서 위 조항이 주주의 재산권을 침해하는 것으로 볼 수 없다고 판시하였다.

10) 제34조 및 제294조.

11) 이 글에서 채무자라 함은 특별한 언급이 없는 한 법인을 지칭한다.

이에 반하여 파산절차는 파산원인을 개인에 대한 파산원인과 법인에 대한 파산원인으로 구별할 뿐,[12] 일단 파산원인인 사실을 소명하기만 하면 채권자 및 채무자 모두 파산신청을 할 수 있다. 개인에 대한 파산원인은 지급불능이지만 법인에 대한 파산원인은 지급불능 외에 채무초과가 포함된다(제305조, 제306조). 지급정지는 지급불능의 추정사유이다(제306조 제2항).[13]

　　주로 법인인 채무자가 파산신청을 하는 경우에는 채무초과를, 채권자가 파산신청을 하는 경우에는 지급불능을 이유로 하고 있다. 일본에서도 채권자가 신청하는 경우 채무초과를 이유로 하는 경우는 거의 없다고 한다.[14]

법인(단 합명회사, 합자회사 제외)에 대한 파산원인인 채무초과는 대차대조표로 결정되는 것이 아니라 실제 부담하는 채무의 총액과 실제 가치로 평가한 자산의 총액을 기준으로 판단하여야 한다. 채무초과 상태에 있는 주식회사의 계속기업가치가 청산가치보다 높다는 등 주식회사에게 회생가능성이 있다는 사정은 구 회사정리법상의 회사정리절차개시요건 등에 해당함은 별론으로 하고, 그러한 사정이 파산원인이 존재하는 주식회사에 대하여 파산선고를 하는 데 장해사유가 된다고 할 수 없다.[15] 법원의 실무는 채무자가 파산신청을 하는 경우에는 파산원인을 쉽게 인정하지만, 채권자가 신청하고 채무자가 다투는 경우에는 파산신청요건을 엄격히 심사하고 있다.

(2) 신청권자와 신청요건

채무자[16]가 신청할 수 있는 것은 회생, 파산 모두 가능하지만, 주주는 자본[17]의 1/10 이상을 가지면 회생신청을 할 수 있지만 파산신청을 할 수 없다. 회생절차 개시결정에 대하여 株主는 이해관계인으로서 불복할 수 있지만(제53조 제1항, 제13조 제1

---

12) 채무초과는 법인에 대한 파산원인이지만 인적회사인 합명회사와 합자회사의 파산원인은 지급불능만이다(제306조 제2항).

13) 지급정지의 사유로는 은행으로부터 당좌거래정지처분을 받거나, 대주주 겸 대표이사가 해외로 도피하거나, 금융위원회로부터 영업정지 명령을 받은 경우 등이다. 그러나 주거래은행으로부터 부도유예협약 대상기업으로 결정받은 것은 지급정지의 상태에 있다고 보기 어렵다(대법원 2001. 6. 29. 선고 2000다63554 판결(공 2001, 1727).

14) 野村秀敏, 破産と會計, 信山社(1999), 3면.

15) 대법원 2007. 11. 15.자 2007마887 결정(공 2008, 353).

16) 채무자가 회생, 파산신청을 하기 위하여는 신청 전에 상법 및 정관에 따라 이사회 또는 주주총회에서 적법하게 가결되어야 한다. 서울中央地方法院 破産部 實務研究會, 回生事件實務(上)(제4판), 博英社(2014), 71면(이하 回生事件實務(上)으로 표기한다)은 이러한 결의 없는 신청을 부적법하다는 이유로 신청을 각하한 사건(2008회합87)을 소개하고 있다. 同旨, 伊藤眞, 破産法, 有斐閣(2006), 85면.

17) 자본이라 함은 납입자본금(paid-in capital)을 의미한다. 즉 수권자본(발행예정주식총수)이 아니라 수권자본의 범위 내에서 실제로 발행을 마친 자본액을 의미한다[宮脇行彦·井關浩·山口和男 編, 注解會社更生法, 靑林書院(1986), 95면].

항),18) 회사에 대한 파산선고에 대하여 주주는 불복할 수 없다.19) 채권자가 회생·파산신청을 하는 요건은 차이가 있다.

먼저 채권자 또는 채권자들이 공동으로 회생신청을 하기 위해서는 신청인(들)이 자본(납입자본금)의 1/10 이상의 금액의 채권을 가지고 있어야 하지만,20) 파산신청의 경우에는 그러한 제한이 없다. 그리하여 신청시 금액제한이 없다는 점과 상장법인에 대하여 파산신청이 있는 경우 관리종목지정21)과 주식매매거래정지가 된다는 상장규정22)을 악용하여 파산선고의 요건을 갖추지 않았음에도 불구하고 파산신청을 하고 회사가 신주인수권부 사채 등을 발행할 때 보통 인수계약서의 사채의 발행조건 중 사채의 기한이익 상실사유로 "발행회사(채무자 회사)의 보통주가 코스닥시장에서 20일 이상 거래가 중단되는 경우"를 규정하고 있음을 악용하여 회사로 하여금 기한이익을 잃게 하여 경영난에 처하게 만든 후 상장폐지시킨 후 회사의 주식을 헐값에 양수하는 악덕 기업사냥꾼이 파산신청을 하는 경우가 있다.23)

회생신청과 파산신청의 경우 채권자의 파산신청 요건을 달리할 실익이 있는지 의문이다. 앞에서 본 바와 같이 1인의 채권자가 권한을 남용하여 파산신청하는 사례도 있으므로 미국과 같이 채권자수, 채권액을 기준으로 제한하는 입법을 고려할 필요가

---

18) 다만 주주라고 하더라도 개시신청을 할 수 있는 주주(자본금의 1/10 이상 보유)에 한정하자는 견해[松田二郎, 會社更生法(新版), 有斐閣(1976), 80면]와 주식 수에 관계없이 모든 주주가 불복할 수 있다는 견해[兼子一―三ケ月章 條解會社更生法(上) 弘文堂(1998), 465면]로 나뉘어 있다. 이하 條解會社更生法(上)(中)(下)로 표기한다.

19) 서울고등법원 2011. 8. 30.자 2009라2671 결정. 주식회사의 파산은 회사의 해산사유가 될 뿐 파산선고 즉시 회사의 법인격이 소멸하거나 주주가 그 지위를 상실하게 되는 것은 아니므로 주식회사의 주주의 경우에는 회사의 파산선고에 대하여 구체적이고 직접적인 이해관계가 될 수 없다. 따라서 주식회사의 주주에게는 파산선고에 대한 즉시항고권이 인정되지 아니한다고 할 것이므로 항고인 甲의 항고는 부적법하다. 서울고등법원 2005. 5. 9.자 2004라590 결정 역시 같은 이유로 축산업협동조합의 조합원과 직원이 파산선고에 관하여 즉시항고를 할 수 있는 '이해관계를 가진 자'라고 볼 수 없다고 판시하였다. 日本 大阪高等裁判所 平成 6년 12월 26일 결정도 같은 입장이다.

20) 제34조 제2항 제1항 가목.

21) 2014. 6. 18. 개정 전의 코스닥시장상장규정 제28조 제1항 제14의3. "제28조(관리종목) ① 거래소는 코스닥시장 상장법인이 다음 각 호의 어느 하나에 해당하는 경우에는 당해 종목에 대하여 관리종목으로 지정한다. 14의3.코스닥시장 상장법인에 대하여 「채무자 회생 및 파산에 관한 법률」제294조에 의한 파산신청이 있는 경우." 동 규정은 2009. 1. 28. 신설되었다가 2014. 6. 18. 개정되어 다음과 같은 단서가 추가됨으로써 위에서 지적한 문제점을 해결하였다. "다만, 공익 실현과 투자자 보호 등을 고려하여 관리종목지정이 필요하지 않다고 거래소가 인정하는 경우를 제외한다."

22) 코스닥시장상장규정 제29조 제1항 제1호. "제29조(매매거래의 정지 및 재개) ① 거래소는 상장종목이 다음 각 호의 어느 하나에 해당하는 경우에는 당해 종목의 매매거래를 정지할 수 있다. 1.제28조제1항 및 … 각 호의 어느 하나의 사유에 해당되는 경우" 참고로 동 규정은 2014. 6. 18. 개정된 바 없으나 위 제28조 제1항 제14의3의 단서 규정의 적용을 받을 것으로 보인다.

23) 서울중앙지방법원 2013하합84호 사건에서 채권자가 파산신청을 취하하였다.

있다.24)

회생신청한 채권자가 회생신청서에서 자본금의 1/10을 초과한다고 주장하였으나 심리결과 미달하는 경우25) 다른 채권자가 공동소송참가를 함으로써 공동신청이 가능하게 되는가에 대하여는 견해가 나뉘어 있다. 다른 채권자는 신청채권자와 합일확정의 관계에 있지 아니하므로 공동소송참가의 요건을 구비하지 아니하므로 단독신청만으로는 신청적격이 없으므로 부적법 각하하여야 한다는 견해와 소송경제의 측면에서 별도로 신청한 것을 병합하는 것을 허용하는 것이 가능하다는 전제에서 회생신청 후 다른 채권자가 공동소송참가를 허용하자는 견해26)가 있다. 그러나 재판부의 신청 병합이라는 우연한 사정에 의하여 하자가 치유된다는 점도 부당하고 신청의 병합과 공동소송참가의 적법 여부는 요건을 달리하므로 전자에 따른다.

이 사건의 신청인들은 임금채권자들로서 공익채권자이다.27) 공익채권자 또는 재단채권자도 회생신청 또는 파산신청을 할 수 있는가에 관하여 논의가 있었는바 대상결정은 회생절차에 관하여 이를 긍정하는 입장을 취하였다. 항을 나누어 詳說한다.

나. 財團債權者 및 共益債權者의 신청권한

(1) 일본에서의 논의

파산절차의 경우 재단채권자(주로 조세채권자를 염두에 두고 설명되었다)가 채무자를 상대로 파산신청을 할 수 있는가에 관하여 일본에서 논의가 이루어졌다. 다수설28) 및 판례는 이를 부정하였다. 그 근거로는 재단채권은 파산절차에 의하지 않고 수시로 우선 변제를 받을 수 있기 때문에, 예를 들어 국세징수법에 의거해 징수할 수 있는 체납조세채권에 기초한 파산신청은 허용되지 않는다거나, '파산절차개시 신청권을 인정받는 채권자란 개시되어야 할 파산절차상 파산채권자로서의 지위를 인정받아야 하는 자를 말하는데 한편, 개시되어야 할 파산절차상 재단채권인 채권을 가지는 자는 신청권

---

24) 同旨, 김성용, "도산절차 개시의 요건," 회생과 파산 Vol. 1, 사법발전재단(2012), 250면.

25) 임차인이 임대인을 상대로 회생신청을 함에 있어 임대차보증금과 장래의 미확정 손해배상채권을 합하여 주장하였으나 보증금채권만이 자본금의 1/10 이하로 인정될 뿐 손해배상채권의 존재에 대한 소명이 없다고 판단되는 경우가 그 예이다.

26) 林采洪·白昌勳, 會社整理法(上), 韓國司法行政學會(1998), 185면은 공동소송적 참가하게 되면 신청이 적법하게 된다고 기술하고 있다.

27) 1981. 3. 5. 회사정리법 개정 전에는 임금채권을 우선적 정리채권으로 취급하였다. 그러나 개정을 통하여 근로자의 임금, 퇴직금, 재해보상금은 그 발생시기가 회사정리절차 개시 전 후인지를 불문하고 모두 공익채권으로 취급하게 되었다.

28) 中野貞一郎·道下徹 編, 基本法コンメンタール破産法, 日本評論社(1997), 204면; 齊藤秀夫·麻上正信·林屋礼二 編, 注解破産法(下), 靑林書院(1999), 172-173면; 伊藤眞, 破産法·民事再生法(第2版), 有斐閣(2009), 90면; 竹下守夫, 大コンメンタール 破産法, 靑林書院(2007), 73-74면.

을 가지지 않는다'라고 밝힌 바 있다.

공간된 판례로는 유일한 東京區裁判所[29] 1926. 4. 29.자 결정은 절차 개시 후 재
단채권이 되어야 할 조세채권에 기한 파산절차개시 신청에 대하여 부적법하다고 보았
다. 그 이유로 파산절차는 파산채권자에게 채권을 평등하게 변제시키기 위해서 개시하
여야 하며, 파산채권자가 아닌 재단채권자에 대해서는 특별히 파산절차에 의해 채권을
평등 변제시키는 법률상의 필요성이 없기 때문이라고 하였다.

최근의 유력설은 조세청구권에 대해서는 파산신청권을 부정하지만 임금채권이나
선행절차의 공익채권에 대해서는 파산신청권을 긍정해야 한다고 주장한다. 파산신청
권의 근거로 ① 파산절차를 통한 평등변제의 확보 및 ② 후순위채권자의 만족방지(특
히 우선적 파산채권자의 신청권의 근거로서) 등을 들고 있다. 따라서 조세채권에 기초하여
파산신청 전에 개시된 체납처분은 파산절차가 시작한 후에도 계속할 수 있고,[30] 일반
채권에 대한 우선권을 주장할 필요도 없고 재단채권의 평등확보를 실현하기 위하여
굳이 파산절차를 이용할 필요성이 없다. 그러나 임금채권과 같은 재단채권은 파산선고
후 강제집행이 일률적으로 금지되고,[31] 그 취지가 재단채권자 간의 평등 확보에 있고,
재단채권에 대한 안분 변제를 요구하는 이익은 법률상으로 보호할 가치가 있다고 주
장한다.[32]

(2) 한국에서의 논의

대상결정이 나오기까지 이 점에 대하여 아직 논의된 바가 없었다. 이 사건에서 주
주는 공익채권자는 회생절차의 개시결정에 대하여 아무런 법률상 이해관계가 없는 자
이므로 신청인들의 회생절차의 개시신청권을 부정하여야 한다고 주장하였다.

논거는 다음과 같다. ① 공익채권과 회생채권의 개념은 회생절차가 개시되어야
비로소 성립하는 개념이 아니고 권리의 성질에 비추어 개시결정 이전에도 공익채권의
개념이 성립될 수 있다. 채무자회생법 제45조는 포괄적 금지명령의 대상을 회생채권
또는 회생담보권에 기한 강제집행 등을 대상으로 하고 있으므로 공익채권에 기한 강
제집행은 포괄적 금지명령의 대상에서 제외시키고 있는바,[33] 이는 채무자회생법이 공

---

29) 區裁判所는 제2차 세계대전 이전의 일본 사법제도상 최하급심 재판소라는 이유로 판례로서의 가
    치가 부족한 것으로 평가된다.
30) 일본 파산법 제43조 제2항.
31) 일본 파산법 제42조 제2항.
32) 松下淳一, "優先權を有する債權者の倒産手續についての權利," 靑山善充 古稀祝賀 民事手續法學
    の地平, 有斐閣(2009), 842면.
33) 回生事件實務(上), 112면.

익채권의 개념을 회생절차 개시결정 이전부터 인정하고 있음을 보여주고 있다. ② 공익채권은 회생절차에 의하지 않고 수시변제를 받고, 법원에 채권을 신고하여 조사확정절차를 거칠 필요도 없고, 회생계획에 의하여 변제할 필요도 없으며 회생절차가 개시된 이후에도 공익채권에 기하여 채무자의 재산에 강제집행을 할 수 있다.[34] ③ 공익채권자는 회생계획안을 제출하거나 회생계획안에 대하여 표결할 권리도 없고, 변제기의 유예 또는 채권의 감면 등 권리에 영향을 미치는 규정을 정할 수 없다.[35] ④ 회생계획안 인가결정에 대하여 불복할 권리가 인정되지 아니한다.[36]

이에 대하여 서울중앙지방법원은 다음과 같은 이유로 신청인의 신청을 받아들였다.[37]

① 제43조 제2항 제1호 가목은 채권자에게 회생절차의 신청권을 부여한다고 규정하고 있는데, 법에서 규정하는 '채권자'란 모든 종류의 채권자를 가리키는 것으로 해석하는 것이 타당하고, 명문 규정에 반하여 축소해석하는 것은 재판청구권을 제한할 여지가 있는 점, ② 공익채권이라는 개념 자체가 회생절차가 개시되어야 비로소 성립하는 것일 뿐 회생절차 신청단계에서는 공익채권자를 분류하기 곤란한 점,[38] ③ 공익채권자의 경우에도 개별적 추심절차인 강제집행절차보다 집단적 추심절차인 회생절차를 이용하는 것이 비용과 시간 면에서 효과적일 수 있고 특히 기업의 경우 채무자의 기업가치가 훼손되어 공익채권을 모두 변제받지 못할 우려가 있는 경우에는 회생절차를 통하여 기업가치를 보전하거나 확대하는 것이 공익채권자의 이익에 부합하는 점, ④ 특히 공익채권자 중에서도 근로자의 경우에는 회생절차의 진행으로 기업가치를 존속시킴으로써 향후 고용과 임금까지 보장받는 이해관계가 있는 점, ⑤ 만약 공익채권자에게 신청권을 부여함으로써 회생채권자 일반의 이익을 해한다고 하면 제42조 제3호의 기각사유(회생절차에 의함이 채권자 일반의 이익에 적합하지 아니한 경우)에 해당한다고 보아 기각할 수 있는 길이 열려 있는 점 등을 근거로 들고 있다.

---

34) 回生事件實務(上), 470면.
35) 대법원 1991. 3. 12. 선고 90누2833 판결(공 1991, 1195).
36) 대법원 2006. 3. 29.자 2005그57 결정(공 2006, 783); 대법원 2006. 1. 20.자 2005그60 결정(공 2006, 386).
37) 제1심 법원의 결정 이유이다.
38) 대법원 2000. 2. 11. 선고 99다10424 판결(공 2000, 659) 또한 정리절차가 개시되기 이전, 즉 정리채권이 아닌 단계에서의 채권에 대하여는 정리절차에 의하지 아니하고 상계할 수 있으며 그 후 정리절차가 개시되었다고 하여 달리 볼 것도 아니라고 판시하고 있다. 그러나 앞에서 기술한 바와 같이 회생절차 개시결정 전이라도 일단 회생절차 개시신청이 있으면 회생채권의 개념은 존재할 수 있는 것이고, 신청 후 상계제한이 있음을 간과한 이유 설시이다.

다. 전망

실무는 임금채권자를 제외한 재단채권자에 의한 파산신청을 부정하고 있다.[39] 임금채권자의 경우는 임금채권보장법의 취지를 살린다는 취지에서 파산신청을 허용하였다.[40] 그런데 대상결정으로 인하여 임금채권자도 회생신청이 가능하게 되었다. 앞으로 정부가 조세우선권을 포기하고 회생채권자가 되는 것을 감수하고 국민을 상대로 회생신청을 하는 것을 허용할 것인지, 나아가 개인을 상대로 파산신청을 하는 것까지 허용할 것인지 여부는 기다려 보아야 할 것이다.

3. 포괄적 금지명령과 양도담보권실행의 중지

[대상판결]: 대법원 2011. 5. 26. 선고 2009다90146 판결(공 2011, 1268)

[사실관계]

2005. 8. 16. 피고(한국토지주택공사, LH)는 농협과 다음과 같은 약정을 하였다.

「농협이 토지의 매수인에게 매수자금을 대출하고, 매수인의 대출금상환이 연체될 경우에는 피고에게 토지의 매매계약 해제를 요구할 수 있고, 이에 응하여 피고는 매매계약을 해제하고 채권양도약정에 따라 피고가 매수인으로부터 받은 토지대금 중 계약금을 제외한 나머지를 직접 농협에 지급하기로 함」

2005. 11. 30. 우정건설이 피고로부터 토지를 매수하기 약정하고 계약보증금을 납부

2006. 5. 30. 우정건설이 농협과 220억 원의 대출약정 및 대출금 상환 연체시 피고가 매매계약을 해제하고 반환할 매매대금 중 계약보증금을 제외한 나머지를 매수인이 아니라 농협에 직접 지급하여도 이의제기하지 않기로 하는 각서제출

2006. 6. 1. 우정건설이 피고에게 매매대금반환청구권이 농협으로 양도되었다는 통지

2008. 2. 4. 우정건설 부도처리

2009. 2. 22. 농협이 피고로 하여금 매매계약해제하고 우정건설이 납입한 매매대

---

39) 서울中央地方法院 破産部 實務研究會, 法人破産實務 제4판, 博英社(2014), 24면. 이하 法人破産實務라 표시한다.

40) 고용주에 대하여 파산선고가 되면 임금채권보장법 제7조에 따라 최종 3월분의 임금 및 휴업수당과 최종 3년분의 퇴직금을 국가로부터 지급받을 수 있다. 파산절차를 통하여 다른 재단채권자와 안분배당을 받으려는 데에 목적이 있는 것이 아니라 오히려 파산선고를 이유로 파산절차 밖에서 미지급 임금 등을 받으려는 데에 목적이 있다는 점에서 회생신청의 목적과 다른 점을 주목할 필요가 있다.

금 중 보증금을 제외한 나머지를 농협에게 직접 지급하여 줄 것을 요청

2008. 2. 29. 회생신청한 우정건설에 대하여 포괄적 금지명령이 발하여짐

2008. 3. 13. 피고가 우정건설에게 3. 17.까지 대출약정을 정상화시키지 못하면 매매계약이 해제된다는 통지를 한 뒤, 반환할 매매대금을 채권자 불확지를 이유로 공탁

2008. 3. 21. 우정건설에 대하여 회생절차가 개시되고 원고가 관리인으로 선임

관리인은 피고를 상대로 피고의 우정건설에 한 3. 13.자 해제의 의사표시가 포괄적 금지명령에 위배된다고 주장하였다.[41]

[판결요지]

1. 채무자회생법 제141조 제1항은 양도담보권도 회생담보권에 포함되는 것으로 규정하고 있으므로, 회생절차 개시결정의 효력을 규정하고 있는 제58조 제2항 제2호의 '회생담보권에 기한 강제집행 등'에는 양도담보권의 실행행위도 포함되고, 포괄적 금지명령은 회생절차 개시의 신청에 대한 결정이 있을 때까지 모든 회생채권자 및 회생담보권자에 대하여 회생채권 및 회생담보권에 기한 강제집행 등의 금지를 명하는 것이므로, 포괄적 금지명령에 의하여 금지되거나 중지되는 '회생담보권에 기한 강제집행 등'에는 양도담보권의 실행행위도 포함된다.

2. 농협의 해제 및 지급요청은 피고에게 매매계약 해제통지를 요구하는 의사표시에 불과하고 이를 우정건설의 재산에 대한 양도담보권 실행행위로 볼 수 없다. 나아가 피고의 매매계약 해제 의사표시를 포괄적 금지명령에 의하여 금지되는 양도담보권의 실행행위로 볼 수 없다.

[해설]

가. 포괄적 금지명령의 도입취지

포괄적 금지명령 제도는 회사정리법에는 없던 제도로서 채무자회생법에 처음으로 도입되었다. 중지명령은 현재 계속 중인 개별적인 강제집행, 임의경매 및 체납처분을 중지하기 위하여 회생법원이 발하는 명령이다. 중지명령은 절차의 진행을 막는 효력밖에 없고 장래 새로이 강제집행 등을 신청하는 것을 막는 효력이 없다. 또한 중지명령은 민사집행법 제49조 제2호 소정의 집행정지서류에 해당하여 전국에 산재한 집행법원에 중지명령 결정문을 개별적으로 제출하여야 비로소 강제집행이 정지되는 불

---

41) 원고의 청구취지는 "우정건설과 피고 사이에 2005. 11. 30. 체결된 甲 토지에 대한 용지매매계약에 관하여 피고가 2008. 3. 13. 우정건설에게 한 계약해제는 무효임을 확인한다."이다.

편함이 있었다. 체납처분도 중지명령의 대상이 되지만, 중지명령을 발하기 전에 징수권자의 의견을 미리 들어야 한다(제44조 제1항 제5호).

이에 반하여 포괄적 금지명령은 중지명령만으로는 회생절차의 목적을 충분히 달성하지 못할 우려가 있다고 인정할 만한 특별한 사정이 있는 때에 회생채권 또는 회생담보권에 기한 강제집행, 가압류, 가처분 또는 담보권실행을 위한 경매절차의 개시 및 절차의 속행금지를 명하는 것이다(제45조 제1항, 제44조 제1항 제2호).

채무자회생법 시행 초기에는 법률상의 요건 특히 '특별한 사정이 있는 때'에 관한 요건을 엄격히 해석하여 법원이 포괄적 금지명령을 발하는 데 인색하였다.[42] 그러나 최근의 서울중앙지방법원의 실무는 채권자들의 형평을 해할 우려가 없고, 실무 처리가 간명하며, 회생절차의 원활한 진행에 도움이 된다는 등의 사정을 들어 대부분의 사건에서 포괄적 금지명령을 발하고 있다.[43]

단, 채권자에 대한 권리행사 제한과 형평을 맞추어 채무자 역시 재산에 대한 권리행사 제한의 부담을 감수할 필요가 있기 때문에 채무자의 업무 및 재산에 관하여 처분을 제한하는 보전처분(제43조 제1항) 또는 보전관리인 선임명령(제43조 제3항)의 신청 없이 포괄적 금지명령만 신청하는 것은 부적법하다는 점에 유의하여야 한다(제45조 제2항).

나. 포괄적 금지명령의 효과 — 금지명령 결정문 제출 요부

이미 진행 중인 강제경매를 실제로 중지시키기 위하여 포괄적 금지명령의 경우에도 중지명령과 같이 별도의 결정문을 제출하여야 되는지 아니면 제출하지 않더라도 법률상 당연히 강제집행이 중지되는지에 관하여 논란이 있을 수 있다.

생각하건대, 포괄적 금지명령의 경우 제45조 제3항이 포괄적 금지명령이 있는 때에는 이미 행한 강제집행 등은 중지된다고 규정하고 있어 민사집행법 제49조에 의할 것이 아니라 포괄적 금지명령이 있는 사실 자체가 파산선고, 회생절차의 개시 등과 마찬가지로 집행장애사유인 법정사실의 발생에 해당된다.[44] 따라서 포괄적 금지명령이 채무자에게 송달될 때 당연히 집행정지의 효력이 발생하므로(제46조 제2항) 집행법원은 직권으로 이를 정지하여야 하며, 채무자는 직권발동을 촉구하는 의미로 포괄적 금지명

---

42) 林治龍, 파산법연구 3, 박영사(2010), 18면.

43) 回生事件實務(上), 112면. 서울중앙지방법원의 실무에 의하면, 2013회합142(한국일보 사건)은 채권자가 신청하였음에도 보전관리명령 외에 별도로 포괄적 금지명령을 발하였으며, 2014회합195 사건은 이미 2회에 걸쳐 회생절차 개시 후 인가 전에 폐지되고 채권자가 파산신청을 한 후 채무자가 3번째 회생신청을 하였음에도 포괄적 금지명령이 발하여졌다.

44) 伊藤眞, 會社更生法, 65면. 집행장애사유는 집행기관의 직권조사사항이며 이를 간과하고 집행개시한 때에는 집행절차를 직권으로 취소하여야 한다[李時潤, 新民事執行法, 博英社(2004), 137면].

령 및 채무자에 대한 송달증명서를 집행법원에 제출하면 충분하다.[45] 포괄적 금지명령에 위반한 집행행위는 별도로 포괄적 금지명령정본을 집행법원에 제출하지 않더라고 무효이다.[46]

다. 포괄적 금지명령의 대상인 집행행위

담보권의 실행행위로 평가할 수 있는 행위라면 중지명령의 대상이 될 수 있다. 담보권의 실행행위에 해당하려면 적어도 채무자에게 담보목적물에 대한 환가 등에 착수하겠다는 사실을 통지하거나 직접 채무자에게 청구하는 등의 徵表가 있어야 할 것이다. 예컨대 동산채권 등의 담보에 관한 법률 제36조[47]에 기하여 채권담보권을 실행하기 위하여 담보권자가 채권을 청구하는 행위, 가등기담보 등에 관한 법률 제3조[48]에 기하여 청산금의 평가액을 통지하는 행위, 歸屬精算型 양도담보를 실행하기 위한 양도통지와 처분정산형 양도담보를 실행하기 위한 임의매각 행위, 집합물양도담보의 경우에는 집합물의 인도를 구하는 행위, 소유권유보부매매의 경우에는 목적물을 환취하거나 담보권을 행사하기 위하여 계약을 해제하는 행위 등이 금지명령의 대상이 된다.[49]

반대로 금지명령의 대상에서 제외되는 절차로는 還取權 또는 공익채권에 기한 강제집행[50] 및 국세기본법 또는 국세징수의 예에 의한 체납처분이다.

원심이나 대법원 모두 원고의 청구를 기각한 점에 있어서는 동일하지만, 그 이유는 정반대이다. 원심은 이 사건 지급요청은 양도담보권의 실행행위이지만 포괄적 금지명령의 대상이 되지 않는다는 것이고, 대법원은 양도담보권의 실행행위 역시 포괄적 금지명령의 대상이지만 이 사건 지급요청은 양도담보권의 실행행위에 해당하지 않는다는 것이다. 원심의 논리는 다음의 두 가지이다.

---

45) 대법원 2015. 4. 9. 선고 2014다229832 판결(미공간) 및 원심판결 서울고등법원 2014. 10. 15. 선고 2013나2024304 판결 및 서울고등법원 2013. 6. 28. 선고 2013나12442 판결 참조. 실무상 파산관재인이 파산선고사실을 집행법원에 알리는 것은 집행법원에 주의를 환기시키고 더 이상 절차가 진행되는 것을 막음으로써 법적 분쟁이 발생할 것을 막기 위한 것에 불과하다. 포괄적 금지명령의 결정문을 집행법원에 제출하는 것도 같은 취지이다.

46) 대법원 2016. 6. 21.자 2016마5082 결정(공 2016, 981); 대법원 2014. 12. 11. 선고 2014다210159 판결(미공간).

47) 제36조(채권담보권의 실행) ① 담보권자는 피담보채권의 한도에서 채권담보권의 목적이 된 채권을 직접 청구할 수 있다.

48) 제3조(담보권 실행의 통지와 청산기간) ① 채권자가 담보계약에 따른 담보권을 실행하여 그 담보목적부동산의 소유권을 취득하기 위하여는 그 채권의 변제기 후에 제4조의 청산금의 평가액을 채무자등에게 통지하고, 그 통지가 채무자등에게 도달한 날부터 2개월이 지나야 한다.

49) 高翔龍, 物權法, 法文社(2007), 752-813면. 소유권유보부매매의 매도인의 유보된 소유권의 행사가 포괄적금지명령의 대상이 된다는 일본의 견해로는 伊藤眞, 會社更生法, 207면.

50) 回生事件實務(上), 112면.

① 회생담보권자인 농협이 채권의 양도담보권을 실행하기 위해서는 매수인인 피고로 하여금 회생채무자와의 매매계약을 해제하도록 요청하고, 계약해제의 효과로 비로소 회생채무자의 피고에 대한 매매잔대금반환채권이 성립하고, 피고는 약정과 채권양도통지에 따라 잔대금을 매수인(회생채무자)이 아니라 제3자인 농협에게 직접 지급하여야 하는 점 등에 비추어 볼 때 회생담보권자인 농협이 피고에게 구하는 이 사건 매매계약의 해제 및 지급요청은 양도담보권의 실행행위로 판단하였다.

② 회사정리법 제37조 제1항은 개별적 중지명령의 대상을 '강제집행, 가압류, 가처분 또는 담보권 실행 등(필자주 밑줄 강조, 이하 같다)을 위한 경매절차'로 규정하였기 때문에 비전형담보권의 실행행위까지 포함시킬 수 있는지 여부에 관하여 논란이 있었으나 채무자회생법 제45조 제3항 및 제44조 제1항 제2호가 '회생채권 또는 회생담보권에 기한 강제집행 등'을 '회생채권 또는 회생담보권에 기한 강제집행, 가압류, 가처분 또는 담보권 실행을 위한 경매절차(여기에는 '등'이 없다)로 명확히 한정하여 규정하고 있는 점과 입법자가 포괄적 금지명령의 대상에 담보권의 실행행위도 포함시키려는 것이었다면 비전형담보권의 다른 실행행위를 명시적으로 나열하거나 '그 밖의 실행행위'라는 표현을 사용할 수 있었음에도 오히려 '담보권실행 등을 위한 경매절차'에서 '등'을 제거한 점에 비추어 양도담보권 실행행위에 대하여는 포괄적 금지명령의 효력이 미친다고 볼 수 없다.

이에 반하여 대법원은 채무자회생법 제141조 제1항이 명문으로 양도담보도 회생담보권에 포함되는 것으로 규정되어 있고 개시결정의 효력을 규정하고 있는 제58조 제2항 제2호의 회생담보권에 기한 강제집행 등에는 양도담보권의 실행행위도 포함되고, 포괄적 금지명령의 대상자가 회생담보권자이므로 양도담보권자의 실행행위 역시 포괄적 금지명령의 해당한다는 논리를 전개하였다.

검토하건대, 포괄적 금지명령 제도가 미국의 자동중지를 본받아 회생절차 개시결정 전에 회생채권자 또는 회생담보권자의 권리실행행위를 일정기간 중지 또는 금지함으로써 회생회사 재산의 散逸을 방지하려는 데에 있는 점과 법정담보물권자의 실행행위는 금지되면서 비전형담보권자의 실행행위는 허용하는 것이 불합리한 점과 채무자회생법의 해석론으로도 이러한 논리가 가능하다는 점을 고려하면, 원심의 논리는 지나치게 법조문의 문구에 집착하여 합리적인 결론을 도출하지 못하는 것으로 평가된다. 비전형담보권의 실행행위를 언제로 볼 것인지는 개별적인 비전형담보에 적합한 법리에 의하여 발전될 것으로 예상한다.

이 사건에서 대법원의 논리는 비전형담보의 실행행위에 해당하려면 채권자(농협)

가 채무자(우정건설)의 재산에 대한 권리실현에 착수한 단계에 들어가야 하는데 아직 채무자와 LH와의 매매계약이 존속하고 있으므로 채무자의 재산(매매계약 해제로 인한 잔대금반환청구권)이 발생하기 이전 단계에서 채권자가 제3자인 LH로 하여금 매매계약의 해제권을 행사하도록 요청한 상태에서는 아직 담보권의 실행행위로 평가하기 어렵다는 것이다.

생각건대, 포괄적 금지명령은 채권자에 대하여 경매 등의 집행행위를 금하는 것이지 채무불이행 또는 약정해제사유의 발생을 이유로 채권자의 해제의사표시까지 금하는 것은 아니다. 이 사건에서 토지매매계약의 당사자는 회생회사(우정건설)와 한국토지주택공사(LH)이지 농협은 당사자가 아니다. 따라서 아직 미이행쌍무계약의 법리가 적용되기 이전이므로 비록 포괄적 금지명령이 발하여진 후라 하더라도 LH가 회생절차 개시 전에 한 토지매매계약의 해제는 적법하다. 따라서 원고가 포괄적 금지명령이 발령되었음을 이유로 LH를 상대로 토지매매계약의 해제가 무효임을 구한 것은 이유가 없다.

사실관계에 따르면 LH는 토지매매대금을 공탁하였다. 포괄적 금지명령이 없었다면 매매대금을 당초의 약정대로 농협에게 지급하여야 하지만 이렇게 되면 농협이 비전형담보권을 행사하여 회생절차 밖에서 권리실현을 받게 되어 포괄적 금지명령에 위반되는 것이다. 채권에 대한 법정담보권이라면 회생회사가 LH에 대하여 갖는 매매대금반환채권에 대하여 농협을 질권자로 하는 것이다. 그런데 농협은 법정담보권 대신에 비전형담보권자로서 채권의 양도담보를 설정받아 제3채무자인 LH로부터 채권을 직접 추심하려는 것이다. 이러한 채권의 양도담보권은 회생절차내에서 회생담보권자로서의 지위에 해당하므로 포괄적 금지명령이 발하여진 이상 농협은 양도담보권의 실행행위로서 직접 LH를 상대로 매매대금의 지급을 요청할 수 없다. 따라서 LH는 잔대금을 회생회사에게 지급하여야 하고 회생회사는 이를 수령한 후 인가된 회생계획안의 내용에 따라 농협에게 변제할 가능성이 크다.

4. 개시결정과 支給命令 또는 소송절차의 중단

[대상판결]: 대법원 2012. 11. 15. 선고 2012다70012 판결(공 2012, 2038)

[사실관계]

2010. 8. 30. 법원이 채권자의 신청에 의하여 회사(톰보이)를 상대로 지급명령을 발함

2010. 9. 3. 지급명령이 회사에 송달됨

2010. 9. 3. 회사에 대하여 회생절차 개시결정이 내려지고 독촉절차에 대한 수계절차를 밟지 않은 상태가 지속됨

회생회사의 관리인이 지급명령이 확정되었음을 전제로 채권자를 상대로 수계절차가 없었던 것이 위법하고, 채권부존재, 부인권의 주장을 하면서 청구이의의 소를 제기하였다. 원심이 지급명령이 확정됨을 전제로 본안에 대하여 판단하였다. 대법원은 파기자판하여 이 사건 소를 각하하였다.

[판결요지]

독촉절차는 … 그 성질에 어긋나지 아니하는 범위에서 소에 관한 규정이 준용된다. 따라서 지급명령이 송달된 후 이의신청 기간 내에 회생절차 개시결정 등과 같은 소송중단 사유가 생긴 경우에는 민사소송법 제247조 제2항이 준용되어 그 이의신청 기간의 진행이 정지된다. … 미확정 상태에 있는 지급명령은 유효한 집행권원이 될 수 없으므로 이에 대하여 집행력의 배제를 구하는 청구이의의 소를 제기할 수 없다.

[해설]
가. 소송수계의 일반론

회생절차가 개시되면 관리인에게 관리처분권이 이전되고 회생회사의 재산상의 소에 관하여 관리인이 당사자가 된다. 법원이 이를 간과하고 관리인에게 송달하지 아니하고 채무자에게 한 송달은 부적법하다.[51]

그리고 이미 계속 중인 소송 가운데 회생회사의 재산에 관한 소송으로서 회생회사가 당사자인 소송은 중단된다(제59조 제1항). 제3자가 관리인으로 선임되건 관리인불선임결정에 의하여 기존 경영자가 관리인으로 간주되는 경우에도 소송이 중단된다. 뿐만 아니라 회생회사가 당사자가 아니더라도 회생회사의 채권자가 채권자취소소송(제113조) 또는 채권자대위소송을 제기한 경우에도 소송이 중단된다.[52] 소송이 중단되면

---

51) 반대설, 김용진, "도산법과 민사소송법의 관계," 인권과 정의 Vol. 393 (2009), 138면은 채무자에게 한 송달이 유효하다고 보아 소송계속을 인정할 것이라고 주장한다. 대법원 1988. 10. 11. 선고 87다카1449 판결이 채권양도 통지를 관리인에게 하지 아니하고 종전 대표이사로 하고 주소지를 회사의 본점이 아닌 구미지점에 한 것은 효력이 없다고 판시한 점에 비추어 보면 소장 역시 관리인에게 송달함이 적법하다.
52) 채권자취소소송은 제113조에 의하여 중단되지만 관리인이 수계할 수 있다고 규정되어 있는바, 과연 관리인이 채권자취소소송의 수계의무가 있는지에 대하여 논란이 있다(뒤에 詳述함). 한편, 채권자대위소송에 관하여는 채무자회생법에 명문의 규정이 없지만 대법원 2013. 3. 28. 선고

수계하는 것이 원칙이다. 중단되는 기간에는 不變期間, 通常期間, 法定期間(예, 상소기간 등), 裁定期間(예, 소장보정기간 등)이 포함된다.

그런데 회생회사의 재산에 관한 소송이라도 회생채권, 회생담보권(이하 회생채권 등이라 한다)에 관한 소송절차는 즉시 수계하는 것이 아니라 채권조사절차를 거친 후에 조사결과에 따라 수계 여부가 결정되는 것이다. 따라서 회생채권 등에 관한 조사절차에서 이의 여부를 기다리지 아니한 채 관리인이 수계신청을 하는 것이나 법원이 조사결과를 기다리지 아니한 채 직권으로 속행명령을 하는 것도 위법하다. 중단된 소송절차 중 회생채권 등과 관계없는 것은 채권조사절차를 거치지 아니하고 관리인 또는 상대방이 이를 수계할 수 있고(제59조 제2항) 법원이나 적절한 때에 속행명령을 발할 수 있다. 제174조 소정의 집행력 있는 집행권원이라 함은 집행문까지 부여받은 상태를 말하며 개시결정 후 집행문을 부여받았다고 하여 이에 해당하는 것은 아니다. 따라서 여전히 신고한 채권자가 수계신청의 의무를 부담한다.[53] 종국판결에 관한 소송이 항소심에 계속 중인 경우에는 이의자가 수계신청의 의무를 부담한다. 종국판결이라 함은 확정판결 외에 미확정판결, 확인판결(채무존재확인판결), 가집행선고부가 없는 이행판결, 형성판결(청구이의기각판결)도 모두 포함한다.[54]

이미 계속 중인 소송으로서 회생채권자가 회생절차 개시 전의 회사를 상대로 한 소송이 있는 경우 수계절차에 관한 법리에 익숙하지 아니한 당사자들이 낭패를 당하는 경우가 적지 않다(後述함). 즉 수계신청기간이 정하여진 경우와 수계신청기간이 정하여지지 아니한 경우가 있는데 전자의 경우 이를 간과하면 실권하는 불이익을 입게 된다.

수계신청기간이 법정되지 아니한 경우[55]에는 수계의무를 부담하는 당사자가 수계신청을 해태하면 법원(소송이 계속 중인 재판부)이 직권으로 당사자에게 속행명령을 발함으로써 중단사태를 해소할 수 있다(민사소송법 제244조).[56] 만일 속행명령 후의 지

2012다100746 판결(공 2013, 754)은 파산절차에 관한 판결로서 민사소송법 제239조와 채무자회생법 제406조 제347조 제1항을 유추적용하여 파산관재인이 채권자대위소송을 수계한다고 판시하였다. 일본은 파산법 제45조 제1항을 개정하여 채권자대위소송의 경우에도 소송이 중단됨을 명문으로 규정하여 이론적 근거에 대한 의문을 해소하였다. 회사갱생법 제52조의2도 같은 내용이다.

53) 대법원 1990. 2. 27.자 89다카14554 결정(공 1990, 940). 兼子一‒三ケ月章 條解會社更生法(中) 弘文堂(1998), 782면.

54) 回生事件實務(上), 572면. 일본의 학설도 같다. 兼子一‒三ケ月章 條解會社更生法(中) 弘文堂(1998), 784면. 伊藤眞, 破産法・民事再生法(第3版) 有斐閣(2014), 628면.

55) 진정한 소유권자가 채무자를 상대로 한 소유권이전등기말소청구 소송, 회생회사의 채권자가 수익자를 상대로 제기한 사해행위취소소송, 또는 채무자를 대위한 채권자대위소송 등이 그 예이다.

56) 서울중앙지방법원 2015. 8. 10.자 2013가단519576 결정은 원고들이 채무자 디케이코포레이션이

정기일에 쌍방이 불출석하면 기일의 해태 법리(민사소송법 제268조)에 따라 불이익을 받는다.[57] 따라서 회생채권에 관한 소송은 조사확정절차를 통하여 이의가 있는지 여부에 따라 수계 여부가 결정되고 이를 제외한 재산권에 기한 소송(환취권에 기한 소송 또는 회생회사가 원고인 대여금청구소송 등) 등은 적법한 수계가 이루어질 때까지 중단된다. 수계신청서라고 기재하는 것이 정확하지만 당사자가 기일지정신청서와 당사자표시정정신청서를 제출하였더라도 신청이유와 취지를 고려하여 실질적으로 수계신청을 한 것으로 보아 처리하여야 한다.[58] 회생채권 관련 소송절차가 관리인 또는 채권자에 의하여 수계된 후에는 청구취지를 이행의 소에서 채권확정의 소로 변경하여야 한다. 만일 채권자가 청구취지를 변경하지 아니하면 이를 부적법하다고 각하하는 것은 바람직하지 아니하므로 법원은 청구취지의 변경에 관한 원고의 의사를 석명하여야 한다.[59]

나. 지급명령과 이의절차의 중단

소송절차가 중단되면 항소기간, 지급명령 이의기간 등의 불변기간의 진행 역시 중단된다. 따라서 지급명령이 있은 후 회생절차가 개시되면 지급명령에 대한 이의기간 역시 중단되므로 지급명령이 확정된 것이 아니다. 대상판결은 이 점을 지적한 것으로 타당하다.

원심은 변론종결 후 채무자에 대하여 회생절차 개시결정이 있는 경우 그 소송절차가 중단되나 판결선고만을 할 수 있다는 판례[60]를 근거로 지급명령을 발한 것이 위법하다고 볼 수 없다는 이유로 원고의 주장을 배척하였다.

생각건대 회생채권에 관한 소송이 이미 법원에 계속 중인 경우 소송절차를 중단시키는 이유는 회생채권조사결과를 본 후에 절차를 진행하려는 데에 있는 것이므로 하급심이건 대법원이건 특별법인 채무자회생법 제59조 제1항이 적용되어 소송절차가

피고들을 상대로 한 채권양도행위가 사해행위라는 이유로 사해행위취소소송을 제기한 후 채무자에 대하여 파산선고가 났음에도 불구하고 당사자들이 소송수계신청을 하지 아니하자 법원이 직권으로 원고들의 소송수계인을 파산관재인으로 정하여 이 사건의 속행을 명한다는 주문을 발하였다.

57) 伊藤眞, 民事訴訟法, 有斐閣(2006), 223-224면.
58) 대법원 2014. 11. 27. 선고 2011다113226 판결(미공간).
59) 대법원 2015. 7. 9. 선고 2013다69866 판결(공 2015, 1129).
60) 대법원 2008. 9. 25. 선고 2008다1866 판결(미간행). 위 2008다1866 판결이 들고 있는 선례(대법원 2001. 6. 26. 선고 2000다44928, 44935 판결)는 상고심에서 상고이유서 제출기간이 경과한 후에 소송당사자가 파산선고를 받은 때에도 상고법원은 상고장, 상고이유서, 답변서, 기타의 소송기록에 의하여 상고가 이유 있다고 인정할 경우에 파산법에 정해진 수계절차를 거치지 않고 변론 없이 원심판결을 파기하고 사건을 원심법원에 환송하는 판결을 할 수 있다는 내용이다.

중단되어야 하는 것이지 일반법인 민사소송법 제247조를 근거로 변론종결 후 회생절차 개시결정/파산선고가 있는 경우에는 선고를 할 수 있다는 판례의 태도는 타당하지 아니하다. 이 사건에서도 원심이 선례를 인용하여 중단되지 아니한다고 판시하였음에도 대법원은 지급명령의 경우에 왜 선례가 적용되지 아니하는 점에 대한 판단을 피하였다.

　한편, 사안을 달리하여 만일 지급명령 신청 후 송달 전에 회생절차가 개시된 경우에는 지급명령 또는 회생채권조사확정절차는 어떻게 진행될 것인가 예컨대, 채권자 甲이 채무자 乙을 상대로 지급명령을 신청하였다. 지급명령이 채무자에게 송달되기 전에 채무자 乙에 대하여 회생절차 개시결정이 내렸다. 그 후에 채무자 乙이 지급명령을 송달받고 이의를 제기하였다. 甲은 회생채권을 회생법원에 회생채권조사확정의 재판을 제기하여야 하는가 아니면 지급명령 이의에 따라 소송절차를 수계하여 지급명령을 제출한 별도의 법원에 청구취지를 회생채권 확정의 소로 변경하여야 하는가?

　회생절차 개시 당시 이의채권에 관하여 소송이 계속하는 경우에는 회생채권자가 이의자를 상대로 소송절차를 수계하여야 한다(제172조). 그런데 지급명령의 경우에는 지급명령결정정본이 피고에게 송달된 때부터 소송계속의 효과가 발생한다. 따라서 이러한 법리를 강조하면 아직 회생절차 개시 당시에 아직 소송이 계속하지 아니한 것이므로 소송을 수계할 수 없으므로 회생법원에 간이한 절차인 회생채권조사확정의 재판을 구하는 것이 옳을 것이다.[61]

　그러나 소송을 수계하도록 하는 제172조의 취지를 고려하면 이미 계속 중인 소송에서 청구취지를 변경한 상태에서 절차를 계속하는 방법이 소송경제의 이념에 합치된다. 지급명령이 아니라 소송을 제기한 경우를 상정하면 원고가 인지와 예납금 등을 법원에 납부하고 소송대리인까지 선임하였는데 아직 소장이 피고에게 송달이 되기 전에 회생절차가 개시되었다는 사정으로 인하여 별도로 회생채권조사확정의 재판절차를 이용하라고 하는 것은 국민에게 부담이 되고, 이미 시작된 절차를 무용지물로 하는 것으로서 타당하지 않다. 따라서 위 사안의 경우에도 제172조를 적용하여 소송수계를 인정하는 것이 타당하다. 이 점에 관하여 아직 법원의 실무가 통일되어 있지 않다.[62] 반대

---

61) 오세용, "회생절차 개시결정이 독촉절차에 미치는 영향," 도산법연구 제5권 제2호(2014), 38면은 수계를 허용하지 않고 채권조사확정재판을 통하여 해결하여야 한다는 입장이다.

62) 대법원 2014. 5. 16. 선고 2013다94411 판결(미공간)은 지급명령이 신청되고 아직 법원이 지급명령을 발하기 전에 파산선고가 이루어진 경우 파산채권확정의 소를 각하하였다. 이 판례는 소송계속의 여부를 기준으로 아직 계속 중이 아니므로 파산법원에 파산채권조사확정재판을 신청하여야 하는 입장이다(오세용, 앞의 논문(주 61)도 같은 입장이다). 이에 반하여 대구지방법원 2010. 5.

설은 소송계속의 시기에 관한 소송법의 원칙에 따라 수계 여부를 주장한다.[63)]

지금까지는 지급명령 후 채무자에 대하여 회생절차가 개시된 경우에 관한 의논이었다. 반대로 관리인을 상대로 지급명령을 신청하였으나 지급명령의 송달 전에 회생절차가 폐지되면 지급명령절차가 중단되었다가 소송수계가 되는가? 판례는 사망자를 상대로 한 지급명령이 무효인 것과 마찬가지로 관리인의 권한 소멸 후에 관리인을 상대로 한 지급명령은 무효이고 그에 터잡은 전부명령 역시 무효라고 판시하였다.[64)]

다. 소송절차의 중단과 이를 간과한 판결의 효력과 구제방법

채무자의 재산에 관한 소송 계속 중 일방 당사자에 대하여 회생절차 개시결정이 있으면 소송이 중단되어야 함에도 불구하고 법원이 이를 간과하고 소송절차를 진행하여 판결을 선고하는 경우가 간혹 생긴다. 이러한 판결은 새로운 당사자인 관리인의 수계 신청권을 침해한 것으로서 마치 대리인에 의하여 적법하게 대리되지 아니하였던 경우와 마찬가지로 위법하므로 파기사유가 된다.[65)]

상고를 제기하고 상고이유에서 위법한 수계절차를 다투지 아니한 채 수계신청이 이루어졌다면 절차상의 위법은 추인되어 유효하게 볼 수 있지만,[66)] 만일 상고이유로 수계절차의 위법을 주장한다면 설령 원심의 원고 대리인이었던 상고심 대리인이 소송수계신청을 하였다고 하여 절차상의 위법을 추인하였다고 할 수 없다.[67)]

---

25. 선고 2009가합2303 판결은 회생절차 개시 당시에 지급명령신청은 있었으나 회생절차 개시후 지급명령정본이 회생회사에게 송달되고 관리인이 이의신청을 한 경우에도 채무자회생법 제172조를 유추하여 소송수계를 인정하였다.

63) 오세용, 앞의 논문(주 61). 38면은 전게 대구지방법원 판결의 사안의 경우에도 지급명령의 신청을 각하하자는 입장이다.

64) 대법원 2017. 5. 17. 선고 2016다274188 판결(공 2017, 1260). 관리인을 채무자로 한 지급명령이 발령되었으나 관리인에게 송달되기 전날 회생절차폐지결정이 확정되었다면 그 지급명령은 이미 당사자적격이 상실된 자를 상대로 한 것이어서 무효이다.

65) 대법원 2012. 9. 27. 선고 2012두11546 판결(공 2012, 1754); 대법원 2011. 10. 27. 선고 2011다56057 판결(공 2011, 2447); 대법원 1996. 2. 9. 선고 94다24121 판결(공 1996, 865) 등.

66) 대법원 1999. 12. 28. 선고 99다8971 판결(공 2000, 364). 항소심에서 피고에 대하여 파산선고가 내려졌음에도 불구하고 원심이 이를 간과하고 판결을 선고하였고, 원고가 상고하여 당사자 쌍방이 각 수계신청을 한 사안에서 상고인이 이 점을 불복사유로 삼지 아니하였지만 법원이 직권으로 수계의 적법 여부를 판단하면서 비록 중단사유를 간과하고 선고된 판결은 절차상 위법하고, 대리권 흠결을 이유로 한 상소 또는 재심에 의하여 그 취소를 구할 수 있으나 "상소심에서 수계절차를 밟은 경우에는 절차상의 하자는 치유되고 그 수계와 상소는 적법한 것으로 된다"고 보아 나아가 상고이유를 판단한 후 상고를 기각하였다.

67) 대법원 2012. 9. 27. 선고 2012두11546 판결(공 2012, 1754). 회생회사 범양건영이 부당한 공동행위를 하였다는 이유로 공정거래위원회를 상대로 과징금납부명령의 취소를 구하는 소송을 제기한 후에 회생절차가 개시된 사안이다. 이 사건에서 법원은 원심 및 상고심의 소송대리인이 동일인이라 하더라도 상고이유로 삼은 이상 그 하자는 치유되지 아니한다고 판시하였다는 점에서 의의가 있다.

소송절차가 중단 중에 제기된 항소는 효력이 없다.[68] 다음으로 항소장이 제출되자 원심재판장이 인지보정명령을 발한 상태에서 항소인에 대하여 회생절차가 개시되었다면, 소송절차는 중단되는 것이므로 보정기간이 진행될 수 없는 것이고 설령 회생절차 개시 이후에 원심재판장이 보정기간연장 명령을 발하였다고 하더라도 이 명령 또한 소송절차가 중단된 상태에게 행한 것으로서 보정기간연장명령 역시 효력이 없다. 따라서 원심재판장이 발한 보정명령에 따른 불준수의 효과도 발생할 수 없다. 그럼에도 불구하고 원심이 상고장을 각하 명령한 것은 위법하다.[69]

이러한 법리는 민사소송뿐 아니라 회생 전 회사가 공정거래위원회를 상대로 한 행정소송의 경우에도 마찬가지이다. 왜냐하면 회생회사에 대한 과징금 부과 및 액수를 다투는 소송은 회생회사의 재산에 관한 소송에 해당하기 때문이다.

5. 관리인 불선임시 당사자 표시

[대상판결]: 대법원 2013. 8. 22. 선고 2012다68279 판결(공 2013, 1688)

[사실관계]

2009. 2. 24. 피고가 2009회단8호로 회생절차 개시신청함[70]

2009. 3. 24. 회생절차 개시결정 및 관리인을 선임하지 아니하고 피고를 관리인으로 본다는 결정

2010. 11. 24. 원고가 피고를 상대로 사해행위취소소송을 제기하였다. 원고는 소장에서 회생절차 개시결정 후에 채무자의 재산에 대한 이 사건 소를 제기한다는 취지로 기재하였고, 피고는 회생절차 개시결정에 관한 자료를 제출하였다.

원심법원은 제1차 변론기일에 원고대리인에게 '피고에 대하여 회생절차가 개시되어 피고에게 당사자적격이 있는지 밝힐 것'을 명하고 변론을 종결한 후 선고에 앞서 소송 외 절차에서 피고가 관리인으로서의 자격인지 입장을 밝힐 것을 촉구하고 의견서를 제출하지 않으면 채무자 본인으로서 소를 제기한 것으로 알고 판단할 것을 고지

---

68) 송상현/박익환, 민사소송법, 박영사(2011), 386면. 대법원 1996. 2. 9. 선고 94다61649 판결(공 1996, 888)도 중단 중의 상소는 부적법하지만 상소심 법원에 수계신청을 하여 소급하여 그 하자를 치유시킬 수 있다고 판시하였다.

69) 대법원 2009. 11. 23.자 2009마1260 결정(공 2010, 7). 위 결정에 대한 해설로는 金又洙, 대법원판례해설 제81호, 법원도서관(2009), 561-571면.

70) 대법원 판결 이유는 개인회생신청을 하였다고 표시하였는바 개인이 제4편의 회생절차를 신청하는 경우를 개인회생신청이라 하고 사건번호도 '개회'로 표시하므로 회생신청이라는 표현이 보다 정확하다.

한 후 원고가 별다른 조치를 취하지 아니하자 피고가 당사자 적격이 없다는 이유로 소를 각하하였다. 대법원은 원심판결을 파기하였다.

[판결요지]

피고는 채무자 본인으로서의 자격과 관리인으로서의 자격을 동시에 가지고 있으나 원고는 본인의 지위에 있는 피고를 상대로 이 사건 소를 제기하였다면 당사자적격이 없어 각하당할 것인데 굳이 본인의 지위에 있는 피고를 상대로 하여 소를 제기할 이유가 전혀 없는 점, 원고가 제출한 소장의 기재 내용 및 피고의 주장에 비추어 보더라도 관리인인 피고를 상대로 이 사건 소를 제기하였다고 볼 수 있는 점 등에 비추어 볼 때 원심으로서는 원고에게 피고를 채무자 본인으로 본 것인지 아니면 관리인으로 본 것인지에 관하여 석명할 필요 없이 관리인의 지위에 있는 피고를 상대로 이 사건 소를 제기한 것으로 보고 관리인으로서 피고의 지위를 표시하라는 취지로 당사자표시 정정의 보정명령을 내림이 타당하다.

[해설]

채무자에 대하여 파산이 선고되면 채무자의 재산으로 파산재단을 구성하지만 파산재단에 독립한 법인격을 부여하지 않으며 파산관재인은 파산재단에 대한 관리처분권을 갖게 된다. 파산관재인의 법적 지위에 대하여는 사법상의 직무설, 파산재단대표자설, 관리기구인격설 등 견해가 일치되어 있지 않다. 그러나 종전 파산자와 별개의 독립한 법인격을 갖는 제3자로 취급하여 통정허위표시의 제3자에 해당한다고 보는 것이 확립된 판례이다.[71]

이에 반하여 미국에서는 파산신청과 동시에 파산재단이 성립하고 파산재단은 독립한 법인격을 갖게 되며 파산관재인은 파산재단의 대표자가 된다.[72] 따라서 미국에서는 파산관재인이 파산자의 권리의무를 직접 승계하는 것은 아니지만 파산선고와 동시에 파산자의 재산은 원칙적으로 파산재단을 구성하게 되고 파산관재인은 파산재단

---

71) 대법원 2013. 4. 26. 선고 2013다1952 판결(미간행); 대법원 2006. 11. 10. 선고 2004다10299 판결(공 2006, 2066); 대법원 2004. 10. 28. 선고 2003다12342 판결(공보불게재); 대법원 2003. 12. 26. 선고 2003다50078, 50085 판결(공보불게재); 대법원 2003. 6. 24. 선고 2002다48214 판결(공 2003, 1581) 등 다수.

72) Collier International Business Insolvency Guide Vol 1, Chapter 4, 13. David G. Epstein, Bankruptcy and Related Law in a Nutshell 8th ed. 25, 2013. "This estate is treated as a separate legal entity, distinct from the debtor."

의 대표자로서 파산재단에 대하여 관리처분권을 갖는다. 이러한 설명은 제11장에도 그대로 적용된다. 즉 제11장에서는 대부분의 사건에서 관리인이 선임되지 않고 Debtor in Possession(DIP)이 등장한다. DIP가 파산재단을 관리하는 것이므로 법적으로는 종전의 채무자와 법적인 지위가 달라지게 된다.[73] 미국의 DIP 제도는 관리인을 선임하지 않고 기존의 채무자가 DIP로서 채무자의 재산에 대한 관리처분권을 행사한다. 즉 관리인 선임과 DIP는 양립할 수 없다.[74]

채무자회생법 시행 후 관리인 선임제도가 원칙적으로 기존경영자 관리인제도로 바뀌었지만 관리인 제도는 여전히 유지되고 있다. 채무자회생법하에서의 관리인제도는 제3자를 관리인으로 선임하는 경우, 기존의 경영진을 관리인으로 선임하는 경우, 기존의 경영진을 관리인으로 간주하여 불선임 결정을 하는 경우의 3가지로 구분된다. 미국과 다른 점은 법원이 관리인 선임, 불선임에 대한 결정을 반드시 한다는 점과 불선임의 결정을 하더라도 채무자는 여전히 관리인으로 간주된다는 점이다. 관리인 불선임 결정과 미국의 DIP는 외관상으로는 회생절차 개시 후에 동일한 자연인이 재산의 관리처분권을 갖는다는 점에서는 동일하다.

따라서 개인인 피고에 대하여 회생절차가 개시되면 법률상 관리인이 소송절차를 수계하여야 한다. 이 사건에서는 이미 회생절차가 개시된 이후이므로 원고가 당사자표시를 '(회생)채무자 甲의 법률상 관리인 甲'으로 표시하면 될 것인데 단순히 피고 甲으로 표시한 잘못을 범한 것이고 원심은 석명을 구하였지만, 대법원은 석명을 할 필요 없이 직접 법원이 관리인으로서의 피고의 지위를 표시하라고 당사자표시정정의 보정명령을 하면 족하다고 판시하였다.

---

73) 종전의 경영진은 파산절차 개시 전에는 채무자의 주주에 대한 주의의무를 부담하지만 개시 후에는 그 외에 채권자들에 대하여도 충실의무(fiduciary duty)를 부담한다. Jeffrey T. Ferriell · Edward J. Janger, UNDERSTANDING BANKRUPTCY 3rd ed. 23 2013. 미국 파산법 제11장 사건에서 관리인 선임과 DIP의 법적 지위에 관하여는, 林治龍, 파산법연구4, 博英社(2015), 140-217면.

74) 11 USC §101(1). In this chapter-(1) "debtor in possession" means debtor except when a person that has qualified under section 322 of this title is serving as trustee in the case. 이 장에서 "debtor in possession"이라 함은 이 장 제322조에서 관리인이 선임된 경우를 제외하고는 채무자를 의미한다. 그러나 이러한 자격에 터잡아 채무자는 채권자의 이익을 보호하기 위하여 파산재산을 보호해야 할 수탁자로서의 충실의무를 부담하게 된다. Commodity Futures Trading Comn. v. Weintraub, 471 U.S. 343, 355(1985).

Ⅲ. 否認權

1. 부인권의 대상행위, 행위의 상당성, 악의 또는 선의의 증명책임

[대상판결]: 대법원 2011. 5. 13. 선고 2009다75291 판결(공 2011, 1125)

[사실관계][75)

사안 1: 우정건설(회생회사)이 우정건설의 대표이사 甲(수익자)에게 수표를 교부하고, 甲 자신이 부담하는 乙(인성실업의 대표이사, 제1전득자)에 대한 개인 채무를 변제하기 위하여 이 사건 수표를 乙의 대리인인 丙(피고의 관리이사)에게 교부함. 乙이 다시 피고(인성실업, 제2전득자)에게 대금 등의 명목으로 교부함. 즉 회생회사 → 甲(수익자) → 乙(제1전득자) → 피고(제2전득자)의 유형

사안 2: 우정건설이 대표이사인 甲의 행위를 통하여 乙(수익자)의 대리인인 丙을 통하여 乙에게 교부함으로써 甲의 乙에 대한 채무를 대위변제하고 乙이 다시 피고(전득자)에게 대여 등의 명목으로 교부함. 즉 회생회사 → 乙(수익자) → 피고(전득자)의 유형

원고(우정건설의 관리인)는 처음 우정건설이 자기앞수표를 직접 피고 회사에게 교부한 행위가 부인의 대상이 된다고 주장하였으나 기록상 직접 교부한 증거는 인정되지 아니하여 위 주장은 배척되었다. 즉 회생회사 → 피고 회사의 유형은 부정되었다. 원심은 위 사안 1, 2의 사실관계를 인정할 증거가 부족하고, 피고가 甲 또는 乙(제1전득자 내지 수익자)의 수표취득에 관하여 원고가 주장하는 부인의 원인이 있음을 알았다고 인정하기에 부족하다고 판시하였다.

그러나 대법원은 사실관계를 사안 1, 2로 구분하여 각각의 경우 수익자, 제1전득자, 제2전득자의 악의도 추정된다고 보았다. 원고의 상고를 받아들여 원고 패소 부분을 파기하였다.

그 외에 원심은 피고가 위 수표금 외에 다른 돈을 회생회사로부터 변제받은 것이 부인의 대상이 된다고 판시하였고 이에 대하여 피고가 기존 차입금의 변제에 해당하는 행위이고 선의였으며, 행위의 상당성이 인정되므로 부인의 대상이 되지 아니한다고 상고이유를 주장하였으나 대법원은 피고의 상고를 기각하였다.

---

75) 기록상 우정건설이 직접 피고 인성실업에게 수표를 직접 교부한 증거는 없다. 대법원은 2가지의 가상적인 사실관계를 상정하고 그에 터잡아 법리를 전개하고 있다.

[판결요지]

[1] 관리인이 [제100조 제1항 제1호의 고의부인에 기한, [ ] 표시는 필자가 삽입한 것이다. 이하 같다] 부인권을 행사함에 있어 수익자가 행위 당시 회생채권자 등을 해하는 사실을 알지 못한 경우에는 그 행위를 부인할 수 없으나, 그와 같은 수익자의 악의는 추정되므로, 수익자 자신이 선의에 대한 증명책임을 부담한다. 관리인이 부인대상 행위의 전득자에 대하여 부인권을 행사하기 위해서는 전득자가 전자(前者)인 수익자 내지 중간 전득자에 대하여 각각 제100조 제1항에서 정하는 부인의 원인이 있음을 알아야 하고, 특별한 사정이 없는 한 이러한 전득자의 악의에 대한 증명책임은 전득자에 대한 부인권을 행사하는 관리인에게 있다.

[2] 채무자가 변제 등 채무를 소멸시키기 위한 자금을 마련하기 위하여 제3자로부터 자금을 차입하는 경우, 제3자와 채무자가 차입금을 특정 채무를 소멸시키기 위하여 사용하기로 약정하고, 실제 그와 같은 약정에 따라 특정 채무에 대한 변제 등이 이루어졌으며, 차입과 변제 등이 이루어진 시기와 경위, 방법 등 제반 사정에 비추어 실질적으로 특정 채무의 변제 등이 당해 차입금에 의하여 이루어진 것이라고 볼 수 있고, 이자, 변제기, 담보제공 여부 등 차입금의 차입 조건이나 차입금을 제공하는 제3자와 채무자의 관계 등에 비추어 차입 이전과 비교할 때 변제 등 채무 소멸이 이루어진 이후에 채무자 재산이 감소되지 아니한 등의 사정이 인정된다면, 해당 변제 등 채무소멸행위는 전체적으로 보아 회생채권자 등을 해하지 아니하여 부인의 대상이 되지 아니하는 특별한 사정이 존재한다고 할 수 있다.

[해설]

가. 대상판결은 원래 원고 국민은행이 회생절차 개시 전에 채무자인 우정건설의 사해행위를 취소하면서 수익자인 피고 인성실업을 상대로 채권자취소소송을 제기하였다가 소송 계속 중 채무자(우성건설)에 대하여 회생절차가 개시되어 관리인이 사해행위취소소송을 수계한 것이다. 채권자취소소송과 부인의 소송과의 관계에 대하여는 다음 항에서 살펴본다. 파산절차상 부인권의 행사 주체는 파산관재인으로 한정되어 있으므로 채권자는 부인권을 대위행사할 수 없다.76) 대신에 법원에 대하여 파산관재인에게 부인권의 행사를 명하도록 신청할 수 있을 뿐이다.77) 이 점은 회생절차에서도 동일하다.

---

76) 대법원 2002. 9. 10. 선고 2002다9189 판결(공보불게재).

77) 파산법 제68조 제2항은 파산채권자의 신청에 의하여 부인권의 행사를 명하도록 규정되어 있을 뿐 직권에 의한 부인권행사명령 제도가 없었으나 채무자회생법은 직권으로도 가능하도록 확대하

나. 부인권의 입증책임

부인행위에 대한 입증책임은 각 부인의 유형에 따라 다르다. 이는 부인대상 행위의 성질에서 비롯된 것으로 이 점에 관한 입증책임 분배의 원칙은 합리적이다.

첫째, 故意否認에 관하여 본다.

채무자가 사해의사를 갖고 한 당해 행위가 채권자를 해하는 고의부인에 해당한다는 사실을 관리인이 주장하려면 관리인이 사해의사의 존재 및 행위의 사해성을 입증하여야 진다.[78] 단 수익자가 그 행위 당시 회생채권자를 해하는 사실을 알지 못한 경우에는 그 행위를 부인할 수 없으나, 수익자의 악의는 추정되므로 수익자 자신이 선의에 대한 증명책임을 부담한다.[79] 한편 관리인이 전득자에 대하여 부인권을 행사하기 위해서는 전득자가 그 前者인 수익자 내지 중간 전득자에 대하여 각각 제100조 제1항에서 정하는 부인의 원인이 있음을 알아야 하고(제110조 제1항 제1호), 이러한 전득자에 대한 악의에 대한 증명책임은 관리인에게 있다.[80]

둘째, 危機否認 중 本旨辨濟(제100조 제1항 제2호)에 관하여 본다.

채무자가 지급정지 이후의 위기시기에 채무를 소멸시키는 행위로서 수익자가 행위 당시 지급정지에 있었음을 알았고, 회생채권자를 해하는 사실을 알았다는 점에 대한 증명책임은 관리인에게 있다.[81] 수익자로서는 변제기에 도래한 채무를 변제받는 것이 당연한 것으로 여길 것이므로 악의라는 점을 관리인이 입증하라는 것이다.

셋째, 危機否認 중 非本旨辨濟(제100조 제1항 제3호)에 관하여 본다.

이는 채무자의 의무에 속하지 아니한 행위를 부인의 대상으로 삼고 있다. 채권자가 그 행위 당시 채무자가 다른 회생채권자 등과의 평등을 해하게 되는 것을 알지 못한 경우에는 부인할 수 없으나 채권자는 채무자가 그 행위 당시 다른 회생채권자 등과의 평등을 해하게 되는 것을 알았다고 추정되므로, 채권자 자신이 그 선의에 대한 증명책임을 부담한다.[82] 이 점은 변제기가 도래하지 아니하였는데도 미리 변제를 받거

였다. 이 점은 회생절차도 마찬가지이다. 회사정리법 제82조 제2항 및 채무자회생법 제105조 참조. 부인권행사명령 제도는 1999. 12. 31. 회사정리법 개정과 2001. 1. 12. 파산법 개정에 의하여, 부인권의 활성화를 도모하기 위하여 처음으로 도입된 것이고 채무자회생법은 더 나아가 명령 주체를 법원으로 확대하였다. 참고로 일본의 회사갱생법이나 파산법은 부인권 행사명령 제도를 두고 있지 않다.

78) 回生事件實務(上), 325면. 채무자가 부도에 임박하여 채무면탈의 목적으로 부동산을 헐값에 가족에게 매도하였다는 점은 관리인이 입증책임을 진다.
79) 대상판결.
80) 대상판결.
81) 回生事件實務(上), 326면.
82) 대상판결.

나 원래 무담보채권자임에도 새로이 담보권을 설정받는 행위의 성질로부터 행위의 부당성이 추정되기 때문이다.

넷째, 無償否認에 관하여 본다.

무상부인의 해당 여부는 대상행위의 객관적 성질에 기하여 결정되는 것이므로 채무자와 수익자의 주관적 의사는 문제되지 않는다.

다섯째, 상당성의 입증책임에 관하여 본다.

관리인이 부인대상 행위의 전득자에 대하여 부인권을 행사하기 위해서는 전득자가 수익자 내지 중간 전득자에 대하여 각각 법 제100조 제1항에서 정하는 부인의 원인이 있음을 알아야 하고(제110조 제1항 제1호), 이러한 전득자의 악의에 대한 증명책임은 전득자에 대한 부인권을 행사하는 관리인에게 있다.[83] 이 점에서 전득자의 악의에 대하여만 입증을 요구하는 채권자취소권과 다르다(후술함).

또한 부인대상 행위가 유해하지 않고 상당성이 있다는 점, 즉 부당성의 요건을 흠결하였다는 사정에 대한 주장·입증책임은 상대방인 수익자에게 있다.[84] 부인대상 행위 또는 사해행위가 있은 후 부인권의 상대방 또는 사해행위의 수익자가 파산한 경우 상대방(수익자)의 선의 여부는 행위 당시의 상대방(수익자)를 기준으로 하여야 하고, 파산관재인이 새로운 전득자가 되는 것이 아니다.[85]

미국의 파산법은 편파행위의 부인에 대한 예외사유로서 동시교환적 행위,[86] 통상의 영업활동에 기한 행위, 신가치의 제공행위 등 편파행위의 예외에 관한 규정을 두고 있다.[87] 일본의 개정 파산법과 회사갱생법도 편파변제를 고의부인에서 사실상 제외하는 등 부인의 행위유형을 객관화함으로 거래의 안정과 예측가능성을 높였다.

대상판결의 사안과 같이 회생절차 개시 전에 특정 채권을 변제할 목적으로부터 타인의 돈을 빌려와 그 돈으로 특정채권자의 채권을 변제하는 행위에 대하여 미국은 이른바 판례법에 의한 earmarking doctrine을 적용하여 채무자는 돈이 통과하는 일종의 도관(conduit)으로 보아 파산재단의 감소를 수반하지 아니하므로 편파행위의 부인 대상에서 제외하고 있다.[88]

---

83) 대상판결.
84) 전게 대법원 2001다78898 판결.
85) 대법원 2014. 9. 4. 선고 2014다36771 판결(공 2014, 2026).
86) 대법원 2017. 9. 21. 선고 2015다240477 판결(공 2017, 1965)이 처음으로 동시교환적 담보제공행위가 부인권 대상이 되지 아니함을 밝혔다.
87) 11 USC §547(c).
88) Epstein, *supra* note 72, at 87.

다. 債權者取消訴訟과 否認의 訴의 관계

(1) 채권자취소소송 계속 중 회생절차의 개시

채권자취소소송 중에 채무자에 대하여 회생(파산)절차가 개시되면 채권자 취소소송이 중단된다(제113조, 제406조). 법은 회생채권자와 파산채권자가 제기한 소송이 중단된다고 규정하고 있을 뿐 공익채권자 또는 재단채권자가 제기한 경우에 관하여는 규정을 두지 아니하였다. 그러나 관리인 또는 파산관재인만이 채무자의 재산에 대한 관리처분권을 갖게 되는 것인 점을 고려하면 공익채권자 또는 재단채권자가 사해행위소송을 제기한 경우에도 중단된다고 해석함이 상당하다. 나아가 회생절차가 개시되면 공익채권자도 더 이상 채권자취소소송을 제기할 수 없다.[89] 중단된 소송은 관리인 또는 상대방이 소송을 수계할 수 있다(제59조 제2항, 제347조). 회생절차 개시 후 채권자는 더 이상 채권자취소소송을 제기할 수 없다. 민법 제406조 제2항 소정의 채무자의 사해행위를 알았는지 여부는 채권자인 파산자를 기준으로 하여야 하지만 파산자가 알지 못한 상태에서 파산관재인이 수계한 후에는 파산관재인을 기준으로 판단하여야 하고 파산선고 전후를 불문하고 파산자를 기준으로 채무자의 사해행위를 알았는지 여부를 판단할 것이 아니다.[90]

그리고 회생절차 도중에 관리인이 부인의 청구를 하여 회생법원에 계속 중에 회생절차가 종료하면 부인의 청구는 회생절차의 종료에 의하여 당연히 종료한다.[91] 부인의 소가 계속 중에 회생절차가 종료하면 판례는 부인의 소송절차가 종료한다는 입장에 있다. 판례를 반영하여 실무는 회생절차 종료 후에도 부인의 소송을 유지하기 위하여 회사분할 제도를 이용하여 분할된 회생회사로 하여금 부인권 소송을 진행하도록 하고 있다.

부인의 소는 파산선고일로부터 2년 내에 제기하여야 하는데(제405조), 파산관재인이 채권자취소소송을 수계하여 파산선고일로부터 2년이 경과한 다음 청구취지를 부인

---

89) 반대의 견해도 있을 수 있다. 즉 일본 신 파산법 제45조는 재단채권자가 제기한 경우도 포함하여 규정하였지만 신 회사갱생법은 공익채권자에 대한 규정은 여전히 누락하고 있는바 그 차이를 공익채권자가 회생절차 중에도 강제집행할 수 있으므로 책임재산의 회복에 있어서 공익채권자의 당사자적격이 인정된다는 점을 들고 있다(伊藤眞, 會社更生法, 316면 주 155 참조). 그러나 공익채권자에게 채권자취소소송을 허용하면 관리인의 관리처분권을 침해하는 것이므로 관리인에 대한 법원의 감독권한을 촉구함에 그친다고 봄이 타당하다. 서울중앙지방법원 2015가합521615 사건은 국가가 공익채권자의 지위에서 수익자를 상대로 채권자취소소송을 제기하였다가 취하하였다.

90) 대법원 2008. 4. 24. 선고 2006다57001 판결(공 2008, 785).

91) 일본 파산법 제174조 제5항은 이를 명시하고 있다. "否認の請求の手續は破産手續が終了したときは終了する."

의 소에 맞추어 변경하였다면 부인권의 행사는 파산선고시가 아니라 채권자취소소송이 법원에 처음 계속된 때를 기준으로 제척기간의 준수 여부를 따져야 한다.[92]

(2) 회생(파산)절차 중 부인의 소와 회생절차에서의 수계

개정된 일본 회사갱생법 제52조의2는 회사갱생절차에 앞서 파산절차가 개시되어 부인의 소송이 계속되거나 부인의 청구를 인용하는 결정에 대하여 이의절차가 계속 중 회사갱생절차가 개시된 경우에도 회사갱생절차의 관재인이 수계하는 것으로 명문의 규정을 새로 두었다. 이러한 법리는 회생절차에서도 그대로 적용된다.[93]

(3) 수계 후의 청구취지 변경

관리인에게 채권자취소송의 수계신청의 의무가 있는가? 즉 관리인이 기존에 진행 중인 소송의 진행 정도에 비추어 패소할 가능성이 있으므로 수계를 거부하고 별소로 부인의 소송을 제기할 수 있는가?

일본의 구 파산법하에서는 만일 채권자취소소송의 진행상황이 파산관재인의 입장에서 불리하다고 판단되는 경우라면 파산관재인이 수계를 거절하고 별도로 부인소송을 제기할 수 있다는 견해(수계부정설)가 유력하였다.[94] 이 견해는 채권자취소소송과 부인의 소의 차이를 근거로 한다. 부인의 소송에서 전득자에 대한 부인을 청구하는 데 있어 만일 전득자가 수인이라면 모든 전득자가 그 전자에 대한 부인의 원인이 있음을 알아야 하지만 채권자취소소송에 있어서는 전득자의 악의를 판단함에 있어서 단지 전득자가 전득행위 당시 채무자와 수익자 사이의 법률행위의 사행성을 인식하였는지가 문제되고 위 법률행위에 관한 수익자의 사해성 인식 여부는 문제되지 않는 점[95] 및 수익자와 전득자 사이의 전득행위가 다시 채권자를 해하는 행위로서 사해행위의 요건을 갖추어야 하는 것은 아닌 점[96]에 비추어 채권자취소소송을 유지하는 것이 유리하다는 점이 있다. 그 외에 관리인이 어느 한 채권자의 소송수행의 결과에 구속되어서는 아니 된다는 점, 채권자취소소송은 채무자가 원고가 아니라 채권자가 원고라는 점 및 양 제도의 차이를 들어 있어 채권자취소소송을 유지하는 것이 파산관재인에게 유리하다는 이유를 들고 있다.[97] 서울중앙지방법원의 판결도 파산관재인의 수계의무를 부정하였

---

92) 대법원 2016. 7. 29. 선고 2015다33656 판결(공 2016, 1234)은 부인의 소가 적법하다고 판시하였다.
93) 同旨, 정문경, "부인권 행사에 관한 실무상 몇 가지 쟁점," 도산법연구 제2권 제1호(2012), 57면.
94) 兼子一, 條解民事訴訟法, 1986, 742면. 최근 견해로는 加藤和夫, "繫屬中の訴訟の中斷・受繼," 櫻井孝一編, 演習 破産法(第5版), 法學書院(2010), 91면.
95) 대법원 2012. 8. 17. 선고 2010다87672 판결(공 2012, 1546).
96) 대법원 2006. 7. 4. 선고 2004다61280 판결(공 2006, 1494).
97) 노영보, 도산법강의, 박영사(2018), 266면; 정준영, "신도산법의 파산절차가 소송절차에 미치는

다.[98]

이 점에 대한 답을 하려면 먼저 부인소송과 채권자취소소송의 관계를 결정하여야 한다. 만일 수계를 거부하는 것이 가능하다면 채권자취소소송은 중단되었다가 어떠한 상태로 남게 되는가, 채권자취소소송을 수계하여 패소한 관재인이 다시 부인소송을 제기할 수 있는가 하는 점에 대한 답이 정해져야 한다. 위 2008가합69775 판결은 파산관재인이 수계를 거절하는 사유(파산관재인은 부동산을 처분하여 환가하는 데 장애가 있다고 주장함)를 설시한 후 파산관재인이 수계를 할지 여부에 대한 재량을 갖는다고 보면서도 기존의 채권자취소소송에 대하여 판단하면서 채권자에게 그 소송을 유지해 갈 권한이 잠재되어 있지 않다는 점과 소송절차를 계속 하여 중단상태로 두게 되면 수익자가 법적으로 불안한 상태에 있다는 이유를 들어 직권으로 판단하여 소를 각하하였다.

생각건대, 수계제도를 둔 취지가 소송이 중단되면 반드시 적법한 수계권자가 소송을 수계하도록 하는 것이 소송절차에 경제적이고, 수계하는 소송의 당사자에게 판결의 효력을 미치게 하려는 데 있다면, 소송이 중단되었음에도 이를 수계하지 않고 그대로 내버려 두고 별소를 제기하는 것을 허용하면 수계제도의 취지와 어긋나고, 두 개의 소송절차에서 상이한 판결이 가능성을 조장하게 되어 법적 안정성에도 어긋난다. 그리고 제59조에서 상대방에게도 수계신청권이 명문으로 인정하는 이상 관리인이 수계를 거절할 수는 없다고 봄이 타당하다.[99] 또한 일단 수계한 후에는 관재인이 소를 변경하여 부인소송으로 바꾸는 것이 옳다.[100] 회생채권에 관한 소송의 수계는 회생채권조사기일로부터 1개월 이내에 하여야 하지만 기존의 소송의 청구취지변경을 1개월 이내에 하여야 하는 것은 아니다.

영향," 도산관계소송, 韓國司法行政學會(2009), 309면; 서울중앙지방법원 파산부 실무연구회, 도산절차와 소송 및 집행절차, 博英社(2011), 68면; 竹下守夫 編集代表, 大コメンタール 破産法, 靑林書院(2007), 623면.

98) 서울중앙지방법원 2008. 11. 26. 선고 2008가합69775 판결(미항소로 확정됨). "위 법률[채무자회생법 제406조 제1항, 제2항, 제347조 제1항]에서 정하는 바에 의하더라도 이 사건의 사안과 같은 경우에 수계가 강제되어있지 아니하므로, 이러한 경우는 당사자의 사망이나 법인의 합병 등과 같이 채권자(원고)의 채권자취소소송이 채무자의 파산관재인에게 당연 승계되는 것이라 할 수 없고, 파산관재인은 수계할 것인지 하지 않을 것인지에 대한 재량을 갖는다." 同旨 法人破産實務, 83면.

99) 同旨, 정문경, 앞의 논문(주 93), 53-55면; 伊藤眞, 會社更生法, 317면.

100) 정문경, 앞의 논문(주 93), 53면에 의하면 실제 사건에서도 청구취지가 변경되었지만 사건명은 채권자취소소송으로 유지되었다고 한다. 伊藤眞 編, 條解破産法, 弘文堂(2010), 375면.

2. 채권양도인의 채권양도행위의 통지와 부인권의 대상

[대상판결]: 대법원 2011. 10. 13. 선고 2011다56637, 56644 판결(공 2011, 2351)[101]

[사실관계]

2008. 3. 31. 창대산업 1차부도, 원고(영진공사)로부터 세척사 공급받고 원고에게 약속어음(발급기일로부터 4개월 후 지급) 교부함

2008. 4. 21. 창대산업이 원고로부터 지급기일을 연장 받음

2008. 4. 27. 창대산업이 원고에게 레미콘 대금채권을 양도하기로 하는 내용의 이 사건 약정 체결

2008. 4. 30. 원고는 창대산업에 대한 대금을 지급받기 위하여 창대산업으로부터 교부받은 채권양도계약서와 채권양도 통지서의 백지부분을 보충한 다음 피고들에게 채권양도 통지를 함. 같은 날 창대산업 2차 부도

원고가 피고들을 상대로 채권양수금을 청구한 사건에 파산관재인이 독립당사자로 참가하여 부인권을 행사한 사안으로서, 파산관재인이 부인의 대상 행위로 삼은 것은 이 사건 약정이 아니라 2008. 4. 30.자 채권자의 예약완결의 의사표시이다. 원심은 아래의 이유로 원고의 청구를 기각하였고, 대법원은 원심판결의 이유를 인용하여 상고를 기각하였다.

[판결요지]

이 사건 약정은 예약형 집합채권의 양도담보에 해당하는 것으로서 그로 인한 채권양도의 효력은 약정이 이루어짐으로써 즉시 발생하는 것이 아니고, 예약완결권이 행사됨으로써 비로소 발생하는 것이지만, 예약완결권, 양도대상 채권의 선택권, 채권양도의 통지 대리권한까지 채권자에게 부여되는 것이므로 이는 편파행위에 해당하고, 예약완결의 의사표시 당시 창대산업이 자금사정이 악화되고 원고도 이러한 사정을 잘 알면서 창대산업과 통모하여 창대산업으로부터 피고들에 대한 대금 채권 관련 정보를 제공받아 이 사건 약정에 따른 예약완결권과 선택권을 행사하는 등 원고의 예약완결의 의사표시가 실질적으로 창대산업의 행위와 동일시할 만한 특별한 사정이 있었다고 보아 그 행위가 제391조 제1호에 정한 부인의 대상에 해당한다고 본 것은 타당하다.

---

101) 파산 사건에 관한 것이지만 부인권에 관한 중요 쟁점을 다루고 있어 소개한다.

[해설]

가. 偏頗行爲와 故意否認

대법원은 편파행위를 이유로 하는 부인권의 행사대상이 되기 위하여는 행위 당시 채무자가 부채초과상태일 필요는 없다고 하지만 이는 미국의 파산법이 편파변제를 부인권의 대상으로 삼으려면 행위 당시 부채초과를 요구하는 것과 반대이다.102) 대법원은 이 사건에서 편파행위에 해당하는 행위도 고의부인에 해당한다는 기존의 입장을 확인하였다.103) 편파행위도 고의부인의 대상에 되느냐에 대하여는 논의가 있다. 거래의 안전을 고려하여 가급적 이를 제한적으로 해석하는 것이 바람직하다.104) 왜냐하면 고의부인을 행사함에 있어 부인권 행사의 일반적인 제한 즉 회생절차 개시결정일로부터 2년, 부인 대상의 행위가 있는 날로부터 10년 내라면(제112조) 오래전의 행위를 부인의 대상으로 삼을 수 있기 때문이다. 또한 채무자가 자산초과인 경우에도 경우에 따라 고의부인의 대상이 될 수 있다. 이러한 판례의 입장은 미국, 일본의 법제와 다른 것으로서 부인권을 둘러싸고 예측가능성을 떨어뜨려 거래의 안전에 걸림돌이 된다.

이에 비하여 특수관계인을 제외한 채권자에 대하여 위기시기의 本旨辨濟는 지급정지 또는 파산신청일로부터 기산하고, 위기시기의 非本旨否認은 지급정지 또는 신청이 있은 후 또는 그 전 60일 이내로 제한된다. 따라서 편파변제로서의 고의부인을 인정함에 있어서는 행위의 상당성 유무를 판단하여야 하는데, 행위의 상당성 여부는 행위 당시의 파산자의 재산 및 영업상태, 행위의 목적·의도와 동기 등 파산자의 주관적 상태를 고려함은 물론, 변제행위에 있어서는 변제자금의 원천, 파산자와 채권자와의 관계, 채권자가 파산자와 통모하거나 동인에게 변제를 강요하는 등의 영향력을 행사하였는지 여부 등을 기준으로 하여 신의칙과 공평의 이념에 비추어 구체적으로 판단하여야 한다.105)

---

102) 대법원 2005. 11. 10. 선고 2003다271 판결(공 2005, 1925). 미국 연방파산법 §547(b) (3) "made while the debtor was insolvent."

103) 대법원 2016. 1. 14. 선고 2014다18131 판결; 대법원 2006. 6. 15. 선고 2004다45619 판결; 대법원 2005. 11. 10. 선고 2003다271 판결(공 2005, 1925) 등.

104) 대법원 2004. 1. 29. 선고 2003다40743 판결(미공간). 林治龍 외 3인, 파산판례해설, 博英社 (2007), 208면. 사해행위의 경우에는 변제자력의 부족과 변제행위로 인하여 일반재산이 감소한다는 사실에 대한 인식만으로 충분하지만 편파행위에 대한 고의부인의 경우에는 그에 더하여 채권자평등의 원칙을 회피하기 위하여 특정채권자에게만 변제한다는 인식이 필요하다고 한다. 한편 판례는 회생채권자에 대한 적극적인 가해의사 내지 의욕이 필요한 것은 아니라고 하여 일본과 비교하면 편파행위에 대한 고의부인이 보다 쉽게 인정되는 경향이 있다.

105) 상당성의 요건에 관한 파산 사건으로 대법원 2002. 8. 23. 선고 2001다78898 판결(공 2002, 2199) 및 회사정리, 회생 사건으로 대법원 2006. 6. 15. 선고 2004다46519 판결(공 2006, 1314); 대법원 2007. 9. 21. 선고 2005다22398 판결(미간행); 대법원 2016. 1. 14. 선고 2014다18131 판

법은 부인권의 대상행위 중 지급정지를 이유로 한 행위 중 회생절차의 경우에는 회생절차 개시신청일로부터, 파산절차의 경우에는 파산선고일로부터 1년 전에 이루어진 행위에 대하여는 부인의 대상에서 제외되고 있다.106) 이에 해당하는 행위는 위기시기 후의 본지변제(제100조 제1항 제2호, 제391조 제2호), 위기시기 후의 비본지변제(제100조 제3호, 제391조의 제3호)뿐만 아니라 대항요건구비행위에 대한 부인도 포함된다.107) 다만 본지변제행위라도 회생채권자 등을 해하는 사실을 알고서 변제하는 이른바 고의부인(제100조 제1호, 제391조 제1호)에 해당하는 경우에는 지급정지를 안 것을 이유로 하는 부인에 관한 규정인 제111조 및 제404조가 적용되지 아니한다.108)

거래의 안전을 고려하여 시기적 제한을 두고 있는 미국의 파산법은 편파변제에 대하여는 파산신청일로부터 90일 이전의 전의 행위109)로서 채무자가 지급불능의 상태(insolvent)의 경우에 이루어진 것만을 그 요건으로 삼고 있다.

나. 채권양도행위의 부인

실무상 조건부 또는 예약형 채권양도가 이루어지는 이유는 대항요건을 구비하여야 하는 15일의 기산일이 권리변동의 원인행위가 이루어진 채권양도담보설정계약일이 아니라 채권양도담보의 효력이 발생하는 날부터이므로110) 조건성취시 또는 본계약체결일에 채권양도담보의 효력을 발생함과 동시에 대항요건을 구비함으로써 제103조 소정의 대항요건 부인의 공격을 피하려는 데 있다.

대상판결은 채권양도인의 양도통지행위가 대항요건의 부인 대상이 아니라 편파행위로서 고의부인에 해당한다고 평가하였다. 채권자의 통지행위가 채무자의 행위 또는 그와 동일시 할 수 있는 행위라고 보았기 때문이다.

대상판결의 사안은 채무자가 1차 부도가 있은 후 납품대금의 연장을 받으면서 4개월짜리 약속어음을 채권자에게 교부하고 1차 부도 후 1개월 이내에 기본약정을 체

결(미간행).

106) 회생절차에 관하여는 제111조, 파산절차에 관하여는 제404조. 양자의 경우 기산일을 모두 신청일로 통일시킬 필요가 있다. 일본의 신 파산법은 파산신청일을 기산일로 개정하였다(제166조).

107) 法人破産實務, 421면 및 回生事件實務(上), 350면은 대항요건 부인도 포함되는지에 관한 언급이 없다. 일본의 학설은 대항요건 부인도 포함함을 명시적으로 기술하고 있다(伊藤眞, 破産法 第4版 補訂版, 有斐閣(2006), 403면, 齊藤秀夫·麻上正信·林屋礼二 編, 注解破産法 第三版(上), 靑林書院(1999), 549면).

108) 回生事件實務(上), 350면. 일본에서는 이 점에 대하여 고의부인의 대상에서 제외된다는 창설설과 제한적인 요건하에서 여전히 고의부인이 가능하다는 제한설의 대립이 있다. 伊藤眞, 破産法·民事再生法(第2版), 有斐閣(2009), 549-555면.

109) 11 USC §547(b)(4)(B).

110) 대법원 2004. 2. 12. 선고 2003다53497 판결(공 2004, 448), 일본 최고재판소 昭和 48. 4. 6. 판결 民集 27券 3号 483頁.

결하고 그로부터 3일후 채권양도통지를 하고 그 날 채무자가 2차 부도가 난 사실관계에 비추어 채권자의 양도통지행위가 채무자와 통모한 것으로서 채무자의 행위와 동일시 할 수 있는 특별사정이 있다고 보아 채권자의 양도통지행위를 부인의 대상으로 삼은 예외적인 사안이라는 점에 주의하여야 한다.

채무자의 행위와 동일시 할 수 있는가 하는 관점에서 분석하면 대상판결이 선례로 삼고 있는 참조판결(대법원 2002. 7. 9. 선고 2001다46761 판결)111)의 사안은 대상판결과 다르다.

1997. 8. 해태전자와 피고 간에 이 사건 기본약정체결(채권양도, 양도통지, 백지보충권에 관한 내용임)

1999. 11. 30. 해태전자가 회사정리절차개시신청

1999. 12. 2. 피고가 백지로 교부받은 채권양도계약서 및 채권양도통지서의 제3채무자란을 보충하고, 통지서를 제3채무자에게 발송

2000. 2. 10. 해태전자에 대하여 회사정리절차개시결정(원고가 관리인)

참조판결의 원심은 해태전자와 피고 사이의 1999. 12. 2.자 채권양도계약 및 통지행위는 불공평한 채무소멸에 관한 행위로서 해태전자의 행위 또는 그와 동일시할 수 있는 행위이므로 회사정리법 제78조 제1항 제2호 소정의 부인권 행사의 대상이라고 판시하였다. 대법원은 원심판결을 파기하였다.

「이 사건 기본약정은 해태전자의 매출채권에 관한 채권양도를 목적으로 한 대물변제의 예약으로서 예약형 집합채권의 양도담보에 해당한다. 해태전자가 예약완결권과 양도·양수할 매출채권을 선택할 수 있는 선택권을 피고가 해태전자를 대리하여 채권양도사실을 통지할 수 있도록 그 대리권을 피고에게 부여한 계약이다. 피고가 1999. 12. 2.에 한 행위는 기본약정에서 주어진 매출채권선택권과 예약완결권을 행사한 것으로서 피고의 행위이고 원고가 부인권의 대상으로 삼고자 하는 해태전자의 채권양도행위가 아니다. 이 사건의 경우 피고가 해태전자와 통모하여 예약완결권을 행사하였다고 볼 수 없고, 피고의 예약완결권 행사행위를 해태전자의 행위와 동일시할 특별한 사정을 찾아볼 수 없다. 따라서 위기 부인의 대상에 해당하지 아니한다.」

---

111) 대법원 2004. 2. 12. 선고 2003다53497 판결(공 2004, 448)(대한종금 사건)도 참조판결과 같은 입장이다. 李喆遠, "集合債權의 讓渡擔保와 會社整理法上 否認權行使의 可否," 民事判例硏究 XXVⅢ, 博英社(2006), 493면은 대한종금 사건의 판결을 비판하면서, 일본 최고재판소 平成 16. 7. 16. 판결과 같이 정지조건부 집행채권 양도담보를 부인하는 입장이 타당하다고 주장한다. 반대로 판례의 입장을 지지하는 견해로는 지창구, "채권자취소권이라는 틀을 통하여 본 부인권," 저스티스 통권 제135(2013), 99면.

이상을 종합하면, 대상판결이 판결 이유에 참조판결을 명시적으로 인용한 점과 참조판결의 사안은 채권양도 약정 체결 후 2년 후에 회생절차 개시신청이 있었음에 반하여 대상판결은 채권양도약정 체결 후 3일 만에 채무자의 부도발생과 채권양도가 동시에 이루어졌다는 점에서 사실관계를 달리하므로 대법원이 판례를 변경하여 일본 최고재판소와 같이 채권자가 하는 장래채권의 양도행위도 부인의 대상으로 삼았다고 볼 수는 없다.[112]

다. 예약형 집합채권양도에 관한 판례에 대한 비판

판례에 의하면, 예약형 집합채권의 양도담보 약정은 1) 그 예약을 일방적으로 완결할 수 있는 예약완결권을 채권자에게 부여함과 동시에, 2) 채무자의 대금 채권 중에서 대물변제로서 양도·양수할 대금 채권을 선택할 수 있는 선택권을 채권자에게 부여하기로 하는 한편, 3) 채권자가 위 선택권과 예약완결권을 행사하는 경우 그 실효성과 편의를 위하여 채권자로 하여금 채무자를 대리하여 제3채무자들에게 채권양도사실을 통지할 수 있도록 채무자가 채권자에게 그 대리권을 부여한 계약이다.[113]

그리고 전게 대법원 2003다53497 판결은 채권자가 백지의 채권양도계약서를 보충하여 예약완결권을 행사한 사안에서 채무자의 행위가 없고 채권자의 행위만 있었다는 이유로 부인권의 행사요건에 불해당하는 것으로 판시하고 있다.

그러나 민법의 대리이론에 의하면 대리인이 한 행위는 본인에게 직접 ― 대리행위의 법률효과가 일단 대리인에게 귀속하였다가 다시 본인에게 귀속하는 것이 아니라 ― 법률행위의 효과가 발생하는 것이므로 대리인의 행위를 본인의 행위에 상응하는 법적 평가를 할 수 있으므로 대리인의 행위를 본인과 무관한 제3자의 행위로 취급하여 채권자가 채무자의 대리인임을 표시하여 한 채권양도행위를 채무자의 행위가 아니라고 판단할 수는 없다. 판례는 원고가 부인권의 대상으로 삼고자 하는 해태전자의 채권양도행위가 아니고, 예약완결권을 행사하는 행위 자체는 채무자의 행위가 아니라 채권자의 행위라는 것에 중점을 두고 있다. 그러나 예약완결권의 행사를 하려면 채무자를 대리하여 양도통지를 하여야 하는 것이므로 행위를 구분하기 어려우므로 적어도 채무자의 행위와 동일시할 수 있는 것으로 평가할 수 있다.

---

112) 전게 대법원 2001다46761 판결에 대한 해설로는 李鎭萬, "統合倒産法上의 否認權," 民事判例硏究 XXVIII, 博英社(2006), 914면.
113) 대법원 2002. 7. 9. 선고 2001다46761 판결(공 2002, 1910).

3. 집행행위의 부인

[대상판결]: 대법원 2011. 11. 24. 선고 2009다76362 판결(공 2012, 16)

[사실관계]

2006. 6. 23. 채무자(제일지엠비)가 전문건설공제조합(피고)과 한도거래약정체결하고, 출자증권 200좌를 질권의 담보로 제공하고 피고로부터 금원을 융자받음

2007. 5. 29. 채무자 최종부도 및 회생절차 개시신청

2007. 6. 7. 피고가 채무자에 대하여 기한의 이익 상실 통지

2007. 6. 28. 피고가 질권 실행을 위하여 출자증권 165좌를 취득 후 자신 명의로 명의개서(원고가 구하는 부인대상 행위)[114]

2007. 6. 29. 채무자에 대하여 회생절차 개시결정

2007. 7. 2. 피고가 채무자에 대한 융자금채권과 출자증권의 취득대금채권을 상계

원고(관리인)는 피고의 상계가 부적법하다고 주장하면서, 회생회사가 여전히 피고에 대하여 165좌의 출자좌수를 가지고 있음을 확인한다는 소를 구하였다. 원심은 피고가 회생절차 개시 신청 후 출자증권을 취득하여 채권의 변제에 충당하거나 상계한 것은 그 상계의 의사표시에 채무자의 행위가 포함되지 않고, 피고의 행위를 채무자의 행위와 동일시할만한 사유도 인정되지 아니하고, 그로써 채권자 사이의 공평을 해한다고 볼 수 없어 본지행위에 대한 위기부인(제100조 제1항 제2호)에 해당하지 아니한다고 판단하였다. 대법원은 원고의 상고를 받아들여 원심판결을 파기하였다.

[판결요지]

[1] 부인은 원칙적으로 채무자의 행위를 대상으로 하는 것이고, 채무자의 행위가 없이 채권자 또는 제3자의 행위만 있는 경우에는 채무자가 채권자와 통모하여 가공하였거나 기타의 특별한 사정으로 인하여 채무자의 행위가 있었던 것과 같이 볼 수 있는 예외적 사유가 있을 때에 한하여 부인의 대상이 될 수 있다. 반면에 집행행위를 위기부인으로 부인함에 있어서는 반드시 그것을 채무자의 행위와 같이 볼 만한 특별한 사정이 있을 것을 요하지 아니한다.

[2] 집행기관에 의하지 아니하고 질권자가 직접 질물을 매각하거나 스스로 취득

---

114) 건설산업기본법 제60조 제1항 제2호에 의하면 전문건설공제조합은 조합원에 대하여 가지는 담보권을 실행하기 위하여 필요한 때에는 조합원의 지분을 취득할 수 있다.

하여 피담보채권에 충당하는 행위에 대해서도 부인의 대상이 될 수 있다. 이 경우에도
집행행위로 인하여 회생채권자 등을 해하는 행위에 해당하는지 여부를 판단할 때에는
회생절차가 채무자의 회생을 용이하게 되는 것을 목적으로 하는 절차로서, 담보권의
실행행위는 금지되거나 중지되는 등 절차적 특수성이 있다는 점 및 집행행위의 내용,
집행대상인 재산의 존부가 채무자의 수익력 유지 및 회복에 미치는 영향 등 제반 요소
를 종합적으로 고려하여야 한다.

[해설]
가. 집행행위를 부인의 대상의 삼는 취지

대상판결이 문제삼고 있는 것은 위기시기, 즉 회생신청 후 개시결정 전에 이루어
진 집행행위에 의한 편파변제이지 헐값에 매각되었다는 고의부인이 아니다. 부인행위
의 대상은 원칙적으로 첫째, 회생절차 개시 전의 행위이어야 하고, 둘째, 채무자의 행
위이어야 한다. 그런데 예외적으로 제104조에서 부인하고자 하는 행위가 집행행위에
의한 것인 때에도 행사할 수 있다. 그 이유는 사해행위나 편파행위라도 집행권원에 기
하여 회생채권자를 위하여 이루어지거나 집행기관을 이용한 집행행위를 통하여 이루
어진 경우에도 유해성의 점에서 차이가 없기 때문이다.[115]

먼저 집행행위의 부인의 대상이 되는 행위는 편파행위에 한정되는가 아니면 사해
행위도 포함되는가? 학설은 양자를 포함하여 해석한다.[116]

압류채권자가 편파변제를 받기 위하여 회생채무자에 대하여 채무를 부담하는 제3
채무자를 상대로 압류 및 전부명령을 받는 행위가 대표적인 편파행위로서 부인대상
행위에 속한다. 제3채무자가 현실로 전부채권자에게 지급을 하였거나, 아니면 미지급
또는 공탁한 경우에도 부인의 대상이 된다.[117] 이러한 편파행위의 경우 채무자 자신의
행위는 존재할 필요가 없다.[118] 다만 고의부인을 주장하려면 채무자의 사해의사를 추
인할 정도의 가공행위 또는 이와 同視할 제3자의 행위가 요구된다.[119]

---

115) 伊藤眞, 會社更生法, 426면.
116) 전병서, 도산법 제2판, 법문사(2007), 263면; 朴性哲, "파산법상의 부인권," 파산법의 제문제(하),
　　　법원행정처(1999), 284-285; 霜島甲一, 倒産法体系, 勁草書房(1990), 334면.
117) 박성철, "회사정리절차 및 화의절차에 있어서의 부인권," 會社整理法 · 和議法上의 諸問題, 法院
　　　圖書館(2000), 731면; 伊藤眞, 會社更生法, 429면.
118) 伊藤眞, 會社更生法, 429면.
119) 回生事件實務(上), 335면, 전병서, 앞의 책(주 116), 265면. 일본에서의 논의에 대하여는 伊藤眞,
　　　會社更生法, 430면.

나. 담보권의 행사도 편파행위로서 부인의 대상이 되는가

다음으로 집행행위 부인에는 집행기관의 행위 외에 채권자의 담보권 행사행위도 포함되는가?

참조판례인 대법원 2003. 2. 28. 선고 2000다50275 판결(공 2003, 909)은 회사정리절차에 있어서 담보권자는 개별적으로 담보권실행행위를 할 수 없고, 정리담보권자로서 정리절차 내에서의 권리행사가 인정될 뿐, 정리절차 외에서 변제를 받는 등 채권소멸행위를 할 수 없으며, 또한 회사정리법 제81조 후단이 부인하고자 하는 행위가 집행행위에 기한 것인 때에도 부인권을 행사할 수 있다고 규정한 취지에 비추어 보면, 정리담보권자가 회사정리절차 개시결정 전에 질권의 목적물(건설공제조합에 대한 출자증권)을 타에 처분하여 채권의 만족을 얻는 경우도 그 실질에 있어서 집행행위와 동일한 것으로 볼 수 있어 부인의 대상이 되는 행위에 포함된다고 판시하였다.[120] 참조판결이 선고되었을 때 국내외 금융권의 반발이 심하였다.[121] 참조판결로 인하여 채무자가 위기시기에 담보권자에 대하여 변제한 경우뿐 아니라 담보권자가 스스로 담보물을 실행한 경우에도 담보물의 가액이 피담보채권액을 초과하는지에 관계없이 부인의 대상이 되었다.

대상판결은 참조판결의 입장을 재확인한 것으로서, 피고가 채무자에 대한 회생절차 개시 전에 이 사건 출자증권을 취득한 행위는 채무자회생법 제100조 제1항 제2호에 의하여 부인될 수 있고,[122] 그 결과 피고가 회생절차 개시 후에 한 융자원리금 채권과 이 사건 출자증권의 취득대금 채무를 상계한 행위는 무효라고 판시하였다. 또한 제104조 후단에 의하여 집행행위를 부인할 경우에는 반드시 그것을 채무자의 행위와

---

[120] 찬성하는 견해로는 金炯枓, "擔保權의 實行行爲에 대한 管理人의 否認權," 民事判例硏究 XXVI, 2004(博英社). 551-589면. 반대하는 견해로는 임지웅, "담보권 실행행위에 대한 회사정리법상 부인권의 행사,"「Jurist」제401호(2004. 2), 47면. 예측가능성을 높이는 방향으로 관련 규정을 개정하여야 한다는 견해로 김용호, "국제금융을 위한 담보수단 ― 개관 및 몇 가지 관련문제 ―," BFL 제10호(2005), 117면. 민정석, "질권질권 실행행위가 회생절차에서 부인권 행사의 대상이 되는지 여부," 법과 정의 그리고 사람: 박병대 대법관 재임기념 문집, 사법발전재단(2017), 975-989면은 대상판결에 대한 해설로서 긍정설을 취하고 있다.

[121] "Court ruling leaves uncertainty over secured lending," IFLR September 2003. at 3은 파생금융상품에 사용되는 Credit Support Annex(CSA)가 무력화되는 것을 우려하고 있다.

[122] 그런데 판결에 대한 판례공보상의 판결요지 제5항은 "전문건설공제조합이 조합에 대하여 출자지분을 보유하고 있던 甲 주식회사에 자금을 융자하면서 그 출자지분에 대한 출자증권에 질권을 설정받았는데, 甲 회사에 회생절차 개시결정이 내려지자, 질권을 실행하기 위하여 위 출자증권을 취득하여(필자 밑줄) 자신 앞으로 명의개서한 다음 융자원리금 채권과 출자증권의 취득대금 채무를 대등액에서 상계한다는 취지의 의사표시를 甲 회사에 통지한 사안"으로 기술하였다. 그리하여 마치 부인권의 대상행위가 회생절차 개시결정 후에 이루어진 질권실행행위인 양 오해를 초래하고 있다.

같이 볼 만한 특별한 사정이 있을 것을 요하지 아니한다는 점을 명백히 하였다.[123] 대상판결을 분석하면, 즉 부인권 행사에 의하여 출자증권 취득행위는 회생회사와 채권자의 관계에서 소급하여 무효가 되므로,[124] 출자증권취득에 기한 매매대금 채무(반대채무, 수동채권)가 존재하지 아니한 상태에서 한 상계행위는 역시 무효가 된다.

다. 미국에서의 논의

참고로 미국 파산법은 담보권의 실행행위를 제한적으로 편파행위로서 부인 대상으로 삼고 있다. 미국 파산법 §547(b)(5)는 부인행위 대상 행위 덕택에 채권자가 청산절차(제7장)에서 배당받을 수 있는 금액보다 더 많이 배당받을 수 있는 것을 부인권의 요건 중의 하나로 규정하고 있다. 따라서 담보물로 충분히 변제받을 수 있는 담보채권자에 대한 변제는 부인권의 공격에서 벗어난다(a prebankruptcy payment to a fully secured creditor is not a preference).[125] 그러나 담보권자가 담보물을 염가에 환가 처분한 행위가 부인의 대상이 될 수 있는지의 문제는 편파행위의 문제가 아니라 별도로 사해양도의 관점에서 논의될 수 있다. 즉 담보권자가 담보권을 실행하여 州法의 경매절차에 따라 通謀하지 아니하고 담보권을 실행하였다면 이러한 담보권 실행에 기한 매각행위(foreclosure sale)는 설령 그 매각대금이 市價보다 낮고 담보권자가 매수인이 되어 피담보채권액을 매수대금에 충당하더라도(credit bid)은 사해양도에 해당하지 아니한다.[126]

미국의 법리와 비교하면, 대상판결의 판결 이유는 담보권의 실행행위도 부인권의 대상이 된다는 추상적인 법리는 설시하였을 뿐, 어떠한 경우에 유해성이 부정될 수 있는지에 관하여는 제반 요소를 종합적으로 고려하여야 한다고 판시할 뿐, 미국과 같이 예측가능성 있는 원칙을 제시하지 못하는 약점이 있다.

---

123) 同旨, 대법원 2018. 7. 24. 선고 2018다210348 판결 [미간행].
124) 부산고등법원 1998. 4. 24. 선고 97나7936 판결 제6면.
125) Epstein, *supra* note 72, at 95. Ferriell · Janger, *supra* note 73, at 562. 자세한 내용은 본서 "미국 파산법상 Strong-Arm 조항과 편파행위에 관한 연구" 주 111 참조.
126) BFP v. Resolution Trust Corp., 511 U.S. 531 (1994); Ferriell · Janger, *supra* note 73, at 592. 吳泳俊, 集合債權讓渡擔保와 倒産節次의 開始, 司法論集 제43집, 법원도서관(2006), 327-329면. 위 연방대법원 판결은 담보권실행행위와 사해양도에 관한 것이지 편파행위에 관한 것이 아니며 담보권의 실행행위도 편파행위의 가능성이 있음에 유의하여야 한다.

Ⅳ. 회생채권, 회생담보권, 공익채권 및 회생채권조사절차

1. 조건부채권도 회생채권으로 신고하여야 하는가

[대상판결]: 대법원 2014. 5. 16. 선고 2012다114851 판결(공 2014, 1193)

[사실관계][127]

2011. 6. 2. 원고(풍림산업)가 피고(주택조합)를 상대로 한 대여금 및 손해배상 소송에서 일부 승소

2011. 6. 29. 피고가 가지급금 52억 원을 원고에게 지급

2012. 5. 10. 원고에 대하여 회생절차가 개시됨

2012. 6. 1. 피고가 항소심에서 원고에 대하여 15억 원의 가지급물 반환신청

2012. 9. 25. 회생계획 인가결정

2012. 10. 25. 원심은 원고 일부 승소 및 가지급물반환신청 금액 중 약 9천만 원 인용

대법원은 원심판결 중 가지급물반환신청 부분을 파기하고, 이 부분 신청을 각하하였다.

[판결요지]

가집행선고의 실효를 조건으로 하는 가지급물의 원상회복채권은 조건부채권으로서 회생채권에 해당한다. 회생채권자가 회생절차 개시 후 회생채권의 이의자를 상대로 이행의 소를 구하는 것은 부적법하다. [회생절차 개시결정 당시에] 이 사건 가지급물반환채권에 관한 소송이 계속 중인 경우에 해당하지 아니함에도 불구하고 회생채권에 관한 신고 없이 회생절차 개시 이후에 새로이 가지급물반환채권의 이행을 구하는 반환신청을 제기한 것은 부적법하다.

[해설]

회생채권에 관하여 제118조는 4가지 유형을 규정하고 있다. 그중 제1호가 가장 중요한바, 제1호 소정의 회생채권은 의사표시 등 채권 발생 원인이 회생절차 개시 전

[127) 김희중, "2014년 상반기 도산법 관련 대법원 판례 소개," 도산법연구 제5권 제2호, 270면 이하를 요약하였다.

의 원인에 기해 생긴 재산상의 청구권을 말하는 것으로서, 채권 발생의 원인이 회생절차 개시 전의 원인에 기한 것인 한, 그 내용이 구체적으로 확정되지 아니하였거나 변제기가 회생절차 개시 후에 도래하였더라도 상관 없다.[128]

조건부채권 역시 회생채권이다. 조건부채권이라 함은 채권의 전부 또는 일부의 성립 또는 소멸이 장래의 불확정한 사실인 조건에 의존하는 채권을 말하고, 위 조건은 채권의 발생원인인 법률행위에 붙은 의사표시의 내용인 부관에 한정하지 아니하므로 가집행선고의 실효를 조건으로 하는 가지급물의 원상회복 등 채권은 그 채권의 발생 원인인 가지급물의 지급이 회생절차 개시 전에 이루어진 것이라면 조건부채권으로서 회생채권에 해당한다.[129]

이 사건에서 피고 조합은 의당 가지급물반환채권이 회생채권에 해당한다는 것을 깨닫고 회생채권신고를 하여야 하고, 만일 회생회사의 관리인 등이 이의를 제기하면 이의자를 상대로 채권조사확정재판을 신청하여야 한다. 이러한 채권신고 없이 곧바로 이행청구소송을 제기할 수는 없다. 피고 조합은 아마도 가지급물반환신청이 이행의 소가 아니라고 오해한 나머지 회생채권 신고절차와 무관하게 항소심에서 제1심 판결이 취소되는 등 일부라도 승소하면 민사소송절차에 따라 가지급물반환을 받을 수 있으리라고 기대한 듯 보인다.

그러나 회생채권자라면 가장 먼저 채권신고를 하여야 하는 것이고 채권신고 후에 이의 유무를 기다려 회생채권조사확정재판(회생법원 관할)의 길로 갈 것인지 아니면 만일 현재 다른 법원에 소송이 계속 중이면 그 법원에 소송을 수계하고 청구취지를 변경할 것인지를 정하여야 한다. 이 점이 회생채권자의 기본수칙이다. 판례는 가지급물 반환신청의 성질을 본안판결의 취소 변경을 조건으로 하는 예비적 반소로 보고 있다.[130] 따라서 앞에서 본 바와 같이 이 사건의 경우는 별도로 회생채권에 관한 소송이 계속 중인 바가 없었으므로 피고가 회생법원에 회생채권을 신고하고 이의가 있으면 회생채권조사확정재판을 신청하였어야 한다. 그럼에도 불구하고 채권신고 없이 수소법원에 신소의 제기와 같은 가지급물반환신청을 한 것은 부적법하다.

---

128) 대법원 2002. 12. 10. 선고 2002다57102 판결(공 2003, 374).
129) 전게 대법원 2002다57102 판결.
130) 대법원 2011. 8. 25. 선고 2011다25145 판결(공 2011, 1928). 이 판결은 대상판결의 사안과 반대로 채권자가 피고를 상대로 공사대금청구소송을 제기하여 가집행선고부 판결에 기하여 판결원리금을 지급받았다가 피고에 대하여 회생절차가 개시된 경우에 비록 원고의 회생채권 일부에 대하여 회생채권조사확정절차에서 확정되었다고 하더라도 항소심은 그 부분을 공제하지 말고 전액에 대하여 가지급물반환대상으로 삼아야 한다고 판시하였다.

2. 회생채권인 전기요금 채권과 전기공급의 중단 여부

[대상결정]: 대법원 2010. 2. 11.자 2009마1930 결정[미간행]

[사실관계]

2002. 1.경 채권자(한국전력공사)와 채무자 회사(케이티세라믹) 사이에 전기사용계약을 체결하고 채권자가 전기를 공급

2008. 6.분부터 전기요금이 미납

2008. 11. 17. 채권자가 전기요금이 2개월 이상 체납되었음을 이유로 전기공급약관에 기하여 전기사용계약을 해지하고 전기공급을 중단

2009. 2. 18. 채무자에 대하여 회생절차 개시결정

채무자가 채권자를 상대로 전기공급을 중단하여서는 아니된다는 내용의 가처분 신청을 하고 제1심 및 원심이 채권자가 회생절차 개시신청 전의 공급으로 발생한 회생채권을 변제받지 못하였다는 이유로 전기공급을 거절한 것은 전기사업법 제14조의 정당한 사유에 해당하지 아니한다고 판단하여 가처분을 인용하고 가처분 이의에 대한 채권자의 불복을 기각하였다. 대법원은 채권자의 재항고를 기각하였다.

[결정요지]

한국전력공사는 법률에 의하여 설립된 법인으로서 전기사업법에 따라 정당한 사유가 없는 한 전기의 공급을 거절할 수 없는데, 상대방에 대한 회생절차의 개시로 인하여 채권자도 회생채권인 전기요금채권을 행사하지 못하고, 채무자도 미납전기요금을 임의로 지급할 수 없게 되었다면, 비록 상대방이 전기요금을 미납하여 회생절차 개시결정 전에 전기사용계약이 적법하게 해지되어 전기공급이 중단되었다고 하더라도, 채권자가 미납전기요금의 미변제를 이유로 전기공급을 거부하는 것은, 전기사업자로서의 독점적 지위를 이용하여 회생절차의 개시로 그 권리행사가 제한되어 있는 전기요금에 대한 즉시 변제를 강요하는 것이 되고, 다른 회생채권자의 권리를 해하는 결과에 이르게 되므로 이는 정당한 사유에 해당하지 않는다.

[해설]

회생절차가 개시되면 회생채권자와 회생담보권자는 회생절차에 참가하여 채권신고를 하여 채권이 존재하는 것으로 확정되고 그 내용이 회생계획안에 반영되어야 변

제를 받는다. 따라서 회생절차 개시결정의 효과는 회생채권자에 대하여 채권추심을 위한 소송의 제기, 소송의 진행, 강제집행, 담보권의 실행행위 등의 금지 또는 중지를 명하게 되고, 채무자 역시 법원의 허가를 위한 소액채권의 변제 등을 제외하고 임의로 회생채권을 변제하지 못하게 된다.

　　이 사건에서 채권자는 미납전기요금을 받기 위하여 중단된 전기공급의 재개를 거부한 것인데, 전기공급을 하는 대가로 미납된 회생채권을 변제받는 것은 다른 채권자보다 우선하여 변제받는 것이 될 뿐 아니라 회생채권을 회생계획에 의하지 아니하고 변제받는 것이 되어 채무자회생법에 위반되므로, 대법원은 전기공급거절이 전기사업법 제14조 소정의 전기공급거부의 정당한 사유에 해당하지 아니한다고 판단하였다.

　　한편, 사안을 달리하여 회생절차 개시 전·후를 포함하여 3개월 간의 전기요금이 미납된 상태에서 한국전력공사가 회생회사의 관리인을 상대로 3개월 분의 전기요금에 해당하는 보증금을 납부할 것을 요구하고 미납시 전기공급을 중단하겠다고 통보한 경우가 하급심에서 다루어졌다.[131) 공익채권이 포함되고, 변제 대신 보증금의 납부를 요구한 점, 전기공급이 중단되지 아니한 점에서 대상결정의 사안과 다르다. 결정요지는 아래와 같다.

　　「전기사업법, 시행세칙 및 약관의 규정을 근거로 한국전력공사가 3개월분의 보증금을 요구할 수 있는 근거규정에 따라 보증금의 요구에 응하지 아니하는 것은 전기의 공급을 거부할 수 있는 사유에 해당되고, 회생절차 개시 후에 발생하는 전기요금채권은 공익채권으로서 수시로 변제받을 수 있는 점에 비추어 보증금을 요구하는 약관이 채무자회생법의 취지에 반하여 효력이 없다고 볼 수 없다.」

　　따라서 대상결정의 법리는 한국전력공사나 한국가스공사와 같이 특별법에 의하여 설립되어 국민의 생활에 필수적인 서비스를 제공하는 법인에 대하여만 적용되고 일반 사인 간의 계속적 공급계약의 경우에까지 일반화하기는 어렵다. 해제가 부인권에 해당하는 경우를 제외하고 사인 간에 이미 공급계약이 회생절차 개시 전에 적법하게 해제되었는데 회생절차 개시를 이유로 해제된 계약이 부활하는 법리는 없기 때문이다.

　　앞으로 이 결정의 법리가 회생절차뿐 아니라 파산절차에도 적용될 것인지에 관하여 보건대, 양 절차의 취지와 파산의 경우에는 부채가 자산을 초과하거나 이미 지급불능에 빠져있는 상태에서 절차가 개시되는 것이므로 파산선고 후 전기를 공급한다고

---

131) 서울중앙지방법원 2012. 5. 8.자 2011카합410 결정(회생회사 네오세미테크 사건). 항고 없이 확정됨.

하여도 전기요금을 회수할 가능성이 낮을 뿐 아니라, 파산절차에서는 재단채권에 기하여 강제집행이 불가능하다는 점을 고려하면 전기공급 거절은 정당한 사유에 해당한다고 봄이 타당하다. 대상결정이 있기 전에 파산실무에서 파산선고 전에 전기공급이 끊어진 경우 파산관재인이 전기공급을 재개받지 못하여 부득이 전산기기를 파산관재인의 법률사무소로 이전하여 운영한 사례가 있었다.

3. 所有權留保附賣買의 매도인의 회생절차의 지위

[대상판결]: 대법원 2014. 4. 10. 선고 2013다61190 판결(공 2014, 1033)

[판결요지]

동산의 소유권유보부매매는 동산을 매매하여 인도하면서 대금 완납 시까지 동산의 소유권을 매도인에게 유보하기로 특약을 한 것을 말하며, 이러한 내용의 계약은 동산의 매도인이 매매대금을 다 수령할 때까지 그 대금채권에 대한 담보의 효과를 취득·유지하려는 의도에서 비롯된 것이다. 따라서 동산의 소유권유보부매매의 경우에, 매도인이 유보한 <u>소유권은 담보권의 성질을</u>(밑줄, 필자) 가지고 있으므로 담보 목적의 양도와 마찬가지로 매수인에 대한 회생절차에서 회생담보권으로 취급함이 타당하고, 매도인이 [매매계약을 해제하고] 매매목적물인 동산에 대하여 환취권을 행사할 수 없다.

[해설]

가. 회생담보권의 의의와 평가방법

회생담보권이란 회생채권이나 회생절차 개시 전의 원인으로 생긴 채무자 이외의 자에 대한 재산상의 청구권으로서 회생절차 개시 당시 채무자의 재산상에 존재하는 담보권으로 담보된 범위의 것을 말한다(제141조). 파산절차의 별제권은 실체법상의 담보권에 기초하여 우선변제권에 대응하는 담보가치를 특별히 제하는(刪除하는) 권능을 의미하지만, 회생담보권은 실체법상의 담보물권이 아니라 담보권에 의하여 담보되는 채권, 즉 피담보채권을 의미한다.[132] 피담보채권 가운데 회생담보권으로 되는 것은 담보권에 의하여 실질적으로 담보되는 범위에 한정된다. 그리하여 회생담보권자의 피담보채권액보다 담보권의 목적의 가액(담보가치)이 큰 경우(over-secured)에는 피담보채권

---

132) 대법원 2014. 12. 24. 선고 2012다94186 판결(공 2015, 186); 回生事件實務(上), 422면; 中島弘雅·佐藤鐵男, 現代倒産手續法, 有斐閣(2013), 363면.

전액에 관하여 회생담보권자가 되지만 만일 담보가치가 피담보채권액보다 부족하면 (under-secured) 담보가치의 범위 내에서는 회생담보권자가 되고, 부족분에 대하여는 회생채권자가 된다.133) 이와 같이 담보권자는 회생절차가 개시되면 담보가치로 보장되는 부분은 회생담보권자로 부족액에 대하여는 회생채권자로서 이중적 지위에서 회생절차에 참가하게 된다. 이를 미국 파산법에서는 bifurcation이라 한다.

담보가치의 평가방법은 회생담보권자는 회생담보권의 발생요건 사실 중 하나로서 회생담보권의 피담보채권액이 담보목적물의 가액에서 선순위 담보권의 채권을 공제한 나머지 금액을 초과하지 않는다는 사실을 입증하여야 한다.134) 따라서 회생담보권의 범위를 정하려면 담보목적물의 가액을 평가하는 것이 필요하다. 목적물의 가액을 평가하는 방법은 회생절차 개시 당시를 기준으로 계속기업가치에 의하여야 한다.135) 다만 담보물을 계속기업가치로 평가하는 점에 대하여는 그 기준이 명확하지 않다는 점에서 논란이 있다. 회생담보권을 회생계획에 의하지 아니하고 회생계획인가 전에 소멸시키는 제도는 채무자회생법은 인정하고 있지 않다. 따라서 인가전 영업양도가 이루어지는 경우 양도에 지장이 초래되면 강제집행은 관리인의 신청에 의하여 취소될 수 있으나(제58조 제5항), 회생담보권에 관하여는 강제로 소멸시킬 수는 없고 관리인이 회생담보권자와 교섭하여 처리할 수밖에 없다.136)

나. 일본의 갱생담보권에 관한 개정 내용

한국과 달리 일본의 신 회사갱생법은 갱생담보권의 정의 규정을 신설하면서 갱생절차개시 당시의 계속기업가치 대신에 시가에 의하는 방식으로 개정하였다(회사갱생법 제2조 제10항). 그리고 민사재생법을 본받아 담보권소멸제도를 도입하여 갱생계획인가 전에 담보목적물을 매각하는 것이 가능하게 되었다. 즉 담보평가액을 제공하고 일단 담보권을 소멸시킴으로써 담보목적물을 쉽게 제3자에게 양도하는 등 회사의 갱생에 필요한 경우 관재인137)이 법원에 담보권 소멸신청을 할 수 있도록 하였다(회사갱생법 제104조 이하). 아울러 담보권가액결정제도를 도입하여 갱생재판소로 하여금 담보목적물의 가액을 결정하도록 하였다. 이 제도는 갱생채권조사확정절차(이의재판 또는 이의의

---

133) 제141조 제1항 단서에 의하여 피담보채권 중 이자 또는 채무불이행으로 인한 손해배상이나 위약금의 청구권에 관하여는 회생절차 개시결정 전날까지 생긴 것에 한하여 회생담보권이 되고 그 이후 발생한 부분은 회생채권으로 취급된다.

134) 대법원 2012. 11. 15. 선고 2011다67897 판결(공 2012, 2029).

135) 대법원 1991. 5. 28.자 90마954 결정(공 1991. 1728).

136) 回生事件實務(上), 238면.

137) 일본은 회사갱생 및 파산절차 모두 관재인이라는 동일한 표현을 사용한다.

소송절차)와는 독립한 절차로서 담보목적물의 가액에 관한 다툼을 따로 떼어 내어 비송절차에 의하여 간이하게 해결하려고 하는 것이다.138)

다. 所有權留保附賣買의 법적 성질

소유권유보매매의 매도인이 환취권자인지 아니면 회생담보권자(별제권자)인지에 관하여 견해의 대립이 있었다. 이 점에 답하기 전에 먼저 소유권유보부매매에 관한 법리를 一瞥할 필요가 있다.

소유권유보부매매란 매매대금채권의 이행을 확보하기 위하여 매수인에게 매매목적물의 점유를 이전하지만 매수인이 매매대금을 완제하였을 때에 비로소 그 소유권을 인정할 것을 내용으로 하는 매매를 말한다.139) 대부분 동산을 대상으로 하지만 부동산을 대상으로 삼을 수 있는지에 대하여는 논란이 있다. 판례는 부동산에 관한 소유권유보부매매의 개념을 원용할 필요성이 없다고 판시하여 동산(비등록 대상)에 한정하는 것으로 파악된다.140)

매매당사자의 법적 지위에 관하여도 다음과 같이 학설이 나뉘어져 있다.

① 停止條件說은 소유권적 구성론에 터잡아 목적물의 소유권이전은 매수인의 대금완제를 정지조건으로 하여 그 조건이 성취될 때까지는 매도인이 소유자이고, 매수인은 채권적인 조건부권리를 취득하는 데 지나지 않는다는 견해이다. 과거의 통설이다. ② 物權的期待權說은 매수인의 권리를 법적으로 보호할 가치가 있는 물권적기대권으로 파악하는 견해이다. ③ 讓渡擔保類似說은 소유권유보에 있어 일단 소유권이 무조건으로 완전하게 매수인에게 이전하고 매수인은 다시 매도인을 위하여 양도양보를 설정한 것과 유사한 법률관계가 형성된다고 하는 입장이다.141)

전게 대법원 99다30534 판결은 동산에 관한 소유권유보부매매에 관한 사례에서

---

138) 伊藤眞·西岡淸一郎·桃尾重明 編, 新しい會社更生法, 有斐閣(2004), 211면.
139) 대법원 1999. 9. 7. 선고 99다30534 판결(공 1999, 2088)은 매도인은 매수인뿐만 아니라 제3자에 대하여도 유보된 목적물의 소유권을 주장할 수 있다고 판시하였다. 단 이 판결은 동산에 한하는 것이고 등록에 의하여 소유권이 이전되는 자동차, 중기 등에는 적용되지 아니한다.
140) 대법원 2010. 2. 25. 선고 2009도5064 판결(공 2010, 694)은 "자동차 등은 비록 동산이기는 하나 부동산과 마찬가지로 등록에 의하여 소유권이 이전되고, 등록을 대급완납시까지 미룸으로써 담보의 기능을 할 수 있기 때문에 굳이 동산에 관한 소유권유보부매매의 개념을 원용할 필요성이 없으며 일단 [덤프트럭의 할부매매계약의] 매도인이 매수인에게 소유권이전등기를 경료하여 준 이상 [매매잔대금을 미납한 상태라고 하더라도] 특별한 사정이 없는 한 매수인에게 소유권이 귀속되는 것"이[지 할부금융사에게 귀속되는 것이 아니]라고 판시하였다. 약정서상으로는 대출원리금의 완제시까지 소유권이 할부금융사에 유보된다는 특약이 있었다.
141) 학설의 자세한 논의에 대하여는 태기정, "소유권유보부매매의 민법 및 도산법상 취급," 저스티스 통권 제171호(2019), 317-339면; 高元錫, "割賦契約에 있어서 買受人의 倒産과 賣渡人의 權利," 리스와 신용거래에 관한 제문제(하), 법원행정처(1994), 363면 이하.

다음의 이유로 정지조건설을 취하였다.

"동산의 매매계약을 체결하면서, 매도인이 대금을 모두 지급받기 전에 목적물을 매수인에게 인도하지만 대금이 모두 지급될 때까지는 목적물의 소유권은 매도인에게 유보되며 대금이 모두 지급된 때에 그 소유권이 매수인에게 이전된다는 내용의 이른 바 소유권유보의 특약을 한 경우, 목적물의 소유권을 이전한다는 당사자 사이의 물권적 합의는 매매계약을 체결하고 목적물을 인도한 때 이미 성립하지만 대금이 모두 지급되는 것을 정지조건으로 하므로, 목적물이 매수인에게 인도되었다고 하더라도 특별한 사정이 없는 한 매도인은 대금이 모두 지급될 때까지 매수인뿐 아니라 제3자에 대하여도 유보된 목적물의 소유권을 주장할 수 있고"(대법원 1996. 6. 28. 선고 96다14807 판결 참조)."

이후 할부매매 덤프트럭에 관한 사건에서 판례(전게 대법원 2009도5064 판결)는 동산에 관한 소유권유보부매매는 "동산의 매도인이 매매대금을 다 수령할 때까지 그 대금채권에 대한 담보의 효과를 취득·유지하려는 의도에서 비롯된 것"으로 판시함으로써 담보권적 구성으로 서서히 이행하였다가 대상판결에서 명시적으로 담보권으로 취급하였다.

한편 금융리스는 정상적으로 리스계약기간이 종료할지라도 리스물건소유권이 리스이용자에게 자동적으로 이전되지 않는다는 점에서 소유권유보부매매와 다르다.142)

라. 매수인 도산시 소유권유보부매매의 매도인은 회생담보권자인가 환취권자인가

다음으로 소유권유보보매매의 매수인에 대하여 도산절차가 개시된 경우 미이행 쌍무계약에 관한 법리가 적용되는가에 관하여도 견해의 대립이 있다. 법리의 적용이 인정되면 매도인은 환취권자로 취급된다.

(1) 일본

① 적용긍정설: 소유권유보부매매에서 매도인에게 소유권이 유보되어 있고 매수인이 대금완납을 하여야 완전하게 소유권이 넘어가는 것인데, 아직 매수인이 대금을 완납하기 이전에는 이행을 완료하지 아니한 상태이므로 만일 이러한 상태에서 매수인에 대하여 도산절차가 개시된 경우에는 미이행쌍무계약에 관한 법리가 적용된다는 견해이다. 정지조건설의 입장을 관철하여 매도인이 매매계약을 해제하여 환취권자로서

---

142) 소건영, "리스계약에 있어서 부동산의 부합과 종물," 기업법연구 제23권 제1호(2009), 460면.

목적물의 반환을 구할 수 있다는 것이다.143)

　② 동산·부동산 구분설: 부동산이나 동산 중에서도 자동차와 같이 등기·등록을 요하는 목적물을 매매목적물로 하는 소유권유보부매매의 경우에는 미이행쌍무계약의 법리가 적용되지만, 점유의 인도로 물권이 변동되는 일반 동산의 경우에는 위 법리가 적용되지 않는다는 입장이다.144) 그 근거로는 동산의 경우에는 실질적으로 보아 일종의 변형담보에 불과하다거나, 관념적으로는 아직 매도인이 소유권을 이전하지 아니하였지만 소유권이전의 의사표시와 목적물의 인도는 완료하였고 매도인에게 더 이상 추가로 이행할 의무가 남아 있지 않음에 반하여, 부동산의 경우에는 거래관념상 소유권이전등기가 경료되어야 비로소 매도인의 채무가 완전하게 이행되지 아니하였다고 생각되는 점을 들고 있다.145)

　(2) 한국

　목적물을 구분하여 부동산 등에 한하여 미이행쌍무계약의 법리를 적용하자는 견해가 통설이다.146) 부동산의 경우 설령 목적물이 매수인에게 인도되었다고 하더라도 아직 등기서류가 매수인에게 교부되지 아니한 상태에서는 매도인은 매수인뿐 아니라 제3자에게도 유보된 목적물의 소유권을 주장할 수 있으므로 아직 소유권이전이 완료되지 아니하였다고 평가되므로 미이행쌍무계약의 법리에 따라 계약을 해제하고 환취권을 행사할 수 있다는 점에서 적용구분설이 옳다. 서울중앙지법 파산부 및 다른 하급심의 실무도 이와 같다.147)

　마. 대상판결의 평가

　대상판결은 동산에 관한 소유권유보부매매의 매도인을 담보권자로 취급하고 미이행쌍무계약의 법리에 따라 매매계약을 해제할 수 없음을 명시적으로 판시하였다는 점에서 의의가 크다.148) 다만 선례인 99다30534 판결이 매도인이 제3자뿐 아니라 매수인에게 대하여도 유보된 소유권을 주장할 수 있다는 입장과는 배치되는 것으로 읽힌다. 왜냐하면 매도인이 소유권을 주장할 수 있다면 의당 미이행쌍무계약의 법리에

---

143) 中田淳一, 破産法·和議法, 有斐閣(1964), 116면.

144) 松田二郎, 앞의 책(주 18), 91면.

145) 宮脇行彦·井關 浩·山口和男 編, 앞의 책(주 17), 354면, 條解會社更生法(中), 300면.

146) 高元錫, 앞의 글(주 141), 379면; 林采洪·白昌勳, 會社整理法(上), 司法行政學會(2002), 366면; 林治龍, 파산법연구, 博英社(2004), 323면.

147) 林治龍, 파산법연구, 323면 주 64. 대구지방법원 2012. 11. 27. 선고 2012가단48272 판결은 매도인의 환취권 행사를 부정하였다.

148) 태기정, 앞의 글(주 141), 336면은 양도담보권 또는 이와 유사한 다른 유형의 동산담보권으로 봄이 타당하다고 기술하고 있다.

따라 매매계약을 해제하고 환취권자로서 목적물의 반환을 구할 수 있다고 보는 것이
首尾一貫된 입장이기 때문이다. 선례는 도산절차가 개시되지 아니한 상태에 관한 것이
므로 사안을 달리한다고 볼 수 있으나 환취권에 관한 이론은 비도산법(non-bankruptcy
law)인 민법의 이론에 따르는 것이므로 판례변경의 논의를 벗어나기 어렵다.149)

　　회사정리법 제63조(파산법 제80조도 같은 내용임)는 회사정리절차 개시 전에 회사에
게 재산을 양도한 자는 담보의 목적으로 한 것을 이유로 그 재산을 환취할 수 없다고
규정을 둔 바 있으나 동조가 양도담보권자를 담보권자로 취급하는 학설과 실무에 더
이상 부합하지 아니한다는 이유로 채무자회생법이 동 조항을 삭제하였다.150) 나아가
서울고등법원이 리스거래의 lessor를 회생절차에서 회생담보권자로 취급하고,151) 대
법원이 어음을 배서의 형식으로 취득한 어음의 양도담보권자도 회생담보권자로 취급
하고,152) 드디어 동산 소유권유보부매매에 있어 매도인의 지위를 회생담보권자로 취
급함으로써 회생담보권인지 환취권자를 구분하는 기준이 법형식보다는 거래의 실질과
기능이라는 점이 명확히 드러났다. 이 판례를 통하여 앞으로 파산절차에서도 앞에서
본 3가지 권리자들도 별제권으로 취급될 가능성이 높아졌다. 파산절차에서는 별제권
자는 채권신고를 해태하였다고 하여 실권의 불이익을 입지 않고,153) 파산절차 밖에서
담보권을 행사할 수 있다는 이유로 환취권자와의 구별의 실익이 없다고 설명하지만,
조금 더 구체적으로 들어가면 채권, 목적물 및 예정부족액의 신고의무(제447조 제2항),
파산관재인의 매각권 행사를 수인할 의무(제498조), 부족액 발생시 배당참가(제512조)
등 파산절차에 직접적인 관련이 있으므로 환취권자인지 별제권자인지를 구분하는 것
은 파산절차에서도 여전히 유의미하다.

---

149) 대상판결은 참조판례로 형사 사건인 2009도5064 판결을 인용할 뿐 정지조건설을 취한 민사 사건
　　인 99다30534 판결을 인용하고 있지 않다. 대상판결은 도산법에 관한 것이고 99다30534 판결은
　　비도산법(민법)에 관한 것이므로 서로 다른 절차에 대응한 법리를 설시한 것이므로 판례변경이
　　필요하지 않다는 반론도 가능하다.
150) 파산법 제80조를 제한적으로 해석한 판례로는 대법원 2004. 4. 28. 선고 2003다61542 판결(공
　　2004. 898).
151) 서울고등법원 2001. 3. 16. 선고 2000나53733 판결(미상고 확정).
152) 대법원 2009. 12. 10. 선고 2008다78279 판결(공 2010, 85). 회사정리법 제123조 제1항의 규정에
　　비추어 어음의 양도담보권자에 대하여만 위 규정의 양도담보를 배제할 이유를 찾아볼 수 없고,
　　만일 정리채권자로 볼 경우 정리채권자는 정리절차 외에서 어음상 권리를 발행인을 상대로 행사
　　하여 변제에 충당할 수 있는 결과가 되어 어음의 양도담보권자에 대하여만 다른 정리담보권자보
　　다 우월한 지위를 부여하는 것이 되어 채권자 평등의 원칙에 반하는 점을 그 논거로 삼고 있다.
　　일본의 실무도 갱생담보권설이다(東京地判 昭和56. 11. 16. 下民集32券9-12号1026頁).
153) 대법원 1996. 12. 10. 선고 96다19840 판결(공 1997, 308).

4. 將來債權讓渡擔保와 回生節次開始決定의 效果

[대상판결]: 대법원 2013. 3. 28. 선고 2010다63836 판결(공 2013, 733)

[사실관계][154]

2006. 8. 28. 피고(의사)는 원고(중소기업은행)와 사이에 여신한도금액을 2억 원으로 정하여 여신거래약정을 체결하고, 같은 날 원고로부터 1억 1,600만 원을 대출받았다. 피고는 대출 당시 위 대출금채권을 담보하기 위하여 피고가 국민건강보험공단에 대하여 갖는 향후의 의료비 등 채권을 원고에게 양도하고, 국민건강보험공단에게 이를 통지하였다.

2008. 11. 7. 피고는 회생절차 개시신청을 하여 2008. 12. 12. 법원으로부터 회생절차 개시결정을 받았다.

2008. 12. 1. 원고는 피고의 기한 이익 상실을 이유로 채권양도계약에 따라 양수받은 의료비 등 채권 중 이미 발생한 17,749,460원을 회수하여 변제 충당하였으나, 그 이후 회생절차 개시결정 당시까지 위 의료비 등 채권은 발생하지 않았다.

2009. 1. 22. 원고는 회생담보권이 133,733,591원이라는 회생담보권조사확정신청을 하였으나, 법원은 2009. 4. 22. 원고의 피고에 대한 회생담보권은 존재하지 않는다고 결정하였다.

원고는, 피고가 원고에 대한 위 대출금채권의 담보로 위 의료비 등 채권을 양도하였는데, 위 채권은 장래에 계속 증감·변동하는 것이어서, 일시적으로 0원이 되었다고 하여 원고의 위 대출금채권이 회생담보권이 아니라는 위 결정은 부당하므로, 이를 취소하고, 원고의 위 대출금채권을 회생담보권으로 확정하여야 한다고 주장하면서 회생담보권조사확정재판이의의 소를 제기하였다.

원심은 집합채권양도담보의 경우 담보권자가 회생절차 개시 이전에 담보권실행에 착수한 경우와 담보권실행에 착수하지 아니한 경우로 나누어, 전자의 경우 담보권실행 시, 후자의 경우 회생절차 개시결정 시에 각 담보목적물의 유동성은 없어지고 목적물은 고정화되는데 원고가 회생절차 개시결정 전에 담보권을 실행하여 금원을 회수함으로써 양도담보의 목적물은 0원으로 고정되었고, 그렇게 보지 않는다고 하더라도 회생절차 개시 후에 발행한 채권에는 담보의 효력이 미치지 않는 것으로 보아야 할 것

---

154) 박진수, "회생절차 개시결정과 집합채권양도담보의 효력이 미치는 범위," 民事判例研究 XXXVI, 博英社(2014), 563~567면을 요약함.

이므로 원고의 채권은 회생담보권이 아니라 회생채권에 불과하다고 판시하였다. 대법
원은 상고를 기각하였다.

[판결요지]
[1] 채권양수인인 원고가 담보목적물 중 일부인 그 당시 현존 의료비 등 채권에
대하여 담보권을 실행하여 국민건강보험공단으로부터 17,749,460원을 직접 회수하였
다 하더라도, 원고가 피담보채권인 대출금채권 전액의 만족을 얻지 아니한 이상, 그
후 발생하는 의료비 등 채권에 대해서도 담보권을 실행할 수 있다.

[2] 장래 발생하는 채권이 담보목적으로 양도된 후 채권양도인에 대하여 회생절
차가 개시되었을 경우, 회생절차 개시결정으로 채무자의 업무의 수행과 재산의 관리
및 처분 권한은 모두 관리인에게 전속하게 되는데, 관리인은 채무자나 그의 기관 또는
대표자가 아니고 채무자와 그 채권자 등으로 구성되는 이른바 이해관계인 단체의 관
리자로서 일종의 공적 수탁자에 해당한다 할 것이므로, 회생절차가 개시된 후 발생하
는 채권은 채무자가 아닌 관리인의 지위에 기한 행위로 인하여 발생하는 것으로서 채
권양도담보의 목적물에 포함되지 아니하고, 이에 따라 그러한 채권에 대해서는 담보권
의 효력이 미치지 아니한다.

[해설]
대상판결은 민법과 도산법이 교착하는 장면에서 발생하는 난제 중의 하나이다. 근
세 영국에서는 상인들이 부동산을 담보로 제공하였으나 차츰 산업이 발전하면서 질권
대신에 원재료, 작업 중의 물건, 재고 등을 양도담보로 제공하는 관습이 형성되었다. 담
보로 제공하더라도 채무자가 목적물을 계속하여 점유할 수 있는 이점이 있고, 채권자도
일정사유가 발생한 이후에는 목적물을 고정시켜 이를 환가할 수 있는 방법이었다.

누이 좋고 매부 좋은 제도이지만 법률가에게는 넘어야 할 법적인 장애물이 많았
다. 아직 성립하지 아니한 장래의 채권을 양도할 수 있는지, 이러한 신용을 제공하는
은행 등을 법적으로 담보권자로 인정할 수 있는지, 목적물을 이러한 방법으로 양도한
후에 별도로 개별 목적물을 특정하여 현실적인 점유를 이전하는 질권 또는 양도담보
를 설정하게 되면 누가 우위에 있는 담보권자인지, 담보권설정자에 대하여 도산절차가
개시되면 담보권자는 도산절차 개시 이후에 장래 발생하는 재산에 대하여도 담보권을
追及할 수 있는지 등이다. 영국과 미국에서는 이러한 문제를 두고 19세기 중엽부터 논
의가 시작되었다. 결국 영국은 이러한 담보를 floating lien으로 파악하여 현재에도 위

법리가 적용되고 있으며,155) 반면에 미국은 담보권자가 담보물에 대하여 재산권 (proprietary right)을 갖는다면 담보물을 어느 정도 통제할 수 있어야 하는데 부동담보권은 담보권자에게 재산권을 인정하면서도 담보물에 대한 점유나 관리 등의 통제를 할 수 없다는 것이 모순이라는 등의 이유로 부동담보권의 효력을 부정한 바 있다.156) 미국은 영국과 같은 floating lien의 효력을 부정하고, UCC Article 9의 입법을 통하여 장래채권의 양도를 허용하였다.157)

대상판결은 사안은 간단하지만 위에서 본 바와 같이 오래되고 어려우면서도 중요한 이슈를 담고 있다. 그에 비하여 대법원은 관리인의 제3자성을 유일한 근거로 회생절차 개시결정 이후에 회생채무자가 취득하는 담보목적물에 더 이상 담보권의 효력이 미치지 아니한다고 보았다. 판례에 의하여 사실상 입법을 한 셈이다.

대상판결은 두 가지 중요한 쟁점에 대하여 판시하였다.

첫째, 원심은 집합채권양도담보의 경우 담보권자가 회생절차 개시 이전에 담보실행에 착수한 경우 담보권 실행 시에 담보목적물의 유동성은 없어지고 목적물은 고정화되고, 그 후 발생하는 채권에 대하여는 미치지 아니한다고 보았으나 대법원은 담보권자가 피담보채권인 대출금채권 전액의 만족을 얻지 아니한 이상, 그 후 발생하는 의료비 등 채권에 대해서도 담보권을 실행할 수 있다고 판시하였다.

둘째, 원심과 대법원 모두 회생절차 개시결정 후에 발생한 채권에는 집합채권양도담보의 효력이 미치지 아니한다고 본 결론은 같으나 원심은 固定化 이론에 기하여, 대법원은 관리인의 제3자성에 기하여 결론을 도출한 점이 다른 점이다.

일본에서는 이 점에 관하여 논의가 활발하다.158) 회생절차 개시결정 이후에도 담보권이 효력이 미친다는 견해(긍정설)는 그 근거로 ① 관리인의 활동에 의하여 취득하는 채권이 별도의 재산을 구성하는 것이 아니라 회생회사의 재산이 되는 점, ② 담보권자가 제3자에 대한 대항요건을 구비하면 관리인에게도 담보권을 주장할 수 있는 점, ③ 이를 부정하면 집합채권양도 방식에 의한 자금조달에 차질이 생긴다는 점을 들고 있다.

155) National Westminster Bank Plc v Spectrum Plus Ltd [2005] UKHL 41, para S 95-100. 영국의 浮動擔保權의 발전역사에 관하여 林治龍, "영국축구클럽의 도산," 도산법연구 제5권 제3호 (2015), 12-17면.
156) Benedict v. Ratner 268 U.S. 353(1925). 판결의 내용은 본서 "英國 축구클럽의 倒産" 주 41 참조.
157) 미국의 발전과정에 대하여 林治龍, "미국 파산법상 Strong Arm 조항과 편파행위에 관한 연구," 선진상사법률연구 통권 제71호(2015), 35-65면, 角紀代惠, "アメリカ法における爾後取得財産條項の效力," 星野英一先生古稀祝賀, 日本民法學の形成と課題(上), 有斐閣(1994), 359면 이하. 森田修, アメリカ倒産擔保法「初期融資者の優越の法理」, 商事法務(2005), 15-52면.
158) 박진수, 앞의 논문(주 154), 591-592면을 요약하였다.

이에 반하여 개시 이후에는 담보권의 효력이 미치지 않는다는 견해(부정설)는 ① 재산의 관리처분권이 관리인에게 이전되는 관리인의 제3자성, ② 회사갱생절차는 관념적인 청산절차로서 개시를 기준시점으로 삼아 담보권실행으로 의제하는 고정화이론, ③ 개시결정의 시점의 가치평가를 적절하게 배분하여야 하는 회사갱생법의 목적 및 ④ 긍정설을 취하게 되면 회사의 재건이 곤란해지는 점 등을 들고 있다.

이 글에서는 지면 관계상 자세한 논의는 할 수 없으나, 미국의 연방파산법 §552(a)[159]와 같이 입법으로 회생절차 전에 체결한 담보계약의 효력은 회생절차 개시 후 채무자가 취득하는 재산에 대하여는 미치지 않는다고 개정하는 것이 가장 타당하다. 양 학설의 주장은 어느 한쪽이 부당하다고 할 수 없을 만큼 일리가 있다. 회생절차의 목적과 효율적인 운영 등을 고려하여 결정할 수밖에 없다. 회생절차 개시 당시를 기준으로 담보목적물을 평가하도록 되어 있는바, 장래의 발생 가능성이 있는 채권액을 미리 평가하는 것이 현실적으로 어렵고, 회생절차 개시 후 금융기관 등이 이른바 DIP Financing을 통하여 신규자금을 제공하려는 경우 긍정설을 취하게 되면 당연히 담보로 잡을 자산이 부족하게 될 뿐 아니라 신규자금을 이용하여 생산된 물품이나 물품매매대금채권을 회생절차 개시 전의 집합채권 담보권자에게 귀속시키는 것이 형평에 어긋나고 신규자금의 유입이 사실상 끊어지게 되는 실천적인 이유를 고려하면 판례의 결론(부정설)이 타당하다. 다만 대상판결의 사정거리는 장래채권을 담보목적으로 양도한 경우에만 미치는 것이고 신탁양도하거나 채권을 매매 등으로 양도한 경우에는 적용되지 않는다는 점이다. 앞으로 판례가 이 점을 명시하여 ABS나 ABCP거래에서 대상판결의 사정거리를 둘러싼 혼란을 잠재울 필요가 있다.

5. 源泉徵收 勤勞所得稅 債權이 回生債權에 해당하는지 여부

[대상판결]: 대법원 2013. 2. 28. 선고 2012두23365 판결(미간행)

[사실관계]

회생절차 개시결정 전에 회사의 대표이사 가지급금 채권이 사외로 유출되었음을

---

159) §552(a) Except as provided in subsection (b) of this section, property acquired by the estate or by the debtor after the commencement of the case is not subject to any lien resulting from any security agreement entered into by the debtor before the commencement of the case. §552(b)에 의하면 파산신청 전에 성립한 담보물이 신청 후에 매각되는 경우 매각대금에 대하여, 파산신청 전에 성립한 아파트와 아파트의 임료채권에 대하여는 신청 후에도 담보권이 미친다. David G. Epstein, Bankruptcy and Related Law in a Nutshell 9th Ed (West 2017), 168.

이유로 과세관청이 회생절차가 개시된 후 익금산입한 후 대표자 상여로 소득처분을 하고 회생회사에게 소득금액변동통지가 이루어졌다.

[판결요지]

조세채권이 채무자회생법 제118조 소정의 회생채권에 해당하는지 여부는 회생절차 개시결정 전에 법률에 정한 과세요건이 충족되어 그 조세채권이 성립되었는지 여부를 기준으로 하여 정해지는 것인데, 과세관청이 법인의 사외유출금에 대하여 대표자 상여로 소득처분을 하고 소득금액변동통지를 하는 경우 그에 따른 원천징수분 근로소득세의 납세의무는 소득금액변동통지서가 송달된 때에 성립함과 동시에 확정되므로, 소득금액변동통지서가 당해 법인에 대한 회생절차 개시 후에 송달되었다면 그 원천징수분 근로소득세 채권은 회생절차 개시 후의 원인으로 생긴 것으로서 채무자회생법상의 회생채권에 해당하지 않는다.

[해설]

공익채권은 회생절차 개시 후에 관리인의 행위 등으로 인하여 성립하는 채권이 대부분이지만, 임금채권과 같이 회생절차 개시 전에 성립한 경우라도 근로자를 보호한다는 법정책에 기하여 공익채권으로 취급하기도 한다. 반대로 관리인의 미이행 쌍무계약 해제 때문에 발생하는 손해배상채권은 관리인의 행위에 기한 것이지만 회생회사를 보호하기 위하여 회생채권으로 취급하기도 한다. 결국 어떠한 채권을 공익채권 또는 회생채권으로 취급하느냐 하는 점은 이론상의 문제가 아니라 법정책적인 관점에 따라 정하여진다. 조세채권 역시 마찬가지이다. 조세채권도 회생채권인지 공익채권인지는 원칙적으로 국세기본법 제21조 등 법률에 정한 과세요건이 충족되었는가의 여부에 의하여 결정되고 이러한 기준에 의하면 공익채권이지만 법정책을 반영한 법률의 규정에 의하여 회생채권으로 취급될 수 있다. 대상판결에서 문제된 사외유출금에 대한 소득처분과 그에 이은 소득금액변동통지에 기한 원천징수분 근로소득세납세의무가 그것이다.

원천징수하는 소득세는 소득금액을 지급하는 때에 납세의무가 성립하고(국세기본법 제21조 제2항 제1호), 또한 납세의무가 성립하는 때에 특별한 절차 없이 세액이 확정되므로(국세기본법 제22조 제2항) 소득금액을 지급하는 때에 납세의무가 성립함과 동시에 확정되는 자동확정방식의 조세이다. 월급을 기준으로 설명하면 따라서 원천징수의무자(회사)는 월급 지급일이 속하는 달의 다음 달 10일까지 원천징수세액을 납부하여야 하고, 원천납세의무자(직원)은 이듬해 5. 31.까지 종합소득세 과세표준 확정신고의

의무를 부담하게 된다.

먼저 원천징수하는 조세에 관한 회사정리법 및 채무자회생법의 개정 경위를 살펴본다. 이 점에 관련한 회사정리법 제208조 제9호는 다음과 같다. 즉 "다음에 규정된 청구권은 공익채권으로 한다. 9. 정리채권 중 원천징수하는 조세·부가가치세·특별소비세·주세·교통세 및 본세의 부과·징수의 예에 따라 부과·징수하는 교육세·농어촌특별세와 특별징수의무자가 징수하여 납부하여야 할 지방세로서 정리절차개시 당시 아직 납부기한이 경과하거나 도래하지 아니한 것" 즉 위 규정에 의하면 회사정리법하에서는 원천징수하는 조세로서 정리절차개시 당시 아직 납부기한이 도래하지 아니한 것은 공익채권이었다.

회사정리실무를 담당하다 보면 부실경영의 책임이 있는 구 사주가 회사정리절차개시 전에 회사 돈을 몰래 사용하였다가(원천징수 없이) 회사정리절차개시가 되어 제3자 관리인이 선임된 후 과세관청으로부터 사외유출금에 대하여 대표자 상여로 소득처분을 하고 소득금액변동통지를 받는 경우가 적지 않았다. 회사정리법 당시의 확립된 판례에 의하면 과세관청이 법인의 대표자가 횡령한 금원에 대하여 대표자 상여로 소득처분을 하고 소득금액변동통지를 하는 경우 그에 따른 원천징수분 근로소득세의 납세의무는 소득금액변동통지서가 당해 법인에게 송달된 때에 성립함과 동시에 확정되므로,[160] 소득금액변동통지서가 정리절차개시 후에 도달하였다면 원천징수분 근로소득세 채권은 정리절차개시 후의 원인으로 생긴 것으로서 회사정리법상의 정리채권에 해당하지 않고 공익채권으로 처리하였다.[161] 정리회사로서는 그와 같은 인정상여에 대하여 원천징수한 바가 없어 공익채권인 조세채권을 변제하느라 회사의 재건에 지장을 초래하는 현상이 발생하였다.[162]

채무자회생법은 원천징수가 이루어지지 아니하는 현실을 반영하고 앞에서 본 문제점에 대한 반성적 고려에서 회생회사의 재건에 도움을 주기 위하여 공익채권이 되는 조세채권의 범위를 좁혔다. 먼저 제179조 제1항 제9호 가목은 다음과 같이 변경되었다. 즉 "다음 각목의 조세로서 회생절차 개시 당시 아직 납부기한이 도래하지 아니한 것. 다만, 「법인세법」 제67조(소득처분)의 규정에 의하여 대표자에게 귀속된 것으로 보는 상여에 대한 조세는 원천징수된 것에 한한다." 같은 관점에서 구 파산법 제38조

---

160) 대법원 2006. 4. 20. 선고 2002두1878 전원합의체 판결(공 2006, 940).
161) 대법원 2010. 1. 28. 선고 2007두20959 판결; 대법원 2005. 6. 9. 선고 2004다71904 판결; 대법원 2002. 9. 4. 선고 2001두7268 판결 등.
162) 오충현, "회사정리절차에 있어서 조세채권의 취급," 衡平과 正義 제20집(大邱地方辯護士會, 2005), 170면. 回生事件實務(上), 367면.

2호는 국세징수법의 예에 의하여 징수할 수 있는 청구권은 징수의 우선순위를 고려하지 않고 모두 재단채권으로 취급하였으나 채무자회생법 제473조 제2호를 개정하여 「국세징수법」 또는 「지방세기본법」에 의하여 징수할 수 있는 청구권 중 국세징수의 예에 의하여 징수할 수 있는 청구권으로서 그 징수의 우선순위가 일반 파산채권보다 우선하지 아니하는 것을 재단채권의 범주에서 제외하였으며, 징수의 우선순위가 인정되더라도 제446조 규정의 파산선고 후의 가산금, 지연손해금 등은 재단채권에서 후순위파산채권으로 강등한 것이다.163)

그리하여 채무자회생법 시행 후에는 회생절차 개시 전에 사외유출되고 회생절차 개시 후에 인정상여 소득처분을 하고 소득금액변동통지서를 받는 경우에는 회생절차 개시 전에 원천징수된 것에 한하여 공익채권으로 보게 되었다.164) 즉 판례와 세법이론에 의하면 회생절차 개시 후에 소득금액변동통지가 이루어져 납세의무가 성립하므로 의당 공익채권에 해당하는 것이지만 채무자회생법이 그에 대한 예외를 특별히 두어 원천징수가 된 경우에만 공익채권으로 취급하고 원천징수가 이루어지지 아니한 경우에는 회생채권으로 취급하도록 한 것이다. 즉 원천징수하는 조세는 원래 대표이사 등이 납부하여야 할 소득세를 원천징수하여 과세권자를 위하여 보관하고 있는 것이므로 그 한도 내에서 채무자로부터 환취할 수 있는 것과 같은 취급을 하여야 한다는 것이 입법취지이다. 이 점에 대하여는 이미 학자들이나 기존 파산부의 실무도 공감대를 형성하고 있었다.165) 즉 원천징수의 의무의 발생 원인이 되는 사외유출행위가 회생절차 개시 전에 이루어졌음을 근거로 하여 비록 소득처분이 회생절차 개시 후에 이루어졌다고 하더라도 세법상의 예외를 둔 것이 입법자의 의사이다. 이렇게 본다면 대상판결이 참고판결로 인용한 대법원 2010. 1. 28. 선고 2007두20959 판결은 회사정리법에 관한 사건으로서 채무자회생법의 제정에 의하여 폐기된 것이다. 그럼에도 불구하고 대법원이 세법의 이론에 치중하다보니 새로이 '원천징수'된 것에 한한다는 부분을 추가함으로써 공익채권의 범위를 축소한 채무자회생법의 개정 사항을 제대로 반영하

---

163) 法人破産實務, 349면은 파산선고 전의 조세채권에 대하여 파산선고 후에 발생하는 가산금을 후순위 파산채권으로 취급한다.

164) 사외유출 사실을 회생절차 개시 전에 발견한 경우(대표이사 변경, 감사활동 등)로서 실제로 이를 회수하여 원천징수를 하였다면 공익채권으로 취급하게 된다.

165) 최성근, "회생절차상 공익채권 여부의 판단기준인 조세납부기한에 관한 해석론," 선진상사법률연구 통권 제61호(2013), 90면; 林治龍, 파산법연구 3, 177면; 오충현, 앞의 글(주 162), 170면; 回生事件實務(上) 제2판, 博英社(2008), 379면; 李宜瑛, 會社倒産稅制의 改善方向에 關한 硏究, 서울대학교 法學博士學位論文(2008), 271면; 안경봉, "회사정리(회생)절차와 조세," 조세법연구 (13-2) 세경사(2007), 17면.

지 못한 것으로 보인다. 대법원이 개정 내용을 반영할 이유가 없었다면 그 논리를 설시하여야 함에도 불구하고 회사정리법 시행 당시의 판결 이유를 그대로 인용한 점과 채무자회생법 개정 후 사외유출에 관한 최초의 중요 판결임에도 미공간되었다는 점에서 아쉬움이 남는다.

한편 회생회사가 제3자에게 M&A에 의하여 인수합병되는 경우에 관하여 회생회사에게 유리한 방향으로 2014. 1. 1. 소득세법이 개정되었는바 앞으로 추이를 주시할 필요가 있다.166)

6. 채무자회생법 제179조 제9호의 납부기한은 법정납부기한인가 지정납부기한인가

[대상판결]: 대법원 2012. 3. 22. 선고 2010두27523 전원합의체 판결(공 2012, 707)

[사실관계]

2000. 11. 1. 원고(동아건설) 부도 발생

2001. 5. 11. 원고 파산선고를 받음

2001. 10.경-2006. 6.경 피고(성동세무서장 등)가 제1차 경정부과처분을 함. 그 내역은 아래와 같음

「원고의 부도로 말미암아 원고로부터 부가가치세를 포함한 매출채권을 회수할 수 없게 된 공급자들이 대손 확정을 이유로 매출세액 상당의 대손세액공제를 받자, 피고들은 원고의 파산관재인에게 원고가 매입세액에서 차감하여 신고하지 아니한 대손세액 상당의 부가가치세를 부과하는 1차 경정부과처분을 하였으며 원고의 파산관재인이 납부함」

2006. 9. 29. 원고의 파산관재인은 공급자의 대손세액공제에 따른 부가가치세 채권이 재단채권이나 파산채권에 해당하지 않아 파산자가 아닌 파산관재인에 대한 1차

---

166) 소득세법 제155조의4(상여처분의 원천징수 특례) ① 법인이 「채무자 회생 및 파산에 관한 법률」에 따른 회생절차에 따라 특수관계인이 아닌 다른 법인에 합병되는 등 지배주주가 변경(이하 이 조에서 '인수'라 한다)된 이후 회생절차 개시 전에 발생한 사유로 인수된 법인의 대표자 등에 대하여 「법인세법」 제67조에 따라 상여로 처분되는 대통령령으로 정하는 소득에 대해서는 제127조에도 불구하고 소득세를 원천징수하지 아니한다. ② 상여처분의 원천징수 특례에 관하여 그밖에 필요한 사항은 대통령령으로 정한다.
소득세법시행령 제206조의2(상여처분의 원천징수 특례) 법 제155조의4 제1항에서 "대통령령으로 정하는 소득"이란 「법인세법 시행령」 제106조 제1항 제1호 나목에 따라 상여로 처분된 소득을 말한다.

경정부과처분은 당연무효라고 주장하면서 대한민국을 상대로 납부세액의 반환을 구하는 소 제기

2007. 1. 9. 원고에 대하여 회생절차 개시결정

2008. 3. 5. 회생절차 종결결정

2008. 9. 19. 1차 경정부과처분이 당연무효임을 전제로 원고에게 납부세액 및 환급가산금을 지급하라는 내용의 화해권고결정이 확정됨

2008. 10. 31. 대한민국이 원고에게 화해권고결정에 따른 금액을 모두 지급함

2009. 1. 12.-2009. 4. 8. 피고 성동세무서장 등이 5회에 걸쳐 원고에게 납부기한을 정하여 공급자의 대손세액공제에 따른 부가가치세 채권 중 부과제척기간이 도과하지 아니한 2003년 제2기분, 2004년 제2기분 및 2005년 제1기분 각 부가가치세 합계 금원을 부과하는 이 사건 각 부과처분을 함

원심은 채무자회생법 제179조 제9호가 규정하는 납부기한이 법정납부기한을 의미한다고 전제한 다음, 2003년 제2기분, 2004년 제2기분 및 2005년 제1기분 각 부가가치세의 법정납부기한은 과세기간 종료 후 25일째가 되는 2004. 1. 25.과 2005. 1. 25. 및 2005. 7. 25.로서 원고에 대한 회생절차 개시결정일인 2007. 1. 9. 이전에 이미 그 납부기한이 모두 도래하여 경과하였으므로 위 각 부가가치세 채권은 회생채권에 해당하고, 피고들이 회생절차에서 이를 회생채권으로 신고하지 아니하여 실권·면책된 이상 원고에게 부과권을 행사할 수 없는 상태에서 이루어진 이 사건 각 부과처분은 위법하다고 판단하였다. 대법원은 상고를 기각하였다.

[판결요지]

[1] 다수의견: 제179조 제9호가 규정하는 납부기한은 원칙적으로 과세관청의 의사에 따라 결정되는 지정납부기한이 아니라 개별 세법이 객관적이고 명확하게 규정하고 있는 법정납부기한을 의미한다.

[2] 소수의견: 제179조 제9호가 규정하는 조세를 신고납세방식과 자동확정방식으로 분류하고, 그중 신고납세방식의 조세에 관하여 법정납부기한 내에 신고가 있는 경우와 자동확정방식의 조세의 경우에는 회생절차 개시 당시 이미 구체적인 조세채무가 확정되어 있고 법정납부기한도 도래한 이상 별도의 납세고지 없이 강제징수가 가능한 상태에 있으므로 이때 제179조 제9호가 규정하는 납부기한은 법정납부기한을 뜻하는 것으로 보아야 하지만, 신고납세방식의 조세에 관하여 납세의무자가 법정납부기한 내에 과세표준과 세액을 신고하지 아니하거나 신고내용에 오류 또는 탈루가 있어 과세

관청이 결정 또는 경정하여야 하는 경우에는 회생절차 개시 당시 법정납부기한의 도래만으로는 구체적인 조세채무가 확정되어 있다고 할 수 없고 강제징수를 하기 위해 별도로 납부기한을 정한 납세고지가 필요하므로 이때의 납부기한은 지정납부기한을 뜻한다.

[해설]

회사정리법 제208조 제9호의 취지는, 동호 소정의 공익채권이 되는 세목들의 공통점은 모두 채무자가 거래상대방으로부터 과세권자를 위하여 징수한 것으로 채무자의 몫이 아니라 국가를 위하여 보관하고 있는 것이므로 마치 환취권에 유사하게 취급하여 채무자로부터 우선하여 변제받을 수 있도록 법정책적으로 이를 공익채권으로 취급하자는 것에 있다.167)

회사정리법 제208조 제9호 소정의 "납부기한이 도래하지 아니한 것"의 납부기한을 어떻게 해석할 것인가. 즉 납부기한이 법령에 정해진 납부기한(法定納付期限)과 과세관청이 징수절차의 일환으로 발부한 납세고지서 등에 의하여 지정된 납부기한(指定納付期限 또는 구체적 납부기한) 중 어느 것을 기준으로 할 것인가에 관하여 견해의 대립이 있었다.168)

법정납부기한이라 함은 조세를 자신하여 납부하도록 개별 세법이 신고납세방식 등에 관하여 미리 정해 둔 기한이다. 지정납부기한이란 과세관청이 납세고지를 하면서 고지일로부터 30일 이내로 지정하는 기한이다. 납부기한은 국세징수권 소멸시효의 기산일(국세기본법 제27조, 시행령 제12조의 4), 납부불성실가산세의 기산일, 가산금의 기산일, 체납처분의 개시요건의 기준이 되는 등 중요한 법적 의미를 가진다.

일본에서는 당초 징세실무와 다수설은 지정납부기한설을 취하였으나 하급심 판결169)이 법정납부기한설을 취함으로써 그에 관한 논의가 활발하게 되었다. 법정납부기한설의 논거는, 원천징수하는 조세 등이 회생절차 개시 이후에 발생한 것인지를 판단하기 곤란하기 때문에 객관적으로 명백한 기준을 설정하고자 한 것이 그 입법취지이므로 객관적으로 명확한 법정납부기한이라고 해석함이 타당하고, 지정납부기한으로 해석하면 징수절차를 게을리 한 과세권자에게 부당하게 유리한 결과가 된다는 것이다.

---

167) 林栄洪·白昌勳, 會社整理法(下), 司法行政學會(2002), 89면(姜宣明 집필부분).
168) 자세한 논의에 관하여는 朱鎭岩, "회생절차와 조세법률관계," 고영한·강영호 편집대표, 도산관계소송, 한국사법행정학회(2009), 230면 및 林治龍, 파산법연구 3, 173면.
169) 東京高等裁判所 昭和 46. 6. 30. 判決(高民集 24券 2号 283頁).

한편 최고재판소는 지정납부기한설을 취하였는데 그 논거는 아래와 같다. 「원천 징수하는 조세 등은 일종의 예금적 성질을 가지는 것으로서 환취권과 비슷하게 취급 하는 것이 상당한데, 이를 철저히 하면 다른 이해관계인에게 미치는 영향이 크므로 이 해관계를 조정한다는 정책적 견지에서 이를 제한하여 회생절차 개시 당시 이미 납부 기한이 도래하여 강제징수가 가능한 것은 회생채권으로 취급하여 환취권적 취급에서 제외하고, 아직 납부기한이 도래하지 아니한 것에 대하여만 공익채권으로 보호하여 환 취권적 취급을 하고자 하는 것이 그 입법취지이다. 입법취지를 고려하면 과세권자가 강제징수할 수 있는 시점인 지정납부기한을 기준으로 하여, 회생절차 개시 당시 이미 지정납부기한이 경과하여 강제징수절차를 취할 수 있었던 것은 회생채권으로 취급하 고, 강제징수절차를 취할 수 없었던 것에 대하여는 그 세금 본래의 예금적 성질을 감 안하여 이를 공익채권으로 취급을 하는 것이 타당하다. 또한 조세채권의 발생시점이 회생절차 개시 전후의 어느 시점인지의 문제에 관하여는 원천징수하는 조세 등이 다 른 조세에 비하여 특히 판단이 곤란하다고 볼 수 없다. 과세권자가 자의적으로 납세고 지를 지연하는 등의 경우에는 신의칙 등에 의해 공익채권으로의 청구를 제한할 수 있 으므로 문제될 것이 없다.」[170]

판례는 근로소득세할 또는 이자소득세할 주민세에 관하여 법정납부기한설을 취 한 적이 있었다.[171] 즉 과세관청이 1995년부터 1997년 사이에 납세의무가 성립한 같 은 기간 귀속 근로소득세할 또는 이자소득세할 주민세를 정리절차개시결정 이후인 1998. 12. 15. 정리회사에 납세고지를 한 사안에서, 대법원은 조세채권은 정리채권에 해당하고 징수권자가 제3회 관계인 집회일까지 법원에 이를 신고하지 아니하였으므로 정리계획 인가결정시에 실권되어 소멸하였다는 원심의 판단을 정당하다고 수긍하면 서, 지방세법 제179조의3 제2항, 제3항에 의하면 특별징수하는 주민세의 납부기한은 특별징수의무자가 특별징수세액을 소득세와 동시에 징수하였거나 징수할 날이 속하는 달의 다음달 10일이라고 해석되므로, 이 사건 주민세채권은 정리절차개시 당시 이미 납부기한이 경과한 것이어서 회사정리법 제208조 제9호 소정의 공익채권에도 해당하 지 않는다고 판시하였다.

대상판결의 다수의견은 자동확정방식과 신고납세방식으로 구분할 필요 없이 법 률관계의 안정을 도모하기 위하여 양자 모두 법정납부기한으로 해석하자는 입장이다. 이에 반하여 소수의견은 과세자료가 납세의무자의 영역에 편중되어 있는 상황에서 과

---

170) 最高裁判所 昭和 49. 7. 22. 判決(民集 28券 5号 1008頁).
171) 대법원 2004. 12. 10. 선고 2003두8814 판결(공보불게재).

세관청이 회생절차 개시신청일부터 통상 6개월 정도 후에 열리는 제2회 관계인 집회일 전까지 미신고·허위신고 등의 여부와 그 내용을 파악하기란 실질적으로 불가능한 현실과 신고납세방식의 조세에 관하여 납세의무자가 법정납부기한 내에 신고하지 아니하거나 신고내용에 오류 또는 탈루가 있는 경우에는 과세관청은 회생채권으로 신고할 기회를 충분히 갖지 못하거나 구체적인 조세채권의 존재를 알지 못한 채 아무런 귀책사유 없이 징수권을 제한받게 될 우려가 있으므로, 이러한 경우에는 지정납부기한으로 해석하자는 입장이다.

　　소수의견은 만일 다수의견을 따르게 되면, 법정납부기한 내에 성실하게 세무신고를 한 채무자보다 그렇지 못한 채무자를 우대하는 게 되어 이들 조세에 관한 미신고 등을 조장할 우려를 염려하고 있다. 단 소수의견도 법적 안정성을 우려한 나머지 과세관청의 자의적인 시기 조정 등으로 공익채권으로 되는 조세채권의 범위가 부당하게 확장되는 점에 대하여도 우려를 표하고 있다.

　　생각하건대, 채무자의 재건이라는 회생절차의 목적과 조세법률주의의 원칙에 의거 국민에 부담을 주는 과세처분을 함에 있어서는 과세관청이 법률에 근거하여 세무조사 등을 통하여 세무자료를 파악하여 세금을 부과하는 것이 타당한 것이고, 소수의견과 같이 과세현실을 우려하다 보면 법적 안정성이 어그러진다는 점에서 다수의견에 찬동한다.[172] 구체적 사실관계를 보더라도 이미 회생절차가 종결된 지 1년이 지난 후에 아직도 부과제척기간이 도과하지 아니하였다는 이유로 과세관청이 회생절차 개시 수년 전에 법정납부기한이 도과된 부가가치세에 대하여 지정납부기한을 기준으로 공익채권을 주장하는 것은 법률관계를 불안정하게 하는 것이 되어 부당하다.

7. 대기발령으로 휴업한 근로자가 구하는 휴업수당이 공익채권인가

[대상판결]: 대법원 2013. 10. 11. 선고 2012다12870 판결(공 2013, 2059)

[사실관계]

원고들이 임시로 대우자동차판매(회사)의 근로자의 지위에 있음을 인정한다는 가

---

172) 이 판결에 대한 재판연구관의 해설인 河泰興, "조세채권을 회생채권과 공익채권으로 구분하는 '납부기한'의 의미," 대법원판례해설 2號(2012 상반기), 221-272면은 법정납부설과 지정납부설의 대립은 논리의 문제라기보다는 비교우위의 문제로 파악한다. 李鎭萬, "공익채권으로 되는 조세채권의 범위," 자유와 책임 그리고 동행: 안대희 대법관 재임기념, 사법발전재단(2012), 725면과 이전오, "2012년 조세법 중요판례," 인권과 정의 제432호(2013), 156면은 다수의견에 찬동한다. 최성근, 앞의 글(주 165), 101면은 오류 또는 탈루가 있는 경우를 포함하여 원칙적으로 법정납부설을 지지하면서 무신고의 경우에는 지정납부기한설을 취한다.

처분이 내려진 후 회사가 근로자 지위를 인정하였으나 회사분할로 원고들이 종전 업무부서에서 근로하게 할 수 없게 되자 회사가 원고들에 대하여 대기발령을 하였다. 그 후 회사에 대하여 회생절차가 개시되었다. 원고들이 휴업수당이 공익채권에 해당한다고 주장하였다. 원심은 공익채권에 해당한다고 판결하였고 관리인은 회생채권에 해당한다고 상고하였으나 대법원은 상고를 기각하였다.

[판결요지]

사용자가 발한 대기발령은 근로기준법 제23조 제1항 소정의 휴직에 해당하고, 사용자가 자신의 귀책사유에 해당하는 경영상의 필요에 따라 근로자에 대하여 대기발령을 하였다면 이는 근로기준법 제46조 제1항에서 정하는 휴업을 실시한 경우이므로 사용자는 근로자에게 휴업수당을 지급할 의무가 있다. 사용자의 귀책사유로 휴업하는 경우 지급하는 휴업수당은 비록 현실적 근로를 제공하지 않았다는 점에서 근로 제공과의 밀접도가 약하기는 하지만, 근로자가 근로 제공의 의사가 있는데도 자신의 의사와 무관하게 근로를 제공하지 못하게 된 데에 대한 대상으로 지급하는 것이라는 점에서 임금의 일종이므로 휴업수당청구권은 채무자회생법에서 정한 공익채권에 해당한다.

[해설]

공익채권은 제179조 제1항에 그 종류가 나열되어 있으며 그 외 회생절차와 관련한 공익채권은 개별 조문(제39조 제3항, 제58조 제6항, 제59조 제2항 등)에서 규정되어 있다. 근로자의 임금이 공익채권으로 취급된 연혁은 앞에서 기술하였다.[173] 각국은 도산절차에서도 근로자의 임금을 보호하려는 데에 있어서는 일치하지만, 어느 범위까지 보호할 것인지는 각국의 경제사정 등을 반영한 입법정책에 따라 다르게 마련이다. 임금이라 함은 본질적으로 근로의 대가인데 근로를 제공하지 못한 것이 사용자의 귀책사유에 해당하여 임금 상당의 손해배상도 임금채권으로 인정하여 보호할 것인지에 대하여는 논란이 있다. 영국의 도산법은 최우선순위에 해당하는 임금채권에는 이러한 손해배상채권이 포함되지 아니하는 것으로 보고 있다.[174]

휴업수당은 근로를 제공하지 아니한 점에서 임금이 아니지만 그렇다고 고용계약 불이행으로 인한 손해배상청구권도 아니다. 도산한 회사가 대기발령, 해고 등을 하면

---

173) 이 책의 "회생절차의 개시가 근로관계에 미치는 영향" 참조.

174) Leeds United Association Football Club Ltd v Healy and others [2007] EWHC 1761(Ch). Insolvency Act 1986 Schedule B1 para 99(5)(c).

서 지급하여야 할 휴업수당, 해고예고수당 등 각종 수당 등이 공익채권에 해당하는가
에 관하여 다툼이 있는바, 대법원이 이중 휴업수당이 공익채권에 해당함을 표명하였
다. 대상판결은 휴업수당에 관하여 판시한 것이지만 앞으로 다른 제 수당에 관한 판례
를 기대한다. 해고예고수당은 근로에 대한 대가가 아니라 즉시해고의 효력을 발생시키
기 위한 근로기준법상의 특별한 급부 내지 생활의 보장을 위한 부조제도의 변형으로
서 노동의 대가가 아니라는 견해도 있다.175) 관리인이 하는 해고에 기한 해고예고수당
이 공익채권에 해당함은 이론이 없으나,176) 회생절차 개시 전에 회사의 해고에 기한
해고예고수당에 관하여는 학설의 다툼이 있으나 한국177)과 일본178)의 실무는 임금채
권으로 취급한다.

8. 회생채권 추완신고는 제2회 관계인 집회 이후에도 가능한가

[대상결정]: 대법원 2012. 2. 13.자 2011그256 결정(미공간)

[사실관계]179)

2010. 8. 6. 서울중앙지방법원이 회생회사 씨포트에 대하여 회생절차 개시결정

2010. 8. 27. 관리인이 회생채권자목록을 제출(특별항고인의 채권은 미기재)

2010. 12. 1. 제1회 관계인집회 개최. 특별항고인 불출석

2011. 6. 15. 계획안의 심리 및 결의를 위한 집회가 개최되어 계획안 인가, 특별항
고인 불출석

2011. 8. 22. 특별항고인이 회생법원에 회생채권신고서 접수

원심이 추완신고가 심리를 위한 관계인집회가 끝난 후에 한 것으로서 부적법하다
는 이유로 각하하자, 특별항고인이 헌법상의 적법절차 원리 등에 반한다는 이유로 특

---

175) 김형배, 노동법 20판, 博英社(2011), 345면. 伊藤眞 編, 條解破産法 第2版, 弘文堂(2014), 1013면.
176) 학설은 재단채권으로 본다. 단 근거는 임금이 아니라 제473조 제8호 '파산선고로 인하여 쌍무계
    약이 해지된 경우 그 때까지 생긴 청구권'이다. 전병서, 최신 파산법, 법문사(2003), 93면. 즉 파
    산을 이유로 한 해고예고수당뿐 아니라 실제로 고용계약이 종료시까지 근로한 근무에 대한 대가
    가 동 조항에 포섭된다(中島弘雅・佐藤鐵男, 現代倒産手續法, 有斐閣(2013), 140면.
177) 전병서, 앞의 책(주 176), 94면.
178) 阿部信一郎, 小松正道, "震災と勞動問題," NBL No 954(2011), 40면. 東京地方裁判所는 재단채권
    으로 취급한다. 東京地裁破産再生實務研究會, 破産・民事再生の實務(中)新版, 金融財政事情研究
    會(2008), 85면.
179) 민정석, "회생채권의 존재를 다투는 관리인이 이를 회생채권자 목록에 기재할 의무가 있는지 여
    부 및 관리인이 이러한 의무를 해태한 경우 회생채권자 목록에 누락된 회생채권의 운명," 도산법
    연구 제3권 제2호(2012), 2-3면을 요약한 것이다. 대상결정은 대법원 판결에서 자주 인용되는
    중요한 결정임에도 판례검색에서는 누락되어 있다.

별항고를 제기하였다. 대법원은 특별항고를 받아들여 사건을 환송하였다.

[결정요지]

회생절차에서 회생채권자가 회생절차 개시사실 및 신고기간 등에 관하여 개별적인 통지를 받지 못하는 등으로 회생절차에 관하여 알지 못함으로써 심리를 위한 관계인집회가 끝날 때까지 채권신고를 하지 못하고, 관리인이 회생채권의 존재 또는 회생채권이 주장되는 사실을 알고 있거나 이를 쉽게 알 수 있었음에도 회생채권자 목록에 기재하지 아니한 경우, 제251조의 규정에 불구하고 회생계획이 인가되더라도 회생채권은 실권되지 아니하고, 회생채권자는 제152조 제3항에 불구하고 심리를 위한 관계인집회가 끝난 후에 회생절차에 관하여 알게 된 날로부터 1개월 이내에 회생채권의 신고를 보완할 수 있다. 이와 달리 회생채권이 실권되고 회생채권의 신고를 보완할 수 없다고 해석하는 것은 최소한의 절차적 기회를 박탈하는 것으로서 재산권을 침해하는 것으로서 허용될 수 있다.

[해설]

가. 대상결정은 결정이유에서 알 수 있듯이 법률 개정이 아닌 결정으로서 추완신고 기간의 시한을 심리를 위한 관계인집회기일로 정한 제152조 제3항과 회생계획인가의 면책효에 관한 제251조의 규정을 상당한 정도로 무력화시키고 절차에 혼란을 초래할 우려가 있는 것으로서 실무가들은 이 결정 후 충격이 컸다.[180]

회사정리법하에서도 실권을 당한 채권자들이 회사정리법 제127조 제3항이 헌법에 위배된다는 주장을 하였다. 정리채권자가 제소한 사건에서 헌법재판소는 만일 정리계획안의 심리가 종결된 후에도 추완신고를 인정하면 이러한 채권은 정리계획안에 반영되지 않았으므로 이를 반영한 정리계획안을 다시 작성하여 관계인집회에서 재차 심리해야 하는 등 시간과 비용 면에서 큰 부담을 주어 회사정리절차가 순조롭게 진행되는 것을 막을 우려가 있다는 이유로 합헌으로 결정한 바 있다.[181]

계속하여 정리담보권자가 회사정리법 제126조 제1항 중 정리담보권 신고에 관한 부분, 제127조 제3항 중 정리담보권 신고의 추완은 정리계획안심리를 위한 관계인집회가 끝나기 전까지만 할 수 있도록 제한한 부분, 제237조 제1항 단서 중 신고하지 않은 정리담보권자에게 정리계획인가의 결정에 대하여 즉시항고를 할 수 없도록 한 부

---

180) 민정석, 앞의 논문(주 179)이 발표된 연구회에서도 결정의 反響에 대하여 심도 있는 논의가 있었다.
181) 헌법재판소 2002. 10. 31. 선고 2001헌바59 결정(헌공 제74호).

분, 제241조 본문 중 신고하지 않은 정리담보권의 실권에 관한 부분을 심판대상조항들로 삼아 위헌이라 주장한 사건에서도 헌법재판소는 동 조항이 정리담보권자의 재산권의 본질을 침해하거나 과잉금지원칙에 위배되지 않는다고 확인한 바 있다.[182] 종래 서울중앙지방법원은 제2회 관계인집회 종료 후 접수된 추후 보완신고를 모두 각하하는 한편, 이와 관련하여 회생절차의 진행사실을 알지 못한 추후 보완신고 채권자가 입은 불이익은 사안에 따라 손해배상채권으로서 회생계획에 의하여 변제받을 수 있는 금액 상당의 공익채권을 인정하는 등으로 보호해 왔다. 위 대법원 결정에 따라 종래의 실무는 유지할 수 없게 되었다.[183]

나. 채무자회생법이 채권자목록 제도를 도입한 이유

채권신고절차와 관련하여 회사정리법과 채무자회생법이 달라진 점은 채무자회생법이 관리인으로 하여금 채권자목록을 법원에 제출하는 제도를 도입한 것이다(제147조). 채권자목록의 주체는 채무자가 아니라 관리인이고 관리인은 제3자가 선임될 수 있으므로 관리인이 채권내역을 정확하게 파악할 수 있는 입장은 아니다. 다만 채무자회생법이 관리인으로 하여금 채권자목록제도를 도입한 것은 관리인이 일단 목록을 작성하면 채권자들이 목록을 보고 자기 채권이 누락된 것을 발견하면 누락된 부분만 채권신고를 하게 함으로써 모든 채권자들을 일률적으로 채권신고를 하도록 하는 부담을 덜어주고 그만큼 절차를 간소화하려는 데 있었다.[184] 과연 채무자도 아닌 관리인에게 채권자목록제도를 도입하였다는 사정만으로 기존의 헌법재판소 결정과 달리 채무자회생법하에서 제152조 제3항과 제251조의 내용을 무의미하게 하는 해석이 가능한지 의문이다.

참고로 일본의 경우도 민사재생절차에서는 재생채무자가 절차개시 전부터 관리처분권을 보유하고 있음을 이유로 신고된 재생채권에 대한 自認제도(민사재생법 제101

---

182) 헌법재판소 2005. 6. 30. 선고 2003헌바47 결정(헌공 제106호). "정리담보권자의 재산권을 제한하는 입법으로서 재정적 파탄에 직면하였지만 경제적으로 갱생의 가능성이 있는 주식회사에 관하여 이해관계인의 이해를 조정하여 그 사업을 유지시켜 정리 · 재건한다는 공익적 목적을 추구하고 있고, 회사가 부담하는 채무 내지 책임액을 정확히 파악함으로써 정리계획안의 작성 토대를 마련해 준다는 점, 심의가 종료된 정리계획안의 수정, 재의 결과 같은 절차의 반복을 방지해 준다는 점, 채무 내지 책임의 총액에 관한 정리계획 인가의 기본전제를 유지시켜 정리절차의 실효성을 보장한다는 점, 정리계획인가 결정에 대한 무의미한 불복절차를 제한해 준다는 점에서 정리절차의 목적을 달성하는 데 있어 효과적이고 적절한 수단으로 최소침해성을 갖추었으며, 이러한 제도들을 시행함으로써 실현될 수 있는 공익이 정리담보권자가 입게 될 불이익보다는 더 커서 법익균형성이 있으므로, 재산권의 본질적 내용을 침해하는 것이거나 과잉금지의 원칙에 위배되지 않는다."
183) 回生事件實務(上), 507~508면.
184) 통합도산법시안검토, 도산법연구회 제47차 세미나자료 2002. 11. 30.(미공간), 33면.

조 제3항)[185]를 두었으나 회사갱생절차에서는 제3자인 관재인이 독립된 기관인 점을 고려하여 파산절차와 마찬가지로 채권조사절차에서 自認제도를 두지 아니하였다.[186]

대상결정에 따라 추완신고가 가능하기 위해서는 세 가지 요건을 충족하여야 한다. 첫째, 관리인이 채권자 목록에 기재하여야 할 의무를 위반하고, 둘째, 회생채권자도 개별적인 통지를 받지 못하여 채권신고를 하지 못하고, 셋째, 회생절차에 관하여 알게 된 날로부터 1개월 이내에 회생채권의 신고를 하여야 추완신고가 가능하다.

추완신고를 하기 위한 구체적인 문제점을 살펴본다. 관리인이 경과실로 채권을 채권자 목록에 기재하지 아니한 경우도 포함되는가. 필자는 아래의 이유로 부정적이다. 첫째, 채무자회생법 제566조 제7호에서 비면책 채권으로 '채무자가 악의로 채권자 목록에 기재하지 아니한 청구권'으로 규정되어 있는 점과 균형을 고려하고, 둘째, 판례[187]가 채무자가 채무의 존재 사실을 알지 못한 때에는 비록 그와 같이 알지 못한 데에 과실이 있더라도 위 법조항에 정한 비면책채권에 해당하지 아니한다고 판시하고 있는 점, 셋째, 대상결정의 취지가 관리인이 채권의 존재를 익히 알면서도 고의로 이를 숨기고 목록에 기재하지 않은 경우에 추완신고를 허용하자는 점 등을 고려하면 관리인이 과실로 채권자목록에 기재하지 아니한 경우에는 추완신고가 허용되기 어렵다고 봄이 타당하다.

다음으로 회생채권자가 개별적인 통지를 받지 못하였지만 채무자의 고지, 일간신문 등으로 알게 된 경우에도 추완신고가 가능한가. 이 점 역시 절차가 계속 중인 사실을 전혀 알지 못한 채권자를 위한 적법절차보장에 있다면 다른 방법으로 회생절차 개시 사실을 알게 된 이상 절차에 참가할 기회가 있었다고 보여지므로 이 역시 필자는 부정적이다.[188]

---

185) 제101조 제3항: 재생채무자는 신고되지 아니한 재생채권이 있음을 알고 있는 경우에는 당해 재생채권에 대하여 자인하는 내용 기타 최고재판소규칙이 정하는 사항을 제1항의 인부서에 기재하여야 한다.

186) 深山卓也編, 一問一答新會社更生法, 商事法務(2003), 170면.

187) 대법원 2010. 10. 14. 선고 2010다49083 판결(공 2010, 2094).

188) 반대의 견해로는 오병희, "회생절차에서의 추완신고에 따른 후속 절차 검토," 도산법연구 제3권 제2호(2012), 328면. 참고로 미국에서도 만일 채무자가 채권을 채권자목록에 등재하지 아니하였더라도 채권자가 우연한 사정으로 파산절차가 개시되었다는 사실을 알게 되었다면 설령 채권자의 채권이 채권자목록에 기재되지 아니하였다고 하더라도 당해 채권이 면책된다는 점에 대하여는 異見이 없다. Ferriell · Janger, *supra* note 73, at 493, Epstein, *supra* note 72, at 243. Daewoo Motor America, Inc. v. General Motors Corp., 459 F.3d 1249, 1258(11th Cir. 2006)은 미국법인인 Daewoo America가 한국 인천지방법원으로부터 정리절차 참가에 관한 통지를 받지 못하였으므로 미국법원이 정리법원의 계획안 인가결정에 대하여 예양에 기하여 외국판결로 승인하는 것이 적법절차조항에 위반된다고 주장하였으나 한국의 모회사로부터 회사정리절차에

마지막으로 법원이 추완사유를 민사소송법의 기준으로 엄격하게 인정할지 아니면 채무자회생법의 특성을 고려하여 널리 인정할지에 따라 추완신고 여부가 달라지게될 것이다. 대상결정의 취지에 따라 파산부의 실무는 관리인이 비록 소송절차에서 다투는 등으로 회생절차에 관하여 주장되는 어떠한 회생채권의 존재를 인정하지 아니하는 경우에도, 그 회생채권의 부존재가 객관적으로 명백한 예외적인 경우가 아닌 한 관리인이 이를 회생채권자 목록에 기재하여야 하는 것으로 바꾸어 운영하고 있다.189) 다만 추완신고를 허용하더라도 어떠한 방법으로 구제할 것인지는 더욱 복잡한 문제가있다. ① 계획안을 수정하여 제2회 관계인집회를 재개하는 방안, ② 일단 회생계획안을 인가한 후 추완신고를 위하여 계획안을 변경하는 방안, ③ 회생계획의 미확정채권에 관한 조항을 이용하는 방안, ④ 회생계획안의 효력이 미치지 않는 공익채권자로 취급하는 방안 등을 상정할 수 있다.190) 결국 대상결정 때문에 헌법재판소가 우려하는 상황이 발생한 셈이다.

대상결정으로 인하여 채권자의 절차참여권을 고려하여 추완신고가 쉽게 인정될지 아니면 여전히 엄격하게 인정될지 앞으로의 실무 방향이 주목된다. 대상결정이 있은 후, 대법원은 채무자에 대한 회생절차에 관하여 알게 되어 회생채권의 신고를 통해권리보호조치를 취할 수 있었음에도 이를 하지 아니함으로써 그 회생채권이 실권된경우에는 관리인이 채권자목록에 미기재한 잘못과 회생채권의 실권 사이에 상당인과관계가 있다고 할 수 없으므로 관리인의 불법행위책임이 성립하지 아니한다고 판시하였다.191) 관리인이 고의로 채권자목록에 회생채권 등을 기재하지 아니하였더라도 회생채권자가 회생절차가 진행 중인 사실을 알게 된 경우 대상결정이 관리인의 불법행위책임을 배제하는 근거로 이용되고 있다.

대한 통지(송달이 아님)를 받고 실제로 참석한 사실을 들어 이를 배척하였다.

189) 回生事件實務(上), 507면.

190) 후속절차에 관하여는 오병희, 앞의 논문(주 188), 314-326면 참조, 위 글은 회생계획의 미확정채권에 관한 조항을 이용하는 방안을 지지한다. 서울중앙지방법원의 실무도 특별조사기일을 열고 채권이 시인되면 추완회생채권자표를 작성한 후 가장 유사한 회생채권에 따라 처리하고 있다. 그러나 확정된 회생계획에 등재되지 아니한 회생채권을 관계인집회 없이 채권자표 작성의 방식으로 추가로 인정하는 것이 법리상 가능한지 의문이다.

191) 대법원 2014. 9. 4. 선고 2013다29448 판결(공 2014, 1999).

9. 채권신고와 계속 중인 소의 이익

[대상판결]: 대법원 2014. 6. 26. 선고 2013다17971 판결(공 2014, 1457)

[사실관계]

원고(동양증권)가 한일건설을 상대로 어금금 청구소송을 제기하여 제1심이 변제기 미도래를 이유로 청구기각하고 항소심이 항소기각한 후 상고심 계속 중 한일건설에 대하여 회생절차가 개시되어 원고가 어음금 200억 원과 지연손해금채권을 신고하였고 채권조사절차에서 200억 원에 대하여 이의가 없었고, 지연손해금채권에 대하여만 이의가 제기되었다. 대법원은 200억 원을 구하는 부분에 대하여는 소의 이익이 없어 파기자판하고 소를 각하하였다.

[판결요지]

회생절차에 참가하고자 하는 회생채권자는 회생채권 신고를 하여야 하고, 신고된 채권에 대하여 이의가 제기된 때에는 이의자 전원을 상대방으로 하여 법원에 채권조사확정재판을 신청할 수 있으며 그 재판에 불복하는 자는 채권자조사확정재판에 대한 이의의 소를 제기할 수 있다. 다만 회생절차 개시 당시 회생채권에 관한 소송이 계속 중인 경우 회생채권자는 회생채권 신고를 하고, 신고된 회생채권에 대하여 이의가 제기된 때에는 이의자 전원을 상대방으로 하여 소송절차를 수계하여야 한다. 한편, 신고된 회생채권에 대하여 이의가 없을 때에는 채권이 신고한 내용대로 확정되고 확정된 회생채권자표에 기재한 때에는 그 기재는 확정판결과 동일한 효력이 있으므로 계속 중이던 회생채권에 관한 소송은 소의 이익이 없어 부적법하게 된다.

[해설]

가. 채권신고의 법적 효과

회생절차에서 채권신고를 하지 아니한 채권은 더 이상 회생절차에 참가할 수 없으므로 채권신고하지 아니한 채 채권조사확정재판을 신청하거나 이미 계속 중인 소송에서 청구취지를 조사확정의 소로 변경하였더라도 신청이나 소송은 부적법하게 되어 각하를 면치 못한다.

반대로 채권신고를 하였는바 다행히 관리인 등으로부터 이의 없이 회생채권자표에 기재되면 확정된 채권자표에 따라 회생절차에 참가하여 권리를 행사하면 족하므로 만일 소송이 계속 중이라면 당해 소송은 소의 이익이 없게 되고 새로이 조사확정재판을 신청하더라도 소의 이익이 없으므로 각하하게 된다.

대상판결은 소송이 계속 중 신고된 채권에 대하여 이의가 없게 된 부분은 소의 이익이 없게 되어 부적법하다는 점을 판시한 것인바, 이 점에 대하여는 당연한 법리를 설시한 것이다. 오히려 대상판결이 갖는 의미는 항소심 판결 후 회생절차가 개시된 경우 원심판결의 결론이 맞다면 상고기각을 할 것이 아니라 회생채권의 신고절차가 어떻게 이루어지는지 예의 주시하였다가 만일 신고된 채권에 대하여 이의가 없다면 각하한다는 데에 있다. 즉 상고심에서 당사자 일방에 대하여 회생절차가 개시되면 상고심에서도 회생채권조사절차의 결과를 반영하여야 한다는 점에서 진일보한 판결이다. 과거 대법원 판례는 채권자가 회사를 상대로 어음금 청구소송을 제기하여 항소심 변론종결 후 피고에 대하여 회생절차가 개시되었으며 그 후 항소심이 원고 승소의 판결을 선고하고 피고가 상고한 사안에서 채권조사절차에 대한 언급 없이 변론종결 후 회생절차 개시결정이 있더라도 판결선고는 적법하다고 판시하였다.[192] 또한 피고에 대하여 상고이유서 제출기간이 경과한 후 파산선고를 받더라도 상고법원이 상고장 등 소송기록에 의하여 파산자의 상고가 이유있다면 파산법에 의한 수계절차를 거치지 않고 변론 없이 원심판결을 파기할 수 있다고 판시하였다.[193] 앞으로 원고가 피고를 상대로 금전지급의 소를 제기하여 원고가 승소하였다가 상고심에서 피고에 대하여 회생절차가 개시된 경우에 소송수계 여부에 대한 대법원의 입장이 주목된다.

나. 議決權의 調査確定節次

의결권도 회생채권과 마찬가지로 조사대상인가? 채무자회생법과 회사정리법 모두 의결권도 회생채권조사의 대상으로 삼은 것은 일치한다. 회생채권자 등은 회생채권의 존부 또는 범위 외에 의결권의 액수에 대하여 이의할 수 있다. 회사정리법은 의결권의 액수도 정리채권조사확정의 소의 대상으로 삼았다. 그러나 채무자회생법은 일본의 신 회사갱생법과 같이 의결권에 대한 이의가 있으면 채권조사확정재판신청과 같은 절차를 거치지 않고 법원이 직권으로 의결권액수를 결정하는 것으로 변경하였다.[194] 다만 의결권의 액수가 회생채권확정의 소의 대상이 될 수 없다는 근거에 대하여 판례는 회생채권자표에 기재된 사항 중 의결권의 액수는 그 대상에서 제외된 점(제158조,

---

192) 대법원 2008. 9. 25. 선고 2008다1866 판결(공보불게재). 그 외 상고심의 상고이유서 제출기간이 경과된 후에 당사자가 파산선고를 받은 사건에 관하여 수계를 부정한 판례로는 대법원 2001. 6. 26. 선고 2000다44928, 44935 판결; 대법원 2006. 8. 24. 선고 2004다20807 판결 등.
193) 대법원 2001. 6. 26. 선고 2000다44928,44935 판결(공 2001, 1698).
194) 대법원 2015. 7. 23. 선고 2013다70903 판결(공 2015, 1214).

제173조, 제174조 제3항 등 참조)을 근거로 하고 있고, 서울중앙지법 파산부는 제170조 제3항을 근거로 하고 있다.195) 그러나 위 조항들을 명시적인 근거조항으로 보기 어렵다. 채무자회생법이 서면결의 제도를 도입하였으므로(제240조) 앞으로 법 개정시에 의결권의 액수를 법원이 집회에서 또는 서면결의시 정하는 방법과 그에 대한 불복에 대하여 명문의 규정을 두는 것이 바람직하다.196) 만일 의결권 액수에 대하여 이의가 있으면 독립하여 불복할 수 없고, 다만 인가결정 또는 불인가결정에 대한 불복사유로 주장할 수 있을 뿐이다. 따라서 회생채권조사확정의 재판에서 의결권의 확정을 구하는 것은 부적법하다.

신고된 회생채권에 대하여 채무자회생법 제2편 제4장 제3절의 회생채권조사 확정절차에서 채권의 존부와 의결권에 관하여 이의가 진술되지 아니되어 회생채권자표의 기재가 확정되거나, 회생채권조사절차에서 이의가 제기되어 회생채권조사확정재판 중에 있는 채권이거나 회생채권조사절차에서 의결권에 관하여만 이의가 있었다고 하더라도 관계인집회에서 의결권에 관하여 이의가 제기되지 아니하면 법원은 반드시 의결권을 부여하여야 한다(제187조, 규칙 제68조 제1항). 의결권에 관하여 이의가 진술된 채권에 대하여는 법원이 의결권을 행사하게 할 수 있는지 여부를 결정할 권한이 있는바 이러한 결정에 대하여는 불복할 수 없다. 이러한 법리에 의하면 의결권에 대하여 이의가 제기되었고 그에 대한 정리채권확정소송에 관하여 제1심에서 승소하였다고 하더라고 아직 확정되지 아니한 상태에서 정리법원이 이의가 진술된 정리채권자에 대하여 의결권을 부여하지 아니한 것은 적법하다.197)

다. 채권조사절차에서의 실권된 사례

① 회생채권자는 반드시 채권신고 기간 내에 채권을 신고하여야 한다. 신고한 채권이 이의된 후 조사확정재판에서 다른 채권을 주장하는 것을 허용되지 아니한다. 양채권의 청구의 기초가 동일하면 어음금채권으로 신고하였다가 대신 조사확정재판에서

---

195) 回生事件實務(上), 562면, 回生事件實務(下), 23면.
196) 참고로 일본의 경우를 본다. 更生債權의 査定申請의 대상이 되는 사항은 이의가 있는 갱생채권의 내용이고(회사갱생법 제151조 제1항 본문). 채권신고사항에는 의결권의 액도 포함되어 있지만 (제138조 제1항 제3호) 의결권에 관하여 다툼이 있는 경우에는 갱생채권사정절차에 의하지 아니하고 법원이 의결권행사의 가부 및 액을 정할 수 있다는 규정을 두었다. 즉 관계인집회에서 법원이 의결권의 행사방법을 정한 경우에는 채권자들이 이의를 진술할 수 있도록 하고 법원이 이의 있는 의결권을 산정할 수 있다(제191조). 관계인집회가 개최되지 아니하고 서면결의가 이루어지는 경우에는 이해관계인들의 진술이 없으므로 신고된 채권에 대한 이의 유무에 따라 법원이 의결권을 정한다(제192조).
197) 서울고등법원 2001. 10. 29.자 2000라73 결정(정리회사 한국티타늄 항고사건).

대여금채권으로 청구취지를 변경하는 것은 가능하지만, 어음금채권으로 신고하였다가 사용자책임에 기한 손해배상채권으로 변경하는 것이 불허된 사례가 있다.[198] 그러나 파산사건에서 대법원은 예금채권으로 신고하였다가 비진의 의사표시로 무효로 밝혀지자 파산채권확정의 소로 피용자의 불법행위로 채권의 확정을 구할 수 있다고 판시하면서 이를 불허한 원심판결을 파기하였다.[199]

② 정리회사의 직원이 채권자에게 채권신고를 하지 말 것을 권유하면서 대신 채권을 즉시 변제하겠다는 약속을 믿고 신고하지 아니하여 실권한 채권자는 정리회사를 상대로 불법행위로 인한 책임을 물을 수 없다. 왜냐하면 이는 원고가 자초한 것으로 불법행위를 구성하지 않기 때문이다.[200]

③ 증권회사가 정리회사 대농에 대한 회생절차 개시 후 정리담보권을 신고함에 있어 대농이 주채무자로 부담하는 채무인지 계열회사의 물상보증인으로 부담하는 책임인지를 구분하지 않고 신고하여 회생담보권의 일부가 누락되어 실권되었다.[201]

④ 보전관리인이 선임된 상태에서 아직 회사정리절차개시결정이 있기 이전에 상대방을 회사에서 보전관리인으로 변경하여 당사자표시정정신청서를 제출하였을 뿐 채권조사절차 후 1개월 이내에 이의자를 상대로 별도로 수계신청을 하지 아니하였으므로 정리채권확정의 소는 부적법하다.[202]

⑤ 정리절차개시 당시 기존의 소송이 계속중인 경우에는 소송절차를 수계하여야 함에도 불구하고 수계 절차를 밟지 않은 채 채권조사기일부터 1개월 내라 하더라도 동일한 내용의 별소를 제기하는 것은 부적법하다.[203]

⑥ 회사정리절차 개시결정이 있어 소정 기간 내에 신고된 정리채권에 관하여 정리회사를 제외한 일정한 자로부터 이의가 있는 경우 정리절차에 참가하고자 하는 그 정리채권의 권리자로서는 그 권리의 조사가 있은 날로부터 1월 내에 그 이의자를 상대로 그 권리의 확정을 구하는 정리채권 확정의 소를 제기하여야 하고, 이러한 정리채권 확정의 소는 통상의 확인의 소에 해당한다고 할 것이지만, 일반적으로 이행의 소는 이행청구권의 확정과 피고에 대한 이행명령을 요구하는 소송으로서 이행의 소를 인용하

---

198) 서울고등법원 2000. 7. 21. 선고 2000나13339 판결.
199) 대법원 2007. 4. 12. 선고 2004다51542 판결(공 2007, 671).
200) 대법원 1987. 10. 28. 선고 87다카1391 판결(공 1987, 1792).
201) 대법원 2000. 2. 11. 선고 99다43516 판결(공보불게재).
202) 대법원 1997. 8. 22. 선고 97다17155 판결(공 1997, 2803); 서울고등법원 1999. 8. 18. 선고 99나 16547 판결.
203) 대법원 1991. 12. 24. 선고 91다22698, 91다22704 판결(공 1992, 673).

는 판결이 확정되면 이행청구권의 존재를 확정하는 효력도 있는 것이고, 이행의 소를
제기한 경우도 그 출소기간을 준수한 것으로 본다고 하여 정리회사의 소극재산의 범
위를 신속하게 확정하여 정리계획작성의 기초를 확실히 하고자 정리채권 확정의 소에
출소기간의 제한을 둔 취지에 반한다 할 수는 없으므로, 비록 그 권리자가 위의 출소
기간 내에 정리채권 확정의 소가 아닌 그 권리에 관한 이행의 소를 제기하였다 하더라
도 그 후 정리채권 확정의 소로 청구취지를 변경하였다면 달리 특별한 사정이 없는 한
이는 원래 심판대상의 범위 내에 포함되어 있던 것을 정리채권 확정의 소에 적합하게
수정한 것으로서 당초 이행의 소를 제기함으로써 그 출소기간을 준수하였다고 봄이
상당하다.204)

⑦ 회생절차 개시결정시를 기준으로 아직 계속 중인 소송이 없는 상태에서 신고
한 채권에 대하여 이의가 제기되면 회생법원에 조사확정재판을 신청하여야 함에도 불
구하고 회생회사를 상대로 이행의 소를 제기하거나 곧바로 회생채권조사확정의 소를
구하는 것은 부적법하다.205)

⑧ 신고된 채권에 대하여 이의 여부가 결정되지도 않았는데 관리인이 어차피 이
의할 심산으로 성급하게 조사기간말일 이전에 계속 중인 소송을 수계한 것은 조사기
간말일 이후에 한 수계가 아니기 때문에 부적법하며 그 후 1개월 이내에 별도로 수계
신청이 없으므로 현재 진행 중인 소송은 부적법하게 된다. 설령 수계신청 이후에 관리
인이 이의를 하였다고 하여 하자가 치유되지 않는다.206)

⑨ 정리채권 특별조사기일에 불출석한 원고의 채권에 대하여 관리인이 이의가 있
었고 법원이 원고에게 이의를 통지를 하였는데 원고가 소송수계를 통지 수령일로부터

---

204) 대법원 1994. 6. 24. 선고 94다9429 판결(공 1994, 2070) "원심이 이와 같은 취지에서 장영해운
    주식회사에 대하여 1993. 2. 13. 서울민사지방법원에 의하여 회사정리절차 개시결정이 내려지고
    피고가 관리인으로 선임되었으며, 원고가 이 사건 약속어음금 채권을 가지고 정리채권으로 신고
    한 데 대하여 그 조사기일인 같은 해 4. 13. 피고가 이의를 하자 원고는 위 조사기일로부터 1개
    월 이내인 같은 해 5. 13. 피고를 상대로 그 약속어음금청구소송을 제기하여 제1심 법원에서 승
    소하였다가 피고의 항소로 이 사건 소송이 원심에 계속 중이던 같은 해 12.3. 정리채권의 확정을
    구하는 것으로 청구취지를 변경한 사실을 확정한 다음, 이 사건 소는 출소기간 내에 제기된 적법
    한 소라고 판단한 것은 정당하고" 다만 채무자회생법은 회생법원을 전속관할로 하는 채권조사확
    정재판제도를 신설하였으므로 위 판결이 채무자회생법에서도 유지될 수 있을지는 의문이다.
205) 대법원 2011. 5. 26. 선고 2011다10310 판결(공 2011, 1297). 개시결정이 있었음에도 원고가 지
    급명령신청을 하고 소송으로 이행되어 청구취지를 회생채권확정으로 변경한 사안이다.
206) 대법원 2013. 5. 24. 선고 2012다31798 판결(공 2013, 1113). 어차피 채권조사결과 관리인만이
    이의하게 되면 하자가 치유된다는 반대의 견해도 있으나 소송절차의 안정성과 수계신청을 받은
    수소법원의 재판부가 소송을 속행하였으나 관리인이 회생채권조사 과정에서 법리오해나 새로운
    증거자료 제출 등을 이유로 이의를 철회하는 경우도 있을 수 있으므로 대법원 판례의 입장이 타
    당하다.

1개월 이내에 수계신청을 하였으나 조사기간 말일로부터 이미 1개월이 도과된 경우 위 소송수계는 부적법하다.[207]

⑩ 회사정리법 제147조 제2항 소정의 1개월의 기간은 추완이 가능한 불변기간이 아니므로 반드시 기간을 준수하여야 한다. 당사자가 책임질 수 없는 사유로 1개월을 지킬 수 없었다 해도 1개월이 도과하면 소의 제기를 추후 보완할 수 없다.[208]

10. 회생절차종결이 회생채권조사확정의 소에 미치는 영향

[대상판결]: 대법원 2014. 1. 23. 선고 2012다84417, 84424, 84431 판결(공 2014, 470)

[사실관계]

2010. 4. 1. 원고들이 임광토건과 주식회사 乙을 상대로 부당이득반환 등 청구의 소를 제기

2011. 2. 10. 제1심 법원이 원고들의 주위적 청구를 기각하고, 예비적 청구를 일부 받아들여 일부 승소판결을 선고

2011. 11. 24. 임광토건에 대하여 회생절차 개시결정

2011. 12. 15. 원고들이 이 사건 청구채권에 대하여 회생채권 신고를 하고, 회생회사의 관리인이 원고들의 회생채권 신고에 대하여 이의제기

2012. 1. 30. 원고들이 관리인을 상대로 <u>소송수계신청</u>

2012. 3. 22. 회생계획인가결정

2012. 5. 22. 원고들이 회생채권 확정을 구하는 것으로 <u>청구취지를 변경</u>

2012. 5. 24. 회생절차 종결결정

2012. 6. 19. 원고들이 피고(회생 전 회사가 수계하여 피고가 됨)를 상대로 <u>소송수계신청</u>을 하면서, 다시 금전지급을 구하는 것으로 <u>청구취지를 변경</u>

2012. 8. 23. 원심은 제1심판결을 변경하여 피고에 대하여 금전지급과 가집행을 선고

[판결요지]

회생계획인가의 결정이 있는 때에는 회생채권자 등의 권리는 회생계획에 따라 변

---

207) 대법원 2008. 2. 15. 선고 2006다9545 판결(공 2008, 382).
208) 대법원 2003. 2. 11. 선고 2002다56505 판결(공 2003, 779).

경되고 회생계획이나 채무자회생법의 규정에 의하여 인정된 권리를 제외하고는 모든 회생채권과 회생담보권에 관하여 면책의 효력이 발생하며, 회생계획인가 결정 후 회생절차 종결결정이 있더라도 채무자는 회생계획에서 정한 대로 채무를 변제하는 등 회생계획을 계속하여 수행할 의무를 부담하게 되므로, 회생채권 등의 확정을 구하는 소송의 계속 중에 회생절차 종결결정이 있는 경우 그 회생채권 등의 확정을 구하는 청구취지를 회생채권 등의 이행을 구하는 청구취지로 변경할 필요는 없고, 회생절차가 종결된 후에 회생채권 등의 확정소송을 통하여 채권자의 권리가 확정되면 그 소송의 결과를 회생채권자표 등에 기재하여, 미확정 회생채권 등에 대한 회생계획의 규정에 따라 처리하면 된다. 따라서 회생채권 등의 확정소송이 계속되는 중에 회생절차 종결결정이 있었다는 이유로 채권자가 회생채권 등의 확정을 구하는 청구취지를 회생채권 등의 이행을 구하는 청구취지로 변경하고 그에 따라 법원이 회생채권 등의 이행을 명하는 판결을 선고하였다면 이는 회생계획 인가결정과 회생절차 종결결정의 효력에 반하는 것이므로 위법하다.

[해설]

　서울중앙지방법원 파산부가 회생사건을 신속하게 처리하기 위하여 이른바 패스트트랙 제도를 실시하면서 회생신청부터 회생계획안 인가 및 종결결정이 과거보다 빨라지게 되었다. 위 사건도 개시결정일로부터 종결결정일까지 6개월밖에 소요되지 아니하였다. 그러다 보니 회생절차 개시 및 종결로 인하여 소송의 수계 및 청구취지 변경이 2회씩 이루어졌다. 문제는 수계를 할 때마다 청구취지도 바꾸어야 하는지 아니면, 회생절차가 종결되더라도 청구취지를 바꾸지 않은 채 회생채권확정의 소를 그대로 유지하여야 하는가에 있다.

　신고채권에 대하여 이의가 제기된 채권은 회생절차가 종결되더라도 청구취지를 그대로 유지하여야 한다. 왜냐하면 회생절차가 종결되었다는 것은 회생계획안이 인가된 것을 전제로 하는 것이므로 모든 회생채권자는 확정된 회생채권이건, 쟁송 중에 있는 미확정채권이건 모두 계획안에 규정된 내용에 따라 변제받아야 하기 때문이다. 따라서 미확정 채권을 소송을 통하여 확정할 실익이 여전히 있는 것이다.209) 이 점은 법

209) 대법원 2007. 10. 11. 선고 2006다57438 판결(공 2007, 1745)은 "정리계획인가 후의 정리절차의 폐지는 그동안의 정리계획의 수행이나 법의 규정에 의하여 생긴 효력에 영향이 미치지 아니하므로, 정리절차가 폐지된 후에도 … 여전히 권리확정의 필요가 있다. 따라서 정리절차 폐지로 인하여 종전에 계속중이던 권리확정소송이 당연히 종료한다거나 그 소의 이익이 없어진다고 볼 수 없고, 정리절차 폐지 후 파산이 선고되었다 하더라도 마찬가지"라고 판시하여 인가후 폐지의 경

관들이 참조하는 回生事件實務(上)에 자세히 소개된 것이고, 학설로도 異說이 없고 참조할 대법원 판례가 있었음에도 서울고등법원이 이러한 점을 간과하였다는 점에서 실망스럽다. 더구나 항소심 판결에 가집행선고가 붙어있기 때문에 별도로 강제집행정지 신청을 하는 수고를 국민이 고스란히 부담하게 된다.

만일 회생계획안이 인가 후 회생절차가 폐지의 경우에는 대부분 파산의 원인이 되는 사실이 인정되므로 직권으로 파산선고하게 된다(제6조 제1항). 따라서 계속 중인 회생채권조사확정의 소는 파산관재인 또는 상대방이 수계하고 청구취지도 파산채권조사확정의 소로 변경하여야 한다.210) 인가 전 회생절차가 폐지된 경우라면 수계절차를 밟은 후 청구취지를 채권확정의 소송에서 이행 또는 확인의 소로 변경하여야 한다.211)

V. 회생계획안 및 절차종료

1. 관계인집회와 의사표시의 하자

[대상결정] 대법원 2014. 3. 18.자 2013마2488 결정(공2014, 849)

[사실관계]212)

2012. 5. 10. 채무자에 대하여 회생절차 개시결정

2013. 7. 15. 제3회 관계인집회. 회생채권자조는 가결요건을 충족하였으나 회생담보권자조는 가결요건 불충족으로 계획안 부결

2013. 7. 16. 회생계획안 부결을 이유로 회생절차폐지

관리인이 회생담보권자의 대리인이 착오로 부동의하였다면서 폐지결정에 대한 항고를 제기. 회생담보권자가 '관계인집회에서 당 회사의 착오로 부동의가 있었으나 이를 취소하고 동의한다'는 취지의 동의서를 작성 제출

[결정요지]

관계인집회에서의 회생계획안에 대한 동의 또는 부동의의 의사표시는 조(회생담보권자조, 회생채권자조 등)를 단위로 하는 일종의 집단적 화해의 의사표시로서 재판절차

우에도 권리확정소송이 유지된다는 입장을 밝힌 적이 있다.

210) 서울中央地方法院 破産部實務研究會, 도산절차와 소송 및 집행절차, 博英社(2011), 117면.
211) 앞의 책, 115면.
212) 사실관계는 김희중, 앞의 논문(주 127), 277면을 요약함.

상의 행위이고 관계인 사이에 일체 불가분적으로 형성되는 집단적 법률관계의 기초가 되는 것이어서 내심의 의사보다 그 표시를 기준으로 하여 효력 유무를 판단하여야 한다. 민법 제107조 이하의 의사표시의 하자에 관한 규정은 (유추)적용될 수 없다.

[해설]

소송행위의 철회에 관하여 보건대, 소송행위를 둘로 나누어, 소송행위에 의하여 상대방이 소송상의 지위를 취득하지 아니한 때에는 철회할 수 있으나, 당사자에게 불리하거나 상대방에 일정한 법률상 지위가 형성된 소송행위(구속적 소송행위)는 철회가 불가능하다. 소송절차의 명확성과 안정성을 기하기 위해 표시주의가 관철되므로 구속적 소송행위에 대하여는 사기 · 강박 또는 착오 등 하자가 있어도 이를 이유로 민법 제109조나 제110조에 의한 취소 · 무효를 주장할 수 없다.213)

회생계획안 인가에 관한 동의 · 부동의의 의사표시에 관한 대법원의 이유 설시는 기존의 학설을 인용한 것이다.214) 다만 결의가 사기나 강박에 기한 것으로서 집단적 의사결정인 결의과정에서 회생절차의 목적에 비추어 시인하기 어려운 압력이나 유도에 기한 것이라면 '회생계획에 대한 결의를 성실 · 공정한 방법으로 하였을 것'(제243조 제1항 제3호)에 해당하여 불인가 사유가 될 수 있다.215) 특별이익 공여를 받기로 하고 결의한 경우가 이에 해당한다. 그러나 착오에 기한 경우에는 외부의 위법한 행위에 기한 것으로 보기 어려우므로 착오에 의한 표결취소는 인정되기 어렵다.

2. 제3자에 의한 특별이익 공여는 금지되는가

[대상판결]: 대법원 2014. 8. 20. 선고 2013다23693 판결(공 2014, 1794)

[사실관계]

피고 1은 화남건설의 1인 주주이자 대표이사이고, 화남건설은 피고 화남레미콘의 모회사임.

---

213) 전자에 해당하는 경우로는 신청, 주장, 증거신청 등이고 후자에 해당하는 경우로는 재판상 자백, 청구의 포기, 인락,화해, 상소의 취하 등이다[李時潤, 新民事訴訟法, 博英社(2006), 356면]. 확립된 판례이다. 대법원 2007. 6. 15. 선고 2007다2848 판결(미간행, 기망에 의한 상고취하); 대법원 1997. 10. 10. 선고 96다35484 판결(강박에 의한 제소전화해) 등 다수.

214) 임채홍 · 백창훈, 앞의 책(주 167), 164면(孫志皓 집필부분).

215) 伊藤眞, 會社更生法, 626면은 일본 민사재생법 제174조 제2항과 관련하여 재생계획안의 결의가 신의칙에 반하는 행위에 기하여 가결된 경우에는 동조에 해당한다는 일본 최고재판소 平成 20. 3. 13民集 62券 3号 860頁을 들고 있다.

2008. 7. 11. 화남건설에 대하여 회생절차 개시결정이 있고 피고 1이 관리인이 됨. 원고(국민은행)는 화남건설의 최대채권자인바, 최초 계획안이 동의율 미달로 부결되자 원고와 회생회사의 사주와 자회사인 피고들이 합의하기를 피고 1이 출자전환 예정주식을 일정 금액을 원고로부터 매수하고 피고 회사가 보증하기로 약정함.

2008. 12. 22. 관계인집회에서 계획안이 가결되어 인가됨.

원심은 회생회사의 사주이자 관리인인 피고 1이 피고 회사와 함께 체결한 이 사건 주식매매계약은 회생회사의 행위라고 봄이 상당하고 이는 제219조에서 정한 특별이익을 공여하는 행위로서 무효로 판단하였다. 대법원은 원심판결을 파기하였다.

[판결요지]

채무자회생법 제219조 소정의 '채무자가 제3자의 명의로 특별한 이익을 주는 행위'라 함은 채무자 자신이 계산하거나 또는 계산하기로 하고 제3자 명의로 회생계획의 공정한 성립을 방해하거나 부당하게 회생계획의 성립에 영향을 미치기 위하여 회생계획과는 다른 특별한 이익을 제공하는 행위를 의미하고, 제3자가 자신의 계산으로 한 행위는 이에 해당하지 아니한다. … 이 사건 주식매매계약이 제219조에 해당하여 무효라고 볼 수 있으려면 회생회사가 계산하거나 계산하기로 하고 피고들의 명의로 주식매매계약을 체결한 경우이어야 한다. 그런데 기록상 회생회사가 자신이 계산하거나 또는 계산하기로 하고 제3자인 피고들 명의로 주식매매계약을 체결하였다고 볼 만한 사정이 없다.

[해설]

가. 특별공여이익에 관한 개정 이유

회사정리법 제231조는 "회사 또는 제3자가 정리계획의 조건에 의하지 아니하고 어느 정리채권자, 정리담보권자 또는 주주에게 특별한 이익을 주는 행위는 무효로 한다."고 규정하였다. 그런데 채무자회생법은 이와 달리 "채무자가 자신 또는 제3자의 명의로 회생계획에 의하지 아니하고 일부 회생채권자 회생담보권자 주주 지분권자에게 특별한 이익을 주는 행위는 무효로 한다."고 규정하였다. 양자의 차이는 제3자의 특별이익 공여행위가 빠진 것이다. 채무자회생법의 개정에 의하여 종전에 금지되었던 제3자의 특별이익 공여행위가 허용되는 것인지 아니면 회사정리법에서도 제3자의 특별이익 공여행위는 가능하였던 해석을 채무자회생법이 확인적으로 정리한 것에 불과한 것인지를 살펴보기로 한다.

나. 회사정리법의 제231조의 취지

회사정리법 제231조는 강제화의에 관한 구 파산법 제277조[216]와 동일한 맥락에서 입법된 것이다. 회사정리법 제231조는 상법 제467조의2(利益供與의 금지)[217]와 같이 계획안에 관하여 어느 정리채권자, 정리담보권자 또는 주주에게 이익을 공여하는 것을 금지하여 이러한 관계인간에 공정을 보장하기 위한 규정이다. 그 취지는 계획안 또는 화의에 반대하는 채권자 등에게 이익의 공여를 약속하여 관계인간의 평등을 해하는 것을 방지하기 위함에 있다. 채무자뿐 아니라 제3자의 행위에 의한 공여제공도 금지하는 이유는 채무자가 제3자의 이름을 빌려 특별이익의 제공을 약속하는 경우가 적지 않을 것인데 이를 입증하는 것이 곤란하므로 널리 제3자의 이익공여행위도 무효로 삼은 것이라고 한다.[218]

그러나 동 조항은 채권자간의 평등한 취급을 강조하는 독일 파산법에서 유래한 것으로 권리의 우선순위에 따라 달리 취급하여야 하고 계획안의 성립과 가결 절차에서 어느 정도의 자유경쟁과 거래를 용인하는 회사갱생절차의 모법인 미국의 파산법 제11장의 기본 틀에는 어긋난다는 비판을 받아왔다.

다. 회사정리법상 특별공여이익의 요건 및 효과

특별이익 공여행위는 회사 및 제3자가 한 행위이다. 회사라 함은 일견 정리회사를 말하지만 원래 정리회사가 정리절차 중에 한 법률행위는 정리절차 중에 대항할 수 없으므로 회사의 특별공여 행위는 많지 않을 것이다. 실제로는 관리인의 행위를 지칭하는 경우가 많다. 제3자라 함은 회사의 임원, 관리인 이외의 계획안 작성자, 보증인 등을 포함한다. 제3자는 자기의 출연이 실제로는 회사에게 전가되지 아니하였다고 입증하더라고 적용이 배제되는 것이 아니다.

본조에 해당하는 행위는 무효이므로 회사 또는 제3자는 그 약속을 이행할 필요가 없다. 만일 이행을 완료하고, 회사 재산에 손실을 주는 경우가 아니고 제3자가 특별공여

---

216) 파산법 제277조: "强制和議의 提供者 또는 第三者가 强制和議의 條件에 依하지 아니하고 어느 破産債權者에게 特別한 利益을 提供하는 行爲는 이를 無效로 한다." 일본 구 회사갱생법 제231조는 특별이익의 공여 무효에 관한 조항이다. 동조는 원래 강제화의에 관한 파산법 제305조를 회사갱생법 제정 시 받아들인 것이다. 동조가 제3자에 의한 특별이익의 공여까지도 무효로 삼는 이유는 다음과 같이 설명하고 있다. 가령 강제화의 제공자가 강제화의의 성립을 쉽도록 하기 위하여 이름을 제3자에게 빌려주어 특별이익의 공여할 것을 약속하는 것이 사실이라 하더라도 사실상 이를 입증할 수 없는 경우를 생각하면 널리 제3자의 이익공여행위를 무효로 하는 것이 필요하기 때문이라고 한다(大審院 昭和 7. 10. 26 판결).

217) 제467조의2 ① 會社는 누구에게든지 株主의 權利行使와 관련하여 財産上의 利益을 供與할 수 없다.

218) 條解會社更生法(中), 576면.

를 제공하였다면, 제3자는 불법원인급여에 기하여 부당이득으로 반환을 구할 수 없다.

상대방은 회생채권자와 회생담보권자 등 표결에 참여할 수 있는 자를 말한다. 따라서 공익채권자는 포함되지 아니한다. 따라서 비록 공익채권자가 자신의 채권을 정리채권으로 신고하였고 정리채권자표에 기재된 바 있어도 여전히 공익채권자의 지위에 있는 것이므로 공익채권자에게 정리계획의 조건에 의하지 아니하고 다른 채무를 면제해 주었다고 하더라도 회사정리법 제231조에 해당하지 않는다.[219]

라. 채무자회생법의 개정 연혁

한편 회생절차 개시 후 채무자 재산에 관하여 채무자와 회생채권자 사이에 약속을 하여도 회생절차와의 관계에서 주장을 할 수 없는 규정이 별도로 있기 때문에(제64조) 특별이익공여금지에 관한 규정의 실효성이 의문이 제기되었고 오히려 문제가 되는 것은 약속의 효력이 아니라 그 이행행위라는 지적이 있었다. 또한 결의의 공정을 담보하기 위하여 인가결정의 요건으로 계획의 결의가 성실하고 공정한 방법으로 이루어져야 하므로(제243조 제1항 제3호) 만일 계획안의 결의절차에 있어서 어느 채권자의 찬성을 얻기 위하여 계획에 의하지 아니하고 이익의 약속을 하는 것은 회사정리법 제231조가 삭제되었더라도 여전히 인가결정의 요건의 점에서 문제가 될 것이다.[220] 즉 동조의 전면적인 삭제 여부가 논의가 있었다.

개정 과정을 살펴본다. 채무자회생법보다 먼저 제정된 개인채무자회생법 제72조는 "채무자가 자신 또는 제3자의 명의로 변제계획에 의하지 아니하고 일부 개인회생채권자에게 특별한 이익을 주는 행위는 무효로 한다."고 규정하였다. 개인채무자회생법을 제정하면서 왜 파산법과 달리 주체를 채무자로 한정하였는지에 대하여는 아직 관련 자료를 발견하지 못하였다. 채무자회생법을 개정함에 있어서도 회사정리법의 규정은 오해의 소지가 있으므로 조문의 취지에 맞게 한다는 뜻[221]과 회사정리법 제231조의 표현을 개인채무자회생법 제72조와 통일시키기 위하여 현재와 같이 개정된 것이다.

대법원은 회사정리법 제231조에 관하여 "정리채권 및 정리담보권의 양도는 회사정리절차상 용인되고 있고(제128조 참조), 정리회사의 인수예정자 등 정리계획을 추진하는 자가 적극적으로 권리를 양수하는 것 역시 회사정리법 전체의 구조에서 시인되고 있으므로, 제3자가 정리채권이나 정리담보권을 양수하는 행위가 회사정리법 제231

---

219) 대법원 2007. 11. 30. 선고 2005다52900 판결(미간행).
220) 四宮章夫·中井康之 編著, 1問1答 改正會社更生法の實務, 經濟法令研究會(2003), 323면. 일본의 구 회사갱생법 제231조도 같은 내용이다.
221) 2003. 8. 25.자 정부안-수정안 대비표에 대한 법무부의 해설자료(140면, 미공간)에 그러한 기재가 있다.

조의 특별이익의 공여행위에 해당하려면, 양도 가격이 당해 정리채권이나 정리담보권의 실제 가치를 현저히 초과하는 경우에 한하는 것으로 제한적으로 해석하여야 한다.”고 판시하였다.[222] 채무자회생법을 제정하면서 행위의 주체에서 제3자를 삭제함으로써 회사가 아닌 제3자가 자신의 출연으로 특별이익을 공여하는 행위는 유효하게 되었다. 대상판결은 이러한 입법개정 연혁에 비추어 제3자가 자신의 계산으로 한 행위를 특별공여이익에서 제외됨을 명확히 하였다.

참고로 일본의 신 회사갱생법은 특별이익공여에 관한 조항을 아예 삭제하고 대신에 이러한 행위를 하게 되어 계획안이 가결되었다면 계획안의 결의가 성실하고 공정한 방법에 의하여 이루어졌는지에 관한 요건의 충족 여부의 문제로 다루고 있다.[223]

3. 회생계획안 인가결정에 대한 불복

[대상결정]: 대법원 2011. 6. 29.자 2011마474 결정(미공간)

[사실관계]

2010. 7. 21. 제1심 법원이 회생계획인가결정

2010. 8. 3. 재항고인(국민은행) 즉시항고

2011. 2. 14. 원심법원이 항고기각

2011. 2. 18. 재항고인이 기각결정을 고지받음

2011. 3. 2. 재항고인이 재항고장을 원심법원에 제출(고지일로부터 1주일 도과 후 14일 이내이다). 원심법원이 재항고장이 재항고기간을 도과하였다는 이유로 재항고장을 각하하였고, 대법원은 재항고를 기각

[결정요지]

채무자회생법 제247조 제1항, 제7항에 의하면, 회생계획 인가 여부의 결정에 대하여는 즉시항고를 할 수 있고, 위 즉시항고에 관한 재판의 불복은 민사소송법 제442조의 규정에 의하여 재항고할 수 있다. 한편 재항고도 항고와 마찬가지로 통상항고와 즉시항고로 나누어지나, 그 구분은 원래의 항고 자체가 통상항고인가 즉시항고인가에 의하는 것이 아니라 재항고의 대상이 되는 재판의 내용에 따르게 되므로, 위와 같은 즉시항고를 항고심이 각하 또는 기각하였으면 그에 대한 재항고는 즉시항고로서의 성격

을 가진다. 이 경우 재항고는 민사소송법 제444조에 의하여 항고심의 재판 고지가 있은 날로부터 1주일 내에 제기하여야 한다.

[해설]
가. 불복방법의 변경

불복방법에 관한 회사정리법과 파산법의 방식은 서로 정반대였다. 즉 회사정리법은 법에 따로 규정이 있는 경우에 한하여 즉시항고를 할 수 있었다. 이에 반하여 파산법은 파산절차에 관한 재판은 제2편(절차규정)에 따라 정한 경우를 제외하고 즉시항고로 불복할 수 있었다. 단 불복기간의 기산방식은 같았다. 즉 즉시항고 기간은 공고의 유무에 따라 공고가 있는 결정은 공고가 있은 날로부터 기산하여 2주간이다(회사정리법 제11조 후단, 파산법 제103조 제2항). 공고를 하지 않고 송달에 의하여 고지되는 재판은 민사소송법의 원칙에 따라(회사정리법 제8조, 파산법 제99조)에 따라 송달이 있은 날로부터 1주간이다(민사소송법 제444조). 채무자회생법은 회사정리법의 방식으로 통일하여 법에 따로 규정이 있는 때에 한하여 즉시항고를 할 수 있는 방식으로 규정하는 대신(제13조 제1항) 파산절차에 개별규정을 두어 불복방법을 일일이 명시하였다.224)

회사정리법에서는 절차의 신속을 도모하기 위하여 항고법원의 회생계획안 인부결정에 대하여는 재항고를 할 수 없고 특별항고만이 가능한 것을 보아225) 항고심의 기각결정이 고지되면 확정되었다. 그리하여 회생회사의 인수합병절차에 부수되는 정리계획안 인가결정에 대하여 이해관계인이 불복하더라도 항고심에서 항고기각결정이

224) 파산신청에 대한 재판(제316조), 동시폐지결정(제317조), 拘引(제319조), 보전처분(제323조) 등.
225) 대법원 1989. 7. 25.자 88마266 결정; 대법원 1989. 12. 23.자 89마879 결정 등. 회사정리계획 인부결정에 대한 항고법원의 결정에 대하여는 회사정리법 제11조, 제237조 제4항, 제8조의 규정에 의하여 민사소송법 제420조 소정의 특별항고만이 허용된다. 다만 2002년 민사소송법의 개정 전에는 특별항고의 사유가 "불복을 신청할 수 없는 결정이나 명령에 대하여는 재판에 영향을 미친 헌법 또는 법률의 위반이 있음을 이유로 하는 때에 한하여 대법원에 특별항고를 할 수 있다."고 규정하였다. 그러나 개정 후에는 "불복할 수 없는 결정이나 명령에 대하여는 재판에 영향을 미친 헌법의 위반이 있거나, … 이유로 하는 때에만 대법원에 특별항고를 할 수 있다."고 규정함으로써 특별항고의 사유에 법률위반을 삭제하고 헌법 위반만 포함하여 그 사유를 좁혔다. 그리하여 회사정리와 관련하여 개정 전에는 대법원 2006. 5. 12.자 2002그62결정(공 2006, 1232); 대법원 2000. 1. 5.자 99그35결정(공 2000, 539); 대법원 1999. 6. 15.자 92그10 결정(공 1992, 2219); 대법원 1998. 8. 28.자 98그11 결정(공 1998, 2493) 등이 특별항고를 인용하였고, 개정 후에는 대법원 2009. 3. 31.자 2007그176 결정(미공간); 대법원 2008. 6. 17.자 2005그147 결정(공 2008, 1023); 대법원 2012. 2. 13.자 2011그256 결정(미공간) 등이 특별항고를 인용하였다. 개정 후의 사건은 모두 결정 이유 말미에 구체적으로 적법절차 위반 등 헌법의 어떠한 내용의 위반임을 적시하고 있다. 원심결정에 헌법 위반이 있다면 중대한 위반인데 그에 대한 대법원의 결정 중 일부가 공간되지 않고 있다는 점이 아쉽다.

항고인에게 고지되면 회생계획안인가결정이 확정된 것으로 보아 비록 그 후에 대법원에 특별항고를 하더라도 회사정리절차를 종결할 수 있었다.[226]

그러나 채무자회생법은 민사소송법상의 항고의 체제와 통일한다는 취지에서 제247조 제7항에서 항고심 결정에 대한 불복을 특별항고가 아닌 재항고로 변경하였다. 이로 인하여 회생절차의 조기종결에 걸림돌이 되고 말았다.

나. 공익채권자의 인가결정에 대한 항고

공익채권자는 회생절차에 의하지 아니하고 그 채권을 수시로 변제받을 수 있으므로(제180조 제1항), 회생계획에 관하여 법률상 이해관계를 가지지 아니하므로 회생계획인가결정에 대하여 항고할 자격이 없다.[227] 마찬가지로 회생절차 개시 전의 벌금·과료 등의 채권은 회생채권에 속하지만 회생계획에서 권리의 감면을 할 수 없고(제140조) 만일 잘못하여 계획안에 그러한 기재가 있어도 효력이 발생하지 아니하므로 이러한 채권자 역시 항고할 수 없다.[228]

다. 항고심 결정의 공고 여부

회생법원은 회생계획의 인가 여부의 결정을 선고하고 주문, 회생계획의 요지 등을 공고하여야 한다(제245조 제1항). 항고심의 회생계획인부 결정의 재판은 통상항고와 마찬가지로 당사자에게 고지하면 족하다. 그러나 제245조의 취지를 살리면 항고심의 재판 중에서도 원심결정을 취소하고 자판하여 인가결정을 취소하고 불인가결정을 하거나 그 반대인 경우에는 공고를 하여야 한다. 항고심이 원심결정을 취소하고 사건을 환송할 경우에도 공고를 할 필요가 있다. 다만 항고기각결정이나 항고각하결정의 경우에는 공고하지 않고 항고인에게 고지하면 족하다.[229]

회생계획인부 결정에 대한 항고는 즉시항고이지만(제247조) 민사소송법상의 즉시항고와는 달리 집행정지의 효력이 인정되지 않으므로 인가결정에 의하여 즉시 권리변경, 면책 등의 효력이 발생한다. 회생절차 개시에 의하여 중지된 가압류 등 강제집행 등도 효력을 잃게 되고 그 등기가 말소된다. 이 사건의 경우도 항고기각결정에 대한 공고가 없었으므로 즉시항고의 불복기간은 1주일이다.

---

226) 특별항고제도는 불복할 수 없는 확정재판에 대한 비상불복방법의 일종이라는 점에서 독일의 재판소원제도와 일맥상통한다(김우수, "민사소송법상 특별항고의 법적 성격 및 심리범위," 공법연구 제38집 제4호, 한국공법학회(2010), 54면.

227) 대법원 2006. 3. 29.자 2005그57 결정(공 2006, 783). 설령 계획에서 공익채권에 관하여 권리의 감면 등의 규정을 두었다고 하더라도 공익채권자가 동의하지 않는 한 그 권리변경의 효력은 공익채권자에게 미치지 아니한다(대법원 2006. 1. 20.자 2005그60 결정(공 2006, 386)).

228) 回生事件實務(下), 117면 및 條解會社更生法(下), 673면.

229) 回生事件實務(上) 제3판, 113면.

라. 재항고가 통상항고인가 특별항고인가

문제는 항고심이 항고인의 즉시항고를 기각한 결정에 대한 재항고가 즉시항고인가 통상항고인가 하는 점이다. 재항고도 항고와 마찬가지로 통상항고와 즉시항고로 나누어지나 그 구분은 원래의 항고 자체가 통상항고인가 즉시항고인가에 의하는 것이 아니라 재항고의 대상이 되는 재판의 내용에 따르게 된다.[230] 따라서 즉시항고를 항고심이 각하, 기각하였으면 그에 대한 재항고는 즉시항고로서의 성격을 가진다. 반대로 통상항고 또는 즉시항고를 인용한 결정[231]에 대한 재항고는 그 결정내용이 즉시항고에 따르는 것이면 즉시항고이고, 통상항고에 따르는 것이면 통상항고이다. 실무에서 흔히 있을 수 있는 실수이므로 소개하였다. 회생계획 인가결정에 대하여 항고한 재항고인이 항고심에서 주장한 바 없이 재항고심에 이르러 새로이 하는 주장이라 할지라도 그 내용이 회생계획 인가의 요건에 관한 것이라면, 이는 직권조사사항이므로 재항고심의 판단대상이다.[232]

4. 회생절차폐지결정에 대한 불복방법

[대상결정]: 대법원 2011. 2. 21.자 2010마1689 결정(공 2011, 621)

[사실관계]

회생법원이 계획안이 부결되었다는 이유로 제286조 제1항 제2호에 의하여 직권으로 회생절차를 폐지하였고, 특별항고인이 항고장을 제출하였다. 회생법원은 제290조 제1항, 제247조 제4항에 의하여 특별항고인에게 2억 원의 항고보증금의 공탁명령을 발하였으나 특별항고인이 불이행하자 제290조 제1항 제247조 제5항에 의하여 항고

---

230) 李時潤, 앞의 책(주 213), 803면, 대법원 2007. 7. 2.자 2006마409 결정(미간행). 재항고인(신청인)이 한 기피 신청사건에 관하여 제1심법원이 신청을 각하하자, 신청인은 항고를 제기하였으나 항고법원이 항고를 기각하였다. 대법원은 항고기각결정은 통상항고가 아니라 즉시항고로 보았고 그에 대한 재항고 역시 즉시항고라고 판단하였다. 한충수, "즉시항고에 따른 항고심재판에 대한 재항고는 즉시항고인가?" 민사소송 제15권 2호, 361면은 재항고를 통상항고와 즉시항고의 범주로 구분하는 판례는 재항고권자의 재판청구권을 침해하는 것으로 아무런 법적인 근거가 없다고 비판한다.

231) 대법원 2011. 2. 21.자 2010그220 결정(미간행). "민사소송법 제125조 제4항에 의하여 즉시항고의 대상으로 되는 재판은 같은 조 제1항, 제2항에 따른 담보취소결정에 한하는 것이고, 권리행사 최고 및 담보취소의 신청을 기각하는 결정에 대하여는 즉시항고를 하여야 한다는 규정이 없으므로 민사소송법 제439조에 의하여 통상항고로 불복할 수 있다." 新堂幸司, 民事訴訟法, 筑摩書房(1984), 579면. 伊藤眞, 民事訴訟法, 683면은 擔保取消申請却下決定에 대한 항고는 통상항고이지만 항고심이 담보취소결정을 한 때에는 재항고는 즉시항고라고 기술하고 있다.

232) 대법원 2018. 5. 18.자 2016마5352 결정(공 2018, 1149).

장을 각하하였다. 특별항고인이 항고장을 회생법원에 제출하자 회생법원이 기록을 고
등법원에 송부하고 고등법원은 이를 즉시항고로 보아 기각하였다. 대법원은 고등법원
의 결정에 대하여 판단하지 아니하고 회생법원의 항고장각하명령에 대한 불복을 특별
항고로 보아 특별항고를 기각하였다.

　　[결정요지]
　　[1] 제290조 제1항, 제247조 제5항에 의한 항고장 각하 결정에 대하여는 즉시항고
를 할 수 있다는 규정이 없으므로 이에 대하여는 즉시항고를 할 수 없고, 민사소송법
제449조 제1항의 특별항고만이 허용된다. 당사자가 특별항고라는 표시와 대법원으로
표시하지 아니하였다고 하더라도 항고장을 접수한 법원으로서는 이를 특별항고로 보
아 대법원에 송부함이 마땅하다.
　　[2] 회생절차폐지결정에 대한 항고와 관련하여 항고보증금 제도를 둔 것은 회생
법원의 위 결정에 대하여 부정적 이해관계를 가진 자들의 항고권 남용으로 절차가 지
연될 경우 야기될 수 있는 다른 이해관계인들의 손해를 방지하기 위하여 그 항고권을
합리적으로 제한하고자 함에 있다.

　　[해설]
　　가. 폐지결정에 대한 항고권자
　　회생절차 종결결정에 대하여는 불복할 수 없다. 그러나 폐지결정에 대하여는 불
복할 수 있다. 폐지신청을 기각하는 결정에 대하여는 불복할 수 없다. 제290조는 폐지
결정에 대한 항고에 대하여 회생계획의 인부 결정에 대한 항고에 관한 조문인 제247
조 제1, 2 및 4-7항을 준용하도록 규정하고 있다. 다만 회생계획인가결정에 대한 항고
는 계획안의 공정·형평·수행가능성을 다투는 것이고, 폐지결정에 대한 항고는 회생
절차를 종료하는 것에 대한 불복이므로 비록 회생절차 폐지결정에 대한 항고에 대하
여 회생계획의 인부결정에 대한 항고에 관한 조문을 준용하더라도 불복범위가 달라질
수 있다. 공익채권자는 계획안인부결정에 대하여는 불복할 수 없지만, 인가 전 또는
인가 후 폐지결정에 대하여는 항고를 제기할 수 있다.233)

---

233) 回生事件實務(下), 269면; 條解會社更生法(下), 1038면. 단 條解會社更生法(下), 1,040면은 공익
　　채권자 중 변제를 다 받지 못한 공익채권자로 한정하고 있으나 변제를 받은 공익채권자는 더 이
　　상 채권자가 아니므로 이를 구분할 실익은 없다.

나. 폐지결정에 대한 불복은 특별항고인가 재항고인가

회생절차폐지결정에 대한 항고에 대하여는 제247조 제1항 등의 회생계획인부결정에 대한 절차를 준용하도록 규정되어 있다(제290조). 회생계획안 인가결정에 대한 항고에는 보증공탁제도가 없고(제247조 제3항) 불인가결정에 대하여만 보증공탁제도가 있다(동조 제4, 5, 6항). 회생절차폐지결정에 대한 항고절차에는 제247조 제3항은 준용되지 아니하므로 반드시 보증공탁을 하여야 한다.

앞에서 본 바와 같이 채무자회생법의 불복절차는 법에 불복을 허용한 경우에만 즉시항고로 불복할 수 있고 그 외에는 즉시항고를 불복할 수 없다. 그러나 즉시항고로 불복할 수 없다고 하여 일체의 불복이 불허되는 것은 아니며 특별항고만이 가능하다.[234]

특별항고는 재항고와 달리 불복사유가 헌법위반 등으로 제한되어 있을 뿐 아니라(민사소송법 제449조), 확정차단효가 인정되지 아니한다. 특별항고로 불복하더라도 이미 항고심의 기각결정으로 당해 재판이 확정되는 효과가 인정된다.

그런데 하급심이 어느 재판이 특별항고의 대상이고 재항고의 대상이 되는지를 구분하지 못하는 경우가 자주 있다. 대상결정의 회생법원이나 항고심 모두 기록을 상급심으로 송부함에 있어 잘못을 범하였다. 대법원은 원심의 표시를 제1심으로 표시하고 고등법원의 결정은 권한 없는 법원이 한 것으로서 위법하다고 하여 아예 고등법원의 결정의 당부에 대하여는 판단을 생략한 채 제1심 법원의 결정의 당부에 대하여만 판단한 것이다.[235]

다. 보증공탁제도의 헌법위반 여부

회생절차폐지결정에 대하여는 공고를 하도록 되어 있으므로(제289조) 불복하려는 이해관계인은 공고일로부터 2주일 이내에 즉시항고로 불복할 수 있다.[236] 회생법원이

---

234) 대법원 1999. 7. 26.자 99마2081 결정(공 1999, 1930)은 채권자가 회사정리법 제127조 제1항에 기하여 채권을 추완신고한 것에 대하여 법원이 추완사유에 대한 소명이 부족하다는 이유로 신고를 각하한 결정에 대하여 특별항고를 인정하여 특별항고를 인용한 바 있다.

235) 만일 고등법원이 즉시항고를 받아들이는 재판을 하는 경우라면 대법원으로서는 항고심의 위법을 시정하여야 할 터인데 그 방법은 앞으로 검토할 필요가 있다. 대법원 2016. 6. 21.자 2016마5082 결정(공 2016, 981)의 사안은 제1심(단독판사)의 결정이 항고부에서 취소되었으나 대법원은 제1심 결정의 당부만 판단하고 항고부의 결정은 "권한 없는 법원의 재판으로서 헌법 제27조 제1항을 위반한 것"으로 보고 당부를 판단하지 아니하였다. 항고심 결정을 무효로 파악한 것으로 읽힌다(李時潤, 앞의 책(주 213), 663면은 무효인 판결로 이러한 유형을 언급하고 있지 않다).

236) 오세용, "회생절차에서 항고장 각하명령 또는 결정에 대한 불복방법," 법률신문 2011. 4. 4.자는 판례의 입장과 달리 즉시항고설을 지지하고 있다. 폐지결정에 대한 불복으로 즉시항고가 가능한데 현금미공탁을 이유로 한 각하결정에 대하여는 불복할 수 없다고 하는 것은 현금 공탁 금액의 다과 등에 대하여 다투지 못하게 함으로써 국민의 재판청구권을 제한하는 것이 되어 찬동하기

정한 금액을 현금 또는 유가증권으로 공탁하여야 한다. 서울중앙지방법원 파산부의 실무는 대상판결의 사안과 같이 현금공탁만을 고집하고 있다. 이 제도는 1999. 12. 31. 회사정리법 일부 개정 시에 남항고를 예방하기 위하여 도입되었다.237) 대법원규칙에 의하면 보증금액의 범위를 일단 회생채권과 회생담보권의 확정된 의결권 총액의 1/20 이내로 규정하면서 채무자의 자산, 부채규모, 항고인의 지위 및 항고에 이르게 된 경위 등을 고려하여 보증금액을 정하도록 하고 있다(채무자회생법 규칙 제71조). 항고가 기각되고 파산선고가 있게 되면 파산관재인이, 항고가 인용되거나 또는 항고가 기각되더라도 채무자에 대하여 파산선고가 취소되면 공탁자가 공탁물의 출급청구를 할 수 있다(회생사건의 처리에 관한 예규(제1219호))238)

보증공탁제도가 선의의 항고권자의 재판청구권을 본질적으로 침해하고 과잉금지원칙에 위배한다는 주장을 하면서 위헌제청신청을 하였으나 법원은 항고 제한의 필요성과 기준 금액 범위 내에서 법원이 보증금액을 적절하게 정할 수 있다는 이유로 이를 기각하였다(2009카기2614). 대상결정 역시 항고보증금 제도의 취지 등이 부당하게 특별항고인의 재판청구권을 제한하는 것이 아니라고 판시하였다.239)

경매의 진행을 지연시키려고 매각허가결정에 대한 남항고를 하는 것에 대하여는 일찍부터 항고인에 대하여 항고보증공탁 제도를 도입하였고(민사집행법 제130조), 그 제도는 합리성을 인정받았다. 다만 강제집행법상의 남항고를 제기하여 항고가 기각되는 경우 보증금을 몰취당하는 불이익을 보는 자는 채무자 및 소유자로 한정되어 있고 다른 이해관계인들은 보증공탁금을 돌려받을 수 있다.

한편, 보증금제도에 관한 제247조가 파산재단으로 속하게 되는 항고보증금이 채

어렵다.

237) 1999년 개정 이유에 대한 설명은 아래와 같다. "절차지연을 목적으로 항고를 남용하는 경우 법원이 항고인에게 보증금의 공탁을 명할 수 있도록 하고, 항고가 기각되고 회사에 대하여 파산선고가 있거나 파산절차가 속행되는 때에는 보증으로 제공한 금전이나 유가증권은 파산재단에 속하도록 함" 위와 같은 규정은 일본의 회사갱생법 제237조에는 없는 규정으로 우리나라 회사정리법에 특유한 규정이다. 규정의 취지는 회사정리절차의 효율성을 높이는데 방해가 되는 항고를 하는 경우에 절차지연을 시킨데 대한 책임으로 그 항고가 기각되고 파산선고가 있을 경우에 항고보증금을 파산재단에 속하도록 하는 일종의 벌칙 규정을 신설하겠다는 것으로 보인다.

238) 제11조(항고 보증 공탁물 출급 또는 회수 절차)
회생계획불인가 또는 회생절차폐지의 결정에 대한 항고를 할 때에 항고인이 보증으로 공탁한 현금 또는 유가증권의 출급 또는 회수의 절차는 다음과 같다.
1. 파산재단에 속하게 된 경우의 출급 절차
항고가 기각되고 채무자에 대하여 파산선고가 있거나 파산절차가 속행됨으로써, 보증으로 공탁한 현금 또는 유가증권이 파산재단에 속하게 된 경우에는, 파산관재인이 위 사항을 증명하는 서면(생략)을 첨부하여 공탁물 출급청구를 할 수 있다. 이하 생략.

239) 回生事件實務(上) 제3판, 244면.

무자가 항고를 제기한 경우로 한정하여 규정하고 있지 않은 점과 규정의 입법취지가 남항고의 방지와 파산절차로의 이행 및 파산절차의 지연을 방지하고자 항고기각과 파산선고 시 보증금이 당연히 파산재단에 속하는 것으로 규정하고 있는 점을 고려해 보면 비록 채권자가 항고하더라도 항고가 기각되면 남항고로 인한 절차 지연을 초래한 것이므로 채권자가 제공한 항고보증금도 마찬가지로 파산재단에 귀속되는 것으로 해석될 가능성이 크다.

실무상 회생계획 불인가 결정이나 회생절차폐지결정에 채권자가 항고를 하여 항고보증금 납부 명령이 내려진 경우는 있지만, 몰수를 염려한 나머지 대부분의 채권자들이 항고보증금을 납부하지 아니하여 항고장 각하로 종국되어 실제로 채권자가 납부한 항고보증금의 처리에 관한 사례는 거의 없다.[240]

회생절차폐지결정에 대하여는 즉시항고로 불복할 수 있고 즉시항고가 제기되면 집행정지의 효력이 인정된다(제13조 제3항). 인가 후 회생절차가 폐지되어 파산선고가 되어야 하는 사건임에도 불구하고 폐지결정이 확정되어야 한다는 점을 악용하여 이해관계인들이 근거 없이 항고를 제기하고 파산선고를 늦추고 그 기간 동안 재산을 빼돌리는 등의 불법행위를 일삼는 사례가 있다. 이러한 자들의 남항고를 제한하여야 하는 점은 맞지만 선의의 채권자들의 항고마저 제한하는 것은 과잉입법이다.[241]

그러므로 재판청구권의 남용이라는 비판을 받는 항고보증금제도를 도입하는 것보다는 회생절차와 견련파산절차를 합하여 하나의 도산절차로 파악하여 회생절차폐지결정에 대한 항고에 대하여는 집행정지의 효력을 인정하지 않도록 특별규정을 두고 회생절차폐지결정이 확정되지 않더라도 파산선고를 가능하도록 하고 파산선고가 되면 더 이상 불복의 이익이 없다는 이유로 각하하는 방식으로 개정할 필요가 있다.

VI. 기타

회생채권은 사인 간의 채권뿐 아니라 국가기관이 갖는 각종 조세 또는 공과금채권도 포함된다. 부동산실권리자명의변경에 관한 법률은 명의신탁약정에 의한 부동산 등기를 금하고 이를 어기면 과징금을 부과하도록 규정하고 있다(동법 제3조 제2항, 제5

---

240) 서울중앙지방법원의 실무에 의하면 채권자가 납부한 보증금을 돌려준 적이 있다고 하는데 아직 이 점에 관한 실무가 불확실한 상태이다.
241) 헌법재판소 2016. 6. 30. 선고 2014헌바456, 457 결정은 보증으로 금전을 공탁하게 하고 제공하지 아니한 때 각하하도록 한 조항이 과잉금지원칙에 위반하지 아니한다고 판시하였다.

조 제1항). 회생회사(인정건설)가 회생절차 개시 전에 명의신탁을 하였다는 이유로 회생절차 개시 후에 과징금의 부과처분이 있었다. 과징금의 부과대상인 행정상의 의무위반행위 자체가 성립하고 있으면 그 부가처분이 행정처분 후에 있어도 과징금청구권은 회생채권이 되고, 과징금청구권이 회생채권으로 신고되지 아니한 채 회생계획인가결정이 나면 제251조의 면책효에 의하여 행정청이 더 이상 과징금을 부과할 수 없다. 그럼에도 불구하고 부과된 과징금부과처분은 위법하다. 제140조 제1항, 제251조 단서는 과태료 등의 청구권은 면책효가 미치지 아니한다고 규정되어 있지만 그에 해당하는 청구권은 한정적으로 열거된 것으로 보아야 하고, 위 규정에 열거되지 아니한 과징금의 청구권은 비면책채권에 해당하지 아니한다.242) 행정법상 과징금과 과태료의 차이에 관한 논의가 있으나243) 대법원 판례의 취지에 비추어보면 함부로 법률문언에 반하여 과징금을 과태료와 같다고 해석하는 것은 부당하다.

공익담보권은 교과서에는 회생절차 개시 후 관리인이 借財를 하면서 담보를 제공한 경우 상대방이 갖는 권리가 공익담보권에 해당한다고 설명하는 것이 보통인바, 해상운송과 관련하여 공익담보권이 인정된 사례가 있다. 미이행 쌍무계약인 운송계약의 일방당사자인 수입자 회사에 대하여 회생절차가 개시되고 계획안이 심리를 위한 관계인집회가 끝날 때까지 관리인이 운송계약의 해제 또는 이행선택을 하지 아니하였다며 상대방이 갖는 운임채권은 공익채권이 되고, 나아가 운임채권 등에 관하여 상법 제807조의 유치권 또는 상법 제808조 제1항의 우선변제권에 의하여 담보되고 있다고 볼 수 있으므로 운임채권은 공익담보권에 해당한다.244)

Ⅶ. 맺음말

이 글을 준비하면서 회사정리법의 모법인 일본의 구 회사갱생법이 개정되어

---

242) 대법원 2013. 6. 27. 선고 2013두5159 판결(공 2013, 1373).

243) 과징금은 금전상 제재라는 점과 행정법상의 실효성의 확보를 위한 수단이라는 점에서 행정벌로서의 과태료와 다를 바 없다. 다만 행정법상의 불이행에 대해 가하여지더라도 그것은 성질상 처벌은 아니며, 부당이득의 환수 또는 영업정지처분에 갈음하는 금전의 납부 등의 불이익의 부과라는 점과 과태료는 원칙적으로 법원이 부과하지만 과징금은 행정청이 부과한다는 점에서도 과태료와 다르다[洪井善, 行政法原論(上), 博英社(2010), 639면]. 헌법재판소 2003. 7. 24. 선고 2001헌가25 결정. "독점규제 및 공정거래에 관한 법률 제24조의2에 의한 부당내부거래에 의한 과징금은 행정상의 제재금으로서의 기본적 성격에 부당이득환수적 요소도 부가된 것이고, 이를 두고 국가형벌권 행사로서의 처벌에 해당한다고 할 수 없다."

244) 대법원 2012. 10. 11.자 2010마122 결정(2012, 1810).

2003. 4. 1.부터 시행되면서 채무자회생법이 도입하지 아니한 새로운 제도를 도입하고 개정 내용도 적지 않음을 알게 되었다. 채무자회생법도 일본과 다른 제도를 갖게 되면서 양국의 도산법제가 각자의 길을 찾아 가고 있다. 담보권소멸제도, 담보가액조사제도의 도입, 미국 파산법을 모델로 한 부인권의 편제 개정, 담보가액 평가방식의 변경, 특별이익공여제도의 폐지 등에 대하여는 앞으로 채무자회생법 개정시에 참고할 필요가 있다. 도산하는 기업이 증가함에 따라 도산기업의 근로자를 보호하여야 할 필요성이 커지고 있다. 휴업수당을 지급하여야 하는지, 정리해고의 정당성이 인정되는지 등 노동법과 도산법의 영역이 맞닥뜨리는 분야에 노동법학자와 도산법학자의 역할이 기대된다. 판례 소개에서 알 수 있듯이 채무자회생법은 일반인뿐 아니라 법률전문가에게도 어렵고 복잡하다. 국가의 국민에 대한 파산신청권, 장래집합채권의 양도담보나 소득금액변동통지에 따른 소득세의 원천징수 등 도산법 고유의 문제와 비도산법의 문제가 부딪힐 때마다 일정한 원칙에 의하여 양자를 조화롭게 조정하는 것이 중요하다. 판례를 소개하면서 중요 판결임에도 불구하고 판례공보에 실리지 않고 있는 현상을 발견하였다. 중요 판결을 소개하여 이를 연구 대상으로 삼아 도산법 이론을 발전시키고, 국민이 쉽게 이해할 수 있는 도산법제를 구축할 책무를 느끼면서 글을 마무리한다.

[민사실무연구회, 민사재판의 제문제 제24권, 사법발전재단(2016), 198-295면 소재]

9. 韓國의 서울回生法院의 設立에 관하여

Ⅰ. 서울회생법원의 설립 경위

서울회생법원이 2017. 3. 1. 개원하였다. 이로써 대법원, 고등법원 지방법원의 3개의 일반법원 외에 가정법원(46명의 법관), 행정법원(46명의 법관), 특허법원(고등법원급, 17명), 서울회생법원(35명의 법관) 4개 전문법원이 설치되었다. 1998년 특허법원과 행정법원이 개원한 후 19년 만이다. 서울회생법원을 독립된 법원으로 설치하기 위하여 2016년 법원조직법이 개정되었으며 예산과 인적조직을 서울회생법원장이 관장하게 되었다. 서울회생법원의 설립을 위하여 또는 설립에 대비하여 채무자 회생 및 파산에 관한 법률(이하 '채무자회생법'이라 한다)을 개정한 내용은 없다. 다만 2016년 개정된 채무자회생법은 채무액이 500억 원 이상이고 채권자의 수가 300인 이상인 법인에 대한 회생 또는 파산사건에 대하여도 서울중앙지방법원에 관할권을 중복으로 인정하였다. 따라서 서울회생법원의 신설 이전에 사실상 전국의 대규모 회생 및 파산사건은 서울중앙지방법원 파산부가 관할할 수 있는 관할의 근거조항이 마련된 상태였다. 국제파산사건은 채무자회생법하에서도 서울중앙지방법원의 전속관할로 하였으므로 이를 서울회생법원이 담당하게 되었으므로 종전과 같다.

현재 회생법원은 다른 지방법원에도 설립할 수 있는 근거규정이 법원조직법에 있으나 현재로서는 서울에만 서울회생법원으로 설립되었고 다른 곳에서는 설립되어 있지 않다. 명칭을 파산법원으로 할 것인지에 대하여 논란이 있었으나 일반인에게 파산, 도산이 주는 부정적인 의미를 고려하여 한국어로는 서울회생법원이라고 명칭을 정하였다. 그러나 영문 명칭은 Seoul Bankruptcy Court이다. 서울회생법원에 근무하는 법관은 일반 법관과 동일한 자격을 가지면 근무희망자들 가운데에서 법원행정처가 선발하여 근무하도록 하고 있다.

II. 서울회생법원의 전신인 서울중앙지방법원 파산부

서울회생법원의 역사는 서울지방법원 수석부인 민사 제50부가 시초이다. 민사50부의 부장판사는 고등법원 부장판사가 수석부장으로 근무하면서 일반 가처분 사건 외에 회사정리사건과 화의사건을 담당하였다. 1997년 연말 아시아 금융위기가 한국에 도래하기 직전 해인 1996년 전국에 회사정리사건(일본의 회사갱생사건과 같다) 52건, 화의사건 9건 영업자파산사건 9건, 개인파산사건 2건 등 72건의 도산신청 사건이 있었다. 특히 1990년부터 1995년까지는 개인파산신청 사건은 전혀 없었다. 그러다가 1998년에는 회사정리사건이 143건 화의사건이 727건, 영업자파산사건이 102건, 개인파산사건이 359건 합계 1,331건의 도산신청 사건이 폭주하였다.

그런데 금융위기 당시의 회사정리법, 화의법, 파산법의 전속관할 규정이 일치하지 아니하여 절차의 신속함과 전문성의 결여되는 문제가 발생하였다. 즉 당시의 법률에 의하면 회사정리사건만 서울지방법원 본원 관할이었고, 파산사건과 화의사건은 서울지방법원의 각 지원관할이었다. 즉 도산사건 중 회사정리사건은 민사 50부가 담당하고 파산 및 화의 사건은 서울지방법원의 각 지원 등이 관할하였다. 회사정리절차가 폐지되어 견련파산선고를 하게 되면 서울중앙지방법원에서 서울중앙지방법원의 지원으로 사건이 이송되어야 했고 지원의 재판부는 파산절차나 화의절차에 익숙하지 아니하여 신속한 기업퇴출절차에 장애가 되었다.

이러한 점에 대한 반성적 고려로 첫 번째 단계로 1998년에 파산사건 및 화의 사건의 관할을 지방법원 본원 합의부 관할에 전속한다고 파산법과 화의법을 개정함으로써 서울시에 거주하거나 소재하는 영업자의 파산, 법인파산, 소비자 파산 및 화의 사건 전부가 서울지방법원의 관할로 집중되었다. 다음 단계로 이와 같이 급증한 도산사건을 신속하게 전문적으로 담당하기 위하여 1999년 3월 서울중앙지법의 민사수석부에서 파산부를 분리시키고 재판부를 보강하였다. 당시 파산부는 수석부장판사(고등법원 부장판사) 1인, 지방법원 부장판사 1인, 배석판사 4인 등 총 6명의 법관으로 구성되었다. 그 후 전국적으로 도산사건이 증가함에 따라 전국 지방법원에 전문재판부로서 파산부가 확대 설치되기에 이르렀다. 서울회생법원의 관리위원회 소속 상임 관리위원수는 9명, 비상임 관리위원수는 2명이고, 상임관리위원 중 2명이 변호사이다.

Ⅲ. 채무자 회생 및 파산에 관한 법률의 개정과 도산사건의 증가

2006. 4. 1. 시행된 채무자회생법은 과거의 도산3법(회사정리법, 화의법, 파산법)을 통합하였다. 채무자회생법은 제1편 총칙, 제2편 회생절차, 제3편 파산절차, 제4편 개인회생절차, 제5편 국제파산으로 구성되어 있다. 제2편 회생절차는 일본의 회사갱생절차와 유사하지만 주식회사 외에 모든 법인격에 대하여도 회생절차를 신청할 수 있도록 하였다. 또한 담보권자도 절차에 복속하여 담보권의 행사에 제한을 받는다는 점에서 일본의 회사갱생사건과 다르고 미국의 제11장 사건에 유사하게 되었다. 제4편은 미국의 제13장 사건과 유사하다. 화의법은 폐지되었으며 과거 화의법의 실패를 교훈 삼아 별제권자에 대한 권리행사를 허용하는 일본의 민사재생절차는 한국의 현실에 맞지 아니한다고 판단하여 도입되지 아니하였다. 또한 법인에 대한 회생절차가 개시되면 부실경영에 중대한 책임이 기존경영진에게 인정되지 아니하는 한 원칙적으로 기존의 경영주가 관리인이 될 수 있도록 하거나 기존의 경영주를 관리인으로 간주하는 기존경영자 관리인 제도를 채무자회생법 제74조에 규정함으로써 재정적으로 위험에 빠진 기업의 경영진으로 하여금 조기에 회생절차의 신청을 유도하였다. 주요 채권자의 동의는 기존경영자 관리인 선임의 요건에 빠져 있다. 다만 채권자위원회의 요청이 있는 경우로서 상당한 이유가 있는 경우에는 제3자를 관리인으로 선임할 수 있도록 규정되어 있으나 서울중앙지방법원 파산부의 실무는 상당한 이유를 인정하는 데에 인색하다. 2006년부터 2013년의 서울중앙지방법원 파산부에 접수된 법인회생사건의 통계를 분석하면 총 1,260건이 신청되어 873건에 대하여 개시결정이 있었고 그중 제3자 관리인이 66건, 공동관리인이 28건, 기존경영자를 관리인이 338건, 간주 관리인이 441건으로 제3자 관리인이 선임된 사건은 7.5%에 불과하고 기존경영자가 단독으로 관리인으로 선임되거나 간주된 사건이 89%에 달한다.

도산사건이 계속하여 증가하게 됨에 따라 서울중앙지방법원의 파산부의 구성원이 증가하게 되었다. 2017년 서울회생법원이 설립되기 직전 서울중앙지방법원의 파산부는 1명의 수석부장판사, 3명의 지방법원 부장판사, 25명의 판사 총 29명으로 법관으로 구성되어 있고 그러나 서울회생법원은 29명의 판사와 4명의 부장판사 1명의 고등법원 부장판사, 법원장 1명 총 35명의 법관으로 구성되어 파산부에 비하여 판사가 6명이 증가하였다. 그 외 회생사건의 업무를 전담하는 사무국과 총무과, 파산과, 개인회생과에 일반직원 188명으로 구성되어 있다. 2019년 1월 현재에도 법관의 숫자는 변동이 없다. 과거의 서울중앙지방법원의 파산부는 서울중앙지방법원의 민사부, 형사부와 같이 하나의 재판부에 불과하였으므로 사건이 줄어들면 폐부할 수도 있지만 서울회생법원을 폐지하려면 법원조직법을 개정하여야 하는 만큼 쉽지 않게 되었다. 서울회생법원이 계속 존속하려면 앞으로 적정한 수의 도산사건이 유지되어야 할 것이다. 참고로 2016년 전국의 법인회생사건은 935건, 개인 등의 회생사건은 755건 총 1,690건이 접수되었으며, 법인파산사건은 692건, 개인파산사건은 50,288건, 정기적인 수입이 있는 개인을 위한 개인회생사건이 90,400건이 접수되었다.

Ⅳ. 서울회생법원의 신설로 인한 변화와 과제

서울회생법원의 신설로 인하여 도산사건의 관할범위가 확대되었다. 채무자회생법에서 규정된 회생법원(회생사건이 계속되어 있는 지방법원) 또는 파산법원(파산사건이 계속되어 있는 지방법원)이 관할하던 사건은 모두 신설된 회생법원이 관할하게 되었다. 채무자회생법 제3조 제2항에 의하여 고등법원의 관할에 관한 규정에 의하여 과거에는 수원지방법원의 파산사건도 서울회생법원이 관할하였으나 수원고등법원이 신설되면서 수원고등법원 관할 내의 사건은 이제 서울회생법원의 관할권에서 배제되었다. 앞으로 사건추이를 보아 채무자회생법을 개정할지 여부가 결정될 것이다.

과거 파산채권 또는 회생채권조사확정재판은 서울중앙지방법원 파산부가 담당하고, 그에 대한 이의의 소는 서울중앙지방법원의 민사부가 담당하였다. 부인권에 기한 소도 마찬가지였다. 또한 채권자표를 둘러싼 집행문부여의 소, 청구에 관한 이의의 소, 집행문부여에 대한 이의의 소 등은 서울중앙지방법원의 민사부가 담당하였다. 그러나 서울회생법원이 설립되면서 이러한 소송 등도 서울회생법원이 담당하게 되었으며 이에 맞추어 서울회생법원은 회생채권조사확정에 대한 이의 소 및 부인의 소를 전담하는 재판부를 새로이 설립하였다. 그리고 지방법원 파산부는 면책결정에 대한 항고사건을 담당하였으나 서울회생법원은 단독판사의 결정, 명령 외에 판결에 대하여 항소심 관할권도 행사하게 되었다.[1] 서울회생법원이 관할하는 제2편 개인회생사건이나 제4편

---

1) 법원조직법 제40조의7(합의부의 심판권) ① 회생법원의 합의부는 다음 각 호의 사건을 제1심으로 심판한다.
  1. 「채무자 회생 및 파산에 관한 법률」에 따라 회생법원 합의부의 권한에 속하는 사건
  2. 합의부에서 심판할 것으로 합의부가 결정한 사건
  3. 회생법원판사에 대한 제척·기피사건 및 「채무자 회생 및 파산에 관한 법률」 제16조에 따른 관리위원에 대한 기피사건
  4. 다른 법률에 따라 회생법원 합의부의 권한에 속하는 사건
  ② 회생법원 합의부는 회생법원단독판사의 판결·결정·명령에 대한 항소 또는 항고사건을 제2

개인회생사건 중 채권조사확정재판에 대한 이의의 소, 부인의 소에 관한 단독사건에 대한 항소심을 서울회생법원이 처리하고 있으므로 사건번호 중에 '나'번호 사건이 있다. 서울회생법원 개원 당시 서울회생법원은 회생 파산합의부 10개, 조사확정합의부 4개, 민사합의 민사항소 민사항고부 2개 개인회생 개인파산단독 37개의 재판부로 구성되었다.

다음으로 서울회생법원은 새로운 업무추진 방안을 도입하려고 한다. 즉 그동안 국책은행 주도로 이루어진 워크아웃과 법정도산절차인 회생절차의 장점을 합친 한국형 프리패키지 제도를 활용하고 있다. 아울러 서울회생법원과 도산전문가들과의 정기적인 교류를 계획하고 있다. 서울회생법원 법관들이 국제적인 수준의 도산실무를 운영하기 위하여 국제파산법 회의에 참석하기 시작하였다. 또한 서울회생법원은 2018년 영문 및 국문으로 서울회생법원의 절차의 개요와 법원의 역할을 소개하는 소책자를 발간하였다.

또한 과거 파산부의 법관의 임기는 3년 정도였으나 앞으로 4년 정도로 연장될 가능성이 크다. 다만 법관들이 서울에 근무하는 것을 선호하는 점을 고려하면 서울회생법원 소속 법관들만 장기 근무하는 점에 대하여 다른 법원에 근무하는 법관들과의 임기에 관하여 형평의 문제가 논의될 수 있다. 국민의 입장에서는 모처럼 서울회생법원이 설립되어 전문성을 유지발전시키려면 법관들의 근무연한을 4년 이상으로 하되 지방근무연수를 그만큼 늘이는 정도에서 형평의 문제를 해결하는 것이 바람직하다.

서울회생법원의 설립에 대하여는 설립 전후에 걸쳐 사회 각층은 우호적이다. 2914. 7. 도산법연구회 등의 주최로 도산전문법원도입을 위한 심포지움을 통하여 그 필요성이 역설되어 여론도 찬성하였다. 서울회생법원 설립 후 소비자 파산사건을 담당하는 실무가는 서울회생법원이 과거 파산부보다 채무자에 우호적인 태도를 취하여 가계부채 문제 해결에 큰 역할을 기대하는 기고를 하였다.[2]

신문보도에 의하면 대법원장은 축사를 통하여 저성장기조와 경제불황이 겹치고 있으므로 서울회생법원이 경제적 어려움을 겪고 있는 개인과 기업에게 전문성을 갖춘 신속하고도 적정한 법적 판단을 제공하고 국민경제의 구성원으로서 재기의 기회를 부여하는 후견적·치유적 사법의 역할을 강화하여야 한다고 주문했다. 또한 이경춘 초대 서울회생법원장은 "현 상황에서 우리가 고심해야 할 것은 기업과 개인채무자가 신속히 재기할 수 있는 방안"이라며 "채무자별 특성을 충분히 반영해 제도와 절차를 운영

심으로 심판한다. [본조신설 2016. 12. 27.]

2) 이헌욱, "서울회생법원과 가계부채 문제 해결," 대한변협신문 2017. 3. 6.자.

하겠다"고 말했다. 이를 위해 규모가 큰 기업의 회생절차에서는 채무자도 회생계획안을 사전에 제출할 수 있게 한 '한국형 프리패키지(Pre-Package)' 제도를 적극 활용하겠다고 밝혔다. 프리패키지 제도는 부채의 절반 이상 채권을 가진 채권자나 이러한 채권자의 동의를 얻은 채무자가 회생절차 개시신청과 동시에 또는 개시결정 전까지 계획안을 제출하는 제도이다(채무자회생법 제223조).

또한 중소기업의 회생을 위해선 대표자 개인의 회생 사건을 기업회생 사건과 동시에 진행해 경영자의 실질적인 재기를 지원하는 방안을 고려 중이다. 개인회생이나 개인파산 절차에서는 채무자가 쉽게 법원 문턱을 넘을 수 있도록 업무협약 기관(중소기업청 등)과의 연계시스템을 확대하고 개인회생·파산절차의 통일된 기준을 마련하기 위해 통합연구반도 구성할 예정이다. 서울회생법원 청사 1층에는 '뉴 스타트(New Start) 상담센터'를 개설해 파산관재인, 회생위원, 신용회복위원회 직원들이 자원봉사의 일환으로 무료 상담을 해주는 프로그램을 시작하였다.[3]

["韓國のソウル回生法院の設立に関して," 商事法務 ポータル 2017. 4. 4. 게재된 것을 국문으로 번역하고 보완하였다.]

---

3) 2020년 현재에는 폐쇄되었다.

10. 倒産節次에서 條件附債權에 관한 相計[*]

Ⅰ. 머리말

　　도산사건을 다루다 보면 채권자의 입장에서 가장 관심을 갖는 것은 자신의 채권을 변제받을 수 있는지 여부와 받을 수 있다면 얼마를 언제 받을 수 있느냐 하는 점이다. 이 점과 관련하여 채권자가 우연히 파산자[1] 또는 회생채무자에 대한 도산절차[2] 개시 당시 파산자 등에 대하여 채무를 부담하고 있어 상계가 가능하다면 사실상 도산채권을 다른 채권자보다 우선하여 변제받게 된다. 특히 회생절차에서는 회생담보권자의 권리도 행사가 금지되는데 상계를 할 수 있다면 상계권자는 회생담보권자보다도 유리한 지위에 있게 된다. 따라서 채권자를 대리하는 변호사의 입장에서는 의뢰인이 도산절차에서 상계를 주장할 수 있는지 여부를 파악하는 것은 채권을 제때에 신고하는 것만큼 중요하다.[3]

　　그런데 다음과 같은 점은 상계에 관한 문제를 더욱 복잡하게 한다. 첫째, 민법의

---

* 초고를 읽고 도움을 준 金·張법률사무소의 홍정호 변호사 및 글의 오류를 시정할 기회를 주신 심사위원께 감사드린다.

1) 구 파산법은 파산자라는 용어를 사용하였고 채무자 회생 및 파산에 관한 법률(이하 채무자회생법이라 하고, 법조문을 인용하는 경우 채무자회생법을 지칭한다)은 파산자가 부정적인 의미를 갖고 있다고 하여 채무자라는 용어를 사용하고 있다. 그러나 상계와 관련하여 파산자라는 용어를 사용하는 것이 이해에 도움이 되므로 이 글에서는 파산자라는 용어를 사용하기로 한다.

2) 이하 파산절차와 회생절차를 포함하는 뜻으로 사용한다. 양자를 구분할 필요가 있는 경우에는 따로 표기한다.

3) 한국 및 日本에서도 회생채무자의 거래선이 회생채권신고기한 후에 상계를 시도하는 경우가 많이 발생하고 있다. 그리하여 일본에서는 채권의 추완신고와 마찬가지로 상계권의 추완행사를 허용하자는 개정 제안도 있었지만 반영되지 아니하였다(東京辯護士會倒産法部 編, 倒産法改正展望, "相殺權行事の時期的制限," 商事法務(2012), 377頁(多比羅 誠 집필부분, 이하 집필부분의 표시는 생략한다).

상계법리와 도산절차에서의 상계법리 사이에 차이가 있고, 둘째, 회생절차와 파산절차에 있어서도 공통점도 있지만 상계권의 확장과 행사시기 등에 관한 차이점이 있으며,[4] 셋째, 채권의 준거법이 외국법인 경우에는 외국법의 상계 제도까지 검토하여야 하고,[5] 넷째, 판례가 상계권 행사의 근거로 삼고 있는 기준인 '상계권자의 상계에 관한 합리적인 상계 기대'라는 법리가 추상적이다. 이러한 이유로 도산절차에서의 상계를 숙지하는 것은 쉽지 않다.

그 외에 용어상의 혼란도 상계를 이해하는 걸림돌이 된다. 채권자가 보유하고 있는 '채권'으로, 채권자 자신이 상대방에 대하여 부담하는 '채무'와 상계한다는 표현이 자연스럽다. 그럼에도 불구하고 한국에서는 자동채권과 수동채권이 상계로 소멸한다는 표현을 사용하고 있고, 간혹 자동채권이라는 용어 대신에 반대채권[6]을 사용하다보니 상계권자가 어떠한 채권으로 상계를 주장하는지를 용어 자체만으로 선뜻 이해하기 어렵다.

이에 반하여 영국의 보통법상의 상계는 피고가 소송 중에서 항변으로만 행사가 가능하고 소송 외에서는 상계권의 행사가 허용되지 아니하므로 원고의 채권(수동채권)을 primary claim이라 하고, 피고의 채권(자동채권)을 cross-claim이라고 호칭한다.[7] 미국 파산법은 채권자를 주체로 채권자가 갖는 채권으로 채권자가 부담하는 채무에 대하여 상계한다는 표현을 사용한다.[8]

이 글에서는 상계에 관한 일반론을 자세히 기술하지 않고 자동채권 또는 수동채

---

4) 梁彰洙, "破産節次上의 相計," 인권과 정의 제319호(2003), 110-111면.

5) 대법원 2015. 1. 29. 선고 2012다108764 판결(공 2015, 293)은 영국법이 상계의 준거법이라면 상계의 요건과 효과에 관하여 영국법이 적용되어야 한다고 판시하였다.

6) 대법원 2015. 3. 20. 선고 2012다107662 판결(공 2015, 595)은 "불법행위 또는 채무불이행에 따른 손해배상채무자가 채권자에 대하여 가지는 반대채권(밑줄 필자 강조)으로 상계항변을 하는 경우"라는 표현을 사용하여 반대채권을 자동채권의 뜻으로 사용하고 있다. 대법원 2012. 2. 16. 선고 2011다45521 전원합의체 판결(공 2012, 444)도 같은 표현을 사용하고 있다. 일본에서는 과거에 자동채권이라는 용어 대신에 主働債權이라는 용어를 사용하였다(加藤正治, 破産法要論, 有斐閣(1948), 224頁. 특히 영어로 자동채권과 수동채권을 automatic claims와 passive claims 번역한다면, 표현의 문제점을 쉽게 이해할 수 있다. 이에 반하여 구 신탁법 제20조는 "신탁재산에 속하는 채권과 신탁재산에 속하지 아니하는 채무와는 상계하지 못한다"고 알기 쉬운 문구를 사용하고 있다.

7) Andrew Keay · Peter Walton, Insolvency Law 3rd ed. (Jordans, 2012), 580. 영국의 상계제도는 한국보다 더 복잡하다. 상계의 유형으로는 보통법상의 상계, 형평법상의 상계, 계약상의 상계, 은행구좌 간의 상계, 도산절차의 상계로 구분된다. Roy Goode, Principles of Corporate Insolvency Law 4th ed. (Sweet and Maxwell, 2011), para 9-02~9-07.

8) 11 USC §553(a). "… to offset a mutual debt owing by such creditor to the debtor … against a claim of such creditor …"

권이 조건부인 경우로 한정하여 도산절차에서 어떠한 취급을 받는지에 한정하여 살펴보기로 한다. 조건부 채권에 관한 상계의 문제를 정확하게 이해하려면 상계 제도에 관한 이해가 선행되어야 하고, 그 과정에서 필요한 범위 내에서 관련 쟁점을 一瞥하기로 한다. 그리고 채권자의 입장에서 파산채권(회생채권)을 자동채권으로 파산재단(회생채무자)에 대하여 부담하는 채무(수동채권)를 상대로 상계하는 것에 한하여 설명하기로 한다.9) 따라서 파산관재인이 파산채권자에 대하여 하는 상계가 유효한지, 자유재산 소속 채권에 관한 상계에 관한 논의는 생략한다.10) 그 외 지급의 정지 등 소위 위기시기 이후의 채무부담과 채권취득에 관한 상계금지에 관하여도 지면의 제약으로 생략한다.

Ⅱ. 파산절차와 회생절차에서 상계금지 법리의 異同

1. 파산절차와 회생절차에서 상계권에 관한 차이

(1) 파산절차와 회생절차의 차이

파산절차는 청산형 절차로서 신속하게 파산재단에 속하는 재산을 환가하여 채권의 우선변제순위 및 안분비례의 원칙에 따라 채권자들에게 한국통화로 지급하여 신속하게 청산하는 것을 목적으로 한다.

이에 반하여 회생절차는 비금전채권 또는 외국통화 채권도 한국통화로 평가할 필요 없이 신고할 수 있고 계획안을 통하여 채권채무를 조정하고 회사의 지배구조를 변

---

9) 파산재단에 대하여 부담하는 채무와 파산재단에 대하여 갖는 파산채권에 관하여 상계제한이 문제되는 것이지 재단채권(공익채권)에 기한 상계는 허용되고, 파산채권과 자유재산에 속하는 채권과의 상계는 금지된다. 전병서, 도산법 제3판, 문우사(2016), 318-319면. 김경욱, "파산절차에 있어서 상계권의 행사," 민사소송 제5권, 한국사법행정학회(2002), 450면. 대법원 2016. 5. 24. 선고 2015다78093 판결(미간행)은 재단채권자가 견련파산절차에서 재단채권을 자동채권으로 파산관재인을 상대로 한 상계는 상계금지의 요건(제422조 제2호)에 해당하지 아니한다고 판시하였다.

10) 관리인은 원칙적으로 정리계획에 의하지 아니하고 정리채권을 수동채권으로 삼아 상계할 수 없고(대법원 2007. 11. 29.자 2004그74 결정(공 2008, 559)), 제131조(회사정리법 제112조)에 기하여 법원의 허가를 얻어야 상계할 수 있다(대법원 2008. 6. 26. 선고 2006다77197 판결(공 2008, 1052), 대법원 1988. 8. 9. 선고 86다카1858 판결(공 1988, 1207)). 파산절차에서 파산관재인은 제492조 제13호의 유추적용을 근거로 상계금지에 저촉되지 않는 한 법원의 허가를 얻어 상계를 할 수 있다(서울中央地方法院 破産部 實務研究會, 法人破産實務 제4판, 博英社(2014), 448면). 법원이 관리인의 상계허가신청에 대하여 허가결정을 하였다고 하더라도 허가결정의 효력이 정리회사의 상대방에 대한 자동채권의 존부 및 범위와 그에 따른 상계의 효력에 미치는 것이 아니므로 별개의 절차에서 여전히 다툴 수 있다(대법원 2008. 6. 26. 선고 2006다77197 판결) 한편, 日本의 신 파산법은 파산관재인에 의한 상계 허부에 관한 논의를 입법으로 해결하였다. 즉 파산관재인은 파산재단소속 채권으로 파산채권과 상계하는 것이 채권자 일반의 이익에 적합할 때에는 법원의 허가를 얻어 상계할 수 있다는 규정(제102조)을 신설하였다.

경한 후 조속한 시일 내에 다시 회생절차 이전의 상태로 시장에 복귀시키는 것을 목적으로 한다. 따라서 같은 신속성이라 하더라도 緩急의 차이가 있을 수밖에 없다.11) 다만 회생절차에서는 회생계획안의 수립 및 가결이라는 절차가 있으므로 이를 위하여 상계적상 및 상계권의 행사기한 등이 정하여져 있지만 파산절차에서는 이러한 제한이 없다는 점에서 차이가 있다.

(2) 파산절차에서의 상계금지

파산절차가 청산형 도산절차라는 점을 고려하면 최후배당이라는 시기 이전에 채무자의 재산을 속히 청산하여야 하므로 아직 자동채권의 변제기한이 도래하지 아니하거나 비금전채권이라도 금전화를 허용함으로써(제417조) 조기에 청산할 필요가 있다. 이를 상계권의 확장이라고 한다.12) 민법의 원리를 벗어나 회생절차와 달리 파산절차에서만 상계적상의 확대를 허용하는 것이 입법론상 부당하다는 견해가 있다.13)

한편 채권자들에 대한 공평한 배당이라는 파산절차의 목적을 수행하기 위하여 민법상의 상계이론에 터잡으면서도14) 일정시기 이후의 채권채무관계를 창출하는 경우에는 상계를 제한하기도 한다. 채권자는 파산절차의 종료시까지 언제든지 파산채권을 자동채권으로 상계할 수 있다. 파산선고 후에 발생하는 이자는 후순위파산채권이므로 이를 자동채권으로 상계할 수 없다.15)

---

11) 헌법재판소 2016. 9. 29. 선고 2014헌바292 결정. "파산절차는 파산시점의 채무자의 재산을 채권자들에게 공평하고 타당하게 배분하는 절차이기 때문에 회생절차에 비해 채권의 만족이 상대적으로 단기간 안에 이루어지며, 파산제도의 취지를 달성하기 위해서는 절차를 신속하게 진행하는 것이 절실하게 요구된다."

12) 전병서, 앞의 책, 320면.

13) 梁彰洙, 앞의 논문, 118-122면. 그러나 파산절차가 청산절차로서 파산재단에 속하는 재산을 환가하여 채권자들에게 신속하게 공평한 배당을 마치는 것이 중요한 점을 고려하면 변제기 미도래 또는 장래의 청구권에 대하여도 가급적 파산선고시를 기준으로 채권을 평가하여 금액을 확정할 필요가 있다. 이 점은 상법상 회사청산제도에 있어서도 조건부 채권, 존속기간이 불분명한 채권 등을 감정인의 평가에 의하여 변제하도록 한 것(상법 제259조 제4항)과도 일맥상통하는 것으로서 상계적상의 확대의 근거에 합리성이 있다.

14) 민법, 상법에 의하여 상계가 금지되는 경우에는 파산절차에서도 상계가 금지된다. 즉 고의에 불법행위에 기한 손해배상채권을 수동채권으로 하는 상계금지, 주주의 주금납입의무에 대한 상계금지, 압류금지채권에 대한 상계금지(민법 제497조), 사용자가 갖는 前借金이나 그 밖에 근로할 것을 조건으로 하는 前貸債權과 임금채권에 대한 상계금지(근로기준법 제21조)의 금지의 법리는 도산절차에서도 적용된다. 은행이 정리회사의 관리인으로서 그 직원을 관리인 대리로 선임하였는데 관리인 대리가 공장저당법 등의 해석을 그릇치고 법원의 허가를 받지 않고 담보권을 설정한 것은 과실에 의한 불법행위이므로 은행은 이러한 불법행위채권을 수동채권으로 상계를 할 수 있다(대법원 1991. 2. 8. 선고 90다카23387 판결(공 1991, 962).

15) 노영보, 도산법강의, 박영사(2018), 323면, 林治龍, 파산법연구 제3권, 273면. 齊藤秀夫·麻上正信·林屋礼二 編, 注解破産法 第三版(上), 靑林書院(1999), 201頁. 栗田口太郎, "破産開始時現存額主義と相殺の遡及效," 金融法務事情 No. 2097 2018, 22면. 大阪地判 昭49. 2. 18. 金判423号12頁.

(3) 회생절차와 상계금지

회생절차는 재건형 절차이므로 채무자가 회생절차 개시결정을 받고 회생계획안이 인가되어 궁극적으로 회생절차 종결 이후에도 계속하여 존속할 것을 전제로 한다. 따라서 회생채권을 굳이 한국통화로 환산한 금전채권으로 전환할 필요는 없다. 다만 상계와 관련하여 가급적 확정된 권리관계 위에 예측가능한 회생계획안을 마련한다는 필요에서 상계를 채권신고기한까지만 허용하고 그 이후에는 허용하지 않고 있다.[16] 日本에서는 입법론으로 채권신고의 추완과 같이 재건절차에서도 상계의 추완을 허용하자는 견해[17]도 있으나 미국에서는 상계권의 행사가 금지되고 있고 담보권도 회생절차에서 금지되는 점과의 균형상 지나치게 상계권행사를 확대하는 것은 바람직하지 않다. 회사정리절차개시결정 후에 발생하는 이자채권을 자동채권으로 상계할 수 있는가에 관하여는 견해가 일치하지 않고 있다.[18]

2. 파산절차와 회생절차에서의 공통점

(1) 채권신고와 상계권

파산절차나 회생절차 공히 파산채권, 회생채권을 자동채권으로 상계권을 행사하기 위하여 채권신고를 할 필요가 없고,[19] 변제금지가처분은 상계권 행사의 장애사유가 되지 아니한다.[20]

관리인이 정리법원의 허가결정을 얻어 정리채권자를 상대로 상계를 함에 있어 법원의 허가결정에 의하여 자동채권의 존부 및 범위가 법률상 추정되어 그에 대한 증명책임이 관리인으로부터 상대방에게 전환되는 것은 아니다. 따라서 상대방은 별개의 절

---

16) 서울中央地方法院 破産部 實務研究會, 回生事件實務(上) 제4판, 博英社(2014), 372-373면.

17) 多比羅 誠, "相殺權行事の時期的制限," 倒産法改正展望, 商事法務(2012), 377면. 더 나아가 파산절차와 통일하여 재건절차에서도 상계의 시기적 제한을 폐지하자는 견해도 있다(上田 純, "相殺の時期的制限に關する立法提案　續々・提言 倒産法改正," 金融財政 事情研究會(2014), 260면.

18) 대법원 2006. 8. 25. 선고 2005다16959 판결(공 2006, 1610)은 긍정하고, 林治龍, 파산법연구 제3권, 274면. 정순섭, "후순위약정의 법적 문제," BFL 제35호(2009), 46면 및 縣 俊介, "破産手續開始後の生じた利息・損害金債權を自動債權とする相殺の可否," 永石一郎, Q&A 倒産實務における相殺の實務, 新日本法規(2005), 222면은 부정한다. 회생절차에서도 같은 법리가 적용되어야 할 것이다.

19) 김경욱, 앞의 논문, 475면; 노영보, 앞의 책, 324면; 兼子一・三ケ月章 條解會社更生法(中), 弘文堂(1998), 88頁(이하 條解로 표시한다). 그러나 대법원 1998. 6. 26. 선고 98다3603 판결(공 1998, 1985) 및 대법원 2005. 2. 17. 선고 2004다39597 판결(미공간)은 정리채권을 자동채권으로 상계하려면 마치 신고기간 내에 반드시 채권신고가 필요한 것으로 오해할 만한 표현을 사용하고 있다.

20) 대법원 1993. 9. 14. 선고 92다12728 판결(공 1993, 2744).

차에서 여전히 자동채권의 존부 및 범위와 그에 따른 상계의 효력에 대하여 다툴 수 있다.[21]

(2) 상계금지사유

파산절차와 회생절차 모두 채권자간의 공평을 중시하므로 채권의 취득시기나 채무의 부담시기를 기준으로 상계권의 행사를 제한한다(제145조 및 제422조). 채권자가 회생신청 또는 파산신청 후에 그러한 신청이 있음을 알고 채무자에 대하여 채무를 부담한 때에는 상계를 하지 못하므로(제145조 제2호, 제422조 제2호), 상계의 의사표시가 회생절차 개시결정 또는 파산선고 전에 이루어졌다고 하더라도 만일 그러한 상계가 상계금지사유에 해당하는 경우라면 그 후 실제로 회생절차 개시 또는 파산선고가 난 경우에는 그러한 상계는 소급하여 효력을 잃는다.[22] 상계금지 규정은 강행규정으로 당사자의 특약에 의하더라도 상계금지의 대상이 되는 채권을 상계하는 것은 효력이 없다.[23] 자동채권이 담보부채권이라도 회생절차와 파산절차에서 상계금지의 요건에 해당하면 상계할 수 없다. 제144조는 명문으로 회생담보권자가 상계금지의 법리의 적용대상임을 밝히고 있다. 파산절차에서 별제권자는 담보권을 파산절차 외에서 할 수 있음에 그치는 것이지 상계금지의 제한에서 자유롭다는 취지는 아니다. 판례는 별제권자는 아니지만 확정일자를 받은 우선변제권이 있는 주택임차인의 보증금반환청구권을 자동채권으로 하는 경우에도 상계금지의 법리가 적용됨을 밝힌 바 있다.[24] 상계금지사유에 해당하지 아니한다면 회사정리절차 개시결정 전에 한 채권자의 상계가 유효함은 당연하다.[25]

---

21) 대법원 2008. 6. 26. 선고 2006다77197 판결(공 2008, 1052). 이 판결의 법리는 파산절차에도 적용될 수 있다.

22) 대법원 2015. 9. 10. 선고 2014다68903 판결(미간행). 이 판결의 법리는 파산절차에도 적용될 수 있다.

23) 김동윤, "회사정리절차 및 화의절차에 있어서의 상계의 제한," 회사정리법·화의법상의 제문제, 법원도서관(2000), 635면. 일본의 판례는 설령 파산관재인이 채권자와 상계금지에 위반된 상계를 유효하기로 합의하였다고 하더라도 그 합의는 무효라고 판시하였다(最高裁判所 昭和 52. 12. 6. 민집 31권7호 961면. 이 판례에 대한 해설은 德田和幸, "相殺禁止規定に違反した相殺を有效とする合意," 倒産判例百選 第4版, 有斐閣(2006), 122~123면. 다만 사용자가 임금의 전액지급의 원칙에 비추어 사용자의 근로자에 대한 임금채권을 수동채권으로 하여 사용자의 근로자에 대한 대출금 채권으로 상계할 수 없지만 압류가 허용되는 1/2 상당액에 관하여 사용자가 근로자의 임금채권 중 1/2 상당액에 관하여 압류 및 전부명령을 받는 것은 적법하다(대법원 1994. 3. 16.자 93마1822, 1823 결정(공 1994, 3058)).

24) 대법원 2017. 11. 9. 선고 2016다223456 판결(공 2017, 2315).

25) 대법원 2000. 2. 11. 선고 99다10424 판결(공 2000, 659). 단 이 판결은 정리절차가 개시되기 이전, 즉 정리채권이 아닌 단계에서의 채권에 대하여는 정리절차에 의하지 아니하고 상계할 수 있으며 그 후 정리절차가 개시되었다고 하여 달리 볼 것도 아니라고 판시하고 있으나. 정리절차 개

(3) 부인권과의 관계

상계행위는 채권자의 단독행위인 형성권의 행사에 해당하고, 집행행위도 아니므로 부인권의 대상이 아니다.[26] 채무자가 하는 상계권의 행사 또는 채권자와의 상계합의가 편파행위로서 부인권의 대상이 됨은 의문이 없다.[27]

(4) 공익채권 또는 회생채권에 기한 상계

채권자가 공익채권과 회생채권을 갖고 있고 관리인이 채권자에 대한 채권을 갖고 있는 경우에 채권자는 회생채권을 자동채권으로 삼으려 하고, 관리인은 공익채권을 수동채권으로 삼으려 하게 마련이다.[28] 관리인이 자신이 회생채권자에 대하여 갖는 연료대금채권을 자동채권으로, 자신이 회생채권자에 부담하는 채무로서 회생채권자의 입장에서는 공익채권을 수동채권으로 하는 상계는 채무자회생법상 제한이 없어 유효하므로[29] 결국 누가 먼저 상계의 의사표시와 변제충당을 하느냐에 따라 결론이 달라

시결정 전이라도 일단 정리절차개시신청이 있으면 정리채권의 개념은 존재할 수 있는 것이고, 신청 후 상계제한이 있음을 간과한 이유 설시이다.

26) 대법원 1993. 9. 14. 선고 92다12728 판결(공 1993, 2744), 서울중앙지방법원 2006. 8. 8. 선고 2006가합6411 판결. 日本의 다수설(中田淳一, 破産法, 有斐閣(1964), 134頁, 中野貞一郎・道下徹 編, 基本法コンメンタール破産法 第二版, 日本評論社(1997), 156頁(이하 コンメンタール破産法 으로 표시한다))과 판례(最高裁判所 平成 2. 11. 26 判決)도 같다. 반대로 상계행위도 부인의 대상이 된다는 소수설로는 李亥雨・李在華, 破産法, 法律文化院(2001), 534면, 李鎭萬,"統合倒産法 上의 否認權,"民事判例研究 XXVIII, 博英社(2006), 936면 및 伊藤眞, 破産法・民事再生法(제3版), 有斐閣(2014), 497頁은 相計適狀을 창출함에 있어 채무자가 가공할 수 있고, 집행행위가 부인의 대상이 된다면 그와 유사하게 채권회수의 성격을 갖는 상계행위도 부인의 대상으로 삼을 수 있다는 점을 논거로 하고 있다.

27) 대법원 2017. 11. 9. 선고 2016다223456 판결(공 2017, 2315). 대법원 2002. 9. 24. 선고 2001다 39473 판결(공 2002, 2503)은 상계약정이 부인권의 대상이 될 수 있음을 전제로 하되, 파산자 고려증권 사건에서 파산선고 전의 고려증권과 국민생명은 실질적인 자금을 주고 받음이 장부와 서류상의 계산만으로만 보험료의 납입과 대출의 거래를 하면서 위와 같은 약정을 체결하여 둔 사실이 인정되는바, 그렇다면 위 약정의 체결로 인하여 고려증권의 파산채권자들을 해하였다고 보기 어려우므로, 결국 위 상계약정만을 분리하여 유해성을 가지는 행위라고 할 수 없다고 판시하였다. 同旨, 伊藤眞, 會社更生法, 有斐閣(2012), 395頁. 伊藤眞, 破産法・民事再生法(제3版) 有斐閣(2014), 525頁.

28) 선주 甲과 용선자 乙 간에 정기용선계약을 체결하면 甲이 선박 인도시 일정량의 연료가 배안에 있으면 그 대금상당액을 乙이 첫 용선료와 함께 甲에게 지급하고, 乙이 선박을 반선시에 같은 양의 연료를 채워서 넣어 주되 그 대금 상당액을 甲이 乙에게 지급하거나 밀린 용선료, 손해배상채권에서 상계(공제)하는 것이 실무이다. 만일 乙에 대하여 회생절차가 개시되고 그 후 乙이 일정기간 선박을 사용하였다가 관리인이 용선계약의 해제를 선택하면 甲은 공익채권(개시 후 선박사용에 대한 용선료채권)과 회생채권(장래의 용선료 상당의 손해배상청구권)을 갖게 되고 乙은 선박유류대금채권을 갖는다고 주장한다. 이러한 사안에서 상계의 준거법이 영국법인 경우가 많으므로 영국법에서 상계제도에 대한 검토가 필요하다. 石光現,"영국법이 준거법인 채권 간의 소송상 상계에 관한 국제사법의 제문제,"서울대학교 法學, 제57권 제1호(2016), 201-248면 참조. 연료유대금채권의 성부와 성질에 대하여 자세한 내용에 대하여는 이 책의 "한진해운 도산의 법적 쟁점" 부분 참조.

지게 된다.30) 이 때 적용하는 법리가 상계인지 공제인지에 관하여 논의가 있다.31) 만
일 공제의 법리가 적용된다면 상계의 요건을 따질 것이 없이 손익공제의 법리에 따라
회생채권인 손해배상액을 산정하는 요소로 고려될 것이다.32)

(5) 계열회사인 제3자에 대한 상계

상계는 당사자 쌍방이 서로 같은 종류를 목적으로 한 채무를 부담한 경우에 서로
같은 종류의 급부를 현실로 이행하는 대신 어느 일방 당사자의 의사표시로 그 대등액
에 관하여 채권과 채무를 동시에 소멸시키는 것이므로, 수동채권으로 될 수 있는 채권
은 상대방이 상계자에 대하여 가지는 채권이어야 하고, 그 상대방이 제3자에 대하여
가지는 채권과는 상계할 수 없다.33)

日本 最高裁判所는 리만브라더스 계열의 어느 회사와 노무라증권 계열의 어느 회
사가 옵션거래를 함에 있어 상대방 계열회사의 어느 한 회사가 파산신청을 하는 등 기
한이익상실사유에 해당하면 자신이 상대방 회사에 대하여 부담하는 채무에 대하여 자
신의 계열회사가 상대방 회사에 대하여 갖는 채권을 자동채권으로 상계하기로 도산신
청 전에 약정한 경우 자동채권을 갖는 계열회사가 동의한 경우라도 이러한 삼자간의
상계는 상계의 요건에 맞지 아니하고 도산채권자 간의 평등에 반하여 허용되지 아니
한다고 판시하였다.34) 비록 日本 판례이지만 그 법리는 대법원 2010다101394 판결과
같으므로 한국에서도 3자간의 상계합의는 허용되지 않을 것이다.

(6) 민법 제434조에 기한 보증인의 상계

민법 제434조는 보증인은 주채무자의 채권에 의한 상계로 채권자에게 상계할 수
있다고 규정함으로써 보증인이 채권자에 대하여 갖는 자신의 채권이 아니라 주채무자
가 채권자에 대하여 갖는 채권으로 보증인이 직접 상계할 수 있음을 특별히 허용하고
있다. 주채무자가 파산한 경우에도 민법 제434조가 적용되는가에 대하여 학설의 다툼

---

29) 伊藤眞, 會社更生法, 341頁 .

30) 민법 제499조에 의하면 상계의 경우에도 지정변제충당, 법정변제충당에 관한 민법 제476조 내지
제479조가 준용된다. 대법원 2015. 6. 11. 선고 2012다10386 판결(공 2015, 947).

31) 대법원 2018. 1. 24. 선고 2015다69990 판결(공 2018, 481)은 공동수급체의 구성원 간에 출자의
무와 이익분배청구권 간에 공제약정이 있는 경우라면 상계적상의 유무에 관계 없이 또한 별도의
의사표시 필요없이 공제의 효과가 발생한다고 판시하였다. 이 판결에 대한 평석으로 남관모, "공
제와 상계의 구별 및 공동수급체가 구성원에게 지급할 이익분배금에서 출자금을 공제하기 위한
요건," 저스티스 167호(2018), 306-342면.

32) 東京高裁 平31. 1. 16.平成30年(ネ)第3037号. 이 판결의 전문 및 해설에 대하여는 金融法務事情
No.2122 (2019. 9.25), 72-73면.

33) 대법원 2011. 4. 28. 선고 2010다101394 판결(공 2011, 1038).

34) 最高裁判所 平成 28. 7. 8. 판결.

이 있다.[35] 판례는 회생절차에서 채무자회생법 131조를 근거로 회생절차 개시 후 회생채무자 또는 관리인에 의한 상계가 금지되는 법리는 보증인 등 제3자에 의한 상계에도 적용되어야 한다는 이유로 보증인의 상계를 허용하지 아니한다는 입장을 취하였다.[36] 이 쟁점에 관한 법리는 회생절차와 파산절차에서 동일하게 적용되어야 한다.

3. 미국 파산법상 상계금지의 법리

미국 파산법은 상계권의 담보적 기능을 중시하여 담보권의 행사가 중지되듯이 자동중지의 효과로 파산신청 즉시 채권자가 파산신청을 한 채무자에 대한 상계권의 행사도 중지된다.[37] 파산절차 개시 후에 상계를 하려면 자동중지의 해제(lift of stay)의 방식에 의한다.[38] 한국과 달리 미국 파산법에서는 채권자의 상계권 행사도 부인의 대상이 된다.[39] 이러한 법리는 미국 연방파산법의 청산절차인 제7장(Liquidation)이나 재건절차인 제11장(Reorganization)을 구별하지 않고 적용된다.

4. 상계권의 제한에 관한 일반론

(1) 총설

회생절차에는 파산절차와 같은 상계권의 확장제도가 없으므로 상계적상에 관하여는 민법이론에 따른다.[40] 단 상계적상의 기준시기는 회생채권조사기간 만료일까지이다. 즉 회생절차 개시 전 또는 후에 발생한 자동채권이라도 그 변제기는 채권조사기간 만료일 이전이어야 한다. 상계의 의사표시 또한 그 만료일 이전에 이루어져야 하고 그 후에 이루어진 상계의사표시는 효력이 없다.[41] 따라서 추완신고된 채권을 위한 채

---

35) 일본의 판결례와 학설의 소개에 대하여는 민법주해[X] 채권(3), 박영사(1992), 276면(박병대) 참조. 위 책은 적용긍정설이다.

36) 대법원 2018. 9. 13. 선고 2015다209347 판결(공 2018, 1956).

37) 11 U.S.C. §362(a)(7).

38) 채무자의 은행예금은 현금담보(cash collateral)라 하여 채무자가 법원의 허가나 채권자의 동의를 얻으면 사용할 수 있다(§363(c)(2)).

39) 11 U.S.C. §553(b).

40) 最高裁判所 昭和 45. 6. 24. 判決과 대법원 2012. 2. 16. 선고 2011다45521 전원합의체 판결(공 2012, 444)의 소수의견은 압류의 효력 발생 당시 제3채무자가 갖는 자동채권의 변제기가 압류된 수동채권의 변제기보다 앞서서 도래할 것을 상계적상의 요건으로 삼고 있지 않지만, 다수의견은 종전 판례대로 압류 후에 도래하는 자동채권의 변제기가 수동채권의 변제기보다 앞서서 도래하여야 상계가 가능하다고 해석하고 있다. 이 사건에서 가압류명령의 효력발생일 당시에 피압류채권 (수동채권)의 변제기는 이미 도래하고 제3채무자의 자동채권인 대여금채권은 아직 변제기가 도래하지 아니하였다. 다수의견은 제3채무자는 상계로써 압류채권자에게 대항할 수 없다고 보았다.

41) 金東潤, "會社整理節次 및 和議節次에 있어서의 相計의 制限," 會社整理法·和議法上의 諸問題, 法院圖書館(2000), 583면; 山本和彦 외, 倒産法槪說 第2版, 弘文堂(2010), 264頁(沖野眞已).

권조사기일인 특별조사기일은 상계적상의 기준시기가 될 수 없다. 그리고 입법론은 별
론으로 하고 상계권의 추완행사라는 개념은 인정되지 아니한다. 자동채권과 수동채권
이 조건부인 경우에는 별도로 논하기로 하고 도산절차에서 일반적인 상계법리를 정리
하면 아래와 같다.

(2) 자동채권에 관하여

1) 파산절차에서는 양 채권의 변제기가 아직 도래하지 않더라도 상계가 가능하다.
즉 자동채권이 변제기가 도래하지 아니한 기한부라도 상계가 가능하다는 특칙을 두고
있다(제417조 전단). 다만 파산선고 후의 이자에 대하여는 자동채권의 액수에서 공제하
여야 한다(제420조 제1항). 임대차보증금의 반환채무는 임대차계약이 종료된 때에 비로
소 이행기에 도달하는[42] 변제기 미도래의 채권으로서 일견 파산절차에서 즉시 자동채
권으로 상계가 가능할 것으로 오해하기 쉽다. 그러나 보증금반환채권은 정지조건부 채
권이므로 조건 성취 전에는 상계할 수 없다. 자세한 내용에 대하여는 후술 Ⅲ. 2. 정지
조건부채권이 자동채권인 경우 부분 참조.

회생절차에서는 이러한 특칙이 없으므로 민법의 상계법리에 따라 자동채권의 변
제기가 채권신고기한 전에 도래하지 아니하면 상계가 불가하다. 그러나 상계권자가 스
스로 기한의 포기하고 변제기 도래 전의 자신의 채무를 변제하는 것은 무방하므로[43]
수동채권의 변제기는 채권신고기한 후에 도래하더라도 무방하다. 한국과 日本의 실무
는 상대방의 도산절차신청을 이유로 자동채권의 변제기를 앞당김으로써 변제기 도래
의 선후에 따른 상계제한을 극복하는 도구로서[44] 기한이익상실조항의 유효성을 인정
하고 있으므로 이 조항에 기하여 상계적상에 해당하는 것으로 처리하고 있다. 도산절
차에서 도산해지조항의 유효성이 다투어지는 법리와 마찬가지로 상계에서도 이러한
기한이익상실조항이 유효한지에 대하여는 의문이 있다.[45] 비도산절차에서는 사적자치

---

42) 대법원 2016. 11. 25. 선고 2016다211309 판결(공 2017, 22).
43) 대법원 1979. 6. 12. 선고 79다662 판결(집27(2)민,94).
44) 김창희, "사전상계합의 효력," 법조 통권 제712호(2006), 59면.
45) 대법원 2003. 6. 27. 선고 20003다7623 판결(미간행) 및 대법원 1989. 1. 31. 선고 87다카594 판
결(공 1989, 366)은 모두 도산신청이 아니라 가압류를 신청한 사안에 관한 것에서 유효성을 인정
하고 있다. 最高裁判所 昭和 45. 6. 24. 判決. 林采洪・白昌勳, 會社整理法(上), 司法行政學會
(2002), 543-544면 및 582면(李績甲 집필부분); 金東潤, 앞의 글, 572면 및 崔竣圭, "상계계약의
대외적 효력에 관한 고찰," 법조(2014. 3. Vol. 690), 89면은 전면적 긍정설을, 法院行政處, 會社
整理實務(1985), 212면 및 條解(中), 885頁은 자동채권의 변제기가 수동채권의 변제기와 동일하
든가 또는 그 이전에 도래하는 경우에만 [그 특약이 유효하므로] 상계가 가능하다는 제한적 긍정
설을, 이시윤, 신민사집행법, 박영사(2013), 300면, 伊藤眞, 會社更生法, 343頁 및 本間靖規, "各
種約款の倒産解除特約の效力," 河野正憲・中島弘雅 編, 倒産法大系, 弘文堂(2001), 566頁은 전면
적 부정설을 취하고 있다. 노영보, 앞의 책, 323면도 의문을 표하고 있다.

의 원칙상 이를 허용함이 타당하지만 다수인의 이해관계를 조정하는 도산절차에서는 이를 부정하는 견해에 찬동한다.

2) 파산절차에서는 파산채권의 목적이 금전이 아니거나 외국의 통화로 정하여진 채권 사이에서도 파산선고시의 평가액으로 상계가 가능하다(제426조 제1항). 단 수동채권은 금전채권이어야 한다.

회생절차에서는 이러한 특칙이 없으므로 민법의 상계법리에 따라 양 채권이 동종의 목적을 갖는 경우이어야 한다. 따라서 목적물인도청구권과 금전채권 간의 상계는 불가능하다. 회생절차에서 금전채권이라도 원화채권과 외국통화채권 간의 상계는 가능한지에 관하여는 논란이 있다.46)

3) 자동채권(파산채권 또는 회생채권)을 회생절차 개시결정(또는 파산선고) 후에 타인으로부터 취득한 경우에는 상계가 금지된다.47) 단 수탁보증인이 도산절차(회생 또는 파산절차) 개시 후에 대위변제한 경우 구상권을 자동채권으로 하는 상계는 허용되지만,48) 비수탁보증인이 도산절차 개시 후에 대위변제한 경우 구상권에 기한 상계는 허용되지 아니한다.49) 대위변제에 의하여 보증인이 취득하는 원채권을 자동채권으로 하는 상계가 금지됨은 물론이다. 위기시기에 파산자의 채무자가 파산채권을 취득한 경우에 관하여도 별도의 조항이 있다(제145조 제4호, 제422조 제4호).

4) 자동채권이 반드시 파산선고 또는 회생절차 개시결정 전에 존재하여야만 상계가 가능한 것은 아니고 그 후에 성립하는 채권도 상계가 가능하다.50) 예를 들면, 도산

---

46) 민법상 상계가 가능하다는 견해로는 元永和彦,"國際的な相殺に關する諸問題(4)," 法學協會雜誌 第113卷 第9号(1996), 1291頁이 있다. 이 견해에 의하면 회생절차에서도 이종통화채권간의 상계가 허용된다.

47) 파산신청이나 회생절차 개시신청 이전이라도 자동채권의 취득하게 된 목적이나 경위, 상계권을 행사함에 이른 구체적·개별적 사정에 비추어 상계 제도의 목적이나 기능을 일탈하고, 법적으로 보호받을 가치가 없는 경우에는 상계권의 행사가 신의칙에 반하거나 상계에 관한 권리를 남용하는 것으로 허용되지 않는다(대법원 2003. 4. 11. 선고 2002다59481 판결(공 2003, 1156). 채무자가 자신이 부담하는 채무와 상계할 목적으로 채권자의 부도로 채권자가 발행한 약속어음의 가치가 현저하게 하락된 사정을 알면서 채권자가 발행한 약속어음 20장을 액면가의 40% 미만의 가격으로 할인취득하여 약속어음금 채권을 자동채권으로 행사한 사안에서 법원은 이러한 상계권의 행사는 신의칙에 위배하거나 권리남용으로서 허용되지 아니한다고 판시하였다.

48) 구 파산법에 관한 것으로 대법원 2008. 8. 21. 선고 2007다37752 판결(공 2008, 1274), 서울고등법원 2005. 4. 22. 선고 2004나64328 판결. 통설, 전병서, 앞의 책, 331면; 김경욱, 앞의 논문, 474면; 趙炳顯,"破産節次上의 相計權 行使,"破産法의 諸問題(下), 法院圖書館(1999), 353면; 宮脇行彦·井關 浩·山口和男 編, 注解會社更生法, 靑林書院(1986), 607頁(이하 注解會社更生法이라 한다); 伊藤眞, 會社更生法, 359頁.

49) 同旨, 전병서, 앞의 책, 331면, 最高裁判所 平成 24. 5. 28. 判決. 팩토링 사업의 경우 보증사업자는 채무자의 부탁 없이 채권자와 보증계약을 체결하기도 한다. 伊藤眞, 會社更生法, 360頁은 판례를 지지한다.

절차 개시 후에 상대방이 원시적으로 취득한 채권으로서 쌍방 미이행쌍무계약에 대한 관리인의 해제권행사로 인한 상대방의 손해배상청구권(회생채권)은 상계가 가능하다.[51] 이에 반하여 관리인이 부인권을 행사한 결과 회생회사가 부인의 상대방에게 반환하여야 할 재산이 현존하지 아니하여 상대방이 갖는 가액상환청구권이나 편파행위에 대한 부인권의 행사 결과 부활하는 수익자의 원래의 회생채권을 자동채권으로 하는 상계는 부정된다.[52]

5) 자동채권이 도산절차 개시 후에 발생하는 경우(부당이득반환청구권 또는 쌍방 미이행쌍무계약의 이행선택으로 상대방이 갖는 금전지급청구권 등)로서 공익채권인 경우, 공익채권자가 채무자를 상대로 상계함에는 채권신고기간 만료 전이라는 시기적인 제한이 없으므로 회생채권신고기간 후에 대지급하더라도 상계가 가능하다. 도산절차 개시 후에 발생하는 이자, 지연손해금채권을 자동채권으로 하는 것이 가능한가에 대하여는 견해가 나뉘어 있으며[53] 판례는 구 회사정리법하에서 후순위정리채권에 기한 상계를

---

50) 양 채권이 동시이행관계에 있는 경우에는 민법 498조에도 불구하고 압류 후에 취득한 반대채권으로 압류채권자에 상계로 대항할 수 있다는 법리와 유사하다(압류 후 발생한 하자보수에 갈음하는 손해배상채권(대법원 2005. 11. 10. 선고 2004다37676 판결(공 2005, 1950), 부동산 매수인이 압류 후 부동산의 마쳐져 있던 등기의 말소 비용을 지출하고 취득한 구상금 채권(대법원 2001. 3. 27. 선고 2000다43819 판결(공 2001, 996)).

51) 同旨, 伊藤眞, 會社更生法, 362頁. 그런데 앞의 대법원 98다3603 판결은 이 경우에도 상계가 가능한 것을 전제로 다만 손해배상청구권을 신고하지 아니하였음을 이유로 상계를 부정하고 있다. 문제는 회생절차에서 상계의 시기적 제한 때문에 관리인이 채권신고기간 이후 회생계획안 심리를 위한 관계인집회가 끝나기 전에 해제를 선택한 경우에는 회생채권자는 해제로 인한 손해배상청구권으로 상계할 수 없다는 데 있다. 관리인의 이행 또는 해제선택의 기한이 심리를 위한 관계인집회종료시까지 가능한 점에 비추어 해제를 원인으로 한 손해배상채권 또는 원상회복의무에 대하여도 위 시기까지 상계가 가능하도록 특칙을 둘 필요가 있다(同旨: 한민, "미이행쌍무계약에 관한 우리 도산법제의 개선방향," 선진상사법률연구53, (2011), 90면 및 田頭章一, 企業倒産處理法の理論的課題, 有斐閣(2005), 151면은 관리인의 해제로 인하여 파산채권자가 부담하는 원상회복의무에 대하여 파산선고 후의 채무부담의 예외규정을 두자는 입장이다). 반대로 東京地判 平成 24. 3. 23. 判ダ1386号372頁은 파산선고 후 타인의 파산채권을 취득한 때에 관한 조항을 유추하여 상계를 부정한다. 札幌高判 平成 25. 8. 22. 金融法務事情 1981号 82頁은 손해배상청구권이 파산절차 개시 후 파산관재인의 행위에 의한 해제에 의하여 발생한 것이므로 파산선고 당시에 상계적상에 있지 아니한다는 이유로 日本 파산법 제67조 제1항(채무자회생법 제416조와 같다)과의 관계로부터 상계를 불허하였다. 그러나 동조가 반드시 자동채권인 파산채권을 파산선고시에 존재하는 것으로 한정하는 것이 아니라는 점에서 비판을 받고 있다(伊藤眞, 破産法·民事再生法, 490頁)

52) 대법원 2007. 7. 13. 선고 2005다71710 판결(공 2007, 1264). 부인권의 행사에 기하여 상대방(회생채권자)이 받은 급부를 반환하여야 비로소 회생채권이 부활하므로 자동채권의 상계적상이 흠결되었다는 점을 근거로 하고 있다.

53) 파산절차의 경우 후순위 파산채권을 자동채권으로 상계할 수 없다는 하급심이 있다(대구지법 2003. 6. 5. 선고 2001가합12403, 2002가합407 판결 미항소 확정(하집2003-1, 170). 日本에서의 논의는 伊藤眞, 會社更生法, 188頁, 주 56 및 191頁 및 伊藤眞, 破産法·民事再生法, 466頁은 이

긍정한 바 있다.54)

6) 항변권이 붙어 있는 채권으로 자동채권으로 하여 상계하면 상계자 일방의 의사표시에 의하여 상대방의 항변권 행사의 기회를 상실시키게 되므로 상계가 불허된다.55) 예컨대 파산자 동아건설의 파산채권자가 파산자를 상대로 하자보수보증금 납부를 구하는 채권을 자동채권을 상계를 하더라도 파산자로서는 현금 외에 보증서의 제출로 이행할 수 있는 항변권이 붙어 있으므로 이러한 상계는 파산절차에서도 부적법하다. 또한 주채무자는 수탁보증인의 사전구상권에 대하여 민법 제443조의 담보제공 등의 항변권이 부착되어 있으므로 파산채권자(수탁보증인)으로서 장차 건설공제조합(주채권자)이 하자보수의무를 이행하고 보증인인 파산채권자에게 보증채무를 청구할 것에 대비한 장래의 구상권을 자동채권으로 하는 상계 역시 부적법하다.56) 다만 단독행위가 아닌 상계약정에 의한 경우에는 가능하다.57)

(3) 수동채권에 관하여

1) 파산절차이건 회생절차이건 상계권자의 입장에서 수동채권의 변제기가 채권조사기간 당시 아직 미도래이더라도 채권자가 스스로 채무자에 대하여 부담하는 기한의 이익을 포기하고 미리 변제하는 것이 가능하므로 상계가 가능하다는 점에 대하여는 견해가 일치되어 있다.58) 제144조 단서 및 제417조 단서는 이러한 법리를 반영하여

러한 채권은 상계의 합리적 기대도 없고, 권리의 성질상 의결권도 부여하지 않고 열후적 취급을 하고 있음을 근거로 열후적 파산채권과 마찬가지로 상계에 부정적이다. 파산절차에서 개시후 이자채권에 상계를 긍정하는 견해로는 竹下守夫 외, 破産法大系 第Ⅱ卷, 靑林書院(2014), 228頁 (岡正晶).

54) 대법원 2006. 8. 25. 선고 2005다16959 판결(공 2006, 1610). 후순위 파산채권에 기하여 상계를 허용할 수 없다는 이유로 이 판례에 반대하는 견해로는 林治龍, 파산법연구 제4권, 박영사(2015), 274-275면.

55) 통설 및 판례의 입장이다(송덕수, 채권총론, 博英社(2013), 460면, 대법원 2004. 5. 28. 선고 2001다81245 판결(공 2004, 1050), 대법원 2002. 11. 26. 선고 2001다833 판결(공 20003, 175). 대법원 2001. 11. 13. 선고 2001다55222, 55239 판결(공 2002, 49)). 상대방의 항변권(민법 제443조의 주채무자의 면책청구권 등)을 박탈할 수 없기 때문이다.

56) 서울고등법원 2005. 4. 22. 선고 2004나64238 판결. 하수급인인 파산자 동아건설이 하도급인인 삼환기업을 상대로 공사대금을 청구하자 피고가 하자보수청구권, 구상권 등을 자동채권으로 상계를 주장한 사안이다.

57) 대법원 1982. 5. 25. 선고 81다595 판결(공 1982, 603)은 "민법 제443조는 임의규정으로서 주채무자가 사전에 … 항변권을 포기한 경우에는 보증인이 사전구상권을 자동채권으로 주채무자에 대한 채무와 상계할 수 있다"고 판시하고 있다.

58) 대법원 2017. 3. 15. 선고 2015다252501 판결(공 2017, 750)은 임대인이 회생회사에 대하여 부담하는 임대차보증금반환채무를 기한부 채무로 보아 임대인이 기한의 이익을 포기하고 자동채권(골프장 입회보증금반환채권)과 상계할 수 있다고 판시하였다. 이 판결에 대한 반대하는 글로는 김치송, "임차인에 대한 회생절차가 개시된 후 임대인이 자신의 골프장입회금반환채권과 임차인의 임차보증금반환채권의 상계를 주장할 수 있는지 여부," 저스티스 통권 제171호 (2019),

회생절차 및 파산절차에서도 수동채권이 기한부인 때에도 상계가 가능하다고 규정하고 있다.[59]

   2) 수동채권은 원칙적으로 도산절차 개시결정 전에 채무를 부담하여야 하여야 상계가 가능하다. 도산절차 개시결정 후에 채무를 부담한 경우에는 상계가 금지된다.[60] "채무를 부담한 때"[61]라 함은 그 채무 자체가 도산절차 개시결정 후에 발생한 경우만을 의미하는 것이 아니고, 그 전에 발생한 제3자의 회생/파산채권자에 대한 채권을 파산관재인이 새로운 계약을 통하여 양수하거나,[62] 합병,[63] 파산관재인의 부인권 행사 등으로 파산선고 후에 채무를 부담하게 되는 경우에도 상계가 금지된다. 비록 채권자가 도산절차채무 개시 사실을 알지 못하고 파산자 등에 대하여 채무를 부담한 경우라도 상계가 금지된다. 또한 제145조 제2호 또는 제422조 제2호와 달리 채무를 부담하게

341–368면.

59) 파산절차는 더 나아가 수동채권이 조건부인 때 또는 장래의 청구권에 관한 것인 때에도 상계권의 행사를 확장하고 있다(제417조 후단). 회생절차의 경우는 이러한 규정이 없으므로 두 가지 채권에 관하여도 상계가 가능한지 뒤에 보는 바와 같이 논란이 있다.

60) 필자가 서울중앙지법 파산부에 근무하던 2007년 무렵에는 재판부가 임차주택의 영세민을 보호한다는 취지에서 임대인의 파산관재인이 임차인에게 임차아파트를 시가보다 조금 높은 가격으로 매각하되, 매매대금에서 보증금반환채권을 공제하는 것을 허용한 적이 있었다. 그러나 2017년 대법원 판결은 이를 금지하였다. "이와 같은 법리는[필자주, 파산선고 후에 채무를 부담한 때에 적용되는 상계금지의 법리] 파산채권자가 파산선고 후에 부담한 채무에서 파산채권을 공제하는 경우에도 적용되며, 파산채권자와 파산관재인이 그 공제에 관하여 합의하였다 하더라도 다른 사정이 없다면 마찬가지로 봄이 타당하다"고 판시하였다(대법원 2017. 11. 9. 선고 2016다223456 판결(공 2017, 2315)).

61) 대표적인 예로서는 파산채권자가 파산선고 후에 파산재단에 속하는 재산을 매수하는 경우, 파산자 명의의 은행(파산채권자) 구좌로 제3자가 송금한 경우, 파산선고 후에 제3자가 파산자에 대하여 부담하는 채무를 채권자가 인수하는 경우가 있다,

62) 대법원 2014. 11. 27. 선고 2012다80231 판결(미간행)의 사안은 파산채권자의 행위가 아니라 파산관재인의 행위에 기한 것이라는 점에서 특이하다. 제3자가 파산채권자에 대하여 채권을 갖고 있던 상태에서 파산관재인이 파산선고 후에 위 채권을 양수함으로써 결과적으로 파산채권자가 파산선고 후에 파산재단에 대하여 채무를 부담하게 되므로 파산채권자는 상계할 수 없다.

63) 대법원 2003. 12. 26. 선고 2003다35918 판결(공 2004, 228) 이 판결의 사안은 기산(파산자)이 계열사인 아시아자동차에 대하여 48억 원의 정리채권을, 정리회사 아시아자동차 및 정리회사 기아자동차가 기산에 대하여 각 44억 원 및 2,370억 원의 파산채권을 가지고 있었다. 원고(기산의 파산관재인)가 아시아자동차의 관리인(회사정리절차가 종결되어 기아자동차가 수계하여 피고가 되었다)을 상대로 48억 원의 정리채권확정의 소를 제기하여 소송이 계속 중 기아자동차가 아시아자동차를 흡수합병하였다. 원심은 피고(기아자동차)가 파산채권의 합계 금액을 자동채권으로 상계하면 원고가 주장하는 48억 원의 정리채권은 모두 소멸되었다는 이유로 원고의 청구를 기각하였다. 그러나 대법원은 피고가 상계권을 주장하는 아시아자동차의 기산에 대한 자동채권 중 44억 원에 대하여는 기산에 대한 파산선고 당시 상계적상에 있으므로 상계가 유효하지만 이를 초과하는 금액 부분은 파산채권자인 피고가 파산선고 후에 아시아자동차를 흡수합병함으로써 파산재단에 채무를 부담하게 된 때에 해당하므로 상계가 부적법하다고 판시하였다. 합병에 관한 같은 취지의 부산고등법원 2011. 11. 2. 선고 2001나4804 판결(미상고 확정)

된 것이 채권자가 지급정지 등이 있었음을 알기 전에 생긴 원인에 기한 것이라도 상계가 금지된다.64) 설령 도산절차 개시 전에 생긴 원인에 기한 것이라도 채무를 현실로 부담한 시기가 도산절차 개시 후라면 상계할 수 없다.65) 회생절차 개시결정 또는 파산선고 후에 채무를 부담한 경우에는 상계 기대의 유무에 관계 없이 상계가 부정된다.66)

관리인이 미이행쌍무계약에 관하여 이행선택함으로써 회생채권자(매수인)가 회생회사에 대하여 부담하는 채무(매매계약의 잔대금 지급채무)는 만일 채권자의 상계를 허용하면 오히려 채권자가 우선적으로 변제받게 되고 회생회사에게 상응한 대가가 들어오지 아니하므로 상계가 금지된다.67) 관리인이 해제를 한 경우에 상대방이 부담하는 원상회복에 기한 채무에 대하여도 마찬가지이다.68) 관리인이 변제를 부인한 경우 상대방(채권자)이 관리인에게 반환하는 채무 역시 상계를 허용하면 부인의 의미가 몰각되므로 이를 수동채권으로 하는 상계가 금지된다.69)

단 예외적으로 임대차, 지상권의 경우에는 법은 특별한 규정을 두어 파산자 또는 회생채무자인 임대인 등에 대하여 임차인이 갖는 대여금 채권과 같은 회생채권(파산채권)을 자동채권으로 당기 및 차기의 차임채무(도산절차개시 후 발생하는 수동채권 일부)에

64) 最高裁判所 昭和 47. 7. 13. 판결(民集26卷6号 1151頁)은 일본의 구 상법상의 회사정리절차개시 후의 채무를 부담했을 때라 함은 그 부담의 원인 또는 원인발생시기 여하에 관계없이 채무를 현실적으로 부담하게 된 시기가 절차개시후인 경우를 의미한다고 판시하였다. 그 이유로 1967년 일본 파산법 제104조 상계금지 조항을 개정하면서 제1호의 "채무를 부담한 때"에는 예외 사유를 기재하지 아니한 것을 근거로 들고 있다.
65) 앞의 부산고등법원 2001나4804 판결. 神戸地裁 昭和 56. 8. 18. 判決은 회사갱생절차 개시 전에 점포위탁계약이 체결되어 부담하는 賣上高지급채무가 개시 전후에 걸쳐 발생하게 되었다면 그중 개시 후에 해당하는 부분은 개시 후 채무부담에 해당하여 상계가 금지된다고 판시하였다.
66) 앞의 부산고등법원 2001나4804 판결은 파산채권자가 파산선고 전에 이미 채무를 부담한 경우에 준하는 정도로 높은 상계기대가 있는 극히 예외적인 경우에는 상계가 가능한 것인 양 기술하고 있으나 필자는 반대한다. 파산선고 후에 파산자가 아니라 파산재단에 대하여 채무를 부담하게 된 것이므로 파산채권자가 파산선고 당시 상계기대를 갖고 있을 수가 없기 때문이다(同旨, 伊藤眞, 破産法· 民事再生法, 474頁).
67) 다수설. 林采洪·白昌勳, 앞의 책, 547면; 金東潤, 앞의 논문, 592면; 김경욱, 앞의 논문, 470면; 條解(中), 894頁; 注解會社更生法, 603頁; 伊藤眞, 會社更生法, 346-347頁. 반대설인 梁亨宇, "債務者破産에 있어서 相計權,"비교사법 제10권 제3호(2003), 78-79면은 독일의 학설을 근거로 파산관재인이 매매계약을 해제하거나 이행을 선택한 경우에 파산채권자가 부담하는 매매대금반환채무가 법정조건부채무이므로 상계할 수 있다고 주장한다. 그러나 관리인의 계약이행 또는 해제 선택에 기하여 발생하는 채무를 조건부채무라고 보기 어려울 것이다.
68) 同旨, 서울中央地方法院 破産部 實務研究會, 法人破産實務, 박영사(2014), 436면; 한민, 앞의 논문, 89면; 竹下守夫 編集代表, 大コメンタール 破産法 靑林書院(2007). 306頁.
69) 통설. 李亥雨·李在華, 앞의 책, 531면; 林采洪·白昌勳, 앞의 책, 548면; 金東潤, 앞의 논문, 591-592면; 林治龍, 파산법연구 3, 박영사(2010), 41면; 條解(中), 894頁; 伊藤眞, 會社更生法, 346頁.

대하여 자동채권으로 상계를 허용하고 있다(제144조, 제421조).70) 제144조 및 제421조
는 도산절차 개시 후에 채무를 부담하는 경우에 상계금지에 관한 제145조 제1호 및 제
422조 제1호의 예외를 정한 특칙으로 이해될 수 있다.71) 수동채권이 정지조건부채무
에 관하여는 조건부 채권에 관한 항에서 논의한다. 파산채권자가 위기시기 후에 채무
를 부담하는 때에 관하여는 원칙적으로 금지되고 예외적으로 허용된다(제145조 제2호,
제422조 제2호).

　　파산절차에서 법원이 배당공고를 하고 관재인이 배당률을 결정하여 채권자에게
배당률을 통지하면(제515조), 파산채권자는 이 때 금액이 확정된 구체적인 배당금청구
권을 갖게 된다. 배당금청구권은 추심채무로 변경되고, 변제기도 법원이 정한 배당일
이 된다. 또한 파산채권자는 배당금청구권을 자동채권으로 삼아, 파산선고 후에 부담
한 채무와 상계할 수 있다.72) 그러나 회생절차에서는 파산절차와 달리 상계의 시기적
제한이 있고 배당금청구권이라는 제도가 없으므로 회생계획 인가에 의하여 감축된 회
생채권에 기하여 회생절차 개시 후에 부담하는 채무와 상계하는 것은 허용되지 아니
한다고 해석함이 옳다.

　　3) 항변권(면책청구권 등)이 붙어 있는 채권을 수동채권으로 하는 상계는 상계권자
가 스스로 권리를 포기한 것이므로 상계가 가능하다.73)

(4) 견련파산과 상계

1) 상계적상의 시기적 제한에 관하여

　　견련파산의 경우 파산절차에서 상계권의 시기적 제한을 두지 않고 있으므로 회생
채권신고기한이 경과된 후라도 파산채권자는 회생채권이었던 파산채권을 파산선고 후
에 자동채권으로 삼아 상계할 수 있다.74)

---

70) 하숙생이 집주인에게 빌려주었다가 집주인이 파산한 후 대여금반환채권을 자동채권으로 하여 두
　　달치 방값과 상계하는 것이 대표적인 예이다. 임대차보증금을 자동채권으로 월세 채무와 상계하
　　는 것으로 오해하기 쉽다. 임대차보증금 반환채권은 파산선고 후 명도시에 변제기가 도래하는 정
　　지조건부채권으로 상계권의 확장 대상이 아니어서 파산선고시 상계적상에 있지 않으므로 상계할
　　수 없다(서울中央地方法院 破産部 實務研究會, 法人破産實務, 433면). 양창수, "파산절차상의 상
　　계," 민법연구 제7권, 박영사(2005), 215면은 보증금반환채권과 차임의 상계를 논하면서 불합리
　　성을 설명하고 있으나 동조가 상정한 사례가 아니다.

71) 注解會社更生法, 599頁.

72) 서울中央地方法院 破産部實務研究會, 法人破産實務, 제4판, 博英社(2014), 297면.

73) 同旨, 문영화, "서울보증보험의 사채보증보험계약상의 사전구상권을 자동채권으로 한 상계권 행
　　사," BFL 제7호(2004), 103면. 대법원 1989. 1. 31. 선고 87다카594 판결(공 1989, 336)은 자동채
　　권에 부착된 항변권을 사전에 포기한 경우 상계가 유효하다고 하므로 상계권자가 항변권을 포기
　　하고 상계하는 것은 당연히 허용된다.

74) 대법원 2003. 1. 24. 선고 2002다34253 판결(공보불게재). 정리채권자가 정리채권을 신고하면서

2) 회생절차 개시 후에 채무를 부담하거나 채권을 양수한 경우 상계금지의 법
리는 견련파산의 경우에도 적용된다.

판례는 회사정리절차가 진행되다가 파산절차로 이행되었다고 하더라도 파산법
제95조에서 별도로 상계금지에 관한 규정을 두고 있는 점 등에 비추어 볼 때 견련파산
절차에서는 회사정리법 제163조 제1호(정리채권자가 개시 후 채무를 부담한 때)가 적용될
수 없다고 판시하였다.[75]

그러나 견련파산절차에서도 상계금지의 요건을 정한 회사정리법 제163조는 여전
히 적용되어야 하고 다만 상계권의 시기적 제한에 관한 규정인 제162조 제1항이 적용
되지 않는 것에 불과하므로 필자는 위 판례의 법리에 반대한다. 이 점과 관련하여 日
本에서의 논의도 필자의 견해와 같다. 회생채무자에 대하여 채무를 부담하는 자가 회
생계획인가 후 폐지결정 전에 타인으로부터 회생채권을 양도받은 후 회생절차가 폐지
되고 법원이 직권으로 파산선고를 한 경우에 "회생절차 개시 후 타인으로부터 채권을
양수한 경우"에 기한 상계금지의 법리는 파산절차에서도 적용되고, 회생절차 개시 후
에 회생채권자가 어음을 추심하여 회생회사에 대하여 채무를 부담한 경우에 상계금지
가 된다는 법리 역시 견련파산절차에서 적용되므로 상계금지의 효력이 계속된다.[76]

Ⅲ. 도산절차에서 조건부채권을 자동채권 또는 수동채권으로 하는 상계의 문제

1. 조건부채권의 일반론

조건이라 함은 장래 발생할 것이 불확실한 사실로서 정지조건부채권은 채권의 발
생원인인 법률행위가 성립하면 채권도 성립하지만 그 본래의 효력은 조건이 성취되어
야 발생하므로 조건성취시에 비로소 채권을 행사할 수 있다.[77] 따라서 아직 정지조건

상계를 할 수 있음에도 상계 의사표시를 하지 아니한 채 계획안이 인가되었으며, 계획안에서 정
리채권 전액에 대하여 4년에 걸쳐 분할하기로 정하였다. 변제기 도과 후에 정리절차로 폐지로 파
산선고가 된 이후에 파산채권자가 비로소 상계권을 행사한 사례이다.

75) 대법원 2005. 10. 14. 선고 2005다27225 판결(공 2005, 1789). 파산채권자가 채무를 부담하게 된
시점이 동아건설의 회사정리절차 중이고 견련파산선고 전이다. 동아건설의 관재인(원고)는 회사
정리절차 개시 후 채무를 부담한 때 상계가 금지되는 효력은 견련파산절차에서도 효력이 미친다
는 주장을 하였으나 원심이 이를 배척하였으나 대법원은 이를 인정하였다.
76) 伊藤眞, 會社更生法, 728頁 註 18.
77) 정지조건이란 법률행위의 효력의 발생을 장래의 불확실한 사실에 의존하는 조건, 바꿔 말하면 조
건의 성취로 인하여 법률행위의 효력을 발생케 하는 의사가 있는 경우를 말한다. 고상룡, 민법총
칙, 법문사(2001), 634면.

이 성취되지 않고 있는 동안은 법률행위에 의하여 채권의 효력이 발생하지 아니하였기 때문에 정지조건부채권을 자동채권으로 삼아 상계할 수 없다.

이에 반하여 해제조건부채권은 법률행위가 성립하면 채권이 성립하고 채권의 효력도 발생하지만 후일 조건의 성취로 채권의 효력이 소멸된다. 즉 해제조건이 성취되기 이전에는 해제조건부채권을 자동채권으로 상계가 가능하고 만일 상계 후에 조건이 성취되면 부당이득의 문제로 해결하여야 한다.

파산절차에서는 이러한 조건부채권을 자동채권 또는 수동채권으로 삼아 상계를 할 수 있는지에 관하여 조문의 내용도 다르고 학설도 나뉘어져 있다. 특히 파산절차 종료 후에 조건이 성취 또는 불성취된 경우에는 부당이득의 반환문제가 발생하는지 여부로 귀착된다.[78]

2. 정지조건부채권이 자동채권인 경우

(1) 파산절차

채무자회생법은 파산절차에서 정지조건부채권을 자동채권으로 하는 상계에 관하여 즉시 상계할 수 있다는 특칙을 두고 있지 않다. 따라서 조건성취를 기다리지 아니하고 즉시 정지조건부채권을 자동채권으로 하는 상계는 허용되지 아니한다.[79]

다만 법은 정지조건부채권 또는 장래의 청구권을 가진 자가 자신이 파산자에 대하여 부담하는 채무를 변제하는 경우에는 후일 상계를 대비하여 자동채권액의 한도에서 파산관재인에게 변제액의 임치를 청구할 수 있다는 특칙을 두고 있다.[80] 동조의 취지는 파산채권자가 파산자에 대하여 부담하는 자기의 채무를 변제를 하면 이미 수동채권이 소멸하게 되어 나중에 정지조건이 성취될 때에는 더 이상 상계할 수 없게 된 정지조건부 채권자를 보호하기 위한 조항이다.[81] 해제조건부채권이 자동채권인 경우

78) 조건부채권과 도산절차 전반에 관한 글로는 岡 正晶, "倒産手續開始時に停止條件未成就の債務を受動債權とする相殺," 現代民事法の實務と理論(下卷), 金融財政事情研究會(2013), 138-173頁이 있다.
79) 同旨, 전병서, 앞의 책, 322면; 梁亨宇, 앞의 논문, 68면; 加藤哲夫, 破産法 第2版 弘文堂(2009), 231頁. 그러나 李亥雨·李在華, 앞의 책, 528면은 즉시 상계할 수 있다고 기술하고 있으나 전후 문맥으로 보아 오기로 읽힌다. 園尾隆司·多比羅誠 編, 倒産法の判例·實務·改正提言, 弘文堂(2013), 384頁도 즉시 상계가 가능한 것으로 기재하고 있으나 찬성할 수 없다.
80) 제418조는 문면상 파산채권자가 즉시 상계할 수 있다는 것이 아니라 후일 상계를 할 것을 대비하여 임치를 청구할 수 있다고 규정하고 있을 뿐이다. 정지조건부 파산채권자는 제418조를 근거로 파산관재인에 대하여 민사소송의 방법으로 채무변제금에 대한 임치의 이행을 청구할 수 있다. 이 경우 주문은 "금원을 피고(파산관재인)가 법원의 허가를 받아 개설한 임치금 계좌에 임치하라"의 형식이 된다. 대법원 2017. 1. 25. 선고 2015다203578, 203585 판결(공 2017, 460) 참조.
81) 齊藤秀夫·麻上正信·林屋礼二 編, 注解破産法 第三版(上), 靑林書院(1999), 707頁(이하 注解破

에는 거꾸로 파산채권자가 담보제공 또는 임치의무를 부담한다(제419조).

예컨대, 임대차계약의 종료를 정지조건으로 하는 보증금반환청구권[82]을 갖는 임차인은 임대인(파산자)에 대하여 부담하는 임료채무를 변제함에 있어 임대인의 파산관재인으로 하여금 임료를 임치하도록 한 후 최후배당의 제외기간 내에 목적물을 명도하여 정지조건이 성취되었음을 이유로 상계 후 임대차보증금의 일부를 임치한 금액에서 회수할 수 있다. 즉 직접적으로 상계를 허용하는 것은 아니지만 파산절차 중에 조건이 성취될 가능성이 있으므로 채권자가 파산재단에 대하여 채무를 변제함에 있어 후일 상계의 가능성을 확보하기 위한 취지이다.

만일 최후배당의 제외기간이 도과하여도 정지조건이 성취되지 아니하면 파산채권자는 더 이상 상계권을 행사할 수 없고(제523조), 임치금은 다른 파산채권자를 위한 배당자원으로 사용된다(제526조). 파산절차가 종료한 후에 조건이 성취되었더라도 이미 파산자가 면책을 받았다면 파산채권자는 자신의 파산채권이 비면책채권이 아닌 한 채무자에게 조건성취를 이유로 채권을 청구할 수 없게 된다.

정지조건부 채권자가 상계를 하지 아니한 상태로 중간배당에 참가할 수는 있으나 즉시 배당을 받을 수 없고 파산관재인이 임치를 하였다가(제519조 제4호), 최후배당에 관한 배당제외기간 안에 조건이 성취되면 배당을 받고, 조건이 성취되지 아니하면 임치금액은 최후배당에 사용된다.

(2) 회생절차

회생절차에서는 상계적상에 관하여는 원칙적으로 민법의 상계적상 이론이 적용되므로 자동채권의 정지조건이 성취되지 아니하거나 아직 기한이 도래하지 아니한 경우에는 상계적상에 있지 아니하므로 정지조건부채권을 자동채권으로 상계할 수 없음은 당연하다. 또한 회생절차에서는 파산절차에서 인정되는 제418조와 같은 특칙이 존재하지 아니하므로 상계를 위하여 그 채권액의 한도 내에서 임치를 청구할 수 있는 제도 역시 존재하지 아니한다.

産法이라 한다). 따라서 파산채권자가 임치청구권을 행사하지 아니한 상태에서 자신이 부담하는 채무를 부담하여 변제를 마쳤는데 후일 정지조건이 성취되었더라도 수동채권이 소멸한 이상 더 이상 상계권을 주장할 수 없게 된다.

82) 보증금반환청구권의 법적 성질에 관하여는 다툼이 있다. 郭潤直, 債權各論, 博英社(2014), 221면, 最高裁判所 昭和 48. 2. 2. 判決은 정지조건부채권으로 해석한다. 대법원 1987. 6. 9. 선고 87다68 판결(공 1987, 1147면)은 보증금반환채권은 임대인의 채권이 발생하는 것을 해제조건으로 하는 것으로 설시하고 있다. 대법원 2016. 11. 25. 선고 2016다211309 판결(공 2017, 22) 및 대법원 2002. 12. 10. 선고 2002다52657 판결(공 2003, 361)은 임대차보증금 반환채무는 임대차계약이 종료된 때에 비로소 이행기에 도달한다고 판시하였다.

3. 정지조건부채권이 수동채권인 경우

(1) 쟁점의 내용

정지조건부채무는 두 가지 성질을 갖고 있다. 채무의 성립은 채무성립원인인 계약 등 법률행위의 사실이 생길 때 발생하지만, 채무의 발생은 조건의 해당사실이 생긴 때이다. 도산절차에서 상계가 문제되는 장면에서 두 가지 성질 중 어느 면을 강조하느냐에 따라 상계의 허부가 결정이 된다. 즉 채무의 성립은 회생절차 개시결정시/파산선고시 전이지만 조건은 그 이후에 성취되었다고 할 때 파산절차는 전자를 강조한 것이고, 회생절차는 후자를 강조한 것이다.[83] 후자가 원칙이고 전자는 예외이기 때문에 채무자회생법은 파산절차에 관하여 정지조건부채무에 대하여 상계를 허용하는 특칙을 둔 것이다(제417조 後文).

파산선고 후 아직 조건이 성취되기 전에 채권자 스스로 조건불성취의 이익을 포기하고 정지조건부채권을 마치 무조건의 수동채권으로 취급하여 상계할 수 있다.[84] 문제는 정지조건이 파산선고 후에 성취된 경우에 상계를 허용할 것인가에 있다. 학설은 제422조 제1호 소정의 파산선고 후에 채무를 부담한 것에 해당하므로 상계가 금지된다는 견해와 제417조 단서 후단이 채무가 조건부인 경우에는 상계를 할 수 있다고 규정되었음을 근거로 상계가 가능하다는 견해로 나뉘어 있다.

지금은 폐지된 日本 구 상법에 있던 회사정리절차에 관하여 日本 판례는 채무의 부담이라 함은 채무를 현실로 부담하게 이른 때로 해석되어야 하므로 정지조건부채무의 경우에는 조건이 성취된 때에 채무를 부담한 것으로 보아 상계를 부정한 것이 있다.[85] 日本 판례가 이와 같은 해석을 할 수 있었던 배경에는 日本 구 상법에는 조건부채권을 수동채권으로 하여서도 상계할 수 있다는 파산법의 특칙(제417조)과 같은 조항이 없었기 때문이다.

(2) 파산절차

채무자회생법은 파산절차의 경우에는 정지조건부채권 및 장래의 청구권을 수동채권으로 하는 상계, 즉 파산채권자가 부담하는 채무가 조건부인 경우에도 상계가 가

---

83) 伊藤眞, "再生手續廢止後の牽聯破産における合理的相殺期待の範圍," 新しい時代の民事司法, 商事法務(2011), 211頁.

84) 同旨, 노영보, 앞의 책, 324면; 전병서, 앞의 책, 323면; 伊藤眞, 破産法·民事再生法(第3版) 有斐閣(2014), 468頁. 最高裁判所 平成 17. 1. 17(民集59卷1号1頁). 한편 의문을 제기하는 견해로는 김경욱, 앞의 논문, 463면.

85) 最高裁判所 昭和 47. 7. 13. 判決.

능하다는 명문의 조항을 두고 있다.86) 이 조항의 성격에 관하여 견해가 나뉘어 있
다.87) 일본의 학설은 민법상 상계가 불가능한 것을 파산법이 특칙으로 규정한 것으로
보는 견해88)와 민법 이론에 의하더라도 정지조건의 불성취의 기회를 포기하여 상계하
는 것은 원래 가능한 것이므로 단지 주의적인 조항에 불과하다는 견해89)가 있다. 한국
과 일본의 다수설은 제417조 후문을 근거로 상계를 허용하고 있다.90) 대법원 판례
와91) 最高裁判所도 같은 입장이다.92) 회생절차에 명문의 규정이 없는 점에 비추어 보
면 특칙으로 보는 설이 타당하다.

그러나 판례의 입장과 달리 학설 중에는 정지조건이 파산선고 후에 성취된 경우

---

86) 제417조 후문. "채무가 기한부나 조건부인 때 또는 장래의 청구권에 관한 것인 때에도 또한 같
   다."日本 파산법 제67조 제2항 후문도 같다.
87) 日本의 학설 소개로는 島岡大雄 編, 倒産と訴訟, 商事法務(2013), 72頁 이하.
88) コンメンタール破産法, 158頁(山本克己); 伊藤眞, 破産法・民事再生法(第3版) 有斐閣(2014), 468頁.
89) 山本和彦 외, 앞의 책, 248頁(沖野眞已).
90) 노영보, 앞의 책, 324면; 전병서, 앞의 책, 321면; 趙炳顯, 앞의 논문, 343면; 梁亨宇, 앞의 논문,
   78면. 日本의 학설로는 伊藤眞, 破産法・民事再生法, 475頁; 加藤哲夫, 앞의 책, 224頁. 한편 소
   수설인 부정설은 파산선고시에 조건이 이미 성취되어 채무를 확정적으로 부담하기로 한 파산채
   권자의 상계기대는 높지만, 파산선고 후에 조건부로 부담하기로 한 파산채권자의 상계기대는 낮
   다는 점과 제417조는 아직 조건이 성취되기 이전의 경우에 적용되는 조항이라는 점을 근거로 파
   산선고 후의 조건 성취에 의한 채무 부담은 파산선고 후에 채무를 부담한 때에 해당하여 상계가
   허용되지 아니한다는 입장이다(梁彰洙, 앞의 논문, 111면; 서울지방법원, 破産事件實務(2001),
   175면; コンメンタール破産法, 158頁(山本克己).
91) 대법원 2002. 11. 26. 선고 2001다833 판결(공 2003, 175). 동서증권(원고는 동서증권의 파산관재
   인)이 파산선고 전에 경기화학이 발행한 회사채의 지급을 보증하였다. 농협(피고)이 1998. 10. 2.
   경기화학의 위탁에 따라 경기화학이 동서증권에 부담하는 회사채구상채무에 대하여 지급보증계
   약을 체결하였다. 동서증권은 1998. 11. 25. 파산선고를 받았다. 원고가 파산선고 후에 회사채 채
   권자에게 대위지급한 금원 상당을 농협(지급보증인)을 상대로 구상권을 행사하였다. 이에 피고는
   동서증권에 대한 약속어음채권을 자동채권으로 상계를 주장하였다. 그러자 원고는 피고가 주장
   하는 수동채권(구상채무)은 파산선고 후에 피고가 채무를 부담한 경우에 해당하므로 상계가 금
   지된다고 다투었고, 피고는 원고의 대위변제라는 정지조건이 파산선고 후에 성취된 경우로서 구
   파산법 제90조(채무자회생법 제417조의 전신)에 따라 상계가 가능하다고 다투었다. 대법원은 구
   상권에 대한 보증은 장래의 채무에 대한 보증으로 일종의 조건부채무로 보아야 할 것인데 파산
   법 제90조에 해당하는 경우에는 그 조건이 파산선고 후에 성취되었다고 하더라도 그 상계는 적
   법하다고 판시하고, 원고의 청구를 기각한 원심판결을 지지하였다.
92) 最高裁判所 平成 17. 1. 17. 판결. 파산채권자가 파산선고시에 기한부 또는 정지조건부채무를 반
   대채무로 삼아 파산채권과 상계한다는 담보적 기능에 대한 기대를 보호할 필요가 있고, 파산절차
   에서 상계권의 행사시기에 대하여 어떠한 제한을 두고 있지 않으므로 파산선고 후에 기한이 도
   래하거나 정지조건이 성취된 경우에도 구 日本 파산법 제99조 후단(채무자회생법 제417조 후단
   과 같다)에 따라 파산채권과 기한이 도래한 채무 및 조건이 성취된 채무와 상계할 수 있다고 판
   시하였다. 福岡地判 平成 8. 5. 17. 判決 역시 적립식상해보험은 사고율이 적어 만기에 환불금 또
   는 중도에 해약금을 청구할 가능성이 높고 보험회사도 이러한 예금적 성격을 고려하여 보험계약
   자에게 대출하고 있으므로 보험계약자의 파산선고 후에 발생한 보험회사가 부담하는 환급금반환
   채무와 보험회사의 미수보험료채권과의 상계를 인정하였다.

무조건 상계가 허용된다는 것은 아니며 구체적인 사안마다 상계기대를 고려하여야 한다는 입장이 있다. 즉 파산재단이 어음채권자(어음소지인)이고 배서인이 파산채권자인 경우에 배서인의 소구의무는 발행인의 지급거절 등을 정지조건으로 하는 것인데(어음법 제43조 제2호(환어음), 제77조(약속어음)), 어음소지인의 파산선고 후에 어음이 지급거절된 경우에 배서인이 부담하는 소구의무는 파산선고 후에 정지조건이 성취된 것으로서 상계가 가능하다고 한다. 이에 반하여 파산선고 전에 양도담보계약이 체결하였다가 파산선고 후에 담보물을 처분하여 청산금지급의무가 발생한 경우 이를 수동채권으로 상계할 수 있는지에 관하여 합리적인 상계기대가 인정되지 않는다는 이유로 상계를 부정하는 견해[93]가 있다.

생각건대, 파산채권자가 파산선고 후에 채무를 부담하는 경우에 예외 없이 상계가 금지되는 것과 균형을 맞추고, 제418조가 수동채권이 조건부인 때에도 상계가 가능하다고 규정한 문면에 충실히 따르고, 위 견해에 따르면 합리적인 상계기대라는 기준이 추상적이어서 거래의 안전을 해할 수 있다는 점을 고려하면 판례와 같이 합리적인 상계 기대를 고려할 필요 없이 상계가 가능하다고 해석함이 옳다.

(3) 회생절차

회생절차에는 파산절차와 같이 상계적상을 확대하는 조항(제417조, 제418조, 제419조)이 없다.[94] 그중에서도 정지조건부채무를 수동채권으로 하는 상계가 가능하다는 조항(제417조 후단)을 두고 있지 않다. 한국과 일본에서는 부정설[95]과 긍정설[96]로 나뉘어 있다.

생각건대, 회생절차에서의 상계권의 행사는 상계적상이 반드시 채권신고기간 전에 존재하여야 하는 점을 요구하는 등 파산절차에 비하여 엄격한 점, 파산절차와 같이 수동채권이 조건부인 경우에 상계를 허용하는 조항이 없는 점, 일본의 2004년 회사갱생법 개정시에도 파산법과 같은 특칙이 신설되지는 아니한 점 등을 종합하여, 회생채권자가 부담하는 채무가 정지조건부 채무로서 회생절차 개시 후에 그 조건이 성취된

---

93) 趙炳顯, 앞의 논문, 344면 및 伊藤眞, 破産法・民事再生法, 475頁.

94) 동 조항에 의하면 자동채권이 비금전채권이거나 정기금채권이더라도 또한 파산선고시를 기준으로 기한부, 해제조건부의 경우에도 상계가 가능하다. 정지조건부의 경우에는 임치 특칙이 있다.

95) 부정설이 다수설이다. 林采洪・白昌勳, 앞의 책, 547면(李續甲); 金東潤, 앞의 논문, 591면; 條解(中), 893頁; 注解會社更生法, 603頁; 伊藤眞, 會社更生法, 348頁; 全國倒産處理辯護士ネットワーク編, 會社更生實務のQ&A問金融財政事情研究會(2013), 62頁(淸水靖博).

96) 소수설. 오수근・한민・김성용・정영진, 도산법, 한국사법행정학회(2012), 269면(김성용); 山本和彦, "賃貸借契約", 論点解說新破産法(上) 100頁 및 山本和彦 외, 앞의 책, 264頁(沖野眞己)은 회생채권신고만료일까지 정지조건이 성취된 때에는 상계를 허용하자는 입장이다.

경우는 회생절차 개시 후에 채무를 부담한 경우에 해당하므로 상계가 금지된다고 봄이 타당하다.

4. 해제조건부채권

(1) 일반론

해제조건부 법률행위는 해제조건이 성취되기 전까지는 법률행위의 효력이 발생하고 있는 상태이다. 따라서 해제조건부채권이 자동채권 또는 수동채권이건 간에 모두 현존하는 채권으로 취급되므로 파산절차 또는 회생절차에서 상계가 가능하다는 점에 대하여는 이론이 없다.[97]

(2) 해제조건부채권이 수동채권인 경우(파산절차 및 회생절차)

채권자가 해제조건 성취의 기회를 포기하고 즉 채무를 즉시 부담할 각오로 상계권을 행사할 수 있다. 그 후 해제조건이 성취되었다고 하더라도 스스로 기회를 포기하고 상계를 하는 것이 유리하다고 판단하여 상계를 한 이상 파산채권이 부활하는 것은 아니므로 채권자는 더 이상 파산채권을 파산재단에 대하여 행사할 수 없다.[98]

파산선고 후에 해제조건이 성취되지 아니한 것으로 확정되면 파산채권자는 확정적으로 채무를 부담하게 되는 데 수동채권은 파산선고 전부터 존재하고 있던 것이므로 상계금지의 사유인 "파산선고 후에 채무를 부담한 때"에 해당하지 아니한다.[99] 이상의 설명은 회생절차에서도 같다.

(3) 해제조건부채권이 자동채권인 경우

1) 파산절차의 특칙

파산절차의 경우에 한하여 해제조건부채권을 자동채권으로 하는 상계의 경우에 해제조건부 채권자는 후일 해제조건이 성취될 것을 대비하여 상계로 소멸하는 금액 상당의 담보를 제공하거나 임치를 하여야 하고(제419조), 중간배당에 참가하려는 경우에도 상계의 경우와 같이 상당한 담보를 제공하여야 한다(제516조). 이는 민법에 없는 제도로서 그 취지는 상계 이후에 해제조건이 성취되면 자동채권이 소멸하여 부존재하게 되므로 상계의 효력이 상실되고 채권자는 수동채권의 이행으로 파산재단에 대하여 금원을 반환하여야 할 의무가 발생하는 데 채권자의 무자력에 대비하여 파산재단의

---

97) 梁彰洙, 앞의 논문, 110-111면. 따라서 이는 상계권의 확장이 아니고 민법의 법리를 주의적으로 확인한 것에 불과하다. 條解(中), 882頁; 伊藤眞, 會社更生法, 343頁.

98) 梁彰洙, 앞의 논문, 111면; 伊藤眞, 破産法 · 民事再生法, 470頁.

99) 同旨, 伊藤眞, 破産法 · 民事再生法, 470頁. 반대설 コンメンタ一ル破産法, 158頁.

충실을 기하기 위한 것이다. 민법에는 이러한 제한이 없으므로 오히려 상계권 행사의 제한이라 볼 수 있다.

만일 해제조건부 채권자가 담보를 제공하지 아니하면 상계할 수 없고 배당을 받을 수 없으며, 다만 배당액에 상당하는 금액은 파산관재인이 임치하여야 한다(제519조 제5호). 만일 최후배당의 제외기간까지 해제조건이 성취되지 아니한 때에는 파산관재인은 임치한 금액이나 실효된 담보를 해제조건부 파산채권자에게 돌려주어야 한다(제524조).

해제조건부 채권자가 배당을 받거나 상계를 한 후에 파산절차 종료 전에 해제조건이 성취되면 해제조건부 채권자는 배당액을 파산재단에 부당이득으로 반환하여야 하고, 파산재단에 대하여 수동채권에 관한 변제의무를 부담한다. 변제된 금액은 최후배당에 사용된다. 만일 파산절차 종료 후에 해제조건이 성취되면 배당분은 부당이득으로 반환되어야 하는 데 개별파산채권자에게 귀속된다는 견해와 추가배당의 자원으로 파산재단에 귀속되어야 한다는 견해로 나뉜다.[100] 절차의 편의를 고려하고 면책제도가 도입된 점, 파산자에게 망외의 이익을 주는 것이 불공평한 점을 고려하면 후설에 찬성한다.

2) 회생절차

회생절차에는 파산절차와 같이 담보제공 또는 임치에 관한 특칙이 없다. 하지만 상계 후에 해제조건이 완성되면 정산의 문제가 발생함은 파산절차와 같다.[101]

이상의 내용을 표로 정리하면 아래와 같다. 밑줄 친 부분은 파산절차의 특칙이다.

	자동채권				수동채권					자동채권 또는 수동채권이 외국통화
	정지조건부채권	해제조건부채권	상대방의 항변권이 붙어 있는 채권[102]	기한부/비금전채권	정지조건부채권	해제조건부채권	기한부채권	비금전채권	상대방의 항변권이 붙어 있는 채권[103]	
회생절차	상계불가	상계가능	상계불가	상계불가	상계불가	상계가능	상계가능[104]	상계불가	상계가능	가능(학설)

100) 注解破産法(下), 603頁. 학설의 소개는 伊藤眞, 破産法·民事再生法, 682頁 주219. 면책제도가 도입되기 이전인 일본의 구 파산법에서는 파산자가 청구할 수 있다는 견해(加藤正治, 앞의 책, 224頁)가 있었으나 지금은 주장되지 아니한다. 趙炳顯, 앞의 논문, 339면도 파산자가 부당이득으로 구할 수 있다고 기술하고 있다.
101) 伊藤眞, 會社更生法, 343頁. 회생채무자는 법인격이 존속하므로 회생채무자에게 반환하면 족하다.

파산절차	상계불가 단 임치 요구105)	상계 가능106)	상계 불가	상계 가능107)	상계 가능108)	상계 가능109)	상계 가능110)	상계 불가	상계 가능	가능111)

Ⅳ. 맺음말

이 글에서는 도산절차에서 채권이 조건부인 경우에 상계가 가능한 경우와 그 효과에 대하여 살펴보았다. 상계의 담보적 효력이 본연의 모습대로 등장하는 경우가 채무자가 도산하였을 때이지만 그 효력을 강조하게 되면 자칫 공시되지 아니한 담보권을 널리 인정하게 됨으로써 다른 채권자의 이익을 침해하게 된다. 그렇다고 미국 파산법과 같이 상계권자도 담보채권자로 취급하여 회생절차에서 상계권의 행사를 금지하는 것이 과연 한국 민법의 체계상 입법으로 가능한 것인지도 더 탐구할 필요가 있다.

한국과 일본은 상계에 관하여 민법이나 도산절차에서 거의 동일한 법체계를 갖고 있지만 실제로 상계를 운용하는 것에 커다란 차이가 있다. 즉 압류와 상계에 관하여 한국은 제한설을, 일본을 무제한설을 취하고 있다. 그리고 위기시기에 채무를 부담하거나 채권을 취득한 경우에 원칙으로 상계를 금지하면서 예외적으로 상계를 허용하고 있는데 어음추심위임계약에 기하여 채권자가 파산자에게 추심금반환채무를 부담한 사안에서 대법원은 제145조 제2호 나목 및 제422조 제2호 나목 소정의 '전에 생긴 원인'에 해당하지 아니한다고 판시하였지만,112) 最高裁判所는 긍정하였다.113)

상계제도의 본질은 채권자를 보호할 만한 구체적인 상계기대를 어떻게 평가하느냐로 귀착되는데 이 점은 학설,114) 동일 사건의 심급115) 또는 국가마다 해석이 다를

---

102) 통설 및 판례의 입장.
103) 민법의 원칙에 의하여 항변권을 포기함으로써 상계가 가능하다.
104) 제144조 후단.
105) 제418조.
106) 제417조 전단.
107) 제417조 전단.
108) 제417조 후단.
109) 제417조 후단.
110) 제417조 후단.
111) 제417조 전단.
112) 대법원 2005. 9. 28. 선고 2003다61931 판결(공 2005, 1669).
113) 最高裁判所 昭和 63. 10. 13. 判決.
114) 제145조 제2호 가목 및 제422조 제2호 가목의 법률에 정한 원인에 관하여도 구체적인 상계기대를 둘러싸고 같은 법정원인이라도 상속은 긍정하고 합병은 부정하기도 하고(コンメンタール破産

정도로 객관성과 예측가능성이 부족하다. 이러한 점이 상계제도에 대한 해석과 운용을 어렵게 하고 있다.

　　상계권의 확장을 둘러싸고 민법의 상계법리가 도산절차에서 어느 정도 반영되어야 하는지 또한 조건부채권에 관한 회생절차와 파산절차에서 상계에 관한 다른 취급을 그대로 두어야 하는지 등도 어려운 문제이다.116) 게다가 2010년 이후 해운, 조선업의 불황으로 인하여 영국법을 준거법으로 한 선박건조계약, 해상운송계약을 체결한 조선소 또는 해운회사에 대한 회생절차의 개시가 빈발하면서 부득이 영국의 상계제도를 연구할 필요성도 커지고 있다.117) 앞으로 이러한 쟁점에 대한 외국법 연구와 판례의 집적을 기대하면서 글을 마친다.

[변호사 제49집(2017), 330-357면 소재]

　　法,162頁), 양자 모두 부정하는 등 견해(條解)(中), 899頁)가 일치되어 있지 않다.

115) 대법원 2008. 7. 10. 선고 2005다24981 판결(공 2008, 1118)은 주주총회 특별결의가 '전에 생긴 원인'에 해당한다고 보지 않았지만 원심은 이를 긍정하였다.

116) 김경욱, 앞의 논문, 465면은 독일의 개정 파산법이 기한미도래 채권에 대한 현재화와 비금전채권의 금전화를 폐지한다는 것을 소개하면서 상계권 행사의 확장에 반대하고 있다.

117) 石光現, 앞의 글, 201-248면이 자세하게 논의하고 있다.

11. 韓國의 倒産 再建制度와 最近 動向

Ⅰ. 머리말

한국의 파산제도는 2006. 4. 1. 채무자회생 및 파산에 관한 법률('채무자회생법'이라 약칭하고, 조문만 인용한다)이 시행되기 전에는 일본의 파산제도와 매우 유사하였다. 파산법, 화의법, 회사정리법은 각각 일본의 파산법, 화의법, 회사갱생법에 대응하는 법률이었고 그 내용도 비슷하였다.[1] 일본과 비교하여 다른 점은 한국의 상법에는 일본 회사법에 존재하는 주식회사에 관한 特別淸算, 會社整理제도가 없다. 따라서 특별청산제도를 이용하는 사적정리제도는 존재하지 아니한다.[2]

1997년 발발한 동아시아 금융위기는 대형은행의 파산과 재벌기업의 연쇄도산이라는 그 이전에 겪어보지 못한 충격을 주었다. 그러나 한편으로 이는 실무가로 하여금 한국의 도산제도에 대한 반성을 하게 하였고 경제현상에 맞게 작동하는 살아 있는 법으로서의 도산법 구축이라는 기회를 주었다. 1997년 이전에는 회사정리사건이 연간 평균 30건 정도 신청되었고 파산과 화의제도는 도서관의 법전으로 존재하였을 뿐이다. 특히 파산선고로 인한 법적 불이익이 심대하여 개인파산사건의 신청건수가 거의 없었다.[3] 경제위기 이후 개인파산제도를 새출발을 위한 사회적 안전망으로 인식하는 사회

---

[1] 특히 회사정리법은 일본 상법편에 있다가 최근 폐지된 회사정리제도와 한자는 같지만 그 내용과 편제는 회사갱생법과 거의 同一하다.

[2] 園尾隆司, "法的整理と私的整理は今後どこに向かうのか," 金融法務事情 No. 2050 (2016), 13면. 일본 회사법의 개정으로 회사정리제도는 폐지되었다.

[3] 헌법재판소 2008. 11. 27. 선고 2005헌가21 결정은 구 파산법에 관한 사건으로서 사립대학의 교수가 파산선고를 받고 파산자로서 복권되지 아니한 자에 해당하면 당연퇴직사유로 정한 사립학교법의 조항이 위헌이라고 주장한 것에 대하여 교원지위 및 직무의 특수성을 고려하면 직업선택

374 11. 한국의 도산 재건제도와 최근 동향

적 공감대와 이를 반영하여 파산자에 대한 불이익한 취급의 금지를 정한 조항(제32조
의2)을 채무자회생법에 둠으로써 파산사건 신청건수가 회생사건을 앞지르게 되었고
채무자회생법 시행 후 최근에는 개인회생·파산제도의 남용을 우려하는 지경에까지
이르렀다.4) 아래 표는 채무자회생법 시행 후 도산사건 통계이다. 회생합의는 법인의
회생사건을 지칭하고, 회생단독이라 함은 개인의 회생사건을 지칭하고 양자 모두 담보
권자는 회생담보권자로 취급되어 회생절차의 제한을 받는다. 이와 별도로 채무자회생
법 제4편의 개인회생제도가 마련되어 있다. 이 절차는 부채 15억 원(담보채무액 10억 원
이하이고, 무담보채무액 5억 원 이하) 이하의 개인(급여소득자 및 영업소득자)에 대한 회생
절차로서 담보권자는 파산절차와 마찬가지로 별제권자로 취급된다.

연도	2006	2007	2008	2009	2010	2011	2012	2013	2014
회생합의	76	116	366	669	637	712	803	835	873
회생단독	41	99	216	523	597	678	727	830	840
개인회생	56,165	51,416	47,483	54,607	46,972	65,171	90,368	105,885	110,707
법인파산	132	132	191	226	254	312	396	461	539
개인파산	123,691	154,039	118,643	110,955	84,775	69,754	61,546	56,983	55,467
합계	180,105	205,802	168,810	166,980	133,235	136,627	153,840	164,994	168,426

　　이하에서는 중요한 회생사건을 소재로 하여 회생절차의 최근 동향을 소개하고 아
울러 일본의 회사갱생절차와 다른 점을 간략히 기술하고자 한다.5)

의 자유를 침해하지 아니하므로 합헌결정을 내렸다. 동 결정은 제32조의2의 신설에 의하여 앞으
　로 유지되기 어렵게 되었다.
4) 제32조의2는 "누구든지 이 법에 따른 회생절차 파산절차 또는 개인회생절차 중에 있다는 이유로
　正當한 사유 없이 취업의 제한 또는 해고 등 불이익한 처우를 받지 아니한다"고 규정하고, 아울
　러 개인인 채무자에 대하여 면책결정 등이 있음을 알고도 채권자가 면책된 채권에 기하여 강제
　집행 등의 방법으로 추심행위를 하면 과태료에 처하는 규정(제660조 제3항)을 신설하였다(채무
　자회생법 시행 이전 2006. 3. 24. 개정되었다). 그 후 금융기관 등은 더 이상 면책된 채무자에 대
　한 추심행위를 하지 않게 되었다. 또한 불이익금지 규정에 기하여 파산자로서 복권되지 아니한
　자를 당연퇴직사유로 정한 지방공기업의 인사규정에 기한 당연퇴직처분은 무효라는 하급심 판결
　(서울중앙지방법원 2006. 7. 14. 선고 2006가합17954 판결)이 선고되어 확정되었다. 의사, 간호
　사 등이 파산선고로 인한 면허취소 등의 불이익을 받지 않도록 관련 법률이 개정되었다.
5) 채무자회생법의 시행 후 2012년경까지의 실무에 대하여 일본에 소개된 글로는 鄭晙永, "企業再
　生手續の迅速な處理方法(上)(下)," NBL No.993(2013), 11-17면 및 No.994(2013), 59-64면.

Ⅱ. 회생절차의 특색

1. 채무자회생법의 제정 및 개정경위

채무자회생법이 시행되면서 한국의 도산제도는 일본과 다른 길을 가게 되었다. 첫째, 과거 3가지 법률이 하나로 통합되었다. 둘째, 화의제도를 폐지하되 화의절차를 이용할 수 있었던 개인이나 기업도 회생절차를 이용할 수 있도록 회생절차의 문호를 확대하였다.[6] 셋째, 국제파산에 관한 규정 역시 채무자회생법에 편입되었다. 일본의 승인원조법을 모범으로 하면서도 법원의 적극적인 역할을 기대하여 UN국제상거래위원회의 Model법이 제안한 법원 대 법원간의 사법공조의 근거조항을 도입하였다. 채무자회생법은 경제상황에 맞게 작동하기 위하여 계속하여 개정이 이루어졌다. 주요한 개정내용은 2014. 12. 30. 소액영업소득자에 대한 간이회생절차를 신설한 것과 2016. 5. 29. 서울중앙지방법원의 관할권을 확대하여 채무 500억 원 이상, 채권자수 300인 이상의 법인회생사건과 법인파산사건 일반에 대하여 전국적인 관할권을 인정하게 되었다. 이러한 관할확대에 힘입어 2017. 3. 1. 서울회생법원이 설립되어 파산사건을 전담하는 전문법원이 등장하게 되었다.[7]

2. 신청자격의 확대

주식회사를 포함하여 법인격을 갖는 모든 개인, 법인, 회사 등에게 회생절차의 신청적격을 인정하였다. 따라서 개인에 대한 회생절차에서는 담보권의 행사가 일본의 회사갱생절차와 같이 중지되고 회생계획에 의하여 권리가 변경될 수 있게 되었다. 그리하여 의사, 한의사, 의료법인, 학교법인, 기업채무의 보증인이 된 대표이사 등도 회생

---

6) 채무자회생법 제정 작업은 법무부가 2001년 실무위원회를 구성하여 착수하였고 당시 일본의 민사재생법은 제정되었고 파산법과 회사갱생법의 개정작업이 시작되어 일본의 개정안을 참조하였다. 화의제도의 실패가 담보권자를 절차 내에서 제어하지 못하는 데에 있다고 보아 담보권자를 복속시키는 방편을 고민한 끝에 민사재생절차를 도입하지 않는 대신에 회생절차에 담보권자를 편입하는 방식을 택하였다. 기존경영진을 회생절차의 관리인으로 임명하는 제도는 화의제도의 유산이다(吳守根, "統合倒産法의 課題와 展望(1), 저스티스 제85호(2005), 11면). 채무자회생법은 회생절차에서는 관리인, 파산절차에서는 파산관재인으로 용어를 구별한다. 일본은 회사갱생사건의 경우 管財人으로 표시한다.

7) 서울회생법원의 설립과 전자소송실무에 관하여 일본에 소개된 글로는 盧泰嶽, "韓國における倒産法改正と實務의現況," 阪大法學 67 (2017), (1-176-197) 및 林治龍, "韓國のソウル回生法院의設立に關する," 商事法務ポータル. 서울회생법원의 신설에 의하여 부인권에 관한 소송과 회생 및 파산절차에서의 채권확정소송, 채권자표에 기한 집행문부여에 관한 사건의 관할도 종전 서울중앙지방법원 민사부에서 서울회생법원으로 이관되었다.

신청을 하고 있다. 심지어 재건축조합, 교회도 회생신청을 한 사례가 있다.

3. 관리인제도의 변경

미국 파산법의 역사와 한국에서 화의사건 실무 경험은 재건절차에서 기존 경영권이 보장되는지 여부가 채무자의 재건신청을 좌우하는 중요한 요소임을 실무가에게 가르쳐 주었다. 아무리 재건제도가 좋아도 신청 즉시 경영권이 박탈당한다면 채무자가 신청을 하지 않고 경영권이 보장되는 제도로 향하게 된다. 회사정리법은 1962년 제정시 관리인은 이해관계가 없는 자 중에서 선임하여야 한다고 규정하였다. 그러나 현실적으로 관리인 선임의 애로와 이로 인한 절차지연을 염려하여 1996. 12. 12. 개정을 통하여 관리인은 그 직무를 행함에 적합한 자 중에서 선임하여야 한다고 개정하였다. 그런데 1997년 금융위기 발발 후 기업은 망해도 기업주는 산다는 世間의 비난이 법원으로 집중되자 법원은 기존 경영주의 주식을 100% 소각하고 관리인을 원칙적으로 제3자 가운데에서 선임하는 실무를 확립하였다.

그러나 제3자 관리인 제도를 시행하게 되자 기업의 노하우가 사장되거나 거래선이 끊어지는 등 회사 재건에 실질적인 장애가 있었고, 회사정리절차가 개시되면 경영권까지 빼앗기게 된다는 우려에서 1998년 금융위기가 지나자 회사정리사건의 신청건수가 급감하였다. 대신에 경영권 보장을 목적으로 대기업이 화의절차를 신청하는 부작용이 드러났다.[8] 그리하여 정부는 채무자회생법을 제정함에 있어서 기존 경영자들이 조기에 회생절차 개시신청을 할 수 있도록 하는 동기를 제공하고, 또한 경영노우하우를 살려서 회생에 성공할 수 있도록 원칙적으로 기존 경영자를 관리인으로 선임하거나 관리인으로 간주하도록 하는 제도를 도입하였다. 관리인간주제도는 새로운 주주가 회생법원의 허가를 얻어 회생절차 중에 주주총회를 개최하여 관리인을 변경할 수 있는 장점이 있다. 기존 경영자 관리인 제도는 이러한 입법적인 결단의 산물이다.[9] 파탄의 원인이 재산의 유용 또는 은닉이나 중대한 책임이 있는 부실경영에 기인하지 아니

---

8) 1998년 화의법을 개정하여 자산 부채의 규모가 큰 주식회사의 화의신청을 기각하는 조항을 두어 이를 막았다. 이로 인하여 경영권을 놓치지 않으려는 채무자는 법정외 work-out을 많이 이용하게 되었다. 최근 일본의 다카다 주식회사도 민사재생신청을 하였는바 경영권 보장이 고려된 것이 아닐까 추측한다.

9) 2006. 4. 1. 채무자회생법 시행 이후 2013. 6.까지 서울중앙지방법원에 접수되어 개시결정된 873건 중 기존경영자 관리인 선임건수가 338건, 관리인불선임건수가 441건이고 2011년 이후는 관리인불선임건수가 압도적으로 많아지기 시작하였다. 제3자 관리인이 선임된 비율이 7.5%에 불과하고 기존의 경영자가 단독관리인이 된 사건이 89%에 달한다. 서울中央地方法院 破産部實務研究會, 回生事件實務(上), 博英社(2014), 211면.

하는 한 법원은 회사의 대표자를 관리인으로 선임하여야 한다고 규정하였다. 단 채권
자협의회의 요청이 있는 경우로서 상당한 이유가 있는 때에는 제3자를 관리인으로 선
임할 수 있다. 실무는 상당한 이유를 좁게 해석하여 채권자협의회의 요청을 들어주지
않는 편이다. 한국은 관리인이 기존경영자 1인이고 주요채권자의 반대가 있더라고 원
칙으로 기존경영자를 관리인으로 선임하는 데에 비하여 일본은 변호사와 전문경영인
을 갱생회사의 공동관재인으로 선임하고 있는 점과 DIP형 회사갱생에서 주요채권자
의 반대가 없을 것을 요건으로 하는 점에서 차이가 있다.

4. 절차의 투명성 강화와 신속화

회생절차의 문호를 개인과 모든 법인에게 개방하고 회생신청 기각사유를 좁히는
대신[10] 회생절차 개시결정 후 회사의 청산가치와 존속가치를 조사한 후 양자를 비교
하여 전자가 더 큰 것이 명백하면 언제든지 법원이 회생절차를 폐지할 수 있도록 정하
였다(제286조 제2항). 채권자들의 절차참여권을 보장하기 위하여 미국 파산법과 같이
채권자협의회의 활동비(변호사, 회계사 선임 등)를 공익채권으로 규정하였다.[11] 아울러
회생계획의 변제기한을 20년에서 10년으로 단축하였으며(제195조), 회생절차 개시결정
후 늦어도 1년 6개월 이내에 계획안이 인가되지 아니하면 회생절차를 반드시 폐지하
도록 정하였다(제239조). 회생절차의 조기종결을 도모하기 위하여 원칙적으로 회생계
획에 따라 변제가 시작되면 회생절차를 종결하도록 정하였다(제283조 제1항). 그리고
2014년 개정을 통하여 부채가 50억 원 이하의 영업소득자(개인 및 법인)가 신속하고 저
렴한 비용으로 회생절차를 이용할 수 있도록 간이회생절차를 신설하였다.[12]

Ⅲ. 골프장 회생사건

1. 골프장 회생사건의 특징

골프장 회생사건은 신탁과 도산에 관한 연구를 재촉하였다. 1997년 아시아 금융
위기를 겪으면서 금융기관은 기업의 재산에 대하여 저당권을 설정하더라도 기업이 회
생절차에 들어가게 되면 담보권이 불리하게 변경되는 아픈 경험을 한 후 도산격리

---

10) 비용미납, 불성실한 신청, 신청이 채권자 일반의 이익에 적합하지 아니한 경우 3가지이다(제42조).
11) 웅진홀딩스(2012회합185)의 사건에서 동 조항이 사용되었다.
12) 간이회생절차에서는 원칙적으로 관리인을 선임하지 아니하며, 조사위원의 자격을 확대하고 간이
    한 방법으로 조사하며, 회생채권자조의 일반적 결의요건을 완화하여 의결권 총액의 2/3를 유지
    하면서 그와 별도로 1/2과 머릿수의 과반수 동의를 얻으면 가결된 것으로 간주한다(제293조의8).

(bankruptcy remoteness)의 혜택을 누리기 위하여 부동산담보신탁제도를 이용하게 되었다. 건설회사가 아파트를 분양하거나 골프장을 건설하여 운영하려는 경우 금융기관은 프로젝트파이낸스의 방법으로 건설회사 등에게 자금을 빌려주고 APT부지나 골프장 부지에 대하여 저당권을 설정하는 대신 토지를 신탁회사에 신탁양도하게 한 후 은행이 수익권자가 되는 방식으로 금융기법을 바꾸었다.

    골프장 회생사건에는 일본과 다른 점이 있다. 한국에는 체육시설(골프장, 스키장, 호텔의 fitness center, 휴양지의 condominium 등)의 회원의 권리를 보호하는 특별법이 있다. 체육시설의 부지 등이 민사집행법에 따른 경매, 국세징수법에 따른 압류 재산의 매각, 채무자회생법에 의한 환가가 있는 경우에는 인수인은 회원의 권리의무를 승계한다(체육시설의 설치 이용에 관한 법률 제27조 제2항, 이하 '승계규정'이라 한다).[13] 이 승계규정 때문에 골프장의 구조조정의 걸림돌로 작용하고 있었으나 아래 대법원 2016. 5. 25.자 2014마1427 결정(공 2016, 835)으로 문이 열리게 되었다.

2. 골프장 회생사건의 쟁점과 판례

    회생법원이 골프장 등을 운영하는 체육시설업자(위탁자)에 대하여 회생절차 개시결정을 하게 되면 다음과 같은 쟁점을 다루게 된다. 첫째, 골프장 회원들의 입회보증금반환채권에 대하여 권리변경을 할 수 있는가. 둘째, 수익권자는 회생담보권자인가 아니면 일반회생채권자인가, 일반회생채권자라고 한다면 수익권자는 위탁자에 대한 회생절차 개시결정 이후라도 회생절차 외에서 수익권을 행사할 수 있는가, 셋째, 수익권에 기한 공매에 기하여 골프장 등 부지가 제3자에게 이전된 경우 골프장 회원들이 회원권의 승계를 당해 제3자에게 주장할 수 있는가 하는 점이 문제된다.

    첫째, 회원권의 권리변경 가능 여부에 관하여 본다. 판례는 골프장에 대한 회생절차에서 체육시설업자가 발행하는 신주 등을 인수할 제3자를 선정하고 인수대금으로 채무를 변제하는 내용의 회생계획은 채무자가 체육시설업자의 지위를 그대로 유지하고 주주만이 변경되는 것을 정하고 있으므로 승계규정에 반한다고 볼 수 없다고 판시

---

13) 헌법재판소 2010. 4. 29. 선고 2007헌바40 결정은 골프장의 회원들과 일반채권자의 차별이 합리적이라고 판시하였다. 대법원 2015. 12. 23. 선고 2013다85417 판결(공 2016, 185)은 "사업의 인·허가와 관련하여 형성된 양도인에 대한 공법상의 관리체계를 영업주체의 변동에도 불구하고 유지시키려는 취지와 함께, 양도인과 이용관계를 맺은 다수 회원들의 이익을 보호하려는 취지에서," 대법원 2006. 11. 23. 선고 2005다5379 판결(공 2007, 26)은 "체육시설의 설치 및 이용을 장려하려는 법의 전체적인 목적, 그러한 입법 목적을 달성하기 위하여 체육시설업자와 이용약정을 체결한 회원을 일반 채권자보다 좀더 두텁게 보호하기" 위하여 둔 특칙이라고 설명한다.

하였다.14) 따라서 공정·형평 등 채무자회생법이 정한 요건을 갖춘 이상 보증금반환채권을 회생채권으로 취급하여 권리를 감축할 수 있게 되었다.

둘째, 회생절차에서 수익권자의 지위에 관하여 본다. 판례는 신탁재산인 골프장 부지는 채무자 소유의 재산이 아니라 담보신탁계약의 수탁자 소유의 재산이므로 수익권자는 채무자 회사의 다른 재산에 대하여 다른 일반채권자에 우선하여 변제받을 권리가 없고 수익권자나 골프장 회원들 모두 무담보 회생채권자로 취급되어야 한다고 보고 있다.15) 다만 동 결정은 수익권자가 골프장 영업을 내용으로 하는 회생계획의 수행하려면 수익권자로부터 신탁계약상의 권리포기 또는 신탁계약의 해지에 대한 동의 등을 받는 것이 필요하므로16) 이러한 점을 고려하면 신탁수익권자의 변제율(67% 현금의 즉시변제와 나머지 출자전환)을 회원채권자의 변제율(17% 현금즉시변제와 나머지 출자전환)보다 우대한 것이 공정·형평에 반한다고 볼 수 없다고 판시하였다. 또한 채권자가 신탁부동산에 대한 수익권은 구 회사정리법 제240조 제2항17)에서 말하는 정리회사 이외의 자가 정리채권자 또는 정리담보권자를 위하여 제공한 담보에 해당하여 정리계획에 영향을 받지 아니하고, 채권자가 수익권을 정리채권으로 신고하지 아니하여 정리계획에 변제의 대상으로 규정되지 않았다고 하더라도 수탁자에 대하여 갖는 신탁부동산에 대한 수익권에는 영향이 없다. 그러므로 수익권자는 신탁 관련 채권이 전액 변제되지 않는 이상 언제든지 수탁자에게 골프장 시설에 대한 처분을 요청할 수 있다고 한다.18) 그리하여 현재의 실무는 판례에 따라 위탁자에 대하여 회생절차가 개시되더라도 수익권자는 회생절차와 관계 없이 수익권을 행사할 수 있는 것으로 운영되고 있다. 수익권자가 회생절차 도중 수익권을 행사하게 되면 회생계획안의 수행가능성이 없으므로 법원실무는 회생절차 중 수익권을 행사하지 않겠다는 동의 내지 승낙을 받고 대신에 변제율을 다른 회생채권자보다 우대하고 있다.19)

한편 판례는 계획안에 제3자인 보증인에 대한 보증채권을 감경하는 조항은 효력이 없다고 보고 있으므로20) 계획안에 수익권 불행사를 기재하더라도 무의미하고, 법

---

14) 대법원 2016. 5. 25.자 2014마1427 결정.
15) 대법원 2016. 5. 25.자 2014마1427 결정.
16) 대법원 2016. 5. 25.자 2014마1427 사건에서는 항고심에서 심리 중 신탁계약이 해지되어 채무자 회사로 재산이 회복되었다.
17) 채무자회생법 제250조 제2항 및 일본 구 회사갱생법 제240조 제2항과 같으며 정리채권자라 함은 갱생채권자와 같은 개념이다.
18) 대법원 2004. 7. 22. 선고 2002다46058 판결(미간행), 대법원 2001. 7. 13. 선고 2001다9267 판결 등.
19) 나청, "회원제 골프장 회생사건의 실무상 쟁점에 관한 소고," 사법 36호(2016), 157면.

원에 수익권불행사의 표시를 한다고 하더라도 법적 의미가 없으므로 안성골프장 사건
과 같이 수익권을 포기하고 신탁을 종료하여야 계획의 수행가능성을 인정받을 수 있
다. 이와 관련하여 창원시 소재 파라다이스 골프장 사건에서 대법원은 수익권자가 회
생계획에 따른 변제가 계속되는 한 신탁수익권을 행사하지 않겠다는 확약서를 회생법
원에 제출한 것을 근거로 계획안의 수행가능성이 있다고 보았다. 한편 변경 전의 원
회생계획의 내용대로 변제가 이루어지지 아니하여 수익권자가 골프장 시설의 처분대
금에서 회생채권을 변제받을 수 있음을 근거로 출자전환예정채권을 부채에 산입할 수
있고 이를 감안하면 부채가 자산을 초과하므로 주주에 대하여 의결권을 부여해서는
아니된다고 판시하였다.[21]

생각건대, 수익권자가 신탁수익권을 포기한 것이 아닌 이상 회생절차 중이라도
언제든지 제3자의 재산에 대하여 수익권을 행사할 수 있다는 것이 선례이므로 파라다
이스 골프장 사건의 회생계획안은 그 자체로 회생계획의 수행가능성이 있다고 보기
어렵고, 또한 출자전환예정채권은 채권이 아니라 주식으로 취급하고 있어 부채로 산입
하지 않고 있는 서울회생법원의 확립된 실무와 상충하는 것으로 읽힌다.

셋째, 수탁자가 수익권자의 요청에 의하여 골프장 부지를 공매하는 경우 승계규
정이 적용되는가에 관하여 본다.

판례는 회생절차가 아닌 사건에서 신탁법상의 신탁에 기한 수탁자가 수익권자의
공매요청에 기하여 체력단련 시설이 설치된 신탁목적물인 건물을 매매계약에 의하여
제3자에게 매각한 사건에서 체육시설법의 승계 규정이 적용되지 아니한다고 판시한
바 있다.[22] 하급심 또한 제3자가 골프장 부지를 수탁자로부터 수의계약의 방식으로
매수한 사안에서 승계규정이 적용되지 아니한다고 판시한 바 있다.[23] 다만 골프장에
대하여 회생절차 개시결정이 있은 후에도 수익권자가 신탁부동산에 대하여 공매를 청
구하여 제3자가 골프장 부지를 매수한 경우에도 승계규정이 적용되는지 여부에 대하
여 대법원은 승계규정이 적용된다고 판시하였다.[24]

---

20) 대법원 2005. 11. 10. 선고 2005다48482 판결(공 2005, 1967).
21) 대법원 2017. 4. 7.자 2015마1384, 1385 결정(미공간).
22) 대법원 2012. 4. 26. 선고 2012다4817 판결(미공간).
23) 서울남부지방법원 2014. 10. 7. 선고 2014가합104477 판결.
24) 이 글이 발표된 후 선고된 대법원 2018. 10. 18. 선고 2016다220143 전원합의체 판결(공 2018,
   2183)은 체육시설업자가 담보 목적으로 체육필수시설을 신탁법에 따라 담보신탁을 하였다가 채
   무를 갚지 못하여 체육필수시설이 공개경쟁입찰방식에 의한 매각(이하 '공매'라 한다) 절차에 따
   라 처분되거나 공매 절차에서 정해진 공매 조건에 따라 수의계약으로 처분되는 경우에도 체육시
   설법 제27조에 따라 체육필수시설의 인수인은 체육시설업자와 회원 간에 약정한 사항을 포함하

3. 평가

위 제2의 논점에 대하여 제250조 제2항은 회생계획에 의하여 회생회사의 채무가 면책되거나 변경되더라도 물상보증인 등의 의무는 면책되거나 변경되지 아니한다는 취지를 규정하고 있고, 동조에서 말하는 '회생회사 이외의 자가 회생채권자 또는 회생담보권자를 위하여 제공한 담보'라고 하는 것은 회생채권자 등이 회생회사에 대한 채권을 피담보채권으로 하여 제3자의 재산상에 가지고 있는 담보물권을 말한다. 이 점에 관하여 한국과 일본에 異說이 없다.[25]

한편 수익권자가 갖는 수익권의 성질이 채권인지 담보물권인지에 관하여 논의가 있지만 한국과 일본에서는 이것을 채권으로 보는 것이 다수설이다. 그 전제에 선다면 위탁자가 신탁부동산에 대하여 설정한 수익권을 일컬어 '물상보증인이 제공한 담보목적물'로 보는 것은 적절하지 않고 수탁자가 수익권자를 저당권자로 저당권 등 담보물권을 설정하여 수익권자에게 제공한 경우가 이에 해당하는 것으로 보아야 할 것이다.[26] 이러한 점에서 대법원 결정이 수탁자를 제250조 제2항의 담보제공자로 본 것은 타당하지 않다.

또한 이와 별도로 우선수익권자를 회생채권자로 취급한 것에 대하여 본다. 목적물이 위탁자로부터 수탁자에게 신탁양도되는 것과 채무자로부터 제3자에게 매매에 의하여 양도하는 것은 권리의 성질과 경제적 실질을 달리하는 것임에도 판례가 양자를 회생절차에서 같게 취급하는 것은 형식에 치우친 해석이라 하지 않을 수 없다. 채무자회생법이 명시적으로 양도담보를 회생담보권으로 규정하고 있고,[27] 더 나아가 판례가 금융lease,[28] 동산소유권유보부매매[29]의 실질에 착목하여 상대방의 권리를 회생담보

여 그 체육시설업의 등록 또는 신고에 따른 권리·의무를 승계한다고 판시하였다. 다만 종전 피트니스시설에 관하여 동 조항이 적용되지 아니한다는 대법원 2012. 4. 26. 선고 2012다4817 판결은 담보신탁의 위탁자가 체육시설업자가 아닌 사안에 관한 것이므로, 이 사건에 원용하기에 적절하지 않다고 보았다.

25) 대법원 2007. 4. 26. 선고 2005다38300 판결. 서울中央地方法院 破産部 實務研究會, 回生事件實務(下), 博英社(2014), 104면; 林采洪·白昌勳, 會社整理法(下), 韓國司法行政學會(1998), 373면; 兼子一·三ケ月章 條解會社更生法(下) 弘文堂(1998), 714면.
26) 동지, 이주현, "신탁법상 신탁계약을 체결하면서 담보목적으로 채권자를 수익권자로 지정한 경우 그 수익권이 정리계획에 의하여 소멸되는 정리담보권인지 여부," 대법원판례해설 제42호, 법원도서관(2002), 599면.
27) 일본의 회사갱생법 제2조 제10항에는 회생담보권에 양도담보권을 포섭하고 있지 않으나 회사정리법은 1998년 개정에서 양도담보권과 가등기담보권을 정리담보권으로 규정하였다. 채무자회생법 제141도 같은 입장이다.
28) 서울고등법원 2001. 3. 16. 선고 2000나53733 판결.

권으로 취급하고 있는 점에 비추어 보면 부동산담보신탁에서도 마찬가지로 위탁자가 피담보채무를 수익자에게 변제하면 신탁목적물을 수탁자로부터 회수할 권리가 있다는 점에서 양도담보와 유사하게 수익권자를 회생담보권자로 취급함이 상당하다고 생각한다. 만일 회생회사가 회생절차 중에도 신탁부동산을 영업용으로 사용하는 것이 보장되지 않는다면 영업용 재산을 신탁한 기업은 회생절차를 이용할 수 없게 될 것이다.

Ⅳ. 동양그룹 사건

1. 동양그룹 사건의 개요

동양그룹은 주식회사 동양("동양")을 지주회사 겸 모회사로. 계열회사로 동양시멘트, 동양레저, 동양인터내셔날, 동양네트웍스 등을 거느리고 있었다. 동양그룹은 건설 경기의 악화로 시멘트수요가 감소하고, 과도한 차입으로 이자부담 등을 견디지 못하고 동양그룹의 5개 회사가 2013. 9. 30. 및 2013. 10. 1. 회생절차를 신청하여 서울중앙지 방법원은 2013. 10. 17. 5개 회사 모두에 대하여 회생절차 개시결정을 발하였다. 그중 동양은 기존경영진 1인과 제3자 1인의 공동관리인이 선임되었고, 동양시멘트는 관리인 선임결정을 하지 아니하여 기존 대표이사가 관리인으로 간주되었다. 동양시멘트는 2014. 3. 18. 회생계획안이 인가되고 2015. 3. 6. 종결되었다. 동양은 2014. 3. 21. 회생 계획안이 인가되었으며 계획안에 동양이 동양시멘트에 대하여 보유하고 있던 주식 약 59%를 매각하기로 규정되었다. 이에 삼표컨소시엄이 2015. 9. 25. 주식을 매수하였다. 2016. 2. 3. 동양에 대한 회생절차가 종결되었다.

그런데 한국에서 대기업이 회생신청을 한 경우 회생절차의 일반적인 흐름은 다음과 같다. 회생절차 개시결정 후 법원은 회생채권과 회생담보권의 감면과 제3자 M&A를 내용으로 하는 회생계획을 인가 후 관리인이 물색한 제3자에게 신주를 발행하거나 신주 및 사채를 발행하는 방식의 변경계획안을 수립하여 제3자에게 M&A절차를 거치고 그 신주인수대금 또는 사채발행대금으로 회생채권 등을 변제한 후 곧 회생절차를 종결한다.[30] 그런데 동양 사건에서는 동양시멘트의 주식을 신주발행하는 방식으로 제3자에게 매각한 것이 아니라 모회사인 동양이 갖는 지배주식을 매각하는 방식을 취한

---

29) 대법원 2014. 4. 10. 선고 2013다61190 판결(공 2014, 1033).
30) 변경회생계획안의 내용이 원 회생계획안의 인가에 의하여 권리가 변경된 채권자, 주주의 권리를 다시 감축하는 경우에는 별도로 제2,3회 관계인집회를 열어야 하지만, 인수인의 인수금액으로 위 채권자, 주주의 권리를 변제할 수 있는 경우라면 변경계획안가결절차는 필요하지 않고 법원의 인 수합병허가결정만으로 진행될 수 있다. 보통 신주인수대금과 사채인수대금은 50:50의 비율이다.

점에서 특별하다. 이 점이 아래에서 보는 바와 같은 여러 가지 어려운 문제를 야기하였다. 그러나 한국은 미국에 인정되는 실체적 병합이나 절차적 병합에 관한 제도가 없다. 따라서 5개의 사건에 대하여 5개의 사건번호가 부여되었고, 관리인도 다른 사람들이 임명되거나 관리인으로 간주되었다.[31]

2. 회생계획안의 공정 · 형평의 문제

(1) 계획안의 내용

동양은 동양시멘트 주식의 55%를, 동양인터내셔날 주식의 100%를 보유하고 있었으며, 동양인터내셔날은 동양시멘트 주식의 19%를 보유하는 등 계열회사의 주식이 동양시멘트 발행주식의 80%를 차지하고 있었다. 동양시멘트의 계획안에 의하면 회생채권자(사채권자)에 대하여는 원금 및 개시전 발생이자에 대하여 전액을 7차년도에 걸쳐 분할변제하되, 개시후이자는 면제하기로 하였다. 회생채권 중에서 출자전환되는 내용은 없었다. 변제액을 현재가치로 환산하면 현가변제율이 76%로서 24%의 감액의 손해를 보게 된다. 이에 반하여 주주는 보통주 5주를 4주로 병합하기로 정하였을 뿐 출자전환이 없으므로 기존 주주들의 지분율을 그대로 유지되었다.

(2) 항고이유 및 결정이유

회생계획안 인가결정에 대하여 회사채채권자는 다음과 같은 이유로 항고하였다. 항고이유는 첫째, 회생절차 개시결정 후 발생하는 이자가 면제되고 변경된 채권의 현재가치를 환산하면 채권이 감축되는 데에 반하여 기존주주들의 지분율의 변동이 없다면 주주의 권리감축이 없고, 둘째, 회생회사의 부채가 감소되었고 순자산이 증가하였으므로 주주의 지분가치가 증가하였으므로 계획안은 공정 · 형평에 반한다. 셋째, 강제인가를 적법하게 하려면 회생채권자를 위하여 개시후이자를 지급하든가 출자전환을 하여 주어야 한다는 세 가지이다.

이에 대하여 관리인은 주주에 대하여 회생절차 동안 주주에 대한 이익배당 및 주주권 행사가 제한되며, 장차 신주발행시 주식가치의 희석가능성 등의 불이익이 회생계획에서 받고 있으므로 계획안이 공정 · 형평하고, 권리보호조항으로 비업무용자산의 실사가치를 초과하는 매각대금 발생시 회생채권의 조기변제에 사용하도록 하고, 일부 자산의 매각대금으로 조기변제시 4%의 할인이자율을 적용하지 않기로 정하였으므로

---

31) 썬에디슨(Sun Edison, 채무자 총 44개 법인), 리만브라더스(Lehman Brothers, 23개 법인) 사건의 비추어보면 아마도 미국에서는 실체적 병합이 아니라 절차적 병합에 의하여 절차를 진행하였을 것이다. 절차적 병합이 되면 1개의 사건번호가 붙는다.

이러한 권리보호조항을 둔 강제인가결정의 요건을 갖추어 적법하다고 다투었다.

서울고등법원은 아래와 같은 이유로 항고를 기각하였다. 회생절차가 종료될 때까지 회사의 이익이 발생하는 경우에도 주주에게 이익배당하지 않고 회생채권자에 대한 채권변제에 사용하기로 계획되어 있고, 법원의 허가 없이 주주총회를 개최할 수도 없고 법원허가에 기하여 주주총회가 개최되더라도 의결권을 행사할 수 없고, 관리인이 제3자에게 신주를 인수하게 함으로써 주식가치 및 지분율 하락이라는 불이익을 당할 가능성이 있는 점, 비업무용 자산을 매각하여 실사가치를 초과하는 매각대금이 발생하면 이를 회생채권자의 변제에 사용할 수 있으며 일부 자산의 매각대금이 발생하는 경우에는 할인율을 적용하지 아니하거나 조기상환수수료를 면제할 수 있도록 회생채권자에 대하여 추가적인 보호장치를 마련한 점, 상대적 지분비율법은 계획에서 출자전환 등에 의한 신주발행이 전제된 사안에서 적용하는 방법인데 이 사건은 신주발행이 예정되어 있지 아니하므로 적용하기 곤란하다. 채권자가 대법원에 재항고를 제기하였으나, 대법원은 재항고이유에 대한 판단 없이 심리불속행 결정으로 재항고를 기각하였다.[32]

(3) 평가

과거 대법원은 출자전환이 예정된 계획안에서 주식과 채권은 성질이 상이하여 채권의 감축비율과 주식 수의 감소비율만을 비교하여 일률적으로 우열을 판단할 수 없고 자본의 감소와 비율, 신주발행에 의한 실질적인 지분의 저감비율 등을 고려하여야 한다는 일반론을 설시한 바 있다.[33] 팬오션(2013회합110)의 경우는 출자전환의 규정이 있고, 채권자의 권리감축 비율(83% 변제)을 고려하여 주식에 대하여도 1.25:1의 비율로 주식을 병합하였다. 동양시멘트 사건의 원심결정이 위 대법원 선례를 위반하였다고 항고인이 다툰 것이다.

그러나 회생법원이 계획안을 인가한 배경에는 모회사인 동양의 회생계획안에 자회사인 동양시멘트주식의 매각이 미리 정하여져 있는 점을 동양시멘트의 회생계획안에 반영하려고 한 점과 건설경기가 회복되었고 동양시멘트의 자회사인 동양파워 주식

---

32) 동양그룹 사건에 대한 재판부의 설명으로는 이재희, "동양그룹사건의 경과와 쟁점," 제7회동아시아도산재건협회, 47-64면.

33) 대법원 2004. 12. 10.자 2002그121 결정(공 2005, 227)은 특별항고를 기각하였다. 원심은 주식의 감축률이 채권의 감축률보다 높아야 하고, 주주의 권리감축이 그 기업에 대한 주주의 비율적 지위의 저감을 의미하므로 단순한 감자 비율이 아니라 감자 및 신주발행 후 변동된 구 주주의 주식 지분비율을 권리의 감축율이라고 볼 수 있다고 판시하였다(서울고등법원 2002. 11. 4.자 2002라209 결정).

회사가 고가에 매각되어 미래의 현금흐름으로 동양시멘트의 채권을 상환할 수 있으므로 굳이 신주를 발행하지 않더라도 채권자들에게 크게 불리하지 아니하였던 것으로 추측한다. 그리고 동양의 구 사주 주식이 소각되고 계열회사 간에 보유하고 있던 지분도 감소되는 등 동양그룹의 지배구조가 변경되어 새로운 주주가 등장하였으며, 특히 동양계열사가 동양시멘트의 주식 80%를 보유하고 있는 점[34]과 80% 주식의 대부분이 개인투자자들에게 자산담보부전자단기사채(ABSTB)의 담보로 제공되었으며 피담보채권이 약 1,570억 원 규모이고, 투자자가 4,700여 명으로서 만일 주식을 소각하면 담보가치의 훼손으로 인하여 사채권자들이 막대한 피해를 입을 수 있는 반면 주식을 매각하면 사채권자들의 원금을 상당 부분 변제할 가능성 있다는 점, 관리인들 간의 회의에서 징벌적 주식감사를 하지 아니하기로 결정하였으며, 회생담보권자조와 주주조가 100%의 동의를 하였고 회생채권자조는 55% 동의하였다는 사정을 고려한 것으로 추측한다. 결과적으로 회생법원이 모회사가 갖는 주식을 경영권 프리미엄이 포함된 고가에 매각하여 사채권자들을 보호하고 동양시멘트의 채권자도 채권의 대부분을 변제받게 한 조치는 구체적 타당성의 점에서 옳다고 평가된다.[35]

다만 기업집단도산에 관한 일반론에 관하여 생각할 때, 자회사의 채권자와 모회사의 채권자의 이익이 충돌하는 경우 양자를 어떻게 취급하는 것이 공정·형평한 것인가 하는 어려운 문제가 발생한다. 자회사에 대한 회생절차에서 자회사의 자산을 매각하거나 신주발행에 의하여 채권을 변제하는 방법이 타당한지, 아니면 자회사의 가치를 그대로 유지한 채, 모회사가 보유하는 자회사에 대한 주식을 경영권이 포함된 가격으로 매각하여 모회사의 채권을 변제하는 방법이 더 나은 것인지를 판단하여야 한다. 자회사의 채권자의 입장에서는 상대적 우선원칙에 의하더라도 채권자의 지위가 주주보다 높다면 주식을 담보로 잡은 채권자 역시 손실을 채권자보다 감내하는 것이 타당하다고 주장한 것이고 이를 합리적으로 배척하기는 어렵다고 생각한다. 기왕의 실무가 계획안에서 제3자에게 인수합병을 정하여 그에 따라 신주가 발행되는 경우를 제외하고 정리채권의 감액이 있는 경우에는 주식을 상당한 비율로 소각/병합한 것이었는데 이러한 실무례에서 궤를 벗어난 것으로 평가된다.

---

34) 동양의 계획안에 의하면 주주 중 개인사주의 주식은 100% 소각되었으며 주주인 동양레저의 주식은 50% 감자되어 궁극적으로 3%로 축소되었다. 동양인터내셔날의 경우 100% 주식을 보유하였던 동양의 주식은 5:1의 감자를 통하여 7%로 감소되었다. 동양레저의 경우 개인 외에 계열회사가 보유하던 100%의 주식이 소각되었다.

35) 언론은 동양그룹의 계열사들이 예상보다 빨리 정상화됨으로써 회생절차가 성공하였다는 평가를 하였다(매일경제신문 2015. 5. 20).

2011년 서울중앙지방법원에 회생신청을 한 우아미가구 관련 4개 회사의 회생절
차는 1인의 관리인, 통합채권자협의회, 1인의 CRO 체제로 진행되었다.36) 영국은 도산
법에 따라 비록 절차는 독일과 같이 병렬적으로 신청되고 진행하면서도 실무상, 법원,
채권자, 주주, 도산실무가 등이 협력하여 1인의 도산관리인을 선임하거나, 기업집단
에 적용되는 하나의 채무조정안(scheme of arrangement)을 제안하고, 계획안을 승인함
으로써 채무조정안을 개별회사에 구속력을 미치게 함으로써 기업집단도산문제를 해결
하고 있다.37) 이 사건에서도 기업집단도산의 독특한 문제점을 부각하여 모회사와 자
회사간에 같은 내용의 계획안을 마련하여 각각의 이해관계인집회에서 가결함으로써
채권자들을 설득하였더라면 하는 아쉬움이 남아 있다.

3. 상계의 시기적 제한

채무자회생법은 회사정리법과 달리 채권자목록제도를 도입하였다.38) 원칙적으로
기존경영자를 회생회사의 관리인으로 선임하는 제도와 함께 채권신고에 대한 채권자
들의 부담을 경감하고 절차를 신속하게 진행하기 위하여 도입한 제도이다.39) 과거 회
사정리절차에서 법원으로부터 통지를 받지 못하여 채권신고를 제때에 하지 못하여 실
권당하는 채권자들이 회사정리법의 추완신고기한의 제한 또는 실권 규정 등이 재산권
을 침해하는 헌법위반의 문제제기가 반복되었다.40)

이러한 점을 의식하여 대법원 2012. 2. 13.자 2011그256 결정(미공간)은 아래의 세
가지 요건을 갖춘 경우에는 회생채권자가 비록 제2회 관계인집회기일까지 추완신고를
하지 못한 경우라도 그 후 추완신고를 받아줄 수 있다는 법리를 제시하였다. 즉 첫째,
관리인이 회생채권의 존재 또는 회생채권이 주장되는 사실을 알고 있거나 이를 쉽게
알 수 있었음에도 채권자목록에 기재하지 아니하고, 둘째, 회생채권자도 개별적인 통

36) 鄭晙永, 전게논문(下), 63면.
37) Re Bluebrook Ltd [2009] EWHA 2114 (Ch). 이 사건에서 법원이 지정한 3개의 채권자회의가
    같은 날 진행되었다. Reinhard Bork, Rescuing Companies in England and Germany, Oxford
    2011 284-286.
38) 일본은 회사갱생법에는 인부제도가 없고 민사재생법 제101조는 인부제도를 두고 있으나 신고한
    재생채권을 대상으로 한다는 점에서 채권신고 전에 관리인으로 하여금 채권자목록을 작성시키는
    채무자회생법과 다르다.
39) 김형두, "통합도산법의 과제와 전망(2)," JUSTICE 제85호(2005), 40면.
40) 수계신청을 1개월로 제한하거나 추완신고의 종기를 계획안심리를 위한 관계인집회로 제한하거
    나, 담보권자에 대하여도 실권의 제재를 가하는 조항 등의 위헌 여부가 헌법재판소에서 다투어졌
    으나 헌법재판소는 모두 합헌이라고 판시하였다. 헌법재판소 2002. 10. 31. 선고 2001헌바59 결
    정(헌공 제74호); 헌법재판소 2005. 6. 30. 선고 2003헌바47 결정(헌공 제106호); 헌법재판소
    2007. 12. 27. 선고 2006헌바11 결정(헌공 제135호) 등.

지를 받지 못하여 채권신고를 하지 못하고, 셋째, 회생절차에 관하여 안 날로부터 1개월 이내에 회생채권의 신고를 하여야 추완신고가 가능하다. 위 결정은 계획안을 수정하여야 함으로써 회생절차를 복잡하게 하고 계획인가 후 또는 회생절차가 종결된 이후에도 신고를 받아주어야 하는가 여부 등 법률적으로도 어려운 문제를 낳고 있다.

그런데 최근 채무자회생법의 채권신고추완의 문제가 아니라 상계추완의 문제가 미국 New York주법원에서 다투어졌다. 회생절차가 종결된 동양이 미국에 설립된 피고 회사를 상대로 금원지급 청구소송을 미국 뉴욕주법원에 제기하였다. 동양은 피고는 더 이상 상계를 할 수 없다고 주장하였다. 이에 대하여 피고는 대법원 2011그256 결정의 법리를 원용하여 원고에 대하여 회생절차가 개시된 후, 관리인이 피고가 보유하는 채권의 존재와 액수를 알면서도 채권자목록에 기재하지 아니하였을 뿐 아니라 법원이나 관리인으로부터 통지 등을 받지 못하여 신고기한 내에 상계할 수 없었으므로 회생절차가 종결된 후라도 원고에 대한 채권으로 상계할 수 있다고 다투었다.[41] 미국 주법원은 적법절차를 근거로 피고의 주장을 받아들여 상계를 허용하였으며 현재 항소심 계류 중이다.

4. 회생회사 이사의 임기[42]

동양은 자회사의 주식을 높은 가격에 매각하여 회생채무를 변제하고도 상당한 금원이 회사에 유입되었다. 회생법원은 동양의 종결결정 직전에 회생회사의 이사 수와 임기에 관한 정관을 변경하는 신청을 허가하고, 2015. 12. 28. 법원이 사실상 추천한 교수, 변호사 2인 총 3인을 사외이사로 선임하고 이사의 임기를 3년으로 정하는 정관변경을 허가하였다. 동양이 회생절차에 있는 동안 회생절차가 종결되면 회사의 경영권을 행사할 목적으로 공개된 주식시장에서 주식거래가 이루어지면서 특정 그룹이 주식을 매집하여 최대주주가 되었다. 이러한 사실은 신문을 통하여 공지된 사실이 되었다. 그런데 법원이 종결 전에 이사를 늘리고 임기를 3년으로 정하는 바람에 주식을 매집한 회사로서는 주주총회에서 이사를 해임하는 결의를 하기까지 회사의 경영진이 될 수 없게 되었다. 그리하여 회사는 회생법원이 이사 임기를 3년으로 정한 것이 채무자회생법에 위반한다고 다투었다.

문제는 법원의 정관변경신청에 대한 법원의 허가결정에 대하여는 불복할 수 없으므로 민사소송법상 특별항고를 통하는 수밖에 없었다. 민사소송법에 의하면 특별항고

---

41) Tongyang, Inc. v. Tong Yang Am., Inc. 2018 N.Y. Misc. LEXIS 5551, at 19.
42) 이 부분은 일본 잡지에 게재하지 아니하였다.

는 재항고와 달리 사유가 헌법위반으로 제한되어 있다.[43] 특별항고인의 채무자회생법 제203조 제1항 위반의 주장에 대하여 대법원은 판단하지 아니하고 심리불속행의 결정을 함으로써 회생법원의 손을 들어주었다.[44]

과거 실무는 회생계획에서 이사의 임기를 정함에 있어서 제203조 제1항의 규정이 상법에 우선하므로 동조의 기속을 받아 이사의 임기를 1년 이내에서 정하였다.[45] 회생법원이나 대법원 모두 법원이 제203조 제1항을 적용하지 아니하고 상법을 적용한 것에 대하여 명시적인 판단을 하지 아니하였으므로 그 이유를 알 수는 없다. 그러나 지배주주가 등장하기 전에 회생절차가 종결되면 회사의 재산분배를 둘러싸고 경영진과 주주 또는 주주 간의 분쟁이 발생하여 다시 회사의 재정상태가 악화될 수 있고, 회생법원이 분쟁가능성과 재건의 확실성을 염려하여 주식회사 동양의 회생절차를 종결하기 전에 회사의 지배구조를 정한 것으로 추측한다.

제3자의 인수로 인하여 회사의 지배구조가 공고히 한 후에 종결결정을 할 것인지 아니면 법문에 충실하게 회생계획에 따른 변제가 시작되면 종결을 할지에 대하여 법원의 실무가 확립되어 있지 않다.[46] 기존경영자관리인 제도를 입법적인 결단으로 도입한 것과 마찬가지로 조기종결을 위하여 회사정리법 제271조가 정리계획에 따른 변제가 시작된 이후 "정리계획의 수행에 지장이 없다고 인정되는 때"에 종결결정을 하도록 하였으나 채무자회생법은 원칙으로 회생계획에 따른 변제가 시작되면 종결결정을 하되 다만 계획의 수행에 지장이 있다고 인정되는 경우에는 종결결정을 하지 않도록 개정하였다. 법원이 반드시 인수합병절차를 마치고 나서 비로소 종결결정을 할 필요도 없고, 회생회사의 군소주주가 난립하였다고 하여 법원이 나서서 지배구조를 공고히 할 의무도 없으므로 법문에 충실하게 실무를 운영하는 것이 예측가능성에 부합하고 투명한 재판진행이라고 필자는 생각한다.[47]

---

43) 대법원 2008. 1. 24.자 2007그18 결정(공 2008, 298)은 회생계획안인가결정이 법률에 위반하였다는 사유만으로는 재판에 영향을 미친 헌법 위반이 있다고 할 수 없어 특별항고 사유가 되지 못한다고 판시하였다.

44) 대법원 2016. 5. 4.자 2016그12 결정(미공간).

45) 오영준, "기존 경영자 관리인제도와 채무자 회사의 지배구조," 남효순·김재형 공편, 統合倒産法, 법문사(2006), 263면.

46) 대전지방법원 2014회합5013 서산수 골프장 사건은 2016. 11. 29. 종결신청 후 약 6개월이 지나 2017. 6. 7. 종결결정이 났다.

47) 실제로 제3자 인수인이 주주총회를 통하여 법원이 선임한 이사를 해임한 것으로 알려지고 있다.

V. 한진해운

1. 한진해운 사건의 개요[48]

한진해운은 국내 1위 세계 9위의 해운회사로서 컨테이너선사에 대한 두 번째의 회생절차였으나 실패하여 현재 파산절차 중에 있다.[49] 한진해운은 세 가지 이유에서 재건하기 어려웠다. 첫째, 부정기선사인 벌크선사가 아니므로 정해진 노선을 정기적으로 운행하여야 한다는 점이다.[50] Bulk 선사의 경우에는 미이행쌍무계약의 법리에 기하여 회생회사에 불리한 용선계약을 해제하고 새로운 운송계약을 체결할 수 있지만 컨테이너선박은 하주가 다수이고 노선도 다양하므로 영업을 계속하려면 용선계약을 해제하기가 어렵다. 둘째, 법률적인 측면에서 한진해운이 소유하는 선박이 비율이 매우 낮고 대부분 리스 또는 국적취득부나용선계약(Bare Boat Chartered Hire Purchase, "BBCHP") 방식으로 운용하기 때문에 회생절차가 개시되면 선박이 전 세계에서 압류되는 위험에 노출되어 있었다.[51] 미국에 제11장 신청을 하게 되면 보호대상이 되는 선박의 범위가 한국보다 넓고 전 세계에 미치는 자동금지의 혜택을 얻을 수 있지만 한국에서만 회생신청하게 되면 선박이 정박하는 국가마다 승인결정과 중지명령을 받아야 하는 위험이 있다. 특히 중국, 이집트, 파나마 등 선박의 주요 기항지의 국가의 법률이 한국의 회생절차를 승인하지 않고 있다. 셋째, 한진해운은 한진그룹에 속하는 회사였지만 재정적으로 위험에 처해진 계열회사를 모회사(대한항공)가 지원하는 것은 이사들의 배임죄 문제가 발생하므로 자금지원 등의 방책을 마련하는 것이 어려웠다. 정부 또한 대우조선 등 조선업계의 부황으로 인하여 한국산업은행을 통한 자금지원을 할 수 없었기 때문이다. 한진해운은 2016. 4. 25. 법정외 구조조정절차의 하나인 금융기관 간의 자율협약절차를 진행하다가 2016. 8. 30. 채권금융기관협의회가 지원불가결정을 하

---

48) 한진해운에 대한 사건에 대한 다른 학자와 실무가들의 자세한 분석에 대하여는 본서 "한진해운 도산의 법적 쟁점" 참조.
49) 최초의 정기선사에 대한 회사정리절차는 조양상선이었다. 한진해운의 도산 이유로는 2008년 이후 장기간의 세계경제침치 및 해상운임지수의 지속적 하락, 호황기에 체결한 고가의 용선료 원가구조, 자율협약절차 중단에 따른 자금지원 및 변제기 연장 실패 등이다(삼일회계법인, 조사위원 의견서, 6-10면).
50) 삼선로직스, 대한해운, 팬오션 등은 벌크 선사로서 회생절차를 거쳐 재건하였다. 김인현, "제2의 한진해운 사태 차단하려면," 한국경제 2017. 9. 16자.
51) 조사일 기준 한진해운은 컨네이너선 102대 벌크선 44대를 보유하고 있었다. 그중 소유선박(사선)은 59대, 용선 87대로 구성되어 있다(위 조사보고서, 46면). 사선에는 BBCHP 선박도 포함되어 있어 실제로 한진해운 명의로 등록된 선박의 숫자는 이보다 적다.

자 2016. 8. 31. 회생신청을 하였고, 법원은 당일 포괄적 금지명령을 익일 회생절차 개시결정을 하였다. 조사위원은 한진해운의 청산가치는 1조 7980억 원, 계속기업가치는 계속기업의 가능성이 불확실하여 산정불가로 보고하였다. 그 결과 법원은 2017. 2. 2. 회생절차를 폐지하였고 폐지결정 확정 후 2017. 2. 17. 직권으로 견련파산선고를 하여 현재 채권자집회와 파산채권조사기일이 종료되어 파산관재인이 목적물을 환가 중에 있고, 파산관재인의 보고서에 의하면 재단채권의 변제 후 약 1% 안팎의 파산채권의 배당이 가능할 것이라고 한다.52) 만일 예상과 달리 재단채권마저도 100% 변제하지 못하게 되면 파산절차의 이시폐지를 하여야 되므로 아직 파산채권조사확정재판이 진행되지 않고 있다.

2. 국제도산법의 쟁점

선박우선특권은 회생담보권에 속한다. 회사정리법은 속지주의를 취하고 있었으므로 외국에 소재하는 채무자의 재산에 대하여 회사정리절차의 효과가 미치지 아니하므로 선박우선특권자가 외국에서 선박을 압류경매하는 것을 막을 수 없었다. 그리하여 과거에는 선박우선특권에 관하여 논의가 거의 없었다.

그러나 채무자회생법은 수정된 보편주의를 취하였고 한진해운은 선박이 여러 국가에 기항하므로 회사의 재건을 위하여 여러 나라에 승인결정과 중지명령을 신청하였다. 선박우선특권의 성립 및 범위는 선적국법에 의하더라도 선박우선특권을 실행할 수 있는지 여부는 회생절차가 외국에서 승인되고 중지명령이 발하여지는지 여부에 좌우된다. 한진해운의 승인 및 중지명령 신청에 대하여 다음의 순서로 승인 및 지원결정 있었다. 2016. 9. 5. 일본의 승인결정 및 지원명령,53) 2016. 9. 6. 미국의 임시중지명령(interim order),54) 2016. 9. 6. 영국의 승인명령, 2016. 9. 9. 미국의 보전명령(provisional order), 2016. 9. 14. 싱가포르의 임시중지명령,55) 2016. 9. 23. 호주의 중지명령(1개의

---

52) 회생절차 개시 후 압류를 피하기 위하여 다른 항구에서 하역을 하는 바람에 손해배상채무가 발생하여 회생절차 개시 전 부채 6조 원에서 파산선고시 신고된 파산채권이 30조 원으로 불어났다(김인현, 앞의 기사).

53) 참고로 일본의 회사갱생절차는 한국법원에서 거의 자동적으로 승인된다. 2012년 三光汽船의 회사갱생절차가 승인되어 채무자의 재산에 대한 강제집행뿐 아니라 담보권실행을 위한 경매절차가 금지되었다. 2015. 12. 28. 第一中央汽船에 대하여 승인결정과 강제집행의 금지결정을 받았다. 신청인은 담보권실행금지를 구하는 지원신청은 별도로 구하지 아니하였다. 한편, 東京地方裁判所는 平成25년(承) 제2호 사건에서 2013. 12. 12. 한국의 송원비씨에스 주식회사에 대한 파산절차의 승인결정과 승인관재인을 한국의 파산관재인을 승인관재인으로 선임하고 채권가압류결정 절차의 중지명령을 발하였다.

54) In re HANJIN SHIPPING CO. LTD case NO. 16-27041.

선박에 대하여), 2016. 9. 30. 호주의 중지명령(채무자의 재산에 대하여), 2016. 12. 14. 미
국의 승인명령, 2017. 1. 23. 미국의 미국내 재산매각허가결정이 있었다.

  그러나 외국의 국제도산법제가 다르므로 구제명령의 내용도 달랐다. 일본의 경우
에는 담보권행사의 금지명령제도가 없으므로 이를 얻을 수 없었다.[56] 미국과 영국은
Model법을 충실하게 따랐으므로 주절차의 승인과 동시에 담보권행사의 금지명령도
포함되었다. 싱가포르의 경우에는 법원이 이미 2016. 8. 29. 독일 Rickmers에 의하여
용선료미납을 이유로 압류된 한진해운 소유 한진 Rome 선박을 제외하고 2017. 1. 25.
까지 유효한 중지명령을 발하였으므로 장래에 기항하는 모든 선박[57]에 대하여 효력이
발생하게 되었다. 그러나 이는 임시중지명령에 불과하였고 이후 회생절차가 폐지되는
바람에 정식의 승인결정을 받지는 못하였다.[58]

  미국은 파산법 제15장에 기한 보전처분을 발하기 이전에 파산법관에게 부여된 일
반적인 형평법에 기한 권한에 기하여 임시중지명령을 발한 후 다른 사건의 경우보다
늦게 신청 후 3개월이 지난 승인명령을 발하였다.

  또한 미국 법원과 한국 법원 간의 전화회의가 처음으로 이루어졌다. 한국 법원이
2017. 1. 6. 관리인에게 미국 회사의 한진해운 지분의 매각허가결정을 하고 관리인이
미국 파산법원에 지분매각허가신청을 구하였다. 이에 미국의 공익채권자들이 채무자
회생법에 의하면 공익채권자도 강제집행을 할 수 있으므로 미국에 소재한 한진해운의
재산에 대하여도 압류하여 달라는 신청을 하였다. 미국 파산법관이 2017. 1. 17. 오전
9:30(New York 시각 오후 7:30) 공익채권자 등의 전화회의 참여하에 미국 파산법 제
1525조(채무자회생법 제641조 제2항과 같다)에 기하여 한국의 판사에 대하여 회생법원이
허가한 재산매각허가결정이 가이드라인의 성격을 갖는지 아니면 법적구속력이 있는
지, 공익채권자의 회생절차에서의 지위, 파산절차로 이행하는 경우 취급 등에 관하여

---

55) Re Taisoo Suk [2016] SGHC 195. 이 判決에 대한 소개로는 小杉丈夫·金子浩子, "外國倒産手
    續への援助問題を扱つたシンガポール國際商事裁判所判決," 國際商事法務 Vol. 45 No. 3 (2017),
    334면.
56) 채무자회생법은 승인 후 지원명령의 일환으로 담보권에 대한 중지 외에 금지를 허용하고 있으나
    (제636조 제1항 제2호) 일본은 담보권실행절차 등의 중지만 인정하고 금지는 허용하고 있지 않
    은 점에서 다르다(승인원조법 제27조).
57) " ⋯ against the vessels beneficially owned or chartered by Hanjin and Subsidiaries ⋯ ."
58) 싱가포르는 2017. 3. 10. 모델법에 가입하였으므로 한진해운 당시에는 보통법과 예양의 원칙에
    기하여 중지명령을 발하였다. 예양에 관한 Beluga Chartering GmbH and others v Beluga Pro-
    jects Pte Ltd and another [2014] SGCA 14을 근거로 삼았다. 이러한 결정에 대하여 싱가포르의
    해상법전문 변호사는 반대의 의사를 표시하였다. 2017. 2. 서울에서 개최된 INSOL International
    Seoul One Day Seminar에서 Mr Kaw Wah Leong 변호사의 발언.

질문하였다. 회의는 1시간 10분 정도 소요되었으며 한국 법관은 통역인을 통하여 의견을 교환하였다.59) 이를 토대로 미국 법원은 2017. 1. 23. 매각결정의 승인 및 미국에 소재한 재산을 한국으로 반출하는 것에 대하여 승인결정을 내렸고 미국회사의 지분매각대금이 한국으로 송금되었다.

3. 한진해운 소유 재산의 범위

미국 파산법에 의하면 외국 주절차를 승인결정하면 자동적으로 채무자의 재산에 대한 압류 등의 금지의 효과가 발생한다. 미국법원은 한진해운의 소유선박 외에 한진이 리스한 선박, BBCHP 방식으로 운항하는 선박(including owned, operated or chartered (leased) vessels)에 대하여도 한진해운을 실질적인 소유자로 보아 경매 등의 금지명령을 발하였다.

한편 한국의 부산항에 한진해운이 BBCHP의 방식으로 운항하는 파나마 회사 소유 선박(한진 Xiamen)이 기항하자 연료비 채권자가 선박을 압류하고 임의경매를 신청하였다. 창원지방법원은 이 선박이 한진해운 소유가 아니라는 이유로 임의경매개시결정에 대한 이의신청을 기각하였다.60) 한진해운이 항고하였으나 항고가 기각되었다. 회생절차 개시결정의 효력을 받는 채무자의 재산의 범위가 미국의 제15장 승인결정에서 인정되는 것보다 좁다는 것이 국민들에게 알려지면서 BBCHP 소유 선박에 대하여는 채무자회생법의 개정을 통하여 채무자의 소유로 보아야 한다는 주장이 등장하게 되었다.61) 그러나 SPC를 통하여 선박을 소유하게 하고 대주단이 SPC에게 대출하고 선박저당권을 설정하고 해운회사는 SPC로부터 BBCHP로부터 선박을 용선하여 용선료로 대출금을 상환하는 방식의 선박금융은 확립된 것이고 회생절차의 경우에만 SPC 소유를 부정하는 것은 법리상 문제가 있다는 견해가 주류이다. 서울회생법원은 BBCHP에 기한 선박용선계약을 SPC와 회생회사 간의 미이행쌍무계약으로 보아 이를 관리인으로 하여금 이행선택하게 한 후 SPC가 갖는 용선료채권을 공익채권으로 취급한 바 있다.62)

---

59) 2016년 10월 사법도산네크워크(Judicial Insolvency Network, JIN) 소속 국가(영미법계 국가들임)의 법관들이 싱가포르에 모여 국제도산사건의 공조를 위한 회의를 개최하였다. 2017. 2. 1. 싱가포르와 미국 델라웨어는 처음으로 법원 대 법원 협력 방침을 채택한 국가가 되었다. 방침은 사건관리와 기록열람을 위한 법관간의 직접 연락하는 것과 대리인의 참석하에 전화 또는 화상회의를 통한 심문절차의 방법을 마련하였다.

60) 창원지방법원 2016. 10. 17.자 2016타기227 결정.

61) 김인현, "한진해운 회생절차상 선박압류의 범위," 상사판례연구 제30권 제1호(2017), 159면.

62) 정석종, "회생절차에서의 선박금융에 대한 취급-BBCHP를 중심으로," 도산법연구 제2권 제2호

4. 견련파산절차

한진해운사건은 회생계획인가 전 폐지에 해당하므로 법원이 필요적 파산선고를 할 것은 아니지만 사안의 중요성을 고려하여 법원이 직권으로 파산선고를 하여 견련파산절차로 진행되고 있다. 채무자회생법은 아직 파산선고를 받지 아니한 채무자라 하더라도 회생계획인가 후 폐지결정이 있으면 반드시 법원이 직권으로 파산선고를 하여야 한다는 조항을 두고 있어서 일본에 비하여 필요적 파산선고의 비율이 높다.[63] 채무자회생법에는 회생채권신고절차를 무용하게 반복하지 않도록 파산채권신고로 간주하는 규정을 두었으나 외화표시채권에 대하여는 파산관재인이 이의할 수 있는 특칙 때문에(제6조 제5항) 파산관재인이 이의를 제기한 채권에 대하여는 외화표시채권 보유자는 다시 파산채권조사확정재판을 신청하여야 하는 번거로움이 있다. 과거 서울중앙지방법원 파산부에서는 이시폐지가 명백한 사건의 경우에는 비록 파산선고와 동시에 파산채권조사기일을 정하도록 규정되어 있더라도(제312조 제1항 제3호), 조사기일을 추후로 지정하였다가 배당이 가능하지 아니하면 별도로 채권조사를 하지 아니하고 이시폐지를 하는 실무가 있었다. 이 사건의 경우에는 법원이 배당이 가능하다고 판단하여 파산채권조사기일을 지정하였으나 배당률이 1%에 미미하고 이시폐지의 가능성도 있으므로 파산채권자들의 편의를 고려하면 파산채권조사기일을 추후로 정하는 방안도 가능하였을 것이다.

VI. 대우조선 — 사채권자집회

대우조선은 회생절차신청을 하지 아니하고 2017년 12개 금융기관 등과 체결한 자율협약과 사채권자집회를 통하여 구조조정을 진행하고 있다. 사채권자집회에서 결의할 수 있는 대상에 관하여 2011년 상법 개정 전에는 상법에 규정이 있는 경우와 법원의 허가를 얻어 사채권자의 이해에 중대한 관계가 있는 사항에 한하여 결의할 수 있었으나 개정된 상법은 후자에 관하여 사채권자의 이해가 있는 사항으로 확대하였다. 한

(2011), 33면.

63) 일본에서는 채무자가 회사갱생절차 전에 이미 파산선고를 받지 아니한 경우라면 주식회사에 대한 갱생절차가 인가 후 갱생절차가 폐지되더라도 필요적 파산선고를 하는 제도를 두고 있지 않다. 필요적 파산선고 절차는 이미 파산선고 후의 갱생회사에 대하여 갱생계획안인가결정 후 회사갱생절차폐지결정이 확정된 경우에만 법원은 직권으로 파산선고를 할 의무가 있다(회사갱생법 제252조 제2항 본문).

국에서 사채권자집회를 통한 채무조정을 처음 시도한 회사는 웅진에너지로서 2013. 9. 사채권자집회를 열어 사채의 기한이익상실취소, 이자율변경 등에 성공한 바 있고, 이어 2013. 11. 오성엘에스티, 에스티엑스 등이 사채권자집회를 통하여 사채의 만기연장, 이율인하, 출자전환 등의 방식으로 사채권의 조건을 변경한 바 있다. 2015년에 들어서는 포스코플랜텍, 동부메탈, 웅진에너지,[64] 현대상선 등이 사채권자집회를 개최하여 출자전환, 상환조건 조정 등의 사채권 조건 변경을 마무리하였다. 사채권자집회에서 이자율인하, 만기연장 등을 결의할 수 있음에는 다툼이 없다. 그러나 출자전환, 전환사채발행 등으로 권리 종류의 변경이 가능한지에 관하여 논란이 있다. 아직 학계의 논의는 미흡하다.

    사채권자집회에 관한 일본의 평성 17년 회사법 개정 내용은 한국과 같으며 회사법에는 원금감면이 가능한지에 대하여 규정을 두고 있지 아니하나 기업재건과 관련한 특별법(産業競爭力强化法 제56조 제1항, 株式會社地域經濟活性化支援機構法 제34조의2)은 이를 허용하는 명문의 규정을 두고 있다. 이를 긍정하는 학설이 있고,[65] 하급심 중에는 ペイントハウス가 발행한 사채의 원금을 감액하는 사채권자집회의 결의를 법원이 인가한 사례가 있다.[66]

    그러나 한국의 실무는 일본에 비하여 출자전환까지 허용한다는 점에서 일본보다 광범위하다. 회생절차에서는 계획안에서 정한 시기에 채권자가 주주가 되지만 사채권자집회결의 후에는 별도로 신주발행과 현물출자의 이행절차를 거쳐야 비로소 주주가 된다는 점에서 차이가 있다.

    2017. 3. 대우조선이 발행한 회사채의 50%는 출자전환, 50%는 3년 만기연장의 채무재조정안이 사채권자집회를 통과하였고 법원의 인가를 받았다. 사채권자가 법원의 사채권자집회결의인가결정에 대하여 항고하였다. 그러나 이해관계인의 의견청취절차, 서면결의의 효력 등 절차적인 사유만 다투었고, 출자전환이 사채권자 결의사항이 될 수 없다는 점은 다투지 아니하였다.[67] 항고로 인하여 사채권자집회의결의 인가결정이 대법원에서 확정될 때까지 출자전환과 은행의 신규자금 지원 등 채무조정의 일정이 지연되었다.

---

64) 대전지방법원 2015비합20016 결정.

65) 神田秀樹, 會社法 第15版, 弘文堂(平成 25, 2013), 305면.

66) 横浜地裁相模原支部 平成14年8月22日決定 判例集未登載 (東京地裁 平成18年7月7日 判タ1232号 341頁 참조, 橋本 円, 社債法 商事法務(2015) 326-329면에서 재인용).

67) 부산고등법원(창원) 2017. 5. 10.자 2017라10038 및 2017라10039 결정은 항고를 기각하였고 대법원에서 확정되었다. 신청인은 같으나 인가대상인 사채의 발행일자가 달라 사건이 2개가 되었다.

Ⅶ. 맺음말

앞에서 본 바와 같이 채무자회생법이 제정되어 양국의 도산법제가 달라지기 하였으나 개인파산이나 법인파산 제도는 여전히 유사한 점이 많다. 2006년 회생절차의 문호를 확대하여 다액의 부채를 진 개인 외에 합자회사, 의료기관, 기타 법인격 없는 단체 등도 회생신청을 하면서 일본에서는 발견할 수 없었던 문제가 돌출하고 있다. 기업집단의 회생사건이 점차 증가하고 있으므로 부인권, 쌍방 미이행쌍무계약의 해제시 이익충돌의 문제도 발생하고 있다.68) 회생절차의 신청이 쉬워지긴 하였으나 그에 비례하여 실패하는 회사도 자주 등장하게 되고 또한 회생계획인가 후 폐지결정이 확정되면 법원이 반드시 직권으로 파산선고를 하여야 하므로 일본에 비하여 견련파산사건이 빈발하고 있다. 한국에는 다수결을 법정한 워크아웃에 관한 법률도 존재한다.69) 2017년 서울회생법원을 설치하고, 관할권을 확대하면서 서울회생법원이 도산제도의 발전에 큰 역할을 할 것으로 기대된다. 서울회생법원은 2017. 9. 14. 일본, 미국, 영국, 중국의 파산사건 담당 판사를 초대하여 국제심포지움을 개최하는 등 국제적인 기준에 맞는 도산실무를 운영하려고 노력하고 있다. 일본은 한국과 가장 유사한 파산법제를 갖고 있고 오래된 파산법 연구 역사와 실무경험을 가지고 있다. 일본의 파산법학과 실무를 연구하는 것은 한국의 도산법 발전에 긴요하다. 졸고는 2010년 이후 한국의 회생절차를 소개한 글에 불과하지만 일본의 독자들에게 도움이 되기를 바라면서 글을 마친다.

["韓国の倒産·再建制度と最近の動向," 事業再生と債権管理(2017. 10. 15)를 국문으로 번역하고, 일부를 보완한 것이다. 발표 기회를 주신 アンダーソン·毛利·友常法律事務所 소속 坂井秀行(Sakai Hideyuki) 변호사님께 감사드린다.]

---

68) STX조선해양(S)과 회사가 100% 지분을 보유한 자회사인 고성조선해양(K) 모두 회생절차 개시 결정이 있었다. 양사의 관리인이 같은 계약에 대하여 한쪽은 이행을, 다른 한쪽은 해제를 선택하였다. 양사를 같이 관할하던 재판부가 불이익이 없도록 제작 중이던 block에 대한 비용을 S사가 지급하고 K사가 block을 완성하여 납품하는 쪽으로 재판부가 조정하였다.

69) 吳守根, "韓國における企業構造調整促進法," 民事手續の現代的使命, 伊藤眞先生, 古稀記念論文集, 有斐閣(2015), 733-751면.

12. 破産節次와 滯納處分[1]

I. 前提가 되는 事實關係

2000. 8. 26.   안산세무서장이 체납세액 504,058,260원을 회수하기 위하여 파산선고 전의 조선무약 합자회사(이하 '조선무약'이라 한다) 소유의 부동산에 대하여 국세징수법 제47조에 의하여 압류함

2011. 5. 18.   수원지법 안산지원 2009타경17595에서 경매법원이 근저당권자 甲이 파산선고 전의 조선무약 소유의 부동산에 대하여 임의경매개시신청에 기하여 경매개시결정을 함[2]

2011. 6. 13.   안산세무서장이 총 14,317,649,540원의 교부청구를 함

2011. 8. 29.   배당요구 종기일(국세징수법에 의한 압류 이후 배당요구 종기일까지 발생한 체납세액이 14,210,392,090원)

2016. 4. 25.   서울중앙지법이 조선무약의 파산신청을 받아들여 파산선고를 함(2016 하합29)

2017. 8. 22.   경매법원은 안산세무서가 이 사건 부동산에 관하여 압류를 한 2000. 8. 26. 이전에 법정기일이 이미 도래한 '압류의 원인이 된 체납액' 504,058,260원(= 334,280,380원 + 167,777,880원)에 대하여는 안산세무서에게, '압류등기 이후에 발생한 체납액'에 대하여는 파산관재인에게 구분하여 교부하였음

---

1) 수원지방법원 안산지원 2017가합8484호 제1민사부에 제출한 의견서임. 이 사건의 소가는 약 142억 원이다.

2) 세무서의 압류 이후 화의절차와 수 회의 회생절차를 진행하느라 담보권 행사가 늦어지게 되었다. 최종적으로 2009. 8. 25. 회생절차 개시결정을 받았으나 2010. 11. 24. 회생절차가 폐지되었다.

2017. 8. 29.   안산세무서장(원고)이 수원지법 안산지원 2017가합8454호로 파산관재
                 인(피고)을 상대로 '압류등기 이후에 발생한 체납액'에 대하여도 국가
                 가 배당을 받아야 한다는 이유로 배당이의의 소를 제기함

Ⅱ. 당사자 주장의 요지

1. 원고 주장의 요지

부동산에 대한 압류의 효력 범위를 확장하는 국세징수법 제47조 제2항에 의하여
'압류등기 이후에 발생한 체납액'에 대하여도 압류의 효력이 미친다. 안산세무서장은
조선무약의 파산선고 전인 2000. 8. 26. 이 사건 부동산에 관하여 체납처분에 의한 압
류를 하였고, 국세징수법 제47조 제2항에 따라 '압류의 원인이 된 체납액'뿐만 아니라
'압류등기 이후에 발생한 체납액'에 대하여도 압류의 효력이 미치며, 위 체납액에 대하
여 교부청구를 하였는바, 그렇다면 채무자 회생 및 파산에 관한 법률('이하 채무자회생
법'이라 한다) 제349조 제1항에 의하여 안산세무서는 '압류의 원인이 된 체납액'뿐만 아
니라 '압류등기 이후에 발생한 체납액'에 대하여도 직접 배당을 받아야 한다. 대법원
2003. 8. 22. 선고 2003다3768 판결'에서도 압류등기 이후 발생한 체납액에 대하여 과
세관청이 직접 배당을 받았다.

2. 피고 주장의 요지

채무자회생법은 일반적·포괄적 강제집행절차인 파산절차의 진행에 맞추어 중심
기관인 파산관재인의 합리적인 판단에 의하여 변제가 행하여지고, 이에 대한 예외는
'별제권부채권의 행사'와 '파산선고 전에 이루어진 체납처분절차의 속행'이므로, 특별
히 정한 예외규정인 채무자회생법 제349조 제1항은 엄격해석을 해야 한다.

파산절차에서는 ① '압류의 원인이 된 체납액'은 교부청구 없이도 배당이 가능하
지만, '압류등기 이후 발생한 체납액'은 교부청구가 있어야 배당이 가능하고 교부청구
가 없으면 배당이 불가능하므로, '압류의 원인이 된 체납액'과 '압류등기 이후 발생한
체납액'은 엄격히 구분된다는 점, ② 국세징수법 제47조 제2항은 '압류등기 이후 발생
한 체납액'에 대하여 특별한 우선적 효력을 인정하는 것은 아니라는 점, ③ 국세징수
법 제47조 제2항이 다른 법령의 규정을 배제하는 효력은 없다는 점, ④ 과세관청의 편
의, 즉 국고의 이익을 위한 국세징수법 제47조 제2항의 취지가 전체 채권자에게 공평
한 분배 변제를 행하는 파산절차의 목적을 넘어설 수 없다는 점 등을 고려하면, 국세

징수법 제47조 제2항을 근거로 교부청구가 채무자회생법 제349조 제1항 소정의 체납처분에 속한다고 볼 수 없다.

Ⅲ. 質疑의 要點

채무자회생법 제349조 제1항은 "파산선고 전에 파산재단에 속하는 재산에 대하여 「국세징수법」 또는 「지방세징수법」에 의하여 징수할 수 있는 청구권(국세징수의 예에 의하여 징수할 수 있는 청구권으로서 그 징수우선순위가 일반 파산채권보다 우선하는 것을 포함한다)에 기한 체납처분을 한 때에는 파산선고는 그 처분의 속행을 방해하지 아니한다"고 규정하고 있는바, 안산세무서장이 2000. 8. 26. 채무자의 재산에 대하여 압류를 한 후 별제권자의 임의경매절차가 개시되어 안산세무서장이 교부청구를 한 것이 파산선고 전의 체납처분에 해당하는지 여부/위 교부청구한 금액을 조세채권자에게 교부하여야 하는지 여부

Ⅳ. 愚見의 結論

안산세무서장이 국세징수법 제47조에 기한 압류 후에 체납절차를 속행하지 아니하고 이와 별도의 임의경매절차에 교부청구를 한 것은 채무자회생법 제349조 제1항에서 말하는 체납처분에 해당하지 아니하고, 압류처분과 참가압류만이 체납처분에 해당하므로 경매법원이 '압류의 원인이 된 체납액' 504,058,260원에 대하여만 안산세무서에게 배당을 하고 교부청구한 금액에 대하여 파산관재인에게 배당한 것은 적법하다.

Ⅴ. 愚見의 理由

아래에서는 먼저 국세징수법에서 정한 체납처분에 대하여 살펴보고, 다음으로 일본과 한국에서 파산절차에서 조세채권의 지위 및 체납처분의 속행, 금지 등에 관하여 살펴본다. 끝으로 본인의 의견을 제시한다.

1. 체납처분의 의의

납세자가 스스로 납기한까지 조세를 완납하지 아니하면 국가는 납세자의 재산으로부터 조세채권의 강제적 실현을 도모하며 이러한 일련의 절차를 체납처분이라 한다.

체납처분은 3가지 절차로 구성되는데, 첫째, 체납자의 재산을 확보하는 압류, 둘째, 압류한 재산을 국세에 충당하기 위하여 금전으로 환가하는 매각, 셋째, 매각대금을 국세 등에 배분 충당하기 위한 청산의 절차로 이루어진다. 국세징수법은 국세의 체납처분을 규율한다. 국세징수법의 관련규정을 개괄하면 다음과 같다.

제9조(납세의 고지)-제23조(독촉과 최고)-제24조(압류)-제61조(공매)-제67조(공매의 방법과 공고)-제68조(공매통지)-제75조(매각결정 및 매수대금의 납부기한 등)-제81조(배분 방법)3)

국세징수법에 의하면 체납처분은 협의의 체납처분인 압류와 교부청구 및 참가압류로 구분된다. 협의의 체납처분은 국가가 납세자의 재산을 압류함으로써, 환가, 환가대금의 충당이라는 일련의 절차를 스스로 진행하는 것을 말하고, 교부청구는 현재 진행 중인 다른 환가절차에 참가하여 배당을 구하는 것이다. 참가압류는 다른 기관에 의하여 체납자의 재산에 대하여 압류가 된 경우에 세무서장이 교부청구에 갈음하여 선행하는 압류절차에 참가하여 압류하는 것을 말한다.

(1) 압류(협의의 체납처분)의 의의

체납처분은 국세징수법에 의한 압류4)에 의하여 개시된다. 압류는 체납처분의 최초의 절차로서 조세채권의 내용을 실현하고 그 만족을 얻기 위하여 납세자의 특정재산을 강제적으로 확보하는 체납처분기관의 강제적 행위로서 조세채권의 자력집행권의 행사이다.5) 이하, 이 글의 목적상 부동산을 압류한 경우에 한하여 기술한다. 세무서장이 체납자의 부동산을 압류한 때에는 압류등기를 관할하는 등기소에 촉탁하여야 하고(국세징수법 제45조 제1항), 압류등기를 한 때에 효력이 발생한다(국세징수법 제47조 제1항). 채권압류의 경우처럼 체납자에게 압류의 뜻을 통지한 때에 발생하는 것이 아니다.6) 채권압류에 의하여 보전되는 국세의 범위는 압류의 원인이 된 체납국세로서 채무자에게 통지된 당해 국세로 한정되지만,7) 부동산 압류등기가 있으면 그 압류는 해

---

3) 서울행정법원, 조세소송실무 2012, 149면.
4) 국세징수법 제24조(압류) ① 세무서장은 다음 각 호의 어느 하나에 해당하는 경우에는 납세자의 재산을 압류한다.
　　1. 납세자가 독촉장(납부최고서를 포함한다)을 받고 지정된 기한까지 국세와 가산금을 완납하지 아니한 경우
　　2. 제14조 제1항에 따라 납세자가 납기 전에 납부 고지를 받고 지정된 기한까지 완납하지 아니한 경우
5) 姜仁崖, 국세징수법해설, 청림출판(1994), 245면.
6) 채권압류의 효력은 압류통지서가 제3채무자에게 송달된 때에 발생한다(국세징수법 제42조).
7) 대법원 1992. 11. 10. 선고 92누831 판결.

당 압류재산의 소유권이 이전되기 전에 국세기본법 제35조 제1항의 규정에 따른 법정기일이 도래한 국세에 대한 체납액에 대하여도 그 효력이 미친다(국세징수법 제47조 제2항). 경매개시결정이 있기 전에 국세징수법에 의한 압류를 한 조세채권자는 민사집행법 제148조 제4호에 해당하므로 배당요구를 하지 않더라도 배당을 받을 수 있다. 이에 반하여 경매개시결정 후에 체납처분에 의한 압류등기를 한 조세채권자는 경매법원에 배당요구의 종기까지 별도로 배당요구로써 교부청구를 하여야 배당을 받을 수 있다.8)

(2) 교부청구의 의의

국세징수법 제56조에 규정된 교부청구9)란 체납자의 재산에 대하여 이미 다른 징세기관의 공매절차 또는 그 외의 강제환가절차가 개시되어 있는 경우에 중복하여 압류하는 번잡함을 피하여 그 집행기관에 대하여 환가대금에서 체납세액에 상당하는 금액의 배당을 구하는 행위이다.10) 교부청구의 성질에 관하여 판례는 민사소송법에 규정된 부동산경매절차에서 하는 배당요구와 성질이 같다고 보았다.11)

교부청구는 과세관청이 이미 진행중인 강제환가절차에 가입하여 체납된 국세의 배당을 구하는 것으로서 민사소송법에 규정된 부동산경매절차에서의 배당요구와 같은 성질의 것이므로 당해 국세는 교부청구 당시 체납되어 있음을 요하고 또한 과세관청이 경락기일까지 교부청구를 한 경우에 한하여 비로소 배당을 받을 수 있으며, 적법한 교부청구를 하지 아니한 세액은 그 국세채권이 실체법상 다른 채권에 우선하는 것인지의 여부와 관계없이 배당할 수 없다.12) 다만 세무서장이 배당요구를 할 수 있도록 법원사무관 등은 세무서장에게 채권의 유무, 그 원인 및 액수를 배당요구의 종기까지 법원에 신고하도록 최고하여야 한다(민사집행법 제84조 제4항).

(3) 참가압류의 의의

세무서장이 압류하고자 하는 재산이 이미 다른 기관에 의하여 압류되어 있는 때 교부청구에 갈음하여 참가압류통지서를 이미 압류한 기관에 송달함으로써 그 압류에 참가하는 절차를 참가압류라 한다(국세징수법 제57조 제1항).13) 다른 기관의 의미에 대

---

8) 대법원 2001. 11. 27. 선고 99다22311 판결; 대법원 2002. 9. 27. 선고 2002다22212 판결 등.
9) 국세징수법 제56조(교부청구) 세무서장은 제14조 제1항 제1호부터 제6호까지의 규정에 해당하는 때에는 해당 관서, 공공단체, 집행법원, 집행공무원, 강제관리인, 파산관재인 또는 청산인에 대하여 체납액의 교부를 청구하여야 한다.
10) 任勝淳, 租稅法, 博英社(2010), 240면.
11) 대법원 1994. 3. 22. 선고 93다19276 판결.
12) 대법원 2001. 11. 27. 선고 99다22311 판결.
13) 국세징수법 제57조(참가압류)
   ① 세무서장은 압류하려는 재산을 이미 다른 기관에서 압류하고 있을 때에는 제56조에 따른 교

하여 행정관청에 한정하는 견해14)와 그 외에 강제집행을 하는 집행법원, 집행관 등을
포함하는 견해15)로 나뉘어 있다. 일본 국세징수법 제86조가 명문으로 체납처분을 한
행정기관에 의하여 압류가 된 때라고 규정하고 있으나 한국의 국세징수법은 그러한
표현을 두고 있지 않고 있으므로 행정관청 외에 집행법원 등을 포함하는 견해가 타당
하다. 실무상으로도 조세채권자가 임의경매절차에 참가압류를 하고 있다.16)

　　법원이 참가압류의 통지를 받은 경우에도 교부청구와 마찬가지로 배당요구의 효
력이 있다. 참가압류는 선행의 집행절차가 해제되거나 취소되는 경우에 이를 보완하기
위하여 마련한 제도이다. 참가압류는 선행의 압류가 해제되거나 경우에 압류로 전환된
다.17) 참가압류는 다른 집행기관에서 압류한 재산에 대하여 하는 것이므로 체납자에
대하여 파산선고가 있은 후에는 참가압류를 할 수 없다. 참가압류는 넓은 의미의 체납
처분으로서 소멸시효의 중단효력이 있다(국세기본법 제28조 제1항).

　　(4) 소결

　　압류와 참가압류는 조세채권자가 스스로 체납자의 재산을 환가하는 것으로서 파
산선고 이후에는 새로이 압류할 수 없음에 반하여, 교부청구는 조세채권자가 스스로
환가하지 아니하고 민사집행절차에 편승하여 배당요구의 성질을 갖는 것이므로 체납
자의 파산선고 전과 파산선고 후에도 다른 경매절차에서도 배당요구의 형식으로 가능
하다.

　　2. 일본

　　(1) 구 파산법

　　1) 조세채권의 취급

　　조세채권에 관한 관련 조항은 다음과 같다.

부청구를 갈음하여 참가압류 통지서를 그 재산을 이미 압류한 기관에 송달함으로써 그 압류에
참가할 수 있다.
② 세무서장은 제1항에 따라 압류에 참가하였을 때에는 그 사실을 체납자와 그 재산에 대하여 권
리를 가진 제3자에게 통지하여야 한다.
③ 세무서장은 제1항에 따라 참가압류하려는 재산이 권리의 변동에 등기 또는 등록을 필요로 하
는 것일 때에는 참가압류의 등기 또는 등록을 관계 관서에 촉탁하여야 한다.
14) 곽용진, 국세징수실무해설, 법률서원(2002), 665면.
15) 姜仁崖, 判例註釋國稅徵收法, 韓一租稅研究所(2004), 755면; 李泰魯·韓萬守, 租稅法講義, 博英
社(2012), 583면.
16) 대법원 1994. 9. 13. 선고 94누1944 판결; 서울고등법원 1998. 5. 8. 선고 97나51928 판결; 부산
지방법원 1989. 7. 20. 선고 89가합1103 판결 등
17) 任勝淳, 앞의 책, 242면.

제47조(재단채권의 범위)

아래에 게기한 청구권은 이를 재단채권으로 한다.

제2호 국세징수법 또는 국세징수의 예에 의하여 징수할 수 있는 청구권. 단 파산선고 후의 원인에 기한 청구권은 파산재단에 관하여 생긴 것에 한한다.

제71조(파산재단에 속하는 재산과 체납처분 행정사건) ① 파산재단에 속한 재산에 대하여 국세징수법 또는 국세징수의 예에 의하여 체납처분을 하는 경우에는 파산선고는 그 처분의 속행을 방해하지 아니한다.

② 파산재단에 속하는 재산에 관하여 파산선고 당시 행정청에 계속하는 사건이 있는 때에는 그 절차는 수계 또는 파산절차의 해지에 이를 때까지 이를 중단한다.

③ 제69조의 규정은 전항의 규정에 이를 준용한다.

　구 파산법의 내용은 한국의 구 파산법과 동일하므로 대법원 판례의 해석도 일본의 판례와 유사하다. 제71조의 취지는 과세관청이 파산선고 전에 착수한 체납처분을 파산선고 후에도 계속하여 파산절차에 의하지 아니하고 스스로 그 체납절차를 속행할 수 있고, 환가대금으로부터 우선적 변제를 받음으로써 징세의 목적을 달성할 수 있다는 취지이다. 제71조를 좁게 해석하면 과세관청이 단지 체납처분의 속행만을 할 수 있다는 취지이지만 실무는 환가절차를 통하여 얻은 매각대금에 대하여 파산절차에 의하지 아니하고 우선적으로 변제를 받는 것까지 포함하는 것으로 해석되고 있다.[18] 파산자 소유 부동산의 경매절차에 있어서 파산선고 후에 국세징수법에 규정하는 교부요구가 있는 경우에 교부요구에 관련한 청구권에 기하여 파산선고 전에 국세징수법 등에 의한 압류(참가압류를 포함)가 있는 경우를 제외하고 교부요구에 관련한 배당금은 파산관재인에게 교부하여야 한다.[19] 그리고 체납자의 파산선고 후에는 조세채권에 기하여 새로운 압류를 할 수 없다.[20]

　2) 신 파산법[21]

제25조(포괄적 금지명령) ① 법원은 파산절차개시의 신청이 있는 경우에 전조 제1항 제1호 또는 제6호의 규정에 의하여 중지명령에 의하여는 파산절차의 목적을 충분

---

18) 齊藤秀夫・麻上正信・林屋礼二 編, 注解破産法 第三版(上), 靑林書院(1999), 402면.
19) 最高裁判所 平成 9. 11. 28 판결(民集 51-10-4172) 및 最高裁判所 平成 9. 12. 18. 판결(判例時報 1628-21).
20) 最高裁判所 昭和 45. 7. 16. 판결(民集24-7-879).
21) 2005. 1. 1.부터 시행되고 있다. 신 파산법은 파산선고라는 용어 대신에 파산절차개시결정이라는 용어를 사용하고 있다.

히 달성할 수 없는 염려가 있다고 인정되는 특별한 사정이 있는 때에는 이해관계인의 신청 또는 직권으로 파산절차개시신청에 대한 결정이 있을 때까지 동안 모든 채권자에 대하여 채무자의 재산에 대한 강제집행 등 및 국세체납처분(국세체납처분의 예에 의한 처분을 포함하고, <u>교부요구는 제외한다</u>(밑줄 강조, 필자). 이하 같다)의 금지를 명할 수 있다.

제43조(국세체납처분 등의 취급) ① 파산절차개시의 결정이 있는 경우에는 파산재단에 속하는 재산에 대한 국세체납처분(외국조세체납처분을 제외하고 아래 항에 있어서 같다)은 할 수 없다.

② 파산재단에 속하는 재산에 대하여 국세체납처분이 이미 이루어져 있는 경우에는 파산절차개시결정은 그 국세체납처분의 속행을 방해하지 아니한다.

제97조(파산채권에 포함되는 청구권) 아래에 게기된 채권(재단채권인 것을 제외)은 파산채권에 포함되는 것으로 한다.

제4호 국세징수법 또는 국세징수의 예에 의하여 징수할 수 있는 청구권(이하 조세 등의 청구권이라 한다)으로서 파산재단에 관하여 파산절차개시 후의 원인에 기하여 생긴 것

제148조(재단채권으로 되는 청구권) ① 제3호 파산절차개시 전의 원인에 기하여 생긴 조세 등의 청구권(공조대상외국조세청구권 및 제97조 제5호에 게기한 청구권을 제외한다)으로써 파산절차개시 당시 아직 납기한이 도래하지 않은 것 또는 납기한으로부터 1년을 경과하지 아니한 것

일본은 신 파산법 제97조와 제148조를 통하여 재단채권이 되는 조세채권의 범위를 축소하였다. 개정 이유는 다음과 같다. 구 파산법 제47조 제2호 본문이 파산절차개시 전의 원인에 기한 조세 및 가산세, 연체세 등의 청구권 전액을 재단채권으로 하였으나 조세채권자는 자력집행권이 있어 신속하게 체납자의 재산을 환가할 수 있고 납세자의 자유재산을 포함한 모든 재산에 대하여 우선적으로 채권을 회수할 수 있음에도 불구하고 합리적인 기간 내에 징수권을 해태한 경우까지 최우선의 지위를 부여하는 것이 부당하다는 반성적 고려에서 신 파산법은 파산절차개시 전의 원인에 기한 조세채권을 원칙적으로 우선적파산채권으로 취급하였다.[22] 조세채권 중 파산절차개시결

---

[22] 小川秀樹, 一問一答 新しい 破産法 商事法務(2005), 189면. 조세채권이 재단채권이라면 파산자의 자유재산에 대하여는 본조가 적용되지 아니하므로 파산선고 후에도 체납처분을 할 수 있다. 伊藤 眞 編, 條解破産法 第2版, 弘文堂(2014), 356면.

정일을 기준으로 아직 구체적 납부기한이 도래하지 아니한 것과 구체적 납부기한으로부터 1년을 경과하지 아니한 것에 한하여 재단채권으로 인정하여 재단채권의 범위를 축소하였다.[23]

　　일본의 신 파산법 제43조 제1항은 구 파산법 시대의 판례를 명문화한 것이고, 제2항은 구 파산법 제71조 제1항을 수계하여 조세채권의 자력집행력을 존중하여 이미 이루어진 국세체납처분의 속행을 인정한 것이다. 일본의 신 파산법 제43조의 체납처분에는 국세체납처분(및 국세체납처분의 예)에 의한 압류와 참가압류를 포함하지만 교부요구는 포함되지 아니한다.[24] 교부요구는 독자적인 처분금지효도 없고 대외적인 공시도 충분하지 아니하여 이러한 점을 고려하여 체납처분의 범주에서 교부요구를 제외하였다. 따라서 교부요구는 파산절차개시결정 이후에도 가능하다.[25] 신 파산법에서는 파산절차개시결정 전의 조세채권은 재단채권에서 우선적 파산채권으로 강등되었으므로 우선적 파산채권인 조세채권에 대하여는 파산선고 전에 압류가 이루어지더라도 조세채권자가 우선적 변제를 받지 못하고 파산관재인에게 교부된 잉여금으로부터 파산배당을 받게 되는 것으로 변경되었다.[26] 파산절차개시시에 이미 이루어진 체납처분 또는 참가압류에 관련된 조세채권자는 그 절차에 의한 만족을 얻을 수 있으나 교부요구를 한 데에 불과한 조세채권자는 체납처분에 기한 절차에 의한 배당을 받을 수 없다 (일본 파산법 제25조 제1항 본문 괄호).[27]

3. 한국에서의 논의

(1) 구 파산법에서 조세채권의 지위

1) 조세채권에 관한 관련 규정

구 파산법 제38조 제2호

국세징수법 또는 국세징수의 예에 의하여 징수할 수 있는 청구권. 단 파산선고 후의 원인으로 인한 청구권은 파산재단에 관하여 생긴 것에 한한다.

---

23) 파산법에는 납기한이란 표현을 사용하고 있으나 이는 한국 국세기본법의 납부기한과 같은 뜻으로서 구체적 납부기한이고 법정납부기한이 아니다(伊藤眞, 破産法·民事再生法(第3版) 有斐閣 (2014), 302면의 주석 130).
24) 伊藤眞, 破産法·民事再生法(第3版) 有斐閣(2014), 415면. 교부요구란 한국 국세징수법의 교부청구와 같은 개념이다.
25) 伊藤眞 編, 條解破産法 第2版, 弘文堂(2014), 355면.
26) 伊藤眞 編, 條解破産法 弘文堂(2010), 334면.
27) 伊藤眞, 破産法·民事再生法(第3版) 有斐閣(2014), 272면의 주석 77.

구 파산법 제62조
파산재단에 속하는 재산에 대하여 국세징수법 또는 국세징수의 예에 의한 체납처분을 한 경우에는 파산선고는 그 처분의 속행을 방해하지 아니한다.

구 파산법에서는 파산선고 전의 원인으로 발생한 조세채권은 가산세 및 가산금을 포함하여 전액 재단채권이다. 파산선고 전에 압류처분이 이루어지고 체납자의 재산에 대하여 경매절차가 이루어진 경우에 관하여 판례는 과세관청이 파산선고 전에 국세징수법 또는 국세징수의 예에 의하여 체납처분으로 부동산을 압류(참가압류)한 경우에는 그 후 체납자가 파산선고를 받더라도 그 체납처분을 속행하여 파산절차에 의하지 아니하고 배당금을 취득할 수 있어 선착수한 체납처분의 우선성이 보장된다는 것으로 해석함이 상당하고, 별제권의 행사로서의 부동산경매절차에서 그 매각대금으로부터 직접 배당받을 수 있고, 이는 파산재단이 재단채권의 총액을 변제하기에 부족한 것이 분명하게 된 때에도 마찬가지라고 판시하였다.[28]

파산선고 후의 새로운 압류가 가능한지 여부에 관하여 판례는 제62조는 파산선고 전의 체납처분은 파산선고 후에도 속행할 수 있다는 것을 특별히 정한 취지에서 나온 것이므로 파산선고 후에 새로운 체납처분을 하는 것은 허용되지 아니한다는 것으로 해석함이 상당하므로 국세채권에 터잡아 파산선고 후에 새로운 체납처분을 하는 것은 허용되지 아니한다고 판시하였다.[29] 또한 파산선고 후에 별제권자에 의한 경매절차에 조세채권자가 교부청구를 하더라도 그 교부청구에 따른 배당금은 과세관청에게 교부할 것이 아니라 파산관재인이 재단채권자에게 안분변제할 수 있도록 파산관재인에게 교부하여야 한다.[30] 이상의 판례의 법리가 아래에서 보는 채무자회생법에 반영되었다.

(2) 채무자회생법에서 조세채권자의 지위
조세채권에 관한 관련 규정은 다음과 같다.

제349조(체납처분에 대한 효력) ① 파산선고 전에 파산재단에 속하는 재산에 대하여 「국세징수법」 또는 「지방세징수법」에 의하여 징수할 수 있는 청구권(국세징수의 예에 의하여 징수할 수 있는 청구권으로서 그 징수우선순위가 일반 파산채권보다 우선하

28) 대법원 2003. 8. 22. 선고 2003다3768 판결(공보불게재). 林治龍 외 3인, 破産判例解說, 博英社 (2006), 181-183면.
29) 대법원 2003. 3. 28. 선고 2001두9486 판결.
30) 대법원 2003. 6. 24. 선고 2002다70129 판결.

는 것을 포함한다)에 기한 체납처분을 한 때에는 파산선고는 그 처분의 속행을 방해하지 아니한다.

파산선고 후에는 파산재단에 속하는 재산에 대하여 「국세징수법」 또는 「지방세징수법」에 의하여 징수할 수 있는 청구권(국세징수의 예에 의하여 징수할 수 있는 청구권을 포함한다)에 기한 체납처분을 할 수 없다.

제473조(재단채권의 범위) 다음 각호의 어느 하나에 해당하는 청구권은 재단채권으로 한다.

2. 「국세징수법」 또는 「지방세징수법」에 의하여 징수할 수 있는 청구권(국세징수의 예에 의하여 징수할 수 있는 청구권으로서 그 징수우선순위가 일반 파산채권보다 우선하는 것을 포함하며, 제446조의 규정에 의한 후순위파산채권을 제외한다). 다만, 파산선고 후의 원인으로 인한 청구권은 파산재단에 관하여 생긴 것에 한한다.

파산선고 전에 발생한 조세채권은 파산채권이 아니라 재단채권으로 취급되고 파산선고 후에 발생한 조세채권은 파산재단에 관하여 생긴 것에 한한다(제473조 제2호). 따라서 파산선고 후에 발생한 조세채권으로서 파산자의 자유재산 또는 파산관재인이 재단포기를 한 재산, 파산선고 후에 비로소 납세의무가 성립된 부가가치세 등과 같은 조세채권은 재단채권이 아니다.[31] 위 법리는 구 파산법과 채무자회생법에도 동일하게 적용된다.

채무자회생법 제473조는 조세채권 중 제446조의 규정에 의한 후순위파산채권을 재단채권에서 제외하는 규정을 두었으며, 이에 따라 판례는 파산선고 전의 원인으로 인한 국세에 기하여 파산선고 후에 발생한 가산세, 가산금은 재단채권이 아니라 제446조 제1항 제2호 소정의 후순위 파산채권으로 해석한다.[32] 이로써 조세채권은 파산선고 전에 발생한 것은 재단채권이지만 그에 기하여 파산선고 후에 발생하는 가산금 등은 후순위파산채권으로 취급되어 구 파산법보다 불리하게 취급되었다.

한편 재단채권은 파산절차 중에는 강제집행할 수 없고,[33] 파산선고 전에 실시된 강제집행은 실효하는 것이 원칙이다.[34] 다만 재단채권 중 조세채권에 대하여는 특칙을 두고 있다. 즉 파산선고 이후에는 다른 재단채권과 같이 취급하여 새로이 압류 등

31) 구 파산법에 관한 판시로써 대법원 2005. 6. 9. 선고 2004다71904 판결; 대법원 1991. 2. 26. 선고 90누4631 판결; 대법원 1981. 12. 22. 선고 81누6 판결 등.
32) 대법원 2017. 11. 29. 선고 2015다216444 판결.
33) 대법원 2007. 7. 12.자 2006마1277 결정.
34) 대법원 2008. 6. 27.자 2006마2008 결정.

의 체납처분을 할 수 없도록 하되, 이미 파산선고 전에 개시된 체납처분은 속행할 수 있는 특례를 규정한 것이 제349조 제1항의 취지이다.

'속행을 방해하지 아니한다'는 의미는 파산선고 전에 체납처분이 있으면 파산선고가 있은 후에도 체납처분에 의한 절차를 계속하여 진행할 수 있고, 파산선고 후에도 조세채권자가 매각대금에서 재단채권인 조세채권을 다른 재단채권자보다 우선하여 변제받는 것이 허용된다는 취지이다. 만일 조세채권자가 국세징수법에 의한 압류 후에 법원의 경매절차가 개시되면 체납자가 파산선고를 받는 경우를 대비하여 채무자회생법이 인정하는 체납처분의 일종인 참가압류를 함으로써 배당요구를 할 수 있고 파산선고 후에도 압류채권과 배당요구한 조세채권을 합하여 배당금을 교부받을 수 있다.

그런데 이와 달리 교부청구는 체납처분이 아니고 단순한 배당요구에 불과하므로 설령 체납자의 경매절차에서 조세채권자가 압류 또는 참가압류 없이 교부청구만 하고 파산선고가 되었다면 채무자회생법 제349조 제1항의 취지는 교부청구를 별도의 체납처분으로 취급하지 않고 일반재단채권자와 같이 안분변제를 하겠다는 것이다. 한편 동조 제2항에 의하면 체납자에 대하여 파산선고가 있은 후에는 새로운 체납처분을 할 수 없으므로 체납자의 재산에 대하여 압류나 참가압류를 할 수 없다. 결국 조세채권자로서는 압류 후 공매 등의 환가 등의 체납처분을 스스로 진행하거나 경매절차가 개시된 경우에는 참가압류를 하였다가 체납자가 파산선고를 받게 되면 참가압류의 효력을 집행절차에 주장하여 우선변제를 받을 수 있다.

4. 검토

(1) 교부청구가 체납처분에 해당하는지 여부

일본의 개정 파산법 제25조는 포괄적 금지명령의 내용으로 강제집행 등 국세체납처분의 금지를 명할 수 있되 국세체납처분의 의의에 대하여 국세체납처분의 예에 의한 처분을 포함하되 교부요구를 제외한다고 규정함으로써 교부요구는 포괄적 금지명령의 대상에서 제외하였다. 일본 파산법 제43조는 파산절차개시결정이 있으면 국세체납처분을 할 수 없다고 규정하였지만 제25조에 의하여 교부요구는 할 수 있게 되었다. 따라서 일본 파산법에서는 교부요구는 체납처분에 해당하지 아니하는 것으로 입법에 의하여 명시되었다.

체납처분은 그 전체로서 하나의 행정처분이 되는 것이 아니고, 압류, 매각, 청산이 각각 독립한 행정처분이 된다. 따라서 압류 후에 한 교부청구는 압류와 법적성질이 다른 별개의 독립한 행위이다. 채무자회생법 제349조 제2항이 파산선고 후에는 새로이 체납처분을 할 수 없다고 규정하였음에도 불구하고 과세관청은 파산선고 후에도 민사집행법에 의한 경매절차에 참가하여 교부청구를 할 수 있다. 교부청구에 관한 규정인 국세징수법 제56조는 명문으로 파산관재인에 대한 교부청구를 인정하고 있다. 따라서 채무자회생법 제349조 제1항 소정의 체납처분이라 함은 압류와 참가압류를 의미하고 교부청구는 체납처분으로 볼 수 없다.[35] 대법원 2003. 8. 22. 선고 2003다3768 판결 역시 판결이유에서 과세관청이 파산선고 전에 국세징수법 또는 국세징수의 예에 의하여 체납처분으로 부동산을 압류(참가압류 포함)을 한 경우에는 그 후 체납자가 파산선고를 받더라도 그 체납처분을 속행할 수 있다고 판시한 바 있다.

체납자에 대한 파산선고 후에 별제권자에 의하여 경매절차가 개시된 경우에도 조세권자가 교부청구를 할 수 있으나 교부청구는 배당요구의 효력에 불과하고 설령 조세채권의 법정납부기한이 저당권설정등기보다 앞선 경우라도 별제권자에게 교부하고 남은 배당금을 조세채권자에게 교부하지 아니하고 관재인에게 교부하고 있다. 이는 교부청구가 압류나 참가압류보다 약한 법적 효력을 갖기 때문이다.[36]

판례는 민사집행절차가 개시되기 전에 압류 등기를 한 조세채권자에 대하여는 별도로 교부청구를 하지 아니하였더라도 그 등기에 배당요구의 성질을 가지는 교부청구의 효력이 인정되어 그 우선순위에 따라 배당을 받게 된다고 판시하면서,[37] 경매개시결정 후 체납처분에 의한 압류등기가 마쳐지게 된 경우에는 조세채권자는 경매법원에 교부청구를 하여야 배당을 받을 수 있다고 판시하고 있다.[38] 따라서 파산선고 전에 이루어진 경매절차에서 조세채권자가 국세징수법에 의한 압류 등기 없이 교부청구를 한 것을 가리켜 파산선고 전에 체납처분으로 볼 수 없다면, 조세채권자가 압류등기 후에 교부청구를 한 경우에도 압류행위만이 체납처분에 해당하는 것이고 교부청구를 별도의 체납처분으로 볼 수 없다고 봄이 옳다.

(2) 채무자회생법의 개정 취지와 조세채권자의 지위

파산절차의 취지는 파산재단에 속하는 재산의 가치를 극대화하여 신속하게 환가한 후 파산법이 정한 우선순위에 따라 채권자 간에 공평한 배당을 하는 것이다. 같은

---

35) 同旨, 곽용진, 앞의 책, 671면 및 983면. 대법원 2003. 8. 22. 선고 2003다3768 판결의 원심판결인 서울고등법원 2002. 12. 20. 선고 2002나47558 판결(하집2002-2, 342)도 파산법 제62조의 '체납처분을 한 경우'란 파산재단에 속하는 재산에 대하여 체납처분절차에 의하여 압류의 효력이 생긴 경우로 제한적으로 해석하여야 한다고 판시한 바 있다. 국세청의 실무도 같은 입장이다. 1970. 8. 19. 징수 4-10 통달(곽용진, 앞의 책, 983면 주석 335면에서 재인용).

36) 伊藤眞 編, 條解破産法 第2版, 弘文堂(2014), 355면.

37) 대법원 1993. 9. 14. 선고 93다22210 판결.

38) 대법원 2001. 11. 27. 선고 99다22311 판결.

순위의 채권자들 간에는 안분비례를 하는 것이 원칙이다. 따라서 재단채권의 경우에도 재단채권의 총액을 변제하기에 부족한 경우에는 법령이 규정하는 우선권에 불구하고 아직 변제하지 아니한 채권액의 비율에 따라 하게 되어 있다(채무자회생법 제477조).

그러나 파산선고 전의 조세채권은 성질상 파산채권에 해당하지만 국고의 이익을 고려하여 입법정책으로 이를 재단채권으로 취급하였다. 채무자회생법은 파산절차와 회생절차에서 조세채권의 지위가 다른 채권자보다 지나치게 우대받는 것을 고려하여 회생절차에서는 조세채권인 공익채권의 범위를 축소하였고,[39] 파산절차에서는 파산선고 후에 발생하는 가산세와 가산금을 후순위 파산채권으로 격하하였다(채무자회생법 473조 제2호, 제446조). 또한 일본의 신 파산법이 파산선고 전의 원인에 기하여 성립한 조세채권을 원칙적으로 우선적 파산채권으로 취급하고, 영국의 도산법이 조세채권의 우선적 지위를 포기한 개정 등[40]은 지나치게 국고주의적인 입장으로 인하여 일반 국민이 희생되는 것을 막기 위한 세계적인 흐름이다.

이러한 입장에서 본다면 체납처분의 속행을 허용한다는 것은 국가가 스스로가 주도하는 체납처분절차인 압류 및 참가압류를 통하여 체납자의 자산을 환가하는 것을 의미하고 설령 압류를 한 이후에 우연히 경매절차에 참가하여 교부청구한 행위까지 보호하는 것은 지나치게 조세채권자의 지위를 과잉보호하는 것이다.

국가가 국민의 재산에 대하여 압류를 하였다면 즉시 체납처분을 실시할 것이고 만일 체납자의 재산에 대하여 경매절차가 개시되면 국세징수법이 허용한 별도의 체납처분인 참가압류를 통하여 국세우선권의 지위를 유지할 방법이 있는 것이다. 파산법은 파산재단에 속하는 재산의 가치의 극대화를 위하여 부득이 권리위에 잠자는 권리자를 제재하는 제도가 있다. 첫째, 파산선고 전에 채무자로부터 채권양도를 받았으나 채권양도의 효력발생일로부터 15일이 경과한 후에 대항요건을 구비한 경우에는 채무자회생법 제394조에 의하여 파산관재인이 대항요건의 구비에 대하여 부인권을 행사하여 채권양수의 효력을 무효로 할 수 있다. 둘째, 채권자가 채무자의 제3자에 대한 채권에 대하여 압류 및 추심명령을 받고 추심을 하였음에도 불구하고 민사집행법 제236조 제

---

39) 채무자회생법 제179조 제1항 제9호 가목 단서를 신설하여 "「법인세법」 제67조(소득처분)의 규정에 의하여 대표자에게 귀속된 것으로 보는 상여에 대한 조세는 원천징수된 것에 한한다."라는 규정을 신설하였다.

40) 영국에서 우선적도산채권은 2002년 도산법 개정 전에는 조세를 비롯한 정부에 대한 공과금채권이 포함되었으나 개정에 의하여 현재는 선박과 철강제품에 대한 세금, 연금보험료와 일정금액(1인당 £800을 최고한도로 함)의 체불임금만 남았다. Glen Flannery · Ruth Sorsa, England and Wales, Collier International Business Insolvency Guide, LexisNexis, 2014. ¶21.04[9][a].

1항에 의하여 추심의 신고를 마치지 아니한 상태에서 채무자에 대하여 파산선고가 있으면 추심명령은 실효되고 추심금을 파산관재인에게 반환하여야 한다. 또한 미국의 경우에도 채무자 소유의 담보물에 대하여 담보권을 설정받았으나 아직 대항요건을 갖추지 못한 상태에서 채무자에 대하여 파산절차가 개시되면 파산관재인이 담보권을 부인할 수 있는 제도를 갖고 있다.[41)]

따라서 조세채권자가 국세징수법에 의한 압류 외에 체납자 소유 재산에 대하여 참가압류를 할 수 있었음에도 불구하고 이를 해태하여 체납자가 파산선고를 받은 경우 압류한 채권에 대하여만 국세우선권에 기하여 우선변제를 받는 데 그치고, 교부청구로는 배당받을 수 없다고 하는 해석은 파산절차의 체계에 부합한다.

(3) 일본의 국세징수법 및 체납처분과 강제집행등의 절차조정에 관한 법률의 차이

일본의 국세징수법은 한국과 달리 참가압류의 대상에서 채권을 배제하고 있고 선행 압류기관을 행정기관으로 한정하고 있다.[42)] 따라서 체납자가 보유하는 제3채무자에 대한 채권에 대하여는 교부요구만 할 수 있고, 참가압류를 할 수 없다. 또한 국세징수법에 의한 체납처분과 경매절차를 조정하기 위한 법률(滯納處分と强制執行等との手續の調整に關する法律)이 있다. 이 법률에 의하면 이미 체납처분에 의한 압류 후에 강제경매개시결정을 한 부동산에 대하여는 민사집행법 제49조의 규정에 의한 절차 기타 매각을 위한 절차는 체납처분에 의한 압류가 해제된 후가 아니면 할 수 없지만 반대로 강제경매의 개시결정이 된 부동산에 대하여는 체납처분에 기한 압류를 할 수 있다(동법 제13조 및 제29조). 채권에 대하여는 체납처분에 의한 압류와 강제집행에 의한 압류의 경합을 인정하면서도 이미 체납처분에 의하여 압류가 된 부분에 대하여는 추심할수 없고(동법 제20조의5), 압류가 경합된 경우에 제3채무자의 공탁과 매각대금의 교부절차를 인정하고 있다(동법 제20조의 6).

결국 일본에서는 조세채권자가 국세징수법에 의한 압류를 한 후에 체납자의 채권에 대하여 민사집행절차가 개시되면 참가압류를 할 수 없고 반드시 교부청구를 하여

---

41) 미국 연방파산법 §544(a) 이를 Strong-Arm Clause라 한다.
42) 일본 국세징수법 제86조(참가압류의 절차)
　　제1항 세무서장은 제47조(압류의 요건)의 규정에 의하여 압류할 수 있는 경우에 체납자의 재산으로서 다음에 게기한 것에 대하여 이미 체납처분에 의한 압류가 되어 있는 때에는 당해재산에 대한 교부청구는 제82조 제1항(교부요구의 절차)의 교부요구서에 대신하여 참가압류서를 체납처분을 한 행정기관 등에 교부하여 할 수 있다.
　　1. 동산 및 유가증권 2. 부동산 선박, 항공기, 자동차, 건설기계 및 소형선박. 3 전화가입권.
　　제2항 세무서장은 전항의 교부요구(이하 참가압류라 한다)를 한 때에는 참가압류통지서에 의하여 체납자에 통지하지 않으면 안된다.

야 하고, 별도로 체납처분을 진행할 수 없으므로 민사집행절차에서의 교부청구에 대한 구제책을 마련할 필요가 있다. 또한 위 특별법에 의하여 국세징수법에 의한 압류 후에도 경매절차가 속행되는 경우가 있고 당해 체납처분에 관련된 조세채권자는 그 속행된 경매절차를 통하여 환가하여야 하므로 경매절차에서 교부청구를 할 수 있고 이 경우 교부청구는 이미 이루어진 체납처분의 속행절차의 실질을 갖고 있다고 볼 수 있다.43)

　　이에 반하여 한국의 국세징수법은 참가압류의 대상이 되는 재산에서 채권을 배제하고 있지 아니하고 선행 압류기관을 행정기관으로 한정하고 있지 아니하므로, 조세채권자가 체납자가 보유하는 채권에 대하여 법원을 포함한 다른 집행기관에 의하여 압류가 된 경우에 참가압류를 할 수 있다는 점에서 일본보다 조세채권자에게 유리한 제도를 갖고 있다. 또한 한국에서는 체납처분절차와 민사집행절차를 조정하는 법률이 없으므로 양자는 서로 별개의 절차로서 공매절차와 경매절차가 별도로 진행되는 것이므로,44) 체납처분압류가 있는 부동산에 대하여도 경매절차를 진행할 수 있고, 반대로 민사집행법에 의한 경매절차가 진행 중인 부동산에 대하여도 체납처분에 의한 공매절차를 진행할 수 있다.45)

　　한국에서는 조세채권자가 강제집행절차와 무관하게 공매절차를 진행함에 있어 체납자가 보유하는 재산(채권 포함)에 대하여도 참가압류를 할 권리가 보장되어 있다. 채권에 관하여 敷衍하면, 체납처분에 의하여 압류된 채권에 대하여도 민사집행법에 따라 압류 및 추심명령을 할 수 있고, 민사집행절차에서 압류 및 추심명령을 받은 채권자는 제3채무자를 상대로 추심의 소를 제기할 수 있다. 제3채무자는 압류 및 추심명령에 선행하는 체납처분에 의한 압류가 있어 서로 경합된다는 사정만을 내세워 민사집행절차에서 압류 및 추심명령을 받은 채권자의 추심청구를 거절할 수 없고, 또한 민사집행절차에 의한 압류가 근로기준법에 의해 우선변제권을 가지는 임금 등 채권에 기한 것이라는 등의 사정을 내세워 체납처분에 의한 압류채권자의 추심청구를 거절할 수도 없다.46)

(4) 국세체납처분의 현실과 구체적 타당성

국세징수법에 의하면 세무서장이 공매처분을 하는 것이 원칙이지만 1999. 12. 28.

43) 大阪地判 平成 6. 4. 28 판결. 伊藤眞 編, 條解破産法, 弘文堂(2010), 336면에서 재인용.
44) 대법원 1989. 1. 31. 선고 88다카42 판결.
45) 대법원 2014. 3. 20. 선고 2009다60336 전원합의체 판결.
46) 대법원 2015. 7. 9. 선고 2013다60982 판결(공 2015, 1126); 대법원 1999. 5. 14. 선고 99다3686 판결.

국세징수법 제80조 제2항을 신설하여 필요한 경우 한국자산관리공사로 하여금 공매를 대행하게 할 수 있다(국세징수법 제61조 제1항, 제5항). 실제로는 한국자산관리공사가 대행하는 경우가 많으며 압류처분 후 실제로 공매로 인한 매각결정이 이루어지기까지는 민사집행법에 의한 경매절차와 비교하여 시일이 오래 걸리게 된다. 또는 압류만 하고 공매절차에 나아가지 않고 있다가 체납자의 다른 채권자가 신청한 민사집행절차에 교부청구를 하는 경우가 흔하다. 대법원은 이러한 현실을 반영하여 국세징수법에 의한 압류등기가 장기간 방치되어 그로 인한 국민의 권리가 부당하게 제한되는 불합리를 시정한 바 있다. 즉 민사집행법에 의한 압류등기가 된 이후에 경매목적물의 소유자로부터 점유를 이전받아 유치권이 성립된 경우 경매절차의 안정성을 고려하여 유치권의 효력을 경락인에게 주장하지 못하도록 판시하면서, 한편으로 국세징수법에 기한 압류등기 후에 유치권이 성립한 경우에는 그 효력을 경락인에게 주장할 수 있다고 판시하였다.[47]

　　일본과 같이 체납처분과 집행절차를 조정하는 법률이 없는 이상 국세징수법에 의한 공매절차와 민사집행법상의 집행절차는 별개로서 진행될 수 밖에 없다. 국가로서는 국세징수법이 허용한 자력집행권을 행사하여 공매절차를 신속하게 진행할 의무가 있고 만일 사인이 진행하는 집행절차가 개시되면 참가압류를 통하여 채무자회생법이 정한 보호를 받아야 하고 법적 성격이 다른 교부청구에 만연히 의존하는 실무는 개선되어야 한다.

(5) 국세징수법 제47조 제2항과 파산절차

　　조세채권자가 국세징수법 제45조에 의하여 부동산 등에 대한 압류의 효력은 그 압류의 등기가 완료된 때에 발생하고, 그 압류는 해당 압류재산의 소유권이 이전되기 전에 국세기본법 제35조 제1항의 규정에 따른 법정기일이 도래한 국세에 대한 체납액에 대하여도 그 효력이 미친다(국세징수법 제47조 제2항). 제47조 제2항과 같은 내용은 일본 국세징수법에 없다.[48] 국세징수법 제47조 제2항의 취지는 한번 압류등기를 하고 나면 그 이후에 발생한 동일인의 체납세액에 대하여도 새로운 압류등기를 거칠 필요

---

47) 대법원 2014. 3. 20. 선고 2009다60336 전원합의체 판결.
48) 일본 국세징수법 제68조
　　제1항 부동산 … 의 압류의 효력은 체납자에 대한 압류서의 송달에 의하여 행한다.
　　제2항 전항의 압류효력은 그 압류서가 체납자에 송달된 때에 생긴다.
　　제3항 세무서장은 부동산을 압류한 때에는 압류등기를 관계기관에 촉탁하여야 한다.
　　제4항 전항의 압류등기가 압류서의 송달 전에 이루어진 경우에는 제2항의 규정에 불구하고 그 압류의 등기가 된 때에 압류의 효력이 생긴다.
　　제5항 생략(광업권에 관한 것임).

없이 당연히 압류 효력이 미친다는 것일 뿐이고, 압류 이후 발생하는 국세채권에 대하여 특별한 우선적 효력을 인정하는 것은 아닐 뿐 아니라, 배당기일까지 발생한 체납세액 전부에 대하여 교부청구의 효력까지를 인정하는 취지 또한 아니다.[49] 압류등기 이후에 발생하는 체납세액도 배당요구의 종기까지 교부청구를 하여야 하고 배당요구의 종기 이후 배당기일까지 사이에 비로소 교부청구된 세액은 배당할 수 없으며, 압류등기 이후에 발생한 체납세액과 담보권의 우선순위를 가릴 때에는 체납세액의 법정기일과 담보권 등기일의 선후를 비교하여 그 우선순위를 결정하여야 한다.[50] 요약하면 조세채권에 대하여 동조에 의한 압류가 되었다고 하더라도 배당요구의 종기까지 증빙서류가 제출되지 아니한 경우 경매법원은 압류등기를 집행기록에 나타난 증빙서류에 준하여 취급하여 배당할 뿐이고, 배당요구 종기 이후에 교부청구된 세액은 배당할 수 없는 것이다.[51]

동조는 조세채권의 확보와 거래질서의 보호라는 이익충돌을 조정하기 위해 양도인의 체납세액에 압류의 효력이 미치는 범위를 양수인이 객관적으로 양도인의 체납세액을 파악할 수 있는 시점인 법정기일로 정한 것이다.[52] 즉 동 조항은 체납자 소유로서 압류된 부동산이 제3자에게 양도된 경우 제3자가 물적으로 부담하여야 하는 체납세액의 액수를 확정함으로써 조세채권자와 압류 부동산의 양수인의 이익을 조정하기 위한 조항이므로 총채권자의 이익을 규율하는 파산절차에 적용할 성질이 아니다. 만일 동 조항을 기계적으로 적용하면 파산선고 후 파산관재인이 환가업무의 일환으로 압류된 부동산을 매각하는 경우라면 파산선고 후에 발생한 새로이 발생한 모든 조세채무에 대하여도 압류의 효력을 주장하여 부동산의 매각대금에서 교부받을 수 있다는 것인데 이러한 결론은 파산법의 체계에 어긋남은 贅言을 요하지 아니한다. 즉 파산선고 후에 발생하는 가산세 등은 후순위 파산채권이고 파산선고 후에 발생하는 조세채권 중 재단채권은 파산재단에 관하여 생긴 것에 한하고 파산채무자가 부담의무를 지는 '파산채권도 아니고 재단채권도 아닌 조세채권'이 존재하기 때문이다.[53]

---

49) 대법원 2012. 5. 10. 선고 2011다44160 판결(공 2012, 981면); 대법원 2004. 11. 12. 선고 2003두6115 판결 등.

50) 대법원 2004. 11. 12. 선고 2003두6115 판결; 대법원 2012. 5. 10. 선고 2011다44160 판결 등. 대법원 2011다44160 판결에 대한 해설로는 임기환, "배당요구 종기까지 교부청구되지 아니한 당해세의 가산금 및 중가산금에 대한 배당의 가부," 대법원판례해설 91호, 법원도서관(2012), 577-593면.

51) 대법원 1997. 2. 14. 선고 96다5185 판결.

52) 任勝淳, 앞의 책, 237면. 한편, 姜仁崖, 앞의 책, 635면은 위헌의 소지가 많은 조항이라고 한다.

53) 대법원 2017. 11. 29. 선고 2015다216444 판결은 파산절차에서 이러한 조세채권의 개념을 인정

동조가 국세징수법상 조세채권의 우선성을 부여하는 조항도 아니고, 국민의 재산권을 침해할 위헌의 소지도 있는 점,[54] 파산절차의 기본원칙인 채권자들의 공평한 취급에 따르면 동순위의 재단채권자 간에는 실체법상의 권리의 순위에 불구하고 채권액의 비율에 따라 변제하는 것인 점(채무자회생법 제477조), 그리고 파산선고 전에 압류된 조세채권의 범위를 확대하여 체납자의 파산절차에서 다른 재단채권에 우선하여 변제하도록 해석하는 것은 파산법의 원칙에 위배되는 점 등을 고려하여 동조의 적용범위를 엄격하게 해석하는 것이 타당하다.

조세채권자가 체납처분으로 부동산을 압류를 하였다면 국세징수법 제47조 제2항에 의하여 압류된 부동산의 양수인에 대하여도 압류의 효력을 주장할 수 있지만, 압류된 부동산에 대하여 경매절차가 개시되면 체납처분과 경매절차는 별개의 절차이므로 조세채권자로서는 체납자의 파산에 대비하여 경매절차에 참가압류를 함으로써 채무자회생법 제349조 제1항에 의한 처분의 속행이라는 권리를 확보할 수 있을 것이다.

(6) 결론

이상의 이유로 조세채권자가 파산선고 전에 국세징수법에 의한 압류처분을 하였다고 하더라고 체납자에 대하여 참가압류를 하지 아니한 채 교부청구만을 하였다면 파산선고 전의 이러한 교부청구는 채무자회생법 제349조 제1항 소정의 체납처분에 해당하지 아니하므로 조세채권자는 압류한 금액 전액에 대하여 배당받을 수 있고 교부청구한 금액에 대하여는 우선권을 주장할 수 없게 되어 다른 재단채권자와 안분하여 변제를 받아야 한다. 국세징수법 제47조 제2항은 포괄적 집행절차인 파산절차에는 적용되지 아니한다.

[관련 사건은 제1심에서는 원고(대한민국)가 패소하였으나 항소심에서는 원고가 승소하였다. 이해의 편의를 위하여 판결문을 첨부하였다. 대법원 2018다294162호로 상고심에 계류 중이다.]

하고 있다.
54) 牧野正滿, 基本國稅徵收法, 中央經濟社(1984), 114면 및 141면에 의하면 일본 국세징수법에 의한 부동산 압류의 효력은 처분금지의 상대적 효력만 인정되고 한국과 같이 조세채권에 기한 부동산 압류의 경우 조세채권의 범위를 확대하는 특칙은 없다.

수원지방법원 안산지원

제 1 민 사 부

판　　결

사　　　건	2017가합8484 배당이의
원　　　고	대한민국
	법률상 대표자 법무부장관 박상기
	소송수행자 이현혜
피　　　고	파산채무자 조선무약 합자회사의 파산관재인 임종엽
피고보조참가인	1. 표○○
	2. 박○○
	피고보조참가인들 소송대리인 법무법인 우면
	담당변호사 남기정
변 론 종 결	2018. 3. 15.
판 결 선 고	2018. 4. 19.

주　　문

1. 원고의 청구를 기각한다.
2. 소송비용은 보조참가로 인한 부분을 포함하여 원고가 부담한다.

청 구 취 지

수원지방법원 안산지원 2009타경17595호 부동산임의경매사건에 관하여 위 법원이 2017. 8. 2. 작성한 배당표 중 피고에 대한 배당액 14,210,329,090원을 0원으로, 원고에 대한 배당액 504,058,260원을 14,714,450,350원으로 각 경정한다.

이 　 유

1. 기초사실

가. 원고 산하 안산세무서장(이하 '원고'라고 한다)은 파산자 조선무약 합자회사(이하 '조선무약'이라고 한다)가 근로소득세 334,280,380원 및 기타소득세 169,777,880원 합계 504,058,260원(= 334,280,380원 + 169,777,880원)을 체납하자, 2010. 8. 26. 조선무약 소유의 안산시 단원구 신길동 1229 공장용지 33,514.7㎡ 및 위 지상 건물(이하 '이 사건 부동산'이라고 한다)을 국세징수법 제24조 제1항에 따라 압류(이하 '이 사건 압류'라고 한다)하였다.

나. 이 사건 부동산에 관하여 근저당권자인 국민연금04-3케이앤피기업구조조정조합 업무집행조합원 케이앤피인베스트먼트 주식회사의 임의경매신청에 따라 2011. 5. 18. 수원지방법원 안산지원 2009타경17595호로 부동산임의경매절차가 개시되었다.

다. 한편 조선무약은 2009. 8. 25. 서울중앙지방법원으로부터 회생절차 개시결정을 선고받았으나, 그 후 2010. 11. 24. 회생절차가 폐지되어 2016. 4. 25. 서울중앙지방법원으로부터 파산선고를 받고, 피고가 그 파산관재인으로 선임되었다.

라. 원고는 위 임의경매절차에서 배당요구종기 전인 2011. 6. 13. 조선무약이 체납한 각종 조세 합계 14,317,649,540원에 대한 교부청구를 하였다. 그러나 집행법원은 2017. 8. 22. 이 사건 부동산에 대한 매각대금 중 이 사건 압류의 원인이 된 체납액 합계 504,058,260원(= 334,280,380원 + 169,777,880원)만을 원고에게 배당하고, 이 사건 압류 이후 발생한 나머지 체납액은 조선무약의 파산관재인인 피고에게 배당하는 내용의 배당표를 작성하였다.

마. 원고는 위 배당기일에 출석하여 피고의 배당액 중 14,210,392,090원에 대한 이의를 제기하였고, 그로부터 7일 이내인 2017. 8. 29. 이 사건 소를 제기하였다.

[인정근거] 다툼 없는 사실, 갑 제1 내지 4호증의 각 기재(가지번호 있는 것은 각 가지번호 포함), 변론 전체의 취지

2. 관계 법령

별지 기재와 같다.

3. 당사자들의 주장 및 쟁점

가. 원고의 주장

1) 채무자 회생 및 파산에 관한 법률(이하 '채무자회생법'이라 한다) 제349조 제1항에 따르면, 조세채권자가 파산선고 전에 파산재단에 속하는 재산에 대하여 체납처분을 한 경우 파산선고 이후에도 그 처분을 계속 진행할 수 있고, 파산자 소유 부동산에 관하여 개시된 임의경매절차에서도 직접 배당금을 수령할 수 있다.

2) 원고는 조선무약에 대한 파산선고 전인 2000. 8. 26. 이 사건 부동산에 대하여 체납처분에 의한 압류를 하였고, 국세징수법 제47조 제2항에 따라 그 압류의 효력은 압류의 원인이 된 체납액뿐만 아니라 압류등기 이후 법정기일이 도래한 체납액에도 미친다. 원고는 이 사건 압류 이후 임의경매절차에 참가하여 위 체납액의 교부를 청구를 하였으므로, 압류등기 이후 발생한 체납액에 기한 배당금 14,210,392,090원(=14,714,450,350원[1] − 504,058,260원)도 원고에게 배당하는 내용으로 배당표가 경정되어야 한다.

나. 피고의 주장

1) 채무자회생법 제349조 제1항에 따라 조세채권자가 매각대금에서 직접 배당받을 수 있는 것은 압류의 원인이 된 체납액에 한하고, 압류등기 이후 발생한 체납액은 이에 해당하지 않는다.

2) 국세징수법 제47조 제2항에 따른 압류의 확장효는 단순히 과세관청의 편의를 위하여 마련된 것으로서, 압류등기 이후 발생한 체납액에 특별한 우선적 효력을 부여하거나 다른 법령의 규정을 배제하는 것이 아니다. 따라서 이 사건 압류 이후 발생한 체납액에 기한 배당금은 채무자회생법에 정한 원칙으로 돌아가 파산관재인인 피고에

---

[1] 원고는 이 사건 부동산 매각대금 중 합계 14,714,450,350원(= 배당요구종기 전 교부청구한 체납액 14,317,649,540원 − 경매절차 진행 중 수납된 금액 113,683,040원 + 배당기일까지 발생한 중가산금 510,483,850원)을 원고에게 교부하여야 한다고 주장한다.

게 배당되어야 한다.

다. 이 사건의 쟁점

이 사건의 쟁점은, 조세채권자가 파산선고 전에 파산재단에 속하는 재산을 압류하였다가 파선선고 후 개시된 임의경매절차에서 교부청구를 한 경우, 그 압류의 원인이 된 체납액 외에 '압류등기 이후 발생한 체납액'에 기한 배당금을 조세채권자 또는 파산관재인 중 누구에게 교부할 것인지이다. 이와 관련하여 먼저 ① 조세채권에 기한 교부청구의 경우 배당금 교부의 상대방이 누구인지, ② 원고가 이 사건 압류 이후 임의경매절차에 참가하여 '압류등기 이후 발생한 체납액'에 기한 교부청구를 한 것이 채무자회생법 제349조 제1항에 정한 '체납처분의 속행'에 해당하는지, ③ 국세징수법 제47조 제2항에 따라 '압류등기 이후 발생한 체납액'에 기한 배당금도 조세채권자인 원고에게 직접 교부하여야 하는지 차례로 살펴본다.

4. 판단

가. 조세채권에 기한 교부청구의 경우 배당금 교부의 상대방

1) 관련 법리

채무자회생법은 총 채권자의 공평한 만족을 실현하기 위하여 파산관재인에게 파산재단의 관리·처분에 관한 권리를 부여함으로써(채무자회생법 제384조) 파산관재인이 파산절차의 중심적 기관으로서의 역할을 수행할 수 있도록 하고 있고, 특히 국세징수법 또는 국세징수의 예에 의하여 징수할 수 있는 청구권(이하 '조세채권'이라 한다)을 비롯한 '재단채권'에 관하여는 파산절차에 의하지 않고 파산관재인이 일반 파산채권보다 우선하여 수시로 변제하되, 파산재단이 위 재단채권의 총액을 변제하기에 부족한 것이 분명하게 된 때에는 각 재단채권의 변제는 법령이 규정하는 우선권에 불구하고 아직 변제하지 아니한 채권액의 비율에 따라 분배하도록 규정하여(채무자회생법 제473조, 475조, 476조, 477조), 일정한 경우에는 조세채권의 법령상 우선권에 불구하고 다른 재단채권과 균등하게 분배되도록 규정하고 있다.

여기에다가 파산선고 후에는 조세채권에 터잡아 새로운 체납처분을 하는 것이 허

용되지 않는다고 규정하고 있는 점(채무자회생법 제349조 제2항) 등을 종합하여 보면, 파산자 소유의 부동산에 대한 별제권(담보물권 등)의 실행으로 인하여 개시된 경매절차에서 과세관청이 한 교부청구는 그 별제권자가 파산으로 인하여 파산 전보다 더 유리하게 되는 이득을 얻는 것을 방지함과 아울러 적정한 배당재원의 확보라는 공익을 위하여 별제권보다 우선하는 채권 해당액을 공제하도록 하는 제한된 효력만이 인정된다고 할 것이므로 그 교부청구에 따른 배당금은 채권자인 과세관청에게 직접 교부할 것이 아니라 파산관재인이 채무자회생법 소정의 절차에 따라 각 재단채권자에게 안분변제할 수 있도록 파산관재인에게 교부하여야 한다(대법원 2003. 6. 24. 선고 2002다70129 판결 참조).

   2) 판단

      위 법리에 비추어 보건대, 조세채권자가 별제권(담보물권 등)의 실행으로 개시된 경매절차에 참가하여 교부청구를 하는 경우, 그 교부청구에 따른 배당금은 원칙적으로 조세채권자인 과세관청이 아니라 파산관재인에게 교부하여야 한다. 다만 채무자회생법 제349조 제1항은 파산선고 전에 '체납처분'을 한 경우 명문의 예외를 허용하고 있으므로, 이 사건과 같이 조세채권자가 체납처분인 압류를 한 이후 발생한 체납액에 기하여 교부청구를 한 경우에도 위 예외규정이 적용되는지에 관하여 항을 바꾸어 살펴본다.

  나. 채무자회생법 제349조 제1항의 적용 여부

   1) 관련 법리

      채무자회생법 제349조 제1항은 "파산재단에 속하는 재산에 대하여 국세징수법 또는 국세징수의 예에 의한 체납처분을 한 경우에는 파산선고는 그 처분의 속행을 방해하지 않는다"고 규정하고 있다. 이는 파산선고 전의 체납처분은 파산선고 후에도 속행할 수 있다는 것을 특별히 정한 취지에서 나온 것이므로, 과세관청이 파산선고 전에 국세징수법 또는 국세징수의 예에 의하여 체납처분으로 부동산을 압류(참가압류를 포함한다)한 경우에는 그 후 체납자가 파산선고를 받더라도 그 체납처분을 속행하여 파산절차에 의하지 아니하고 배당금을 취득할 수 있어 선착수한 체납처분의 우선성이 보장된다는 것으로 해석함이 상당하고, 따라서 별제권(담보물권 등)의 행사로서의 부동산 경매절차에서 그 매각대금으로부터 직접 배당받을 수 있고, 이는 파산재단이 재단채권의 총액을 변제하기에 부족한 것이 분명하게 된 때에도 마찬가지이다(대법원 2003. 8. 22. 선고 2003다3768 판결 참조).

2) 판단

앞서 본 법리에 채무자회생법 및 국세징수법 등 관계 법령을 종합하여 알 수 있는 다음과 같은 사정들에 비추어 보면, 채무자회생법 제349조 제1항에 정한 '체납처분'은 협의의 체납처분을 의미하는 것으로서, 국세징수법에 의한 교부청구는 위 규정에 따라 우선변제의 효력이 인정되는 체납처분에 해당하지 않는다고 봄이 타당하다.

① 채무자회생법은 파산재단의 환가대금을 원칙적으로 파산관재인만이 수령하도록 하면서, 채무자회생법 제412조 및 제349조 제1항에 따른 '별제권자'와 '파산선고 전 체납처분을 한 조세채권자'만이 예외적으로 직접 환가대금을 수령할 수 있다고 규정하고 있다. 파산재단의 관리처분권을 파산관재인의 공정·타당한 정리에 일임하려는 채무자회생법의 입법 취지와 채무자회생법 제349조 제1항의 예외규정으로서 성질을 아울러 고려할 때, 채무자회생법 제349조 제1항의 요건은 엄격하게 해석함이 타당하다.

② 납세자가 납기한까지 조세를 완납하지 않는 경우 납세자의 재산으로부터 조세채권의 강제적 실현을 도모하는 절차를 체납처분이라 하고, 체납처분은 협의의 체납처분과 교부청구 및 참가압류로 나누어진다. 전자는 과세관청 스스로 납세자의 재산을 압류함으로써, 압류재산의 환가 및 환가대금의 충당이라는 일련의 절차를 진행하는 것을 말한다. 이에 대하여 교부청구는 과세관청이 이미 진행 중인 강제환가절차에 가입하여 체납된 조세의 배당을 구하는 것으로서, 강제집행에서 배당요구와 같은 성질의 것이다(대법원 1992. 4. 28. 선고 91다44834 판결 참조).

한편 과세관청이 체납자의 재산을 압류하지 않은 채 파산선고 전에 개시된 강제환가절차에서 단순히 교부청구만 한 경우, 그 교부청구에 기한 배당금을 파산관재인에게 교부하여야 함은 앞서 살펴본 바와 같다. 그렇다면 채무자회생법 제349조 제1

항에서 명문으로 우선변제의 효력을 인정하는 '체납처분'을 한 경우란 국세징수법상의 교부청구를 배제한 협의의 체납처분을 의미한다고 해석함이 타당하다.

③ 국세징수법 제349조 제2항은 파산선고 후에는 조세채권에 기한 체납처분을 할 수 없다고 규정하고 있다. 그런데 과세관청은 파산선고 후에도 스스로 압류재산의 환가로 나아가지 않고, 이미 개시된 강제환가절차에 편승하여 체납액 상당의 교부청구를 하는 것이 얼마든지 가능하다. 따라서 위 규정에서 '체납처분'이란 협의의 체납처분을 의미하는 것이라고 해석하는 데 의문의 여지가 없다. 그렇다면 국세징수법 제349조 제1항에 정한 '체납처분' 역시 협의의 체납처분으로 해석하는 것이 법률의 통일적 해석원칙에도 부합한다.

④ 한편 '체납처분의 속행'이란 그 사전적 의미에 비추어, 과세관청이 체납자의 재산을 압류함으로써 환가 및 환가대금의 충당이라는 일련의 절차를 계속 진행하는 것을 의미한다고 봄이 자연스럽다. 그 결과 체납처분에 의하여 압류한 금액은 파산선고 후에도 다른 재단채권에 우선하여 변제받는 것이 허용되므로, 별제권(담보물권 등)의 실행으로 개시된 경매절차에서도 과세관청이 그 매각대금으로부터 직접 배당받을 수 있다. 반면 교부청구는 과세관청이 다른 집행기관에 대하여 체납액 상당의 교부를 요구하는 1회적 행위를 가리키는 것으로서, 압류의 속행이라는 개념과는 어울리지 않는다.

⑤ 위와 같이 채무자회생법 제349조 제1항이 예외적으로 파산선고 전에 착수한 체납처분의 경우 파산선고 후에도 그 절차의 속행을 허용한 것은, 과세관청이 파산선고 전에 들인 시간과 비용 및 노력 등을 무의미하게 하는 것이 바람직하지 않기 때문이다. 반면 교부청구는 조세채권자가 다른 집행기관에 의하여 개시된 강제환가절차에 참가하여 간략한 절차에 따라 조세채권의 만족을 얻으려는 것으로서, 체납처분에 의한 압류와 그 성질이 같다고 볼 수 없다.

이러한 점은 조세채권자가 체납자의 부동산을 압류한 후 즉시 체납처분을 진행하지 않고 있다가, 체납자에 대한 파산선고가 이루어지자 그 압류등기 이후 발생한 체납액 전부에 대하여 교부청구를 하는 경우에도 마찬가지라고 보아야 한다. 압류등기 이후 발생한 체납액에 대하여는 조세채권에 관하여 특별히 마련된 예외규정인 채무자회생법 제349조 제1항에 정한 '체납처분'이 있었다고 볼 수 없다. 나아가 이하에서 살펴보는 바와 같이 국세징수법 제47조 제2항의 해석상으로도 이러한 교부청구에 압류와 같은 정도의 보호를 하여야 할 근거가 있다고 볼 수 없다. 그렇다면 압류등기 이후 발생한 체납액에 기한 교부청구의 경우에도 채무자회생법 제349조 제1항의 적용이 없다고 봄이 타당하다.

다. 국세징수법 제47조 제2항에 따른 압류의 확장효가 파산절차에서 가지는 의미

1) 관련 법리

국세징수법 제47조 제2항은 세무서장이 한 부동산 등의 압류의 효력은 당해 압류재산의 소유권이 이전되기 전에 국세기본법 제35조 제1항의 규정에 의하여 법정기일이 도래한 국세에 대한 체납액에 대하여도 미친다고 규정하고 있는바, 위 규정의 취지는 한번 압류등기를 하고 나면 그 이후에 발생한 동일인의 체납세액에 대하여도 새로운 압류등기를 거칠 필요 없이 당연히 압류의 효력이 미친다는 것일 뿐이고, 그 압류에 의해 이후 발생하는 국세채권에 대하여 특별한 우선적 효력을 인정하는 것은 아닐 뿐 아니라(대법원 2004. 11. 12. 선고 2003두6115 판결 등 참조), 압류 이후 배당기일까지 발생한 체납세액 전부에 대하여 교부청구의 효력까지를 인정하는 취지 또한 아니다.

따라서 국세체납처분에 의한 압류 등기 이후 매각기일까지 별도의 교부청구나 그 세액을 알 수 있는 증빙서류가 제출되지 아니하면 집행법원으로서는 일단 집행기록에 있는 압류등기촉탁서에 의하여 인정되는 조세체납액에 대해서 배당을 할 것이지만, 그 배당액이 압류처분의 원인이 된 조세채권의 압류 당시의 실제 체납액을 초과하는 경우에는 그 초과액 부분은 후순위 배당권자의 배당이의의 대상이 된다 할 것이다. 이 경우 체납처분에 의한 압류의 효력이 미치는 다른 조세채권이 존재한다고 하더라도 배당요구의 종기까지 따로 교부청구를 하지 아니한 이상 그 체납조세채권으로 후순위 배당권자에 우선하여 배당받을 수는 없다(대법원 2012. 5. 10. 선고 2011다44160 판결 등 참조).

2) 판단

가) 원고가 2010. 8. 26. 조선무약 소유의 이 사건 부동산을 국세징수법에 따라 압류한 사실, 그 후 이 사건 부동산에 관한 임의경매절차가 개시되자 원고가 이 사건 압류 이후 발생한 체납액에 기하여 교부청구를 한 사실은 앞서 본 바와 같다. 위 인정 사실에 의하면, 이 사건 압류의 효력은 국세징수법 제47조 제2항에 따라 그 압류등기 이후 발생한 체납액에 대하여도 미친다.

나) 그러나 앞서 본 법리에다가 채무자회생법 및 국세징수법 등 관계 법령을 종합하여 알 수 있는 다음과 같은 사정들에 비추어 보면, 설령 이 사건 압류의 효력이 그 압류등기 이후 발생한 체납액에까지 미치더라도, 그 체납액에 대한 배당금은 파산 절차 내에서 채무자회생법에 정한 원칙에 따라 배당받을 수 있을 뿐, 임의경매절차에 서 조세채권자인 원고가 직접 교부받을 수는 없다고 봄이 타당하다.

① 채무자회생법은 파산선고로 인하여 파산채권이 되어야 할 조세채권을 재단채권으로 하고(채무자회생법 제473조 제2호), 파산선고 전의 체납처분을 파산선 고 후에도 속행할 수 있도록 하는 대신(제349조 제1항), 파산선고 후에는 새로운 체 납처분을 할 수 없도록 하였다(제349조 제2항). 이는 파산선고 전에 누려왔던 조세채 권의 우월성을 파산선고 전에 체납처분으로서 압류를 한 경우가 아니면, 파산선고 후에는 재단채권으로 보호하는 것 이상의 보호를 하지 않겠다는 취지라고 보아야 한다.

② 한편 앞서 본 법리에 비추어 보면, 비록 조세채권자가 한 압류의 효력 이 국세징수법 제47조 제2항에 따라 그 압류등기 이후 발생한 체납액에까지 미치더라 도, 그로 인하여 압류등기 이후 발생한 조세채권에 특별한 우선적 효력이 부여되는 것은 아니다. 따라서 압류등기 이후 발생한 체납액의 경우 반드시 별도로 적법한 교 부청구를 하여야만 배당받을 수 있다. 한편 체납자에 대하여 파산선고가 이루어진 경 우 위와 같은 조세채권자의 교부청구가 채무자회생법 제349조 제1항에 따라 우선변 제의 효력이 인정되는 협의의 체납처분에 해당한다고 볼 수 없음은 앞서 살펴본 바와 같다.

③ 즉, 국세징수법 제47조 제2항의 취지는 체납처분에 의하여 압류된 부동산이 양도된 경우 그 압류의 효력이 미치는 범위를 양수인이 객관적으로 체납액을 파악할 수 있는 '법정기일'로 정함으로써, 조세채권의 확보와 거래질서의 보호라는 이익을 조절하려는 규정이라고 보아야 한다. 이를 두고 파산절차에서 조세채권(특히 압류등기 이후 발생하는 조세채권)에 다른 재단채권보다 우선하는 지위를 인정한 것이라고 해석할 근거가 없다. 이와 달리 체납처분에 의한 압류 이후 발생하는 모든 체납액에 대하여도 조세채권자가 그 압류의 효력을 주장하여 파산선고 후 매각대금에서 직접 교부받을 수 있다고 한다면, 앞서 살펴본 파산절차의 기본원칙에 반하는 결과가 된다.

라. 소결론

원고가 이 사건 압류 이후 발생한 체납액에 기하여 한 교부청구는, 채무자회생법 제349조 제1항에 따라 파산선고 후에도 우선변제권이 인정되는 '체납처분'에 해당한다고 볼 수 없다. 따라서 원고가 임의경매절차에서 직접 위 체납액에 대한 배당금을 배당받을 수는 없고, 결국 그 배당금은 파산관재인인 피고에게 배당되어야 한다.

5. 결론

그렇다면 원고의 이 사건 청구는 이유 없으므로 이를 기각하기로 하여 주문과 같이 판결한다.

재판장	판사	손주철
	판사	박인범
	판사	이봉민

별지

관계 법령

■ 채무자 회생 및 파산에 관한 법률

제349조(체납처분에 대한 효력) ① 파산선고 전에 파산재단에 속하는 재산에 대하여 「국세징수법」 또는 「지방세징수법」에 의하여 징수할 수 있는 청구권(국세징수의 예에 의하여 징수할 수 있는 청구권으로서 그 징수우선순위가 일반 파산채권보다 우선하는 것을 포함한다)에 기한 체납처분을 한 때에는 파산선고는 그 처분의 속행을 방해하지 아니한다.

② 파산선고 후에는 파산재단에 속하는 재산에 대하여 「국세징수법」 또는 「지방세징수법」에 의하여 징수할 수 있는 청구권(국세징수의 예에 의하여 징수할 수 있는 청구권을 포함한다)에 기한 체납처분을 할 수 없다.

제384조(관리 및 처분권) 파산재단을 관리 및 처분하는 권한은 파산관재인에게 속한다.

제412조(별제권의 행사) 별제권은 파산절차에 의하지 아니하고 행사한다.

제473조(재단채권의 범위) 다음 각호의 어느 하나에 해당하는 청구권은 재단채권으로 한다.

2. 「국세징수법」 또는 「지방세징수법」에 의하여 징수할 수 있는 청구권(국세징수의 예에 의하여 징수할 수 있는 청구권으로서 그 징수우선순위가 일반 파산채권보다 우선하는 것을 포함하며, 제446조의 규정에 의한 후순위파산채권을 제외한다). 다만, 파산선고 후의 원인으로 인한 청구권은 파산재단에 관하여 생긴 것에 한한다.

제475조(재단채권의 변제) 재단채권은 파산절차에 의하지 아니하고 수시로 변제한다.

제476조(재단채권의 우선변제) 재단채권은 파산채권보다 먼저 변제한다.

제477조(재단부족의 경우의 변제방법) ① 파산재단이 재단채권의 총액을 변제하기에 부족한 것이 분명하게 된 때에는 재단채권의 변제는 다른 법령이 규정하는 우선권에 불구하고 아직 변제하지 아니한 채권액의 비율에 따라 한다. 다만, 재단채권에 관하여 존재하는 유치권·질권·저당권·「동산·채권 등의 담보에 관한 법률」에 따른 담보권 및 전세권의 효력에는 영향을 미치지 아니한다.

② 제473조 제1호 내지 제7호 및 제10호에 열거된 재단채권은 다른 재단채권에 우선한다.

■ 국세징수법

제14조(납기 전 징수) ① 세무서장은 납세자에게 다음 각 호의 어느 하나에 해당하는 사유가 있을 때에는 납기 전이라도 이미 납세의무가 확정된 국세는 징수할 수 있다.

1. 국세의 체납으로 체납처분을 받을 때

2. 지방세 또는 공과금의 체납으로 체납처분을 받을 때

3. 강제집행을 받을 때

4. 「어음법」 및 「수표법」에 따른 어음교환소에서 거래정지처분을 받은 때

5. 경매가 시작된 때

6. 법인이 해산한 때

7. 국세를 포탈(逋脫)하려는 행위가 있다고 인정될 때

8. 납세관리인을 정하지 아니하고 국내에 주소 또는 거소를 두지 아니하게 된 때

제24조(압류) ① 세무서장(체납기간 및 체납금액을 고려하여 대통령령으로 정하는 체납자의 경우에는 지방국세청장을 포함한다. 이하 같다)은 다음 각 호의 어느 하나에 해당하는 경우에는 납세자의 재산을 압류한다.

1. 납세자가 독촉장(납부최고서를 포함한다)을 받고 지정된 기한까지 국세와 가산금을 완납하지 아니한 경우

2. 제14조 제1항에 따라 납세자가 납기 전에 납부 고지를 받고 지정된 기한까지 완납하지 아니한 경우

제47조(부동산 등의 압류의 효력) ① 제45조 또는 제46조에 따른 압류의 효력은 그 압류의 등기 또는 등록이 완료된 때에 발생한다.

② 제1항에 따른 압류는 해당 압류재산의 소유권이 이전되기 전에 「국세기본법」 제35조 제1항 제3호에 따른 법정기일이 도래한 국세의 체납액에 대하여도 그 효력이 미친다.

제56조(교부청구) 세무서장은 제14조 제1항 제1호부터 제6호까지의 규정에 해당하는 때에는 해당 관서, 공공단체, 집행법원, 집행공무원, 강제관리인, 파산관재인 또는 청산인에 대하여 체납액의 교부를 청구하여야 한다.

서울고등법원

제 28 민 사 부

판 결

사 건	2018나2027254 배당이의
원고, 항소인	대한민국
	법률상 대표자 법무부장관 박상기
	소송수행자 이현혜, 최성훈
피고, 피항소인	파산채무자 조선무약 합자회사의 파산관재인 임종엽
피고보조참가인	1. 표○○
	2. 박○○
	피고보조참가인들 소송대리인 법무법인 우면
	담당변호사 남기정, 유수빈
제 1 심 판 결	수원지방법원 안산지원 2018. 4. 19. 선고 2017가합8484
	판결
변 론 종 결	2018. 10. 23.
판 결 선 고	2018. 11. 13.

주 문

1. 제1심판결을 취소한다.

2. 수원지방법원 안산지원 2009타경 17595 부동산임의경매 사건에 관하여 위 법원이 2017. 8. 22. 작성한 배당표 중 원고에 대한 배당액 504,058,260원을 14,714,450,350 원으로, 피고에 대한 배당액 31,801,773,176원을 17,591,381,086원으로 경정한다.

3. 소송 총비용 중 원고와 피고 사이에 생긴 부분은 피고가, 보조참가로 인한 부분은 피고들 보조참가인이 각 부담한다.

청구취지 및 항소취지

주문과 같다(원고는 피고에 대한 배당액 14,210,329,090원을 0원으로 경정하여 달라고 청구하였으나, 위 청구는 피고에 대한 배당액 중 14,210,329,090원을 감축하여 그 액수만큼 원고에게 추가 배당하여 달라는 취지로서 주문과 같은 내용이다).

이   유

1. 인정사실

가. 근저당권설정등기

조선무약 합자회사(이하 '조선무약'이라 한다) 소유의 안산시 단원구 신길동 1229 공장용지 33514.7㎡ 및 위 지상 건물(이하 '이 사건 부동산'이라 한다)에 관하여 1988. 5. 25.부터 1995. 5. 2.까지 주식회사 서울신탁은행 앞으로 1번 내지 7번 근저당권설정등기가 마쳐졌다가, 2005. 8. 4. 국민연금04-3케이앤피기업구조조정조합 업무집행조합원 케이앤피인베스트먼트 주식회사(이하 '케이앤피인베스트먼트'라 한다) 앞으로 같은 날 계약양도를 원인으로 위 각 근저당권설정등기의 이전등기가 마쳐졌다.

나. 체납처분에 의한 압류등기

이 사건 부동산에 관하여 2000. 8. 18. 체납처분에 의한 압류를 원인으로 하여 같은 달 26. 원고(처분청 안산세무서) 앞으로 압류등기가 마쳐졌다. 압류등기의 원인이 된 체납액은 압류 당시 법정기일이 도래한 근로소득세 본세 185,864,940원, 기타소득세 본세 92,679,880원(각 법정기일 1999. 1. 31., 납부기한 2001. 7. 31.) 합계 278,544,820원이었다.

다. 1차 교부청구

이 사건 부동산에 관하여 근저당권자인 케이앤피인베스트먼트의 경매신청에 의하여 2011. 5. 18. 수원지방법원 안산지원 2009타경17595호로 임의경매절차가 개시되었다. 위 임의경매절차에서 배당요구 종기일은 2011. 8. 29.로 결정되었고, 원고는 배당요구 종기 전인 2011. 6. 13. 위 법원에 1차 교부청구서를 제출하였는데, 조선무약의 체납본세 8,418,544,860원, 가산금 5,899,104,680원 합계 14,317,649,540원[1] 및 배당기
일까지 매월 가산되는 중가산금을 1차 교부청구금액으로 기재하였다.

라. 파산선고

조선무약은 2016. 4. 25. 서울중앙지방법원으로부터 파산선고를 받아 피고가 그 파
산관재인으로 선임되었다.

마. 2차 교부청구

파산재단에 속하는 이 사건 부동산에 관하여 2017. 5. 18. 매각허가결정이 선고되었
다. 원고는 배당기일이 통지된 이후인 2017. 7. 13. 2차 교부청구서를 제출하였는데,
조선무약의 체납본세 9,284,434,850원, 가산금 6,911,908,660원 합계 16,196,343,510
원[2] 및 배당기일까지 매월 가산되는 중가산금을 2차 교부청구금액으로 기재하였다.

바. 배당이의

경매법원은 2017. 8. 22. 배당기일을 열어 2순위 채권자인 케이앤피인베스트먼트에
17,510,000,000원, 3순위 채권자인 원고에게 압류의 원인이 된 체납본세 278,544,820
원 및 이에 대한 2011. 6. 13.까지 가산금 225,513,440원 합계 504,058,260원, 8순위 채
권자인 피고에게 31,801,773,176원을 배당하는 내용의 배당표(이하 '이 사건 배당표'라
한다)를 작성하였다.

이에 원고가 배당기일에 출석하여 1차 교부청구일인 2011. 6. 13.까지 체납된 본세
및 가산금 합계 14,317,649,540원에서 경매절차에서 수납한 113,683,040원을 공제하고
그 다음 날부터 2차 교부청구일인 2017. 7. 13.까지 발생한 중가산금 510,483,850원을
포함시켜 14,714,450,350원(= 14,317,649,540원 - 113,683,040원 + 510,483,850원, 2차
교부청구금액의 일부이다)이 정당한 배당액이라고 주장하면서, 원고에게 14,210,392,020
원(= 14,714,450,350원 - 504,058,260원)을 추가 배당하고 그 액수만큼 피고에 대한 배

---

1) 압류 당시 법정기일이 도래한 본세 278,544,820원 및 이에 대한 1차 교부청구일인 2011. 6. 13.까
  지 가산금 225,513,440원 + 압류 이후에 법정기일(법정기일 2000. 11. 30.-2011. 4. 25., 납부기
  한 2001. 1. 31.-2011. 6. 30.)이 도래한 본세 8,140,000,040원 및 이에 대한 1차 교부청구일인
  2011. 6. 13.까지 가산금 5,673,591,240원
2) 1차 교부청구시보다 본세 865,889,990원, 가산금 1,012,803,980원 합계 1,878,693,970원 증가하
  였다.

당액을 줄여야 한다고 이의를 제기한 후, 그로부터 7일 이내인 2017. 8. 29. 이 사건 소를 제기하였다.

　[인정근거] 갑 제1호증의 1, 2, 갑 제2호증의 1, 2, 갑 제3, 4호증의 각 기재, 이 법원에 현저한 사실, 변론 전체의 취지

2. 판단

가. 임의경매절차 중 파산선고가 있는 경우 경매절차 중단 여부

　채무자 회생 및 파산에 관한 법률(이하 '채무자회생법'이라 한다)은 파산재단에 속하는 재산상에 존재하는 저당권을 별제권이라고 규정하고(제411조), 별제권은 파산절차에 의하지 아니하고 행사한다고 규정하고 있으므로(제412조), 경매절차 중 파산선고가 있는 경우에도 경매절차는 중단되지 않는다.

나. 체납처분에 의한 압류 없이 교부청구만 한 경우

　채무자회생법은 총 채권자의 공평한 만족을 실현하기 위하여 파산관재인에게 파산재단의 관리·처분에 관한 권리를 부여함으로써(제384조) 파산관재인이 파산절차의 중심적 기관으로서의 역할을 수행할 수 있도록 하고 있고, 특히 국세징수법에 의하여 징수할 수 있는 조세채권을 비롯한 '재단채권'에 관하여는 파산절차에 의하지 않고 파산관재인이 일반 파산채권보다 우선하여 수시로 변제하되, 파산재단이 위 재단채권의 총액을 변제하기에 부족한 것이 분명하게 된 때에는 각 재단채권의 변제는 법령이 규정하는 우선권에 불구하고 아직 변제하지 아니한 채권액의 비율에 따라 분배하도록 규정하여(제473조, 제475조 내지 제477조), 일정한 경우에는 조세채권의 법령상 우선권에 불구하고 다른 재단채권과 균등하게 분배되도록 규정하고 있다. 여기에다가 파산선고 후에는 조세채권에 터잡아 새로운 체납처분을 하는 것이 허용되지 않는 점(제349조 제2항)을 종합하여 보면, 파산자 소유의 부동산에 대한 별제권(담보물권 등)의 실행으로 인하여 개시된 경매절차에서 과세관청이 교부청구를 하는 경우 그 교부청구에 따른 배당금은 조세채권자인 과세관청에게 직접 교부할 것이 아니라 파산관재인이 채무자회생법 소정의 절차에 따라 각 재단채권자에게 안분 변제할 수 있도록 파산관재인에게 교부하여야 한다(대법원 2003. 6. 24. 선고 2002다70129 판

결 참조).

다. 체납처분에 의한 압류 후 교부청구를 한 경우

다만 채무자회생법 제349조 제1항은 '파산재단에 속하는 재산에 대하여 국세징수법 또는 국세징수의 예에 의한 체납처분을 한 경우에는 파산선고는 그 처분의 속행을 방해하지 않는다'라고, 국세징수법 시행령 제30조는 '세무서장은 체납자가 파산선고를 받은 경우에도 이미 압류한 재산이 있을 때에는 체납처분을 속행하여야 한다'라고 각 규정하고 있다. 이는 파산선고 전의 체납처분은 파산선고 후에도 속행할 수 있다는 것을 특별히 정한 취지에서 나온 것이므로, 과세관청이 파산선고 전에 국세징수법에 의하여 체납처분으로 부동산을 압류(참가압류를 포함한다)한 경우에는 그 후 체납자가 파산선고를 받더라도 그 체납처분을 속행하여 파산절차에 의하지 아니하고 배당금을 취득할 수 있고, 나아가 별제권(담보물권 등)의 행사로서의 부동산경매절차에서 그 매각대금으로부터 직접 배당받을 수 있는 것으로 해석함이 상당하며, 이는 파산재단이 재단채권의 총액을 변제하기에 부족한 것이 분명하게 된 때에도 마찬가지이다(대법원 2003. 8. 22. 선고 2003다3768 판결 참조).

위 법리에 따르면, 원고는 체납처분에 의한 압류등기 후 개시된 부동산임의경매절차에서 배당요구 종기 전에 1차 교부청구를 하였으므로, 경매절차 중에 파산선고가 있었더라도 파산선고 후에 이루어진 배당절차에서 조세채권을 배당받을 권리가 있다고 할 것이다.

라. 체납처분에 의한 압류의 효력이 미치는 세액의 범위(압류의 확장효)

국세징수법 제3조 제1항, 제47조 제2항은 '압류는 해당 압류재산의 소유권이 이전되기 전에 법정기일이 도래한 국세의 체납액(납부기한까지 납부되지 아니한 국세와 그 가산금, 체납처분비)에 대하여도 그 효력이 미친다'고 규정하고 있는바, 위 규정은 일반채권에 기초한 민사상 압류에 대하여 고도의 공익성을 갖는 국세 등 조세채권 징수의 실효성 보장을 위하여 마련된 특칙이다(대법원 2015. 8. 27. 선고 2015두41371 판결 참조). 위 규정의 취지는 한 번 압류등기를 하고 나면 그 이후에 발생한 동일인의 체납세액에 대하여도 새로운 압류등기를 거칠 필요 없이 당연히 압류의 효력이 미친다는 것일 뿐이고, 그 압류에 의해 이후 발생하는 국세채권에 대하여 특별한 우선적 효력을 인정하는 것은 아닐 뿐 아니라, 압류 이후 배당기일까지 발생한 체납세액 전부에 대하여 교부청구의 효력까지를 인정하는 취지 또한 아니다. 따라서 국세체납처분에 의한 압류 등기 이후 매각기일까지 별도의 교부청구나 그 세액을 알 수 있는 증빙서류가 제출되지 아니하면 집행법원으로서는 일단 집행기록에 있는 압류등기촉탁서에 의하여 인정되는 조세체납액에 대해서 배당을 할 것이지만, 체납처분에 의한 압류의 효력이 미치는 다른 조세채권이 존재한다고 하더라도 배당요구의 종기까지 따로 교부청구를 하지 아니한 이상 그 체납조세채권으로 후순위 배당권자에 우선하여 배당받을 수는 없다(대법원 2012. 5. 10. 선고 2011다44160 판결 참조).

그런데 원고는 체납압류에 이어 경매절차에서 교부청구까지 하였으므로 압류 당시 발생한 체납조세 외에 압류 이후 교부청구일까지 발생한 다른 체납조세에 대해서도 압류의 확장효에 따라 후순위 배당권자에 우선하여 배당받을 권리가 있다.

마. 교부청구금액의 확장

파산선고 전의 원인으로 인한 국세는 채무자회생법 제473조 제2호의 재단채권에 해당하나, 파산선고 전의 원인으로 인한 국세에 기하여 파산선고 후에 발생한 중가산금은 채무자회생법 제446조 제1항 제2호의 '파산선고 후의 불이행으로 인한 손해배상액'으로서 후순위파산채권에 해당한다(대법원 2017. 11. 29. 선고 2015다216444 판결 참조).

한편 배당요구 종기 전에 본세 및 그때까지 발생한 가산금을 특정하여 교부청구하였다면 그 이후부터 배당기일까지 사이에 추가로 발생한 중가산금에 대해서는 배당요구 종기 이후에 추가로 교부청구를 하더라도 배당받을 수 없으나, 배당요구 종기 전에 제출한 교부청구서에 향후 배당기일까지 발생할 중가산금까지 구하는 취지임을 명확히 밝혔다면 배당대상에 포함된다(위 대법원 2011다44160 판결 참조). 또한 파산선고 후에 발생한 중가산금이 파산채권이라고 하더라도 국세징수법 제47조 제2항에 의한 압류의 확장효가 재단채권에만 미치고 파산채권에는 미치지 않는다고 볼 근거가 없으므로, 체납처분에 의한 압류의 효력은 파산선고 후에 발생한 중가산금에 대하여도 미친다고 보아야 할 것이다.

위 법리에 의하면, 원고는 1차 교부청구서에서 파산선고 이후 배당기일까지 발생할 중가산금까지 구하는 취지임을 명확히 밝혔으므로, 후순위 파산채권으로서 파산선고 후에 생긴 중가산금에 대해서도 재단채권에 기해서가 아니라 교부청구에 기해서 배당받을 권리가 있다.

바. 피고의 주장에 대한 판단

피고는, 원고가 교부청구에 갈음하여 참가압류를 할 수 있었고 또 이미 한 교부청구를 해제하고 참가압류를 할 수도 있었던 점, 압류나 참가압류는 등기와 같은 공시방법이 마련되어 있어 조세채권자가 다른 재단채권자들보다 우선변제받더라도 다른 재단채권자들이 예측하지 못한 손해를 입는다고는 할 수 없으나 교부청구는 공시방법이 없기 때문에 압류나 참가압류보다 약한 효력을 부여함이 상당한 점 등에 비추어, 원고는 압류의 원인이 된 체납본세 278,544,820원 및 이에 대한 1차 교부청구일인 2011. 6. 13.까지 발생한 가산금 225,513,440원 합계 504,058,260원에 대하여만 직접 배당받을 권리가 있고, 압류 이후 1차 교부청구일까지 발생한 다른 체납본세·가산금 및 1차 교부 청구일 이후 2차 교부청구일까지 발생한 중가산금 합계 14,210,392,090원에 대해서는 파산관재인인 피고에게 교부하여 원고와 다른 재단채권자인 임금채권자들이 미변제 채권액의 비율에 따라 안분하여 변제받아야 한다고 주장한다.

살피건대, 원고는 파산선고 전에 이 사건 부동산에 대하여 체납처분에 의한 압류등기를 하였으므로, 파산선고 후에 국세징수법에 의한 공매 등 이 사건 부동산에 대한 매각절차를 진행하여 그 환가대금에서 1차 교부청구금액(배당기일까지 매월 가산되는 중가산금 포함)을 우선변제받을 수 있었고, 이러한 사정을 감안하면 1차 교부청구금액에 대해서 굳이 체납처분의 환가절차에 의하지 아니하고 경매절차에서 배당받도록 허용하더라도 다른 재단채권자들의 이익을 부당하게 침해하는 것은 아니라고 할 것이다.

또한 압류등기의 청구금액이나 교부청구금액이 공시되지 않더라도 회사가 조세를 체납하여 압류등기가 마쳐진 경우 그 압류등기가 말소되지 않고 남아 있는 상태에서 회사가 존속하는 한, 압류등기의 원인이 된 조세채권 외에 다른 조세채권도 계속적으로 발생하고 이에 대하여도 체납이 계속될 것이라는 사정은 어느 정도 쉽게 예상할 수 있는 것이므로, 체납압류 후 교부청구를 한 때에 압류의 효력이 등기부상 공시되지 않는 교부청구금액 전부에 미친다고 하더라도 다른 재단채권자들이 불측의 손해를 입게 된다고 단정할 수 없다.

결국 피고의 위 주장은 이유 없다.

3. 결론

원고가 배당요구 종기 전에 체납액 14,317,649,540원 및 배당기일까지 매월 가산될 중가산금에 대하여 1차 교부청구를 하고, 배당기일 전에 2017. 7. 13.까지 발생한 중가산금을 510,483,850원으로 특정하여 2차 교부청구를 하였으므로, 원고는 위 합계액에서 경매절차에서 수납한 113,683,040원을 공제한 14,714,450,350원(14,317,649,540원 + 510,483,850원 - 113,683,040원)을 배당받을 권리가 있다.

따라서 이 사건 배당표에서 피고에 대한 8순위 배당액 가운데 원고의 정당한 배당액의 부족분인 14,210,392,090원(= 14,714,450,350원 - 504,058,260원)은 원고에게 배당하여야 할 것이므로, 이 사건 배당표 중 원고에 대한 배당액 504,058,260원을 14,714,450,350원(= 504,058,260원 + 14,210,392,090원)으로, 피고에 대한 배당액 31,801,773,176원을 17,591,381,086원(= 31,801,773,176원 - 14,210,392,090원)으로 경정하여야 한다.

그렇다면 원고의 청구는 이유 있어 이를 인용할 것인바, 제1심판결은 이와 결론을 달리하여 부당하므로 원고의 항소를 받아들여 제1심판결을 취소하고, 이 사건 배당표를 위와 같이 경정하기로 하여 주문과 같이 판결한다.

재판장 　 판사 　 이강원

판사 　 홍승구

판사 　 조기열

13. 牽聯破産節次에 관한 研究
— 回生節次廢止를 중심으로

Ⅰ. 머리말

韓進海運에 대하여 회생법원이 직권으로 파산선고를 하였다.[1] 한진해운의 직권 파산절차와 같이 회생절차가 실패한 후 이어지는 파산절차를 이른바 牽聯破産이라고 한다. 선행하는 재건절차(회생절차 또는 구 회사정리절차, 화의절차 등)가 실패하여 종료함에 따라 채무자 회생 및 파산에 관한 법률(이하 "채무자회생법"이라 하고, 이하 법률 명칭은 생략한다) 제6조 또는 제7조에 기하여 파산선고가 이루어지는 파산절차를 실무상 견련파산절차라고 부른다. 실패라 함은 회생절차 개시신청이 기각된 경우뿐 아니라 개시결정 후에 실패한 경우(개시결정취소결정, 회생절차의 인가 전/후 폐지결정, 불인가결정)도 포함한다. 미국 파산법에서도 재건절차인 제11장 또는 제13장 사건에서 파산절차인 제7장으로 전환되는 것을 converted bankruptcy라고 부른다.

---

* 졸고에 대하여 귀중한 의견을 주신 심사위원님들께 감사드립니다.

[1] 실무는 인가 전 회생절차가 폐지된 경우에 원칙적으로 파산선고를 하지 아니하고 예외적으로 직권파산선고를 하고 있다(서울中央地方法院 破産部實務研究會, 제4판 法人破産實務, 博英社 (2014), 521(이하 "法人破産實務"로 표시한다). 예외에 속하는 사건으로 한진해운, 모뉴엘, 비케이이엔티(수원지법 2015하합47)이 있다. 위 사건은 개시결정 후 회생계획인가 전 회생절차 폐지(이하 "인가 전 폐지"라 한다)에 해당하므로 법원이 파산선고를 하지 아니할 수도 있음에도 불구하고 법원이 직권으로 파산선고를 하였다. 그 이유는 이해관계인들이 다수이고 채권액수가 다액임에도 파산선고하지 아니하고 방치하게 되면 복잡한 법률관계로 인하여 많은 분쟁이 발생할 것을 염려한 것으로 추측된다.

채무자회생법은 회생절차를 청산절차에 우선하는 입장을 취하고 있다. 즉 파산채무자는 파산절차 진행 중에도 회생절차를 신청할 수 있고(제7조), 회생신청 후 법원이 진행 중인 파산절차의 중지를 명할 수 있고(제44조 제1항 제1호), 회생절차 개시결정이 있으면 더 이상 파산신청을 할 수 없고(제58조 제1항 제1호), 회생계획인가결정이 있으면 중지된 파산절차는 실효된다(제256조 제1항). 사건이 파산절차에서 회생절차로 전환되는 경우는 매우 드물지만, 회생절차에서 파산절차로 전환되는 경우는 자주 발견된다. 전자의 예로는 동아건설의 회생사건,[2] 후자의 예로는 한진해운의 파산사건[3]을 예로 들 수 있다.

채무자회생법은 견련파산에 관하여 제6조와 제7조에서 규정하고 있다. 제6조의 내용은 필요적 파산선고(제1항), 견련파산신청권자, 임의적 파산선고(제2항), 파산선고와 함께 촉탁하는 등기(제3항), 견련파산절차에서 지급의 정지 등으로 간주하는 회생절차에서의 행위(제4항), 파산채권조사절차의 생략(제5항), 견련파산선고로 인한 절차의 중단과 수계(제6항), 회생절차에서 이루어진 행위를 파산절차에 유효한 것으로 보는 행위의 범위(제7항), 파산선고를 받은 채무자에 대한 필요적 파산선고(제8항), 제8항과 관련한 파산신청과 재단채권 간주(제9항), 제8항과 관련한 준용조항(제10항)이다. 제7조는 회생절차 개시로 중지되었던 파산절차의 속행절차(재시파산절차)에 관하여 규정하고 있다.

어느 파산절차가 견련파산절차인지 여부는 파산절차에 참가하는 채권자 및 파산재단에 매우 중요하다. 이 글에서는 견련파산절차가 발생하는 경우 중 실무상 자주 발생하는 회생절차 개시결정이 확정되어 회생절차가 진행되다가 실패하여 회생절차 폐지결정(인가 전/후 포함)에 이어 파산절차로 전환되는 경우에 한하여 다루기로 한다. 개시신청기각결정, 개시결정취소결정에 따른 견련파산절차에 대하여는 설명을 생략한

---

2) 동아건설은 청산가치가 계속기업가치보다 크다고 인정하는 경우에는 반드시 회생절차를 폐지하도록 규정한 회사정리법(1999년 12월 31일 개정된 법률 제6085호) 제271조의3에 기하여 2001. 3. 9. 인가 전에 회사정리절차가 폐지되었다. 2001. 3. 25. 폐지결정 확정 후 법원이 파산원인이 인정되면 정리절차 폐지결정의 확정 후 파산선고를 하여야 하는 회사정리법 제23조 제1항, 파산법 제116조, 제117조를 적용하여 법원이 직권으로 파산선고를 하였다(2001하111). 견련파산선고임을 알 수 있도록 사건번호를 2001하111(2009회9)로 표기하였고, 구 회사정리법 제24조 제4항에 기하여 주문 제4항에서 회사정리사건의 절차에서 회사정리법에 의하여 행하여진 법원, 관리인 등, 기타 이해관계인의 처분이나 행위 등은 그 성질에 반하지 아니하는 한 파산절차에서도 이를 유효한 것으로 인정한다는 내용을 부기하였다. 이후 동아건설의 채권자가 2006회합16호로 회생절차 개시신청을 하여 종결결정을 받고 시장에 복귀하였다.
3) 서울회생법원은 2017. 2. 2. 한진해운의 청산가치가 계속기업가치보다 명백히 크다는 이유로 제286조 제2항에 의하여 인가 전 폐지결정을 하였다. 관리인이 2017. 2. 3. 제6조 제2항에 기하여 견련파산신청을 하여 법원이 폐지결정 확정 후 2017. 2. 17. 파산선고를 하였다. 한진해운의 파산 경위에 대하여는 林治龍, "한진해운 도산의 법적 쟁점," BFL 제92호(2018), 40 참조.

다. 먼저 견련파산에 관한 개정 연혁, 견련파산의 의의 및 특징, 일본, 미국, 영국에서의 도산절차의 전환에 대하여 살펴보고, 순차로 견련파산의 구체적인 문제점을 설명한다. 끝으로 개선책을 제시한다.

II. 견련파산조항에 관한 개정 연혁

1. 1999. 12. 31. 회사정리법 개정 이전

1999. 12. 31. 개정 전의 구 회사정리법(법률 제6085호로 개정되기 전)은 일본 회사갱생법(이하 "회사갱생법"이라 한다)과 마찬가지로 법원이 직권으로 반드시 파산선고를 하는 경우는 이미 파산선고를 받은 회사에 대하여 제276조의 규정에 의한 정리계획인가 후 정리절차폐지결정이 확정된 경우로 한정하였다.[4] 이 조항은 회사정리법 제정 이후 지금까지 개정된 바 없다.[5] 왜냐하면 정리계획 인가결정의 효력 때문에 파산절차가 실효되므로 이를 복원시킬 필요가 있기 때문이다. 그 외에 파산선고가 내려지지 아니한 상태에서 회사정리절차 개시신청이 기각되거나 개시결정 후 정리절차폐지(인가 전 및 인가 후 폐지 포함) 또는 정리계획불인가도 임의적 파산선고의 대상이었다.[6] 회사정리절차개시신청이 기각된 경우에 임의적 파산선고를 하는 것은 회사정리법 제정 이후 지금까지 개정된 바 없다.[7]

그리고 회사갱생법과 마찬가지로 구 회사정리법 제23조 제1항에 의한 임의적 파산선고가 있는 경우에는 회사정리신청 행위 등을 파산절차에서 지급의 정지 또는 파산신청으로 보고 공익채권은 재단채권으로 한다는 규정만 두었다.[8] 이 조항은 회사정리법 제정 이후 지금까지 개정된 바 없다.[9] 회사정리절차에서 이루어진 정리채권의

---

4) 구 會社整理法 第26條 [同前] ① 破産宣告後의 會社에 關하여 整理計劃認可의 決定으로 破産節次가 效力을 잃은 후 第276條의 規定에 의한 整理節次廢止의 決定이 確定된 경우에는 法院은 職權으로 破産宣告를 하여야 한다.
5) 채무자회생법 제6조 제8항으로 이동되었다.
6) 구 會社整理法 第23條 [破産節次에의 移行] ① 破産宣告前의 會社에 關하여 整理節次開始申請棄却, 整理節次廢止 또는 整理計劃不認可의 決定이 確定된 경우에 會社에 破産의 原因인 事實이 있다고 認定하는 때에는 法院은 職權으로 破産法에 따라 破産을 宣告할 수 있다.
7) 채무자회생법 제6조 제1항 제1호로 이동되었다.
8) 구 會社整理法 第24條 [同前] 前條 第1項의 規定에 依하여 破産宣告가 있은 때에는 破産法 第1編의 適用에 關하여는 整理節次開始決定 … 또는 詐欺破産의 罪에 該當할 會社의 理事 또는 이에 準하는 者의 行爲는 그 前에 支給의 停止나 破産의 申請이 없는 때에는 이를 支給의 停止 또는 破産의 申請으로 보고 共益債權은 財團債權으로 한다.
9) 채무자회생법 제6조 제4항으로 이동되었다.

신고, 확정절차를 파산절차에서 그대로 이용하는 제도는 아직 마련되어 있지 않았다.

결론적으로 파산선고가 된 회사에 대하여 회사정리절차가 개시되고 인가 후 폐지되는 경우에만 필요적 파산이 문제되고, 파산선고를 받지 아니한 상태에서 회사정리절차개시신청 또는 회생절차 개시결정이 있은 후 회생절차가 실패한 경우에는 임의적 파산선고 체제를 유지하고 있었다. 이 점에서 일본과 같았다.

2. 1999. 12. 31. 회사정리법 개정

1997년 아시아 금융위기 이후 회사정리법을 개정하는 과정에서 직권파산의 범위를 확대하였다. 즉 파산선고 전의 회사에 관하여도 파산의 원인인 사실이 있는 경우로서 정리절차폐지 또는 정리계획불인가의 결정이 확정된 경우에 법원이 직권으로 파산선고를 하여야 한다고 개정하였다.10) 또한 정리계획인가결정 전에 파산선고가 있는 경우에는 파산법을 적용함에 있어 회사정리절차에서 이루어진 정리채권의 신고·조사·이의 또는 확정은 파산절차에서 파산채권의 신고, 조사, 이의 또는 확정으로 보되,11) 다만 제114조 내지 제118조에 규정된 채권, 즉 이자없는 기한부채권, 정기금채권, 불확정기한채권, 비금전채권(외화채권 포함)에 관하여는 정리채권의 신고는 파산채권의 신고로 간주하지만 채권에 대한 조사, 이의 및 확정에 관하여는 별도로 파산절차에서 다시 이루어져야 한다는 내용의 조항이 처음으로 신설되었다.12) 그리고 견련파산의 경우에 정리절차에서 행하여진 법원, 관리인, 보전관리인, 조사위원, 관리위원회, 채권자협의회, 정리채권자, 정리담보권자, 주주 기타 이해관계인의 처분이나 행위 등에 대하여 그 성질에 반하지 아니하는 한 파산절차에서도 인정할 수 있고. 이 경우 법원이 유효한 것으로 인정하는 처분이나 행위 등의 범위를 파산선고와 동시에 결정으로 정하여야 한다는 조항을 신설하였다(제24조 제4항). 즉 회사정리절차에서의 채권조사절차를 파산절차에서도 이용할 수 있도록 하는 조항은 1999년 개정에서 처음으로 도입된 것이다.

---

10) 구 會社整理法 第23條 [破産節次에의 移行] ① 破産宣告 전의 會社에 관하여 整理節次廢止 또는 整理計劃不認可의 決定이 확정된 경우에 法院은 職權으로 破産法에 따라 破産을 宣告하여야 한다. 다만, 會社에 破産의 원인인 사실이 없는 경우에는 그러하지 아니하다.
11) 제24조 제2항 전단. 이 조항은 파산신청 없이 회생절차가 개시되었다가 인가 전에 폐지된 경우뿐 아니라 회생절차 개시신청 전에 이미 파산선고를 받은 후에 다시 회생절차가 개시되었다가 인가 전에 폐지된 경우에도 적용된다(회사정리법 제25조 제2항). 채무자회생법 제7조 제2항, 제6조 제5항으로 이동되었다.
12) 구 會社整理法 第24條 ② … 다만, 第114條 내지 第118條에 規定된 債權의 調査, 異議 및 確定에 관하여는 그러하지 아니하다.

3. 채무자회생법의 개정

파산선고를 받지 아니한 회사가 회사정리절차개시결정을 받았으나 인가를 받지 못하고 실패한 경우(인가 전 폐지 또는 불인가결정)에도 필요적 파산선고를 하게 되자 회사는 이를 두려워하여 회사정리 신청 자체를 주저하게 되었고 회사정리사건의 신청이 감소하였다.13) 이러한 점을 반성적으로 고려하고 회생사건의 활성화를 도모하기 위하여 채무자회생법은 필요적 파산선고의 경우를 줄였다. 즉 파산선고를 받지 아니한 채무자에 대하여는 인가 후 폐지에 한하여 필요적 파산선고 제도를 존치하되, 인가 전 폐지결정 또는 불인가결정에 대하여는 임의적 파산선고를 하는 것으로 환원하였다(제6조 제2항).14) 회사정리절차에서 이루어진 채권신고 및 조사절차에 관한 구 회사정리법 제24조 제2항의 내용은 채무자회생법 제6조 제5항에 존치되었다. 제6조 제7항은 1999년 개정 구 회사정리법 제24조 제4항의 내용을 그대로 받아들이되 법원이 반드시 범위결정을 하도록 되어 있는 것을 임의적인 결정으로 변경하였다.15)

Ⅲ. 견련파산절차의 의의 및 특징

1. 견련파산절차의 의의

회생절차가 파산절차로 이행하는 경우는 ① 이미 채무자에 대하여 파산신청 또는 파산선고에 의하여 파산절차가 진행되다가 회생절차 개시결정이 있어 파산절차가 일시 중지된 후(즉 파산선고의 효력이 실효됨이 없이) 회생절차가 진행되었으나 인가결정 전에 실패로 끝나 파산절차가 속행되는 경우와 ② 채무자에 대하여 회생절차가 진행 중 회

---

13) 개정법에 대한 비판 의견으로는 林埰洪·白昌勳, 제2판 會社整理法(下), 司法行政學會(2002), 444. 차한성, "서울중앙지방법원의 도산사건실무," 통합도산법, 법문사(2006), 402-403. 실제로 회사정리사건은 1999년 37건, 2000년 32건, 2001년 31건, 2002년 28건, 2003년 38건, 2004년 35건, 2005년 22건이었다. 2006년 채무자회생법이 시행되면서 회생사건이 급속하게 증가하였다 (2006년 76건, 2007년 116건, 2008년 366건, 2009년 669건, 2010년 637건).

14) 조문에는 회생절차 개시결정에 대한 취소결정이 누락되어 있으나 해석상 포함된다. 회사갱생법 제251조 제1항은 이를 포함하였다. 회생절차 개시신청의 기각결정은 회사정리법 제정 이후 줄곧 임의적 파산선고를 할 수 있는 경우에 해당하였다.

15) 법무부가 2002년 공청회에 제출한 법률안에는 구 회사정리법 제24조 제4항 후문과 같은 내용이 없었으나 회사정리법에서 정한 절차에 따라 이루어진 행위는 법률상 당연히 유효하므로 새로이 유효한 행위를 정하도록 한다는 것에 대한 이론상/실무상 문제점이 지적되어 2003. 2. 22. 법무부가 제출한 정부안에서 임의적인 결정으로 변경되었다(破産事件實務(改訂版) 서울地方法院 (2001), 309 및 이태섭, "도산사건의 현황 및 개정 법령의 주요내용," 2000년도 도산실무법관 연수자료, 사법연수원, 2000(미공간), 25).

생절차가 실패하여 새로이 파산선고를 하는 경우가 있다. 후자에는 선행 파산절차의 진행 없이 회생절차가 개시된 경우와 회생절차 전에 파산선고가 있었으나 인가결정에 의하여 파산선고의 효력이 실효된 후 다시 법원이 파산선고를 하는 경우로 구분된다.

파산절차는 채무자의 신청(미국에서는 자발적 파산신청이라 한다) 또는 채권자의 신청(미국에서는 비자발적 파산신청이라 한다)에 의하여 시작되는 것이 보통이다. 회생절차와 달리 주주에게는 파산신청 권한이 없다. 그러나 채무자회생법은 예외적으로 어느 경우에는 법원으로 하여금 파산선고를 할 의무를 부과하고(필요적 파산선고), 어느 경우에는 법원에게 직권으로 견련파산선고를 할 수 있는 권한을 주고 있다(임의적 파산선고).

먼저 필요적 파산선고에 관하여 본다. 채무자에 대하여 파산신청 없이 회생절차가 개시되어 회생계획안 인가 후에 회생절차가 폐지되어 확정되고 파산의 원인이 되는 사실이 있다고 인정되면 법원은 반드시 직권으로 파산선고를 하여야 한다(제6조 제1항).16) 파산선고 후 회생절차가 개시되었으나 인가 후에 종료하면 파산절차는 실효하게 되므로 이 경우 법원은 반드시 견련파산선고를 하여야 한다(제6조 제8항). 후자는 파산의 원인 사실이 있는 것을 전제로 실효된 선행 파산절차의 속행의 성질을 가진다.17) 두 가지 필요적 파산선고의 경우에는 채무자나 관리인의 파산신청권이 인정되지 아니한다.

다음으로 임의적 파산선고에 관하여 본다. 회생절차 개시신청의 기각결정, 인가 전 회생절차폐지결정, 또는 회생계획불인가 결정이 있는 경우, 법원은 채무자에게 파산의 원인이 되는 사실이 있다고 인정하는 경우에는 채무자 또는 관리인의 신청에 의하거나 직권으로 파산을 선고할 수 있다(제6조 제2항). 임의적 파산선고의 경우에는 채무자 또는 관리인의 신청권한을 주고 있다. 실무는 법원이 직권으로 파산선고를 하기보다는 관리인으로 하여금 견련파산신청을 하게 한다. 그러나 중요한 이해관계를 갖는 채권자에게는 견련파산절차의 신청권한이 인정되지 않는다. 회생절차의 종료 후 근접한 기간 내에 동일한 채무자에 대하여 파산선고가 있었다고 하여 모두 견련파산절차가 되는 것은 아니고 일정한 절차적 요건(제6조 및 제7조)을 갖춘 경우에만 견련파산절차로서의 특칙이 적용된다. 견련파산절차(재시파산절차 포함)에 관하여 절차의 신속과 경제성을 고려하여 특칙을 두고 있다.18) 법이 특칙을 둔 이유는 첫째로, 이해관계인들

---

16) 선행하는 회생절차의 폐지결정이 확정되기 전에는 파산선고를 할 수 없다. 제6조 제1항은 이를 명확하게 규정하고 있다.

17) 松下淳一, "更生手續と破産手續・再生手續との間の移行に關する規定の整備," 新會社更生法の基本構造と平成16年改正, 別冊 ジュリスト增刊号, 有斐閣(2005), 248.

18) 재시파산절차에도 공익채권이 재단채권으로 취급되며, 채권조사절차의 생략, 소송절차의 수계,

이 선행하는 재건절차에 복속하여 행동을 하였음에도 불구하고 재건이 실패하여 절차가 종료한 때에 이것을 그대로 방치하면 이해관계인 간에 혼란이 생기고, 그것이 불공평하거나 불공정하게 될 염려가 있으므로 이를 막기 위한 것이다.[19] 둘째로, 남용적인 회생절차 개시신청을 견제하려는 목적도 있다.[20]

2. 견련파산절차의 특징

견련파산절차가 일반파산절차와 다른 점은 다음과 같다.

첫째, 보통의 파산선고는 채권자 또는 채무자의 신청이 있어야 가능하고, 법원이 직권으로 파산선고를 할 수 없지만, 견련파산절차는 법원이 직권으로 파산선고를 할 수 있거나, 반드시 파산선고를 하여야 한다.

둘째, 채무자회생법 제3편 파산절차의 규정을 적용함에 있어 그 파산선고 전에 지급의 정지 또는 파산의 신청이 없는 때에는 파산절차에 선행하는 회생절차 개시의 신청, 사기파산죄에 해당하는 법인인 채무자의 이사가 한 행위를 지급의 정지 또는 파산의 신청으로 간주한다.

셋째, 회생절차에서 공익채권으로 취급된 채권은 견련파산절차에서 재단채권으로 간주하여 취급한다(제6조 제4항).[21]

넷째, 기존의 회생채권의 신고, 이의와 조사 확정 결과를 파산절차에서 그대로 사용할 수 있다(제6조 제5항).

Ⅳ. 외국의 견련파산절차

1. 일본의 견련파산절차

구 회사갱생법(1952년 제정)이 전면개정된 것은 2002년 법률 제154호에 의한 것이다. 구 회사갱생법의 견련파산에 관한 조항은 1999년 개정 이전의 한국의 회사정리법과 내용이 같다. 2002년 개정된 회사갱생법 중 견련파산절차에 관한 내용은 재건절차

회생절차에서 행하여진 법원 등 행위의 파산절차에서의 유효에 관한 조항이 준용된다(제7조).
19) 伊藤眞, "再生手続廃止後の牽聯破産における合理的相殺期待の範圍," 新しい時代の民事司法, 商事法務(2011), 208.
20) 山本和彦 외 4인, 倒産法概說 第2版, 弘文堂(2010), 453.
21) 관리인의 쌍방 미이행쌍무계약의 이행선택 또는 관리인의 행위로 인한 채권 등은 공익채권이지만 회생절차 인가 전에 폐지확정된 후, 채무자가 파산신청을 하여 파산선고(견련파산이 아님)가 되면 이러한 채권은 공익채권의 성질을 잃고 파산채권으로 취급되지만 견련파산절차에서는 재단채권으로 취급된다.

실패 후 파산선고 전까지 보전처분을 명할 수 있음을 규정한 것뿐이었다. 2년 후에 2004년 "破産法の施行に伴う關係法律の整備等に關する法律"("整備法"이라 통칭된다)에 의하여 견련파산에 관한 내용이 민사재생법, 회사갱생법, 파산법에 새로이 반영되었다.[22] 아래 내용은 整備法의 내용에 관한 설명이다.

(1) 견련파산절차의 대상

회생갱생절차에서 파산절차로 이행하는 견련파산절차에는 법원이 임의적으로 파산선고를 할 수 있는 경우와 반드시 파산선고를 하여야 하는 경우로 구분된다.[23] 민사재생절차에서 파산절차로 전환되는 경우는 회사갱생법과 비슷하므로 설명을 생략한다.

갱생절차가 존속 중인 경우에는 파산신청을 할 수 없는 것이 원칙이다.[24] 따라서 법원도 갱생절차의 개시신청기각결정, 폐지결정, 불인가결정 등이 확정되기 전까지는 파산선고를 할 수 없다. 견련파산절차를 대비하여 법원은 폐지결정시부터 결정확정시까지 포괄적 금지명령, 재산보전처분, 보전관리명령 또는 부인권에 기한 보전처분을 명할 수 있다.[25] 예외적으로 갱생절차개시결정취소결정 또는 갱생절차폐지결정, 갱생계획불인가의 결정이 있는 경우에는 그 결정의 확정 전에도 파산신청을 할 수 있도록 특칙을 두었다.[26]

임의적 파산선고에 관하여 본다. 파산선고 전의 주식회사에 대하여 갱생절차신청기각결정 및 앞에서 본 세 경우의 결정이 각 확정되어 회사갱생절차가 종료하는 경우[27]로서 파산선고 원인인 사실이 존재할 때에는 법원은 직권으로 파산선고를 할 수 있다.[28] 단 파산선고는 위 결정이 확정된 후에만 할 수 있다.[29]

다음으로 필요적 파산선고에 관하여 본다. 파산선고 후의 갱생회사에 대하여 갱

---

22) 정비법에 관한 개정 경위에 관한 설명으로는 松下淳一, 앞의 논문(주 17), 245-257 및 小川秀樹, 一問一答 新しい 破産法, 商事法務(2005), 405-430. 토쿄지방법원에서 통상민사재생에서 파산절차로 전환되는 실무에 관한 글로는 島岡大雄, "東京地裁破産再生部 (民事20部)における牽聯破産事件の處理の實情等について(上,下)," 判例ダイムズ No. 1362, 4-20면, No. 1363 30-46면 참조.

23) 일본의 개정 파산법은 파산선고라는 용어 대신에 파산절차개시결정이라는 표현을 사용하고 있다. 이 글에서는 편의상 파산선고라는 용어를 사용한다.

24) 회사갱생법 제50조 제1항.

25) 회사갱생법 제253조.

26) 회사갱생법 제251조 제1항. 신청권자에 대한 규정은 없다.

27) 회사갱생법 제234조 제1호부터 제4호(제5호 갱생절차종결결정은 제외됨).

28) 회사갱생법 제252조 제1항 본문. 단 갱생회사에 대하여 이미 민사재생절차가 개시된 경우에는 직권으로 파산절차를 개시할 수 없다(제252조 제1항 단서). 왜냐하면 이 경우에는 회사갱생절차에서 민사재생절차로 진행되기 때문이다. 또한 회사갱생절차의 종료사유인 갱생절차종결결정이 있은 후에는 파산선고를 할 필요가 없다.

29) 회사갱생법 제251조 제3항.

생계획안 인가결정에 의하여 파산절차가 실효되고,[30] 회사갱생절차폐지결정이 확정된 경우에는 법원은 직권으로 파산선고를 할 의무가 있다.[31] 갱생절차폐지결정 확정 전에 회사갱생법 제251조 제1항에 의하여 파산신청에 기한 파산선고가 있는 경우에는 제252조 제2항 본문은 적용되지 아니하므로 법원이 파산선고를 할 의무를 부담하지 아니한다.[32] 한편, 계획안 인가결정에 의하여 발생한 권리변경의 효력은 견련파산절차에서도 그대로 인정된다.[33]

(2) 한국과의 異同

한국과 일본의 가장 큰 차이는 다음과 같다.

첫째, 일본의 회사갱생절차는 주식회사에 대하여만 적용된다. 따라서 개인에 대하여는 갱생절차로부터 이어지는 견련파산절차가 있을 수 없다. 그에 비하여 회생절차는 개인에 대하여도 견련파산절차가 가능하다.

둘째, 일본은 파산선고 없이 회생절차가 개시되었다가 계획안 인가 후에 회생절차가 폐지되더라도 임의적인 파산선고 사유이다. 회사갱생절차 개시 전에 이미 파산선고 결정이 있는 사건에 한하여 법원이 파산선고의 의무를 부담하게 되므로 회사갱생사건에서 직권으로 파산선고를 하는 경우가 매우 적다.[34] 이에 비하여 한국은 인가 후 폐지사건이 필요적 파산사건으로 규정되어 있어 일본보다 견련파산사건의 수가 많다. 그러나 이미 파산선고를 받은 회사에 대하여 계획인가 후 폐지결정이 있는 경우에 필요적 파산선고를 하여야 하는 점은 양국 공통이다.

셋째, 일본은 재건절차로서 회사갱생절차 외에 민사재생절차가 있으므로 파산절차를 포함하여 3가지 절차간의 이행에 관하여 규정을 두고 있어 체계가 복잡하다. 한국은 회생절차와 파산절차간에 그것도 주로 회생절차에서 파산절차에 관한 규정만 두고 있어 그 내용이 간단하다.

---

30) 회사갱생법 제208조 본문. 채무자회생법 제256조에 상응하는 조항이다.
31) 회사갱생법 제252조 제2항 본문. 민사재생법 제250조 제2항도 같다.
32) 회사갱생법 제252조 제2항 단서.
33) 이 점은 채무자회생법과 같다. 이와 달리 민사재생법은 민사재생절차에서 재생계획안이 인가된 후 민사재생절차가 폐지되고 파산절차로 전환되는 경우 민사재생법 제190조에 의하여 변경 전의 권리상태로 회복한다는 점에서 회사갱생절차와 다르다.
34) 회사갱생절차가 개시된 이후 파산선고로 이어지지 아니하는 이유로는 갱생의 가능성 및 갱생절차 종결결정의 요건을 엄격하게 심사하거나 청산을 내용으로 하는 계획안의 사용 등이 거론된다. 管家忠行, "倒産處理手續相互の移行," 破産法大系 I, 靑林書院(2014), 439. 한편, 민사재생법이 제정되면서 개시요건에 대한 심사를 간소화하면서 기각, 취하 등 개시신청을 받지 못하는 건수, 개시결정 후 계획안을 부의하지 못하여 폐지되는 건수, 부의하였으나 인가되지 못하는 비율이 점차 늘게 되면서 민사재생에서 파산절차로 전환하는 사건의 수가 증가하였다.

넷째, 일본은 임의적인 견련파산선고에 관하여 법원이 직권에 의하여 하는 것이 보통임에 비하여,[35] 한국은 관리인의 신청에 의하여 하는 경우가 일반적이다.

다섯째, 일본은 인가 후 폐지결정 확정 후 필요적 파산선고를 정하면서도 이해관계인에게 파산신청권한을 부여하지만, 한국은 채무자나 관리인에게 파산신청권한을 부여하지 않고 법원에게만 파산선고의 의무를 부여하고 있다.

여섯째, 일본은 견련파산에 관하여 이해관계인에게 파산신청권한을 부여하고 있다. 단 개시신청기각결정이 확정된 경우에 파산신청권이 인정되지 않고 법원의 임의적인 직권파산 사유이다. 한국은 채무자와 관리인에게만 허용하고 채권자에게는 허용하고 있지 않다.[36]

2. 미국의 견련파산절차[37]

(1) 개요

한국의 회생절차가 파산절차로 전환되는 경우에는 먼저 회생절차가 폐지되어야 비로소 가능하지만 미국의 재건절차인 제11장 사건이 청산절차인 제7장 사건으로 전환하는 경우에는 절차가 폐지(termination)되지 아니한 상태에서 제7장으로 전환된다.[38] 제11장 사건이 제7장으로 전환되면 DIP에서 파산관재인으로 경영권이 이전된다. 제13장 사건(개인채무자 회생)에서 제7장으로의 전환에 대하여는 이 글에서 생략한다.

제11장 사건의 성공가능성이 희박하다고 판단되면 채무자는 제7장으로 전환신청 또는 기각(dismiss)을 신청할 수 있다.[39] 그러나 철도회사와 일부 금융기관은 제7장을 신청할 적격이 없으므로(11 U.S.C. § 109) 이러한 법인격에 대한 제11장 사건은 제7장으로 전환될 수 없다.[40] 그 외 비영리 단체나 농부가 채무자인 경우에도 비자발적인 파산신청이 허용되지 아니하므로 제7장으로 전환되지 아니한다.[41] 그렇게 되면 사건

---

35) 管家忠行, 앞의 논문(주 34), 444.
36) 회생법원이 회생절차 개시신청을 기각한 경우에는 아직 회생절차 개시결정 이전이므로 관리인이라는 기관이 부존재하지만 보전관리인이 선임된 경우라면 보전관리인의 견련파산 신청권한을 부정할 이유는 없다. 회생법원이 회생절차 개시결정을 하고 관리인을 선임하였으나 항고심에서 제1심 결정이 취소되고 회생절차 개시신청이 기각(각하)된 경우에는 관리인이라는 기관이 존재한다.
37) 이 글에서 다루지 아니한 제13장으로의 전환 등에 관하여는 박민준, "미국 연방파산법하에서의 절차의 전환(conversion) 및 기각(dismissal)에 관한 문제," 외국사법연수논집, 2019, 337-393면.
38) 미국은 단일한 파산법전에서 절차의 전환이 이루어지는 반면, 한국의 파산법, 화의법, 회사정리법은 별개의 법률에 따라 이루어지는 절차로서 적용대상이 되는 주체가 달랐으며, 파산법 내에 재건절차의 일종인 강제화의제도를 두었다는 연혁적인 이유 등에서 절차의 전환이 적은 편이었다.
39) 미국 연방파산법은 제7장 또는 제11장 사건에서 취하를 허용하지 않으며 당사자가 기각신청을 구하면 그에 대하여 법원이 기각하는 명령을 발함으로써 사건을 종결하는 방식을 취하고 있다.
40) Jeff T. Ferriell · Edward J. Janger UNDERSTANDING BANKRUPTCY 3rd ed. 723 (2013).

이 기각되고 자동중지의 효과도 해제되므로 채권자에 의한 개별재산에 대한 집행절차가 속행되어 회사가 청산하게 된다.

(2) 채무자에 의한 전환신청

채무자는 아래의 예외를 제외하고 제11장 사건을 제7장 사건으로 전환할 것을 청구할 수 있다.[42] 첫째, 제11장 사건에서 DIP가 아니라 제3자인 관리인이 선임되었거나, 둘째, 당해 제11장 사건이 채권자 신청에 의하여 개시된 경우이거나, 셋째, 채무자 아닌 자에 의하여 다른 장의 사건에서 이미 제11장 사건으로 전환된 경우이다. 그러나 설령 채무자가 제7장으로 전환신청을 하였다고 하여 사건이 반드시 전환되는 것은 아니며 법원은 사건을 기각하는 것이 채권자의 이익에 부합한다고 판단할 경우에는 전환명령 대신 기각할 수도 있다.[43]

(3) 제3자에 의한 전환신청

제3자는 제11장 사건에 대하여 기각 또는 제7장으로 전환을 신청할 수 있다. 법원은 통지와 심문절차를 거쳐서 §1112(b)(4)에 열거된 16개의 사정을 고려하여 사건을 기각하거나 전환할 것을 명하여야 한다. 예컨대, 채무자가 법원이 정한 기간 내에 계획안을 제출하지 못하거나 제출된 계획안이 인가받지 못하면 채권자나 채무자의 최선의 이익에 맞게 제11장 사건을 기각하거나 제7장 사건으로 전환명령을 한다.[44] 그 외에도 판례법에 의하여 사건이 악의에 기하여 신청(bad faith filing)된 경우에도 기각될 수 있다.[45]

이상에서 알 수 있듯이 미국에서 견련파산은 제11장 사건이 폐지(terminate)되지 아니한 채 제7장으로 전환되므로 일단 외국의 주절차에 대하여 제15장에 기한 승인결정을 하였다면 그 후 주절차가 견련파산절차로 이행된 경우에 별도로 견련파산절차에 관하여 승인결정을 하지 않고 있다.[46]

제11장 사건이 제7장으로 전환되는 경우 채권자가 제11장 사건에서 파산채권을 실제로 신고하였다면 별도로 제7장 사건에서 파산채권신고를 할 필요가 없으나 채무

---

41) §1112(c).
42) §1112(b).
43) Ferriell · Janger *supra* note 39, at 724.
44) §1112(b)(4)(J). 조문상으로는 16개 사정 모두가 충족된 경우(and)로 보이지만 판례는 이를 or로 해석한다(Id. at 724).
45) 예컨대, 제조물책임을 면하기 위한 신청이거나 중요 자산이 아파트나 사무실 건물 1채만 있는 single asset real estate 사건이다(Id. at 728).
46) 한진해운의 경우 회생절차에 대하여만 미국법원으로부터 승인결정을 받았고 파산절차에 대하여는 별도로 승인신청을 하지 아니하였다.

자가 채권자목록에 기재하여 제11장에서 신고한 것으로 간주된 채권에 대하여는 법원으로부터 사건이 제7장으로 전환되었다는 내용과 채권신고마감일의 통지를 받게 되며 그 기한 내에 별도로 채권신고를 하여야 한다(파산규칙 §1019(3)).

3. 영국의 견련파산절차

영국의 기업에 관한 도산절차는 재건절차인 관리절차(administration proceedings)와 청산절차인 강제청산절차(winding-up proceedings)로 구분된다. 영국도 재건절차가 청산절차보다 우위에 있다. 관리절차가 진행 중이거나 또는 법원에 관리절차의 신청이 있는 경우에는 회사는 자발적 청산을 위한 결의를 할 수 없고, 법원도 청산개시명령을 발할 수 없다. 만일 청산절차가 진행 중인 경우에 청산인은 필요한 경우 청산절차를 관리절차로 전환하여 줄 것을 신청할 수 있다.[47]

반대로 만일 관리인이 판단하기에 회사의 개별 담보권자가 변제받을 가능성이 있거나 담보권자의 변제를 위한 별도의 재산을 구분하여 둘 수 있고, 남은 재산으로서 무담보채권자에게 배당할 수 있다면 관리인은 법원에 청산절차의 개시를 통지할 수 있다. 채권자들이 별도로 청산인을 지명한 경우를 제외하고 관리인이 청산절차의 청산인으로 자동적으로 임명된다. 영국의 관리절차는 주로 담보권자와 우선채권자에 대한 변제에 주력하고 무담보채권자에 대한 배당을 할 필요가 있으면 청산절차로 전환하고 있다. 이러한 절차의 전환은 관리인이 법원에 전환신청을 하여야 가능하다. 신청서가 접수된 후 3개월이 경과하면 자동적으로 청산절차가 개시된다.[48] 영국은 재건절차에서 청산절차로 또는 청산절차에서 재건절차로의 전환이 다른 법제에 비하여 활발하게 이루어지고 있다.

V. 견련파산절차의 신청시기, 신청권자, 파산선고

1. 견련파산절차의 신청시기 및 신청권자

견련파산신청은 누가, 언제까지 신청할 수 있고, 법원은 언제까지 견련파산선고를 하여야 하는가. 이 점에 대하여 제6조의 내용은 불문명하다. 그리하여 가능한 견해로

---

47) Sch. B1. para 38 to the Insolvency Act 1986. 38 (1) The liquidator of a company may make an administration application.

48) 이상의 내용은 Gerad McCormack, "National Report for England in Commencement of Insolvency Proceedings," Commencement of Insolvency Proceedings, Oxford 2012, 280을 참고하였다.

는 첫째, 폐지결정 확정 전에는 채무자와 관리인이, 확정 후에는 채무자가 언제든지 신청할 수 있다는 입장, 둘째, 회생절차가 진행 중인 경우에는 파산신청을 할 수 없다는 조항(제58조 제1항 제1호)을 근거로 회생절차폐지결정이 확정된 후에만 가능하다는 입장, 셋째, 제6조의 규정을 특칙으로 보아 폐지결정시부터 폐지결정확정시까지만 가능하다는 입장이 있다. 세 번째가 실무의 입장이다.[49]

실무의 입장이 옳다. 선행 회생절차와 견련성이 있다는 이유로 회생절차 개시결정의 취소결정, 회생절차폐지결정, 불인가결정의 확정 후에 이루어진 파산신청을 견련파산이라고 하면 그 기준이 애매하고, 법이 예외적으로 견련파산절차를 일반파산절차와 달리 취급하고 있는 점과 모순된다. 또한 폐지결정이 확정되면 더 이상 관리인이라는 기관은 존재하지 않기 때문이다. 또한 제6조 제3항은 법원이 인가전폐지결정 후 견련파산에 신청에 기하여 파산선고를 함에 있어 기각결정 또는 폐지결정이 확정되어야 비로소 그 등기와 함께 파산선고의 등기를 할 수 있도록 규정하고 있다. 따라서 조문상 관리인은 폐지결정 확정 후에는 견련파산신청을 할 수 없음이 명백하다. 이렇게 본다면 견련파산신청은 예외적으로 회생절차의 폐지결정시부터 폐지결정확정시까지만 가능한 특칙으로 이해하는 것이 옳다.

제6조 제2항의 문언상 회생계획 불인가결정이 확정되면 별도로 회생절차폐지결정을 할 필요 없이 직권으로 파산을 선고할 수 있다. 회생법원의 회생계획인가결정에 대하여 항고를 제기하여 항고심이 항고를 받아들여 회생계획불인가결정을 하는 경우 항고심은 파산선고를 할 수 없으며 회생법원이 위 불인가결정이 확정되기를 기다렸다가 확정 후 파산선고를 하여야 한다.[50]

견련파산절차의 신청권자는 채무자와 관리인이다. 견련파산선고를 하는 재판부는 법인파산부가 아니라 회생사건 담당재판부이고, 파산선고 이후 재배당하여 법인파산부 재판부가 견련파산사건을 담당하게 된다. 서울회생법원의 실무는 폐지결정, 불인가결정이 있은 후 아직 확정되기 전까지는 관리인에게 신청권한이 있는 것으로 보아 관리인에 의한 파산신청 후 폐지결정의 확정을 기다렸다가 확정일에 채무자 심문 없이 파산선고를 하고 있다.[51] 회생법원의 회생절차 개시신청 기각결정이 확정된 경우에도

49) 김정만 외 3인, "법인파산실무의 주요 쟁점," 저스티스 통권 제124호(2011), 477.
50) 서울중앙지방법원 2010회합113, 114(파이시티) 사건에서 2011. 12. 2. 회생계획안 인가결정이 있었으나 2014. 9. 15. 서울고등법원은 인가결정을 취소하고 계획안불인가결정을 하였으며 불인가결정 확정 후 회생법원이 2014하합158 사건으로 직권으로 파산선고를 하였다. 회생법원이 별도로 회생절차폐지결정을 할 필요가 없다.
51) 김정만 외 3인, 앞의 논문(주 49), 477. 서울中央地方法院 破産部實務研究會, 제4판 回生事件實務

견련파산신청을 할 수 있으나 이 경우는 아직 관리인이 선임된 바 없으므로 채무자가 파산신청을 할 수 있고, 법원이 직권으로 파산을 선고할 수 있다.[52] 예외적으로 파산절차에 필요한 비용부족 또는 파산관재인 선임지연 등으로 보전처분을 명할 수 있으나 실무상 보전처분을 하는 예는 거의 없다.

2. 직권에 의한 견련파산선고

법원은 견련파산사건에 있어서 직권으로 파산선고를 할 수 있으나 역시 개시신청 기각결정, 회생절차 폐지결정, 회생계획불인가결정이 확정되어야 비로소 파산선고를 할 수 있다. 만일 법원이 직권으로 파산선고를 하는 경우에는 위 결정 등이 확정된 후 즉시 파산선고를 하고 파산선고 결정문에 일반적 파산원인에 관한 규정인 제305조, 제306조 외에 견련파산에 관한 제6조 제2항 제1호를 기재함으로써 임의적 파산선고임을 밝혀야 한다.[53] 실무서에는 회생사건번호를 병기하는 방안이 제시되어 있다.[54] 다만 법원이 개시신청기각결정 등의 확정 후 어느 기간 내에 파산선고를 하여야 하는지에 관하여는 채무자회생법에 규정이 없다. 회생절차에서는 보전관리인 제도가 있으나, 파산절차에서는 보전관재인 제도가 없다. 일본은 파산법에 보전관리인 제도를 신설하고,[55] 회사갱생절차폐지결정확정시부터 견련파산선고시까지의 보전관리인을 임명할 수 있는 제도를 마련하였다.[56]

VI. 기존 소송과 재판의 수계

견련파산이 선고되면 파산관재인은 종전 회생절차에서 관리인 또는 보전관리인 이 수행하던 소송을 수계하는 것이 원칙이다.[57] 파산관재인이 원고이건, 피고이건, 계

(下), 博英社(2014), 285(이하 "回生事件實務"라 한다).

52) 구 회사정리법 제23조 제2항은 정리절차개시신청기각의 결정이 확정된 경우에 파산의 원인인 사실이 있다고 인정되면 신청 없이 법원이 직권으로 파산을 선고할 수 있다고 규정하였다.

53) 서울중앙지방법원 2016. 10. 12. 선고 2016하합118 판결 도시바삼성스토리지테크놀로지코리아 사건 참조.

54) 會社整理實務, 서울지방법원(2010), 569 및 回生事件實務(下), 285.

55) 일본의 신 파산법은 파산절차에서도 보전처분의 일환으로 포괄적 금지명령과 보전관리인 제도를 두고 있다. 보전관리명령은 채무자가 법인인 경우에 한하여 적용되며 채무자의 재산확보를 위하여 특히 필요하다고 인정되는 경우에 한하여 인정된다(파산법 제91조-제96조). 채무자회생법은 파산절차에서 위 두 제도를 도입하지 아니하였다.

56) 갱생절차폐지결정 등이 확정된 경우에 장차 견련파산선고에 대비하여 직권으로 보전관리명령을 할 수 있다(회사갱생법 제253조).

57) 제6조 제6항.

속 중인 소송이 민사소송이건 행정소송이건 불문한다.

먼저 이해의 편의를 위하여 회생절차가 폐지된 경우에 기존의 회생절차 중에 계속 중인 소송절차의 운명과 견련파산절차로 전환된 경우에 관하여 살펴본다. 지면의 제약상 인가 전 또는 인가 후 회생절차가 폐지된 경우를 검토하고, 개시신청기각결정, 개시결정의 취소결정, 회생절차의 종결결정 후의 절차의 수계에 관하여는 생략한다.[58]

1. 회생절차 폐지와 부인의 청구, 부인 소송

부인의 청구에 관하여 본다. 회생절차가 폐지되면 부인의 청구절차가 종료함은 당연하다(일본도 같다).[59] 견련파산의 경우에 관리인이 수행하던 부인의 청구를 파산관재인이 수계하는지에 관하여 실무는 이를 긍정한다.[60]

부인의 소 또는 부인의 청구에 대한 재판에 대한 이의의 소에 대하여 본다.

판례에 의하면 부인의 소송은 회생절차가 폐지(종결 포함)된 경우 종료한다.[61] 판례 입장을 관철하면 부인의 청구에 대한 재판에 대한 이의의 소송도 종료하게 될 것이다. 학설은 판례와 같은 견해[62]와 인가 전 폐지의 경우에는 판례와 같으나 회생절차가 종결된 경우에는 회생채무자가 수계할 수 있다는 견해로 구분된다.[63] 견련파산의 경우, 부인의 소 또는 부인의 청구에 대한 재판에 대한 이의의 소는 중단되었다가 파산관재인이 수계한다. 따라서 이러한 경우 부인권에 기한 소송은 종료되지 않는다.[64]

일본은 이에 관하여 회사갱생법에 규정을 두고 있다.

부인의 청구는 견련파산절차로 이행되더라도 종료한다. 갱생절차개시결정의 취소결정이 확정되거나 갱생절차가 종결된 경우에 부인의 청구에 대한 재판에 대한 이의의 소송은 종료한다.[65] 갱생계획폐지결정, 불인가결정이 확정된 경우에서는 일단 부

---

58) 회생법원의 개시신청기각결정의 경우에는 수계의 문제가 발생하지 아니한다.
59) 관리인이라는 회생기관이 소멸하게 되므로 부인의 청구에 기한 절차도 종료한다. 회사갱생법 제96조 제5항 참조.
60) 法人破産實務, 531; 김정만 외 3인, 앞의 논문(주 49), 479.
61) 확립된 판례이다. 대법원 2007. 2. 22. 선고 2006다20429 판결(미간행); 대법원 2004. 7. 22. 선고 2002다46058 판결(미간행) 등.
62) 장상균, "회사정리절차의 종결이 관리인의 부인권 행사에 미치는 영향," 대법원판례해설(2007), 795.
63) 김정만, "회생절차 종료가 부인권 행사에 미치는 효력," 도산법연구 제1권 제1호(2010), 48-50.
64) 대법원 2015. 5. 29. 선고 2012다87751 판결(공 2015, 856).
65) 갱생절차개시결정이 항고심에서 취소확정된 경우에는 취소결정의 효력이 소급하고, 종결결정의 경우 부인권행사의 기초가 되는 절차가 없어지게 되므로 계속 중인 부인권에 관한 이의의 소송은 당연히 종료한다(회사갱생법 제97조 제6항은 개시결정취소결정의 확정과 종결결정시에 부인의 청구에 대한 이의의 소가 종료됨을 명시하였다).

인소송은 중단하였다가 견련파산을 기다린 후 견련파산이 없으면 그 때 부인소송도 종료한다.[66) 견련파산이 있으면 파산관재인이 수계한다.[67) 관리인이 제기한 부인 소송 역시 갱생절차 종료에 의하여 중단되었다가,[68) 견련파산절차로 이행하면 파산관재인이 수계하고[69) 이행하지 아니하면 갱생회사가 수계하지만 회사는 부인권을 행사할 수 없으므로 다른 공격방어방법에 기하여 청구취지를 변경할 필요가 있다.[70)

2. 회생절차 폐지와 이사 등에 대한 책임조사확정재판 및 이의의 소

이사 등에 대한 손해배상청구권 등의 조사확정재판이 진행 중에 회생절차가 인가 전에 종료하면 그 절차가 종료함은 당연하다(일본도 같다).[71) 그러나 회생절차 종료시 이미 조사확정결정이 있는 경우에는 조사확정절차는 종료하지 않는다(제115조 제8항).[72) 당사자의 변동이 있으므로 결정 절차는 중단되고 파산관재인이 제소기간 내에 이의의 소를 제기하여야 한다. 조사확정결정이 있으나 미확정인 경우에는 회생절차 종료 후라도 이의의 소를 제기할 수 있고, 이미 계속 중인 이의의 소는 회생절차폐지(종결) 후 회생회사가 소송을 수계한다.[73) 견련파산의 경우 이사 등에 대한 손해배상청구권 등의 조사확정재판 및 이의의 소는 파산관재인이 수계한다.

일본의 경우는 아래와 같다.

이사책임사정결정이 있은 후 이의의 소가 제기되기 전에 갱생절차가 종료한 경우에는 견련파산이 있으면 1개월의 제소기간 내에 파산관재인이 수계신청과 함께 이의의 소를 제기할 수 있다(파산법 제44조 제2항 전단유추). 이사책임사정결정이 있고 이에 대한 이의의 소가 계속 중 갱생절차가 종료한 때에는 소송절차는 중단되었다가 회사

---

66) 회사갱생법 제256조 제4항, 제52조 제5항 괄호. 견련파산에는 필요적 파산선고를 포함하므로 이 경우에는 파산관재인 또는 상대방이 계속 중인 소송절차를 수계한다(회사갱생법 제256조 제1항).

67) 회사갱생법 제52조 제4항, 제97조 제6항.

68) 회사갱생법 제52조 제4항.

69) 파산법 제44조 제2항 전단 유추(伊藤眞, 會社更生法, 有斐閣(2012), 739).

70) 松下淳一, 앞의 글(주 17), 254.

71) 제115조 제8호는 조사결정이 있은 후를 제외하고 조사확정절차는 회생절차종료시에 종료한다고 규정하고 있다. 회사갱생법 제100조 제5항도 같다. 법이 그와 같이 규정한 이유는 이 절차는 회생절차에서 사용되는 간이한 절차로서 회생절차 종료 후에 속행할 필요성이 적기 때문이다(山本和彦 외 4인, 앞의 책(주 20), 452).

72) 회생법원의 결정이 있은 후에도 부인의 청구절차가 종료하는 것과 차이가 있다. 입법론으로 부인의 청구절차에서도 법원의 결정이 있은 후, 견련파산절차가 개시되면 파산관재인의 이의의 소를 허용하자는 견해가 있다(伊藤眞, 앞의 책(주 69), 698).

73) 回生事件實務(上), 364; 山本和彦 외 4인, 앞의 책(주 20), 453. 회사갱생법 제52조 제5항.

가 수계한다(회사갱생법 제52조 제4항, 제5항). 견련파산의 경우 파산관재인이 수계한다.[74]

3. 인가 전 회생절차폐지와 회생채권조사확정재판 및 이의의 소

(1) 회생채권조사확정재판

회생채권조사확정재판의 절차는 회생절차의 인가 전 폐지결정에 수반하여 당연히 종료된다(일본도 같다).[75]

다음으로 견련파산절차에 관하여 본다. 인가 전 폐지 시에 회생채권조사확정재판이 계속 중인 경우에 관하여는 견해가 나뉘어 있다.[76] 첫째, 제6조 제6항 소송절차에 채권조사확정절차도 포함하는 것으로 해석하여 견련파산에 의하여 파산절차로 이행된 경우에는 회생채권조사확정절차는 중단되고, 사건을 재배당한 후 파산관재인이 수계하여 파산채권의 조사확정을 구하는 취지로 청구취지를 변경하여야 한다는 견해이다. 둘째, 인가 후 폐지와 마찬가지로 회생채권조사확정재판절차는 종료한다는 입장이다. 전자가 서울회생법원의 실무이고,[77] 후자가 회사갱생법의 입장이다.[78] 일본은 더 나아가 인가결정 후에 갱생절차가 종료하고 그 후에 채권조사확정결정이 있더라도 견련파산절차로 이행하면 이의의 소를 제기할 수 없도록 법에 규정하고 있다.[79]

(2) 회생채권조사확정의 재판에 대한 이의의 소

회생채권자가 관리인을 상대로 제기한 이의의 소는 인가 전 폐지결정 확정 후 중단되었다가 채무자가 수계한다. 회생채권자가 다른 회생채권자를 상대로 한 이의의 소는 종료된다. 회생채권자가 관리인 및 다른 회생채권자를 상대로 한 이의의 소는 관리인을 상대로 한 소송은 채무자가 수계하고 다른 회생채권자를 상대로 한 소송은 종료한다.[80]

---

74) 伊藤眞, 앞의 책(주 69), 744.

75) 回生事件實務(下), 275. 서울중앙지방법원 파산부실무연구회, 도산절차와 소송 및 집행절차, 博英社(2011), 114(이하 "도산절차와 소송 및 집행절차"라 한다). 일본도 같다(회사갱생법 제163조 제1항 전단).

76) 견해의 대립에 대하여는 法人破産實務, 532.

77) 回生事件實務(下), 277. 김정만 외 3인, 앞의 논문(주 49), 479은 회생담보권이 회생계획인가로 인해 권리변경의 효력이 생기고, 파산절차에서 변경된 권리를 가지고 참가할 수 있다는 점을 근거로 삼고 있다.

78) 회사갱생법 제256조 제5항 전단(일본 민사재생법 제254조 제5항).

79) 회사갱생법 제256조 제5항 후단. 채권조사확정재판결정이 있고 아직 이의의 소를 제기하기 전에 견련파산선고가 있는 때에도 같다(伊藤眞, 앞의 책(주 69), 747).

80) 回生事件實務(下), 276; 도산절차와 소송 및 집행절차, 115. 회사갱생법 제52조 제6항.

다음으로 견련파산절차에 관하여 본다. 인가 전 폐지 시에 회생채권조사확정에 대한 이의의 소송이 계속 중인 경우에 견련파산절차가 개시되면 제6조 제2항의 채권신고절차생략 조항이 적용되고, 회생절차에서 진행 중이던 회생채권조사확정의 소송을 파산절차에서도 이용할 필요가 있으므로 파산관재인이 소송을 수계한다.[81]

4. 인가 후 회생절차폐지와 회생채권조사확정재판 및 이의의 소

(1) 회생채권조사확정재판

인가 후 회생절차가 폐지되더라도 면책의 효력과 권리변동의 효력은 그대로 존속하고, 여전히 권리확정의 필요가 있으므로 회생채권조사확정절차를 계속 진행할 필요가 있다. 관리인이 당사자인 사건은 채무자가 수계하고, 회생채권자, 회생담보권자, 주주 등이 당사자인 조사확정재판절차는 중단되지 아니하고 계속 진행된다.[82]

견련파산절차에 관하여 본다. 이 경우에는 채권신고를 간주하는 제6조 제5항이 적용되지 아니한다. 회생절차 개시결정 후 채권조사기일에 신고된 회생채권의 내용을 그대로 원용하여 파산절차에서 신고한 것으로 갈음할 수 없다. 회생계획 인가결정에 의하여 회생채권에 대하여 실체적인 권리변경이 발생하였고 파산선고 전에 일부 변제받은 것이 반영되어야 하므로 견련파산절차에서는 변경된 권리를 신고하고, 파산관재인도 권리변경된 채권을 기준으로 시부인을 하여야 한다. 실무는 이미 계속 중인 회생채권조사확정재판은 종료된 것으로 처리하고 있다.[83] 그러나 회생채권조사확정재판에 대한 이의의 소는 견련파산절차인지 여부에 관계 없이 수계된다(아래 항 설명). 이상의 설명은 일본과 같다.[84]

(2) 회생채권조사확정의 재판에 대한 이의의 소

인가 후 회생절차 폐지로 인하여 종전에 계속 중이던 권리확정소송이 당연히 종

---

81) 도산절차와 소송 및 집행절차, 117.

82) 回生事件實務(下), 277. 실무상 인가 후 폐지의 경우는 대부분 파산원인이 되는 사실이 있다고 인정하여 직권으로 견련파산선고를 하게 되는 경우가 대부분이다.

83) 回生事件實務(下), 278. 과거 서울중앙지방법원 파산부의 실무는 인가 후 견련파산절차에 대하여 재배당한 후 파산관재인이 이를 수계하고 신청인으로 하여금 신청취지를 파산절차에 맞추어 변경하도록 하고 있었다(김정만 외 3인, 앞의 논문(주 49), 479). 현재 서울회생법원의 실무는 종국처리하고 있다고 한다(法人破産實務, 532). 그러나 필자가 확인한 바에 의하면, 일부 재판부는 인가 전 폐지와 인가 후 폐지를 불문하고 해당 회생채권조사확정재판사건은 모두 "종국처리"하고 있었다. 일본도 인가 전 폐지와 인가 후 폐지를 구분하지 않고 갱생채권조사확정재판의 절차는 종료하는 것으로 처리한다(伊藤眞, 앞의 책(주 69), 746). 일부 재판부와 일본의 입장에 의하면 회생채권조사확정재판절차는 인가 전/후를 불문하고 종국처리되고 이의의 소만 수계된다.

84) 회사갱생법 제52조 제4항, 제163조 제2항(견련파산절차 없이 종료시). 회사갱생법 제256조 제5항 전단(견련파산절차로 이행시). 伊藤眞, 앞의 책(주 69), 746-747.

료한다거나 그 소의 이익이 없어진다고 볼 수 없다. 당사자를 관리인에서 채무자로 소송의 수계절차를 밟아야 한다. 그러나 회생채권 등의 확정을 구하는 청구취지를 회생채권 등의 이행을 구하는 청구취지로 변경할 필요는 없다.[85] 회생절차 폐지 후 견련파산이 선고되었다면 파산관재인이 이의의 소를 수계한다.[86] 이상의 설명은 일본과 같다.[87]

5. 검토

인가 전 회생절차가 폐지되면 아직 권리변경의 효력이 발생하지 아니한 단계이므로 회생채권조사확정재판절차는 유지할 필요가 없다. 기일지정신청이 있는 경우 법원이 주문을 소송종료선언을 하여야 하는지 아니면 소의 이익이 없다고 각하하여야 하는지 논란이 있을 수 있다. 부인권에 관한 판례의 법리[88]에 비추어 전자가 타당하다. 인가 전 회생절차가 폐지되더라도 회생채권조사확정재판의 절차를 견련파산절차에서 수계하여 속행한다는 실무의 취지는 이해하지만 그로 인하여 절차가 복잡해지는 단점이 있다.

또한 회생절차에서는 회생담보권 조사확정절차가 있지만 파산절차에서는 별제권에 대한 채권조사절차가 없다. 별제권자는 파산절차에 의하지 아니하고 권리를 행사할 수 있다(제412조).[89] 파산관재인이 피담보채권액을 시인하더라도 파산채권자로 취급하여 중간배당을 하는 것은 아니고 별제권의 예정부족액에 한하여 채권자집회의 의결권을 부여하는 것에 불과하다.[90] 담보권자가 확정된 회생담보권자표에 기하여 별제권의 승인요청을 한다고 하더라도 파산관재인이 담보권의 존부에 구속되는 것은 아니다. 회

---

85) 임광토건의 회생절차 종결결정에 관한 대법원 2014. 1. 23. 선고 2012다84417, 84424, 84431 판결(공 2014, 470). 이에 의하면, 회생채권조사확정의 소송은 그대로 유지할 필요가 있으므로 청구취지를 변경할 필요는 없고 그 결과를 회생채권자표에 기재하여 회생계획의 규정에 따라 처리하면 된다. 이 판결의 법리는 인가 후 폐지결정의 경우에도 적용된다.

86) 회사정리 사건에 관한 대법원 2007. 10. 11. 선고 2006다57438 판결(공 2007, 1745).

87) 伊藤眞, 앞의 책(주 69), 748.

88) 대법원 2007. 2. 22. 선고 2006다20429 판결(미간행); 대법원 2006. 10. 12. 선고 2005다59307 판결(공 2006, 1884); 대법원 1995. 10. 13. 선고 95다30253 판결(공 1995, 3775); 대법원 2004. 7. 22. 선고 2002다46058 판결(미간행) 등.

89) 대법원 1996. 12. 10. 선고 96다19840 판결(공 1997, 308). 별제권의 행사 후에 부족액에 관하여 배당절차에 참가하면 충분하므로 별제권을 실행하면서 신고한 목적물의 가액보다 다액을 환가추심하더라도 위법이 아니다.

90) 同旨: 東京地裁破産實務研究會, 破産管財の手引, 金融財政事情研究會(2011), 247. 반대설, 김정만 외 3인, 앞의 논문(주 49), 462은 별제권의 존부에 대하여는 채권조사확정을 제기할 수 없다고 하고 다만 피담보채권의 존부 및 범위에 한정된다는 입장을 취하고 있다.

생절차에서 신고된 회생담보권의 내용을 파산절차의 별제권 신고에 이용하는 것은 절차의 진행에 도움이 되므로 회생절차의 조사내용을 파산절차에서 별제권자의 신고로 간주하는 것은 타당하다.[91] 그렇다고 하여 회생담보권에 대한 조사확정재판을 견련파산절차에서 별제권에 관한 파산채권조사확정재판으로 수계할 수는 없는 것이다. 이 경우 종국처리함이 타당하다.[92] 회생채권조사확정절차는 이의의 소와 달리 첨부인지액도 소액이고, 1, 2회의 심문기일로 진행되어 절차 중에 획득한 자료도 많지 않으므로 새로이 파산채권조사확정신청을 한다고 하여 당사자에게 부담이 되지 아니한다. 인가 전·후를 구별하지 않고 견련파산절차에서는 새로이 파산채권조사확정재판을 신청하도록 하는 것이 간명하다.

현재 견련파산에 따른 채권조사확정절차는 회생채권인지 회생담보권인지, 외화채권인지,[93] 한화채권인지, 인가 전인지 인가 후인지에 따라 달라지게 되는바, 이는 너무 복잡하다.[94]

Ⅶ. 견련파산절차에서 파산채권의 신고

1. 외화채권 등에 관한 특칙

(1) 원칙

견련파산의 경우 회생절차에서 이미 채권신고와 조사절차가 마쳐졌다면 소송경제와 신속성을 고려하여 다시 파산채권의 신고, 조사절차를 반복할 필요가 없다는 것이므로 만일 동일한 채권을 파산절차에서 신고한다면 부적법한 것으로 처리하고 별도로 이의, 조사, 확정절차를 거칠 필요가 없다.[95] 회생절차에서 관리인 등에 의하여 시

---

91) 法人破産實務, 530.
92) 同旨: 伊藤眞, 앞의 책(주 69), 748 및 管野孝久, "會社更生から破産への移行に伴う諸問題," 鈴木忠一·三ケ月章 監修, 新·實務民事訴訟講座 13 倒産手續, 日本評論社(1981), 320. 반대설 김정만 외 3인, 앞의 논문(주 46), 479은 회생담보권조사확정재판도 파산관재인이 수계한다는 입장이다.
93) 외화채권에 대하여는 파산절차에서 채권신고를 다시 할 필요는 없지만 이의가 제기되면 회생절차에서 진행 중인 회생채권조사확정재판은 종료한다.
94) 管家忠行, 앞의 논문(주 34), 442. 일본도 재건절차의 채권조사절차를 파산절차에서 이용할 수 있는 제도를 도입하려고 시도하였으나 양 절차의 효력이 미치는 채권의 범위에 차이가 있어 설령 제도를 도입한다고 하더라도 이용의 한계가 있음을 고려하여 구체적인 사건에 맞게 법원이 채권신고를 요하지 아니하는 범위를 정할 수 있다는 제도를 도입하는 것으로 그쳤다.
95) 과거 실무는 파산관재인이 중복신고라고 이의를 하고 채권자가 채권조사확정재판을 신청하면 중복신고임이 밝혀지면 법원이 각하결정을 하였으나, 현재는 부적법한 신고로 취급하여 파산관재인의 시부인 전에 법원이 신고를 각하하는 입장이다. 法人破産實務, 529. 과거의 실무에 대하여

인되어 확정된 회생채권은 파산채권으로 시인된다. 단 시부인의 대상이 아니므로 시부인표에 기재할 필요는 없고 배당시에는 포함하여야 한다.

그러나 법은 제134조 내지 제138조의 규정에 의한 채권에 관한 특칙을 두고 있다. 이러한 채권들의 공통점은 회생채권이지만 의결권을 산정함에 있어서는 중간이자를 공제하거나, 회생절차 개시 당시에 평가하거나 원화로 환산하여 평가한 금액을 평가하여야 한다. 법은 이러한 종류의 채권에 대하여는 비록 회생절차 개시 당시에 의결권이 산정되었다고는 하지만 회생채권이 금전으로 액수가 정하여 조사되고 확정된 것이 아니므로 파산절차에서 별도로 조사확정절차를 거칠 것을 요구하고 있다. 그리하여 채무자회생법은 제134조에서 제138조에 해당하는 채권에 대하여는 파산채권으로 다시 신고할 필요는 없지만 신고된 채권에 대하여 새로이 채권조사절차 및 확정절차가 필요하다(제6조 제5항).[96]

(2) 문제점과 개선책

조문상으로는 파산관재인이 신고된 외화채권에 대하여 환율의 차이 외에 파산채권의 존부 및 범위 등을 고려하여 새로운 이의를 제기할 수 있도록 읽힌다. 만일 파산관재인이 외화채권의 존부와 범위에 관하여 이의를 제기하면, 외화채권자는 파산채권조사확정재판을 신청하여야 한다. 실무는 회생절차 개시결정 전일 최종 고시 전신환매매기준율을 적용한 것에 대하여 그대로 인정하기도 하고, 파산선고 전일 환율을 적용하기도 하는 등 아직 통일되어 있지 않다.[97]

그러나 제134조 내지 제138조의 규정에 의한 채권에 대하여는 환율 차이에 따른 액수, 조건성취 외에 채권의 존부에 관하여는 새로이 이의를 할 수 없도록 실무를 운용함이 옳고 만일 해석으로 불가능하다면 법을 개정할 필요가 있다. 외화채권에 관한 채권조사절차에 관한 서울회생법원의 실무와 그에 대한 비판 및 개정안에 대하여는 설명을 생략한다.[98]

는 최두호, "법인파산절차에서의 몇 가지 쟁점," 도산법연구 제1권 제1호, 도산법연구회(2010), 225; 김정만 외 3인, 앞의 논문(주 49), 478.

96) 回生事件實務(下), 290은 外貨債權者 등이 견련파산절차에서 파산채권 신고를 다시 하여야 하는 것으로 기재하고 있으나 이는 오기이다. 法人破産實務, 529는 올바로 기술되어 있다.

97) 필자가 확인한 바로는 대전지방법원 2017하합1(2015회합5025), 채무자 (주)디아이디와 서울회생법원의 TSSTK 사건은 회생절차 개시결정일을 기준으로 하였고, 한진해운의 파산관재인은 파산선고 전일 매매기준율의 기준으로 파산채권을 재조사하였다(파산관재인 제2회 채권조사기일 파산채권 시부인표, 1면).

98) 자세한 내용은 林治龍, 앞의 논문(주 3), 45-46. 국제도산법적인 관점에서 외화채권 신고와 채권조사에 관한 글로는 園尾隆司, "外國債權についての債權屆と債權調査," 岡 伸浩 외 4인 編, 破産管財人の債權調査·配當, 商事法務(2017), 598-618.

2. 파산절차에서 새로이 채권신고하는 경우

인가 전에 회생절차가 폐지된 경우에는 계획안이 인가되기 이전이므로 미신고 채권에 대한 면책의 효력이 발생하지 아니한다. 따라서 회생절차에서 신고하지 아니한 회생채권이 있다면 채권자는 최후배당의 제외기간 내까지 파산채권으로 신고할 수 있다.99) 인가 후 폐지의 경우에는 제6조 제5항이 적용되지 아니하므로 새로이 파산채권 신고를 하여야 함은 앞에서 본 바와 같다. 관재인은 파산채권의 시부인을 함에 있어 인가된 회생계획안의 내용을 참조하여 출자전환된 채권, 원리금이 감액된 채권, 채권자목록에 기재되지 않거나 회생절차에서 신고되지 아니한 채권에 대하여는 이의하여야 한다.

3. 회생채권조사확정재판을 신청하지 아니하고 파산채권을 신고하는 경우

회생채권조사확정재판을 신청하지 아니한 회생채권자는 회생절차에 참가할 수 없게 되었으므로100) 그와 일체의 성격을 갖는 견련파산절차에서도 파산채권신고를 할 수 없다고 해석함이 옳다. 그 이유는 아래와 같다.

회생채권조사확정절차의 효력에 관하여 보건대, 회생채권조사확정의 소송 또는 회생채권조사확정재판에 대한 이의의 소송에 관한 판결은 회생채권자, 회생담보권자, 주주 등 전원에 대하여 확정판결과 동일한 효력이 있다. 또한 회생채권조사확정재판에 대하여 결정서 송달일로부터 1월 이내에 이의의 소가 제기되지 아니하거나 이의의 소가 각하된 때에는 회생채권조사확정재판 역시 회생채권자, 회생담보권자, 주주 등 전원에 대하여 확정판결과 동일한 효력이 있다.101) 회생채권조사확정재판에 관한 결정이나 결정에 대한 이의의 소송에 관한 판결, 이미 계속 중인 소송을 수계하여 진행된 회생채권조사확정의 소송에 관한 판결(화해권고결정 등도 포함)은 당사자 사이는 물론 당사자가 아닌 제3자인 다른 회생채권자 등에게도 확정판결과 동일한 효력이 있다.102) 견련파산절차를 선행하는 회생절차를 포함한 하나의 파산절차로 취급하는 특

---

99) 同旨: 管野孝久, 앞의 논문(주 92), 320.
100) 酒井良介·上甲悌二, "債權確定訴訟," 島岡大雄 외 3인 編, 倒産と訴訟, 商事法務(2013), 111.
101) 제176조. 채권조사확정재판에 대한 이의의 소가 취하된 경우가 누락되어 있으나, 이 경우에도 동일한 효력이 인정된다(도산절차와 소송 및 집행절차, 97).
102) 확정판결과 동일한 효력이라 함은 기판력을 의미하는 것이 아니라 회생절차 내에서의 불가쟁력에 불과하고 회생절차 밖에서는 인정될 수 없다는 것이 다수설(金龍德, "整理債權者表·擔保權者表 記載의 效力," 商事判例研究(Ⅴ), 博英社(2000), 254, 回生事件實務, 556, 노영보, 도산법 강의, 박영사(2018), 415 등 및 판례(1991. 12. 10. 선고 91다4096 판결(공 1992, 469))의 입장이다.

칙 조항을 고려하면 회생절차에서 인정된 불가쟁력의 효력이 파산절차에도 미친다고 봄이 타당하다.

　회생절차에서 제170조 제2항이 정한 기간 내에 채권조사확정재판을 신청하지 않아 이의채권의 확정을 구하는 수단을 잃었다면 채권자는 동일한 이의채권을 회생절차에서 다시 회생채권으로 신고할 수 없고, 이는 동일한 채권에 대한 중복신고이므로 부적법하다.103) 이미 회생채권자가 회생채권조사기일과 그 통지를 받았으므로 추완신고의 요건 중 책임질 수 없는 사유도 결여된 것이므로 추완신고를 위한 특별조사기일도 개최할 수 없다.

Ⅷ. 공익채권 및 회생채권의 성질변경

　견련파산절차로 진행되면 공익채권은 재단채권으로, 회생채권은 파산채권으로 변경되는 것이 원칙이다. 그러나 채권의 우선순위에 관한 양 절차의 차이 때문에 약간의 변용이 있다.

1. 공익채권과 재단채권의 차이

　양자는 아래와 같은 공통점이 있다.

　첫째, 공익채권은 제179조에 열거된 일반공익채권과 개별규정에서 공익채권으로 취급하는 특별공익채권으로 구분된다.104) 재단채권도 제473조에 열거된 재단채권과 개별규정에서 재단채권으로 취급하는 특별재단채권으로 구분된다.105)

다만, 제176조 제1항에 의한 회생채권조사확정에 관한 소송에 대한 판결은 일반 민사소송과 같이 기판력이 생긴다는 점에서 회생채권절차 내에서의 불가쟁의 효력만 발생하는 채권조사확정재판과 다르다(제168조).

103) 서울고등법원 2018. 9. 13. 선고 2018나2030489 판결(미상고 확정). 이 판결은 동일한 채권에 대하여 채권신고를 하였음에도 1개월 이내에 채권조사확정재판을 제기하지 아니하였다면 설령 회생법원이 동일한 채권에 대하여 특별조사기일을 열고 채권자가 회생채권조사확정재판을 신청하였더라도 이는 부적법하다는 이유로 특별조사기일에서 이의된 채권에 대한 회생법원의 회생채권조사확정재판을 취소하고 채권조사확정재판신청을 각하하였다.

104) 특별공익채권에 관한 조문은 아래와 같다. 제39조(비용의 예납 등) 제4항, 제58조(다른 절차의 중지 등) 제6항, 제59조(소송절차의 중단 등) 제2항, 제108조(부인권행사의 효과 등) 제3항, 제113조의2(신탁행위의 부인에 관한 특칙) 제6항, 제121조(쌍방 미이행쌍무계약의 해제 또는 해지) 제2항, 제177조(소송비용의 상환), 제256조(중지 중의 절차의 실효) 제2항.

105) 특별재단채권에 관한 조문은 아래와 같다. 제337조(파산관재인의 해제 또는 해지와 상대방의 권리) 제2항, 제347조(파산재단에 속하는 재산에 관한 소송수계) 제2항, 제348조(강제집행 및 보전처분에 대한 효력) 제2항, 제398조(상대방의 지위) 제1항, 제469조(소송비용의 상환), 제474조(부담있는 유증의 부담의 청구권).

둘째, 공익채권이나 재단채권에 대하여는 채권조사확정절차가 마련되어 있지 않다. 따라서 채권을 신고하지 아니한다고 하여 실권되는 불이익은 없다. 판례에 의하면 재단채권자나 공익채권자가 권리의 성질을 오인하여 파산채권 또는 회생채권으로 신고하였다고 하여 파산채권자표 또는 계획안에 의한 권리변경의 효력을 받는 불이익은 없다.[106)

셋째, 공익채권은 회생절차 중이라도 회생절차에 의하지 아니하고 수시로 변제되며, 회생채권과 회생담보권에 우선하여 변제된다(제180조). 재단채권도 파산절차에 의하지 아니하고 수시로 변제되며(제475조), 파산채권보다 먼저 변제된다(제476조).

넷째, 공익채권자 또는 재단채권자는 채권의 이행을 구하는 소송을 구할 수 있다.

다섯째, 공익채권이나 재단채권을 위하여 유치권 등 담보물권이 설정되면 회생절차 또는 파산절차 외에서 담보권을 실행할 수 있다.

그러나 양자는 아래와 같은 차이점이 있다.

첫째, 공익채권자는 회생절차 중에 원칙적으로 채무자의 재산에 대하여 강제집행할 수 있다. 그러나 공익채권에 기한 강제집행이 회생에 현저하게 지장을 초래하고 채무자에게 환가하기 쉬운 다른 재산이 있거나 또는 채무자의 재산이 공익채권의 총액을 변제하기에 부족한 것이 명백하게 된 때에는 법원이 강제집행의 중지 또는 취소를 명할 수 있다(제180조 제3항).

이에 반하여 재단채권자는 법에 파산절차 중 강제집행의 금지 규정은 없지만, 판례에 의하면 재단채권자는 재단채권에 기한 강제집행을 할 수 없고, 시작된 강제집행도 중지된다.[107)

둘째, 공익채권 간에는 원칙적으로 평등하게 변제하지만 제179조 제1항 제5호 및 제12호의 청구권 중에서 채무자의 사업을 계속하기 위하여 법원의 허가를 받아 차입한 자금에 관한 채권만이 다른 공익채권에 우선한다.

이에 반하여 재단채권은 제473조 제1호 내지 제7호 및 제10호에 열거된 재단채권은 다른 재단채권(특별재단채권 포함)에 우선하고, 학설과 실무에 의하면 제473조 제1호 내지 제7호 및 제10호에 열거된 재단채권 내에서 다시 제1호 및 제3호의 채권이 다른 호의 재단채권보다 우선한다.[108) 따라서 조문에 충실하면 관재인 보수,[109) 보조인 비

---

106) 공익채권에 관한 대법원 2007. 11. 30. 선고 2005다52900 판결(미간행); 대법원 2004. 8. 20. 선고 2004다3512, 3529 판결(공 2004, 1577) 등.
107) 대법원 2007. 7. 12.자 2006마1277 결정(공 2007, 1248); 대법원 2008. 6. 27.자 2006마260 결정(공 2008, 1072).
108) 전병서, 도산법 제3판, 문우사(2016), 229; 崔承祿, "파산채권과 재단채권," 破産法의 諸問題[上],

용, 재판비용이 최우선이고, 그 다음이 제473조 제2호, 제4호 내지 제7호 및 제10호이고, 마지막으로 제8호, 제9호 및 특별재단채권[110]의 순서로 변제하여야 한다. 따라서 소위 회생절차에서의 신규자금채권은 최우선의 공익채권이지만 견련파산절차에서는 제473조 소정의 일반재단채권에 열거되지 아니하였으므로 제3순위의 재단채권으로 강등될 수 있다.[111] 한편, 2020. 1. 9. 국회는 회생절차에서 제공된 신규자금과 임금, 퇴직금 및 재해보상금(채무자회생법 제473조 제10호)을 다른 재단채권에 우선하도록 개정하였다(2020. 2. 4. 시행).

2. 견련파산시 공익채권의 변경

임금/퇴직금 채권자는 회생절차에서 공익채권으로, 파산절차에서 재단채권으로 취급되고 있으므로 견련파산절차로 전환되더라도 그 지위가 달라지는 것은 없다(단 위에서 본 개정내용 참조). 그러나 임금채권자 중 근로기준법 제38조 제2항 각 호에 따른 채권과 근로자퇴직급여 보장법 제12조 제2항에 따른 최종 3년간의 퇴직급여 등 채권의 채권자는 파산절차에서 별제권 행사 또는 체납처분에 따른 환가대금에서 다른 담보물권자보다 우선하여 변제받게 되어 지위가 격상된다.[112]

파산절차에서는 재단채권으로 규정되지 아니하였지만 회생절차 중에 공익채권으로 취급된 채권은 견련파산절차에서 재단채권으로 취급된다. 예컨대, 파산신청시부터 파산선고시까지 공급으로 생긴 채권, 또는 개시신청 20일 이내에 공급받은 물건에 대한 대금청구권을 재단채권으로 취급하는 규정은 없지만 제179조 제1항 제8호 및 제8호의2에 기한 채권도 재단채권으로 취급된다. 또한 회생절차 중에 쌍방 미이행쌍무계약을 관리인이 선택하면 상대방이 그 후 회생절차에서 자신의 의무를 다 이행하더라도 상대방이 회생회사로부터 받지 못한 채권은 공익채권이다. 견련파산선고시를 기준으로 보면 이미 상대방이 채무이행을 완료하였으므로 쌍방 미이행쌍무계약이 성립하

法院圖書館(1999), 349; 法人破産實務, 359. 일본의 개정 파산법은 파산관재인의 보수청구권(파산법 제148조 제1항 제1호)과 파산재단의 관리비용(제2호)은 동조 제1항 제3호 이하의 다른 재단채권에 우선함을 명시하였다(제152조 제2항).

109) 일본 最高裁判所 昭和 45. 10. 30. 民集 24卷11号1667頁. 그 이유로 공익비용이 국세 기타 공과금에 우선하는 것이 자명하다고 판시하였다.

110) 대표적인 예로는 쌍무계약 해제시 반대급부가 현존하지 아니한 경우 상대방이 갖는 가액의 청구권, 선행 회생절차에서 발생한 공익채권(신규자금채권 포함) 등이다.

111) 同旨: 최두호, 앞의 논문(주 95), 227. 일본에서도 신규자금채권이 다른 재단채권과 안분비례되는 점에 대한 우려가 있다(伊藤眞 외 2인 編, 新破産法の基本構造と實務, ジュリスト增刊号, 有斐閣 (2007). 36).

112) 제425조의2. 동조는 2015. 7. 1.부터 시행 중이고 파산관재인의 환가에는 적용되지 아니한다.

지 아니하고, 상대방이 파산재단에 대하여 갖는 채권은 파산채권이 되겠지만 이 경우에도 재단채권으로 취급된다. 다만 이는 특별재단채권으로 취급되어 다른 일반재단채권보다 변제의 우선순위가 낮게 된다.

3. 견련파산시 회생채권의 변경

회생채권이 견련파산절차에서 모두 파산채권으로 취급되는 것은 아니다. 왜냐하면 파산절차에서는 파산절차가 정하는 채권의 우선순위가 있기 때문이다. 예컨대, 회생채권인 조세채권, 회생채권인 공과금채권으로서 그 징수우선순위가 일반 파산채권보다 우선하는 것(건강보험료 등)은 견련파산절차에서 재단채권으로 격상된다.[113]

반대로 회생절차 개시 전의 벌금·과료·형사소송비용·추징금 및 과태료의 청구권은 회생채권이지만 견련파산절차에서 후순위파산채권으로 격하된다.[114] 회생절차 개시 후에 발생하는 지연손해금채권도 회생채권이지만 견련파산절차에서는 파산선고 이후 발생하는 부분에 한하여 후순위파산채권으로 격하된다.

4. 견련파산시 쌍방 미이행쌍무계약의 취급

파산선고시를 기준으로 상대방이나 파산자가 관리인이 이행을 선택한 미이행 쌍무계약의 이행을 쌍방이 완료하지 아니한 상태에 있는 경우, 파산관재인이 제335조에 의하여 쌍방 미이행쌍무계약을 해제할 수 있는가에 관하여는 견해가 나뉠 수 있다. 이 경우에도 파산선고시를 기준으로 하여 파산관재인에게 해제권을 인정하자는 견해가 일본에서는 다수설이다.[115]

생각건대, 이미 상대방의 계약이행청구권(본래의 채권)이 공익채권에서 재단채권으로 변경되었는데 파산관재인이 해제를 하였다는 이유로 본래의 채권에서 동일성을 유지하면서 변경된 상대방의 손해배상채권을 재단채권에서 파산채권으로 강등하는 것은 이론상 부당하다.[116] 왜냐하면 이행선택이 된 후에도 관재인이 채무불이행하면 상대방은 손해배상청구권을 갖게 되고 손해배상청구권도 재단채권으로 취급되기 때문이다.

---

113) 제473조 제2호.
114) 제140조, 제446조.
115) 島岡大雄, 앞의 논문 (下)(주 22), 33면. 그 외 松下淳一, "契約關係の處理," 別冊NBL 倒産實體法 (2002), 52; 瀬戸英雄, "會社更生手續への履行," 門口正人 外 新 裁判實務大系 會社更生法 民事再生法, 靑林書院(2004), 55면도 같은 견해이다. 그러나 상대방이 갖는 공익채권이 파산채권(갱생채권)으로 강등되는지 여부에 대하여는 언급이 없다.
116) 채무불이행으로 인한 손해배상청구권은 본래의 채권이 확장된 것이거나(지연배상) 또는 내용이 변경된 것(전보배상의 경우)이다(송덕수, 채권총론, 박영사(2013), 163).

또한 견련파산제도가 회생과 파산이라는 도산절차를 하나의 범주 안에서 원활하게 연계하여 처리하려는 데에 있다는 점을 고려하면,[117] 쌍방 미이행쌍무계약의 성립 여부를 결정하는 기준시점을 회생절차 개시결정으로 보는 것이 타당하다. 파산관재인이 회생절차에서 관리인에 의하여 이행선택된 채무를 파산선고 후에도 이행할 필요가 없다고 판단하면 계속하여 불이행함으로써, 상대방에게 계약을 해제할 권한을 주고 상대방의 손해배상채권은 재단채권으로 취급하면 족하고, 굳이 파산관재인에게 해제권을 부여하여 상대방의 채권을 파산채권으로 취급할 필요는 없다. 대법원은 회생절차에서 관리인이 쌍방 미이행쌍무계약을 제119조 제1항에 의하여 해제하였다면 인가결정 후 제6조 제1항에 의하여 견련파산절차로 이행되었다고 하더라도 이미 발생한 해제의 효력에는 아무런 영향을 미치지 아니한다고 판시하였다.[118]

회생절차에서는 회생담보권자도 회생절차에 복속하여 권리행사가 제한되고 그동안 공익채권자가 회생담보권자보다 우선변제받을 수 있으나,[119] 견련파산절차로 이행하게 되면 담보권자는 파산절차 밖에서 신속하게 담보물을 환가처분할 수 있게 되므로 이 점에서 공익채권자가 재단채권자가 되면 파산절차에서 불리하게 될 수 있다.

IX. 견련파산절차와 부인/상계

1. 견련파산절차와 부인권

(1) 부인권의 행사시기

파산 및 회생절차 모두 부인권은 파산선고일/회생절차 개시결정일로부터 2년 후에는 행사할 수 없다.[120] 그런데 견련파산절차로 전환되어 부인권의 행사기한을 파산선고일로부터 새로 기산하면 파산채권자 입장에서는 회생절차로부터 기산하여 최장 4년간 부인권의 공격을 당할 위험에 놓이게 된다. 따라서 이미 회생절차 개시결정일로

---

117) 대법원 2016. 8. 17. 선고 2016다216670 판결(공 2016, 1326)은 상계금지와 관련하여 채무자의 회생절차 개시신청을 파산절차에서 상계 금지의 범위를 정하는 기준이 되는 '지급정지' 또는 '파산신청'으로 의제된다고 판시하였다.
118) 대법원 2017. 4. 26. 선고 2015다6517, 6531 판결(공 2017, 1089). 이 판결의 법리는 계약 해제의 효과가 이미 발생하였으므로, 회생절차의 폐지는 영향이 없다는 것이다. 그러나 회생절차에서 쌍방 미이행쌍무계약의 이행이 선택되어 계약이 유지되었는데, 이후 계약의 효력을 계속 유지시킬 것이냐의 문제는 별개이므로 위 판결이 뒷받침될 수 없다는 반론도 가능하다. 졸견은 견련파산절차에서 파산관재인이 위 판결에 따라 이미 해제된 미이행쌍무계약의 이행선택을 할 수 없지만 반대의 경우는 해제가 가능하다는 해석은 논리가 일관하지 않는다고 생각한다.
119) 제180조 제2항.
120) 제112조, 제405조. 미국 파산법 §546도 같다.

부터 2년이 경과되었다면 파산관재인은 더 이상 부인권을 행사할 수 없다고 해석함이 옳다.121)

한편, 파산관재인은 파산선고가 있은 날로부터 1년 전에 이루어진 행위에 대하여 지급정지의 사실을 안 것을 이유로 하는 제359조 제2호(본지변제 부인) 제3호(비본지변제 부인) 및 제394조(권리변동의 성립요건 또는 대항요건의 부인)에 기하여 부인권을 행사할 수 없다.122)

제404조의 취지는 지급정지로부터 1년 이상 경과한 후 파산선고가 되었다면 지급정지와 파산선고 사이에 인과관계가 있다고 보기 어렵고, 수익자의 지위를 장기간 불안정한 상태에 방치하는 것은 부당하다는 취지에서 둔 규정이다. 그러나 회생절차가 진행되어 파산선고를 할 수 없는 기간을 위기부인의 행사기간에 산입하는 것은 형평의 원칙에 반한다는 점 등을 고려하면, 지급정지 후에 회생절차를 거쳐 파산선고가 된 경우에는 특별한 사정이 없는 한 제404조의 위기부인의 행사기간에 회생절차로 인하여 소요된 기간은 산입되지 아니한다.123)

(2) 견련파산절차에서 지급정지의 시점

제391조는 위기부인과 무상부인에 관하여 지급정지 또는 파산신청이 있은 후의 행위, 그 전의 60일, 6개월 이내의 행위를 부인의 대상으로 삼고 있다. 견련파산절차에서 문제가 되는 쟁점은 파산신청을 하지 아니한 채 막바로 회생절차를 신청하는 경우 언제를 지급정지 또는 파산신청이 있은 때로 보는가 하는 점이다. 이에 관하여 법은 회생절차 개시의 신청 또는 사기파산죄에 해당하는 이사의 행위를 지급의 정지나 파산의 신청으로 간주한다.124)

채무자회생법 시행 이전에는 화의법이 존재하였으므로 화의절차, 회사정리절차를 거쳐 파산선고가 되는 경우에 언제를 지급정지로 볼 것인지에 관한 논의가 있었다. 그

121) 회사갱생법 제254 제2항 제1호 및 伊藤眞 編, 條解破産法 第2版, 弘文堂(2014), 1183.
122) 파산절차에 관하여 제404조. 회생절차에 관한 제112조는 파산절차와 달리 회생절차 개시결정일이 아니라 개시신청일로부터 기산하여 1년 전에 한 행위에 대하여 같은 내용을 규정하고 있다. 그러나 조문의 취지는 양자 모두 같다. 朴性哲, "破産法上의 否認權," 破産法의 諸問題(下), 法院圖書館(1999), 267.
123) 대법원 2019. 1. 31. 선고 2015다240041 판결(공 2019, 589); 대법원 2004. 3. 26. 선고 2003다65049 판결(공 2004, 723). 전자는 회생절차 개시결정 후 견련파산절차로 이행된 경우에 관한 것이다. 후자는 선행절차인 화의절차 개시신청일로부터 화의개시신청 취하 후 회사정리절차 개시신청을 하였다가 법원이 그 신청을 기각한 1999. 2. 19.까지의 기간을 공제하여 부인의 대상인 변제는 파산선고일로부터 1년 이내에 이루어진 행위로 보아(실제로는 1년이 넘은 행위이다) 부인권의 행사 대상이라고 판시하였다.
124) 제6조 제4항. 동 조항은 회사정리법 제정시부터 변경된 바 없다.

러나 채무자회생법은 재건절차로 회생절차를 인정하므로 조문이 정한 바대로 회생절차신청 행위를 지급의 정지 또는 파산신청으로 보면 과거보다 훨씬 간명하다. 자세한 논의는 견련파산과 상계금지에서 살펴본다.

2. 견련파산절차와 상계금지

(1) 재단채권의 확대

견련파산절차에서는 재단채권의 범위가 확대되고, 재단채권자는 파산절차 중 제422조의 상계 제한을 받지 아니하여 재단채권자의 상계권 행사가 일반 파산절차보다 자주 있다. 예컨대 상대방이 관리인과 거래를 하였는데 관리인이 채무를 불이행상태에서 회생절차가 폐지되고 견련파산절차로 이행되는 경우 관리인의 채무불이행으로 인한 손해배상채권은 제179조 제1항 제5호에서 정한 공익채권에 해당하고 이는 제6조 제4항에 의하여 견련파산절차에서 재단채권이 된다. 따라서 재단채권자는 제422조의 상계제한의 규정을 적용받지 아니하므로 파산관재인을 상대로 상계할 수 있다.[125]

(2) 상계금지 기준시점의 소급

회생절차가 폐지(인가 전, 인가 후 포함)되어 법원이 직권으로 파산선고를 한 경우로서 파산선고 전에 지급의 정지 또는 파산의 신청이 없는 때에는 회생절차 개시의 신청을 지급의 정지 또는 파산의 신청으로 본다. 따라서 견련파산절차에서 상계금지의 기준 시점과 관련하여 회생절차 개시신청이 지급의 정지 또는 파산의 신청으로 대체하여 기준시점이 된다. 견련파산절차에서 지급정지의 시점을 언제로 볼 것인지에 관한 사례를 본다.[126] 원심은 회생절차폐지결정시점을 제422조 제2호 본문에서 정한 지급정지에 해당한다고 보았으나 대법원은 조문에 충실하게 해석하여 선행하는 회생절차 개시신청시로 보아 원심판결을 파기하였다.

갑 회사는 2009. 3. 4. 부산지방법원에 회생절차 개시신청을 하여 2009. 4. 27. 회생절차 개시결정을, 2009. 12. 23. 인가결정을 받았다. 관리인은 2013. 12. 30. 피고(은

125) 대법원 2016. 5. 24. 선고 2015다78093 판결(미간행). 원심은 상계권자가 파산채권자임을 전제로 회생절차 중에 채권자와 관리인 간의 거래에서 발생한 채무를 수동채권으로 상계한 것이 지급정지 또는 파산신청이 있었음을 알고 채무자에 대하여 채무를 부담한 때(제422조 제2호)에 해당한다고 보아 상계를 불허하였으나 대법원은 회생절차 중에 관리인과 거래한 상대방의 채권은 공익채권이고, 견련파산조항에 따르면 공익채권자가 재단채권자가 되므로 파산채권자의 상계금지를 적용한 제422조가 적용되지 아니한다고 보아 원심판결을 파기하였다.

126) 대법원 2016. 8. 17. 선고 2016다216670 판결(공 2016, 1326). 해설로는 김희중, "채무자에 대하여 회생계획인가가 있은 후 회생절차폐지의 결정과 파산선고에 따라 파산절차로 이행된 경우, 파산절차에서 상계의 금지의 범위를 정하는 기준," 대법원판례해설 제109호(2016), 524-545.

행)에게 2억 원의 정기예금을 예치하였다. 법원은 2015. 1. 5. 회생절차폐지결정을 하고, 2015. 1. 28. 견련파산선고를 하였다. 피고는 2015. 1. 28. 회생채권(회생절차 개시결정 전에 발생한 대출금이다)을 자동채권으로, 예금채권을 수동채권으로 삼아 상계하였다. 이 사건에서 피고가 지급정지 후에 예금채무를 부담한 때에 해당하는지 여부가 쟁점이 되었다.

원심은 피고의 상계를 허용하였다. 그 이유로 " … 회생계획인가결정이 확정된 후에 그 회생계획의 수행이 이루어지던 중 새로운 사정이나 위기 상황의 발생으로 인하여 그 회생절차가 폐지되고 파산선고가 내려진 경우에는, 채무자회생법 제422조 제2호에서 정하고 있는 '지급정지'는 그 파산선고 내지 파산절차와 직결되는, 즉 상당인과관계가 있는 범위 내의 지급정지상태 또는 그에 준하는 위기상태로 한정하여 해석함이 상당하며, 이와 달리 선행 회생절차의 종료 여부나 그 진행 기간 내지 경과 등을 고려하지 않은 채 아무런 제한 없이 종전의 회생절차 개시의 원인이 된 선행 지급정지상태 또는 그에 준하는 위기상태를 채무자회생법 제422조 제2호에서 정하고 있는 '지급정지'로 보는 것은 상계금지의 대상의 지나치게 확대하여 채권자의 지위를 불안정하게 하고 거래의 안전을 해할 수도 있어 그대로 받아들일 수는 없다."고 판시하면서 화의법과 관련한 견련파산절차에서의 부인권에 관한 선례[127]를 근거로 들었다.

그러나 대법원은 위 선례는 화의절차에 관련한 것으로 적용 법률과 사안이 다르며, 제6조 제4항에 의하여 회생절차 개시신청을 파산신청 또는 지급정지로 보아야 하고 피고가 이를 알고 있었으므로 피고의 상계는 허용되지 아니한다고 판시하였다.

생각건대, 원심 및 대법원 모두 피고의 상계가 제422조 제2호에 해당하는지 여부를 다루고 있다. 그러나 채무를 부담하게 되는 시기적 기준을 회생절차 개시결정시 이후로 삼으면 군이 회생절차 개시신청시에 지급정지의 사실을 알고 있었는지 여부에 관한 채권자의 주관적 사정이나, 제422조 제2호의 가, 나, 다 목의 예외사유를 고려할 필요 없이 회생절차 개시 후의 채무부담으로서 상계금지에 해당하고, 견련파산절차가 회생절차와 파산절차를 모두 포함하는 一體的인 도산절차라는 점을 고려하면, 회생절

---

127) 대법원 2007. 8. 24. 선고 2006다80636 판결(공 2007, 1468). "파산법 제64조 제5호에서 정하고 있는 '지급정지'는 그 파산선고 내지 파산절차와 직결되는, 즉 상당인과관계가 있는 범위 내의 지급정지상태 또는 그에 준하는 위기상태로 한정하여 해석함이 상당하고, 이와 달리 선행 화의절차의 종료 여부나 그 진행 기간 내지 경과 등을 고려하지 않은 채 아무런 제한 없이 종전의 화의개시의 원인이 된 선행 지급정지상태 또는 그에 준하는 위기상태를 파산법 제64조 제5호에서 정하고 있는 '지급정지'로 보는 것은 부인권 행사의 대상을 지나치게 확대하여 채권자의 지위를 불안정하게 하고 거래의 안전을 해할 수도 있어 그대로 받아들일 수는 없다."

차에서의 상계금지의 효력은 견련파산절차에 계속하여 적용된다고 판시하면 족하다.[128] 대법원이 회생절차 개시결정시를 기준으로 보지 아니한 이유는 아래에서 보는 선례와 충돌되는 문제가 발생하여 이를 피하기 위한 것으로 추측된다.

(3) 상계금지의 효력이 견련파산절차에 미치는지 여부

상계금지의 효력이 견련파산절차에도 미치는지에 관한 대법원 판결[129]을 살펴본다.

대법원은 "회사정리법 제24조 제2항, 제4항의 취지는 회사정리절차가 파산절차로 이행된 경우 중복되는 절차를 생략함으로써 궁극적으로 부실기업을 신속히 퇴출시키는 데 있는 것이지 양 절차가 동일한 절차임을 전제로 한 것은 아니고, 회사정리법은 제24조 제1항에서 공익채권은 파산재단채권으로 한다는 명문의 규정을 두고 있지만, 상계금지의 효과를 파산선고 이후까지 연장한다는 규정은 두고 있지 아니하며, 파산법 제95조에서 회사정리법과는 별도로 상계금지에 관한 규정을 두고 있는 점 등에 비추어 볼 때, 회사정리절차가 진행되다가 파산절차로 이행되었다고 하여 파산선고 후에도 여전히 회사정리법 제163조 제1호가 적용된다고 볼 수는 없다."고 판시하였다. 대법원의 논리는 회사정리절차가 파산절차로 이행한 경우 상계가 금지되는 채무인지 여부는 파산선고시를 기준으로 하여야 하므로, 회생절차 개시결정 이후에 부담한 채무라고 하더라도 파산선고 이전에 부담한 채무라면 상계가 허용된다는 것이다.

생각건대, 구 회사정리법에 의하면 회사정리절차 개시결정 후에 부담한 채무는 예외 없이 상계가 금지된다. 수동채권이 파산신청 후에 채무를 부담한 때에 해당한다면 나아가 부담의 원인이 상계를 허용하는 회사정리법 제163조 제2호의 3가지 예외사유에 해당하는지에 관하여 살펴보아야 한다. 위 판결의 하급심의 사안에 의하면 수동채권은 모두 지급정지 또는 파산선고일로부터 소급하여 1년 전에 발생한 것이므로 예

---

128) 最高裁判所 昭和 47. 7. 13. 판결(民集26卷6号1151頁)은 일본의 구 상법상의 회사정리절차개시 후의 채무를 부담했을 때라 함은 그 부담의 원인 또는 원인발생시기 여하에 관계없이 채무를 현실적으로 부담하게 된 시기가 절차개시 후인 경우를 의미한다고 판시하였다.

129) 대법원 2005. 10. 14. 선고 2005다27225 판결(공 2005, 1789). 사실관계는 다음과 같다. 동아건설은 2000. 11. 24. 서울지방법원으로부터 회사정리절차개시결정을 받아 정리절차 진행 중 2001. 3. 9. 인가 전 정리절차 폐지결정을 받아 같은 달 25. 그 폐지결정이 확정되었고 2001. 5. 11. 파산선고를 받았다. 피고는 동아건설의 하자보수의무를 연대보증한 후 2002. 7. 29.-2003. 6. 30. 보증채무를 이행함으로써 취득한 구상금채권(파산채권인 자동채권)을 가지고 있는 반면, 2001. 5. 10. 동아건설과 정산합의에 따라 발생한 동아건설에 대한 기성공사대금 채무(수동채권)를 부담하고 있었다. 피고(파산채권자)는 2003. 8. 12.경 동아건설의 파산관재인(원고)에게 피고의 구상금채권과 동아건설에 대하여 부담하는 기성공사대금 채무를 대등액의 범위에서 상계한다는 의사표시를 하였다. 피고가 부담하는 수동채권은 회사정리절차 개시결정 후에 부담한 것이므로 회사정리절차에서는 상계가 금지되는 것이지만, 견련파산절차를 기준으로 보면 파산선고 전에 성립한 것이므로 상계가 가능하다.

외 사유에 해당한다.[130]

그러나 견련파산절차가 회생절차 개시신청을 파산신청으로 간주하는 일체적인 파산절차라는 점을 고려하면 상계금지의 요건을 정한 회사정리법 제163조는 여전히 견련파산절차에서도 적용되는 것이 타당하다는 유력한 견해에 찬동한다.[131] 상계금지에 관한 이상의 논의는 회생절차에서도 동일하게 적용된다.

(4) 상계가능시한의 철폐

회생절차나 파산절차 모두 상계를 하기 위하여 미리 채권신고를 할 필요는 없다. 회생절차에서는 만일 신고하지 아니하면 회생계획의 인가결정의 효력으로 실권되므로 인가결정 후에는 자동채권이 소멸하여 더 이상 상계할 수 없는 것이지 신고하지 아니하여 상계할 수 없는 것이 아니다.[132] 회생채권자가 상계하려면 회생채권신고기간 내에 관리인을 상대로 상계의사표시를 하여야 하고 신고기간 경과 후에는 더 이상 상계를 할 수 없다.

그러나 파산절차에서는 상계의 시기적 제한이 없으므로 제1회 채권자집회 이후라도 파산절차 종료시까지 상계권을 행사할 수 있다. 따라서 견련파산절차에서도 채무자회생법 제422조 소정의 상계금지사유에 해당하지 아니하는 한 회사정리절차폐지결정 후에 진행되는 직권파산절차에서 채권자는 파산채권을 자동채권으로 상계할 수 있고, 이러한 상계권의 행사를 일컬어 파산법의 취지에 반하여 상계권 남용에 해당하거나 신의칙에 반하는 것이라고 단정할 수 없다.[133] 파산절차에서 별도로 상계의 의사표시를 하여야 한다. 즉 회생절차에서 상계금지요건에 해당하지 아니하고 상계적상에 있었음에도 상계의 의사표시를 회생채권신고 기한 후에 하였다면 상계의사표시는 부적법하여 효력이 없지만, 파산절차에서는 상계의사표시의 시기적 제한이 없으므로 파산절차에서 상계를 다시 하여야 한다. 회생절차에서의 상계의 의사표시를 채무자회생법 제

---

130) 서울고등법원 2005. 4. 22. 선고 2004나64328 판결. 일본의 개정된 파산법은 파산선고시를 기준으로 하지 않고 회사갱생법과 같이 파산신청일로부터 1년 전의 원인으로 개정하였다. 그 이유는 파산신청 후 파산선고시까지 걸리는 시간의 장단에 따라 상계금지의 범위가 결정되는 것이 부당하다는 고려에 기한 것이다. 永石一郎 編, Q&A 倒産實務における相殺の實務, 新日本法規(2005), 326.

131) 伊藤眞, 앞의 책(주 69), 728 註 18은 갱생절차개시 후에 갱생채권자가 어음을 추심하여 갱생회사에 대하여 채무를 부담한 경우에 상계금지가 된다는 법리 역시 견련파산절차에서 적용되므로 상계금지의 효력이 계속된다고 주장한다.

132) 同旨: 노영보, 앞의 책(주 102), 324. 대법원 1998. 6. 26. 선고 98다3603 판결(공 1998, 1985)은 상계권 행사시에도 채권신고가 필요하다는 취지로 판시하고 있으나 잘못이다.

133) 대법원 2003. 1. 24. 선고 2002다34253 판결(공보불게재). 이 사건은 정리계획인가 후 정리절차가 폐지되고 파산선고가 된 사건인바, 신고한 채권 전액에 대하여 금액 감축 없이 정리계획에서 4회에 걸쳐 변제하기로 하되, 회생절차가 폐지되면 변제기한이 도래한 것으로 보았다. 따라서 자동채권은 당초 신고한 정리채권 전액이다.

6조 제7항 제3호에 의하여 회생절차에서 한 상계의 의사표시가 적법하게 될 수는 없다.[134] 그러나 회생절차에서 유효한 상계의 의사표시는 견련파산절차에서도 위 조항에 의하여 상계의 의사표시로 유효하지만,[135] 필자는 회생절차에서 상계금지의 요건에 해당하면 견련파산절차에서도 여전히 그 효과가 계속된다는 입장을 취한다.

X. 맺음말

견련파산절차인지 아니면 보통의 파산절차인지에 따라 공익채권자의 지위, 채권조사절차, 부인권, 상계금지 등의 중요한 법률관계가 결정된다. 그럼에도 불구하고 채무자회생법은 제6조와 제7조의 규정만 두고 있고 중요 문제를 학설과 판례에 맡기다 보니 명확성이 떨어진다. 더구나 파산절차에서 회생절차로 전환하는 절차에 관하여는 미비하다. 일본의 경우도 2002년 회사갱생법 개정 후 과거 불분명한 문제점을 깨닫고 다시 2004년 파산법 개정에 수반하여 회사갱생법에 절차 전환에 관하여 자세한 규정을 신설하였다.[136] 이하에서는 견련파산절차에서 개정되거나 해석론을 통하여 개선되어야 할 부분을 제안하고자 한다.

첫째, 견련파산신청의 신청권자, 신청시기, 법원의 파산선고 등에 관하여 명확한 규정을 둘 필요가 있다. 공익채권이 재단채권으로 변경되는지 여부는 중요하므로 견련파산신청의 신청권자에 채권자를 포함시킬 필요가 있다. 또한 개시결정의 취소결정, 회생절차의 폐지결정, 불인가결정이 확정되기 전이라도 견련파산신청을 할 수 있음은 명시할 필요가 있다.[137] 사건번호만 보고도 견련파산사건임을 알 수 있도록 회생사건번호를 병기하는 방안을 대법원규칙에 명기할 필요가 있다.[138] 만일 폐지결정확정일로부터 파산선고일까지 파산관재인의 선임 또는 예납금의 납부 등의 문제로 파산선고가 늦어지게 되고, 재산의 산일을 방지할 필요가 있다면 파산절차에서도 보전관재인을

134) 서울고등법원 2019. 2. 13. 선고 2018나2044068 판결(상고심인 대법원 2019. 12. 27. 선고 2019다218486 판결은 이 점에 관한 원심의 판단이 가정적 판단이라 하여 별도로 판시하지 아니하였다).
135) 서울고등법원 2019. 2. 13. 선고 2018나2044464 판결(상고심인 대법원 2019. 12. 27. 선고 2019다218462 판결은 이 점에 관한 원심의 판단이 가정적 판단이라 하여 별도로 판시하지 아니하였다).
136) 개정된 회사갱생법 제11장 제1절은 파산절차에서 갱생절차로, 제2절은 재생절차에서 갱생절차로, 제3절은 갱생절차에서 파산절차로 이행하는 각 절차에 관하여, 제4절은 갱생절차의 종료에 수반하는 재생절차의 속행에 관하여 제246조부터 제257조까지 총 12개 조항을 신설하였다.
137) 개시신청기각결정이 확정된 후에도 채무자 등에게 견련파산신청권을 부여할지 여부도 결정되어야 한다. 일본은 법원이 직권으로 파산선고를 할 수 있는 경우로 규정하였다.
138) 한진해운의 경우는 파산선고 결정문에도 사건번호가 2017하합15호로 표기되어 있어 결정 이유를 보아야 견련파산절차임을 알 수 있다(공고문에는 회생사건번호가 병기되어 있다).

선임하는 제도를 고려할 필요가 있다. 또한 비록 훈시규정으로 해석되더라도 법원이 개시신청기각결정, 개시결정취소결정, 폐지결정, 불인가결정 등의 확정일로부터 1개월 이내에 파산선고를 하여야 한다는 조항을 둘 필요가 있다,

둘째, 부인의 청구, 이사 등 책임조사확정재판, 채권조사확정재판 및 그에 대한 이의의 소에 대한 정비가 필요하다. 부인의 청구에 대한 결정, 이사 등 책임조사확정 재판에 대한 결정이 있기 전과 후에 관한 취급을 통일시키고, 외화채권에 대하여 채권 조사절차를 생략함으로써 한화채권의 채권조사절차와 같게 할 필요가 있다. 견련파산 절차에서의 채권조사확정재판의 수계 여부 등 제도 전반에 대하여 입법을 통하여 간 명하게 규정하는 것이 시급하다.

셋째, 일본과 같이 파산관재인에 대한 재단채권 보고제도를 도입할 필요가 있 다.139) 지금까지 견련파산이 아닌 통상의 소규모 기업의 파산사건에서 이시폐지가 되 는 경우라도 선순위인 비용채권을 변제하고 나면 임금과 조세 정도의 재단채권만 남 아 액수확정이 어렵지 않았다. 그러나 한진해운과 같은 대기업의 견련파산사건처럼 재 단채권자의 수와 금액이 많은 경우에는 재단채권을 파산관재인에게 알리는 제도가 필 요하고 파산관재인이 그러한 절차를 통하여 파악된 재단채권에 기한 변제를 하였다면 주의의무를 다한 것으로 취급할 필요가 있다.

넷째, 파산관재인 보수, 재판비용을 다른 재단채권보다 우선 취급하는 실무를 입 법에 반영하고 회생절차의 신규자금채권이 갖는 우선권을 재단채권에도 반영하여 재 단채권 간의 우선순위를 비용, 신규자금채권, 기타 모든 재단채권으로 순위를 법에 반 영하는 것이 시급하다.

이 글을 쓰면서 견련파산제도를 제대로 이해하려면 먼저 회생절차와 파산절차 전 반에 대한 깊은 이해가 필수적임을 알게 되었다. 실무상 견련파산절차가 중요함에도 불구하고 지금까지 연구가 부족하였다. 다행히 한진해운 사건이 견련파산절차로 진행 되면서 실무가 발전하고 있다. 견련파산절차 전반에 관한 수준 높은 연구를 기대하며 글을 마친다.

[사법 46호 2018 소재]

---

139) 東京地裁破産再生實務研究會, 破産·民事再生の實務(下) 新版, 金融財政事情研究會(2008), 328.

14. 美國 企業回生制度의 現況과 展望

Ⅰ. 머리말

　　국내기업에 대하여 파산/회생절차가 개시된 경우에 미국 법원에 미국 연방파산법 제15장의 승인신청을 하는 사건이 증가하고 있다.[1] 반대로 미국 기업의 파산절차에 한국 기업이 참가하거나 파산절차와 관련하여 미국 소송에 연루되는 경우도 많다.[2] 미국에 사는 교포가 제11장을 신청한 경우 한국에 소재하는 부동산의 매각대금의 해외송금을 한국 법원이 허가할 것인가 하는 문제도 발생하였다. 이제 미국의 파산절차는 태평양 건너의 일이 아니라 한국의 이해관계인들에게도 중요한 법률문제로 다가왔다. 이러한 점에서 미국의 기업회생제도를 연구하는 것은 시기적절하고 긴요하다.

　　일본의 會社更生法은 미국의 구 파산법(Bankruptcy Act)인 1938년의 Chandler Act를 계수한 것이고 한국의 회사정리법은 회사갱생법을 모델로 한 것이다. 채무자 회생 및 파산에 관한 법률(이하 채무자회생법이라 하고 조문 인용시 법률 명칭은 생략한다)은 1978년 개정된 미국 파산법(Bankruptcy Code)의 영향을 받았다고 평가된다. 즉 채권자협의회의 설치(제20조), 제3자 관리인제도에서 기존경영자 관리인 제도로의 전환(제74조 제2항), DIP financing 채권에 대한 우선변제권의 도입(제180조 제7항), 淸算價値保障原則의 명시(제243조 제1항 제4호) 등은 구 회사정리법에 없던 내용이다.[3] 또한 채무자

---

1) 한진해운, 대보인터내셔날의 회생절차, TSSTK의 파산절차의 제15장 신청이 있었다.
2) Seadrill과 관련하여 한국 조선소의 선반건조계약의 문제, SunEdison과 관련하여 한국 기업 Licensee의 특허사용권의 문제, Westing House와 관련하여 한국 종업원들의 임금채권신고 등이 그 예이다.
3) 채권자협의회의 설치가 미국법상의 채권자위원회(creditors committee, §705 이하)를 본받은 것이라고 한다. 林時圭, "화의법 및 회사정리법상의 채권자협의회," 인권과 정의, 1998, 35-36면. 그 외 회사정리절차의 개시요건에 관한 '경제적으로 갱생의 가치'라는 용어가 미국 파산법상의 채권자들을 위한 최대이익의 원칙(best interest of creditors)을 도입한 것이라고 한다. 金龍德,

회생법의 시행에 맞추어 법원의 실무는 기존경영자 관리인제도를 정착시켰고,[4] 미국 파산법 §363 sale[5]과 유사하게 stalking horse 방식을 도입하였으며, 한진해운의 회생사건과 그 이후 몇몇 사건을 통하여 법원 대 법원 간의 사법공조를 시도하는 등 국제적인 기준에 맞는 실무를 운영하고 있다.

한국 회생제도의 보다 나은 발전을 위하여 미국의 파산법 특히 제11장의 기업회생제도를 연구하는 것은 중요하다. 이하에서는 제11장 사건[6]의 신청부터 종결시까지의 내용 중 중요 쟁점을 위주로 간단히 설명하고, 한국 기업이 관심을 가져야 할 미국 기업재건절차의 최근 현황과 전망을 살펴본다.

II. 미국의 기업회생제도

1. 미국 파산법의 특성

미국의 파산법은 헌법 제1장 제8조의 파산에 관한 통일법을 제정할 수 있는 연방의회의 권한에 의하여 통과된 연방법률이다. 따라서 파산사건은 州法院의 관할에 속하지 아니하며 연방법원의 관할에 속한다. 파산사건을 전속적으로 다루기 위한 파산법원이 설치되어 있는데 파산법원과 연방법원과의 관계에 대하여는 복잡한 문제가 있어왔고, 앞으로도 계속될 것이다. 파산법원의 파산법관을 임기가 보장된 연방헌법 제3장 소속 법관(이른바 Article Ⅲ judge)으로 임명할 것인가 아니면 이와 별도의 연방법관으로 임명할 것인가 하는 문제[7]와, 파산법원의 사건에 대하여 항소법원이 연방지방법원이 되는지, 연방항소법원이 되는지의 문제 등은 우리나라에서는 논의될 수 없는 미국

"회사정리절차와 화의절차의 비교를 통하여 본 회사도산법제의 현황과 문제점," 법조, 1998, 170면, 주 13.

4) 2006. 4. 1. 법 시행 이후 2013. 6.까지 서울중앙지방법원에 접수되어 개시결정된 873건 중 기존경영자 관리인 선임건수가 338건, 관리인 불선임건수가 441건이고 2011년 이후는 관리인불선임 건수가 압도적으로 많아지기 시작하였다. 제3자 관리인이 선임된 비율이 7.5%에 불과하고 기존의 경영자가 단독관리인이 된 사건이 89%에 달한다. 서울중앙지방법원 파산부실무연구회, 회생사건처리실무(상), 박영사, 2014, 211면. 그 비율은 점차 늘고 있다.

5) 11 U.S.C. §363 이하 조문만 기재한다.

6) 보통 파산절차라 함은 청산을 목적으로 하는 제7장의 파산절차와 재건을 목적으로 하는 제11장의 파산절차로 대별할 수 있다. 그 외 제12장(농가 및 어업종사자 재건절차), 제13장(정기적인 수입이 있는 자연인에 대한 재건절차), 제15장(국제파산)이 있으나 이 글에서는 제11장 사건에 한정한다.

7) 현재는 파산법관의 임기는 14년으로 종신의 임기인 Article Ⅲ 판사와 같이 재임기간 중 보수의 삭감금지와 같은 신분보장이 되어있지 않다. 파산법관은 소속 연방항소법원이 임명하고, 연방지방법원의 법관은 대통령이 상원의 동의를 거쳐 임명한다. 파산법관이 임기 도중에 연방지방법관으로 임명되는 것은 지난 20년간 3회 정도로 매우 이례적이다.

법의 독특한 성질의 것이다. 미국에서는 매우 중요한 헌법 문제이지만 이 글에서는 논의를 생략한다.

파산법은 연방의 成文法이다. 채무자의 변제불능의 상태를 규율하기 위한 파산법과 유사한 성문법 또는 보통법이 있으나 이는 어느 어느 州 내에서의 법률관계를 규율하는 것이므로 만일 州議會가 연방차원의 파산법에 유사한 법률을 제정하는 것은 헌법위반이다. 그러나 채권자와 채무자 간의 권리관계에 관한 계약법, 재산법, 불법행위법 등은 州法에 의한다. 따라서 연방법원이 다루는 파산사건이라 하더라도 계약상의 청구권, 담보권의 성질, 담보권의 순위, 불법행위에 기한 청구권의 성질, 執行免除財産의 범위 등에 대하여는 州法에 따르게 된다.

2. 제11장(chapter 11) 파산절차의 개요

(1) 개요

제11장의 목적은 가능하다면 기업의 경영을 계속할 수 있도록 채무자의 자본·부채구조를 재조정하는 것이다. 제11장은 채무자로 하여금 고용을 계속하고 세금을 납부하는 등 지역경제에 도움이 될 수 있다는 점에서 권장된다. 그러나 제11장은 제7장에 비하여 복잡하고, 예측가능성이 적고 시일이 오래 걸리는 단점이 있다. 제11장의 신청이 있더라도 채무자가 재산을 계속 점유하면서 사업을 계속 관리하는 것이 허용된다. 이때 채무자는 이해관계인을 위하여 관리인과 같은 충실의무를 부담하게 된다. 법에 의하여 채권자위원회의 구성이 강제되어 담보권자가 아닌 무담보채권자의 이익을 보호하게 된다.

제11장이 성공적으로 마치려면 계획안이 인가되어야 한다. 이 계획안에 의하여 채무자의 구 채무 대신 새로운 채무가 성립한다. 계획안은 보통 채무자가 제출하며, 법이 정한 요건을 갖추어야 통과된다. 중요한 것은 채권자들에 대한 배당액은 채권자들이 동의하지 않는 한 제7장에 의한 배당액보다 적어서는 아니된다. 또한 법원은 모든 조가 계획안을 승인한 경우를 제외하고 일부 조가 반대하는 경우에는 절대적 우선원칙을 적용하여 계획안이 공정, 형평에 부합하고 실행가능성이 있다고 파산법원이 인정한 경우에 비로소 계획안이 인가된다.

절대적 우선원칙에 따르면 채권이 모두 변제되기 이전에는 주주에게 배당할 수 없다. 그러나 실무상으로는 계획안은 채권자와 주주간에 절충 끝에 인가되며 그 경우 채권자들이 채권액의 일부에 대하여만 변제받고 주주는 주식 중 일부를 계속하여 유지할 수 있게 된다. 전체 제11장 사건의 17%만이 인가되고, 나머지는 제7장으로 전환된다고 한다.

(2) 절차의 개시

1) 신청권자에 의한 구분

파산절차의 개시는 §301부터 §303가 규정하고 있다. 먼저 채무자에 의한 자발적 파산신청과 채권자에 의한 비자발적 파산신청으로 나눌 수 있다. 주주에게는 파산신청 권한이 없다.[8] 파산법의 역사를 공부하면 파산제도는 채권자를 위한 채권추심을 위한 제도에서 출발하였고, 채무자를 위한 면책 또는 재건의 목적을 위한 채무자가 신청하는 제도는 19세기에 들어와 발전한 것임을 알 수 있다. 최근 미국의 소비자파산사건에서 보듯이 자발적 파산신청 사건은 급격하게 그 수가 증가하고 있다. 반대로 채권자에 의한 파산 신청사건은 매우 적다.

2) 채무자의 파산신청

채무자의 파산신청을 自發的 破産申請(voluntary petition)이라 한다. 채무자가 파산신청을 하면 별도의 법원의 개시결정을 필요로 하지 아니하고 신청 자체가 구제명령이 된다(§362). 파산원인을 소명할 필요도 없다. 따라서 신청일과 구제명령(우리나라의 개시결정)은 같은 날이 된다. 제11장 사건의 경우에는 자발적 파산의 경우에는 신청과 동시에 점유를 계속하는 채무자(Debtor-in-Possession, 이하 'DIP'라 한다)라는 법인격체가 성립하며 DIP가 채무자 회사의 관리처분권을 갖게 된다. 제3자인 관리인의 임명은 매우 드물다. 자동중지의 효과는 신청에 의하여 즉시 효력이 발생한다.

3) 채권자의 파산신청

채권자에 의한 파산신청을 非自發的 破産申請(involuntary petition)이라 한다. 비자발적 신청을 하려면 §303의 파산요건을 갖추어야 한다. 비자발적 파산신청은 사건의 개시로서의 효과를 갖고 따라서 자동중지의 효력을 갖지만 구제명령(한국의 파산선고)의 효과를 갖는 것은 아니고 법원이 별도의 구제명령을 발하여야 한다. 신청채권자가 적어도 불확정적이고, 다툼이 없는 무담보채권액으로서 변제기가 도래한 채권액으로서 금액이 적어도 15,775달러[9] 이상의 채권을 가져야 한다.[10]

여러 사람의 채권자가 신청하는 경우 채권액의 합산이 인정된다. 만일 담보물의 가액이 채권액보다 미달하는 경우 그 차액이 적어도 15,775달러(2016년 기준) 이상이어

---

8) 채무자회생법은 주주에게도 회생신청권한을 주지만(제34조 제2항) 파산신청 권한은 언급하고 있지 않다. 그러나 판례와 학설은 주주의 파산신청권한을 부정하고 있다. 서울고등법원 2011. 8. 30.자 2009라2671 결정 및 서울고등법원 2005. 5. 9.자 2004라590 결정.

9) 5,000달러, 12,300달러, 15,775달러(2018년 현재)로 계속 변동되고 있다.

10) §303(b)(1).

야 한다. 채권자의 수가 12인 이상이면 적어도 3인 이상이 공동으로 신청하여야 한다. 만일 12인 미만인 경우에는 1인의 채권자도 신청이 가능하다.

만일 채권자가 12인 미만인 줄로 알고 1인이 신청하였으나 12인 이상이 밝혀진 경우에는 신청이 각하되기 전이라면 다른 채권자들이 후에 참가하여 그 하자는 보완되어 적법한 신청이 된다.11) 채권자가 12인 미만인 경우라면 채무자의 피용인, 채무자의 내부자(insider),12) 부인의 대상이 되는 목적물의 양수인 등은 채권자에서 제외된다(§303(b)(2)). 만일 임금채권자가 12인 이상이면 임금채권자들만으로도 파산신청을 할 수 있다.

이에 반하여 채무자회생법은 채권자의 숫자에 대한 제한은 없고 금액만 자본의 1/10 이상으로 제한하고 있다. 대법원은 한국일보의 근로자들에게 임금채권에 기한 회생신청권한을 인정하였다.13)

4) 채권자 신청의 경우 파산원인

채무자가 파산신청을 다투는 경우 채권자는 첫째, 채무자가 일반적으로 변제기가 도래한 채무(선의로 다투는 채무를 제외함)를 갚지 않고 있다는 점,14) 둘째, 파산신청일로부터 120일 내에 일반관리인(general receiver), 양수인(assignee), 비파산법상의 관리인(custodian)이 임명되거나, 채무자의 사실상 전 재산을 점유하고 있다는 사실15) 중 어느 하나를 주장 입증할 수 있어야 한다.16)

형평법상의 지급불능이란 채무자가 파산신청 채권자에 대한 변제기가 도래한 채무를 갚지 못한다는 것만으로 부족하고, 다른 채권자들에 대한 채무를 변제하지 못한다는 채무자의 일반적인 재정적인 어려움을 입증하여야 하는 것이다. 법원은 연체된 채무비율의 숫자에 의존하는 것이 아니라, 미지급된 채무의 상대적 중요성, 일정기간 동안의 미지급된 채무의 증가율, 채무자의 무책임성 등 기타 비자발적인 신청을 정당화할 만큼 채무자의 재산상태가 충분히 위태롭다는 것을 증명할 다른 사항을 고려한다. 만일 채무자가 지급을 거절하는 이유가 사실상으로나 법률적으로 다툴 만한 정당

---

11) §303(c).
12) 내부자의 개념에 대하여는 §100(31). 개인인 경우 가족, 법인인 경우, 이사 임원 등을 포함한다.
13) 대법원 2014. 4. 29.자 2014마244 결정(공 2014, 1089).
14) not paying debts as they come due. 이를 형평법상의 도산(equitable insolvency)이라고 한다. 이와 달리 §101(32)에 규정한 지급불능이라 함은 공정한 가치에 기하여 자산보다 채무가 초과하는 상태를 의미한다.
15) 따라서 우선특권(lien)의 집행을 위하여 receiver가 임명되어 채무자 소유의 담보목적물을 점유한 경우는 파산원인에 해당하지 아니한다.
16) 한국에서는 이와 유사한 절차가 존재하지 아니한다.

한 사유가 있는 경우에는 위 채무는 연체된 미지급 채무액의 고려대상에서 제외된다. 정당사유의 유무는 채무자를 기준으로 하는 것이 아니라 객관적인 기준으로 정하여진다.[17)

5) 신청의 취하 및 기각

각 장의 파산신청마다 기각사유에 대하여 규정하고 있다. §707, §1112, §1208, §1307 등에 의하여 파산신청이 기각되면 파산절차는 종료되고 채권자와 파산재단은 파산절차로부터 벗어나게 되고 州法에 의한 채권자의 권리도 정지되지 아니한다.

자발적 신청에 있어서 채무자가 신청을 취하하기 위한 방편으로 신청의 기각을 구할 수 있다. 제7, 11장 사건에서 채무자는 기각을 위한 정당한 요건을 입증하여야 하고, 통지와 심문을 거쳐 결정된다. 즉 자발적인 취하는 인정되지 아니한다. 이에 반하여 제12, 13장 사건이 제7, 11장에서 전환된 것이 아닌 한 채무자는 마음대로 신청을 취하할 수 있다.

한국의 회생절차에서는 보전처분이 있기 전에는 신청인이 제한 없이 신청을 취하할 수 있으나 제11장 사건에서는 신청인 스스로 취하할 권한이 있는 것이 아니고 법원이 별도로 기각결정을 하여야 하는 점이 다르다.

3. 자동중지(automatic stay)

(1) 의의

파산법상의 자동중지처분은 파산사건의 개시와 함께 법에 의하여 발하여지는 금지명령이다, 자동중지라는 표현은 중지신청을 위한 별도의 신청 없이 파산신청이라는 행위만으로 중지의 효과가 발생한다는 데서 유래한다. 자동중지의 효과는 파산절차 외에서의 채권의 추심 또는 채무자의 재산 또는 파산재단에 대하여 채권을 주장하거나 집행하려는 모든 행위에 미치는 매우 광범위한 것이다. 파산법은 §362에서 자동중지에 대하여 규정하고 있다.

(2) 목적

자동중지 제도의 목적은 다음과 같다. 즉 첫째는 채무자의 새로운 출발을 보장하는 것이다. 둘째는 채권자의 공평한 취급을 위한 것이다. 채권자들의 개별적인 추심을 금지함으로써, 자동중지에 의하여 채무자의 재산의 散逸을 막고, 재산을 보전하여 관재인에게 양도할 수 있게 된다. 그리하여 채권자들도 집행의 위협을 통하여 이익을 얻

---

17) In re Rimell, 946 F.2d 1363 (8th Cir. 1991).

으려는 것을 단념하게 되고 앞으로 권리실현은 파산절차를 통하여 창구가 일원화되는 것이다. 또한 중지의 효과는 채무자에게 일종의 피난처를 마련하여 주어 장차 잘 정비된 청산안이나, 재건을 위한 계획을 수립할 수 있도록 한다.

중지의 효과는 당사자들뿐 아니라 파산법원으로 하여금 당해 사건을 효과적으로 운영할 수 있도록 한다. 다른 법원의 집행절차를 중단시킴으로써, 파산법원으로 하여금 파산사건의 중심적인 역할을 수행할 수 있게 한다. 따라서 파산과 관련된 모든 사건이 파산법원으로 집중되어 파산법원에서 해결되는 것이다. 모든 채권추심절차를 동결시킴으로써, 나중에 파산재단에 대한 공평한 청산절차를 가능하게 된다.

그리하여 채권자들은 일단 기다렸다가 채권을 신고하고 배당을 받는 수밖에 없다. 그러나 채권자들 가운데 중지에 의하여 회복할 수 없는 손해를 보는 경우에는 자동중지 상태를 해소할 수 있다. 만일 법원의 자동중지의 해제신청을 기각함으로써 담보목적물의 가치 하락 등으로 손해를 입게 되면 채권자의 손해배상채권은 administrative claims으로 취급되어 가족 간의 부양료 채권 다음으로 제2순위의 우선권채권으로서 보호를 받는다.[18]

(3) 자동중지의 성질과 범위

자동중지는 자발적 신청이든 비자발적 신청이든 신청과 함께 모든 관계당사자에게 효력이 발생한다. 비자발적 신청의 경우에는 개시결정 이전의 금지명령과 같은 기능을 한다. 또한 중지명령의 효력은 사건이 존속할 때까지 계속된다. 만일 채무자가 면책을 받는 경우, 채권자가 면책된 채권을 주장하는 것은 영원히 금지된다. 중지명령은 사실상 영원토록 계속될 수 있다. 그리고 중지명령은 모든 형태의 파산사건에 적용된다. 제7장의 경우에는 파산재단의 신속한 청산을 목표로 하는 것이므로 중지 역시 재산의 보전을 위한 것이므로 중지기간은 비교적 단기이다.

그러나 제11장의 재건절차의 경우에는 채권자들의 추심중지가 재건에 결정적으로 중요하지만 만일 재건절차가 실패하게 되면 채권자들은 적시에 담보물을 환가처분하지 못함으로써, 담보물의 상실, 가치의 하락 등으로 손해를 보는 위험을 떠안게 된다. 자동중지는 채권자들에 대한 통지에 관계 없이 효력이 발생한다. 따라서 채권자가 선의로 권리를 실행하여 얻은 결과라 하더라도 채권자가 그 귀속을 주장할 수 없다. 그러나 어느 법원은 무효로 할 수 있다고 하여 관리인이나 채무자의 신청을 필요로 하지만 다수의 법원은 채무자로부터 별도의 신청이 없더라도 무효라고 취급한다. 단 선

---

18) §508(b). David G. Epstein, Bankruptcy and Related Law in a Nutshell 9th Ed (West 2017) 56.

의로 중지의 효과에 위반하여 권리를 행사한 채권자에게는 별도의 책임을 묻지 않으나 만일, 채권자가 자동중지가 있었음에도 이를 무시하고 권리를 행사한 경우에는 심한 경우 징벌적 손해배상을 물거나 법정모독죄로 처벌받을 수도 있다.

그러나 자동중지는 채권자들이 파산법원에 중지에 관련된 신청을 제기하는 것까지 배제하는 것은 아니다. 자동중지는 채권의 유효성이나 그 처분을 결정하는 것은 아니고 다만 파산절차 외에서 채권의 주장을 정지시킬 뿐이다. 채권에 관한 다툼은 후에 파산법원이나 자동중지의 취소가 있게 되는 경우에는 일반법원에서 결정된다.

(4) 자동중지의 대상이 되는 행위

§362(a)는 중지되는 8가지의 행위 유형을 규정하고, 동조 (b)은 중지되지 아니하는 행위를 규정하고 있다. 만일 어떠한 행위가 (a)항에 기재된 행위에 포함되지 않는 경우에는 원칙적으로 중지되지 않는다. 다만 채무자나 관재인은 법원의 형평권한에 관한 일반조항인 §105에 의한 법원의 금지명령을 받아야 한다.

채무자에 대한 행위가 중단된다. 즉 중단되는 행동은 파산신청 이전에 발생하는 채권의 추심과 관련된 일체의 행위이다. 소송 및 행정절차의 개시, 계속 진행뿐 아니라 구두 또는 문서에 의한 채권의 독촉, 상계 등 채권을 실현하는 모든 행위이다. 중단되는 채권은 파산신청 전에 발생한 채권을 말하며, 신청 이후의 거래에 기한 채권은 파산절차에 영향을 받지 아니하고 일반의 실체법에 따라 채무자가 파산신청 전/후에 취득한 재산에 대하여도 채권을 행사할 수 있다.

채무자의 재산에 대한 행위도 금지된다. 즉 §362(a)(5)는 채권을 담보하기 위하여 채무자의 재산에 대하여 우선변제권(lien)을 설정하거나, 담보권을 실행하는 행위(foreclose)를 금지한다. 자동중지의 범위에는 우선특권의 완성요건을 구비하는 것의 금지도 포함한다(§362(a)(4)). 그러나 구입자금담보권의 완성요건을 구비하는 것은 그 예외로서 파산신청 후에도 가능하다(§362(b)(3), §546(b)). 채무자의 재산이라 함은 파산신청 전의 재산뿐 아니라 채무자가 새로운 출발을 하기 위하여 파산신청 후에 취득한 재산을 포함한다.

파산재단에 대한 행위도 중지된다. 파산재단은 파산신청과 함께 성립하는 채무자와 다른 별도의 법인격체이다. 파산재단에 대한 금지는 파산신청 이전의 채권 뿐 아니라 이후의 채권도 포함한다는 의미에서 채무자의 재산에 대한 금지보다 광범위하다. 즉 파산신청 이후의 채권자는 파산재단에 대하여 권리를 주장할 수 없다.

(5) 자동중지에서 제외되는 행위

중지는 정부기관의 경찰 또는 규제목적 권한을 집행하는 소송의 제기 또는 절차

의 속행을 자동중지의 예외로 허용하고 있다.[19] 동조에 의하여 정부기관이 소송을 제
기하거나 진행된 절차를 속행할 수 있을 뿐 아니라 나아가 금전지급을 구하는 판결을
제외하고 정부기관이 제소한 절차에서 내려진 판결의 집행까지 허용하고 있다. 예컨대
환경보호국은 채무자가 환경보호법률을 위반하였는지 여부와 구제책으로 원상회복을
구하는 소송을 제기할 수 있고, 채무자가 사용자로서 불법적인 노동 및 부당노동행위
를 하였다는 이유로 책임을 정하는 절차 등을 진행할 수 있다.[20]

그러나 자동중지의 예외에 해당한다고 하더라도 채무자는 파산법원의 형평권한
의 근거규정인 §105(a)에 기하여 정부기관으로 하여금 채무자에 대한 제소 또는 속행
의 금지를 구할 수 있다. 현실적으로 행정부의 규제 필요와 역할의 증대로 인하여
§362(b)(4)의 해석이 확대되어 법원이 채무자의 중지신청을 허가하는 사례는 매우 드
물다고 한다. 예외적으로 법원은 재산훼손기준(threatened asset test)을 정립하여 소송에
응소하는 것이 시간, 비용으로 큰 부담이 되어 파산재단의 가치에 훼손을 주는 경우에
는 정부기관의 제소를 금지시킬 수 있다.

예외적으로 채무자의 금지신청을 허용한 사건으로는 파산절차 개시 후에 복수의
노조가 52건의 부당노동행위 구제신청을 하자 NLRB가 행정절차 개시를 구하는 소를
제기한 사건에서 법원은 52건의 구제신청을 방어함에 있어 드는 비용, 채무자 회사 경
영진의 노력 및 시간이 파산재단을 훼손하였다고 판단한 것이 있다.[21] 노동법이 규정
한 위법한 조합활동은 폭력행위, 파괴행위를 의미하므로 적법한 조합합동은 파산법이
부과하는 자동중지의 대상에 포함되지 아니한다.[22]

그 외 채권자의 행위 중 채무자의 재산이나 파산재단에 대한 권리를 단지 완성 또
는 강화하기 위한 행위는 중지의 대상에서 제외된다. 예컨대, 담보권을 설정한 후에
다른 담보권자보다 우선권을 주장하기 위하여 등록하는 행위[23] 또는 유가증권의 제시
통지, 지급거절증서의 작성 등을 위한 행위 등이다. 전자의 경우 그 행위로 말미암아

---

19) §362(b) "The filing of a petition under section 301, 302, or 303 of this title, … , does not
operate as a stay- (4) … of the commencement or continuation of an action or proceeding
by a governmental unit or any organization exercising authority … to enforce such
governmental unit's or organization's police and regulatory power, … ."

20) David G. Epstein ET AL, BANKRUPTCY 119 (1993).

21) NLRB v. Superior Forwarding, Inc., 796 F.2d 695, 699 (8th Cir. 1985).

22) 20 U.S.C. §101 et seq. Noriss-LaGuadia Act(NLGA). Marine Transport Lines, Inc., v.
International Organization of Masters 770 F.2d 1526, 1530 (11th Cir. 1985).

23) 예컨대, 수리업자의 유치권은 일의 완성으로 성립되지만, 3개월 내에 신청을 함으로써 일의 완성
일로 소급하여 유치권이 완성되어(perfection) 제3자에게 우선권을 주장할 수 있다.

채권자는 파산재단에 대하여 유효한 우선변제권(lien)을 갖게 되어 담보권자로서 파산절차에 참가할 수 있게 된다.

(6) 채무자회생법과의 차이

미국은 자동중지에 의하여 소송, 집행행위, 담보권의 행사, 상계와 같은 법적행위 외에 방문, 전화걸기 등처럼 사실상의 채권추심행위가 금지된다. 채권자의 금지해제신청에 의하여 그때마다 법원이 심사하여 개별적인 행위에 대한 금지해제 명령을 발하고 있다.

이에 반하여 한국은 개시결정에 의하여 소송, 집행행위, 담보권의 행사만 금지되고 상계는 가능하며 사실상의 채권추심행위를 채무자회생법이 금하는 조항은 없다. 다만 법원은 관리인의 신청에 의하여 채무자회생법 제131조, 제132조에 의하여 변제허가 결정을 할 수 있다. 그러나 채무자가 지급하지 아니한다고 하여 법원의 변제허가를 근거로 채권자가 강제집행할 수는 없다.[24]

4. 미국파산법상 채권자위원회의 역할

(1) 채권자회의

채무자의 파산신청이 있으면 §341에 의하여 모든 파산사건에서 채권자회의가 개최되어야 한다. 연방관리관(United States Trustee)이 회의를 주재한다. 제12장을 제외하고 개시신청이 있은 후 20일부터 40일 사이에 채권자회의가 개최되어야 한다. 1978년 개정 전과 달리 파산법관은 회의에 관여하지 아니한다. 채권자회의의 목적은 채권자들이 채무자의 재산상태, 파산경위, 면책과 관련된 행위 등에 대하여 검사하는 것이다. 만일 채무자가 회의에 불출석하거나 불성실한 답변을 하는 경우, 자발적 파산신청의 경우에는 신청기각, 면책의 부정, 심지어 채무자가 거짓말을 하게 되는 경우에는 형사처벌을 받게 된다. 제7장의 경우 비록 실제로는 드물지만 채권자회의에서 관재인이나 채권자위원회의 위원을 선임할 수 있다.

실무상 무담보 채권자위원회가 설치된 사건에서는 연방관리관은 중요한 역할을 하지 않는다. 왜냐하면 무담보 채권자위원회는 법에 의하여 반드시 설치되어야 하는 상설기관이고 동 위원회가 전문가인 변호사를 고용하여 파산재단에 대한 감독업무를 수행하기 때문이다. 그러나 채권자위원회를 구성할 적절한 채권자를 찾기 어려워 아예 채권자위원회가 구성되지 않는 소액의 제7장 파산사건에서는 연방관리관이 총채권자

---

24) 대법원 2004. 4. 23. 선고 2003다6781 판결(공 2004, 865).

의 이익을 위하여 채권자위원회의 업무를 대신하게 된다.

(2) 채권자위원회(creditors committee) 구성과 연방관리관의 역할

제11장 사건의 파산신청이 있으면 연방관리관은 조속한 시일 내에 무담보채권자
위원회의 구성위원을 선임하여야 한다.[25] 다른 채권자자위원회와 주주위원회는 상설
기관은 아니며 연방관리관이 필요하다고 인정되는 경우나 법원이 이해관계인의 신청
에 의하여 그 구성을 명하는 경우에만 구성된다.[26] 채무자가 중소기업인 경우에는 법
원은 채권자위원회의 구성을 하지 않도록 명할 수 있다.[27]

무담보채권자위원회의 구성원이 되려고 하는 채권자는 서식에 채권액수를 기재
하여 제출하여야 한다. 또한 사안에 따라서는 연방관리관이 주재하는 후보자 회의에
직원(사내변호사 또는 미국사무소 직원)을 출석시킴으로써 적극적으로 참여하겠다는 의
사를 보이는 것이 필요할 수 있다. 만일 채권자가 담보권자 또는 담보물에 대하여 우
선특권을 갖는 것이 밝혀지면 위원회의 구성원이 될 수 없다. 어느 채권자가 담보권자
인지 여부는 준거법에 의하여 결정된다. 채권자위원회가 구성되면 구성 당일 위원회는
위원회를 대리할 후보 로펌과 회계법인을 인터뷰한다. 일반적으로 채무자는 채권자위
원회의 구성원과 우호적인 관계를 유지하기 위하여 구성원의 채권을 우대한다. 따라서
구성원이 되는 것은 협상에 지렛대의 역할을 한다.

채권자위원회는 법정기관으로서 전문가를 고용하여 채무자의 행위, 자산, 채무,
재산상황, 영업의 계속 여부에 대한 조사할 수 있으며 전문가의 적정한 선임비용은 파
산재단이 부담한다.[28] 채권자위원회가 고용한 전문가 보수 및 비용신청이 적정한지
여부는 연방관리관이 검토한다.[29] 일부 담보채권자들이 임의로 구성한 위원회(은행그
룹 등)는 연방파산법에 부여된 전문가 선임권한은 인정되지 아니하며 담보여력이 있
고, 계약 또는 州法에 따라 그 비용을 채무자에게 부담시킬 수 있는 경우에 한하여 파
산재단에서 비용을 변상받을 수 있을 뿐이다.[30]

대형 제11장 사건의 경우에는 연방관리관은 여러 개의 채권자위원회를 구성할 수
있다(예컨대 상거래채권자위원회, 사채권자위원회, 채무자가 계열회사인 경우 모회사 채권자위

---

25) §1102(a)(1). 28 U.S.C. § 586(a)(3)(E). 28 U.S.C.로 시작하는 연방 법률은 사법조직과 법무무의
　　조직에 관한 법률이다.
26) §1102(a)(1)(2).
27) §1102(a)(3).
28) 채무자회생법 제21조 제3항도 미국 파산법의 이러한 제도를 계수한 것이다.
29) 28 U.S.C §586(a)(3)(A)(I). 특히 First Day Order의 당부에 대한 의견을 제시할 수 있다.
30) §506(b).

원회와 자회사 채권자위원회 등). 비록 채권자위원회를 구성하는 1차적인 권한은 연방관리관에게 있지만 법원 역시 채권자위원회의 추가설치나 중소기업에 대한 채권자위원회의 불설치를 명할 수 있다.[31] 법원이 채권자위원회의 위원의 경질 권한을 부여하자는 권고가 있었으나 2005년 개정법에는 채택되지 아니하였다.[32]

연방관리관은 채권자의 무리한 요청에 의하여 채권자위원회가 선임한 전문가 비용을 과다하게 지급하는 조항(carve outs), 채권자의 대여자로서의 책임(lender's liability), 기타 계약위반으로 인한 청구권을 미리 포기하는 조항 등에 대하여도 검토한다. 채권자위원회는 이해관계인의 자격에서 각종 심문기일에 출석하여 변론한 권리를 갖는다.[33] 드문 경우이긴 하지만 계획안 제출권한을 갖는다.[34]

5. 파산채권의 신고 및 확정절차

(1) 원칙

채권자는 파산채권을 파산법원에 신고하여야 한다.[35] 만일 채무자나 이해관계인들이 신고된 채권에 대하여 이의하지 아니하면 채권은 시인(allowed)된 것으로 간주된다. 채무자가 작성하여 제출한 채무목록(schedule of liabilities)에 어느 채권이 우발채권, 금전화되지 않은 채권, 또는 다툼이 있는 채권이라고 표시된 경우를 제외하고, 즉 채무자가 신고한 채권액 전체를 완전히 인정한다고 기재되지 않은 한 채권자는 반드시 증거서류를 첨부하여 채권을 신고하여야 한다.

신고된 채권에 대한 확정절차는 파산법원의 관할에 속한다. 판례에 의하면 파산자에 대한 채무나 손해배상은 형평법원의 방식으로 심리되어야 한다. 따라서 파산관재인이 채권신고에 대하여 이의를 제기한 경우뿐 아니라 적극적으로 신고채권자를 상대로 소송을 구하는 경우에도 여전히 파산법원의 관할에 속한다. 또한 파산법원의 재판에 대하여는 다른 법원의 통상의 소송에서도 기판력이 인정된다.[36]

---

31) §1102(a)(2).

32) NBRC. 松下淳一, "「全國破産法調査委員會報告書」の概要と「議會への勸告」の全譯(上)," ジュリスト No. 1337, 1998, 9 4면.

33) §1109. 조문에는 연방증권거래위원회(Securities Exchange Commission)를 §1109(b)의 이해관계인의 범주에 포함시키는 않고 있다. 이는 SEC의 절차 참가권에 대한 상원(긍정하는 입장)과 하원(부정하는 입장)의 견해 차이를 절충하였기 때문이라고 한다. Lawrence P. King, COLLIER BANKRUPTCY MANUAL Vol 3. ¶1128.04 (2003).

34) §1121(a).

35) §501은 채권을 신고한다는 표현이 아니라 채권의 증거를 신고한다고 규정되어 있으나 채무자회생법의 채권신고와 같은 의미이다.

36) Katchen v. Landy, 382 U.S. 323, 337-8 (1966).

(2) 중재판정을 얻은 채권자의 채권신고

채권자가 중재판정을 받았다고 하더라도 파산신청이 있은 후에는 그에 기한 집행절차를 진행할 수 없고 채권신고를 거쳐 파산법원의 명령 또는 계획안에 따라 변제를 받는다. 즉 중재판정 자체가 채권조사확정의 결정을 대체하는 것이 아니다. 만일 채무자가 여전히 중재판정에 이의를 제기하면 채권자는 중재판정서와 함께 채권신고를 하여야 한다. 만일 중재판정에 채무자가 구속되지 않는다면 파산법원에서 신고한 채권에 관하여 소송을 하게 된다. 중재판정을 가진 채권자는 반소로서 위 사건을 중재재판부에서 판단하도록 하거나 관할권 있는 다른 법원으로 이송하거나, 파산법원의 관할권행사 자제(motion for abstention) 등을 제기할 수도 있다.

(3) 보증인의 채권신고

계약 또는 환경법 등 제정 법률에 기하여 주채무자와 함께 채무를 부담하는 보증인, 공동채무자가 채권신고를 하는 경우에 관한 특칙이 있다. 이하 보증인에 관하여 설명한다. 주채무자가 파산신청한 경우 보증인은 비록 아직 보증채무를 변제하지 아니한 경우라도 주채무자에 대한 장래의 구상권을 미리 신고할 수 있다.[37] 만일 보증인이 구상권을 신고하지 아니하면 이는 채무자로부터 배당받을 권리를 포기한 것으로 간주된다. 채권자 역시 주채무자에 대하여 파산채권을 신고할 수 있다. 이와 같이 동일한 주채무자에 대하여 주채권과 보증채권이 동시에 신고되면 법원은 §502(e)(1)(B)에 의하여 보증인의 구상금채권을 시인하여서는 아니된다.[38] 보증인의 구상권이 시인되지 아니하면, 보증인은 먼저 변제하고 변제한 가액의 범위 내에서 변제자 대위에 기하여 원래의 채권(채권자가 채무자에 대하여 갖는 채권)을 신고할 수 있다.[39] 보증인은 구상권과 변제자 대위에 의하여 취득한 원래의 채권 양자를 주장할 수 없으며 만일 §509에 기한 변제자대위에 기하여 원래의 채권을 주장하게 되면 구상권을 주장할 수 없다.[40] 보증인이 회생절차 개시결정 당시에 아직 주채무를 변제하지 않더라도 장래의 구상권

---

37) §101(5)는 보증인의 구상권과 같이 채무의 존부가 미확정(contingent)이거나 아직 금액을 확정할 수 없는(unliquidated) 채권도 파산채권으로 정의하고 있다.

38) §502(e)(1) Notwithstanding subsections (a), (b), and (c) of this section and paragraph (2) of this subsection, the court shall disallow any claim for reimbursement or contribution of an entity that is liable with the debtor on or has secured the claim of a creditor, to the extent that—
   (B) such claim for reimbursement or contribution is contingent as of the time of allowance or disallowance of such claim for reimbursement or contribution; or

39) §509.

40) §502(e)(1)(C) such entity asserts a right of subrogation to the rights of such creditor under section 509 of this title.

을 신고할 수 있다는 점에서는 채무자회생법과 같으나, 변제를 하지 아니하면 구상권이 법에 의하여 시인되지 아니한다는 점에서는 채무자회생법과 다르다.

(4) 임금채권자의 채권신고

임금채권은 파산절차 개시 전에 발생한 것과 개시 후에 발생한 것으로 구분되고, 전자는 다시 일정 금액($12,850)을 초과하는 부분과 초과하지 아니하는 부분으로 구분되어 각각 다른 우선권이 부여된다. 우선권 있는 파산채권으로 취급받는 금액의 상한은 본봉 외에 휴가, 병가수당 및 퇴직금을 포함한 금액이다. 파산개시 후에 발생하는 임금채권에 대하여는 별도로 채권신고를 할 필요가 없다. 만일 임금채권자가 파산신청 후에도 여전히 회사에 근무하고 있다면 임금채권자의 기발생 채권에 대하여는 First Day Order를 통하여 통상의 영업활동 과정에서 임금 기타 밀린 각종 수당의 변제를 받게 되므로 채권신고를 할 필요가 없다. 그러나 비록 First Day Order에 기재되었다고 하더라도 파산채권신고기간까지 아직 받지 못한 부분이 있으면 우선권 있는 채권이라도 반드시 채권신고를 하여야 한다.

6. 미국 파산법상 제11장 사건의 계획안 인가절차

(1) 계획안의 제출

원칙적으로 채무자는 절차 개시일로부터 120일 동안 독점적인 계획안 제출권한을 갖는다.[41] 다만 예외적으로 다음의 어느 하나에 해당하는 경우에는 관리인, 채권자위원회, 채권자, 주주 등 이해관계인도 계획안을 제출할 수 있다.[42] ① 관리인이 임명된 경우나 ② 채무자가 120일 동안 계획안을 불제출하거나, ③ 채무자가 채권자 또는 주주조의 권리가 불리하게 변경되는 계획안을 제출하였으나 절차 개시일로부터 180일 이내에 채권자들이 동의하지 아니한 경우, 즉 관리인이 선임되면 채무자의 독점적인 제출권한이 소멸하고, 채무자가 제출한 계획안에 대하여 180일 이내에 채권자조 및 주주조의 동의를 얻지 못하면 이해관계인들도 계획안을 제출할 권한을 갖는다.[43] 다만 법원은 이해관계인의 신청에 의하여 통지와 심문을 거친 후 120일 또는 180일의

---

41) §1121(a).
42) §1121(b).
43) 채무자회생법은 회생절차 개시일로부터 1년 6개월 이내에 회생계획안이 가결되지 아니하면 반드시 회생절차를 폐지하여야 한다고 규정하고 있음에 반하여 미국 파산법은 언제까지 계획안이 가결되어야 한다는 규정을 두고 있지 않으나 채무자의 독점적 제출기한을 정하고 그 기간이 도과하면 제3자에게도 계획안 제출권한을 주는 방식을 통하여 사실상의 제출기한의 마감을 정하고 있고 적어도 채무자로부터 파산신청일로부터 1년 6개월 이내에 계획안이 제출되지 않거나 1년 8개월 내에 가결되지 아니하면 파산절차를 종료하는 방식을 취하고 있다.

기간을 연장 또는 감축할 수 있다. 그러나 120일의 기간은 절차개시일로부터 1년 6개월을 초과할 수 없으며, 180일의 기간도 절차개시일로부터 1년 8개월을 초과할 수 없다.[44]

(2) 개시설명서(Disclosure Statement)[45]에 의한 정보 제공

계획안 제출자는 법원에 개시설명서를 제출여야 한다. 그 내용 중에는 채무자회생법에 의하여 제1회 관계인 집회에서 보고하는 사항과 유사한 내용(예컨대 파산신청에 이르게 된 사정, 자산 및 그 가치에 대한 설명, 재건 후 채무자의 장래의 전망, 채무자의 현재의 상황 등)과 제2, 3회 관계인집회에서 계획안의 요지에 기재된 내용과 유사한 내용(채권목록, 청산배당예상액, 재무제표에 관한 회계기준, 채무자의 장래 경영진, 재건계획 또는 그 요지, 예상되는 우선권 있는 채권의 금액 등)이 함께 포함되어 있다.

(3) 계획안에 대한 협상

계획안 제출자는 궁극적으로 계획안이 가결되고 법원의 인가결정을 받는 것을 목표로 한다. 계획안을 가결하기 위해서는 채권자들에 대하여 계획안에 대하여 설명하고 찬성하도록 권유하여야 한다. 채권자들이 계획안에 대한 정확한 정보를 갖지 않고서는 제대로 의견을 제시하기 어려우므로 파산법은 계획안 제출 후 채권자들에 대한 투표권유(solicitation)를 하기 전에 적절한 정보가 포함된 개시설명서를 법원에 제출할 것을 계획안 제출자에게 명하고 있다. 즉 계획안 제출자는 사전에 ① 계획안의 요지 또는 계획안의 사본과 ② 개시설명서(Disclosure Statement)를 배포한 후가 아니면 계획안에 대한 투표 이전에 계획안의 승인 또는 기각의 권유를 할 수 없다.[46] 채권자 또는 채권자협의회와 계획안을 작성하는 과정에서의 교섭은 권유행위에 해당하지 아니한다. 단 계획안 제출 전에도 권유행위를 할 수 있지만 이것은 채권자들이 절차 개시 전에 계획안을 제출하는 이른바 prepackaged plan의 경우에만 가능하다.

(4) 개시설명서의 제출 및 내용

계획안 제출자가 제출하는 계획안은 파산법의 각 규정에 위반하지 않아야 한다.[47] 계획안의 내용은 필요적 기재사항[48]과 임의적 기재사항[49]으로 구분된다. 법원이 개시설명서를 승인하기 위해서는 채권자들이 계획안에 찬성할지 반대할지를 결정

---

44) §1121(d)(2).
45) 공시보고서라고도 번역된다.
46) §1125(b).
47) §1129(a)(2).
48) §1123(a)
49) §1123(b).

하기에 충분한 정보(adequate information)를 포함하여야 한다.50) 개시설명서의 내용은
가능한 한 자세하여야 하며 채무자의 성질과 연혁, 상업장부나 기록에 관한 조건을 포
함하여야 한다.51) 개시설명서에 기재되는 전형적인 사례로는, 파산신청에 이르게 된
사정, 자산 및 그 가치에 대한 설명, 재건 후 채무자의 전망, 개시설명서에 기재된 정
보의 근거, 채무자의 현재의 상황, 채권일람표, 청산배당예상액, 재무제표에 관한 회계
기준, 채무자의 장래 경영진, 재건계획 또는 그 요지, 예상되는 우선권 있는 채권의 금
액, 외상대금의 회수율, 계획의 승인 또는 거절을 판단함에 필요한 재무정보, 계획에
대한 채권자의 위험, 否認權 행사에 의하여 회복하였거나 회복할 재산의 가액, 파산절
차 외의 소송, 채무자에 대한 과세액, 관련 회사와의 관계, 계획이 채무자, 채무자의
승계인, 미래의 투자자에 대하여 부과되는 연방세법상의 효과에 대한 검토결과 등이
다.52)

연방관리관은 계획안에 채무의 면책 또는 자신의 책임을 채무자에게 변상할 수
있는 조항을 두고 있는지 여부와 이 조항으로 인하여 이익을 얻는 자가 누구인지, 채
무자의 재건에 이러한 조항이 반드시 필요한 것인지를 검토한다. 아울러 계획안에 §
330 또는 §503(b)의 규정을 잠탈하기 위한 전문가에 대한 보수규정이 있는지를 검토
한다.53)

(5) 개시설명서에 대한 법원의 허가

계획안과 개시설명서가 법원에 제출되면 법원은 적절한 정보를 포함하고 있는지
여부를 심사하기 위해서 통지와 심문절차를 필요적으로 거쳐야 한다.54) 법원은 적어
도 25일 전에 채권자들에게 통지를 한 후 심문기일을 열어야 한다.55) 개시설명서는 동
일한 조에 속하는 채권자 등에게 같은 내용의 개시설명서가 전달되어야 하고 만일 조
마다 다른 정보가 있는 경우에는 다른 내용의 개시설명서가 전달될 수 있다.56)

(6) 계획안에 대한 인가절차

계획안에 대한 가결을 하기 위해서 법원이 별도로 법정에서 채권자집회를 열지

---

50) §1125(a).
51) Jeff Ferriel · Edward J Janger, UNDERSTANDING BANKRUPTCY, 753 (2007).
52) 福岡眞之介, アメリカ連邦倒産法概論, 商事法務, 2008, 275면.
53) Joseph A. Guzinski, "OVERVIEW OF UNITED STATES TRUSTEE POLICIES AND
PROCEDURES," 26th Annual Current Developments in Bankruptcy & Reorganization Vol
2, 463 (2004), Practising Law Institute.
54) §1125(b).
55) Federal Rules of Bankruptcy Procedure(이하 '파산규칙'이라 한다) §3017(a).
56) §1125(c).

않으며 서면에 의하여 결의가 이루어진다. 사전에 채권자들에게 투표용지를 보내어 찬반표시가 된 용지를 우편 등을 통하여 회수하여 집계한다. 투표용지에 대하여는 공식적인 서식표가 마련되어 있다(Official Form 14). 계획안에 대한 찬부 결의는 금액 외에 인원수에 의하여 결정된다. 즉 투표에 참석한 채권자들의 채권 총액의 2/3 이상 및 투표한 채권자수의 과반수 이상의 찬성을 얻어야 그 조는 계획안에 대하여 찬성한 결의가 이루어진 것이 된다. 시인된 총 채권액을 기준으로 하지 않고 표결에 참석한 채권액을 기준으로 한다는 점에서 채무자회생법에 비하여 채무자에게 훨씬 유리하다.

(7) 인가결정의 효력

인가결정이 되면 회사에 대한 경영권 및 재산에 관한 관리처분권이 관리인 또는 DIP로부터 기존 채무자로 복귀된다. 이 때문에 제11장 사건이 인가되면 사실상 절차가 종료된다고 설명한다. 그러나 이와 별도로 사건이 공식적으로 종결되려면 법원의 사건종결결정이 있어야 하고 보통은 부인권 소송 등이 종료되어야 사건이 종결된다.

Ⅲ. 미국 재건절차의 최근 동향

1. 절차적 병합의 활용

어느 특정 대기업이 제11장을 신청하는 것보다는 대개의 경우 수십 개의 계열회사가 공동신청하고 이를 한 법원의 같은 판사가 심리한다. 신청대리인도 하나의 로펌이 대리한다. 이를 절차적 병합(jointly administered)이라 한다. Nortel Networks(채무자 16개), Lehman Brothers(채무자 23개), SunEdison(채무자 26개), Seadrill(채무자 86개) 사건 등이 그 예이다. 동일한 채무자에 관하여 같은 법원에 두 개의 신청이 있는 경우 법원은 사건을 병합할 수 있다(파산규칙 §1015(a)). 실체적 병합과 달리 각 채무자의 재산과 부채는 별도로 유지된다. SunEdison 사건의 경우를 보면 채무자가 26개이지만 사건번호가 1개이고 계획안도 1개(joint chapter 11 plan)로 진행된다. 이 과정에서 회사상호간의 채권의 조정이라는 중요한 문제가 발생한다.[57] SunEdison 사건에서는 계획안의 내용도 복잡하고, 추가로 변제를 받으려면 단지 파산채권신고만으로 부족하고 별도로 소송신탁에 참가하는 절차를 거쳐야 한다.

이에 반하여 회사법상의 법인격부인의 법리를 파산절차에 반영한 법리로서 실체적 병합(substantive consolidation)에 의한 절차도 가능하다. 채무관계가 지나치게 얽혀

---

57) Paul Leake, Mark S Chehi, Law and Practice USA, Chambers Global Practice Guide Insolvency, 2018, 766.

있어서 법인들을 하나의 경제적 주체로 보고 합리적으로 거래한 채권자들을 보호하는 특별한 구제방법이다. 파산법에는 이에 관한 명시적인 규정은 없고 연방판례법에 근거를 두고 있다. 예컨대 채무자와 밀접한 관련이 있는 다른 계열회사도 파산절차가 개시된 경우, 또는 부부간의 합동신청의 경우에도 법원은 자산을 합하고 다른 채권자들도 모두 합쳐진 파산재단의 일반채권자가 된다. 이를 실체적인 병합이라 하며 흔한 것은 아니다.[58] 채무자들의 모든 자산과 부채를 결합시키고 상호보증과 내부자간의 채권을 소멸시킨다.[59]

기업집단이 파산신청하는 경우에는 실체적 병합보다는 절차적 병합에 의하여 이루어지는 경우가 많다. 채무자에게 파산원인이 없어도 파산신청할 수 있으므로 파산신청한 회사가 모두 지급불능의 사유에 해당하지 아니하여도 병합이 가능하다. SunEdison, Seadrill과 같은 대규모 회생사건에서는 계획안에 채권자의 이름과 금액이 기재되지 않기 때문에 추후 계획안에 따라 변제를 받으려면 별도의 소송이나 배당재원과 배당참가 채권액의 확정절차를 거쳐야 하므로 시간이 오래 걸린다. 이러한 점에서는 확정된 계획안이 집행권원이 되는 한국의 회생절차가 미국의 제11장보다 채권자의 권리구제에 있어서 더 신속하고 효과적이다.

2. 지적소유권과 미이행 쌍무계약

SunEdison은 태양광기술을 보유하면서 한국 회사를 비롯한 많은 외국회사에게 기술실시계약(License) 체결하였다. 기술공여자(licensor)인 SunEdison이 미국 뉴욕남부 연방파산법원에 파산신청을 하게 되자 한국의 기술사용자(licensee)가 한국에서 계속하여 지적소유권을 사용할 수 있는가 하는 점이 문제되었다.

채무자회생법은 라이선스계약을 미이행 쌍무계약으로 보고 그에 관한 일반이론을 적용할 뿐 특별히 기술사용자를 보호하는 조항을 두고 있지 않다. 그리하여 기술공여자가 회생절차에 들어간 경우에도 관리인에게 계약을 해제할 것인지 이행을 선택할 권한이 있으므로 기술사용자는 더 이상 지적소유권을 사용할 수 없게 된다.

특허권과 관련하여 간단히 살펴본다. 전용실시계약이 쌍방 미이행쌍무계약에 해당되는 것인지 여부에 관하여는 아직 대법원 판례는 없다. 상표 라이선스계약이 쌍방

---

58) 법원이 고려하여야 할 사항을 다룬 사례로는 In re Giller, 962 F.2d 796(8th Cir. 1992) 참조.
59) 자세한 내용에 대하여는 백재형, "미국 파산법원에서의 실체적 병합," 도산법연구 제3권 제1호, 2012, 185-201면. 대표적인 사건으로는 사기사건인 In re Bernard L. Madoff, No. 09-11893 (June 9, 2009)이다.

미이행쌍무계약에 해당된다는 하급심 판결에 비추어 보면,[60] 특허권의 전용실시계약
역시 쌍방 미이행쌍무계약에 해당된다고 할 것이다. 만일 관리인이 전용실시계약의 해
제를 선택하게 되면 상대방은 더 이상 특허권을 사용할 수 없고 설령 계약서에 상대방
에게 특허권 매수조항이 있더라고 효력을 잃게 된다. 상대방은 전용실시계약의 해제로
인하여 입게 된 손해의 배상청구권을 회생채권으로 행사할 수 있고(제121조 제1항), 만
일 전용실시계약에 의하여 특허권자에게 기 지급한 금원의 반환청구권을 공익채권으
로 행사할 수 있다(같은 조 제2항). 전용실시권이 등록된 경우에도 관리인에 의한 해제
가 가능한지에 대하여는 논란이 있으나 긍정설이 우세하다.

　　일본은 파산법과 회사갱생법을 개정하면서 임차권과 같이 대항력을 갖춘 특허권
등의 사용권자가 대항력을 갖춘 경우에는 기술공여자가 파산 또는 회사갱생절차가 개
시되더라도 당초의 사용기한 동안 기술을 사용할 수 있도록 개정하였다(일본 파산법 제
56조 제1항, 회사갱생법 제63조). 예컨대, 기술공여자에 대하여 파산절차가 개시된 경우
에는 특허권에 대한 통상실시권(일본 특허법 제99조),[61] 상표권의 통상실시권(일본 상표
법 제31조 제4항) 등 제3자에게 대항할 수 있는 경우에 미이행 쌍무계약에 관한 조항인
파산법 제53조 제1항, 제2항의 적용이 배제되었다. 그러나 이러한 대항력 제도가 없는
프로그램저작물 또는 노하우 등에 대하여는 여전히 문제가 남아 있다.[62]

　　미국에서도 1988년 연방파산법 개정 전에는 기술사용자를 위한 보호제도가 부재
하였다. Lubizol 판결[63]이 있은 후 연방의회는 위 판결을 폐기하려고 파산법을 개정하
였다. 채무자가 기술공여자이고 관리인이 그 라이선스계약의 이행을 거절한 경우
§365(n)(1)[64]에 의하여 상대방(기술사용자)에게 두 가지 선택권을 준다. 먼저 동조(A)항

---

60) 서울고등법원 2012. 2. 10. 선고 2011나88018 판결.

61) 2011년 일본 특허법 개정 전에는 구 특허법 제99조 제1항은 통상실시권은 그 등록을 한 때는 그
특허권 혹은 전용실시권 또는 그 특허권에 대한 전용실시권을 그 후에 취득한 자에 대하여도 그
효력이 생긴다고 규정함으로써 한국과 같은 등록대항제도를 채택하고 있었다. 그러나 개정 특허
법은 통상실시권은 그 발생 후에 그 특허권 혹은 전용실시권 또는 그 특허권에 대한 전용실시권
을 취득한 자에게도 효력을 가진다고 규정하여 미국식의 당연대항제도를 채택하였다. 따라서 미
등록 통상실시권자는 제3자에 대하여 대항력을 갖게 되었다. 伊藤眞, 會社更生法, 有斐閣, 2012,
288면 주 93.

62) 加藤哲夫, 破産法(第五版), 弘文堂, 2009, 244면.

63) 756 F.2d 1043(4th Cir. 1985). Richmond는 Lubrizol에게 기술을 사용할 수 있도록 하는 비독점
적 라이선스계약을 체결하였다. Richmond는 1983 파산신청을 하고 더 좋은 조건으로 기술을 판
매하기 위하여 계약의 이행을 거절하였다. 항소심은 위 계약이 쌍방 미이행계약이라고 판시하면
서 Lubrizol은 손해배상만 청구할 수 있을 뿐 기술을 계속 사용할 것을 기술공여자에게 청구할
수 없다고 판시하였다.

64) §365(n)(1) If the trustee rejects an executory contract under which the debtor is a licensor
of a right to intellectual property, the licensee under such contract may elect—

에 의하여 기술사용자는 라이선스계약이 종료된 것으로 보고 손해배상을 청구하거나 동조 (B)항에 의하여 이행거절된 라이선스계약상의 권리를 보유할 것을 선택할 수 있다. 후자의 경우 기술사용자는 원계약기간 및 법령이 연장하는 기간 동안 라이선스 계약 또는 보충계약상의 권리를 보유할 수 있다. 단 계약의 독점권 조항을 집행할 권리만 인정되고 비도산법에 의하여 계약의 특정이행을 집행할 권리는 배제된다. 즉 특허권자를 상대로 특허권을 유지하는 데 필요한 행위, 제3자의 침해를 배제하는 행위, 서비스 제공, 연구개발행위의 이행을 구할 수는 없다.[65] 기술공여자는 권리사용권을 허락하여야 하고 기술사용자는 원 계약상의 사용료를 사용기간 동안 지불하여야 한다.

　　파산법이 개정되었지만 여전히 상표는 개정 파산법의 보호범위에 속하지 아니하고 판례에 의하여 법리가 전개되고 있다. 상표사용계약이 쌍방 미이행계약이 아니라는 판례와 쌍방 미이행계약에 해당하지만 형평법상의 권한에 기하여 이행선택권의 남용을 막고 계속하여 사용하게 하는 방안, 관리인이 이행을 거절하여도 상대방(상표사용자)은 여전히 계약상의 권리를 계속하여 행사할 수 있다고 하는 방안이 제시되고 있다.[66]

3. 도산해지조항의 준거법

　　국제거래에서 준거법을 외국법으로 정하고 당사자 일방에 대하여 한국에서 회생절차가 개시된 경우에 관리인이 채무자회생법에 의하여 계약을 해제할 수 있는지에 관하여 논란이 있다. 대출채권의 준거법이 외국법이고 차주가 파산하여 한국에서 파산절차가 개시된 사건에서 처음으로 미이행 쌍무계약의 준거법이 한국 파산법임을 간접

(A) to treat such contract as terminated by such rejection if such rejection by the trustee amounts to such a breach as would entitle the licensee to treat such contract as terminated by virtue of its own terms, applicable nonbankruptcy law, or an agreement made by the licensee with another entity; or

(B) to retain its rights (including a right to enforce any exclusivity provision of such contract, but excluding any other right under applicable nonbankruptcy law to specific performance of such contract) under such contract and under any agreement supplementary to such contract, to such intellectual property (including any embodiment of such intellectual property to the extent protected by applicable nonbankruptcy law), as such rights existed immediately before the case commenced, for—

(i) the duration of such contract; and

(ii) any period for which such contract may be extended by the licensee as of right under applicable nonbankruptcy law.

65) 福岡眞之介, アメリカ連邦倒産法概説 第2版, 商事法務(2010), 453면.

66) 이은재, "한국과 미국의 회생절차에서의 미이행쌍무계약에 대한 비교," 사법 35호, 2016, 232면.

적으로 처음 밝힌 것은 2001년 대법원 판결이다.[67] 영국법을 준거법으로 한 운송계약
에서 운송회사가 한국에서 회생절차가 개시된 사안에서 회생절차의 관리인이 미이행
쌍무계약의 법리에 기하여 계약을 해제한 경우 그 효력이 다투어져 대법원에 상고되
었다. 대법원은 다음과 같은 이유로 도산법정지의 채무자회생법이 적용된다고 판시하
였다.

　"외국적 요소가 있는 계약을 체결한 당사자에 대한 회생절차가 개시된 경우, 그
계약이 쌍방 미이행쌍무계약에 해당하여 관리인이 이행 또는 해제·해지를 선택할 수
있는지 여부, 그리고 계약의 해제·해지로 인하여 발생한 손해배상채권이 회생채권인
지 여부는 도산법정지법인 채무자회생법에 따라 판단되어야 하지만, 그 계약의 해제·
해지로 인한 손해배상의 범위에 관한 문제는 계약 자체의 효력과 관련된 실체법적 사
항으로서 도산전형적인 법률효과에 해당하지 아니하므로 국제사법에 따라 정해지는
계약의 준거법이 적용된다."[68]

　이러한 판결의 입장은 미이행 쌍무계약에 관한 해제 여부에 관하여는 도산법정지
에 따라야 한다는 국내외 학설을 따른 것이다.[69] 그리하여 운송계약은 채무자회생법
에 기한 관리인의 해제로 적법하게 해제되고 다만 손해배상의 범위는 계약의 준거법
인 영국법에 의하여 산정하게 된다. 손해배상채권이 회생절차에서 어떠한 우선권을 갖
는가 하는 점 역시 법정지법에 따라 결정되는바, 채무자회생법은 이를 회생채권으로
취급된다.

　그런데 한국기업이 기술사용자, 미국기업이 기술공여자로서 라이선스계약을 체결
하면서 미국의 뉴욕주법과 연방법을 준거법으로 정하면서 저촉법 원칙을 고려하지 않
는다는 단서를 두는 경우가 있다.[70] 아울러 만일 당사자 일방에 대하여 도산절차의 신
청이 있거나 도산절차의 개시결정이 있으면 상대방이 라이선스계약을 해제할 수 있다
는 이른바 도산해지조항(Ipso Facto Clause)을 두었다. 실제로 한국기업(SMP)에 대하여
회생절차가 개시되어 관리인이 라이선스계약의 이행 선택을 주장하고, 미국에서 파산

---

67) 대법원 2001. 12. 24. 선고 2001다30469 판결(공 2002, 341). 법원은 관재인이 파산법 제50조 제2
　　항에 따라 신디케이트론 방식에 의한 차관계약의 이행선택한 것이 적법함을 전제로 쟁점에 관하
　　여 판시하였다.
68) 대법원 2015. 5. 28. 선고 2012다104526, 104533 판결 (공2015, 843).
69) EU도산규정(제4조 제2항 3호) 및 독일도산법에 관한 독일의 학설 및 일본의 학설도 같다. 石光
　　現, 국제사법과 국제소송 제5권, 박영사, 2012, 619면.
70) "The validity of this Agreement, … shall be governed by the laws of the State of New
　　York and the Federal laws of the United States applicable thereto without giving any effect
　　to the conflict of laws principles thereof."

신청을 한 기술공여자(SunEdison)가 뉴욕 州法에 의하여 도산해지조항에 기하여 한국 기업이 회생신청을 하였다는 이유로 계약의 해제를 주장한 사건이 있었다. 양 회사 모두 한국과 미국에서 파산한 사례이다.

미국에서는 연방파산법 §365(e)에서 도산해지조항은 무효라는 조항을 두고 있고,[71] 한국의 대법원은 2007. 9. 6. 선고 2005다38263 판결에서 도산해지조항으로 인하여 정리절차개시 후 정리회사에 영향을 미칠 수 있다는 사정만으로는 그 조항이 무효라고 할 수는 없다고 판시하면서도 판결의 사안인 조합계약이 아니라 보통의 쌍방 미이행의 쌍무계약의 경우에는 계약의 이행 또는 해제에 관한 관리인의 선택권을 부여한 회사정리법 제103조의 취지에 비추어 도산해지조항의 효력을 무효로 보아야 한다거나 아니면 적어도 정리절차개시 이후 종료시까지의 기간 동안에는 도산해지조항의 적용 내지는 그에 따른 해지권의 행사가 제한된다는 등으로 해석할 여지가 없지는 않을 것이라고 판시하여 논란을 불러일으키고 있다.

그런데 미국의 기업에 대하여 미국에서 제11장 절차가 개시되고 한국 기업이 도산해지조항을 근거로 라이선스계약의 해지를 주장한다면 미국 파산법 §365(e)에 기하여 그와 같은 해지조항은 효력을 인정받을 수 없다. 반대로 한국에서 회생절차가 개시된 회생기업에 대하여 미국 기업이 도산해지조항을 근거로 계약의 해지를 주장하면 어떻게 되는가? 앞에서 본 한국 대법원 판례를 근거로 법정지법인 한국의 채무자회생법을 적용하여야 하고 판례 및 다수설에 의하면 도산해지조항이 무효로 해석될 여지가 있다.

그러나 이러한 결론에 도달하려면 먼저 준거법인 뉴욕 州法을 보아야 하고 뉴욕의 저촉법 원칙에 의하여 준거법이 한국의 법정지법이 되어야 한다. 그러나 준거법 조항에서 미국의 저촉법원칙을 고려하지 않았기 때문에 바로 뉴욕주의 실질법이 적용되어야 한다. 국제금융중심지인 뉴욕주는 不適切한 法廷地의 法理의 광범위한 적용으로 인한 국제금융거래상의 법적 불안을 제거하기 위하여 1984년 뉴욕 州法을 준거법으로 하고 금액이 미화 100만 달러 이상인 계약에서 당사자들이 뉴욕 州法院을 관할법원으로 합의한 경우 법원이 관할을 거부할 수 없도록 하고,[72] 동 조항은 뉴욕주의 공서를

---

71) §365(e)(1) Notwithstanding a provision in an executory contract or unexpired lease, or in applicable law, an executory contract or unexpired lease of the debtor may not be terminated or modified, and any right or obligation under such contract or lease may not be terminated or modified, at any time after the commencement of the case solely because of a provision in such contract or lease that is conditioned on—
(B) the commencement of a case under this title; or

증진하기 위한 것이므로 뉴욕주법을 준거법으로 정한 경우에는 법원은 계약이 뉴욕주와 합리적인 관련이 있는지 여부를 불문하고 반드시 뉴욕주법 중 실질법만을 적용하여야 한다.[73]

따라서 위 사건에서도 뉴욕주의 실질법이 준거법이 되므로 뉴욕주의 저촉법을 검토하여 lex fori concursus 원칙에 따라 한국의 채무자회생법을 검토할 필요가 없다. 그리고 도산해지조항이 연방파산법에서는 무효이지만 뉴욕주법은 조항이 사기, 공모가 없는 한 유효하므로,[74] 한국기업에 대한 회생절차 개시는 미국의 파산절차가 아니므로 동 조항을 이유로 한 미국기업의 계약해제는 유효하다는 판결이 나왔다.[75]

4. 파산채권신고와 관할권

간혹 외국채권자로서 미국 파산법에 대한 부지가 불러오는 예상하지 못한 재앙을 맞기도 한다. 미국 채무자에 대한 파산절차가 개시된 경우 외국채권자가 어느 정도 미국 채무자나 법원에 접촉을 하여야 인적관할권이 생기는가 하는 문제이다. 일반론으로 말하면 이는 피고가 되는 외국채권자가 채무자와 어느 수준의 접촉을 하였고 그것이 파산재단에 어떠한 영향을 미치는가에 의하여 결정된다.

구체적으로 미국 채무자에 대하여 파산절차가 개시되면 채권자들은 법원에 채권을 신고하게 된다. 그러나 외국채권자는 자신의 채권을 신고할 것인지 여부를 신중히 검토하여야 한다. 확립된 실무는 외국채권자의 채권신고는 미국 법원에 대한 인적관할권에 복속하는 것으로서 관할권 행사의 근거가 된다.[76] 채권신고라 함은 채권의 존재, 채권의 성질, 채권의 액수에 관하여 채무자 또는 법원에 통지하는 것을 말하며 단지 채권자의 변호사가 채무자의 변호사에게 근무 중 입은 상해에 대하여 채권을 갖는다는 내용의 편지를 보낸 것만으로는 채권신고에 해당하지 아니한다.[77]

---

72) Civil Practice Law and Rules §327(b)와 General Obligations Law, Section 5-1401 및 5-1402. 石光現, 國際裁判管轄에 관한 연구, 서울대학교 출판부, 2001, 123-124면에서 재인용.
73) IRB-Brasil Resseguros, S.A. V. Inepar Invs., S.A., 982 N.E.2d 609, 612 (N.Y. 2012)은 당사자가 General Obligations Law §5-1401는 뉴욕주법의 저촉법 규정을 포함한다고 하더라도 뉴욕주의 실질법을 적용하여야 하고 반드시 계약서 조항에 뉴욕주의 저촉법 규정을 배제한다는 문구를 넣을 필요가 없다고 판시하였다.
74) 파산신청이 기각되거나(W.F.M. Rest., Inc. v. Austern, 324 N.E.2d 149, 150, 153 (N.Y. 1974), 파산절차가 중도에 종료된 경우(Murray Realty Co. v. Regal Shoe Co., 193 N.E.164, 165 (N.Y. 1934)에는 Ipso Facto Clause에 기한 계약해제는 유효하다.
75) SMP Ltd. v. Sun Edison Case No. 16-10992 (2017).
76) Langenkamp v. Culp, 498 U.S. 42, 44 (1990).
77) In re American Classic Voyages Co., (3rd Cir. 2005).

소액의 채권을 변제받기 위하여 채권신고를 하였으나 이미 채무자로부터 위기시기에 변제를 받은 것이 밝혀지게 되면 부인권의 적용을 받을 수 있다. 따라서 외국채권자로서는 부인권의 행사 대상이 될 염려가 있는 경우에는 채권신고를 삼가는 것이 바람직하다. 미국법원이 신고하지 아니한 외국 채권자에 대한 인적관할권을 행사하려면 민사소송법의 인적관할에 관한 일반 이론(minimum contacts)에 따른다. 실무상으로는 만일 채무자가 제출한 채권자목록에 채권자의 채권이 정확하게 기재되어 있다면 별도로 채권신고를 하지 아니함으로써 인적관할권의 문제를 회피한다고 한다.

채권신고를 철회한 경우 인적관할권은 여전히 존재하는가? 대표적인 사례는 In re Cruisephone, Inc.78) 사건이다. 채무자는 1999. 제11장을 신청하였으나 성공하지 못하고 자산을 매각하였다. 채무자는 2000. 6. 채권자와 관련한 미이행 쌍무계약을 거절하여, 채권자(네덜란드 법인)는 신고기한까지 미이행 쌍무계약의 거절과 관련한 채권을 신고하였다가 채권신고를 철회하였다. 채무자가 원고가 되어 채권자를 피고로 하여 채무불이행 등을 이유로 한 손해배상 소송을 제기하면서 다른 인적관할권의 주장과 함께 채권자가 파산절차에서 채권신고한 것을 인적관할권의 근거로 삼았다. 법원은 채권의 신고는 적법한 인적관할권의 근거가 되지만 신고의 철회로 말미암아 인적관할권의 근거 역시 제거되므로 신고를 이유로 한 인적관할권의 주장을 받아들일 수 없고 그 외 채권자가 미국 내에서 영업을 하거나, 어떤 행위를 하거나 또는 미국 외에서 한 행위가 미국 내에 영향을 미치게 하였다는 점을 인정할 증거가 없다고 하여 관할권을 부정하였다.

파산실무에 커다란 충격을 준 Stern v. Marshall, 564 U.S. 462 (2011)79)이 있기

---

78) 278 B.R. 325 (Bankr. E.D.N.Y. 2002).
79) 이 사건은 헌법상의 문제만큼 당사자들로 인하여 유명하였다. 플레이보이 잡지의 유명한 여자 모델이었던 Anne Nicole Smith(결혼 후 법률상의 이름은 Vickie Lynn Marshall)는 89세의 석유왕 Marshall과 결혼하였다. 결혼 14개월 후 남편이 사망하자 자신이 남편으로부터 증여를 받았는데 망인의 아들(E. Pierce Marshall)이 불법적으로 상속권을 침해하였다는 이유로 텍사스 주법원에 아들을 상대로 민사소송을 제기하였다. 주법원은 원고의 채권이 인정되지 아니한다고 패소하였다. 소송 도중 Smith가 파산하자 망인의 아들이 Smith가 자신의 명예훼손을 원인으로 한 손해배상청구권을 파산채권으로 신고하였다. Smith는 채권신고에 대하여 이의를 제기하고 반소로서 아들의 불법행위로 증여받지 못하였다는 이유로 손해배상청구의 소송을 파산법원에 제기하였다. 파산법원은 Smith에게 8,800만 달러의 채권이 인정된다고 판결하였다(Marshall v. Marshall (In re Marshall) 253 B.R. 550 (Bankr. C.D. Cal. 2001). 이에 Marshall이 파산법원은 원고의 반소청구에 대한 관할권이 없다고 다투고 대법원에 상고하였다. 대법원은 신고한 파산채권과 별개의 州法에 기한 청구권을 반소로 제기한 소송에 대하여 파산법관이 심리할 권한이 없다고 판시하여 파산법원의 판결을 무효로 하였다. 결국 Smith가 패소하였다. Smith는 사별, 파산 후 39세에 약물중독으로 사망하였다. 당사자 표시에 등장하는 Stern은 Smith의 유산상속집행자이다.

전까지는 파산법원은 채권자가 신고한 채권에 대하여 채무자가 이의하여 개시된 채권확정소송에서 신고한 채권이 아닌 州法에 기한 청구권을 반소로 제기한 것에 대하여 관할권을 행사하였다. 즉 채권신고를 하게 되면 부인권에 기한 반소뿐 아니라 州法에 기한 반소를 제기당할 위험이 있었다. 그런데 대법원 판결은 비록 반소청구를 담당하는 것이 핵심도산절차(core proceedings)에 속하는 것이지만 연방의회가 연방헌법 제Ⅲ장의 법적지위(임기종신, 보수감액금지, 대통령 임명)를 갖는 연방파산법관이 아닌 연방헌법 제Ⅰ장의 법적지위를 갖는 파산법관에게 州法에 기한 반소를 심판할 권한을 부여할 수 없다고 판시하였다. 그러나 위 판결이 선고된 이후에도 여전히 파산법관의 관할범위에 대하여는 열띤 논의가 진행되고 있다.[80]

5. 파산채무자가 아닌 제3자의 채무면제

회사정리법 시절에는 간혹 주채무자인 정리회사의 정리계획안에 비출자 임원의 보증책임을 면제하는 규정을 두는 경우가 있었다.[81] 그 정리계획안에 관하여 출석한 모든 정리채권자들이 동의를 하고 관계인집회에서 가결되었음에도 불구하고 정리채권자가 보증인에 대하여 연대보증계약에 따른 채무의 이행을 구하는 경우 보증인의 책임은 어떻게 되는가? 실무상 정리회사의 경영권을 M&A의 방식으로 양도하면서 정리계획안에 보증인인 종전 사주와 임원의 보증책임을 면제하는 조항을 삽입하는 경우가 있고 이를 둘러싸고 분쟁이 발생하였다. 이 문제에 관하여 대구지방법원의 88가단30647 판결과 90가합11084 판결은 채권자가 정리계획안에 대한 동의하였음으로써 적법하게 면제되었다고 하여 원고의 청구를 기각한 바 있다.[82] 학설로는 회사정리법 제240조 제2항이 강행규정이 아니고 임의규정이므로[83] 정리계획안에서 위 법규정과 다른 내용의 규정을 하더라도 유효하다고 하는 견해가 있다.[84]

그런데 2005년 대법원은 다음과 같은 이유로 그러한 계획안이 무효라고 판시하였

---

80) Decisions Interpreting Stern v. Federal Judicial Center, National Workshop for Bankruptcy Judges (2014). 위 자료는 연방대법원 판결 이후 파산법원의 관할권에 관한 전국 법원의 판례를 자세히 분석하였다.

81) 대구지방법원 84파3683호 월성건설주식회사 사건에서는 "정리계획의 인가와 동시에 이 정리회사의 비출자임원이 임원의 지위로 인하여 그 개인자격으로 정리회사의 채무에 대한 보증 또는 연대보증계약은 정리채권자의 동의하에 해제한다."라고 규정하였다. 南斗熙, "회사정리계획에 의한 정리채권자의 보증인에 대한 권리의 변경," 판례와 이론, 1995, 221면.

82) 南斗熙, 전게논문에 의하면, 양 사건 모두 원고가 관계인집회에 참석하여 계획안에 동의한 것으로 보인다.

83) 林采洪·白昌勳, 회사정리법(하), 한국사법행정학회, 1999, 311면.

84) 南斗熙, 전게논문, 223면.

다.85) 즉 채권자가 정리계획안에 동의하였는지에 대한 구분을 하지 아니하고 보증인의 책임을 면제하는 것과 같은 내용은 정리계획으로 정할 수 있는 성질의 것이 아니고, 설사 그와 같은 내용을 정리계획에 규정했다고 하더라도 이는 회사정리절차가 달성하고자 하는 본래의 목적과는 전혀 무관한 것이다. 만약 정리계획에 의하여 정리채권자가 회사에 대하여 갖는 권리가 소멸 또는 감축되는 이외에 보증인 등에 대하여 갖는 권리까지도 마찬가지로 소멸 또는 감축되게 된다면, 이는 회사의 정리재건에 직접 필요한 범위를 넘어 정리채권자에게 일방적인 희생을 강요하게 되는 셈이 되어 오히려 회사의 정리재건을 저해하는 요인이 될 수 있다 할 것이며, 그 부분은 정리계획으로서의 효력이 없다.

미국의 경우에도 채무자가 아닌 제3자(non-debtor party)의 책임을 면제하는 조항을 두는 경우가 있다. 크게 두 가지이다.

첫째는 non-consensual third party release라고 하는데 회사의 임원 등의 채무를 면제한 조항을 계획안에 두는 것이다. 이는 앞에서 설명한 회사정리법하에서의 실무관행과 같다. 미국의 경우 이 점에 관한 법원의 실무는 통일되어 있지 않다. 일부 법원의 실무는 서울지방법원과 같이 보증인의 책임을 면제하는 내용의 계획안 자체에 대하여 인가결정을 허락하지 않고 있다.86) 반대로 다른 법원은 그러한 내용의 계획안을 인가

---

85) 대법원 2005. 11. 10. 선고 2005다48482 판결(공2005. 1967).

86) In re Forty-Eight Insulations, Inc., 149 B.R. 860 (N.D. Ill. 1992) (disallowing non-consensual release of claims against insurer because contract rights of claimant to sue insurer were not property of bankruptcy estate); In re Arrowmill Dev. Corp., 211 B.R. 497 (Bankr. D.N.J. July 24, 1997) (no authority or policy justification to force dissenting creditors to release claims against nondebtor parties, but consensual releases can be enforced like any other settlement); In re U.S. Brass Corp., No. 94-40823 (Bankr. E.D. Tex. May 17, 1995) (disclosure statement disapproved for attempt to release third party liabilities over creditors'objections); In re West Coast Video Enters., Inc., 174 B.R. 906 (Bankr. E.D. Pa. 1994) (could not release former franchisee's claims against principals of debtor without their affirmative vote on plan); In re Boston Marina Harbor Co., 157 B.R. 726 (Bankr. D. Mass. 1993) (disallowing releases purporting to be binding on creditors voting against plan and release for lack of contractual basis); In re Keller, 157 B.R. 680 (Bankr. E.D. Wash. 1993) (denying plan confirmation for plan releasing liens against nondebtor's property being transferred under plan over creditor objection); In re 222 Liberty Assocs., 108 B.R. 971, 996 (Bankr. E.D. Pa. 1990) (plan nonconfirmable when releasing dissenting creditor's claims against nondebtor); In re Elsinore Shore Assoc., 91 B.R. 238, 252 (Bankr. D.N.J. 1988) (Bankruptcy Code prohibits involuntary releases for nondebtors, even if they contribute to plan); In re B.W. Alpha, Inc., 89 B.R. 592, 595 (Bankr. N.D. Tex.) (plan not confirmable that releases objecting creditors' claims against guarantors), aff'd, 100 B.R. 831 (N.D. Tex. 1988).

하고 다수결에 의하여 인가되었다는 이유로 소수의 반대자에 대하여도 그 구속력을 인정하고 있다.[87] 제3자는 보호받는 당사자(protected parties)라고 정의되며, 보통은 회사의 전/현직 임원, 종업원, 이사, 공식적인 채권자위원회의 위원, 채무자 회사에 대한 채권자[88] 및 기타 사람들로서 회사의 계획안이 인가되도록 가능하게 역할을 한 사람들이다. 이에 관한 최근의 경향은 채권자가 계획안에 의하여 전액 변제를 받는 경우 이러한 계획안을 승인한다고 한다.[89]

다음의 유형은 채무자가 제3자에 대하여 갖는 채권을 포기함으로써 제3자의 채무를 면책시키는 것이다. 보통은 계획안의 화해조항(settlement)에 그 내용을 두고 법원이 인가한다.

법원은 통상 제3자가 파산절차 중 또는 계획안에 따라 금전적인 대가나 회사에 대한 기여를 제공할 것을 채무면제에 대한 대가로 요구한다. 대표적인 예로서는 화해당사자의 일방으로 채무자 회사 또는 파산재단을, 상대방으로 채무자 회사에 책임을 지게 될 제3자 즉 일부 채권자들, 주주들, 현재 및 장래의 소송의 피고들을 삼아 양자 사이에 회사 또는 파산재단의 제3자에 대하여 현재 또는 장래의 모든 소송에 기한 책임을 면제하고 그 대신 제3자 역시 회사, 재단 또는 소위 보호받는 당사자들에 대하여 갖는 전부 또는 일부 청구권을 포기하는 조항을 두는 것이 일반적이다.

---

87) Shearson Lehman Bros., Inc. v. Munford, Inc., 97 F.3d 449, 454 (11th Cir. 1996) (using section 105(a) and FED. R. CIV. P. 16(c)(9) to enjoin actions by nonsettling defendants against nondebtor consulting firm); MacArthur Co. v. Johns-Manville Corp., 837 F.2d 89 (2d Cir.) (because insurance policies and rights under policies were part of debtor's estate, section 105(a) empowered court to channel and release claims against insurer in exchange for contributions over objections of co-insured party that wanted to retain its rights against insurer), cert. denied, 488 U.S. 868 (1988); In re Dow Corning Corporation, 198 B.R. 214, 243-246 (Bankr. E.D. Mich. 1996) (over objections of tort claimants committee, approving settlement whereby debtor compromised insurance claims and released nondebtor insurance carriers because insurance policies are property of estate, and because debtor can dispose of property free and clear of liens and interests); In re Master Mortgage Inv. Fund, Inc., 168 B.R. 930 (Bankr. W.D. Mo. 1994) (over objections of Securities and Exchange Commission, holding that section 105 permits release of nondebtor in exchange for substantial contribution when overwhelming majority voted for plan); In re Drexel Burnham Lambert Group Inc., 138 B.R. 723 (Bankr. S.D.N.Y. 1992) (permitting releases of nondebtors whose contributions were essential to success of plan and retention of employees); In re Texaco, Inc., 84 B.R. 893 (Bankr. S.D.N.Y.) (confirming plan releasing derivative claims), appeal dismissed as moot, 92 B.R. 38 (S.D.N.Y. 1988).

88) 미국에서는 lender's liability라는 이론에 의하여 간혹 회사 경영에 참여한 채권자들에 대한 책임을 묻는 경우가 있다.

89) Paul Leake, Mark S Chehi, *supra* note 57, at 769.

IV. 맺음말

이상의 논의에서 한국의 회생절차와 미국의 제11장 절차는 그 구조나 역할에 있어서 다음과 같은 차이가 있음을 알 수 있다.

첫째, 채무자 스스로 신청하는 제11장 절차는 개시요건도 요구하지 않으며 별도로 법원의 개시결정이 필요 없다. 채무자의 신청과 동시에 파산절차가 개시되므로 채무자에게 절차의 주도권이 인정된다. 계획안도 일정기간 채무자에게만 전속적인 제출권한이 인정된다. 이 기간 동안 채무자는 전문가의 조력을 받으며 채권자들과 협상을 할 수 있다. 파산원인을 요구하지 아니하므로 비교적 건실한 계열회사와 핵심 기업이 공동으로 파산신청을 하는 것이 가능하다.

그러나 한국에서는 채무자 스스로 신청하더라도 채무초과이거나 지급불능을 요건으로 하고 있다. 따라서 계열회사 중 재정상황이 비교적 건실한 회사가 구조조정의 수단으로 회생신청 하는 데에 법적 장애가 존재한다.

둘째, 미국에서는 파산신청과 동시에 자동중지의 효력이 인정된다. 즉 채무자가 파산신청을 함과 동시에 채권자는 더 이상 채무자에게 소송을 제기할 수도 없고, 집행을 할 수도 없으며 심지어 전화를 걸어 빚 갚으라는 요구도 할 수 없다. 물론 채무자도 법원의 허가 없이 재산을 처분할 수 없다. 만일 자동중지의 효과를 무시하고 집행을 하게 되면 법정모독죄로 민·형사상의 제재를 받게 된다.

그러나 한국은 회생신청을 하더라도 법원이 별도의 보전처분을 결정하지 않는 한 채권자는 채무자의 재산에 대하여 집행할 수 있다. 한국은 채무자에 대한 보전처분과 채권자에 대한 포괄적 중지명령의 제도를 두고 있고 아직도 포괄적 중지명령을 발부하는 데에 인색하거나 신청 후 상당한 시일이 경과하여야 개시결정을 하는 일부 지방소재 법원의 실무가 존재한다.

셋째, 법정모독죄는 미국의 파산법원의 인적관할권에 복속하는 모든 소송당사자에게 미친다. 그가 외국인이든 내국인이든 묻지 않으며 자동중지에 위반하는 행위가 외국에 소재한 채무자의 재산에 대하여 이루어지더라도 법정모독죄에 해당한다. 파산법원의 인적관할권에 미치는 외국인이라 함은 파산법원에 채권신고를 하거나 미국에서 영업활동을 하는 사람을 말한다. 따라서 한국의 기업이라도 미국에서 영업소를 두고 영업활동을 하는 이상 미국 파산법원의 명령을 따라야 한다. 이 역시 미국 파산법의 자동중지효력과 법정모독죄의 제재가 없다면 불가능한 것이다.

그러나 한국은 법정모독죄가 없으므로 내국인이건 외국인이건 한국법원의 포괄적 중지명령을 무시하고 외국에 소재한 채무자의 재산에 대하여 손을 대는 행위를 실효 있게 막을 방도가 없다. 면책을 받은 개인인 채무자에 대한 강제집행행위 등에 대하여 과태료를 과하는 조항(제660조 제3항)이 있을 뿐이다.

넷째, 미국에서 항공사나 GM 파산 사건에서 제11장을 신청하는 주된 이유 중의 하나가 과도하게 회사에 부담을 주는 종전의 단체협약을 파기하기 위한 것이다. 즉 GM의 은퇴자를 위한 의료보험기금 200억 달러를 전액 출자전환하거나 이를 감액하기 위한 것이 GM파산의 주요 이유의 하나라고 한다. 물론, 엄격한 법정 요건이 있기는 하지만 파산신청 후 기존에 체결된 단체협약상의 여러 조항을 변경할 수 있다. American Airline 등 미국의 대형 항공사는 노사협약을 파기하기 위해 제11장 절차를 신청하였다. 미국의 10대 항공사 중 파산신청을 하지 않은 회사는 거의 없다. 파산신청 후에도 다시 재기하여 항공운수업에 종사하고 있다.

그러나 한국은 명문으로 회생절차 중에 단체협약을 변경할 수 없다고 규정하고 있다(제119조 제3항). 따라서 과거의 경영주가 회사를 파탄에 빠뜨려놓고 종업원에게 미안한 나머지 회사에게 과도한 부담을 주는 단체협약을 체결하여 놓고 도망가더라도 관리인이나 M&A를 통한 신 경영주는 종전의 단체협약을 변경할 수가 없게 되어 구조조정에 걸림돌이 된다. 미국은 GM파산=구조조정의 등식이 성립하지만 하여 한국은 회생절차가 바로 구조조정으로 연결되지 않는 이유가 바로 여기에 있다.

다섯째, 제11장을 신청한 것에 대한 사회적 인식이 한국과 다르다. 미국 기업이 제11장을 신청하였다고 하여 도산한 것은 아니다. GM에서도 자산을 우량자산과 비우량자산으로 나누어 우량자산은 New GM에 이전하여 회사를 재건하고, 비우량자산은 Old GM에 이전하여 청산하였다. 우량자산에 속하는 영업체는 새로이 건실한 구조로 다시 탄생한다. 다른 예로서 석면(asbestos) 소송과 같은 제조물 책임소송을 들 수 있다. 흑자기업이라도 장래에 피해자들로부터 거액의 배상을 요구하는 집단소송을 당할 가능성이 있다고 보면 일단 제11장 절차를 신청하여 장래의 피해자들의 채권을 파산채권으로 취급하여 일부 또는 장래에 갚기로 하는 회생계획을 세우기도 한다. 그리고 DIP financing 채권자에 대한 강력한 우선순위권을 보장하고 있다.

그러나 한국은 어느 기업이 법원에 회생신청을 하였다고 하면 그 기업은 거의 도산한 기업으로 취급된다. 관급공사에 입찰참가도 어렵고 은행도 회생회사에 대출을 꺼려한다. 따라서 회생기업이 자력갱생하기는 더욱더 어렵다. 그리하여 한국이 독자적으로 발전시킨 법리가 회생절차에서의 M&A이다. 대한통운 등도 이 절차를 통하여 새로운 인수인에게 넘어갔다. 그러나 M&A의 대상이 될 수 없는 중소규모의 회생기업을 재건하는 것은 더욱 어렵다. 한국에서는 도산한 기업의 재산상태를 은행주도의 워크아웃. 기업구조촉진법상의 기업구조조정절차, 마지막으로 법원의 법정관리절차의 순으로 인식하고 있다. 즉 법정관리기업은 자력 있는 인수인이 나서지 않는 한 스스로 재건할 수 있는 사회적 경제적인 여건이 마련되어 있지 않다.

2017년 서울회생법원이 설립되면서 stalking horse 방식의 새로운 구조조정을 시도하고 있고, 전보다 신속한 보전처분과 개시결정이 이루어지고 있다. 채권자측의 추천을 받아 CRO를 선임하여 기존경영자 관리인을 견제하고 있다. 그러나 미국과 비교하면 아직도 신규자금지원이 활성화되지 못하고 있으며 강제인가의 재량성, 회생절차의 종결요건 등에 관한 예측가능성이 떨어지고 있다. 앞으로 미국의 제도 중 도입할 내용을 선별하여 한국의 실무에도 반영되기를 바라면서 글을 마친다.

[회생법학 제16호(2018) 소재]

15. 한진해운 倒産의 法的 爭點[*]

Ⅰ. 머리말

한진해운의 침몰은 파장이 컸으며 아직도 그 여파가 진행 중이다. 한진해운에 대한 회생절차 개시결정(이하 "개시결정")일인 2016. 9. 1.로부터 2년이 지났다. 한진해운의 실패를 되돌아보면서 해운업계의 전문가가 구조조정 과정에서의 아쉬움을 밝히는 글도 많이 발표되었다.[1] 그러나 대형 컨테이너 선사의 도산사건은 앞으로 일어날 가능성도 없고 일어나서도 안될 것이다. 한진해운은 화물운송계약을 체결한 화주, 용선계약을 체결한 선주, 선박유 공급계약을 체결한 유류공급업자, 터미널 용역계약을 체결한 터미널 사업자 등과 복잡한 거래관계를 가지고 있다. 또한 해외정기노선을 운항하게 되므로 섭외적인 요소가 포함되어 있다. 한진해운이 회생절차에 들어가게 되자 이러한 복합적인 문제가 한꺼번에 폭발하면서 전에 겪어 보지 못한 난제가 많이 발생하였다.

이 글에서는 도산법의 관점에서 한진해운의 회생절차(2016회합100211)와 파산절차(2017하합15)를 통하여 우리가 배운 점과 앞으로 개선할 점에 대하여 함께 생각하고자 한다. 견련파산[2]에서 발생하는 부인 및 상계제한 등 심도 있는 법리와 소유권이전조

---

* 귀중한 자료를 보내주시고 설명을 하여주신, 석광현 교수님, 정준영 부장판사님, 일본의 坂井秀行, 栗田口太郎 변호사님, 미국의 Shirley Cho 변호사님, 초고를 읽고 유익한 의견을 주신 김희중 부장판사님, BFL의 편집위원님께 감사드린다.
1) 회생절차 개시결정 전 우리나라의 원양선사 선적량은 104만 TEU(1 TEU는 길이 6m짜리 컨테이너 1개)에서 50만 TEU 정도로 떨어졌고, 미주노선 점유율은 11%에서 6%로 떨어졌다. 조선일보 2018. 10. 2.자 기사.

건부 선체용선(BBCHP)[3]에 관한 논의[4]는 생략하고, 한진해운의 워크아웃부터 2018. 9. 4. 재단채권의 일부 변제까지에 일어난 사실관계를 바탕으로 그와 관련된 쟁점을 설명하고, 필자의 의견을 개진하고자 한다. 즉 한진해운의 도산 경위, 회생절차 개시결정의 시기, 파산채권조사절차와 개선방향, 연료유대금 채권(claims for the value of remaining on board, ROB bunker라 통칭된다)을 둘러싼 상계, 재단채권의 변제, 미국 등 외국법원의 승인제도의 차이, 끝으로 앞으로의 개선 사항의 순으로 기술한다.

Ⅱ. 한진해운의 도산경위

한진해운은 144척의 선박으로 60여 개 정기항로를 운영하던 세계 9위, 국내 1위 선사였다.[5] 한진해운의 도산은 지금껏 우리나라에서 겪어본 해운회사 도산사건 중 가장 규모가 큰 사건이다. 대한해운, 삼선로직스, 팬오션 등은 벌크선사였으므로 이들은 장기운송계약을 체결한 화주가 확보되어 있고, 정기적인 노선 없이 개별 운송계약에 맞추어 운행함으로써 회생절차를 통하여 재건하는 것이 가능하였으나 정기항로를 갖고 있는 컨테이너선사는 회생절차로 들어가는 순간 다수의 고객과 영업망이 급속하게 와해되어 재건하기가 어렵다. 한진해운은 2016. 6. 30. 기준으로 자산 약 6조 6천억 원, 부채 약 6조 원의 규모이고, 매출총액은 2조 9천억 원, 당기순손실 약 4,630억 원의 규모였다. 실패원인으로 2008년 글로벌 금융위기 이후 수요부진으로 인한 물동량의 감소 및 운임하락, 2012년 유럽의 재정위기와 중국의 경기 둔화, 물동량을 상회하는 선박공급으로 인한 수급불균형의 심화 등이 지목되었다. 특히 2015년 이후 운임이 대폭 하락하여 영업수지가 악화되고 1년 이내에 약 3조 원의 차입금만기가 돌아오는 채권의 상환불가가 결정타였다.

한진해운이 2016. 4. 25. 한국산업은행에 자율협약절차를 신청하여 2016. 5. 4. 자율협약절차에 따라 3개월 간 채권행사가 유예되었으나 2016. 8. 30. 채권금융기관협의회가 한진해운에 대한 지원 불가 결정을 통보함에 따라 자율협약절차는 중단되었다.

---

2) 견련파산이라 함은 선행하는 재건절차(회생절차 또는 구 회사정리절차 등)가 실패하여 종료함에 따라 채무자 회생 및 파산에 관한 법률("채무자회생법" 이하 법명은 생략하고 조문만 표기한다) 제6조, 제7조에 기하여 진행되는 파산절차를 지칭한다.

3) Bareboat Charter Hire Purchase agreement의 약자로서 국적취득부나용선계약이라고도 한다.

4) 심태규, "한진해운의 실무상 쟁점," 대법원 국제거래법 커뮤니티 및 한국해법학회 공동세미나, 2017(미공간). 3-15면. 김창준, "'한진해운'의 도산법적 쟁점," 韓國海法學會誌 第39卷 第1号 (2017), 39-82면.

5) 조사위원 삼일회계법인, 조사보고서(2016), 5면.

한진해운은 다음 날 회생절차 개시신청을 하였고 법원은 같은 날 보전처분과 포괄적 금지명령을 발한 후 2016. 9. 1. 개시결정을 하였다.

그러나 개시결정 후 모회사인 대한항공이나 금융기관으로부터 새로운 자금지원이 중단됨에 따라 회생이 어렵게 되었다. 또한 선박 압류를 우려하여 공해상에서 선박이 표류하고, 화물이 중간기착지에 하역되거나, 하역비용을 제대로 지급하지 못하여 하역과 반출이 제대로 되지 아니하여 부득이 貨主 등 제3자가 하역비용을 대신 지불하는 등 전 세계에서 물류대란이 발생하였다.[6] 이로 인하여 운송지연에 따른 손해배상채권의 규모가 천문학적으로 증가하였다. 2016. 9. 2. 한진해운이 해운동맹(CKYHE)[7]로부터 퇴출되어 선복을 공유할 수도 없게 되었다. 조사위원(삼일회계법인)의 2016. 12. 13.자 조사보고서에 의하면 채무자의 청산가치는 약 1조 7천억 원인 반면 계속기업가치는 계속기업의 가능성이 불확실하여 산정할 수 없는 것으로 나타났다. 회생절차 중 채무자의 주요 사업과 재산(미국 서안터미날 및 장비임대 회사 등)을 이미 매각하기로 한 상황이므로 법원은 2017. 2. 2. 청산가치가 계속기업가치보다 명백히 크다는 이유로 제286조 제2항에 의하여 인가 전 폐지결정을 하였다.[8]

회생절차 폐지결정이 있은 후 관리인이 2017. 2. 3. 제6조 제2항에 기하여 파산신청을 하여 폐지결정 확정 후 법원이 2017. 2. 17.(폐지결정 확정일) 견련파산선고를 하였다. 파산관재인은 2018. 9. 17. 처음으로 법원으로부터 재단채권에 대한 일부 변제허가를 받아 채권금액의 20%를 기준으로 재단채권에 대한 변제를 실시하였다.

Ⅲ. 회생절차 개시결정의 시점에 대한 회고

1. 개시결정이 갖는 의미

한진해운의 회생절차를 되돌아보면 채권금융기관의 지원불가 결정일로부터 개시결정일까지 불과 3일밖에 걸리지 아니하였다. 시장에서는 개시결정의 지연으로 발생하는 불확실성을 제거하고 한진해운의 신속한 재건에 대한 법원의 의지가 표명된 것

---

6) 로테르담의 유럽컨테이너 협회가 송하인, 운송주선인 등에게 한진해운 컨테이너의 하역비로 고액의 비용을 요구하면서 하역을 거절하자 네덜란드 법원이 통상비용을 초과한 비용을 받는 것이 위법이라고 판시하였다. Will Waters, Dutch court rule against ECT over 'excessive' Hanjin box release fees, Lloyd's Loading List 2016. 9. 6. 기사.

7) 중국의 COSCO, 일본의 K-LINE, 대만의 Yangming, 한국의 Hanjin, 대만의 Evergreen의 약자이다. 김인현, "한진해운 회생절차상 선박압류금지명령(stay order)의 범위 — 한국과 싱가포르를 중심으로 — ," 상사판례연구 제30 제1권, 135-136면 주석 15.

8) 담당재판부가 설명한 자세한 파탄 경위에 대하여는 심태규, 앞의 논문(주 4), 1-3면.

으로 받아들여졌다. 개시결정을 신속히 하여야 하는 다른 이유는 속히 외국법원에 대한 회생절차의 승인신청을 통하여 세계 각국에서 선박에 대한 압류 등을 예방하는 데 유리하다는 점이다.

그러나 개시결정으로 인한 낙인효과 때문에 운송, 하역 등이 제대로 이루어지지 아니하였다. 또한 개시결정이 있은 후에는 개시신청의 취하가 불가능하고 채권자들과의 협상의 여지도 없게 되므로 더 이상 신규자금 투입을 통한 워크아웃에 의한 재건은 불가능하다는 뜻으로도 인식되었다. 장차 용선계약이 관리인에 의하여 또는 합의에 기하여 해지된다는 것을 전제로, 개시결정 전에 해지되면 용선료 채권이 모두 회생채권이 되는 반면, 개시결정 후에 해지되면 개시결정일까지 발생한 용선료는 회생채권으로, 개시일로부터 해지일(또는 반선일)까지는 공익채권이 되므로 가급적 용선계약의 해지절차를 완료한 후에 개시결정을 하는 것이 경제적으로 유익하다. 견련파산절차로 전환되면 공익채권은 재단채권으로 전환되어 일반파산채권자의 배당이 어렵게 된다. 지금에 와서 돌이켜 보면 개시결정의 신청 및 개시결정 모두 급하게 이루어진 것이 아닌가 하는 아쉬움이 있다.

장차 용선계약을 체결한 선박회사가 회생절차를 신청하려면 미리 용선료 규모를 파악하여 개시신청, 계약해지, 개시결정의 적절한 시기를 따져볼 필요가 있다.

2. 서울회생법원의 ARS 제도의 도입

한진해운 사건 후 서울회생법원이 2018. 9. 21. 자율구조조정(Autonomous Restructuring Support, ARS)이라는 프로그램을 선보였다. 이 제도에 따르면 채무자(중소기업 및 대기업을 모두 포함한다)와 채권자 등 이해관계인들이 자율적 구조조정 협의의 진행을 원하는 경우 개시결정을 최장 3개월까지 보류한 다음 구조조정의 합의에 이를 경우에 회생절차 개시신청의 취하를 허용한다.[9] 그 취지는 기업에 자율적 구조조정 기회를 주고 개시결정으로 인한 낙인 효과도 방지할 수 있다는 데에 있다. 현대차 등 완성업체에 부품을 납품해온 다아나맥이 2018. 8. 27. 개시신청을 하자 법원이 같은 달 30. 보전처분 및 포괄적 금지명령을 내렸다. 그 후 법원은 2018. 9. 21. 채권자들과 채무자 사이의 구조조정에 관한 협의를 지원하기 위하여 회생절차 개시를 2018. 10. 29. 까지 보류한다는 공고를 하였다.[10]

---

9) 개인과 기업의 새출발을 위한 서울회생법원, 서울회생법원(2018), 15면.
10) 중앙일보 2018. 8. 27.자 기사 및 법률신문 2018. 10. 2.자 기사. 제49조 제1항에 의하면 "법원은 회생절차 개시의 신청일로부터 1월 이내에 회생절차 개시 여부를 결정하여야 한다."고 규정하고

3. 개시결정 시기에 대한 유연성

불과 2년 사이에 등장한 개시결정의 시기에 관한 이와 같은 정반대의 실무에 대하여 아직 실무가들이 익숙하지 않을 수 있다. 법원이 개시결정 시기에 유연성을 발휘하여 워크아웃이 실패하여 회생신청을 한 대기업에 대하여는 신속하게 구제명령을 발하여 주고, 워크아웃을 시도하고 있으나 소수 채권자들의 버티기 때문에 구조조정이 진전되지 못하는 중소기업에 대하여는 워크아웃을 독려함으로써 워크아웃과 회생절차를 연계할 수 있게 되었다.

리만브라더스가 2008. 9. 15. 미국 뉴욕남부지구 파산법원에 제11장 절차의 신청을 한 지 10년이 지났으며 외국도산잡지는 리만브라더스 사건 10주년을 돌아보는 특집호를 마련하였다.[11] 리만브라더스 사건을 담당하였던 제임스 펙(James Peck) 파산법관은 미국의 제11장이 100% 완전하지 않지만 매우 높은 수준의 성과를 달성하였다고 회고하면서 그 원인은 제11장의 유연성과 회복탄력성에 있음을 지적하였다. 한국의 회생제도도 미국 파산법 제11장 제도가 갖는 유연성과 회복탄력성을 보여주고 있다는 점에서 바람직하다. 앞으로 법원이 회생신청된 사건의 특성을 고려하여 신속한 개시결정을 바라는 사건인지 개시결정 전에 자율적인 구조조정의 기간을 달라는 것인지를 구분하여 실무를 운영할 때가 되었다.

IV. 한진해운의 파산채권조사절차

1. 파산법원의 채권조사기일 결정 경위

파산법원은 2017. 2. 17.자 파산선고결정에서 파산관재인을 선임하고, 파산채권신고기한은 2017. 5. 1.로, 채권자집회 및 채권조사기일은 2017. 6. 1.로 정하였다. 그런데 파산법원은 채권조사를 일단 마친 후 다시 2017. 6. 30. 신고기간 내에 신고된 채권 중 파산관재인이 채권조사기일에 제출한 시부인표에 기재되지 않은 파산채권과 제6조 제5항 본문에 따라 회생채권신고를 파산채권의 신고로 보는 채권으로서 같은 항 단서에 따라 조사를 하여야 하는 파산채권의 추가조사기일을 2017. 7. 20.로 결정하여 공고하였다. 기일의 명칭은 특별조사기일이 아니라 추가채권조사기일로 정하였다.[12]

있으나 동조는 훈시규정이므로 법원이 ARS 프로그램을 원하는 채무자에 대하여 1개월 후에 개시결정 여부를 결정한다고 하여 위법은 아니다.

11) Douglas Thomson, "Freefall": A GRR Lehman special. 15 September, 2018.

또한 법원은 같은 날 앞에서 본 2017. 6. 1.자 채권조사기일에서 이의된 파산채권에 관한 파산채권 조사확정재판 신청기간을 2017. 8. 21.까지로 연장하는 결정을 하였다. 파산채권 조사확정재판의 기산일을 통일시키기 위한 것이다. 법원인 선보인 추가채권조사기일 제도는 채무자회생법이 예정한 것은 아니지만 실질적으로는 일반채권조사기일의 속행의 역할을 하고 있다.

2. 파산채권 조사확정제도의 의미

제312조에 의하면 법원은 파산선고와 동시에 파산관재인을 선임하여야 하고, 파산선고일로부터 2주 이상 3월 이하의 기간 내에 파산채권신고기간을 정하여야 한다. 또한 채권자집회기일을 파산선고일로부터 4월 이내에 정하도록 규정하고 있다. 주문에서 정한 채권조사기일은 일반채권조사기일을 의미한다. 그리고 채권조사 특별기일은 일반채권조사기일이 종료된 이후에 신고된 파산채권을 조사하기 위한 기일을 말한다.

파산채권조사기일이라 함은 파산관재인 및 파산채권자등의 이해관계인이 신고된 채권에 대한 인부 및 이의 등의 행위를 하는 기일을 말한다. 파산관재인이 기일에 출석하지 아니하면 채권조사를 할 수 없다(제452조). 신고된 채권에 관하여 파산관재인 및 파산채권자의 이의가 없으면 채권액과 우선권 및 후순위파산채권의 구분에 대한 사항이 확정된다. 따라서 만일 신고된 채권에 대하여 파산관재인 등으로부터 적극적으로 이의가 제기되지 아니한 채 채권조사절차가 종료되면 당해 채권은 확정된 파산채권으로 파산채권자표에 기재되고(제459조) 확정판결과 동일한 효력이 부여된다(제460조). 그러므로 만일 신고된 파산채권이 다수라서 법원이 정한 채권조사기일까지 인부를 하는 것이 어렵다면 채권조사기일을 속행하여야 한다.[13]

3. 견련파산절차에서 파산채권조사에 관한 규정

견련파산절차에서는 회생절차를 파산절차로 전환하는 것을 허용하면서 절차의 신속성과 경제성을 고려하여 몇 가지 규정을 두고 있다. 그중에서 제6조 제5항은 회생계획안 인가결정 전에 아직 파산선고를 받지 아니한 채무자에 대하여 파산선고가 있는 경우에는 회생채권의 신고, 이의, 조사 또는 확정은 파산절차에서 행하여진 파산채

---

12) 파산관재인은 추가조사기일에 총 4천 건이 넘는 채권에 대한 조사결과(시부인표)를 제출하였다.
13) 대전지방법원 2017하합1호 파산채무자 디아디 사건에서 법원은 제1회 채권자집회와 채권조사기일을 병합하여 개최한다고 선언하였으나 실제로는 채권자집회만 마치고 파산관재인이 작성한 시부인표의 내용이 일부 미흡하다는 사유로 채권조사기일을 2주일 후로 속행하였다.

권의 신고, 이의와 조사 또는 확정으로 보되, 이자 없는 기한부채권(제134조), 정기금채권(제135조), 이자 없는 불확정기한채권(제136조), 비금전채권(제137조), 조건부채권과 장래의 청구권(제138조)의 채권에 대한 이의, 조사 및 확정에 관하여는 그러하지 아니하다고 규정하고 있다. 따라서 회생절차에서 신고되고 조사·확정된 韓貨債權은 별도로 신고, 조사, 확정절차를 거칠 필요 없이 회생절차의 회생채권자표에 기재된 대로 파산채권자표에 기재된다.

그런데 外貨債權은 제137조의 비금전채권에 포함된다.[14] 따라서 外貨債權者가 회생절차에서 外貨債權을 신고하고 조사확정절차를 거쳤다면 外貨債權을 다시 신고할 필요는 없지만, 파산관재인에게 새로이 이의할 권한을 부여하고 있다(제6조 제5항).[15] 따라서 파산관재인이 外貨債權을 보유한 파산채권자의 外貨債權에 대하여 새로이 검토하여 이의를 제기하는 것은 적법한 것이고 이에 대하여 外貨債權者는 조사기일로부터 1개월 이내에 채권조사확정재판의 신청을 서울회생법원에 제출하여야 한다. 그러나 과연 이미 인가 전 회생절차에서 시인되어 확정된 外貨債權에 관하여 환율에 따른 금액 차이 외에 채권의 존부와 범위에 대하여 다시 이의할 수 있도록 허용하는 것이 타당한지는 의문이다(뒤에서 설명하겠다).

4. 견련파산절차에서 파산채권조사에 관한 일본의 규정

일본의 회사갱생법은 견련파산절차에서 채권조사를 생략할 수 있는 내용을 신설하였다(회사갱생법 제255조). 법원은 주식회사에 대한 회사갱생 계획안 인가 전의 폐지결정 확정 후에 파산선고[16]를 하는 경우, 종료한 회사갱생절차에서 신고가 있었던 갱생채권의 내용, 원인 및 의결권의 액수, 이의 있는 갱생채권의 수, 계획에 의한 권리변경의 유무 및 내용 기타 사정을 고려하여 상당하다고 인정하는 때에는 법원이 파산선고와 동시에 파산채권으로서 당해 갱생절차에서 갱생채권으로 신고가 있었던 채권(조세채권, 벌금 등 제외)을 갖는 파산채권자는 당해 파산채권의 신고를 요하지 아니한다는

---

14) 제137조 (비금전채권 등) 채권의 목적이 금전이 아니거나 그 액이 불확정한 때와 외국의 통화로서 정하여진 때에는 회생절차가 개시된 때의 평가금액으로 한다.

15) 서울中央地方法院 破産部實務研究會, 回生事件實務(下) 제4판, 博英社(2014), 290면은 법조문(제6조 제5항 단서)과 달리 外貨債權者가 파산채권 신고를 다시 하여야 하는 것으로 기재하고 있으나 이는 오기로 보인다. 서울中央地方法院 破産部實務研究會, 法人破産實務 제4판, 博英社(2014), 529면은 신고를 언급하지 않고, 법조문 그대로 조사·이의 및 확정절차를 새로이 하도록 규정하고 있다고 기술하고 있기 때문이다.

16) 일본의 개정 파산법은 파산선고라는 용어 대신에 파산절차개시결정으로 변경하였으나 이 글에서는 채무자회생법의 용어인 파산선고라고 표기한다.

결정을 할 수 있다는 조항을 신설하였다.[17] 법원은 이러한 내용을 공고하고 알고 있는
채권자에게 통지하도록 규정하였다. 이 규정의 혜택을 받는 파산채권자는 파산채권신
고기간의 초일에 파산채권의 신고를 한 것으로 간주된다(회사갱생법 제255조 제3항, 민사
재생법 제253조 제3항). 만일 파산채권자가 이 규정에도 불구하고 파산절차에서 파산채
권신고를 하였다면 간주규정은 적용되지 않고 파산채권자의 신고만 유효하게 취급된
다(회사갱생법 제255조 제6항 및 민사재생법 제253조 제6항).

그러나 동 제도에 평가는 비관적이다. 즉 갱생절차개시 후에 발생한 채권이 후순
위 파산채권으로 간주되는 것을 우려한 채권자들이 민사재생절차로부터 파산절차까지
상당한 시일이 걸리는 사건에서 새로이 파산채권신고를 하기 때문이다. 東京地方裁判
所의 실무는 간주규정 제도를 거의 이용하고 있지 않다고 한다.[18]

5. 파산채권조사기일의 실무와 개선책

(1) 이시폐지 사건과 파산채권조사

현재로서는 한진해운에 대한 파산절차가 파산종결이 될지 이시폐지가 될지 명백
하지 아니하다. 만일 한진해운이 모든 재단채권액을 변제하게 되면 파산채권자에 대한
배당절차를 거쳐서 파산종결절차의 길로 갈 것이고 재단채권액을 변제하기에 부족하
게 되면 이시폐지의 길로 가게 될 것이다.

파산재단에 속하는 재산으로서 파산절차의 비용을 충당하기에 부족하다고 판단
되는 이시폐지 사건의 경우라면 파산채권신고기한 및 채권조사기일을 추정하여 두었
다가 이시폐지를 하고, 파산채권조사절차를 생략하는 방안이 이미 과거 서울중앙지방
법원 파산부 시절과 서울회생법원에서도 인정되고 있다.[19] 그 이유는 파산채권자에게
배당할 가능성이 없음에도 불구하고 파산채권자로 하여금 채권신고를 하도록 하는 것
이 무용한 시간과 비용을 들이게 하고 궁극적으로 파산절차에 대한 일반인의 신뢰감
을 떨어뜨리는 것이기 때문이다.

일본의 실무도 오래전부터 이시폐지할 상당한 사유가 있는 사안에서 채권조사를
유보한 채로 재산상황보고집회에 이어서 폐지에 관한 의견청취집회를 개최한 후 이시

---

17) 같은 취지의 규정이 민사재생법 제253조 제1항에 규정되었다.
18) 동 제도 도입 이후 2005년 골프장 파산사건에서 1건이 이용되었을 뿐이라고 한다. 東京地裁破産
    再生實務研究會, 破産·民事再生の實務(下) 新版, 金融財政事情研究會(2008), 327면.
19) 원운재, "법인파산절차," 제4기 도산법연수원 I, 서울지방변호사회(2018), 334면. 개인파산사건의
    경우도 같다(서울中央地方法院 破産部實務研究會, 個人破産·回生事件實務, 제4판, 博英社(2014),
    164면.

폐지결정을 하고 있다.20)

(2) 파산채권조사기일의 속행 가능 여부

회생절차는 일반채권조사기일을 열지 않고 채권조사기간 제도를 두고 있다. 추완신고를 위한 특별조사기일만 인정하고 있다.21) 귀책사유 없이 채권조사기간 내에 신고하지 못한 채권자들을 위한 추완신고를 마련하고 있으며 추완신고한 채권자를 위한 특별조사기일은 회생절차에서는 제2회 관계인집회와 동시에 진행함으로써 원칙적으로 1회 특별조사기일을 열고 있다. 다만 극히 예외적으로 회생계획안이 인가된 이후에도 특별조사기일을 실시할 수 있다는 대법원의 미공간 결정22)이 있을 뿐이다.

이에 반하여 파산절차에서 한국의 실무는 대부분 파산절차의 일반채권조사기일을 1회로 지정하여 운영하고 있다. 또한 최후배당의 제외기간 전까지 중간배당을 여러 번 실시하는 경우에는 중간배당 전에 특별조사기일을 실시하고 있다. 파산사건이나 회생사건이 대형화하거나 골프장 리조트와 같이 회원들의 숫자가 많은 경우에는 신고한 채권자의 숫자가 1,000명을 넘게 되는 경우가 있다.23) 파산관재인이 1,000명이 넘는 파산채권자가 신고한 내용을 단기간 내에 파악하여 1회의 채권조사기일에서 시부인을 완료하는 것은 현실적으로 어렵다. 이러한 경우에 파산채권조사기일을 속행하는 방안을 강구할 필요가 있다.24)

일본의 경우는 과거부터 파산/회사갱생사건에서 채권조사기일을 수 회에 걸쳐 개최하고 있다.25) 일반조사기일을 변경, 연기, 속행이 가능함을 전제로 기일변경 등을 당사자에게 고지 또는 송달하는 방법에 관하여 규정하고 있다.26) 채권조사기일의 진행은 민사소송법이 정한 바에 따라 속행할 수 있다. 조사기일이 1회에 종료하지 아니

20) 東京地裁破産再生實務研究會, 破産·民事再生の實務(中) 新版, 金融財政事情研究會(2008), 147면.
21) 일본은 회사갱생 및 파산절차 모두 원칙으로 조사기간 제도를 두고 있고 다만 법원이 필요하다고 인정하는 때에만 채권조사기일(특별조사기일 포함)을 열 수 있다. 일본 회사갱생법 제147조, 제148조, 파산법 제116조 참조.
22) 대법원 2012. 2. 13.자 2011그256 결정(미공간).
23) 리솜리조트의 경우 회원의 숫자가 1,000명이 넘었으며 대전지방법원은 2018. 8. 31. 제2, 3회 관계인집회를 법정이 아닌 충남대학교의 건물에서 개최하였다.
24) 제456조(특별기일의 공고 및 송달)에 의하면, 채권조사의 특별기일을 정하는 결정은 이를 공고하여야 하며 파산관재인·채무자 및 신고한 파산채권자에게 송달하여야 한다."고 규정하고, 제457조(채권조사기일의 변경 등)는 "제456조의 규정은 채권조사기일의 변경과 채권조사의 연기 및 속행에 관하여 준용한다. 다만, 선고가 있는 때에는 공고 및 송달을 하지 아니하여도 된다."고 규정하고 있다. 이에 의하면 채권조사기일 및 특별기일의 연기, 속행이 가능하다.
25) 富山地方高岡支部 昭和 36. 12. 26. 판결에 나타난 更生會社 다카오카제지(高岡製紙) 사건에서 법원은 1956. 8. 30.부터 1956. 11. 16.까지 총 4회의 채권조사기일을 개최하였다. 最高裁判所事務總局, 會社更生事件裁判例集 (1966), 274-283면.
26) 일본 파산법 제121조.

하고 그 후에 몇 회에 걸쳐 속행되었다고 하더라도 전 기일에서 이의 없이 확정된 채권에 대하여는 속행 기일에서 새로이 이의를 제기할 수 없다. 왜냐하면 모든 신고채권이 채권조사기일이 종료될 때까지 확정되지 않았으므로 채권조사가 종료될 때까지 시간 제한 없이 이의를 제기하는 것이 허용된다는 법적인 근거가 없고 각 조사기일에서 이의 없는 것으로 조사된 채권에 대하여는 이후 확정된 것으로 취급하는 것이 절차의 안전성에 부합하기 때문이다.[27]

V. 견련파산절차에서 파산채권조사절차의 개선

1. 外貨債權의 신고

한진해운의 외국채권자는 파산채권이건 재단채권이건 외화표시채권을 보유하고 있다. 회생절차에서는 外貨債權을 외화로 신고할 수 있고 다만 의결권액을 신고하기 위하여 외화를 한화로 계산하여 의결권액으로 신고하고 있다. 다만 의결권액은 조사대상이지만 의결권액을 신고하지 아니하였다고 하여 실권의 불이익을 입지 아니한다. 파산절차에서는 外貨債權을 한화로 환산하여 신고하도록 되어 있다. 外貨債權은 파산선고 전일 외국환대고객매매기준율을 기준으로 하여 산정하고 있다.[28] 파산절차에서 채권자가 外貨債權을 한환로 환산하지 아니한 채 외화로 신고하였다고 하여 이를 부적법하다고 하여 보정을 명할 수도 있지만 파산관재인이 스스로 평가하여 금액을 채권자표에 기재하거나 파산채권자가 신고사항을 나중에 변경하여 정정신고하도록 하는 것이 바람직하다.[29]

그런데 회생채권 중 장래의 채권, 조건부 채권 및 외국통화로 표시된 채권에 대하여는 별도로 채권조사·이의 및 확정절차를 두고 있다. 이는 파산절차에서는 채권의 현재화와 내국통화를 기준으로 한 배당을 염두에 둔 것이다. 그러나 외화표시채권에 대하여는 굳이 파산절차에서 다시 채권조사를 할 필요가 있는지 의문이 있다. 일단 회생절차에서 금전채권으로 신고된 것이고 다만 원화의 환산시기가 달라졌을 뿐이다. 그런데 원화의 환산은 파산관재인이 일률적으로 환산하여 파산채권자표에 표시할 수 있고 실제로 배당절차에 이르기까지는 상당한 시간이 소요되므로 파산관재인에게 환산

---

27) 다카오카제지 사건의 판결 이유, 最高裁判所事務總局, 앞의 책(주 25), 282면.
28) 서울중앙지방법원 파산부실무연구회, 法人破産實務 제4판, 274면. 매입률과 매도율 외에 별도로 매매기준율이 있다.
29) 일본의 東京地裁의 실무이기도 하다. 東京地裁破産實務研究會, 破産管財の手引, 金融財政事情研究會(2011), 265면.

의무를 명한다고 하여 시간적으로 커다란 부담이 된다고 보기 어렵다.[30) 견련파산절차에서는 선행하는 회생절차에서 신고한 외화회생채권에 대하여도 신고한 것으로 간주되므로 외화파산채권의 환율은 파산선고시가 아니라 회생절차 개시결정시를 기준으로 하는 것이 타당하다.

만일 파산관재인에게 부담이 된다면 적어도 파산채권은 신고한 것으로 간주하고 배당일전 어느 시점까지 채권자가 채권액을 원화로 환산하여 정정하도록 하면 족하다. 그러므로 회생절차에서 회생채권으로 신고된 外貨債權에 대하여 파산절차에서 별도로 환율차이를 반영하기 위하여 별도의 파산채권조사절차를 마치는 것은 지나치게 절차를 무겁게 하는 것일 뿐 아니라 당사자들에게도 부담이 된다. 또한 이미 회생채권자표에 기재된 外貨債權의 내용에 대하여 이제 와서 파산관재인이 그 채권의 존재를 부정하거나 채권의 범위를 다투게 하고 그에 대하여 채권자가 1개월 이내에 조사확정재판을 제기하지 아니하면 배당에 참가하지 못하게 하는 절차는 타당하지 않다. 마치 미신고된 채권처럼 배당에서 제외하는 불이익을 주는 것은 지나치게 법원과 파산관재인 위주의 절차이므로 앞으로 개선되어야 한다. 이 점은 외화채권뿐 아니라 제134조 이하 제138조의 채권에 대하여도 이의가 필요한 부분(예컨대, 채권의 평가금액, 조건의 성취 여부 등)에 한하여 이의할 수 있도록 개선하는 것이 바람직하다.

이상의 설명은 한진해운의 사건처럼 인가 전에 견련파산절차로 전환된 경우에 적용되며 만일 계획안 인가 후 직권으로 파산선고된 견련파산의 경우에는 적용되지 아니한다. 왜냐하면 제6조 제5항이 인가 전 폐지결정 후 파산선고가 있는 경우에 관한 조항임이 법문상 명백하기 때문이다. 따라서 인가 후에는 회생채권의 내용이 실체법적으로 변경되었을 뿐 아니라 인가 후 변제를 받게 되면 채권액수가 달라지게 되므로 外貨債權 뿐 아니라 원화로 표시된 채권에 대하여도 파산선고시를 기준으로 파산채권을 다시 신고하여야 한다.

2. 회생채권조사확정재판의 수계 여부

회생채권조사확정 소송 도중에 회생계획안 인가 후 회생절차가 폐지 또는 종결되었더라도 소송이 당연히 종료되거나, 소의 이익이 없어진다고 볼 수 없다. 왜냐하면 면책의 효력과 권리변동의 효력이 인정되므로 여전히 권리확정의 필요성이 인정되기 때문이다.[31)

---

30) 한진해운의 파산관재인은 파산선고전일 매매기준율의 기준으로 파산채권을 재조사하였다(파산관재인 제2회 채권조사기일 파산채권 시부인표, 1면).

그에 반하여 회생절차가 인가 전 폐지가 되었다면 회생채권조사확정재판은 유지할 필요가 없으므로 자동적으로 종료되어야 한다. 만일 당사자가 기일지정신청을 한 경우에 주문을 소송종료선언을 하여야 하는지 아니면 소의 이익이 없다고 각하하여야 하는지 논란이 있을 수 있다. 확립된 판례가 부인권 소송 도중 회사정리절차가 종료된 경우에 이를 간과하고 본안에 대하여 판단을 한 원심판결을 취소하고 소송종료선언을 한 점에 비추어보면,[32] 인가 전 폐지로 인하여 회생채권조사확정재판에 대하여도 소송종료선언을 하는 것이 타당하다.

일본은 계속 중인 민사재생 및 회사갱생절차에서 갱생채권 등에 관한 가액결정 및 채권사정신청의 절차는 계획인가결정 전에 민사재생/회사갱생절차가 종료하거나, 인가결정 확정 후 절차가 종료하였다가 견련파산절차가 개시되면 채권사정재판은 종료하는 것으로 규정하였다.[33] 그 이유는 사정절차는 간이신속한 심리절차인 결정절차에 의한 방식이고, 기존절차의 재판자료를 파산절차로 이행한 후 재이용할 필요성이 적다고 보았기 때문이다. 그리하여 견련파산절차에서 새로이 파산채권조사절차를 거치는 방식을 채택하였다.[34]

현재 서울회생법원의 실무는 아래와 같다. ① 韓貨로 회생채권을 신고하였으나 이의가 제기되어 회생채권조사확정재판을 신청한 경우에는 파산관재인이 수계하여 파산채권조사확정재판으로 청구취지를 변경하여 처리한다.[35] ② 韓貨로 회생채권을 신고하여 현재 회생채권조사확정 이의의 소가 계속 중인 사건에 대하여는 파산관재인을 상대로 수계절차가 이루어진다. ③ 外貨로 회생채권을 신고하였으나 이의가 제기되어 회생채권조사확정재판을 신청한 경우에는 제6조 제5항에 따라 파산관재인이 새로이 이의하고 그에 대하여 조사 확정절차를 거쳐야 하므로 일단 종전 회생채권조사확정재판은 회생절차의 폐지를 이유로 종료한다.[36] ④ 外貨로 회생채권을 신고하였으나 이

---

31) 대법원 2007. 10. 11. 선고 2006다57438 판결(공 2007, 1745).

32) 대법원 2007. 2. 22. 선고 2006다20429 판결(미간행); 대법원 2006. 10. 12. 선고 2005다59307 판결(공 2006, 1884); 대법원 1995. 10. 13. 선고 95다30253 판결(공 1995, 3775); 대법원 2004. 7. 22. 선고 2002다46058 판결(미간행) 등.

33) 회사갱생법 제256조 제5항 및 민사재생법 제254조 제5항.

34) 伊藤眞, 會社更生法, 有斐閣(2012), 747면 및 全國倒産處理辯護士ネットワーク編, 論点解說, 新破産法(下), 金融財政事情研究會(2004), 219면.

35) 서울중앙지방법원 파산부실무연구회, 法人破産實務 제4판, 532면. 한진해운 사건에서는 아직 파산채권조사확정재판을 할 때가 아니므로 종전 회생채권조사확정 사건번호 2016회확1107호로서 계류 중인 것으로 표시되어 있다.

36) 2017회확100185 사건은 종국결과 란에 "2017. 2. 2. 기타"로 표시되어 종국처리되었다. 2017. 2. 2.은 회생절차폐지결정일이다.

의 없이 확정되었더라도 파산절차에서 제6조 제5항에 따라 파산관재인이 이의를 제기하면 채권자는 파산채권조사확정재판을 신청하여야 한다.

생각건대 서울회생법원의 실무는 해석론에 기한 것인데 견련파산절차에서 파산채권조사확정절차를 복잡하게 만든다. 또한 파산절차에서는 別除權에 대한 조사확정제도가 없음에도 회생담보권에 대한 조사확정재판이 파산채권조사확정재판으로 수계되는지도 불분명하다.

VI. 연료유대금 채권을 둘러싼 상계

1. 상계금지 사유

채무자회생법의 상계관련 조항(제422조)은 기본적으로 파산채권자가 파산재단에 대하여 갖는 파산채권을 자동채권으로 주장하는 상계에 관한 것이다. 즉 재단채권자가 파산재단에 대하여[37] 또는 반대로 파산관재인이 파산채권자를 상대로 하는 상계에는 위 규정이 적용되지 아니한다. 민법의 상계금지의 요건 외에 파산절차에서의 상계금지 요건이 추가되고, 회생절차에서는 상계권행사의 시기적 제한이 있고, 영국법이 준거법인 경우에는 영국의 상계제도를 이해하여야 하는 등 실무상 파산절차에서 상계법리를 이해하는 것이 매우 중요하다. 즉 채권자가 만일 상계권을 행사할 수만 있다면 100%의 담보가치 있는 담보권을 행사하는 것과 같아 담보권자보다도 더 유리한 지위에 서기 때문이다.

한진해운이 파산함에 따라 선주는 회생절차 개시결정 후 반선시까지 용선자가 선박을 사용한 것을 이유로 재단채권인 용선료채권[38]을 갖게 되고 관리인의 용선계약

---

37) 대법원 2016. 5. 24. 선고 2015다78093 판결(미간행)은 공익채권자가 채무자에 대한 회생절차의 진행 중에 자신의 채권을 자동채권으로 하여 채무자의 재산인 채권을 수동채권으로 삼아 상계한 것에 파산채권자의 상계금지사유를 규정한 채무자회생법 제422조 제2호가 적용될 수 없다고 판시하였다. 서울중앙지방법원 2018. 1. 24. 선고 2017가합521596 판결(미항소 확정)은 복합운송주선업자인 원고가 회생회사 한진해운을 대신하여 하역비, 운송비를 대신 지급함으로써 취득한 채권은 부당이득채권으로써 제179조 제1항 제6호의 공익채권에 해당하고 이에 기한 상계에 대하여는 운임에 대한 상계금지 특약이 적용되지 아니한다고 판시하였다.

38) 용선계약이 해지되었다고 가정하면, 실무상 개시결정 전에 발생한 용선료채권은 회생채권, 개시결정 후 해지시(반선시 포함)까지 발생한 용선료채권은 공익채권(재단채권)으로 구분된다. 공익채권의 근거에 대하여 서울중앙지방법원 2018. 7. 4. 선고 2017가합521022 판결(코모도베이 사건), 서울고등법원 2019. 2. 13. 선고 2018나2044464 판결 항소기각, 대법원 2019. 12. 27. 선고 2019다218462 판결 상고기각 및 서울남부지방법원 2018. 10. 12. 선고 2017가합102526 판결(셀컨테이너 사건), 서울고등법원 2019. 2. 13. 선고 2018나2062585 판결 및 상고심인 대법원 2019. 12. 27. 선고 2019다218479 판결 상고기각은 제179조 제1항 제2호의 업무에 관한 비용청구권으

해지로 인하여 장래에 얻을 수 있는 용선료 상당의 일실이익의 손해배상청구권을 파산채권으로 갖게 된다. 이에 반하여 한진해운은 용선자로서 연료유대금채권[39]을 주장하는 것이 보통이다. 한진해운의 파산관재인은 연료유대금채권을 자동채권으로, 재단채권인 용선료채권을 수동채권으로 삼아 상계하려고 하고, 선주는 파산채권을 자동채권으로 연료유대금채권을 수동채권으로 상계하려고 한다. 또는 채무불이행으로 인한 손해배상액을 산정함에 있어 손익상계를 주장한다.

파산절차와 비교하여 회생절차에서는 관리인이 상계를 함에 있어서 상계의 시기적 제한이 없지만 회생채권자가 상계를 함에 있어서는 상계금지의 법리와 상계권행사의 시기적 제한이 있어 회생채권자가 상계를 하는 경우가 관리인이 상계를 하는 경우보다 불리하다.[40]

그러나 견련파산절차로 전환되는 경우에는 상계의 시기적 제한이 철폐되므로 회생절차에서 상계의 의사표시를 하지 않고 회생채권신고기한이 경과된 경우라도 파산채권자는 회생채권이었던 파산채권을 파산선고 후에 자동채권으로 삼아 상계할 수 있다.[41]

로 보았다.

39) 계약서에는 보통 아래와 같은 조항이 있다. "용선자는 인도시, 선주는 반선시에, 이 사건 선박에 남아있는 모든 선박 연료 등 벙커(예상 수량)를 인수하고 그에 대한 비용을 지급한다. 인도시 및 반선시 선박 벙커유의 양은 가장 근접한 주된 급유항에 도착할 수 있을 만큼 충분히 동일한 분량이어야 한다. 인도시 선박 연료 벙커유의 가격은 선주의 청구 가격으로 하고, 반선시 선박 연료 벙커유 가격은 플래츠 벙커 와이어(Platt's Oilgram Bunkerwire)의 지수, 즉 선박이 반선될 항구 및 반선일 기준 가격에 따른다."(서울중앙지방법원 2018. 7. 13. 선고 2017가합560423 판결 참조).

40) 서울중앙지방법원 2018. 7. 4. 선고 2017가합521022 판결(루크레티아 사건)에서 선박소유자(채권자)는 회생채권(미지급용선료, 손해배상채권 등)을 자동채권으로 상계함에 있어서 회생채권신고기간 후에 상계의사 표시를 하는 바람에 파산관재인의 상계가 앞서게 되어 채권자의 주장은 배척되고 파산관재인의 상계 주장이 인용되었다. 이 판결도 코모도베이 판결과 같이 한진해운이 유류공급업자에게 연료유대금을 지급하지 않았다고 하더라도 선박소유자에게 용선계약 제3조에 따른 권리를 행사할 수 있다고 판시하였으나 이 부분은 코모도베이 사건과 같이 상급심에서 배척되었다. 서울고등법원 2019. 2. 13. 선고 2018나2044068 판결(루크레티아 사건)은 가정적 판단으로서 설령 정기용선자가 연료유대금채권을 갖고 있더라도 견련파산절차에서 상계의 유효성은 파산절차에 관한 제416조 이하의 규정에 따라 판단되어야 하므로 "위 상계통지가 회생채권 신고기간 이후에 도달하였다 하더라도 파산 절차에서 유효한 상계통지로 볼 수 있다."고 판시하였다. 그러나 대법원 2019. 12. 27. 선고 2019다218486 판결(루크레티아 사건)은 이는 가정적 판단에 불과하다고 하여 견련파산절차에서 상계의 시기적 제한의 유무에 대하여는 더 이상 판단하지 아니하였다.

41) 대법원 2003. 1. 24. 선고 2002다34253 판결(공보불게재). 정리채권자가 정리채권을 신고하면서 상계를 할 수 있음에도 상계 의사표시를 하지 아니한 채 계획안이 인가되었으며, 계획안에서 정리채권 전액에 대하여 4년에 걸쳐 분할하기로 정하였다. 변제기 도과 후에 정리절차 폐지로 파산선고가 된 이후에 파산채권자가 비로소 상계권을 행사한 사례이다.

만일 이 때 양 채권의 견련성에 着目하여 공제의 법리가 적용된다면 상계제한의 법리가 적용되지 아니하므로 채권자에게 유리하다.42) 결국 채권자로서는, 채무자회생법상 상계가 금지되지 않는 때에는, 관리인 또는 파산관재인보다 먼저 회생채권(손해배상채권)을 자동채권으로 삼아 연료유대금 채무와 상계하는 것이 상책이다. 결국 누가 먼저 상계의 의사표시와 변제충당을 하느냐에 따라 결론이 달라지게 된다.43)

또한 파산관재인이 연료유대금채권을 자동채권으로 주장하려면 유류공급업자에게 연료유대금을 지급하여야 가능한 것인지 아니면 대금을 실제로 지급하지 않더라도 배에 연료가 남아 있는 상태에서 반선하면 가능한 것인지에 관하여 논란이 있다.44) 근본적으로 연료유대금채권이라는 반대채권이 영국법상 존재하는지에 대한 검토가 선행

---

42) 최준규, "상계계약의 대외적 효력," 법조(2014. 3), 75면 주 49에 의하면 판례는 다음 3가지 경우에 공제 법리를 인정한다. 임대차보증금에서 밀린 차임을 공제하거나(대법원 2012. 9. 27. 선고 2012다49490 판결), 보험계약자가 기납부한 보험료 환급금에서 보험회사로부터 빌린 차용금을 공제하거나(대법원 2007. 9. 28. 선고 2005다15598 전원합의체 판결), 기성공사대금에서 선급금을 공제하는(대법원 2004. 11. 26. 선고 2002다68362 판결) 법리이다. 서울중앙지방법원 2017가합521022 판결은 대한민국법에 의한 공제의 법리 또는 영국의 형평법상의 상계에 따라 연료유대금 채무액이 파산채권인 용선료채권액에서 공제 또는 상계되어야 한다는 채권자(선주)의 주장을 배척하였다. 항소심도 같은 입장을 견지하였다(서울고등법원 2018나2044068 판결, 루크레티아 사건).

43) 서울남부지방법원 2017가합102526 판결(코모도베이 사건)은 한진해운이 연료유대금을 유류공급업자에게 지급하지 않았다고 하더라도 부속계약에 따른 권리를 행사할 수 있다고 판시하였다. 이러한 설시는 상급심에서 배척되었다. 서울고등법원 2018나204464 판결(코모도베이 사건)은 선주의 잔존 연료유 인수의무는 용선계약이 중도 해지되는 경우에는 적용되지 않는 것이므로 한진해운이 용선계약을 해지한 경우에는 원고들에게 연료유대금채권을 청구할 수 없다고 판시함으로써 피고의 자동채권을 인정하지 아니하였다. 대법원 2019다218462 판결(코모도베이 사건) 및 대법원 2019다218479 판결은 정기용선계약에서 반선(redelivery)라 함은 정기용선계약에서 정한 조건에 따라 이루어지는 것으로서 중도해지 등으로 선박을 돌려주는 경우는 포함되지 아니한다고 판시하였다. 나아가 영국 판례에 의하면 정기용선자가 잔존연료유에 대한 소유권을 가진 경우에 한하여 선박소유자에게 그 권리가 이전될 수 있으므로 선박소유자가 잔존연료유에 대한 소유권을 가지지 못한 정기용선자로부터 선박을 인도받았다고 하더라도 그로써 잔존연료유의 소유권을 이전받았다고 볼 수 없다는 이유로 잔존연료유 대금채권이 존재한다는 관재인의 주장을 배척하였다. 한편 민법 제499조에 의하면 상계의 경우에도 지정변제충당, 법정변제충당에 관한 민법 제476조 내지 제479조가 준용된다[(대법원 2015. 6. 11. 선고 2012다10386 판결(공 2015, 947)].

44) 서울남부지방법원 2017가합102526 판결은 한진해운이 연료유대금을 유류공급업자에게 지급하지 않았다고 하더라도 부속계약에 따른 권리를 행사할 수 있다고 판시하였다. 그러나 대금을 지급하지 않고도 연료유의 소유권을 주장할 수 있다는 것이 부당하고 이는 영국법이나 계약서에 근거한 것이 아니라 정산의 편의를 위해 규정한 이 사건 각 계약의 부속서 제33조의 취지가 沒却된다는 점을 근거로 한 독자적인 판단에 불과하다. 다음에서 보는 일본의 사례에서도 용선자가 연료유대금을 납부한 것을 전제로 법리를 설시하고 있다는 점에서 양국 판결의 법리 설시에 차이가 있다. 항소심(서울고등법원 2018나2044464 판결)은 한진해운이 유류대금을 지급하지 아니한 이상 연료유의 소유권을 이전받지 못하였다는 이유로 관재인의 주장을 배척하였고 이 판단은 대법원에서 유지되었다(주 43 참조).

되었어야 한다. 한진해운의 사건에서 하급심은 대금 지급 유무를 검토하지 않고 조기
반선의 경우에도 용선자에게 연료유대금채권이 존재한다고 판시하였다. 대법원은 정
기용선계약에서 반선(redelivery)이라 함은 계약의 조건에 따라 배를 돌려주는 경우를
의미하고 정기용선계약의 중도해지 등으로 인하여 선박을 돌려주는 경우는 포함되지
아니한다고 판시하였다. 따라서 정기용선자는 이 경우 잔존연료유 대금채권을 갖지 아
니하므로 상계를 행사할 수 없게 되었다.45) 대금지급의 유무에 대하여는 판단을 받지
못한 셈이다.

　　이와 같은 쟁점에 대하여 일본의 하급심에서 민사재생절차의 채무자인 정기용선
자가 구입한 연료유에 대하여 정기용선계약이 미이행雙무계약의 법리에 기하여 중도
해제의 경우에 소유자가 부당이득을 얻고 있으므로 소유자에 대하여 갖는 부당이득반
환청구권과 해상관습에 의하여 연료유대금에 대한 매매합의가 있음을 근거로 매매대
금청구권을 상계의 자동채권으로 주장하였다.46) 법원은 영국법을 준거법으로 하는 용
선계약에서 부당이득반환청구권 역시 용선계약의 해제로부터 발생하는 것이므로 영국
법에 의하여야 하는데 영국법상 부당이득반환청구권의 범위가 일본법보다 좁다는 점
을 근거로 부당이득반환청구권의 성립을 배척하고,47) 영국의 스판 테르자 판결(The
Span Terza, [1984] 1 Lloyd's Rep. 119)48) 등을 검토한 후 적어도 민사재생법에 의한 미
이행 쌍무계약에 기한 해제의 경우에는 그러한 관습이 존재한다고 볼 수 없다고 판시
하였다. 결국 대법원이나 일본 하급심 일치하여 용선계약이 중도해지되어 반선되는 경
우 연료유대금에 관한 매수합의가 존재하지 아니한다고 판시하였다. 정기용선자는 연
료유대금채권을 자동채권으로 공익채권인 용선료채권과 상계할 수 없고 다만 영국법
의 순손실 접근이론(net loss approach)에 의하여 재생채권인 반선시 이후에 발생하는
손해배상청구권의 손해배상의 범위(일실이익)를 산정함에 있어 손익상계로 고려된

---

45) 대법원 2019. 12. 27. 선고 2019다218486 판결; 대법원 2019. 12. 27. 선고 2019다218462 판결;
　　대법원 2019. 12. 27. 선고 2019다218479 판결.
46) 東京高裁 平31. 1. 16.平成30年(ネ)第3037号. 이 판결의 전문 및 해설에 대하여는 금융법무사정
　　No.2122 (2019. 9.25), 66~84면.
47) 영국법에서는 법적기초인 차입, 증여, 화해 등이 없이 지불된 금전을 보유하는 것은 부당이득이
　　된다고 하는 일반원칙은 존재하지 않으며 금전이 지불된 상황이 법이 보유자에 의한 보유가 정
　　당하지 않다고 인식하는 범주에 들어 있음을 청구권자가 적극적인 이유를 들어 증명하지 아니하
　　면 안된다고 하고 한다(Deutsche Morgan Grenfell Plc v IRC [2006] UKHL 49).
48) 이 판결은 앞에서 본 3건의 사건(코모도베이, 셀컨테이너, 루크레티아)에서도 자료로 제출된 바
　　있다. 제1심은 정기용선자에게 유리한 판결로 해석하였고, 서울고등법원과 일본의 하급심은 용
　　선계약이 중도해지된 경우에는 선주에게 잔존연료유 인수의무가 없다고 선주에게 유리한 판결로
　　해석하였다.

다.[49] 이러한 점에서 정기용선자에게 불리하다.

　　한국의 판례를 일본의 하급심과 비교하니 용선자가 부당이득을 이유로 연료유청구권을 주장한다고 할 때 준거법이 영국법이거나 일본법인 경우에도 부당이득이 성립하는지 여부와 용선자가 연료유업자에게 연료유대금을 완불하였는지, 만일 상계가 부정된다면 어떠한 방식으로 정산이 되어야 하는지에 대한 부분에 대하여 판단을 함에 있어 영국법과 국제사법에 관한 인식의 차이를 느꼈다.

2. 견련파산에서 상계금지 문제

　　만일 채권자가 연료유대금채무를 회생절차 개시결정 후 반선시에 부담한다고 보면 회생절차에서는 회생절차 개시결정 후에 채무를 부담한 때에 해당되어 상계가 금지된다(제145조 제1호). 견해를 달리하여 연료유대금 채무는 용선계약체결시에 발생한 것으로 보되 그 액수 특정의 문제만 남는다고 보면 회생절차 개시결정 전에 채무를 부담하고 있었던 것이므로 상계금지의 사유에 해당하지 아니한다.[50] 설령 전자의 경우 해당한다고 하더라도 견련파산절차의 파산선고시를 기준으로 하면 연료유대금 채무는 여전히 파산선고 전에 채무를 부담한 것이 되므로 상계가 가능하게 된다. 이 점은 회생절차에 적용되는 상계금지의 요건(제145조)이 견련파산절차에서도 유지되는지 하는 문제로 귀착된다.

　　이 점에 관하여 판례는 정리회사 동아건설 사건에서 회사정리절차가 진행되다가 파산절차로 이행되었다고 하더라도 파산법 제95조에서 별도로 상계금지에 관한 규정을 두고 있는 점 등에 비추어 볼 때 견련파산절차에서는 회사정리법 제163조 제1호(정리채권자가 개시 후 채무를 부담한 때)가 적용될 수 없다고 판시하였다.[51]

　　그러나 파산선고가 없는 상태에서 회생절차에서 파산절차로 전환하는 경우에 회생신청을 파산신청으로 간주하는 제6조 제4항과 견련파산절차를 회생절차부터 시작된 하나의 도산절차로 파악하면 상계금지의 요건을 정한 제145조가 여전히 적용되어야

---

49) 東京高裁 平31. 1. 16.平成30年(ネ)第3037号.
50) 서울남부지방법원 2017가합102526 판결의 입장이다. 용선계약 체결시 선박의 재인도가 예정되어 있고, 재인도 당시 선박에 연료유가 없는 상태를 상정하기 어려우며 연료유대금의 산정기준도 구체적으로 명시되었음을 근거로 삼았다. 서울중앙지방법원 2017가합560423 판결도 연료유대금 채무가 회생절차 개시결정 전에 발생한 것을 전제로 채권자(선주)의 상계를 받아들였다.
51) 대법원 2005. 10. 14. 선고 2005다27225 판결(공 2005, 1789). 파산채권자가 채무를 부담하게 된 시점이 동아건설의 회사정리절차 중이고 견련파산선고 전이다. 동아건설의 파산관재인(원고)은 회사정리절차 개시 후 채무를 부담한 때 상계가 금지되는 효력은 견련파산절차에서도 효력이 미친다는 주장을 하였으나 원심이 이를 배척하였고 대법원이 이를 인정하였다.

한다는 입장이 타당하다.52)

Ⅶ. 재단채권의 변제

1. 파산관재인의 재단채권 변제 내역

한진해운의 파산관재인은 재단채권 승인 및 일부변제 허가신청을 하여 법원으로부터 2018. 9. 4. 허가를 받아 목록에 기재된 재단채권자에 대한 일부 변제를 하였다. 제492조 제13호에 의한 재단채권의 승인이라는 것은 파산관재인의 임의이행을 위한 법원의 허가절차에 불과하지 재단채권의 성립요건이 아니다. 따라서 법원의 허가가 없더라도 재단채권자가 파산절차에 의하지 아니하고 파산관재인을 상대로 민사소송을 제기할 수 있음은 당연하다. 파산관재인의 지출허가 목록에 의하면 재단채권자는 조세채권,53) 일반비,54) 용선료,55) 컨테이너 임대료,56) 연료비,57) 터미널비,58) 대체운송비59)로 구성되어 있다. 파산관재인은 허가서 말미에 변제금액을 채권자별, 채권의 종류, 원금, 지연이자의 기산일, 재단채권의 변제대상 금액, 변제비율, 실제 변제금액지급하는 통화의 종류, 채권자의 주소, 은행, 은행계좌를 자세하게 기재하였다. 이시폐지의 가능성이 없다면 재단채권 중 원금 외에 고율의 지연손해금의 지급을 명한 판결금액은 전액을 갚는 것이 파산재단 전체에 이익이 된다. 그러나 금번 변제내역에 의하면 판결금도 원금 및 지연손해금을 20%의 비율에 따라 일부만 변제한 것을 알 수 있다.

---

52) 同旨 伊藤眞, 앞의 책(주 34), 728면 註 18. 이 견해는 갱생회사에 대하여 채무를 부담하는 자가 갱생계획인가 후 폐지결정 전에 타인으로부터 갱생채권을 양도받은 후 갱생절차가 폐지되고 법원이 직권으로 파산선고를 한 경우에 "갱생절차 개시 후 타인으로부터 채권을 양수한 경우"에 기한 상계금지의 법리는 파산절차에서도 적용되고, 갱생절차개시 후에 갱생채권자가 어음을 추심하여 갱생회사에 대하여 채무를 부담한 경우에 상계금지가 된다는 법리 역시 견련파산절차에서 적용되므로 상계금지의 효력이 계속된다고 주장한다.
53) 취득세, 장애인고용분담금, 고용산재보험료, 부가세가 포함되어 있다.
54) 미지급된 공익채권으로서 금액이 장부와 일치하여 파산관재인과 합의한 선품용비, 개시결정 이후 운송미이행에 따른 부당이득금이 포함되어 있다.
55) 파산관재인과 합의한 용선료(유류잔량 공제한 것도 있음)와 합의하지 아니하였으나 개시결정 이후 반선일까지의 약정용선료 등이다.
56) 화물이 실려 있는 컨테이너(빈 컨테이너는 제외)에 한하여 개시결정 이후 발생한 임료이다.
57) 파산관재인과 합의서를 체결한 것과 재단채권 청구서에 기하여 금액이 확인된 것이다.
58) 개시결정 이후 발생한 하역비로서 재단채권 청구서에 의하여 금액이 확인된 것이다.
59) 개시결정 이후 관리인과 체결한 채권추심 용역비, 법원의 판결 등에 의하여 금액이 인정된 금액이다.

2. 재단채권의 변제

파산선고 후 파산재단에 속하는 재산으로써 파산절차의 비용을 변제하기에 부족한 경우에는 법원은 파산관재인의 신청 또는 직권으로 이시폐지결정을 하여야 하고 이 경우 법원은 채권자집회의 의견을 들어야 한다(제545조). 또한 파산관재인은 파산폐지결정이 확정되면 재단채권을 변제하여야 하고, 이의 있는 재단채권에 대하여는 공탁하여야 한다(제547조). 폐지결정이 확정되면 파산관재인의 임무가 종료되고 계산보고서를 법원에 제출하고 법원은 계산보고집회를 개최한다(제365조). 폐지결정이 확정되면 파산관재인을 상대로 한 소송은 중단하고 파산자가 소송을 수계하고 부인소송은 수계절차 없이 당연히 종료한다.[60] 제547조를 문리해석하면 파산관재인이 어느 시점에서 재단채권 전액에 대한 변제가 불가능하다고 판단하면 재단채권에 대한 변제에 나아가지 아니하고 먼저 폐지신청을 하고 오히려 재단채권에 대한 변제는 이시폐지결정이 확정된 후에 이루어지는 것으로 읽힌다.

그러나 실무는 파산관재인의 환가가 종료되지 않은 채 법원이 폐지결정을 하는 것은 재단의 평가가 완전하게 되지 않을 우려가 있고, 파산관재인의 임무를 다하지 않은 것이 되므로 먼저 변제를 마친 후 채권자집회에서 채권자들의 의견을 듣고 계산보고를 마친 다음 파산폐지 결정을 하고 있다.[61]

따라서 한진해운 파산사건이 비록 이시폐지된다고 하더라도 환가와 그에 이은 재단채권의 변제가 완료되어야 비로소 이시폐지가 될 것이므로 앞으로 수년이 걸릴 것으로 예상된다.

3. 재단채권 부족시 재단채권의 변제순서

파산재단이 재단채권의 총액을 변제하기에 부족한 것이 분명하게 된 때에는 재단채권의 변제는 다른 법령이 규정하는 우선권에 불구하고 아직 변제하지 아니한 채권액의 비율에 따라 한다. 다만, 재단채권에 관하여 존재하는 유치권 등 담보권의 효력에는 영향을 미치지 아니한다(제477조 제1항). 또한 재단채권 중 제473조 제1호 내지 제7호 및 제10호에 열거된 재단채권[62]은 다른 재단채권에 우선한다(동조 제2항). 재단부

---

60) 일본 파산법의 조문 및 그에 대한 해설도 같다. 加藤哲夫, 破産法(第五版), 弘文堂(2009), 359면.
61) 서울중앙지방법원 파산부실무연구회, 앞의 책(주 15), 501면. 일본의 실무도 같다. 東京地裁破産實務研究會, 앞의 책(주 29), 228면.
62) 제473조(재단채권의 범위) 다음 각 호의 어느 하나에 해당하는 청구권은 재단채권으로 한다.
　　1. 파산채권자의 공동의 이익을 위한 재판상 비용에 대한 청구권

족인지 여부는 파산관재인의 판단에 의한다. "채권액의 비율에 따라"는 의미는 재단부
족이 명백하게 된 시점에서의 각 재단채권의 미지급된 채권액의 비율을 의미하므로
그 시점 이전에 기변제분은 고려되지 아니한다. 설령 그 후 이시폐지가 되었다고 하여
그 시점 이전에 변제가 무효로 되는 것은 아니다.[63]

채무자회생법의 조문상으로는 재단채권은 우선권의 유무에 따라 2가지로 구분된
다. 그러나 실무는 제473조 제1호와 제3호에 해당하는 재단채권은 다른 재단채권과 성
질을 달리하는 파산절차 내의 공익비용에 해당한다는 이유로 다른 재단채권보다 먼저
변제하고 있었다.[64] 그렇게 되면 관재인 보수, 보조인 비용, 재판비용이 최우선이고,
그 다음에 제473조 제2호, 제4호 내지 제7호 및 제10호가 다음이고 마지막으로 제8호,
제9호 및 특별재단채권[65]의 순서로 변제하여야 한다. 그런데 이렇게 해석하면 회생절
차 중의 신규자금채권(Debtor In Possession Financing 채권)마저 파산절차에서는 3순위
로 밀리게 되는 불합리한 점이 노정된다.[66] 이러한 점을 고려하여 과거 서울중앙지방

---

　　2. 「국세징수법」 또는 「지방세징수법」에 의하여 징수할 수 있는 청구권(국세징수의 예에 의하여
　　　 징수할 수 있는 청구권으로서 그 징수우선순위가 일반 파산채권보다 우선하는 것을 포함하며,
　　　 제446조의 규정에 의한 후순위파산채권을 제외한다). 다만, 파산선고 후의 원인으로 인한 청
　　　 구권은 파산재단에 관하여 생긴 것에 한한다.
　　3. 파산재단의 관리 · 환가 및 배당에 관한 비용
　　4. 파산재단에 관하여 파산관재인이 한 행위로 인하여 생긴 청구권
　　5. 사무관리 또는 부당이득으로 인하여 파산선고 후 파산재단에 대하여 생긴 청구권
　　6. 위임의 종료 또는 대리권의 소멸 후에 긴급한 필요에 의하여 한 행위로 인하여 파산재단에 대
　　　 하여 생긴 청구권
　　7. 제335조 제1항의 규정에 의하여 파산관재인이 채무를 이행하는 경우에 상대방이 가지는 청
　　　 구권
　　8. 파산선고로 인하여 쌍무계약이 해지된 경우 그 때까지 생긴 청구권
　　9. 채무자 및 그 부양을 받는 자의 부양료
　　10. 채무자의 근로자의 임금 · 퇴직금 및 재해보상금
　　11. 파산선고 전의 원인으로 생긴 채무자의 근로자의 임치금 및 신원보증금의 반환청구권
63) 竹下守夫 · 藤田耕三(編著) / 小川秀樹(執筆), 破産法大系 Ⅱ 破産實體法, 靑林書院, 2014, 49면.
64) 전병서, 도산법 제3판, 문우사(2016), 229면. 崔昇祿, "파산채권과 재단채권," 破産法의 諸問題
　　[上], 法院圖書館(1999), 349면. 서울회생법원의 실무도 파산관재인의 보수를 조세, 임금 등 기타
　　재단채권보다 우선하여 지급하고 있다(法人破産實務, 359면). 일본의 판례도 같다. 最高裁判所
　　昭和45. 10. 30. 民集 24卷11号1667면은 공익비용이 국세 기타 공과금에 우선하는 것이 자명하
　　다고 판시하였다. 그리하여 일본의 개정 파산법은 파산관재인의 보수청구권(일본 파산법 제148
　　조 제1항 제1호)과 파산재단의 관리비용(제2호)은 동조 제1항 제3호 이하의 다른 재단채권에 우
　　선함을 명시하였다(제152조 제2항 본문).
65) 대표적인 예로는 쌍무계약 해제시 반대급부가 현존하지 아니한 경우 상대방이 갖는 가액의 청구
　　권, 선행 회생절차에서 발생한 공익채권(신규자금채권 포함) 등이다.
66) 일본에서도 신규자금채권이 다른 재단채권과 안분비례되는 점에 대한 우려가 있다(伊藤眞 · 松下
　　淳一 · 山本和彦 編集, 新破産法の基本構造と實務, ジュリスト增刊号, 有斐閣, 2007, 36면 및 竹
　　下守夫 · 藤田耕三(編著) /小川秀樹(執筆), 앞의 책(주 55), 51면.

법원 파산부의 법인파산의 실무는 제2, 제3의 순위를 구별하지 않고 같은 순서로 배당하였다.

그러나 일본에서는 과거부터 비용채권(제1호, 제3호) 외에 다른 재단채권 간에 우선변제에 있어 차이를 두어야 할 이유가 없다는 점에서 비판이 있었으며, 재단채권 간의 평등취급 조항으로 족하다는 설명이 있었다.[67] 개정된 일본 파산법 제151는 비용채권에 대한 우선권을 명시하는 대신 다른 재단채권 간에 차등을 철폐하였다. 2020. 1. 9. 국회는 채무자회생법을 개정하여 일본과 같이 차등을 철폐하려고 논의하였으나 채택되지 아니하였다.[68]

이와 같이 본다면 한진해운의 파산관재인이 재단채권을 변제함에 있어서 특별재단채권(회생절차에서 공익채권으로 인정된 재단채권 포함)과 다른 재단채권을 차별하지 아니하고 같은 순위로 일괄하여 변제한 것은 실무에 따른 것이지만 법률에 어긋난다는 비판이 있을 수 있다.[69]

같은 순위의 재단채권이라도 성질상 전액을 변제하여야 할 경우가 있을 것이다. 법원에 납부하는 경매비용, 상대방 채무와 선이행 또는 동시이행관계에 있는 경우에는 전액을 변제하여야 상대방의 이행을 구할 수 있기 때문이다.[70] 또는 근로자의 인간다운 생활을 보장하기 위하여 퇴직금이나 임금 등을 먼저 변제할 필요도 있다.[71]

4. 재단채권의 변제방식

파산채권은 한화로 산정하여 채권을 신고하고 조사확정절차도 환화를 기준으로 하고 배당금도 韓貨로 지급한다. 그에 비하여 재단채권은 별도의 채권조사절차도 없고, 재단채권자는 비록 파산절차 중에 강제집행을 할 수 없지만,[72] 이행소송을 제기할

---

67) 齊藤秀夫·麻上正信·林屋礼二 編, 注解破産法 第三版(上), 靑林書院(1999), 243면. 일본의 구 파산법 제51조 제2항은 입법 당시 귀족원에서 추가된 것인데 오래전부터 동경대 교수 加藤正治는 특별재단채권과 일반재단채권을 차별할 이유가 없다며 비판하였다(加藤正治, 破産法要論, 1948 (昭和 23), 有斐閣, 117면).

68) 국회는 회생절차에서 제공된 신규자금과 임금 등의 우선권을 절차비용을 제외한 다른 재단채권에 우선하는 내용을 포함하였다. 이로써 신규자금의 우선권이 회생절차와 파산절차에서 일관되게 인정되었다.

69) 2014년 채무자회생법의 개정에 의하여 근로기준법, 근로자퇴직급여보장법에 따른 임금우선특권에 관하여는 파산관재인의 환가절차가 아니라 별제권 행사 또는 체납처분에 따른 환가대금에서 다른 담보물권자보다 우선변제를 받을 수 있다(제415조의2). 따라서 파산관재인이 환가하여 배당하는 임금채권자는 임금우선특권에 대하여도 다른 재단채권자와 함께 안분비례로 변제를 받게 된다. 단 2019년 개정에 의하여 앞으로는 우선권이 인정된다.

70) 伊藤眞 編, 條解破産法 第2版, 弘文堂(2014), 1029면,

71) 岡 伸浩 외 4인 編, 破産管財人の債權調査·配當, 商事法務(2017), 423면.

수 있다. 법원도 외화의 지급(지연손해금 포함)을 명하는 판결을 선고하고 있다.[73] 따라서 파산재단이 재단채권자 중 外貨債權者에게 채권을 변제함에 있어서는 외화로 지급하면 족하다. 이러한 법리에 따라 한진해운의 파산관재인도 법원의 허가를 얻어 外貨債權者인 재단채권자에 대하여는 외화로 지급하였다.

다만 파산관재인이 제335조 제1항의 규정에 의하여 쌍방 미이행쌍무계약의 채무를 이행하는 경우에 상대방이 가지는 청구권과 제474조 소정의 부담부 유증의 이행을 받을 때 수익자의 이행청구권은 재단채권이지만 제478조 제1항(일본 구 파산법 제52조 제1항)에 의하여 금전화·현재화의 원칙이 적용되므로 외화채권이면 원화로 평가되어야 하고, 비금전채권 또는 기한미도래의 채권이라면 금전화·현재화의 원칙에 의하여 파산선고시를 기준으로 원화로 평가되어야 한다.[74] 즉 이 두 가지에 속하는 재단채권을 외화로 구하는 청구는 할 수 없고 원화로 청구하여야 한다. 동 조항의 입법이유로는 재단채권이라도 비금전채권이거나 금전채권이라도 액수가 불확정하거나, 외화채권, 금액 또는 존속기간이 불확정한 정기금채권, 기한미도래의 채권의 경우에는 파산채권과 마찬가지로 파산선고시를 기준으로 금전채권으로 평가하고 기한은 도래한 것으로 간주하여 파산절차를 신속하게 마치려는 데 있다.

일본에서는 구 파산법 제52조를 필요한 경우에만 한정적으로 해석하자는 견해와 법문 그대로 해석하여야 하여야 한다는 입장으로 나뉘어 있었다.[75] 신 파산법에서 다수설은 파산절차가 진행 중인 경우에는 동조가 적용될 필요 없이 본래의 성질에 따른 이행을 하면 되고, 동조는 파산절차가 종료(이시폐지 또는 파산절차 종결)시에 남은 재단채권에 대하여 적용하면 족하다는 입장이다.[76] 이러한 점에 비추어 보면 한진해운의 파산관재인이 현재 파산절차를 진행하는 과정에서 파산재단 중에 외국통화로 된 재산이 있으므로 이를 원화로 환전하지 아니한 채 외국통화로 재단채권자(外貨債權者)에게

---

72) 대법원 2008. 6. 27.자 2006마260 결정(공 2008, 1072); 대법원 2007. 7. 12.자 2006마1277 결정(공 2007, 1248) 등.

73) 앞에서 인용한 한진해운 관련한 서울중앙지방법원 2017가합560423 판결 등.

74) 제478조(파산채권에 관한 규정의 준용) ① 제425조·제426조 및 제427조 제1항의 규정은 제473조 제7호 및 제474조의 규정에 의한 재단채권에 관하여 준용한다.
제426조(비금전채권 등의 파산채권액) ① 채권의 목적이 금전이 아니거나 그 액이 불확정한 때나 외국의 통화로 정하여진 때에는 파산선고시의 평가액을 파산채권액으로 한다.
② 정기금채권의 금액 또는 존속기간이 확정되지 아니한 때에도 제1항과 같다.

75) 齊藤秀夫·麻上正信·林屋礼二 編, 注解破産法 第三版(上), 靑林書院(1999), 246면. 신 파산법 제148조 제3항으로 존속하고 있다.

76) 伊藤眞, 破産法·民事再生法(第3版) 有斐閣(2014), 329면 주 154 및 伊藤眞 編, 條解破産法 第2版 弘文堂(2014), 1010면.

변제한 것은 이론상으로나 경제적인 관점에서 모두 타당하다.

5. 재단채권 변제에 관한 개선방안

재단채권자가 파산관재인에게 자신이 재단채권을 가지고 있다는 것을 알리지 않으면 파산관재인은 재단채권을 변제할 때 이를 빠뜨릴 위험이 있다. 배당률 또는 배당액의 통지를 하기 전에 파산관재인이 알고 있지 아니한 재단채권자는 배당에서 배당할 금액으로 변제받을 수 없다(제534조). 따라서 재단채권자는 파산이 선고되면 즉시 파산관재인에게 자신이 재단채권자임을 알릴 필요가 있다.[77]

일본의 개정 파산법은 재단채권자의 채권신고제도를 도입하였다(일본 파산규칙 제50조 제1항). 다만 임의규정이므로 재단채권을 신고하지 아니한다고 하여 실권당하는 불이익은 없다. 일본의 실무는 파산관재인이 자기가 인정하는 재단채권의 액수를 기재하고 만일 이의가 있으면 채권자가 금액을 정정하여 일정기간 내에 파산관재인에게 반송하여 달라는 내용의 서면을 재단채권자들에게 송부하고 있다. 이의가 없으면 일단 그 금액을 정당한 재단채권으로 취급하고 이의가 있는 금액은 개별교섭을 하는 방법을 취하고 있다. 사실상 재단채권의 확정절차와 같은 효과를 갖고 있다.[78]

미국의 파산법에는 재단채권과 같은 개념이 없고 대신 재단채권에 유사한 성질의 채권을 우선권 있는 파산채권으로 취급하고 있다.[79] 시드릴(Seadrill), 선에디슨 (SunEdison)과 같은 대형 파산사건의 계획안에는 개별 채권자의 이름이 기재되어 있지 않고 채권자가 속한 채권조별로 배당률이 기재되어 있다. 실제로 자산을 추심하여 채권자에게 배당하는 업무는 전문가를 선임하여 그의 판단에 맡겨 액수와 비율 등에 관하여 정기적인 배당을 하도록 맡기고 있다.[80]

한진해운과 같은 대형 파산사건에서 재단채권의 규모가 어느 정도일지, 환가할 재산이 어느 정도인지 등은 파산관재인이 가장 정확하게 알고 있으므로 파산관재인에게 재량에 맡겨야 한다. 재단채권자 간에 장래의 어느 시점을 기준으로 수학적으로 동

---

77) 재단채권의 확정절차에 관하여는 나원식, "재단채권의 확정절차에 관한 실무상 문제," 민사재판의 제문제 제25권, 민사실무연구회(2017), 79-91면.

78) 東京地裁破産再生實務研究會, 앞의 책(주 18), 328면.

79) 11. U.S.C. §507. 이하 조문만 표시한다.

80) Carriane J.M. Basler · Michelle Campbell, Everything Your Disbursing Agent Watnts You to Know Beyond How Much and When Some Practical Advice and Key Plan Distribution Provisions, ABI Journal Oct 1, 2006 "Instead, include a provision for periodic distributions at the discretion of the debtor or disbursing agent." (www.abi.org/abi-journal). 영국도산법 제305조 제2항도 명문으로 관재인의 재량권을 인정하고 있다.

일한 비율의 배당을 하는 것은 불가능하다. 왜냐하면 재단채권자 중에서도 법원에 납부하는 송달료, 파산관재인의 보수, 보조인 급여, 사무실 임차료 등을 다른 재단채권자보다 우선하여 변제할 경우가 있거나 같은 순위의 재단채권이라도 시기적으로 먼저 변제하여야 할 경우가 있기 때문이다.

Ⅷ. 외국도산절차 승인제도의 차이

미국, 일본, 영국, 호주, 싱가포르 등이 한진해운에 대한 회생절차를 주절차로 승인하였다.[81] 그 경위와 내용에 대하여는 이미 다른 글이 발표되었으므로 자세한 논의는 생략한다.[82] 다만 아래에서는 모델법을 받아들였다고 하는 미국, 일본, 영국법원의 승인결정과 구제명령의 내용이 相異한 이유와 외국도산절차를 자국에서 승인한다는 것이 자국에서 어떠한 효과를 갖는지에 대하여 살펴본다. 한진해운에 대한 회생절차의 승인에 관하여 한국의 채무자회생법이 허용하는 법률관계의 범위를 기준으로 승인하는 국가가 있는가 하면, 그 범위를 넘어서 자국의 파산법의 기준으로 승인하는 국가가 있다. 일본이 전자이고, 미국과 영국이 후자이다. 그렇지만 미국과 영국 역시 담보권의 행사 금지에 관한 규정과 내용에서도 차이가 있다. 이하 그 내용을 알아본다.

1. 국제도산에 관한 UNCITRAL 모델법

모델법은 주절차와 종절차를 구별하고, 주절차를 승인하는 경우 승인국에서 자동적으로 개별채권자의 채무자의 재산, 권리, 의무 또는 책임에 관한 개별적인 소송 또는 절차의 개시 또는 진행이 중지되고, 채무자의 재산에 대한 집행이 중지되고, 채무자의 재산에 대한 양도 또는 담보설정 등 처분행위가 중지된다. 모델법이 정하는 외국도산절차의 승인은 절차개시국법에 따른 효력을 인정하는 것이 아니라 모델법을 국내법화한 국내법이 정한 효력이 발생하는 점에서 외국판결의 승인의 효력과 다르다.[83]

---

81) 관리인보고서에 의하면 위 5개국 외에 캐나다, 벨기에, 독일, 프랑스, 스페인, 이태리 등 11개국에서 중지결정을 받았다고 한다.

82) 해운회사의 회생절차에 대한 외국법원의 승인에 관한 글로는 김선경/김시내, "우리나라 해운회사의 회생절차에 대한 외국법원의 승인," 도산법연구 제7권 제2호(2017), 45-81면. 한진해운의 미국법원의 승인결정에 한정한 글로는 이정현, "한진해운 회생절차와 국제도산의 문제 — 미국 STAY ORDER를 중심으로," 도산법연구 제7권 제2호(2017), 85-106면.

83) 石光現, "國際倒産法에 관한 연구," 國際私法과 國際訴訟 제3권, 博英社(2004), 275면. 석광현, "외국도산절차의 승인에 관한 모델법과 EU규정의 비교: 한진해운의 사건을 계기로" 國際去來法研究 第38輯 第2號, 31-33면은 승인의 대상이 도산절차 자체인지 도산절차를 구성하는 개개의

2. 미국의 연방파산법

모델법을 받아들인 미국의 연방파산법 제15장은 주절차와 종절차를 구별하고 주절차의 승인에 대하여 미국법이 정하는 자동적인 구제명령의 효과를 인정하는 점에서 모델법을 충실히 반영하였다고 하지만 승인효과에 관하여 모델법보다 한 걸음 더 나아갔다. 즉 §1520(a)에 기하여 승인과 동시에 3가지의 구제효과가 발생한다. 첫째, §361 및 §362에 의하여 채무자와 채무자의 미국내 소재 재산에 대한 자동중지효과,[84] 둘째, 법원의 허가 없는 한 재산이전 금지의 효과,[85] 셋째, 미국의 파산관재인과 같이 §363[86] 및 §552[87])에 기하여 외국대표자가 미국 내 소재하는 재산에 관하여 채무자의 사업을 계속하는 권한, 개시 후 처분행위에 대한 부인권, 개시 후 취득한 재산에 대한 담보권 설정의 무효권한이 부여되는 효과가 발생한다. 모델법 §20과 비교할 때 모델법이 소송 및 집행의 중지 및 자산 양도 및 담보제공의 금지에 그치고 있으나 미국 파산법은 더 나아가 외국대표자에게 사업계속권까지 부여하고 있다는 점에서 모델법보다 승인 효과의 범위가 넓다.[88]

3. 영국의 국제도산법

영국의 국제도산규정(Cross-Border Insolvency Regulations 2006. CBIR로 약칭된다)[89] 역시 모델법을 받아들이면서도 승인의 효과에 관하여는 미국과 다른 별도의 조항을 두어 영국식의 승인제도를 갖고 있다. 즉 CBIR Article 20(1)(이하 CBIR 표시는 생략한다)은 주절차의 승인과 그 효력에 관한 규정으로서[90] 모델법과 그 내용이 같지만

재판인지에 관하여 도산절차 개시재판의 승인으로 보는 입장을 취하고 있다.

84) §361에 기하여 채권자의 권리를 보호하기 위한 적절한 보호에 관한 조항이 적용되므로 담보채권자는 적절한 보호가 결여되었음을 이유로 자동중지의 해제를 구할 권리가 있다.

85) 동조에 의하여 승인재판 후에 예금, 수표 등과 같은 현금등가물에 대한 담보물의 처분 제한, 재산의 매각제한에 관한 §363, 파산신청 후 재산의 이전금지 및 그에 대한 관재인의 부인권에 관한 §549 및 담보설정의 금지에 관한 §552의 규정이 적용된다.

86) 동조는 파산관재인이 파산재단에 속하는 재산의 사용, 매각, 임대 등의 권한에 관한 규정이다.

87) 동조는 채무자가 파산절차개시 후에 취득한 재산에 대하여는 개시 전에 담보설정계약을 체결한 담보권의 목적물이 되지 아니한다는 조항이다(after acquired property clause).

88) 주절차 승인의 효과에 관하여 모델법 §20 참조. §20(1)에 의하면, (a) 채무자의 자산, 권리, 의무 기타 책임에 관한 개별 소송 또는 개별 절차의 개시 및 진행의 중지, (b) 채무자의 자산에 대한 집행 중지, (c) 채무자의 자산 양도, 담보 제공 기타 처분권의 중지 효과가 발생한다. 나아가 법원이 외국대표자에게 관리처분권 이전의 효력을 부여하려면 모델법 §21(1)(d)에 기하여 별도의 결정하여야 한다. 즉 관리처분권 이전의 효력은 재량적 효과에 그치는 것이다. 山本和彦, 國際倒産法制, 商事法務(2002), 277면.

89) 2006. 4. 4.부터 발효하고 있다.

Article 20(2)은 명시적으로 제1항에서의 금지명령의 범위와 효과는 마치 채무자가 개인이라면 영국 도산법에 의하여 파산선고를 받은 때, 비개인이라면 청산절차의 대상이 되는 때와 같은 것으로 규정하였다.[91] 그리하여 외국채무자가 법인이라면 마치 영국의 청산절차가 적용되어 영국 도산법(Insolvency Act 1986) §130(2)가 적용된 것과 같은 효과가 따르게 된다. 그리하여 Article 20(2), (3)은 담보권자는 채무자의 영국소재 재산에 대하여 담보권을 행사할 수 있음을 규정하고 있다. 왜냐하면 영국 도산법 §126[92]는 법인에 대한 청산절차에 관한 규정이고 청산절차에서는 담보권자의 권리행사가 중지되지 않기 때문이다.[93] 따라서 주절차인 외국도산절차가 승인된다고 하더라도 자동적으로 담보권행사가 금지되는 것은 아니다. 따라서 만일 외국대표자가 영국에서 담보권의 행사까지 중지를 받으려면 주절차 승인효과에 관한 조항이 아니라 주절차와 종절차를 구분하지 아니하고 외국대표자의 신청이 있어야 비로소 법원이 별도의 지원을 할 수 있다고 규정하는 §21를 원용하여야 한다.

한편 Article 21는 (a)부터 (g)에서 주절차 승인에서 인정되는 중지 등의 구제명령 외에 증인신문, 증거조사, 외국대표자에게 사업권한의 부여 및 영국도산법이 허용하는 기타 부가적인 지원명령을 발할 수 있다고 규정하고 있다. 특히 Article 21(g)는 추상적으로 영국도산법이 허용하는 기타 부가적인 지원명령을 발할 수 있다고 규정하고 있을 뿐 Article 21가 명시적으로 담보권행사의 금지를 명한다는 내용을 규정하고 있지 않다.[94]

그러나 외국주절차가 재건절차인 경우라면 법원이 이 조항을 근거로 담보권의 행사를 금지하는 명령을 발할 수 있다.[95] 영국 도산절차 중 담보권의 중지가 가능한 절차는 관리절차(administration)이므로 Article 21(g)가 그 근거로 paragraph 43 of

---

90) 영국 도산법전은 도산법의 本文은 Section으로, Schedule B1은 Paragraph, CBIR은 Article로 표기한다. 이하 같은 방식으로 인용하였다.

91) 영국에서 개인파산절차는 bankruptcy, 기업청산절차는 winding-up으로 표기하고 있다.

92) Section 126 of the Insolvency Act 1986: 청산신청 후 청산명령 전에 회사 등은 소송이 계속 중인 법원에 소송 또는 절차의 중지와 속행의 금지를 신청할 수 있고, 법원은 명령의 내용에 따라 절차의 중지 또는 금지를 명할 수 있다.

93) 영국의 국제도산제도에 관하여는 Look Chan Ho, "English," in Look Chan Ho (ed), Cross-Border Insolvency: A Commentary on the UNCITRAL Model Law (3rd ed Globe Law and Business, 2017) 240.

94) Article 21: Relief that may be granted upon recognition 1, (g) "granting any additional relief that may be available to a British insolvency officeholder under the law of Great Britain, including any relief provided under paragraph 43 of Schedule B1 to the Insolvency Act 1986."

95) Look Chan Ho, ed., 앞의 책(주 93) note 74, at 246.

Schedule B1을 인용하고 있는 것이다.[96] 요약하면 소송의 중지, 강제집행의 중지는 외국주절차의 승인결정과 동시에 효력을 발생하지만 담보권실행의 금지는 법원이 외국주절차가 재건절차인 경우에 하여 별도로 명령을 발하여야 비로소 가능한 것이다.

그리고 영국법에 의하면 자동중지의 대상이 되는 것은 소송과 절차에 한하는 것이지 채권자가 제3자에게 계약이 해제되었다고 하는 통지행위는 영국법이 금지하는 중지대상이 아니다.[97] 또한 이러한 자동중지의 효력은 영국 내에 소재하는 재산에 대하여만 미치고 역외적 효력을 갖지 아니한다.[98]

4. 일본

日本의 외국도산처리절차의 승인원조에 관한 법률('外國倒産處理手續の承認援助に關する法律. 이하 '承認援助法')[99]은 승인단계에서 주절차와 종절차를 구별하지 아니하고 주절차의 승인결정 자체에 대하여 별도의 구제명령의 효과를 부여하지 않고 있다는 점에서 모델법과 다르다. 승인결정 후 개별적인 구제명령의 신청을 받고서 법원이 구제명령을 발한다는 점에서는 채무자회생법과 같지만 구제명령의 내용에 있어서는 다르다. 또한 법원 대 법원 간의 사법공조절차를 채택하지 아니한 점도 다르다.

구제명령의 내용과 발령시기에 관하여 본다. 承認援助法에서는 승인신청 후부터 승인결정시까지에는 강제집행 및 소송절차의 중지를 명할 수 있으나,[100] 모든 채권자를 상대로 한 강제집행의 금지를 명하지는 아니한다. 모든 채권자를 상대로 한 강제집행의 금지는 승인결정과 동시에 또는 그 후에 비로소 가능하다.[101] 단 필요하다고 인정하는 경우에는 일정한 재산에 대한 강제집행이나 기초가 되는 집행채권에 대하여

---

96) 영국의 관리절차에 관하여는 林治龍, "영국 축구클럽의 도산," 도산법연구회 제5권 제3호(2015), 1-39면 참조. 2002 企業法(Enterprise Act 2002)에 의하여 관리절차에 관한 개정 조항이 삽입되었는바 1986년 도산법의 기본구조를 바꾸지 않는다는 정책을 고려하여 전체 내용을 도산법 본문에 삽입하지 않고 Schedule B1에 새로운 개정 내용을 부가하는 방식으로 법률을 개정하였다. Schedule B1은 2002년 企業法 개정시에 도산법에 삽입된 것으로 위 개정에 의하여 도산법의 종전 조항 중 S.8 – S.27이 대체되었다. 2002년 개정 조항은 2003. 9. 15.부터 효력이 발생하였다.
97) Fibria v Pan Ocean [2014] EWHC 2124 (Ch); [2014] 1 Bus LR 1041 at [64]. 자세한 내용은 이 책의 "해운회사의 회생절차 개시와 국제사법의 주요 쟁점"의 Ⅳ. 도산국제사법 부분 참조.
98) Re TPC Korea Co Limited Case No 19984 of 2009 (unreported).
99) 日本은 1999년 民事再生法의 제정과 2000년 承認援助法의 제정 및 같은 해의 破産法, 民事再生法, 會社更生法 중 국제파산에 관한 규정의 개정(民事再生法等の一部を改正する法律)을 통하여 속지주의적인 입장에서 보편주의적인 국제파산법제로 전환하였다.
100) 承認援助法 제25조 제2항.
101) 承認援助法 제28조 제1항. 조문 표제도 포괄적 금지명령이라는 표현을 쓰지 않고 강제집행 등 금지명령으로 정하였다고 한다. 金融法務事情 2001. 6. 15.자 "座談會：新たな國際倒産法制下の諸論点," 62면(深山卓也 발언).

중지명령의 대상에서 제외할 수 있도록 하였다.102)

또한 담보권 행사에 관하여는 승인결정 이전에는 그 행사를 허용하되 승인결정과 동시에 또는 그 후에 중지명령을 할 수 있을 뿐이고,103) 담보권의 실행 또는 착수하지 아니한 단계에서 담보권 행사를 처음부터 포괄적으로 금지하는 명령은 허용하고 있지 아니하다.104) 한진해운의 경우에도 법률의 제한 때문에 담보권의 행사를 금지하는 명령을 발할 수 없었고, 실제로 일본에서 담보권의 실행이 없었으므로 담보권의 행사를 중지하는 명령도 발령되지 아니하였다.

5. 미국, 영국, 일본의 승인 재판의 내용 분석

(1) 미국

미국 뉴저지주 파산법원은 즉시 승인결정을 하지 아니하고 3회에 걸쳐 승인과 관련한 결정을 하였다. 한진해운의 관리인이 2016. 9. 2. 미국 뉴저지주 파산법원에 승인신청을 하였고, 미국법원은 2016. 9. 6. 파산법 §105105)에 기한 임시보전의 중지명령(Interim Provisional Stay Order), 2016. 9. 9. 파산법 제15장 임시구제조치에 기한 보전 중지명령(Provisional Stay Order), 2016. 12. 14. 파산법 제15장 승인결정에 기하여 최종 중지명령(Final Stay Order)을 발령하였다.106) 한진해운이 운행하는 선박이 미국 내의 항구에서 압류되지 않고 물품을 하역하기 위한 조치였다.

먼저 한진해운이 운행하는 선박이 한진해운의 소유에 해당하는지 여부에 대하여는 미국의 국제사법(conflict of laws)과 미국 파산법에 의하여 결정될 것이다. 미국의 승인결정문은 한진해운의 소유, 운항, 용선(리스)하는 선박, 선박상의 재산(연료유 포함), 기타 수송용구를 집행이 금지되는 한진해운의 재산에 포함하였고 채권자들로 하여금 이러한 재산에 대한 집행을 금지하는 명령을 내렸다.107) 한진해운의 관리인은

---

102) 承認援助法 제28조 제1항 단서. 단서를 둔 이유는 외국파산절차에서 특정채권 가령 임금채권은 파산절차에 구속을 받지 않고 권리를 실행할 수 있다면 이러한 채권에 기한 강제집행절차는 중지명령에서 제외할 필요가 있고, 외국절차에서 특정 종류의 재산은 파산재단에 편입되지 않는다고 한다면 그러한 재산을 제외하도록 하기 위하여 단서를 두었다고 한다. 金融法務事情, 앞의 기사((주 101), 62면.

103) 承認援助法 제27조.

104) 深山卓也, 新しい國際倒産法制, 金融財政事情研究會(2001), 186-187면.

105) §105 (a) The court may issue any order, process, or judgment that is necessary or appropriate to carry out the provisions of this title.

106) 미국의 승인절차에 관한 자세한 설명으로는 이정현, 앞의 논문(주 82), 89-90면. 선박유류공급업자들이 선박우선특권에 기하여 Provisional Stay Order에 대하여 이의를 제기하였으나 최종승인결정 전에 기각되었다.

107) 싱가포르 법원의 2016. 9. 14.자 승인결정문도 같은 취지이다[김인현, 앞의 논문(주 7), 136면 주

2016. 12. 22. 미국법원에 한국 법원의 미국내 재산매각허가결정에 기한 집행, 미국 내 TTI(Total Terminals International LLC) 및 HTEC(Hanjin Shipping TEC)[108]에 대한 매각허가, 관리인이 매매대금을 한국으로 송금하여 배당에 사용할 권한의 승인을 구하는 신청을 하였다.

이에 대하여 미국의 공익채권자들이 미국 파산법원에 회생절차에 의하면 공익채권에 기한 소송이 가능하므로 미국에서도 소송과 집행을 허가하여 달라는 신청과 한진해운의 매각대금을 한국으로 반출하는 것에 대하여 반대하는 신청을 하였다. 미국법원은 공익채권에 기한 소송과 강제집행을 허가하여 달라는 신청을 기각하였다. 아울러 한국법원과 미국법원이 사상 처음으로 2017. 1. 17. 제641조에 기하여 재판장간의 공개된 전화회의를 통한 사법공조를 이룩하였다.[109] 이를 통하여 매매대금이 한국으로 송금될 수 있었다.

미국 파산법에 의하면 견련파산절차와 관련하여 종전 회생절차의 승인결정의 효력이 계속하여 미국 내 재산에 대하여 미치고 있다고 보기 때문에 파산관재인은 견련파산이 이루어진 이후에는 별도로 미국법원에 파산절차에 대한 승인신청을 하지 아니하였다. 다만 파산관재인이 미국 법원에 한국의 회생절차가 파산절차로 전환되었다는 취지의 보고서를 제출하였다. 현재 미국의 담보권자 등이 중지명령에 대하여 개별적으로 해제신청을 하고 해제명령을 받아 한진해운의 재산에 대하여 담보권을 실행하고 있는 중이다.

(2) 영국

관리인이 2016. 9. 2. 영국의 고등법원(High Court) 내의 회사법원(Companies Court)에 승인신청을 하였고 동 법원은 2016. 9. 6. 한진해운에 대한 회생절차를 CBIR Article 17에 기한 주절차로 승인하였다. 또한 주절차 승인에 관한 Article 20(1), (6)과 신청에 의한 법원의 구제명령에 관한 Article 21(g)에 기하여 관리인의 동의 또는 법원의 허가가 있는 경우를 제외하고, 한진해운의 재산에 대한 담보권, 우선특권 등에 기한 실행금지, 할부구입계약(hire purchase agreement)에 기한 한진해운의 재산에 대환환취금지, 한진해운에 대한 소송의 제기 또는 속행의 금지, 영국 관리절차에서 인정하는 관리리시버(administrative receiver)의 임명금지, 한진해운에 대한 청산신청의 금지

석 23 참조].

108) TTI는 한진해운의 자회사로서 미국 서안에 소재한 터미널 법인이고. HTEC는 한진해운의 자회사로서 TTI에 하역장비 등을 리스로 제공하는 장비임대업을 영위하는 미국법인이다.

109) 한국시간으로 오전 9:30분이고 미국 시간으로 저녁 7:30분에 전화회의를 하였다. 총 시간은 1시간 7분이 소요되었다. 미국 법원은 녹음파일을 공개하였다.

를 명하였다. 또한 금지되는 법적 절차에 중재절차, 소종절차, 집행, 압류 등 모든 법
적 절차가 포함됨을 명시하였다.

그러나 한진해운 이외의 제3자에 대한 법적 절차에는 금지명령이 미치지 아니하
다는 점과 승인결정의 효력은 영국 내에서만 발생하고 역외적 효력이 없음을 분명히
하였다. 아울러 한진해운이 당사자가 된 중재절차 8건을 특정하면서 중재절차 중 임시
종국판정(interim final awards)110)까지는 허용하지만 더 나아가서 중재판정에 기한 집
행은 허용되지 아니한다고 명하였다. 한진해운의 관리인이 지정한 일부 선박과 관련
한 중재절차에 대하여는, 관리인이 지정한 담보물의 집행과 관련하여서는 중재절차의
속행이 허용되지만 한진해운 소유의 다른 재산에 대한 집행은 허용되지 아니함을 밝
혔다.

이상에 알 수 있듯이 영국에서는 외국의 주된 도산절차를 승인한다고 하더라도
미국과 달리 담보권의 행사금지가 자동적으로 인정되지 않으므로 별도로 관리인이 금
지를 신청하여야 한다. 또한 영국법원의 허가가 있으면 일부 절차에 대하여는 속행을
허용할 수도 있고, 속행하는 범위까지 법원의 재량에 의하여 정할 수 있다는 점에서
특징이 있다. 실제로 영국법원이 한국의 STX조선해양에 대한 회생절차를 승인하여 일
단 영국의 소송절차의 중지명령을 발한 후에도 상사법원(Commercial Court)에 계속 중
인 소송의 속행을 허용한 바 있다.111)

(3) 일본

東京地方裁判所(민사 제8부)는 한진해운에 대한 회생절차의 승인신청 당일인
2016. 9. 5. 승인결정과 동시에 구제명령을 발하였다. 즉 주문 제1항에서 회생절차를
승인하고, 제2항에서 한진해운의 재산에 대한 강제집행, 가압류 또는 가처분의 절차를
금지하는 명령을 발하였다. 한국의 회생절차에서 변제가 금지되지 아니한 채권에 기한
것을 제외한다는 단서를 달았다. 한편 한진해운에 대한 파산절차에 대하여는 같은 재

---

110) An interim award is an interim final award if it fully adjudicates a submitted, independent
claim. Suppose A has two claims — X and Y — against B, and before the hearing, the
arbitrators issue an award granting summary judgment to B on claim X, but not ad-
judicating claim Y. Even though the parties did not agree that the arbitrators would issue
an award fully resolving only one of the claims, a court would consider the award to be
an interim final award. (http://loreelawfirm.com/blog/nuts-bolts-when-is-an-arbitration-a
ward-final-award-and-why-does-it-matter/)
111) Ronelp Marine v STX Offshore and Shipping [2016] EWHC 2228 (Ch). 이 판결에 대한 해설
로는 홍정호, "한국 회생절차 승인 후 영국소송절차의 중지를 해제한 영국 법원 결정[2016]
EWHC 2228(Ch) 소개," 도산법연구 제7권 제2호(2017), 163-165면.

판부가 2017. 7. 19. 승인결정을 하였다. 승인결정의 주문은 회생절차의 주문 중 회생절차를 파산절차로 변경한 외에 회생절차의 주문 제1, 2항의 내용이 동일하다.[112]

한진해운의 선박이 일본에 정박하고 있다면 당해 재산이 채무자의 소유인지 여부는 일본의 "法の適用に關する通則法"에 의하여 정하여질 것이다. 다음으로 한진해운 소유의 재산이 도산재단을 구성하는지에 관하여는 재산소재지법이 아니라 도산절차개시지법 즉 채무자회생법에 의하여야 한다.[113] 가정하여 만일 채무자회생법이 속지주의를 취하였다면 외국소재 재산은 도산재단에 속하지 아니하게 될 것이다.

일본의 승인결정문이 한진해운이 운행하는 선박 중 BBCHP[114]에 의하여 특수목적회사, 또는 제3자에게 리스된 선박[115]에 대하여도 강제집행의 금지에 해당하는지 여부에 대하여 언급하지 아니하였으나 이는 일본법에 의할 것이고, 해석상 한진해운의 명의로 등록된 선박에 한정될 것이다.[116] 또한 강제집행의 금지의 예외로서 회생절차 중 공익채권에 기한 강제집행, 환취권에 기한 강제집행 등을 염두에 두고 이러한 채권에 기하여는 강제집행이 가능하도록 하기 위하여 단서를 기재한 것이다. 즉 일본의 承認援助法은 구제명령의 효력을 가급적 도산절차개시국의 도산법과 일본의 도산법에서 인정되는 범위 내로 좁히려는 태도임을 알 수 있다. 승인결정문에는 담보권의 행사금지를 명하는 부분이 없음은 承認援助法이 그러한 규정을 두지 아니한 것이고 담보권의 행사 중지는 실제로 담보권이 일본에서 실행된 바 없었으므로 별도로 기재하지 아니한 것으로 추측된다.[117]

---

112) 平成 29년 7월 28일 官報 제7070호.

113) 통설이다. 石光現, "도산국제사법의 제문제:우리 법의 해석론의 방향," 國際私法과 國際訴訟 제5권 박영사(2012), 599면. 또한 EU도산규정 제4조 제1항도 같은 입장이다. 그에 관한 설명으로 石光現, 앞의 책(주 73), 321면 참조. 河野俊行, "倒産國際私法," 山本克己/山本和彦/坂井秀行 編, 國際倒産法制の新展開, 金融商事判例 增刊號 1121호(2001), 150면은 나아가 도산법정지법에 의하여 해외재산도 파산재단을 구성하는지 여부와 절차개시시의 재산으로 확정되는지 아니면 개시 이후의 취득한 재산도 포함되는지 여부 등이 결정된다고 한다.

114) 창원지방법원 2017. 2. 14.자 2016라308 결정은 한진해운이 운행하는 BBCHP 선박의 소유권이 파나마에서 설립된 특수목적회사에게 있다고 보아 경매개시결정이 위법하다는 관리인의 항고를 기각하였다. 이 결정에 대하여는 해운현실에서 BBCHP 선박의 비중이 높고 이를 채무자의 재산으로 보지 않는다면 해운회사의 회생 자체가 불가하게 될 것이라면서 입법론으로 채무자회생법 제58조의 채무자의 재산에 BBCHP 선박도 포함시켜야 한다는 주장이 있다. 김인현, 2018. 8. 23.자 법률신문. BBCHP와 도산절차에 관한 최근의 논의로는 박준/한민, 금융거래와 법, 박영사(2018), 838-840면 및 심태규, 앞의 논문(주 4), 3면 이하.

115) In re Daebo International Shipping Co. Ltd., Case No. 15-10616 (S.D.N.Y. 2015). 미국 파산법원은 신한캐피탈에 리스되어 등록된 선박의 실질적 소유주를 회생채무자 대보인터내셔널해운으로 보고 채권자의 압류를 무효로 판시하였다.

116) 석광현, "외국도산절차의 승인에 관한 모델법과 EU규정의 비교: 한진해운의 사건을 계기로" 國際去來法硏究 第38輯 第2號, 46면.

파산관재인은 미국법원에 정기적으로 파산사건에 관한 진행상황에 대하여 보고하여야 한다.118) 채무자회생법과 달리 일본의 承認援助法119)과 미국 파산법120)은 모두 승인의 취소에 관한 규정을 두고 있다.121) 따라서 파산절차가 종료하면 일본 및 미국에 승인취소의 신청을 하여야 한다. 미국 판례에 의하면 한국의 회생절차가 종료하면 미국의 제15장 절차도 함께 종료한다.122)

IX. 맺음말

혼란 없이는 개혁이 없다는 말이 있다. 1997년 아시아 경제위기가 없었다면 한국의 도산제도가 지금과 같이 발전할 수 없었을 것이다. 또한 한진해운의 도산사건이 없었으면 법원 대 법원 간의 사법공조를 시도할 기회도 없었을 것이다. 필자가 목격하기로 지난 20년 한국의 도산제도는 괄목상대할 정도로 발전하였다. 외국의 평가도 이와 같다. 월드뱅크가 2018년도 전 세계 190개 국가를 상대로 기업환경평가(doing business)에 관한 조사에 의하면 한국의 도산제도는 일본, 핀란드, 미국, 독일에 이어 세계 5위에 올랐다.123) 또한 중소기업에 대한 도산제도에 대한 세계적인 조사124)에서도 변제

---

117) 과거 대한해운에 대한 외국도산절차의 승인절차에서도 담보권실행의 금지 또는 중지명령은 발령되지 아니하였다(平成 23년 3월 10일 官報 제5512号). 일본의 아자부건물 사건에서도 미국 법원에 제11장을 신청하여 담보권에 대한 자동중지의 효력을 얻었음에도 불구하고 일본법원은 강제집행, 가압류, 가처분에 대한 금지명령을 발하였을 뿐, 담보권실행의 금지 또는 중지명령을 발하지 아니하였다(平成 18년 2월 16일 官報 제4278号).

118) §1518.

119) 承認援助法에 의하면, 승인신청이 신청에 관한 요건을 갖추지 못한 경우, 승인의 조건을 갖추지 못한 경우, 외국도산절차가 파산절차의 종결, 계획의 인가 결정 등으로 종료된 경우, 또는 그 이외의 사유로 종료한 경우에 법원이 신청 또는 직권으로 승인취소의 결정을 하여야 하며(제56조 제1항), 그 이외 사유에 해당하는 경우에는 법원이 신청 또는 직권으로 취소의 결정을 할 수 있다(제2항).

120) §1517(d).

121) 서울회생법원은 승인취소 대신에 국제도산절차의 종결이라는 방식을 사용하고 있다(서울회생법원 2018. 9. 21.자 2016국지100000 결정).

122) In re Daewoo Logistics Corporation Case No. 09-15558 at 3 (S.D.N.Y. 2011). "In light of the ancillary nature of Chapter 15, this Court finds that absent exigent circumstances, a stay imposed pursuant to chapter 15 is normally coterminous with the stay in the corresponding foreign proceeding and, accordingly, the Stays terminated at the close of the ROK Rehabilitation."

123) World Bank, Ease of Doing Business in Korea, Rep.: Resolving Insolvency. (http://www.doingbusiness.org/data/exploreeconomies/korea#resolving-insolvency)

124) Saving Entrepreneurs, Saving Enterprises: Proposals on the Treatment of MSME Insolvency, WORLD BANK GROUP (2018), 22-23 (Republic of Korea).

기간을 8년에서 3년으로 감축하고 실무를 통하여 주택저당권자에 대한 원리금 변제비용을 가처분 소득의 계산에서 감안하여 주는 점을 긍정적으로 평가하고 있다. 서울회생법원은 한진해운 사건을 통하여 법원 간의 공조가 중요하다는 것을 체험하여 그 후 미국 법원, 호주 법원간의 공조(inbound 및 outbound)를 통하여 매각대금의 미국송금 및 한진해운 사건의 진행상황을 알려주는 등 국제파산의 공조를 발전시키고 있다. 또한 싱가포르 법원이 주도하는 사법도산연합(Judicial Insolvency Network, JIN)에 미국연방 뉴욕남부 파산법원, 영국과 함께 가입함으로써 국제적인 동향과 수준을 따라가려고 노력하고 있다. 앞으로 더 나은 발전을 기대하면서 이하에서는 몇 가지 아쉬웠던 점을 지적함으로써 앞으로 발생할지 모르는 대형 도산사건에 대비하고자 한다.

첫째, 한진해운은 그 규모에 비하여 신청 준비가 소홀하였던 회생사건이다. 지원중단결정부터 개시결정까지 불과 3일밖에 걸리지 아니하였다. 즉 사전준비형(pre-packaged plan)이 아니고 자유낙하형(freefall)이었다. 채무자가 급하게 신청하다보니 채권자, 정부의 관련 당국도 미처 개시결정 이후의 상황을 대비하지 못하여 물류대란을 일으키고 국가적 신인도를 크게 떨어뜨리는 오점을 남겼다.[125] 최근 골프장(2018회합100053 대지개발)의 회생사건에서도 사전계획안을 준비하여 신속하게 회생계획안이 인가되고 회생절차가 종결되고 있는 점에 비하면 부채가 6조 원에 해당하는 대기업의 회생사건이라고 하기에는 초라한 준비였다.

둘째, 그럼에도 불구하고 회생절차 이후 파산절차가 진행되고 있는 동안 파산관재인에 의한 정보공개는 고무적이다. 회사의 홈페이지에 채권자게시판을 만들어 공지사항을 알려주고, FAQ 및 Q&A 란을 준비하였고, 영문으로 설명한 것은 과거 도산사건에서 찾아보기 힘든 발전이라고 평가된다. 일본의 민사재생절차 중에 있는 다나카회사(에어백 제조 회사)가 회사 홈페이지에 사건의 관한 정보를 영문으로 제공하고 있는 것과 비견된다. 아쉬운 점이 있다면 제20조에 의하면 채권자협의회를 구성하도록 되어 있으므로 외국채권자가 참여하는 채권자협의회를 활성화하여 수년이 걸리게 될 파산사건의 앞으로의 진행상황과 궁금점(향후 배당전망, 금번 재단채권 변제에 누락된 재단채권자에 대한 향후 처우 등)에 대하여 채권자들과 재판부 간의 소통을 보다 활성화하는

---

125) Peter S, Goodman, "Lessons Learned From Hanjin Shipping's Bankruptcy," (2016) www.law360.com/articles. "The significant negative impact on … suggests that a more deliberate and well-thought-out plan for future international transportation insolvency filings is imperative."위 미국 변호사는 한진해운 사건에서 배워야 할 교훈으로 첫째, 계속 영업을 위한 자금 없이는 신청하지 말 것, 둘째, 채무자의 주요 사건을 위하여 올바른 법정을 선택할 것을 들고 있다.

방안을 고려할 필요가 있다.

셋째, 이시폐지가 될 가능성이 명백하지 않더라도 가능성이 조금이라도 있다면 일단 파산채권조사절차를 추후에 한다고 하는 유연한 실무운영이 바람직하다. 이 점은 이미 구 파산법에서도 서울중앙지방법원의 파산부, 서울회생법원의 개인파산실무나 일본의 실무도 그와 같이 운영한 바 있다. 외국뿐 아니라 국내의 파산채권자들은 법원이 파산채권신고를 하여야 한다고 명하면 배당가능성이 있는 것으로 기대하기 마련이다. 변호사를 선임하여 비용을 들여 파산채권신고를 마쳤는데 나중에 파산채권에 대한 배당을 받지 못하게 되면 절차에 대한 비난을 하게 마련이다.

넷째, 파산채권신고를 받아보니 수천 건 이상의 파산채권신고가 있었다면 법원이 파산관재인과 협의하여 파산채권조사기일을 속행하여 진행하는 것이 바람직하다. 법 문상으로는 신고된 채권에 대하여 이의가 제기되지 아니하면 적법하게 시인된 것으로 해석할 수밖에 없으므로 파산관재인이 신고된 모든 채권을 단기간 내에 조사하여 단 1회 실시되는 채권조사기일에 이의 여부를 답하라고 하는 것은 현실에 맞지 아니한다. 그리고 설령 법원이 파산채권조사기일을 1회에 종결하였더라도 필요하면 민사소송법을 준용하여 조사기일을 재개하여 파산채권조사기일을 속행하여야 한다. 법원 역시 2회에 걸쳐 별개의 파산채권조사기일에서 조사하다보니 파산채권조사확정재판의 기산일이 달라지게 되는 점을 우려하여 별도의 결정으로 기산일을 정한 것은 이해가 가지만 법리적인 검토가 필요하고,[126] 장차 좋지 않은 선례로 남을까가 염려된다.

다섯째, 재단채권의 수시변제는 업무의 성질상 파산관재인의 재량에 맡겨야 한다. 물론 파산관재인의 권한 행사에 합리적인 근거는 있어야 할 것이고, 선량한 관리자의 주의를 위반한 경우에 책임을 지는 것은 물론이다. 재단채권 중 고율의 지연이자가 붙은 판결금 채권, 파산선고 후에 발생하는 지연손해금도 재단채권의 취급을 받는 임금채권[127]에 대하여는 가급적 전액 변제하는 것이 궁극적으로 파산재단의 이익이 된다. 파산재산의 규모, 환가 가능성 및 재단채권의 액수 등은 파산관재인이 가장 잘 알고 있다. 또한 파산관재인이 채권액수에 따라 안분비례하여 변제한다고 하는 것이 파산선고 후 일정 시점을 기준으로 모든 재단채권자가 수학적으로 같은 비율로 변제받는다

---

126) 대법원 판례는 정리채권 조사확정의 소는 그 권리의 조사가 있는 날로부터 1월 이내에 제기하여야 한다는 회사정리법 제147조 제1항의 규정과 관련하여 법원이 그 기간을 늘이거나 줄일 수 없고, 또 그 기간은 불변기간이 아니므로 당사자가 귀책사유 없는 사유로 말미암아 기간을 지키지 못하였더라고 추후 보완할 수 없다고 판시하였다(대법원 2003. 2. 11. 선고 2002다56505 판결(공 2003, 779)).
127) 대법원 2014. 11. 20. 선고 2013다64908 전원합의체 판결(공 2014, 2348).

는 것을 보장하는 것이 아니다. 그러한 점에서 금번 재단채권 변제에 있어서 모든 채권을 일률적으로 20%만 변제한 것은 형식적인 평등을 고집하여 파산재단의 이익에 부합하지 않은 점이 있다. 미국에서도 일부 제11장 사건(재건형과 청산형을 구분하지 아니한다)에서 채권자들에게 장래에 변제를 내용으로 하는 계획안에서 별도의 에이전트를 선임하여 안분변제를 맡기고 있는바, 금액의 계산과 향후 예측에 관하여 에이전트의 재량을 인정하고 있다. 앞으로 파산관재인의 재단채권 변제방안에 관한 심도 있는 연구가 필요하다.

여섯째, 현재의 실무와 같이 견련파산절차에서 外貨債權과 韓貨債權을 구별하여 회생채권조사확정재판의 종료를 달리할 것이 아니라 일본과 같이 회생채권조사확정재판은 견련파산으로 전환되더라도 일단 종료되는 것으로 처리하는 것이 법적안전성과 예견가능성에 부합한다. 앞으로 外貨債權에 대하여는 한화채권과 마찬가지로 일단 조사확정절차를 거쳐서 시인되었다면 파산관재인이나 채권자가 파산채권에 대한 배당 또는 재단채권에 대한 변제 전에 환율에 맞추어 금액을 수정하도록 하고 환율변동 외의 사유를 들어 外貨債權의 존부나 액수를 다투지 못하도록 하는 것이 타당하다.

한진해운 사건은 국제도산법에 관하여 배울 수 있는 좋은 기회를 실무가들에게 주었다. 또한 외국 전문가들의 관점으로부터 평가를 받음으로써 현재 법원의 실무 관행을 반성하게 한 점도 있다.128) 그러나 필자의 능력 부족으로 모델법을 채용하지 아니한 국가들에 대한 승인제도에 대하여는 설명하지 못하였다.129) 한진해운 사건이 성공적으로 종료되기를 기대하면서, 그 무렵에 필자가 다루지 못한 다른 쟁점에 대하여 다른 분들의 훌륭한 발표를 고대한다.

[BFL 제92호(2018년 11월호), 39-60면 수록]

이 글이 발표된 후 정병석, "해운기업의 도산과 관련된 법률문제," 법학평론 제9권, 박영사(2019), 115-158면, 이필복, "한진해운 도산 관련 민사사건의 판결 동향 Ⅰ, Ⅱ," 한국해법학회지 제41권 제1호(2019), 239-289면 및 제2호(2019), 134-162면 및 석

---

128) Erik Göretzlehner, Maritime Cross-Borede Insolvency, Springer (2019), 145은 한진해운 사건을 통하여 다수 국가에서 선박압류를 금지하는 명령을 신속하게 발령한 점과 싱가포르 법원이 과거 해운채권자에 우호적인 입장을 벗어나 모델법에 가입하는 계기를 마련한 것을 긍정적으로 평가하였다.
129) 김선경·김시내, 앞의 논문(주 82), 68-73면은 승인가능국과 승인이 어려운 국가에 대하여 설명하고 있다.

광현, "외국도산절차의 승인에 관한 모델법과 EU규정의 비교: 한진해운의 사건을 계기로," 國際去來法研究 第38輯 第2號, 29-67면이 발간되었다. 또한 2020. 2. 4.부터 시행되는 개정된 채무자회생법은 회생절차에서 제공된 신규자금과 임금, 퇴직금 및 재해보상금(제473조 제10호)을 다른 재단채권에 우선하도록 개정하였다. 위 자료는 모두 본문의 관련된 부분에 반영하였다.

16. 委託賣買人의 破産과 還取權

Ⅰ. 머리말

거래의 일방에 대하여 회생/파산/개인회생절차(이하 '도산절차'라 한다)가 개시되면, 상대방 역시 본의 아니게 복잡한 도산절차로 끌려들어가게 된다. 채무자[1]에 대하여 채권 또는 물권을 갖고 있기도 하고, 아직 계약관계가 진행 중이기도 하다. 그중 채무자에 대하여 소유권을 갖는 등의 이유로 채무자 회생 및 파산에 관한 법률(이하 '채무자회생법'이라 한다)이 환취권으로 취급하는 상대방은 도산절차의 제약 없이 자신의 권리를 행사할 수 있고, 회생담보권자, 별제권자, 공익채권자, 재단채권자, 회생채권자, 파산채권자보다 월등하게 우월적인 지위를 갖게 된다. 따라서 자신이 도산절차에서 환취권자라는 것은 매우 중요하다. 그런데 어떠한 경우에 환취권자로 취급되는지, 환취권자라고 하여 항상 도산절차와 무관하게 권리행사를 할 수 있는지, 혹은 경우에 따라 공익채권자나 재단채권자로 취급되는 경우가 있는지 등은 막상 실제 사건과 부딪히면 반드시 명쾌하게 답이 나오지 않는다. 필자는 이 글에서 기아자동차의 자동차 부품을 이란에 매도한 해태상사가 위탁매매인으로서 파산한 사건[2]을 계기로 위탁자, 위탁매매인 또는 준위탁매매인이 파산한 경우에 발생하는 환취권의 문제를 설명하고자 한다.[3] 위탁매매에 관한 사건이 많지 않지만 위탁매매인의 파산에 관한 문제는 민

---

1) 이 글에서 채무자라 함은 파산선고 전의 채무자를 의미하고 파산자라 함은 파산선고를 받은 채무자라 한다.
2) 대법원 2008. 5. 29. 선고 2005다6297 판결(공 2008, 895). 이 판결에 대한 해설로는 정준영, "위탁매매인이 파산한 경우 위탁자가 가지는 구 파산법상 대상적 환취권," 대법원판례해설 제75호 (2008), 507-532면. 해태상사 사건이라 한다. 환취권에 관한 일반론으로는 윤남근, "일반환취권과 관리인 파산관재인의 제3자적 지위," 인권과 정의 제386호 대한변호사협회(2008), 90-110면 이하.
3) 회생절차가 개시된 경우에도 파산절차에서의 논의가 같게 적용되므로 회생절차에 관하여는 생략

법의 물권변동을 다시 생각하게 한다. 다만 이해의 편의상 환취권 제도에 대하여 먼저 설명하고, 위탁매매인의 파산에 관하여 기술하고자 한다.

Ⅱ. 환취권

1. 환취권의 취지

채무자에 대하여 파산선고가 되면 채무자회생법은 파산관재인에게 파산선고 전의 법률관계에서 등장하지 아니하였던 적법한 변제 또는 담보설정 행위 등의 부인권한과 파산자가 채무를 이행지체하고 있는 상태에서 쌍방 미이행쌍무계약에 대하여 계약을 해제 또는 이행의 선택권한을 부여한다.[4) 그러나 환취권은 채무자회생법이 특별하게 파산자의 상대방에게 부여하는 권리가 아니다. 오히려 일반의 환취권은 실체법상의 권리를 가급적 수정 없이 파산절차에 반영하는 제도이다. 그러나 아래에서 보는 채무자회생법이 인정하는 3가지의 특별한 환취권은 실체법상의 지배권과 별도로 파산절차의 목적을 고려하여 채무자회생법이 창설한 것이다.

먼저 채무자에 대하여 파산선고가 있으면, 파산자의 재산 중 압류금지 재산 및 면제재산을 제외한 국내외의 모든 재산은 파산재단에 속한다.[5) 파산재단 중 파산관재인이 현실적으로 점유관리하고 있는 파산자의 재산을 現有財團이라 하는데, 현유재단 중에는 제3자 소유 재산이 있을 수 있다.[6) 정당한 권리의 보유자인 제3자는 파산관재인을 상대로 현유재단에 있는 재산 중 자신의 권리에 속하는 재산의 반환 등을 구할 수 있어야 하며 이를 환취권이라 한다. 파산절차에서의 논의되는 환취권은 채무자회생법

한다.

4) 부인권은 채무자회생법이 파산관재인에게 부여한 권리이므로 파산절차가 종료하면 행사할 수 없다. 쌍방 미이행쌍무계약에 관하여 회생절차에서는 제2회 관계인집회가 종료하기 전까지라는 제한이 있지만 파산절차에서는 그러한 시기적인 제한이 없다.

5) 채무자회생법 제383조 제1항은 압류금지재산에 관하여, 제2항은 면제재산에 관하여 규정하고 있다. 파산법 제3조에서 속지주의를 표명하였으나 채무자회생법은 이를 삭제하고 보편주의를 채택하였기 때문에 국외에 소재하는 채무자의 재산은 파산법하에서 자유재산에 속하였지만 채무자회생법 시행 후에는 파산재단에 속하게 되었다.

6) 現有財團(현실재단이라고도 한다)은 파산선고 후 파산관재인이 현실적으로 점유 관리하고 있는 재산에 의하여 구성되는 재단을 말한다. 법정재단이라 함은 파산선고 당시 법률상 마땅히 있어야 할 파산재단으로 말한다. 구체적으로 현유재단에서 환취권의 대상이 되는 재산을 제외되고 부인권에 의하여 회복될 재산이 가산되는데 이것이 법정재단이다. 파산관재인은 현유재단과 법정재단을 일치시킴으로써 배당을 하게 되는데 배당단계에서 채권자에게 배당자원으로 가용할 수 있는 재단을 배당재단이라 한다. 채무자회생법 제505조의 "배당하기에 적당한 금전"이 배당재단이 된다. 전병서, 도산법 제4판, 박영사(2019), 121면 참조.

에 의하여 창설된 권리가 아니라 민법 등 비파산법에서 인정되는 권리를 파산절차에
서 그대로 반영하는 것이다.

미국 연방파산법은 매도인이 통상의 사업거래 과정에서 물품(goods)을 매수인에
게 매도하였으나 매수인이 지급불능 상태(insolvent)에서 물품을 수령하거나, 파산절차
개시일[7]로부터 소급하여 45일 이내에 물품을 수령한 경우에는 파산관재인은 還取權
(reclamation right)을 행사하여 물건의 반환을 구할 수 있고, 설령 이러한 권리행사가
파산신청일 이전에 이루어졌다고 하더라고 파산관재인은 부인권을 행사할 수 없다고
규정하고 있다.[8] 물품 매도인의 환취권이 파산관재인의 부인권보다 우선한다는 법정
책의 표현이다.

2016. 5. 29. 개정된 채무자회생법 제179조 제1항 제8의2호는 미국의 연방파산법
§503(b)(9) 조항[9]의 법리를 본받아 회생절차 개시신청 전 20일 이내에 채무자가 계속
적이고 정상적인 영업활동으로 공급받은 물건에 대한 대금청구권을 공익채권으로 격
상하여 취급하고 있다.[10]

2. 환취권의 의의

파산절차는 원칙적으로 파산절차에 참가하여 배당받을 수 있는 채권자의 권리에
영향을 미치는 것이므로 배당과 무관한 권리자에게는 영향을 미치지 아니하는 것이
원칙이다. 예컨대 파산법인의 조직에 관한 내용은 파산절차에 영향을 받지 아니하므로
비록 법인이 파산되었다고 하더라도 주주가 갖는 회사설립무효확인의 제소권은 제한
을 받지 않는다.[11] 파산자에 대한 재산상의 청구권이지만 파산채권이나 별제권과 무

---

7) 채무자가 신청한 경우에는 파산신청일, 채권자가 신청한 경우에는 법원의 파산선고 명령일(order for relief)을 의미한다.
8) 11. U.S.C. §546(c)(1). 채무자회생법은 이러한 규정을 두고 있지 않다. 미국 변호사가 한국 파산법에 관하여 자주 묻는 질문의 하나이다.
9) 동 조항은 2005년 개정시에 부가된 것으로 물품매도인이 파산신청일 전 20일 이내에 인도한 물품대금채권을 우선권 있는 채권으로 취급하고 있다. 이는 미국 U.C.C. §2-702와 연방파산법 §546(c)(1)에서 인정되는 환취권자를 보완하기 위한 것이다. Jeff T. Ferriell · Edward J. Janger UNDERSTANDING BANKRUPTCY 3rd ed. (2013), 348.
10) 물건의 범위에 서비스도 포함되는지에 관하여 논란이 있다. 미국 연방파산법은 서비스는 포함하지 않고 있다. Ferriell · Janger, *supra* note 9 at 348. 위탁매매인에 관한 상법 제101조가 물건과 유가증권을 별도로 구분하고 있는 점에서 유가증권 또는 전자증권은 채무자회생법 제179조 제1항 제8호의2 소정의 물건으로 보기 어렵다. 물건의 범위에 관한 논의는 차승환, "회생절차 개시신청 전을 요건으로 하는 공익채권," 도산법연구 제7권 제2호(2017), 1-25면.
11) 그 외에 회사불성립확인의 소, 결의무효확인의 소의 피고 적격은 파산관재인이 아니라 종전 대표이사가 수행한다. 일본 판례 및 학설 소개에 대하여는 伊藤眞, 破産法·民事再生法(第4版) 有斐閣(2018), 有斐閣(2014), 186면 주 257.

관한 권리로서 회사재산의 반환을 구할 수 있는 권리가 있는바, 이러한 권리를 환취권이라 한다. 따라서 파산선고는 채무자에 속하지 아니하는 재산을 파산재단으로부터 환취하는 권리에 영향을 미치지 아니하므로(채무자회생법 제407조) 환취권자는 파산절차에 의하지 아니하고 권리를 행사할 수 있다. 예컨대, 부동산의 소유자가 부동산을 불법점유하는 파산관재인을 상대로 소유권에 기하여 명도를 구하는 권리는 파산절차에 제한을 받을 필요 없이 행사할 수 있어야 한다.

3. 환취권의 종류

환취권에는 일반적 환취권과 특별환취권이 있다. 전자는 민법 등 실체법상의 일반적 권리를 파산절차에 반영한 것이므로 명칭을 일반적 환취권이라고 한 것이다. 후자는 실체법상에는 그러한 권리가 없지만 파산법이 파산절차의 특수성을 고려하여 특별히 인정한 연유로 특별환취권으로 부르고 있다. 운송중인 물품의 매수인이 파산한 경우 매도인의 환취권(채무자회생법 제408조), 위탁매매인이 파산한 경우 매도인의 환취권(채무자회생법 제409조) 및 대체적 환취권(채무자회생법 제410조)을 말한다.[12]

4. 환취권의 기초가 되는 권리

환취권은 단어에서 추측할 수 있듯이 상대방이 보유하고 있는 물건을 권리자가 돌려받는 것이다. 좁은 의미의 환취권은 파산재단이 점유하는 목적물에 대하여 제3자가 갖는 실체법상의 지배권을 파산선고결정의 효력에 구애받지 않고서 반환청구권을 인정하는 것이다. 그러나 물건의 반환을 청구하는 데에 한정되지 않는다(後述). 어떠한 권리가 환취권으로 인정되는가는 물건에 대한 실체법상의 권리 내용과 파산절차와의 관계에서 그러한 권리가 인정되는가에 의하여 결정된다. 소유권이 대표적이지만 지상권 등 용익물권, 점유회복의 소를 제기할 수 있는 점유권도 가능하다.[13]

(1) 소유권

1) 소유권의 행사와 제한

제3자가 소유자로서 파산관재인을 상대로 소유권에 기한 물권적 청구권으로서 목적물의 반환(건물명도, 소유권이전등기말소청구)을 구하는 것이 환취권의 대표적인 예에 속한다. 비록 매수인이 매매대금을 완불하였다고 하더라도 아직 소유권이전등기를 완

---

12) 파산법은 代償的還取權(제83조), 회사정리법은 賠償的還取權(제66조)이라는 각기 다른 용어를 사용하였으나 채무자회생법은 양자를 '대체적 환취권'으로 통일하였다.
13) 高田賢治, "取戾權," 竹下守夫 外, 破産法大系 第Ⅱ巻 破産實體法, 靑林書院(2014), 207면.

료하지 못하였다면, 매수인은 매도인의 파산선고 이후 소유권이전등기청구권을 갖는 파산채권자로 취급될 뿐, 파산관재인에게 환취권을 주장할 수 없다.[14] 물건의 반환 외에 소유자가 파산관재인을 상대로 공사로 인한 소음의 방지를 구하는 권리도 환취권의 기초가 되는 권리다.[15]

판례에 의하면, 매도인이 민법 제592조에 따라 환매등기를 마치고 환매기간 내에 적법하게 환매권을 행사하면 환매등기 후에 마쳐진 제3자 명의의 근저당권 등 제한물권은 소멸하는 것이므로 근저당권자(은행)가 파산하였다고 하여 환매권에 기한 근저당권설정등기의 말소등기청구권은 파산채권에 해당하지 아니하고 환취권에 속하므로 매도인은 소유권에 기하여 직접 은행의 파산관재인을 상대로 말소등기절차의 이행을 구할 수 있다.[16] 부동산등기법 제88조의 가등기가 경료된 경우 가등기에 기한 본등기청구권도 환취권이다.[17]

그러나 물건에 지배권이 인정된다고 하더라도 임대차, 사용대차 등의 계약상의 제약에 의하여 권리행사가 제한되면 환취권을 주장할 수 없음은 당연하다.[18] 부동산을 특수목적법인(SPC)에 양도하는 형식을 취하고 실제로는 양도인이 재산을 사용수익하고 일정기간 경과 후 이를 환매하기로 하는 증권화거래에 있어서도 만일 양도인과 특수목적법인 간에 진정양도성이 부정되고, 양도인에 대하여 파산선고가 있으면 SPC는 더 이상 환취권의 기초인 소유권을 양도인에 대하여 행사할 수 없다.[19]

판례는 동산소유권유보부매매의 매도인의 지위를 회생절차 개시결정이 있으면 회생담보권자로 취급하고 환취권자로 취급하지 않고 있다.[20] 아직 회생절차 개시결정이 있기 전이라도 포괄적 금지명령이 발하여지면 역시 회생담보권자로 취급되어 목적물의 반환을 구할 수 없다.[21] 위 매도인은 파산절차에서는 별제권자로 취급되지만 담

---

14) 노영보, 도산법강의, 박영사(2018), 275면,

15) 山本和彦・中西正・笠井正俊・沖野眞已・水元宏典, 倒産法概說 第2版, 弘文堂(2010), 178면.

16) 대법원 2002. 9. 27. 선고 2000다27411 판결(공 2002, 2547).

17) 서울回生法院 裁判實務研究會, 法人破産實務(上), 제5판, 博英社(2019), 462면.

18) 노영보, 앞의 책, 275면; 김주학, 기업도산법, 우리글(2009), 309면 및 谷口安平, 倒産處理法 第2版 筑摩書房(1980), 211면.

19) 伊藤眞, 앞의 책, 454면.

20) 대법원 2014. 4. 10. 선고 2013다61190 판결(공 2014, 1033).

21) 서울고등법원 2001. 3. 16. 선고 2000나53733 판결(유보된 소유권에 기하여 환취권을 행사하려면 회사정리절차가 개시되기 이전에 또는 보전처분이 있기 이전에 이미 그 기본계약이 해지 또는 해제되는 등으로 그 유보된 소유권을 현실적으로 행사할 수 있는 상태에 놓여 있어야 하고 그렇지 아니한 경우에는 그 유보된 소유권은 정리담보권으로 취급될 수 있을 뿐이다). 소유권유보부매매의 매도인의 유보된 소유권의 행사가 포괄적 금지명령의 대상이 된다는 일본의 견해로는 伊藤眞, 會社更生法, 有斐閣(2012), 207면.

보권을 행사하기 위하여 계약의 해제를 구하는 것은 제한되지 아니한다.

　　2) 국제사법상 소유권자의 결정

　　외국주문자가 국내기업을 상대로 환풍기 등 공작물의 제조계약을 체결하면서 준거법을 외국법으로 정하면서 물건(반제품 및 완제품 포함)에 대한 소유권의 이전시기는 국내기업이 제조한 때로부터 외국주문자의 소유로 정한다는 조항을 두는 경우가 있다. 이 경우 계약의 효력에 관한 내용 예를 들면 계약의 효력, 계약의 해제사유, 손해배상의 범위 등은 외국법이 적용되지만 소유권이전시기 등 물건의 소유권의 변동에 관하여는 국제사법 제19조에 의하여 물건의 소재지인 한국 민법에 의하여 정하여진다.[22] 따라서 동산에 관하여는 인도, 간이인도, 점유개정에 의하여 외국주문자에게 인도가 이루어진 때에 소유권이 외국주문자에게 이전된다. 사전에 포괄적인 점유개정의 약정을 하는 것이 가능하므로 이러한 점유개정의 약정을 하였다면 후일 매도인이 목적물의 점유를 취득하게 되면 그 때에 비로소 점유개정이 이루어진 것으로 보아 소유권의 변동이 이루어진 것으로 해석된다.[23] 따라서 만일 이러한 계약 후에 국내기업이 물건을 제조하고 그 후 파산선고가 이루어지면 외국주문자는 환취권을 행사할 수 있다.[24]

　　예컨대 한국 소재 동산에 관하여 당사자들이 매매계약의 준거법을 일본법으로 정한 사안을 상정하자. 대법원판결의 논리에 따르면 동산 소유권이전 여부는 매매계약의 효력의 문제이므로 그 준거법인 일본법에 따르는데 일본법상으로는 매매계약이 체결되면 소유권이 이전되므로(민법 제176조) 매매계약 체결 시 소유권이 매수인에게 이전될 것이다.[25] 그러나 소유권이전을 포함한 물권의 문제는 계약의 준거법인 일본 민법이 아니라 동산 소재지법인 한국법에 따를 사항이므로 이 경우 매수인이 물건의 점유를 인도받지 않는 한 소유권을 취득할 수 없다.[26]

---

22) 石光現, "외국 소재 동산 소유권이전 준거법과 대법원판결들의 오류," 법률신문 제3960호(2011. 8. 18), 11면은 대법원 2008. 1. 31. 선고 2004다26454 판결(미간행) 및 대법원 2011. 4. 28. 선고 2010도15350 판결(공 2011, 1107)을 비판하면서, 일본 민법을 준거법으로 정하였다고 하더라도 당사자간의 물권변동에 관하여는 일본의 의사주의가 적용되지 아니하고 한국 민법에 의하여 등기 또는 인도가 필요하다고 기술하고 있다.

23) 양창수 · 김형석, 권리의 보전과 담보, 박영사(2018), 541면 및 民法注解 第IV卷, 博英社(1992), 235면(이인재 집필부분). 일본의 경우도 선행적으로 이루어진 소유권이전 및 점유개정의 합의의 효력을 인정한다(我妻英, 債權各論 中卷 2, 1962, 680면. 岡庭幹司, "問屋の破産と委託者の取戻權," 倒産判例百選(第3版), 有斐閣(2002), 111면에서 재인용).

24) 소유권이전시기는 한국민법에 의하여 점유 등이 이루어진 때로 해석되는 것이지 약정을 한 때로 소급하는 것은 아니다.

25) 전게 대법원 2004다26454 판결 및 대법원 2010도15350 판결.

26) 신창선, 국제사법 제7판(2011), 238면 및 김연 외, 국제사법 제2판(2006), 270면.

(2) 양도담보권자와 환취권

파산법 제80조는 양도담보의 형식과 그 외관을 신뢰한 사람들을 보호하기 위하여 양도담보권자가 파산선고를 받은 경우에 관하여 양도담보설정자는 담보의 목적으로 한 것을 이유로 환취권을 주장할 수 없다는 취지로 규정하였다.[27] 즉 담보목적물에 관하여 대외적으로 양도담보권자를 소유자로 본 것이다.

그러나 가등기담보법 시행 이후 민법의 다수설이 양도담보권을 담보권으로 구성하게 되면서 판례는 동 조항을 좁게 해석하였다. 즉 양도담보설정자가 피담보채무를 변제하여 환취권을 행사하는 경우에는 동 조항이 적용되지 아니한다고 판시하였다.[28] 채무자회생법은 민법 이론에 맞추어 동 조항을 삭제하였다.[29] 따라서 채무자회생법하에서 아직 담보권을 실행하지 아니하여 채권의 만족을 받지 못한 양도담보권자는 양도담보설정권자가 파산한 경우 별제권자로 취급될 뿐 환취권자로 취급되지 아니한다.[30] 양도담보권자가 파산한 경우 담보권설정자는 피담보채권을 완제하여야 비로소 소유권자로서 환취권을 행사할 수 있다.[31]

(3) 채권

채권도 그 성질에 따라 환취권의 기초가 될 수 있다. 어느 재산이 파산재단에 속하고 파산관재인의 관리처분권에 속하는 것을 전제로 한 경우에는 물건에 관하여 급부를 구하는 채권을 주장할 수 있는 권리자는 파산채권자로 취급될 뿐이다.[32] 이에 반하여 파산관재인의 지배권이 부정되어 파산관재인을 상대로 물건의 인도를 구할 수 있는 채권자는 환취권자로 취급된다. 파산자가 전차인인 경우 전대인인 임차인이 전대차의 종료를 이유로 파산관재인을 상대로 전대차목적물의 명도를 구하는 경우가 그 예이다. 채권의 귀속을 파산관재인에게 주장하는 것도 가능하다. 즉 파산선고 전에 채무자로부터 채권을 양수받은 자가 파산선고 후 파산관재인에게 자신이 채권자라고 주장하면서 채

---

27) 제80조(讓渡擔保의 還取禁止) 破産宣告前에 破産者에게 財産을 讓渡한 者는 擔保의 目的으로 한 것을 理由로 그 財産을 還取할 수 없다.
28) 대법원 2004. 4. 28. 선고 2003다61542 판결(공 2004, 898).
29) 일본의 개정된 파산법(2005. 1. 1. 시행)도 동 조항을 삭제하였다.
30) 일본도 같다. 最高裁判所 昭和 41. 4. 28. 판결 참조. 일본의 개정된 회사갱생법 제2조 제10항은 갱생담보권이라 함은 특별선취특권, 질권, 저당권 및 상법 또는 회사법에 의한 유치권의 피담보채권을 의미한다고 정하였을 뿐, 양도담보권은 언급하고 있지 않다. 그러나 학설과 판례는 양도담보권을 갱생담보권으로 취급하고 있다. 1998년 개정 회사정리법은 명문으로 양도담보권을 정리담보권으로 취급하는 조항을 신설하였고 채무자회생법은 이를 따랐다(제141조 제1항).
31) 서울回生法院 裁判實務研究會, 回生事件實務(上)(제5판), 博英社(2019), 392면.
32) 伊藤眞, 앞의 책, 456면. 예를 들면 매수인인 매매대금 완료 후에 구하는 매매목적물의 명도청구권, 등기청구권 등이다.

권(공탁금회수청구권 등)의 확인을 구하는 것도 환취권의 기초가 될 수 있다.[33]

(4) 형성권

형성권도 환취권의 기초가 될 수 있다. 사해행위취소소송과 관련하여, 제3자로부터 목적물을 양수받은 수익자 또는 전득자에 대하여 회생절차가 개시된 경우 제3자의 채권자가 사해행위의 취소와 함께 회생채무자로부터 사해행위의 목적인 재산 그 자체의 반환을 청구하는 것은 환취권의 행사에 해당하여 회생절차 개시결정의 영향을 받지 아니한다. 따라서 채무자의 채권자는 사해행위의 수익자 또는 전득자에 대하여 회생절차가 개시되더라도 수익자 또는 전득자의 관리인을 상대로 사해행위의 취소 및 그에 따른 원물반환을 구하는 사해행위취소의 소를 제기할 수 있다.[34] 이러한 법리는 수익자 또는 전득자가 파산선고를 받은 경우에도 동일하게 적용된다.

(5) 지식재산권

상표권자가 상표법 제107조에 기하여 또는 특허권자가 특허법 제126조에 기하여 특허권을 침해하고 있는 파산관재인을 상대로 침해의 금지 또는 예방을 하거나 침해행위로 조성한 물건의 폐기 등을 구하는 권리도 환취권의 대상이 된다.[35]

(6) 위탁매매인의 환취권

이에 관하여는 아래에서 별도로 설명한다.

5. 환취권을 배척한 사례

(1) 수출외환거래와 환취권

수출자(해태상사, 외환거래 후 회사정리절차를 진행하다가 직권으로 파산선고를 받음)가 외환거래약정을 맺은 거래은행에게 이란의 수입자로부터 받은 신용장을 담보로 환어음을 환매조건부로 매도한 뒤, 신용장 개설은행(이란은행)이 신용장 대금을 지급하지 아니함으로써 거래은행에 대하여 환어음 등의 환매채무를 부담하게 되었다고 하더라도 이란의 수입자에 대하여 수출자가 갖는 매매대금 채권은 여전히 수출자가 가지는 것이고, 거래은행에게 귀속하는 채권이 아니므로 거래은행은 파산한 수출자에 대하여 수출대금에 대하여 환취권을 주장할 수 없다.[36] 이 사안에서 해태상사는 신용장 대금

---

33) 伊藤眞, 앞의 책, 456면.
34) 대법원 2019. 4. 11. 선고 2018다203715 판결(공 2019, 1051); 대법원 2014. 9. 4. 선고 2014다 36771 판결(공 2014, 2026). 전자에 대한 비판적인 판례평석으로 이동진, "채권자취소권의 법적 성질과 구성," 저스티스 통권 제174호(2019), 47-78면.
35) 전병서, 앞의 책, 318면. 山本和彦 외, 앞의 책, 178면.
36) 대법원 2002. 11. 13. 선고 2002다42315 판결(공 2003, 65).

을 회사정리절차 개시 전에 수령하였으므로 이는 정리회사의 재산에 속하는 것이므로 거래은행에게 환취권이 인정될 수 없음은 당연하다. 거래은행은 파산선고를 받은 해태상사의 파산채권자에 불과하다.

(2) 신탁관계에서 수탁자의 파산과 환취권

수탁자가 파산하면 신탁재산은 수탁자의 파산재단에 속하지 아니하고(신탁법 제24조), 다만 수탁자의 임무가 종료하므로(신탁법 제12조 제1항 제3호) 위탁자는 수탁자의 파산관재인을 상대로 환취권을 주장할 수 없고, 신 수탁자가 선임되면 신 수탁자가 신탁재산에 관하여 환취권을 행사할 수 있다.[37] 수탁자가 파산하면 파산관재인은 신탁재산을 매각하여 신탁비용과 신탁보수의 변제를 충당하고 신 수탁자에게 반환하여야 하고, 위탁자에게 반환할 것이 아니다.[38]

(3) 점유취득시효완성을 원인으로 한 소유권이전등기청구권과 환취권

파산선고 전에 부동산에 대한 점유취득시효가 완성되었으나 청구권자가 등기명의인의 파산선고시까지 이를 원인으로 한 소유권이전등기를 마치지 아니한 경우, 점유취득시효 완성을 원인으로 한 소유권이전등기청구권은 그 법률적 성질이 채권적 청구권으로서 파산법 제14조가 규정하는 파산자에 대하여 파산선고 전의 원인으로 생긴 재산상의 청구권으로서 파산채권에 해당한다.[39] 따라서 파산관재인에게 환취권을 주장할 수 없고 파산절차에서 채권을 평가하여 금전으로 배당을 받거나, 파산관재인과 합의하여 금원을 지급하고 소유권이전등기를 이전받을 수밖에 없다.

6. 환취권의 행사 방법

가장 전형적인 방법은 환취권자가 원고가 되어 파산관재인을 상대로 목적물의 반환을 구하는 형식의 소송이지만, 환취권자는 소송상 항변으로 환취권을 행사할 수도 있다. 즉 파산관재인이 제3자를 상대로 제3자가 보관 중인 재산이 파산재단에 속한다는 이유로 하는 인도, 등기말소, 등기이전 등을 구하는 소송을 제기한 경우, 제3자는 환취권에 기하여 점유의 권원을 주장하는 항변을 행사할 수도 있고, 파산관재인이 목적물에 관하여 강제경매를 신청한 경우에 제3자이의의 소를 제기할 수도 있

---

37) 전병서, 앞의 책, 323면. 일본도 같다. 伊藤眞, 앞의 책, 457면. 단, 수탁자에 대한 회생절차 개시 결정은 수탁자의 임무종료 사유가 되지 아니한다.

38) 대법원 2013. 10. 31. 선고 2012다110859 판결(공 2013, 2126).

39) 대법원 2008. 2. 1. 선고 2006다32187 판결(공 2008, 294). 이 판결에 대한 해설로는 吳泳俊, 파산선고와 시효취득에 기한 등기청구권, 金能煥 大法官 華甲記念 21세기 민사집행의 현황과 과제 민사집행법 실무연구 Ⅲ, 민사집행법연구회(2011), 674-702면.

다.[40]

　　한편, 파산관재인은 환취권자의 주장이 맞으면 굳이 소송을 통하지 아니하고 법원으로부터 환취권의 승인을 받아 임의로 이행할 수 있다(제492조 제13호).[41] 즉 환취권의 승인이라는 것은 임의이행을 위한 법원의 허가절차에 불과한 것이지 법원의 승인에 의하여 파산절차에서 환취권이 성립하는 것이 아니다. 법원의 허가가 없더라도 환취권자가 파산절차에 의하지 아니하고 민사소송을 제기할 수 있음은 당연하다. 환취권의 승인제도는 파산선고가 된 경우에 비로소 작동하는 것이고 파산선고가 있기 전에는 적용될 여지가 없다.

Ⅲ. 대체적환취권

　　환취권의 대상 목적물을 파산관재인이 그대로 보유하고 있으며 환취권자가 이를 반환받으면 된다. 그러나 파산관재인이 목적물을 처분하여 목적물이 존재하지 아니하지만 반대급부인 대금청구권이 존재하는 경우 환취권을 인정하지 않고 파산채권 또는 재단채권으로 취급하는 것은 환취권자에게 희생을 강요하고 파산재단에게 부당한 이득을 주는 것이므로 환취권자를 보호하기 위하여 파산재단 중에 반대급부가 현존하는 경우 그 대가를 환취권자로 하여금 환취할 수 있도록 할 필요가 있다. 이를 대체적환취권이라 한다. 즉 환취권자가 파산관재인에게 당해 물건의 반환을 구하는 것이 아니라 물건의 대가 또는 청구권의 이전을 구하는 권리이다. 환취권의 상대방 또는 상대방의 파산관재인이 제3자에 대하여 갖는 권리의 내용에 따라 분류한다.

　　첫째, 채무자(상대방) 또는 상대방의 파산관재인이 환취권의 목적물을 제3자에게 매매 등으로 양도하였으나 파산선고 당시를 기준으로 아직 제3자가 파산재단에 매매대금을 지급하지 아니한 경우이다. 이 경우 환취권자는 파산관재인에 대하여 매매대금 반환청구권을 자기에게 이전할 것을 청구할 수 있다(채무자회생법 제410조 제1항). 파산관재인은 채권양도의 방법에 의하여 양도의 의사표시 및 대항요건을 구비하기 위한 통지를 하여야 하고, 환취권자는 이러한 절차의 이행을 구할 수 있다.[42]

---

40) 김홍기, "준위탁매매인의 판단기준과 위탁물의 귀속," 상사판례백선, 법문사(2012), 106면, 일본의 사례에서는 파산관재인이 금융기관을 상대로 예금반환을 구하자, 금융기관이 당해 예금은 파산재단에 속하지 아니한다면서 신수탁자의 환취권을 원용하여 청구기각을 구한 사례가 있다(最高裁判所 平成 14. 1. 17).
41) 파산법원이 환취권을 승인함에 있어서는 파산재단이 유치권 등 이행을 거절할 권능의 유무를 심사하고 있다

둘째, 채무자가 파산선고 전에 반대급부를 수령한 경우이다. 상대방이 파산선고 전에 반대급부를 수령하였으니 반대급부는 파산자의 책임재산에 혼입된 것이고 파산선고에 의하여 파산재단에 속하게 되므로 더 이상 환취권을 주장할 수 없고 권리자는 파산재단을 상대로 부당이득반환청구권을 파산채권으로 주장할 수 밖에 없다.43)

셋째, 파산관재인이 파산선고 후에 반대급부를 수령한 경우이다. 다시 상대방의 선의·악의를 구분하여 살펴본다.

먼저, 상대방이 파산선고의 사실을 알지 못하고 파산자에게 변제하였다면 변제는 유효하고 파산재단에 대항할 수 있다. 환취권자는 파산재단에 변제물(예컨대 동산)이 특정되어 있는 경우에는 대체적환취권으로서 특정물의 이행청구를 구할 수 있고(채무자회생법 제410조 제2항), 금전의 경우에는 파산재단에 대한 부당이득반환청구권을 재단채권으로 주장할 수 있다(채무자회생법 제410조 제2항, 제473조 제5호).44) 그러나 환취권자는 상대방에 대하여는 급부의 이행을 청구할 수 없다.

다음으로, 상대방이 파산선고의 사실을 알면서도 파산자에게 변제를 하였다면 파산재단이 받은 이익의 한도 내에서만 파산채권자에게 대항할 수 있다(채무자회생법 제332조 제2항). 따라서 대항할 수 없는 부분에 대하여는 파산재단이 여전히 상대방에 대하여 급부이행을 구할 수 있으므로 환취권자는 파산재단이 이익을 받은 범위에서 파산관재인이 갖는 이러한 반대급부청구권의 이전을 채권양도의 방법으로 구할 수 있다. 해태상사 사건에서 판례는 외국정부가 해태상사의 파산선고 후에 위탁자의 대상적 환취권의 목적이 되는 물건 등을 강제징수한 경우 그로 인해 해태상사의 세금채무가 소멸되어 파산재단이 부당이득을 얻게 되었다는 이유로 위탁자는 파산재단에 부당이득반환청구권을 재단채권으로 주장할 수 있다고 판시하였다.45)

Ⅳ. 위탁매매인의 법률관계

1. 위탁매매의 의의 및 필요성

위탁매매인은 타인(위탁자)으로부터 물건이나 유가증권46)의 매도 또는 매수를 위

---

42) 전병서, 앞의 책, 331면.
43) 異說 없음. 김주학, 앞의 책, 316면 및 전병서, 앞의 책, 331면.
44) 서울回生法院 裁判實務研究會, 回生事件實務(上)(제5판), 博英社(2019), 396면 및 김주학, 앞의 책, 316면.
45) 전게(주 2) 대법원 2005다6297 판결(해태상사 사건).
46) 일본 상법 제551조는 대상을 물품으로 한정하고 있으나 판례는 유가증권도 물품에 포함된다고

탁받고 이를 자기의 이름으로 제3자와 매매하여 그 결과로 얻은 대금 또는 물건 등[47]
을 위탁자에게 귀속시키는 것을 업으로 한다(상법 제101조). 즉 명의와 계산이 분리되
는 것을 본질로 하는 것이므로 어떠한 계약이 일반 매매계약인지 위탁매매계약인지는
계약의 명칭 내지 형식적인 문언을 떠나 그 실질을 중시하여 판단하여야 한다.[48] 일본
상법 제551조는 위탁매매인이라는 용어 대신에 問屋이라는 표현을 사용하고 있다.

위탁매매가 이용되는 이유는 신용이 있는 위탁매매업자가 자기의 이름으로 거래
를 하고 이행책임을 지므로 상대방이 배후에 있는 실질 당사자인 위탁자의 신용을 조
사할 필요 없이 거래가 이루어진다는 이점이 있기 때문이다. 증권시장의 경우에는 시
장의 질서와 신뢰를 보호하기 위하여 일정한 자격이 있는 자를 매매당사자로 제한하
고 그 자가 위탁매매인으로 거래하도록 법률에 규정되어 있다. 위탁매매인 또는 준위
탁매매인 제도는 상법 각론에서 설명되고 있지만 판례를 검색하면 과거에는 증권이
아닌 금, 농산물, 전자제품 등의 매매에 관하여 이용되다가 최근에는 증권회사가 고객
으로부터 증권의 매매를 위탁받아 거래하는 과정에서 자주 등장하고 있다.[49] 증권회
사가 파산하는 사례는 드문 편으로서 1998년 금융위기 발발 당시 고려증권, 동서증권,
2015년 한맥투자증권 등이 파산하였다. 그러나 증권회사가 파산한 경우에도 실제로
고객의 환취권 문제는 크게 문제되지 아니하였다.

2. 위탁매매인의 법률관계 — 외부 및 내부관계

위탁매매의 외부관계에서는 위탁매매인이 상대방에 대하여 직접 권리를 취득하
고 의무를 부담한다(상법 제102조). 한편 위탁매매의 내부관계에서는 위탁매매인이 위
탁자를 위하여 물건 등의 매수와 매도를 주선하기로 하는 계약, 즉 위탁계약이 체결되
며 위탁자와 위탁매매인의 관계에서 관해서는 상법에서 별도로 규정한 것을 제외하고
는 일반적으로 위임에 관한 민법 규정이 적용된다(상법 제112조).[50] 학설도 위탁계약은

해석하고 있다(最高裁判所 昭和 32. 5. 30 판결).
47) 이하 물건 또는 유가증권을 합하여 물건 등이라 한다. 해석상 부동산은 물건에서 제외된다고 봄
이 타당하다(학설소개로는 崔基元, 商法學原論 新訂8版, 博英社(2008), 182면).
48) 대법원 2011. 7. 14. 선고 2011다31645 판결(공 2011, 1627) 및 전게 대법원 2005다6297 판결(해
태상사 사건).
49) 증권회사가 대표적인 위탁매매인이다(김화진, 상법강의, 博英社(2013). 126면), 농수산물 유통 및
가격안정에 관한 법률 소정의 도매시장법인도 위탁매매인에 해당한다(대법원 2016. 8. 24. 선고
2014다80839 판결(공 2016, 1349). 그 외 대법원 2014. 11. 27. 선고 2013다49794 판결(공 2015,
9); 대법원 2004. 2. 13. 선고 2003다46444 판결(미간행); 대법원 2003. 1. 10. 선고 2000다34426
판결(공 2003, 570) 등.
50) 일본 상법 제552조도 같다.

물건 또는 유가증권의 매매라는 사무처리를 위탁하는 위임계약으로 본다.[51]

3. 위탁물의 귀속

판매위탁의 경우에는 위탁매매인이 점유하고 있는 물건 등은 원래 위탁자 소유의 것으로 위탁매매인이 매매를 위하여 일시 보관하고 있는 것이므로 위탁자의 소유이다. 상법 제103조는 이러한 법리를 반영하여 위탁물의 귀속이라는 표제하에 "委託賣買人이 委託者로부터 받은 … 物件, 有價證券 또는 債權은 委託者와 委託賣買人 또는 委託者와 委託賣買人의 債權者間에의 關係에서 이를 委託者의 所有 또는 債權으로 본다." 고 규정하고 있다.[52] 위탁판매에 있어 위탁품의 소유권은 위탁자에게 속하고 위탁매매인이 물품을 매도한 후 수령한 매매대금 역시 위탁자에게 귀속된다.[53] 만일 위탁매매인이 이를 처분하면 횡령죄로 처벌받는다.[54]

매수위탁의 경우에는 민법의 물권변동의 법리에 의하면 위탁매매인이 매수를 통하여 취득한 물건 등은 아직 점유를 위탁자에게 이전하지 않고 있는 동안은 위탁매매인의 소유이지 매수위탁자의 소유물이 아니다. 그러나 이를 고집하면 매수위탁자의 대외적 지위가 불리하게 되고 실제의 이익이 위탁자에 귀속하고 있는 점을 고려하여 상법 제103조는, 독일상법 제392조 제2항을 본받아 명문으로 "委託賣買人이 … 委託賣買로 因하여 取得한 物件, 有價證券 또는 債權은 委託者와 委託賣買人 또는 委託者와 委託賣買人의 債權者間에의 關係에서 이를 委託者의 所有 또는 債權으로 본다."고 규정하였다.[55] 따라서 이러한 조항이 없는 일본의 경우에는 소유권 귀속에 관한 여러 학설이 대립되고 있다(後述). 동 조항이 부동산의 매수위탁의 경우에도 적용되는지에 관하여는 논란이 있고 소유권이전등기가 위탁자 명의로 경료되지 아니한 상태에서는 위탁자가 소유권을 주장할 수 없으므로 부정적으로 해석함이 타당하다.[56]

---

51) 李哲松, 商法總則 商行爲 第13版, 博英社(2015), 494면.
52) 일본 상법에는 이에 상응하는 규정이 없다. 동조는 판매위탁 및 매수위탁의 경우 모두 적용된다.
53) 崔埈璿, "委託賣買人의 法律關係," 商事判例研究[I], 博英社(1996), 209면.
54) 대법원 2013. 3. 28. 선고 2012도16191 판결(미간행); 대법원 1986. 6. 24. 선고 86도1000 판결(공 1986, 984); 대법원 1982. 2. 23. 선고 81도2619 판결(공 1982, 398) 등 확립된 판례의 입장이다.
55) 독일 상법은 판매위탁의 경우는 당연한 내용이므로 그에 관한 조항이 없고 매수위탁의 경우에도 물건과 유가증권에 대한 규정이 없고 오직 매도위탁의 경우 위탁매매실행 후 미회수 채권에 대하여만 규정하고 있다. 자세한 논의는, 崔埈璿, 앞의 글, 212면.
56) 노영보, 앞의 책, 278면.

V. 위탁매매와 환취권

위탁매매와 관련하여 환취권이 문제되는 장면은 첫째, 위탁자가 파산한 경우, 둘째, 위탁매매인이 파산한 경우이다. 채무자회생법은 위탁자가 파산한 경우로서 매수위탁의 경우에는 제409조에 의하여 운송중인 매매에 관한 제408조를 준용하고 있으나,[57] 위탁자가 파산한 경우로서 매도위탁의 경우나, 위탁매매인이 파산한 경우에는 따로 규정하고 있지 않으므로 상법과 파산법의 이론에 의하여 결정되어야 한다. 그 외 위탁자의 거래상대방이 파산한 경우가 있으나 이는 환취권과는 직접적인 관계가 없다.

1. 위탁자가 파산한 경우

(1) 판매위탁의 경우

판매위탁의 경우 위탁자가 파산하면 위임을 준용하는 위탁매매계약도 종료되므로(상법 제112조),[58] 위탁판매인은 물품의 소유권을 파산관재인에게 주장할 수 없고, 위탁자의 파산관재인은 수탁자에 대하여 보관 중인 물건 또는 판매대금의 반환을 구할 수 있다. 이는 환취권의 문제는 아니고 파산관재인의 파산재단의 관리에 관한 문제이다.

(2) 매수위탁의 경우

매수위탁의 경우 위탁자가 파산하면, 위탁매매인은 파산한 위탁자를 상대로 제408조 제1항의 요건을 충족하는 경우 물품에 관하여 환취권을 행사할 수 있다(채무자회생법 제409조). 즉 ① 격지자 간의 매매이고, ② 위탁매매인이 매매의 목적물인 물품을 위탁자에게 발송하였음에도 위탁자가 대금의 전액을 변제하지 아니하고, ③ 도착지에서 있어서 물건을 수령하지 아니하는 동안 위탁자가 파산선고를 받은 때이다. 이 요건을 충족한 경우라면, 비록 위탁매매인과 위탁자 사이에서 비록 물건의 소유권은 위탁자에게 속하도록 되어 있더라도(상법 제103조) 위탁매매인은 환취권을 행사하여 목적물의 인도를 구할 수 있다. 따라서 격지의 매매거래가 아닌 보통의 거래의 경우에는 동 조항이 적용되지 아니한다.[59]

판매위탁과 마찬가지로 위탁자의 파산으로 위탁매매계약이 종료되므로[60] 위탁판

---

57) 채무자회생법 제408조는 실무상 중요성이 떨어져 적용할 여지가 거의 없으므로(서울回生法院 裁判實務研究會 著, 回生事件實務(上)(제5판), 博英社(2019), 393면) 자세한 설명을 생략한다.
58) 위임계약의 당사자 일방에 대하여 파산선고가 있는 경우 위임계약이 당연 종료한다는 민법 제690조 참조.
59) 노영보, 앞의 책, 279면.

매인은 위탁자에 대한 수수료 채권을 파산채권으로 신고하고 파산관재인이 배당하면 된다.

2. 위탁매매인이 파산한 경우

(1) 위탁자가 매수인인 경우(매수의 위탁)

먼저 일본의 실무를 본다. 판례는 증권거래의 위탁매매와 관련하여 증권회사(위탁매매인)가 위탁자의 출연으로 증권을 매입하여 미처 주권을 위탁자에게 교부하지 아니한 사안에서 위탁자의 계산으로 증권을 구입한 것이고 실질적 이익을 가지는 사람은 위탁자이고, 위탁매매인의 채권자는 위탁매매인이 위탁의 실행으로 구입한 권리에 대하여 자기의 채권의 일반적 담보로서 기대할 수는 없다는 이유로 위탁자의 환취권을 인정하였다.[61] 한국 상법 제103조가 없기 때문에 환취권의 근거에 대하여는 3가지 학설이 대립되어 있고 일본 판례는 그중 두 번째 학설을 취한 것이다.[62]

이와 달리 한국 상법 제103조는 위탁매매인이 위탁매매로 취득한 물건, 유가증권은 위탁자와 위탁매매인 사이, 더 나아가 위탁자와 위탁매매인의 채권자 간에도 이를 위탁자의 소유로 본다고 규정하고 있다. 판례[63]는 그 이유로 상법 제103조는 위탁자가 위탁매매인의 배후에 있는 경제적 주체로서 위 물건 또는 채권에 대하여 가지는 직접적 이익을 고려하고 나아가 위탁매매인이 위탁자에 대하여 신탁에서의 수탁자에 유사한 지위에 있음을 감안하여, 위탁자와 위탁매매인 사이 또는 위탁자와 위탁매매인의 채권자 사이의 관계에 있어서는 위탁매매인의 실제의 양도행위가 없더라도 위 물건 또는 채권을 위탁자의 재산으로 의제하는 것이라고 판시하고 있다. 따라서 일본의 판례와 학설을 원용할 필요 없이 상법 제103조에 의하여 곧바로 위탁자는 위탁매매로 취득한 물건, 유가증권에 대하여 환취권이 인정된다.[64] 위탁매매인이 유가증권을 그

---

60) 회생절차에서는 위탁매매계약이 쌍방 미이행쌍무계약에 해당하는지 여부에 관한 논의가 있으나 파산절차에서는 위임종료사유에 해당되므로 미이행쌍무계약의 논의는 타당하지 않다.

61) 最高裁判所 1968. 7. 11. 판결(民集22卷7号1462頁).

62) 학설에 대한 소개로는 岡庭幹司, "問屋の破産と委託者の取戻權," 倒産判例百選(第3版), 有斐閣 (2002), 110~111면. 환취권을 인정하는 학설 중 첫 번째 견해는, 위탁매매인의 일반채권자는 오히려 위탁매매인과 동시하여야 하므로 위탁자는 위탁매매인의 채권자에 대하여도 위탁매매인과 같이 권리를 주장할 수 있다는 것이다. 두 번째 견해는, 실질적인 경제상태를 중시하여 위탁매매인의 채권자는 위탁매매인이 위탁을 실행하여 취득한 물건에 대하여까지 일반적 담보로 기대해서는 아니된다는 이유를 들고 있다. 세 번째 견해는, 중개와 신탁의 유사성에 근거하여 위탁매매인의 책임재산을 구성하지 아니한다는 이유를 들고 있다.

63) 대법원 2011. 7. 14. 선고 2011다31645 판결(공 2011,1627).

64) 異說 없음. 崔基元, 앞의 책, 184면; 崔埈璿, 앞의 글, 213면; 노영보, 앞의 책, 277면; 전병서, 앞의 책, 320면. 전게 대법원 2005다6297 판결(해태상사 사건).

대로 보유하고 있다면 위탁자는 환취권을 행사하여 유가증권의 인도를 구할 수 있다. 그런데 위탁매매인이 유가증권을 제3자에게 매각하여 파산관재인이 금전을 보유하고 있다면, 위탁자는 위탁매매인이 반대급부로 받은 금전에 대한 재단채권자로 취급된다.[65] 그리고 위탁매매인의 채권자가 위탁매매로 취득한 물건에 대하여 압류를 하면 위탁자는 제3자 이의의 소를 제기할 수 있다.[66]

(2) 위탁자가 매도인인 경우(판매의 위탁)

위탁매매인이 위탁자로부터 받은 물건은 위탁자의 소유로 본다는 상법 제103조가 있고, 판례 역시 위탁판매에서 위탁품의 소유권은 위탁자에게 속한다고 보고 있다.[67] 한국과 일본의 학설 모두 위탁매매인이 파산한 경우 위탁자로부터 구입한 물건에 대하여 위탁자에게 환취권이 인정된다고 인정하고 있다.[68] 分說하면, 위탁매매인이 아직 물건을 팔지 않은 상태에서 파산선고를 받았다면 위임관계가 종료하므로 위탁자는 소유권을 주장할 수 있으므로 위탁자는 환취권을 주장할 수 있다.[69] 만일 위탁매매인이 위탁받은 물건을 제3자에게 매각하여 파산관재인이 금전을 보유하고 있으면 부당이득을 보유하고 있는 것이므로 위탁자는 금전에 대한 재단채권자로 취급된다.[70] 만일 위탁매매인이 매각만 하고 아직 대금 수령을 하지 못한 상태에서 파산선고를 받았다면 위탁자는 제410조 제2항에 기하여 대체적환취권을 행사하여 파산관재인에게 반대급부인 매매대금청구권의 이전을 청구할 수 있다.[71]

3. 위탁매매의 거래 상대방이 파산한 경우

위탁매매인이 위탁자의 의뢰로 물건을 판매하였으나 거래 상대방(매수인)이 파산

---

65) 채무자회생법 제410조.
66) 崔埈璿, 앞의 글, 213면.
67) 대법원 1982. 2. 23. 선고 81도2619 판결(공 1982, 398).
68) 崔埈璿, 앞의 글, 213면 및 전병서, 앞의 책, 285면. 최준선, 앞의 글 209면은 상법 제103조의 제1 문 즉 판매위탁에 관한 조항은 법리상 당연한 것을 규정한 것으로 무의미하다고 기술하고 있다.
69) 伊藤眞, 앞의 책, 458면.
70) 노영보, 앞의 책, 278면은 "위탁매매인인 증권업자의 도산의 경우 절차개시 후 채무자에 대하여 된 배당이나 배정된 신주를 관재인이 취득하고 있는 때에는 위탁자는 … 재단채권(제473조 5호)으로서 그 급부를 구할 수 있다."고 기술하고 있다. 齊藤秀夫·麻上正信·林屋礼二 編, 注解破産法 第三版(上), 靑林書院(1999), 646면. 그런데 崔埈璿, 앞의 글, 213면 및 崔基元, 앞의 책, 193면 은 위탁판매인이 대금을 수령한 후에 파산선고를 받았을 때에는 그 수령한 금전에 대한 소유권을 위탁자가 취득한다고 기술하고 있으나, 법리상 금전에 대한 환취권이 인정된다는 취지로 보기는 어렵고 오히려 파산선고 전에 채무자가 수령한 것이므로 파산채권으로 해석함이 타당하다. 한편, 파산선고 후에 파산관재인이 수령한 경우라도 파산채권설을 주장하는 견해도 있다(齊藤秀夫·麻上正信·林屋礼二 編, 앞의 책, 616면.
71) 전게 대법원 2005다6297 판결(해태상사 사건). 伊藤眞, 앞의 책, 458면 주석 12.

하여 매매대금을 수령하지 못한 경우 그 위험을 위탁매매인과 위탁자 중 누가 부담하여야 할 것인가? 위탁매매인과 위탁자 간의 내부관계는 위임계약에 따라 규율되고 수임인은 위임의 본지에 따라 선량한 관리자의 주의로써 위임사무를 처리할 의무를 부담한다(민법 제681조). 상법은 위탁매매인의 의무에 관하여 상법에서 정하고 있으며 그외 민법상의 수임인으로서의 의무도 부담한다. 상법에 의하면, 위탁매매인은 매매시 지체 없이 위탁자에 대하여 계약의 요령, 상대방의 수소성명 등 통지를 하여야 하고 계산서를 제출하여야 한다(상법 제104조). 상대방이 채무를 이행하지 아니하는 경우에는 다른 약정이나 관습이 있는 경우를 제외하고 위탁자에 대하여 이를 이행할 책임이 있다(상법 제105조). 위탁자가 지정한 가액을 준수할 의무가 있다(상법 제105조).

민법의 수임인의 선관주의의무를 위탁매매의 경우에 적용하면 위탁매매인의 주의의무라 함은 위탁매매계약의 목적과 그 사무의 성질에 따라서 가장 합리적으로 처리하는 것을 의미한다. 구체적으로 설명하면 만일 위탁매매와 관련하여 위임인의 지시가 있었다면 위탁매매인은 그 지시에 따라야 한다. 만일 지시에 따르는 것이 위임에 취지에 적합하지 않거나 위임인에게 불이익하게 되는 때에는 수임인은 그 사실을 위임에게 통지하고 지시의 변경을 요구하여야 한다.72) 수임인은 선관주의의무에 부수하여 위임자에 대한 처리상황에 대한 보고의무(민법 제683조), 위임사무의 처리로 인하여 취득한 물건의 인도의무(민법 제684조 제1항), 자기명으로 취득한 권리를 위임인에게 이전할 의무(민법 제684조 제3항), 금전소비에 대한 금전 또는 이자지급의무(민법 제685조)가 있다.

만일 수임자인 위탁매매인이 거래상대방의 신용도에 관한 위임자의 지시에 어긋나게 거래를 하거나, 거래상대방의 신용이 악화되었거나 악화될 가능성이 있음에도 불구하고 별도의 담보, 보증을 세우지 아니하고 거래를 계속하다가 거래상대방이 파산하여 대금을 제대로 회수하지 못하였다면 위탁매매인은 선량한 관리자의 주의의무를 위반하여 거래를 하여 손해를 입힌 것이 되므로 이는 위임계약위반으로 인하여 위임자에게 손해배상의무를 부담하게 된다.

만일 위탁매매인이 선량한 관리자의 주의의무를 다하여 거래를 하였음에도 불구하고 거래상대방이 파산하였다면 위탁매매인에게 선관주의의무 위반을 이유로 손해배상을 구할 수 없고 이는 위탁자가 그 위험을 부담할 수밖에 없을 것이다.

한편 위탁자로서는 상법 제105조에 기하여 위탁매매인에게 그 채무의 이행을 구할 수 있다는 견해도 가능하다. 그러나 제105조에 의하여 위탁매매인이 이행담보책임

---

72) 곽윤직, 채권각론, 박영사(2003), 276면.

을 부담하려면 상대방이 채무를 불이행한 것을 의미하고 아직 채무의 이행기가 도래
하지 않았거나, 상대방이 계약을 해제한 경우, 동시이행의 항변권을 행사하는 경우에
는 이행담보책임을 부담하지 아니한다.[73] 한편, 위탁매매인에게 과도한 이행담보책임
을 부과하는 것이 부당하다는 이유로 독일법과 같이 특약 또는 관습이 있는 경우에 한
하여 책임을 인정함이 타당하다는 견해도 있다.[74]

생각건대, 이행담보책임은 위탁매매인의 상대방이 채무를 불이행한 경우에 대체
이행을 구하는 것인데 상대방이 파산선고를 받으면 파산채권은 파산절차에 의하지 아
니하고 파산채권의 이행을 구할 수 없는 점에 비추어 보면 위탁자가 상법 제105조에
기하여 위탁매매인에게 이행담보책임을 구하는 것은 적절하지 아니하고, 다만 위탁매
매인에게 민법상의 선관주의의무 위배 여부가 있는지 여부에 의하여 손해배상책임을
지는지 하는 문제로 귀착된다고 봄이 상당하다.

4. 준위탁매매인(증권회사)과 파산

자기명의로서 타인의 계산으로 매매 아닌 행위를 영업으로 하는 자 중 운송주선
인을 제외한 나머지를 준위탁매매인이라 한다(상법 제113조).[75] 예컨대, 출판 광고 보
험 및 금융에 관한 위탁거래, 증권의 모집 매출의 인수 등을 하는 자가 이에 속한다.
판례에 의하면 영화제작사로부터 영화를 국내극장에 배급하기로 하는 영화배급대행계
약의 내용에 극장의 수입료 일부를 배급업자가 수입료를 제하고 영화제작자에게 이전
하고 영화 흥행의 실패를 인한 위험을 제작자가 지는 거래내용에 비추어 영화배급대
행계약을 준위탁매매계약이라고 판시한 바 있다.[76] 상법 제113조는 준위탁매매인에
대하여도 위탁매매인에 관한 상법 제7장의 규정을 준용한다고 규정하고 있다. 학자들
은 준용이 가능한 조문으로 위탁매매인의 지위(제102조), 위탁물의 귀속(제103조) 등을
예시하고 있다.[77]

---

73) 註釋商法(總則·商行爲法(2)), 한국사법행정학회(2013, 142면(김재범 집필).

74) 최기원, 상법학원론, 박영사(2008), 334면.

75) 운송주선업에 대하여는 상법 제114조부터 제124조에 별도 규정이 있다.

76) 대법원 2011. 7. 14. 선고 2011다31645 판결(공 2011, 1627). 판례는 배급대행계약서가 준위탁매
매인이 판권 매입 후 배급이 아니라 판권과 별도로 배급만 하도록 기재된 점, 위탁자와 준위탁매
매인의 수익과 손실 부담 방법, 준위탁매매인이 위탁자에게 하는 통지의무의 성질, 준위탁매매인
이 지급한 선급금의 성질, 준위탁매매인이 발행한 세금계산서의 법적 의미 및 준위탁매매인이 부
담하는 이행담보책임의 내용 등 구체적인 사정을 고려하여 준위탁매매의 실질을 파악하여야 한
다고 판시하였다. 이 판결에 대한 해설 김홍기, 앞의 글, 103면 이하.

77) 이철송, 앞의 책, 509면.

따라서 상법상의 이러한 법리를 파산절차에 적용하면 준위탁매매인이 파산한 경우에도 준위탁자가 준위탁매매인이 갖는 채권을 자신에게 속한다는 것을 이유로 제3자에게 자신에게 채무를 이행하라고 주장할 수 있을 것이다. 또한 채무자회생법 제409조가 위탁매매의 매수인이 파산한 경우에 위탁매매인의 환취권을 인정하고 있는바, 동조는 준위탁매매의 상대방이 파산한 경우에도 준용되는지에 관하여는 다툼이 있다.

생각건대, 제409조가 물품매수의 위탁을 받은 위탁매매의 경우 매수인이 위탁자에게 발송한 경우에 제408조를 준용하도록 되어 있고 제408조는 격지 매매의 경우에 적용되므로, 물품매수가 아닌 준위탁매매의 경우에는 격지 거래도 아니므로 준위탁매매의 상대방이 파산하였다고 하여 상대방에 대하여 매매 아닌 영업 행위의 목적물에 대한 환취권을 주장할 여지는 없다고 생각한다.

5. 증권거래와 환취권

자본시장과 금융투자업에 관한 법률에 기하여 투자매매업자 또는 투자중개업자가 투자자로부터 예탁받은 증권 등을 한국예탁결제원에 다시 예탁하는 경우, 투자매매업자 또는 투자중개업자는 투자자의 성명 및 주소, 예탁증권 등의 종류 및 수와 그 발행의 명칭 등을 기재하여 투자자계좌부를 작성·비치하여야 하고, 그에 따른 투자자계좌부에 기재된 증권 등은 그 기재를 한 때에 예탁결제원이 보관하는 예탁자계좌부에 예탁된 것으로 본다(자본시장과 금융투자업에 관한 법률 제310조 제1항, 제4항). 이 때 투자자계좌부와 예탁자계좌부에 기재된 자는 각각 그 증권 등을 점유하는 것으로 보므로(위 법률 제311조) 투자매매업자 또는 투자중개업자에게 증권 등을 예탁한 투자자는 투자매매업자 등이 파산하면 그 증권 등에 관한 투자자계좌부와 예탁자계좌부를 관리하는 투자매매업자 등을 교체하기 위하여 명의변경 등의 절차를 구하는 권리를 행사할 수 있고 이러한 권리의 행사는 환취권에 속한다.[78]

증권대차거래에 있어서 증권회사 증권을 대주로부터 빌려 차주에게 빌려주는 거래의 경우에도 만일 증권회사가 자신의 이름으로 주식을 차주에게 대여하는 구조라면 준위탁매매계약에 해당한다고 볼 수 있고 증권회사가 파산하면 대주는 증권회사가 보관 중인 증권의 소유권이 자신에게 속한다는 이유로 증서에 대하여 환취권을 주장할

---

78) 서울回生法院 裁判實務研究會, 法人破産實務 제5판, 博英社(2019), 462면은 마치 파산한 투자매매업자 등의 파산관재인을 상대로 실물증권의 반환을 구하는 권리로 읽히는바, 현실적으로 주식의 실물의 반환을 구할 필요는 없으며 2019. 9. 16. 전자증권제도가 실시되고 있으므로 실물 증권의 인도라는 개념보다는 증권의 소유자로서 계좌부의 관리를 위한 전자증권의 명의변경절차청구권을 환취권의 대상으로 파악할 필요가 있다.

수 있다.

한국증권금융(Korea Securities Finance Corp.)의 자기계정중개 방식의 증권대차 거래시 KSFC가 직접 일방 당사자의 지위에 있게 된다는 입장이 있는데, 이에 의할 때 상법상 준위탁매매인이 되어 만일 KSFC의 도산시 대여자는 환취권 등을 통해 담보물에 대하여 권리 행사가 가능한지에 관하여 살펴본다. KSFC는 자기계정중개 방식의 경우에도 여전히 증권대차거래를 중개하는 지위에 있고 직접 당사자가 되는 것은 아니라고 봄이 타당하다. KSFC의 증권대차거래의 법적 성격은 대여자와 차입자 쌍방을 중개하여 거래를 성립시키는 것으로 KSFC는 거래의 직접 당사자가 되지 않는다고 함이 타당하고, 이를 대여자나 차입자 일방의 위탁을 받아 KSFC가 직접 당사자가 되는 준위탁매매로 해석함은 비합리적이다.

VI. 맺음말

환취권자를 결정하는 것은 민법 등 실체법에 의하는 것이 원칙이므로 소유권자, 용익물권자 등이 환취권자에 해당한다. 그러나 실제의 사건으로 들어가면 해태상사 사건과 같이 복잡한 문제가 발생한다. 예를 들면 금융리스업자, 동산소유권유보부매매의 매도인과 같이 민법에서는 소유자로 취급되는 자[79]가 판례에 의하여 환취권자가 아니라 회생담보권자로 취급되기도 한다.[80] 만일 회생담보권자로 취급되면 실권할 위험이 있으므로 환취권자인지 회생담보권자인지를 구분하는 것이 중요하다.

위탁매매인의 법률관계에서 위탁매매인이 파산한 경우의 법률관계에 관하여는 상법 교과서 등에는 깊이 다루지 않고 있지만 위탁매매인에 대하여 도산절차가 개시되는 경우에는 거액이 걸린 중요한 문제이다. 특히 증권회사가 도산하는 경우에는 (준)위탁매매인의 도산의 문제 외에 적격금융거래와 관련하여 채무자회생법 제336조의 적용을 둘러싸고 복잡한 문제가 발생한다. 이 점에 관한 연구는 필자의 능력부족으로 다루지 못하였다. 다른 분들의 연구를 기다리면서 글을 마치기로 한다.

[회생법학 제19호(2019), 1-35면 게재]

---

79) 대법원 1999. 9. 7. 선고 99다30534 판결(공 1999, 2088)은 동산의 매도인은 제3자에 대하여도 유보된 목적물의 소유권을 주장할 수 있다고 판시하였다.
80) 대법원 2014. 4. 10. 선고 2013다61190 판결(공 2014, 1033).

판례색인

[고등법원 판례]

저자소개

성균관대학교 법과대학 졸업(1983)
사법연수원 수료(제14기, 1984)
Duke Law School(LL.M. 1996)
서울중앙지방법원 파산부 부장판사
현 金·張法律事務所 辯護士

저서

파산법연구 박영사 (2004)
파산법연구 2 박영사 (2006)
파산법연구 3 박영사 (2010)[학술원 우수학술도서 선정]
파산법연구 4 박영사 (2015)[학술원 우수학술도서 선정]
[공저]
파산판례해설(2007)
제4회 법학논문상(2000), 수상논문: 헤이그송달조약에 관한 연구

파산법연구 5

초판발행   2020년 4월 30일

지은이   林治龍
펴낸이   안종만·안상준

편 집   심성보
기획/마케팅   조성호
표지디자인   조아라
제 작   우인도·고철민·조영환

펴낸곳   (주) **박영사**
                 서울특별시 종로구 새문안로3길 36, 1601
                 등록 1959. 3. 11. 제300-1959-1호(倫)

전 화   02)733-6771
f a x   02)736-4818
e-mail   pys@pybook.co.kr
homepage   www.pybook.co.kr
ISBN   979-11-303-3603-9 94360
                 978-89-6454-581-2(세트)

정 가   37,000원